D1726639

Schlüsselfaktor Strategisches Personalmanagement

Arne Prieß (Hrsg.)

Schlüsselfaktor Strategisches Personalmanagement

Arbeitgeberattraktivität steigern durch zukunftsfähige
HR-Konzepte und Neurowissenschaft

1. Auflage

2016
Haufe Gruppe
Freiburg · München · Stuttgart

Bibliografische Information der Deutschen Nationalbibliothek

Die Deutsche Nationalbibliothek verzeichnet diese Publikation in der Deutschen Nationalbibliografie; detaillierte bibliografische Daten sind im Internet über http://dnb.dnb.de abrufbar.

Print: ISBN 978-3-648-07863-1   Bestell-Nr. 14017-0001
ePub: ISBN 978-3-648-07868-6   Bestell-Nr. 14017-0100
ePDF: ISBN 978-3-648-07869-3   Bestell-Nr. 14017-0150

Arne Prieß (Hrsg.)
Schlüsselfaktor Strategisches Personalmanagement
1. Auflage 2016

© 2016 Haufe-Lexware GmbH & Co. KG, Freiburg
www.haufe.de
info@haufe.de
Produktmanagement: Bettina Noé

Lektorat: Gabriele Vogt
Satz: Reemers Publishing Services GmbH, Krefeld
Umschlag: RED GmbH, Krailling
Druck: Schätzl Druck & Medien GmbH & Co. KG, Donauwörth

Inhaltsverzeichnis

Widmung

Dieses Buch widme ich von ganzem Herzen meinem Vater Hans Prieß.
Erst wenn man selbst Kinder hat, erkennt man, welche Verantwortung auf
einem Vater lastet.
Nun habe ich drei Bengel, die mich täglich fordern, jeder auf seine Weise.
Und keiner von ihnen macht sich Gedanken,
welche beruflichen und familiären Herausforderungen der Papa täglich
stemmen muss.
Er muss eben funktionieren, Zeit haben und zuhören, helfen und beistehen,
aber auch das »schöne Leben«, bitteschön, ermöglichen.

Genauso habe ich als Kind und Jugendlicher gedacht.
Und mein Vater hat sich nie beklagt, hat seine Rolle tapfer gespielt.
Ein aufrechter Handwerksmeister, ein »Mann von gutem Ruf«,
von dem ich fürs Leben mehr gelernt habe, als ich, während ich es tat,
wahrhaben wollte.

Ich selbst hatte »zwei linke Hände und alles Daumen« und
war daher für ein Handwerk mit goldenem Boden nicht geeignet.
Aber vieles an meiner heutigen Berater- und Trainer-Arbeit vertrete,
verstehe und betreibe ich unter dem Verständnis eines »Handwerks«,
vielleicht auch ein unbewusstes Ergebnis meiner Erziehung.

Ohne meinen Vater als solides Fundament unserer Familie,
hätte ich für meinen heutigen Platz im Leben wohl nicht die richtige
Absprunghöhe gehabt.
Wenn meine drei Jungs irgendwann dasselbe von mir sagen würden,
dann wäre das was!

Aber bis dahin werde ich versuchen, tapfer und ohne allzu viel Klage
meinen Job als Vater zu verrichten,
eben genau so, wie ich es selbst von meinem erlebt habe.

Danke Dir Papa!
In Liebe, Dein Sohn!

Arne Prieß

Vorwort

Das ganze HR Management in einem Buch? Und dann auch noch mit dem Anspruch, strategisches Personalmanagement durch die Berücksichtigung neuester neurobiologischer Forschungsergebnisse unterstützen zu wollen – geht denn das? Ehrlich gesagt, habe ich mich das zu Beginn dieses Buchprojektes auch gefragt. Aber wie hat es schon der alte Seneca trefflich formuliert:

Nicht weil es schwer ist, wagen wir es nicht,
sondern weil wir es nicht wagen, ist es schwer!
Lucius Annaeus Seneca (Moralische Briefe an Lucilius, XVII/XVIII, CIV, 26)

Nun, ein Jahr und unendliche Stunden intensiver Schreibarbeit bei mir und meinen tapferen Koautoren später, bin ich so mutig, zu sagen: Ja, es geht! Wir wagten es, aber es war schon schwer! Ob es uns aber so gelungen ist, dass Sie nach der Lektüre sagen werden: Jawohl, ich habe ausreichend hilfreiche Impulse herausgezogen, das müssen Sie entscheiden, wenn sich das Buch in Ihrem Arbeitsalltag als Nachschlagewerk bewährt hat.

Naturgemäß muss aber bei einem solchen Unterfangen mancher Tiefgang der Vollständigkeit des Überblicks weichen. Es konnte uns nicht darum gehen, jede Facette der strategischen Personalarbeit mit einer inhaltlichen Tiefenbohrung zu versehen – denn dann hätte dieses Buch mehrere Bände gehabt. Und mal ehrlich: Hätten Sie es gekauft, wenn Ihnen der Verkäufer im Buchladen Band um Band eines mehrteiligen Mammutwerkes auf den Tisch gelegt hätte, bis sich die Tischplatte biegt? Oder wenn auf der Internetseite, auf der Sie das Buch vielleicht bestellt haben, »4 Bände à 300 Seiten« vermerkt gewesen wäre? Sie müssen nicht antworten: Ich hätte es auch nicht getan.

Für diese Herausforderung habe ich mein Netzwerk nach erfahrenen Praktikern mit HR-Spezialwissen durchleuchtet und ein Koautoren-Team zusammengestellt, das innerhalb eines Jahres den neuesten Wissensstand in diesem Themenbereich eingebracht hat. Uns Autoren und dem Verlag geht es in erster Linie darum, Ihnen einen spannenden Überblick über die Möglichkeiten strategischer und damit effektiver HR-Arbeit zu bieten. Und es geht darum – und das ist nach unseren Recherchen der erste Versuch dazu – HR-Konzepte und Prozesse dort, wo sinnvoll und angesichts der aktuellen Gehirnforschung möglich, neurobasiert zu beschreiben.

Als Hauptautor dieses Buches ist dabei mein Anspruch, bei allen beschriebenen HR-Themen immer wieder die Verbindung zu den Unternehmenszielen herzustellen und effektive HR-Arbeit zu beschreiben, die den vielbeschriebenen Wertschöpfungsbeitrag des Personalmanagements erhöht. Dazu haben die Koautoren in ihren Kapiteln die beschriebenen Konzepte auch auf operative Prozesse heruntergebrochen und geben praktische Tipps für die tägliche Personalarbeit. Wir hoffen, dass uns mit dieser Mischung aus strategisch konzeptionellen und praxisnahen Erläuterungen ein gesunder Mittelweg gelungen ist. Verstehen Sie dieses Werk am besten als Ihr »Master-Book«, als einen vollständigen ersten Überblick über alle wichtigen Bereiche des strategischen Personalmanagements, den man an verschiedenen Stellen durch tiefergehende Spezialliteratur und/oder Seminare ergänzen sollte.

Der Textfluss wird immer wieder in unregelmäßigen Abständen mit herausgehobenen Empfehlungen unterbrochen, die mit den nachfolgenden Kästen gekennzeichnet sind. Hier werden die Themen aus den jeweils vorher beschriebenen Sachverhalten in Form von kompakten Regeln bzw. Tipps noch einmal »auf den Punkt« gebracht.

! **Goldene HRE-Regel**

Die goldenen HRE-Regeln enthalten kompakte Tipps, basierend auf den vorherigen Ausführungen. Diese geben Impulse, um eine »HR Excellence« zu entwickeln.

Mit Dr. Sebastian Spörer konnte ich für dieses dritte Buch im Haufe Verlag erneut meinen Neuro-Kollegen der ersten beiden Bücher gewinnen. Er hat sich auf die spannende Idee eingelassen, 2 Themengebiete zusammenzuführen, die schon längst zusammengehören: Personalmanagement und Neuro-Forschung. Denn jeder Mitarbeiter ist ein Mensch mit einem Gehirn – was liegt da näher als zu prüfen, ob effektive HR-Lösungen neben der Wirksamkeit auf strategische Unternehmensziele obendrein gehirngerecht gestaltet sind? Denn was nützt das schönste und effektivste Konzept, wenn es die Mitarbeiter mangels Berücksichtigung der Gehirnfunktionen nur unter Mühen umsetzen können. Nennen Sie es »Neuro-HR« oder »Personalarbeit mit Köpfchen«; aber egal wie Sie es bezeichnen, wichtig ist, dass HR als der am intensivsten am Mitarbeiter/Menschen arbeitende Funktionsbereich in Unternehmen anfängt, neurosensibel zu denken und zu handeln.

Neuro-HR – Neurowissenschaft und Personalmanagement im Einklang

Dr. Sebastian Spörer

Personalwissenschaften sind hauptsächlich von pädagogischen, psychologischen und sozialen Einflüssen geprägt. Dies ist ein Grund, warum HR in den vorrangig an Zahlen orientierten Unternehmen oft wenig Einfluss hat. Für Ingenieure, BWLer und andere zahlengetriebene Berufsgruppen fehlt der klare Zahlenhintergrund. Die Entscheidung, ob z. B. ein Produktionsstandort erweitert wird, ist zwar grundsätzlich mit Unsicherheit verbunden, aber die vorab erstellte Zahlengrundlage gibt eine vermeintliche Kontrolle über diese Entscheidung. Für die Einstellung eines neuen Mitarbeiters beispielsweise fehlt die Möglichkeit einer numerischen Berechnung im Vorfeld.

Der Psychologe sagt dazu: Menschliches Verhalten ist keine einfache und klare A-B-Verknüpfung. Zwar konnte dieser wesentliche Gegenstand des Personalmanagements zum großen Teil aus der Pädagogik, der Psychologie und der Soziologie heraus erklärt werden, doch es fehlte immer noch ein Puzzlestück. Mit den Neurowissenschaften hat sich in den letzten Jahren ein Zweig ausgebildet, der menschlichem Verhalten eine weitere Dimension der Erklärung hinzufügt: Verhalten hat auch eine biologische Komponente. In den letzten Jahren hat sich hier aufgrund der technischen Entwicklung viel getan und inzwischen können Forscher dem Gehirn beim Denken zuschauen.

Der Star dieser bildgebenden Verfahren ist der Gehirn-Scanner, das fMRT. Mithilfe dieses Scanners wird eine Durchblutungsänderung im Gehirn gemessen. Inzwischen kann man bestimmtes Verhalten, z. B. Angst, einer Gehirnstruktur zuordnen. Wenn nun eine bestimmte Aufgabe gestellt wird und diese Gehirnstruktur stärker durchblutet wird (auf dem Bild heller leuchtend), dann ist es wahrscheinlich, dass dieser Mensch bei dieser Aufgabe ein ängstliches Gefühl hat. So lassen sich viele Themen von HR wie zum Beispiel generell die Auswirkungen von Entlohnung, Kritik, Change, Kommunikation etc. im Gehirnscanner durch clevere Versuche untersuchen. Allein genommen sind die dabei entstehenden Erkenntnisse wertlos. Im Zusammenhang mit bekannten pädagogischen und psychologischen Untersuchungsergebnissen kommen aber wieder neue spannende Zusammenhänge hinzu. Die Neuro-Wissenschaft sollte daher in Zukunft eine Hilfswissenschaft für HR sein. So wie in der Psychologie die biologische Psychologie eine Teildisziplin ist, so wäre biologisches Personalmanagement ein Teil des HR Managements.

In einigen eigenen Kapiteln und entlang der Kapitel der als Autoren beteiligten HR-Experten werde ich versuchen, Verbindungen zwischen HR und den neuesten Erkenntnissen der Neurowissenschaft zu verdeutlichen. Damit gewinnen Sie – so ist meine Hoffnung – neue und kräftige Hebel für die Wirksamkeit Ihrer Arbeit in Bezug auf die wichtigste Ressource in Unternehmen: dem Menschen.

Der Neuro-Spezialist Dr. Spörer hat nicht nur eigene, in sich abgeschlossene Kapitel beigetragen, er hat ebenfalls gezielt zu den Ausführungen der anderen Koautoren passende Tipps auf Basis der Neuroforschungserkenntnisse hinzugefügt. So erhoffen wir uns eine verständlichere Verknüpfung der beiden oben aufgezeigten Themengebiete.

> **!** **Neuro-HR-Tipp**
>
> Hier erfolgen Bezüge zu wertvollen Erkenntnissen der Gehirnforschung, die bei den jeweiligen HR-Prozessen/Konzepten berücksichtigt werden sollten.

Senecas obige Weisheit kann auch für Sie gelten, wenn Sie es wagen, Ihr HR Management strategisch und damit auf den Unternehmenserfolg hin auszurichten: Wagen Sie es, es lohnt sich!

Aber nun erst einmal viel Spaß beim Lesen dieses Buches! Sie müssen dies im Übrigen nicht an einem Stück und in der Reihe der Kapitel absolvieren. Kapitel 1 bis 2 geben Ihnen eine umfassende Einführung ins Kernthema und ab Kapitel 3 ist freie Wahl angesagt. Sie können alles in einem Rutsch oder aber auch ab dem 3. Kapitel die jeweiligen Themen nach Bedarf lesen und so nach und nach in verdaulichen Häppchen den ganzen Kuchen verdrücken.

Mein Autoren-Team und ich wünschen Ihnen viel Erfolg bei der Umsetzung hoffentlich vieler neuer Impulse auf dem Weg zu einem strategisch und neurobiologisch wirksamen HR Management in Ihrem Unternehmen!

Ihr Arne Prieß

Hinweise:

- Im Buch werden sprachlich nicht immer beide Geschlechter verwendet. Wenn also von »er« gesprochen wird, bitten wir die Damen unter den Lesern um Verständnis und hoffen, dass das erleichterte Lesen für diese einseitige Geschlechterbenennung entschädigt.
- Alle Koautoren wurden von mir eingeladen, so zu schreiben, wie sie sprechen, wenn sie arbeiten, beraten oder trainieren. Das führt naturgemäß zu einer eher lockeren Sprache mit persönlichem Stil. Ich hoffe, dass es sich für Sie angenehmer »verdauen« lässt als die häufig staubtrockene Fachliteratur. Wenn es sich so anfühlt, als wenn Sie gerade mit dem Autor plaudern, dann »fliegen« Sie sicher leichter durch die Seiten.
- Bei allen Liebhabern einer urdeutschen Sprache entschuldige ich mich schon jetzt für das unvermeidbare Ausmaß an Anglizismen. Diese sollen die Ausführungen nicht künstlich »aufhübschen«, sondern werden aufgrund der Tatsache verwendet, dass es für manche Themen kaum mehr übliche deutsche Bezeichnungen gibt.
- Ich werde mehrfach auf meine ersten beiden Bücher verweisen, weil deren Inhalte mit denen dieses Buches an verschiedensten Stellen verdrahtet sind. Einige wenige Unterkapitel sind in ähnlicher Form insbesondere im erstgenannten Buch vertreten, wo sie aber als Hilfestellung für die Führungskräfte geschrieben wurden, während sie in diesem Buch für die Personaler erläutert werden:
  - Führen mit dem Omega-Prinzip. Neuroleadership und Führungspraxis erfolgreich vereint, Haufe 11/2013.
  - Zeit- und Projektmanagement. Neurowissenschaft und Methoden-Wissen erfolgreich vereint, Haufe 11/2014.

1 HR Excellence: Vision eines wertschöpfenden HR Managements

Autor: Arne Prieß

> *Wer nicht weiß, wohin er will, dem ist kein Wind recht!*
> Wilhelm von Oranien, König von England, Schottland und Irland, 1650–1702

Heute würde man neurobiologisch untermauert sagen, dass Menschen Ziele benötigen, damit sie mit Dopamin-durchfluteten Gehirnen mit Volldampf auf ihre Zukunft losmarschieren, auch wenn es der alte Wilhelm viel schöner gesagt hat. Deshalb beginne ich dieses Buch mit einem Ziel, mehr noch, mit einer Vision für das zukünftige Personalmanagement: HR Excellence. Dieser Begriff wird Ihnen ggf. bereits bekannt vorkommen, aber das wird der Kraft der Vision keinen Abbruch tun. Und ich werde diese Vision nachfolgend so ausformulieren, dass sie nachvollziehbar und damit umsetzbar wird, vertrauen Sie mir!

Bevor aber eine neue Vision für HR ihren Platz in Ihrem Kopf einnehmen kann, müssen wir erst einmal die Fesseln der heute propagierten Visionen abwerfen, denn nur so erhalten wir den nötigen Raum für ein neues Zielfoto.

1.1 HR-Business-Partnerschaft: Vision für HR in den letzten Jahren

Achtung !

An dieser Stelle sei vorweggeschickt, dass es mir in den nachfolgenden Zeilen nicht darum gehen soll, ein vollständiges und treffendes Bild von den Modellen und Visionen anderer Autoren zu zeichnen; auch will ich sie gar nicht bewerten. Als Mann (aus) der Praxis spiegele ich nur wieder, welche Versuche einer Umsetzung dieser Visionen ich in der Praxis des Personalmanagements beobachten kann und welche eigenen Visionen, Modelle und Konzepte ich als Lösungen für die Zukunft anbieten möchte.

Inspiriert durch die bemerkenswerte Vision von Dave Ulrich[1] hat HR in den letzten Jahren versucht, die Idee der sog. »HR-Business-Partnerschaft« umzusetzen; also sich stärker an seinen Kunden, dem Business, zu orientieren und auf diese Weise mehr zur Wertschöpfung im Unternehmen beizutragen. Viele Per-

---

1   U. a. in Ulrich und Brockbank: »The HR Value Proposition«, 2005.

sonalabteilungen versuchen seitdem, mit der Rolle des HR-Business-Partners (im Folgenden mit HRBP bezeichnet) an den Tisch strategischer Entscheidungen zu kommen und für die Wertschöpfung im Unternehmen Beiträge zu leisten.

Meist geht die HR-Business-Partnerschaft mit 2 weiteren Organisationselementen einher, die erst eine erfolgreiche Rollenteilung und die Einnahme der Rolle als HRBP ermöglichen:
1. dem sog. »Center of Expertise« (Kompetenz-Center, z.B. für die strategischen HR-Themen Personalentwicklung, Personalgewinnung, Vergütung, Grundsatzfragen) und
2. einem »Center of Scale«, häufig als »Shared-Service-Center« bezeichnet (bündelt alle administrativen HR-Prozesse).

Aufgrund dieser 3 Elemente wird das Modell aus naheliegenden Gründen in der Regel als »3-Box-Modell« bezeichnet. Jedes der 3 Elemente übernimmt einen Teil der notwendigen HR-Gesamtleistung und nur durch diese Arbeitsteilung hat der HRBP den Rücken frei, um seine eng an den Businesserfordernissen ausgerichtete Beratungsarbeit zu leisten.

Diese kurze Beschreibung soll an dieser Stelle ausreichen, in Kapitel 2.1.1.4 gehe ich noch ausführlicher auf Möglichkeiten des HR-Organisations-Designs (nachfolgend HR-Org-Design abgekürzt) ein. Hier geht es mir nur darum, ein Grundverständnis zur Vision der HR-Business-Partnerschaft zu schaffen, um das aktuelle Dilemma von HR erklären zu können. In den zurückliegenden Jahren musste ich viele Fälle mit ansehen, in denen die Umsetzung von Ulrichs Vision nur oberflächlich und nicht ausreichend wirksam gelungen war. Der Titel HRBP wurde allzu schnell auf die Visitenkarten geschrieben, die eigentlich beabsichtige Absicht, eine stärkere Business-Orientierung zu realisieren, blieb aber oft auf der Strecke. Was nämlich allzu häufig vernachlässigt wurde, ist die Erkenntnis, dass ohne die 2 anderen o.g. Elemente des 3-Box-Modells ein HRBP schnell wieder im operativen Tagesgeschäft versinkt und zum »Personalreferenten Deluxe« mutiert; zwar mit einem neuen schickeren Titel, aber derselben Arbeit wie vorher.

So verliert sich dann die wünschenswerte Vision von Ulrich in der Praxis im täglichen operativen »Klein-Klein« und mutiert – so ist zumindest meine Wahrnehmung – in erster Linie zu einer »theoretischen Mannschaftsaufstellung« für die Personalabteilung, die oft mit viel Aufwand herbeigezwungen wurde. Ich persönlich habe Ulrichs Ansinnen eher als eine Philosophie bzw. als eine Grundhaltung verstehen wollen. Aber Menschen brauchen konkrete Umsetzungspläne und da bieten Organigramm-Kästchen und Titel mehr Zugriffsflächen. Dass es aber weit mehr bedarf als eines neuen Organigramms, erläutere ich in Kapitel 2.

Darüber hinaus ist das 3-Box-Modell auch gar nicht für alle Unternehmen und deren Personalarbeit das richtige (dazu mehr in Kapitel 2.1. An dieser Stelle zum Thema Org-Design schon einmal der kurze, aber wichtige Hinweis: »Form follows Function«, zu Deutsch, das Org-Design der Personalabteilung muss sich von den ganz individuellen Erfordernissen eines Unternehmens ableiten und nicht von einem »trendigen« Organisations-Prinzip.

»High Impact HR Operating Model« – immer wieder neue Moden
Nach der großen Welle der »Dave-Ulrichsen-3-Box-Projekte« haben die großen Beratungsunternehmen nicht mehr so recht Anknüpfungspunkte in den HR-Organisationen insbesondere der großen Unternehmen. Wenn alle nach den Ideen von Dave Ulrich transformiert haben, dann gibt es eben nicht mehr so recht etwas zu transformieren. Kleinere Beratungsunternehmen können gut davon leben, Personalabteilungen bei der Optimierung zu helfen, aber die großen müssen ihre Mannschaft mit all ihren hochbegabten Hochschulabsolventen und Juniorberatern mit Komplettsanierungen oder –Umbauten auslasten und so ist es nur eine Frage der Zeit, wann die »nächste Sau durchs Dorf getrieben wird«.

Eines der neuesten Modelle verheißt endlich den Durchbruch für HR und nennt sich: »High Impact HR Operating Model«[2]. Ja, genau so beeindruckt wie Sie es jetzt sind, war ich auch, als ich den Titel las. Ohne den Beratungskollegen zu nahe zu treten, die dies entworfen haben – so recht etwas Neues ist das m. E. nicht. Interessant ist die Idee, dass man als Personaler beim Kunden des Unternehmens vorstellig werden soll, damit man besser begreift, was dieser eigentlich braucht, und es dann im Rahmen des Recruitings und des Talent Managements berücksichtigen kann. Das ist sicher ein frischer Ansatz, ich bin aber gespannt, wann und wie das in der Praxis vonstattengehen wird. Man stelle sich z. B. den Personalleiter einer Feinkäserei vor, der bei einem der Handelsketten vorstellig wird und nach deren Wünschen für die Produkte nachfragt. »Billig und gut« sollen sie sein. Erkenntnis fürs Recruiting wäre dann wohl, Spitzenleute einzustellen, die kaum Gehalt wollen und Superprodukte hinbekommen. Ich bin mir unsicher, aber die Frage hätte ich ggf. auch den Vertriebler im Haus fragen können ...

Interessant an dem Modell ist der Gedanke, weg von Competence Centern hin zu Communities of Experts zu kommen. In Zeiten von Social Media und vernetztem Denken bzw. Arbeiten könnte diese Idee sicher frischen Wind in die Silos

---

2   Drissia Schroeder-Hohenwarth, meine geschätzte Koautorin, sandte mir im Verlaufe der Arbeit an diesem Buch einen Artikel zu, in dem eine der namhaften Unternehmensberatungen ihr neues Modell von der Zukunft der HR-Organisationen beschrieb. Sie meinte, dass sie den Hinweis dazu von einer Seminarteilnehmerin gehört hatte und dass dies vielleicht ein neuer Trend ist, den wir als Berater und Buchautoren nicht verschlafen sollten.

bringen. Externe Gelegenheiten gibt es genug, sich an Communities zu beteiligen und Wissen abzustauben (ich betreibe selbst ein HR-Netzwerk in mehreren Städten Deutschlands, das sich zunehmender Nachfrage erfreut). Und die internen Köpfe haben ggf. auch mehr Wissen und Erfahrungen zu Themen des Personalmanagements. Aber irgendwie erinnert mich die Idee an das geschundene Themenfeld des Wissensmanagements, was letztlich ein alter Hut ist, wenn auch neue Kommunikationsmedien wieder etwas Schwung in diesen Klassiker bringen könnten. Ich glaube, es war vor rund 17 Jahren, als ich Siemensianer war und das geflügelte Wort: »Wenn Siemens wüsste, was Siemens weiß« durch die Flure ging.

Mag sein, dass ich zu kritisch mit dem zugesandten High Impact-Modell bin, aber das war es dann auch schon an neuen Ideen. Der Rest ist 3-Box mit leichten Abwandlungen. Nein, nicht ganz: Natürlich werden beratungsseitig noch »6 Schritte zum Erfolg« als Prozess mitgeliefert, damit der interessierte Head of HR gleich weiß, dass man für den Weg in die blühende Zukunft die einzige kompetente Beratung für dieses Modell am besten gleich mitbestellt.

1.2   Eigen- und Fremdbild der Personaler

Die »HR Image-Studie 2013« von Haufe[3] legte den Finger in eine offene Wunde. Da wurde erhoben, dass die Personaler noch immer ihren Ruf im Unternehmen positiver einschätzen als ihre internen Kunden. Eigen- und Fremdbild sollen nach den Studienergebnissen sogar erheblich auseinanderklaffen.

> **!   Neuro-HR-Tipp**
>
> Eine Verzerrung des Bildes von der eigenen Person ist ein Grundprinzip des Gehirns. Wir sehen uns positiver als wir sind. Die Frage zum Beispiel, ob sich jemand als überdurchschnittlicher Autofahrer sieht, wird zu 80 % mit Ja beantwortet. Das ist statistisch unmöglich, aber ein wenig Selbstüberhöhung ist ein wunderbarer Schutzmechanismus des Gehirns, gesund zu bleiben. Also lieber das Eigenbild etwas zu optimistisch und gesund halten, als realistisch und krank zu sein. Im Verlaufe des Buches werden Sie noch viele Tipps erhalten, wie Sie dazu die entsprechende Leistung erbringen können.

Die bisherigen Leistungsschwerpunkte von Personalabteilungen lagen gemäß der Studie (aus Erfahrung darf ich sagen, »liegen«) allzu häufig noch in der Administration. Diese ist sicher eine wichtige Grundlage der Personalarbeit und

---

3   http://www.umantis.com/assets/downloads/Haufe_HR_Image_Studie-2013.pdf (März 2016).

die Arbeit darin wird von Seiten des Managements und der Mitarbeiter auch als Hauptkompetenz von HR beurteilt. Die Stärke in der administrativen Arbeit wirkt aber auch als eine Fessel, die eine Veränderung der Personalabteilungen hin zu der Business-orientierten Personalarbeit erschwert. Viele Ressourcen werden in der Administration gebunden, viele Pflichten sind gesetzlich und behördlich verankert oder folgen den Erfordernissen der Mitbestimmung. Und sobald es mit den Ressourcen eng wird, gewinnen die administrativen Themen die Priorität und wertschöpfende Beiträge rücken in den Hintergrund. Im Fazit sagt die Studie, dass das Image von HR weit entfernt von Ulrichs oben skizziertem Zielfoto bleibt. Diese klaffende Wunde aufgreifend, verstieg sich mancher sogar darin, herzuleiten, dass Personaler eben auch von ihrer Ausbildung »für komplexe Gestaltungsaufgaben kaum gerüstet« wären, denn nur »Psychologen, Juristen, Geisteswissenschaftler und nicht allzu ehrgeizige Betriebswirte wählen den Hafen Personal, um nicht zu eng mit dem operativen Geschäft in Berührung zu kommen«[4].

Leider waren aber die obigen Meinungen nicht die einzigen Quellen ernüchternder Erkenntnisse. Eine Studie von Promerit mit der Uni St. Gallen und dem Personalmagazin (2013), vom Manager Magazin mit dem Titel »Patzende Personaler« vorgestellt, verteilte die nächste schallende Ohrfeige für das Personalmanagement. Da wurde wieder einmal bestätigt, dass HR »gut im administrativen Klein-Klein, schlecht in Strategie und Wertschöpfung« ist. Und es kam noch dicker: »Das Jammern über die eigene Rolle im Unternehmen scheint zum Job des Personalers zu gehören wie der Taschenrechner zum Controller. Seit vielen Jahren übt sich das HR-Management im Dauerspagat zwischen den Forderungen der Unternehmensleitung und den eigenen Möglichkeiten, deren Begrenztheit wahlweise den Umständen oder gleich der Unternehmensleitung angelastet wird.«[5]

All das bisher Beschriebene ist nicht nur für die Personaler frustrierend, da man sie immer wieder in ihrer administrativen Rolle sieht und die dadurch mangelnden Businessbeiträge beklagt. Viel schlimmer ist es, dass insbesondere das Management und die Führungskräfte ihre notwendigen und zum Teil versprochenen Supportleistungen nicht erhalten. Und dies wiederum ist für den Erfolg von Unternehmen ein begrenzender Faktor. Hier beginnt die Story also betriebs- und vielleicht sogar volkswirtschaftlich relevant zu werden.

---

4   Buchorn und Werle, Manager Magazin, Frust im Job – Hauptsache Ihr werdet billiger, 2012. So einen Schlag in die Magengrube aller Personaler muss man erstmal über die Lippen bekommen. Ich habe eigentlich in den Artikeln und Blogs im Internet auf die Schlagzeile gewartet: »HR ist für die Doofen und Faulen im Lande.« Aber das haben sich selbst die bösesten Schreiberlinge nicht getraut (aber vielleicht gedacht).

5   Werle, Mai 2013, Homepage vom Manager Magazin.

Mir ist klar, dass dies nur eine allzu kurze Zusammenfassung eines komplexen Problems ist. Dieses Buch ist aber auch nicht dazu gedacht, Probleme zu wälzen, sondern Lösungen anzubieten, deshalb wird sich das Autorenteam auch mehr mit Lösungen als mit Problembeschreibungen beschäftigen. Ich hoffe, dies ist im Sinne des Lesers.

1.3 Raus aus der Frustration – auf zu neuen Zielen: HR Excellence

Aus meiner Sicht gibt es nun 2 Möglichkeiten für HR:

a) Kopf in den Sand stecken, auf Dave Ulrich schimpfen, der HR ein solches »Ei ins heimelige administrative Nest« gelegt hat und kräftig schmollen, weil man ja auch nicht an dem strategischen und wertschöpfenden Kuchen im Unternehmen naschen darf und alle selbst ernannten Kritiker auf die unfähigen Personaler einprügeln oder

b) einen neuen Anlauf nehmen und mit schlüssigen Konzepten die Kurve kriegen.

Ich plädiere für die Lösung b und möchte empfehlen, einen vielleicht gar nicht so neuen, aber meines Erachtens richtigen Weg zu gehen, für den ich nachfolgend Anregungen und ein konkretes Modell liefern möchte. (Ich habe genau aus diesem Grunde dieses Buch mit meinem Koautoren-Team geschrieben, um eine Handlungsanleitung für den Weg heraus aus der o. g. Misere zu liefern.) Zunächst einmal aber möchte ich drei, meines Erachtens **notwendige Vorbereitungen** für den Neustart empfehlen:

1. Die Vision der HR-Business-Partnerschaft sollte neu definiert werden, um das Ziel klarer zu gestalten. Dies geschieht aber nicht nach dem Prinzip. »Wenn ich ein Ziel nicht erreichen kann, dann formuliere ich es so lange um, bis es den IST-Zustand beschreibt.« Vielmehr sollen »konstruktive Geburtsfehler«, die meines Erachtens in dem, was aus Ulrichs Vision organisatorisch gemacht wurde, behoben werden. Ich glaube, man muss weg von dem viel zu organisatorisch geprägten 3-Box-Modell-Denken und hin zum **»Kunden-Nutzen-Denken«**. Denn ein großes Problem der oben genannten Misere ist, dass die exponierte Rolle des HRBP sich viel zu sehr nur auf strategische Impulse fokussiert und ihm allein auf diese Rolle festgelegt oft die Voraussetzungen fehlen.

   Gepaart damit vergisst man, die Leistungen der anderen Bereiche bei seinen Kunden zu vermarkten bzw. zu würdigen. In diesem Zusammenhang möchte ich die Leistungen der Shared Service Center bzw. administrativen Bereiche explizit hervorheben, denn auch diese Arbeit schafft einen notwendigen und in großen Teilen aufgrund gesetzlicher Pflichten unerlässlichen Kundennutzen.

2. Die praktischen Erfahrungen der letzten Jahre und die (ausschnittweise zitierten) Studien zeigen m. E. deutlich auf, dass die »Erde allzu verbrannt ist« für die Vision des HRBP. Deshalb schlage ich einen anderen, bereits bekannten Begriff vor, den der **»HR Excellence«**. Dieser kann breiter und ganzheitlicher beschreiben, was HR in Zukunft zum Wohl der Unternehmen leisten muss. So werden große und notwendige Anteile des Personalmanagements nicht außer Acht gelassen. Was HR Excellence bedeuten kann, beschreibe ich im Detail weiter unten.

3. **HR Management** ist nicht Aufgabe von HR allein, sondern **eine Gemeinschaftsaufgabe im Unternehmen**, die sich auf viele Schultern, allen voran denen des Managements, der Führungskräfte und natürlich auch HR selbst verteilt. Der Begriff »Shared HR« trifft dieses Verständnis am besten (vielleicht mit »verteilte Pflichten mit einem gemeinsamen Ziel« am idealsten übersetzt). Es ist in diesem Zusammenhang meine tiefe Überzeugung, dass HR Management und Mitarbeiterführung dasselbe sind. HR Management wird nach meinem Verständnis also in erster Linie von den Managern bzw. den Führungskräften betrieben und die HR-Organisation wird somit zu einem »Subsystem der Unternehmens- und Mitarbeiterführung«. Diese Positionierung ist keine Herabwürdigung, beileibe nicht, denn HR muss als Partner alles liefern und leisten, was dem Management und den Führungskräften ermöglicht, einen richtig guten Job zu machen. Die Aufgaben dabei sind vielfältig, hier nur ein paar Beispiele:

   – proaktive Beratung bei der Unternehmens- und Mitarbeiterführung und -entwicklung in allen strategischen, taktischen und operativen Fragen des Personalmanagements;

   – Prozesse und Instrumente entwickeln, einführen und betreiben;

   – in definierten Prozessen, Rollen und Aufgaben das Management und die Führungskräfte entlasten;

   – dem Management hinsichtlich der gesetzlichen und behördlichen Anforderungen der Personalarbeit den Rücken freihalten.

Goldene HRE-Regel !

Die Grenze dieser Partnerschaft findet sich dort, wo HR anfängt, dem Management und den Führungskräften ihren Job abzunehmen, insbesondere dann, wenn Führung anstrengend wird, wie z. B. bei der Durchsetzung einer Organisationsänderung durch Personalabbau oder bei der Trennung von einzelnen Mitarbeitern (dazu später mehr, insbesondere in Kapitel 3.9 zu Trennungsprozessen).

Aufbauend auf diesen 3 Vorbereitungen – Kunden-Nutzen-Denken, HR Excellence statt HRBP und HR Management als Gemeinschaftsaufgabe – schlage ich deshalb eine neue Vision für ein erfolgreiches HR Management vor, mit der ein

Weg heraus aus der »Frustrationsfalle« für Personaler und Management eine Richtung bekommt:

Lassen Sie uns gemeinsam HR Excellence erreichen durch die Realisierung von 4 Teilzielen:

1. **Kundennutzen**

   Der Kunde von HR bekommt, was er benötigt, strategisch, taktisch und operativ! Dabei ist wichtig, dass

   1. HR Qualität abliefert! Und Qualität ist die Erfüllung der Kundenerwartungen, die man erheben, erfragen, verstehen und manchmal sogar erst einpflanzen muss, bevor man sie erfüllen kann!

   2. klar ist, wer Kunde und wer Dienstleister ist; dies ist eine wichtige Grundeinstellung! Auch wenn HR so etwas wie eine (»neudeutsch« ausgedrückt) Governance-Aufgabe innehat und für die Einhaltung von Gesetzen und Richtlinien eintreten muss, so darf HR nicht vergessen, wer am Ende Kunde und wer Dienstleister ist.

   3. der Kunde die Leistungen auch akzeptiert, die HR ihm zur Erfüllung seiner Ziele an Support leisten will. »Wasch mich, aber mach mich nicht nass« funktioniert nicht, wenn man als Kunde vorankommen will.

2. **3 E (Effektivität, Effizienz, Erfolgreiches Handeln)**

   HR verbraucht für seine Leistungen nur so viel Budget wie angemessen ist, weil es effektiv, effizient und erfolgreich handelt (dazu mehr im Kapitel 2, in dem entlang des 3 E-Modells eine erfolgreiche HR Transformation erklärt wird). Ob der Budgetverbrauch angemessen ist, sollte man prüfen durch

   1. internes Benchmarking: Stellen Sie sich dazu die folgende Frage »Wie viel Budget benötigen wir heute und wie viel weniger benötigen wir morgen, wenn wir uns verbessern?«

   2. externes Benchmarking: Wenn tatsächlich brauchbare Kennzahlen vorhanden sind, macht oft ein Blick über den Tellerrand schnell deutlich, ob das Ausmaß an eigener Verbesserung ausreicht oder man selbst nach einer Verbesserung im Vergleich immer noch zu schlecht dasteht.

3. **Organisations-Design**

   HR hat sich so aufgestellt, wie es der Auftrag bzw. die Bedürfnisse des Unternehmens erfordern, und nicht, wie man es selbst als angenehm empfindet oder wie es andere gerade machen, weil es einem Trend entspricht!

4. **Zufriedenheit und Stolz**

   Wenn alle Beteiligten, allen voran die Kunden, aber auch und insbesondere die Personaler selbst zufrieden sind, ihre Erwartungen erfüllt sehen und obendrein noch Stolz bei ihrer gemeinschaftlichen HR-Arbeit verspüren, entsteht ein positives Grundgefühl, das Kraft verleiht für die täglichen Herausforderungen im Kampf um den Unternehmenserfolg!

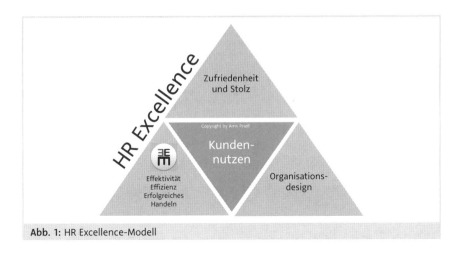

Abb. 1: HR Excellence-Modell

1.4 Kundennutzen entlang der Zeitachse

Wenn man die 3 Hauptkunden von HR betrachtet (Management, Führungskräfte und Mitarbeiter) und dann auf der Zeitachse definiert, welchen Nutzen HR

- operativ (kurzfristiger Bedarf, was wird heute, morgen, diese Woche und diesen Monat benötigt?),
- taktisch (Bedarf im Verlaufe des Geschäftsjahres) und
- strategisch (Bedarf in 3-5 Jahren)

stiften muss, gelangt man zu einem vollständigen Bild des Leistungsspektrums der Personalabteilung. Bei einer solchen auf Vollständigkeit bedachten Betrachtung wird transparent, dass vieles, was HR leistet, aber in der HRBP-Diskussion kaum Wertschätzung erfährt, auch den Unternehmenserfolg sichert. So kann ein Unternehmen z.B. nicht gedeihen, wenn nicht monatlich pünktlich Meldungen bei den Behörden erfolgen oder das jeweilige Entgelt auf den Konten der Mitarbeiter eingeht. Diese Leistungen gehören in das operative Aufgabenspektrum einer Personalabteilung und dürfen in keinem Fall vernachlässigt werden.

Die nachfolgende Übersicht zeigt in Stichworten auf, welche HR Leistungen für welchen Kunden entlang der Zeitachse abzuliefern sind.

Im Nachfolgenden vertiefe ich den operativen administrativen Bereich nicht weiter, denn dieser wird ja von den Kunden der Personalabteilung als Hauptkompetenz zurückgespiegelt. Lassen Sie mich stattdessen noch ein paar Anregungen für den strategischen und taktischen Bereich zukünftiger HR Leistungen geben, bevor die nachfolgenden Kapitel sich intensiver damit beschäftigen.

		Sicherstellung gesetzlicher Pflichten und Unternehmensinterner Richtlinien	Jährliche Prozesse für strategische quantitative und qualitative Personalplanung	Moderation von strategischen Prozessen und Beratung der Organisationsentwicklung
Kunden	Mgt / Unternehmens-entwicklung			
	FK / Mitarbeiter-führung	Beratung und Support für die tägliche MA-Führung	Jährliche Prozesse für Personalentwicklung, Performance Management und Vergütung	Beratung und Support bei der langfristigen Leistungssteigerung des Verantwortungsbereiches
	MA / Eigene Entwicklung	Sicherstellung des administrativen Supports	Beratung und Support bei der individ. Personalentwicklung und der Umsetzung vertragl. Rechte	Beratung und Support bei der langfristigen Personalentwicklung
	Fokus	operativ	taktisch	strategisch
		Zeitachse		

Abb. 2: Kunden und Nutzen, den HR entlang der Zeitachse leisten muss
(Legende: MA = Mitarbeiter, FK = Führungskräfte, Mgt = Management)

Zuerst ein Rat für den strategischen Unterstützungsbereich:

! Goldene HRE-Regel

Vermeiden Sie es, in eine strategische Beratungsrolle schlüpfen zu wollen, begeben Sie sich lieber proaktiv in eine strategische Moderationsrolle.
Erlernen Sie z. B. die Prinzipien vom Direttissima-Ansatz von Malik und bauen Sie Ihre Moderationskompetenz aus. Das Management wird dankbar sein, dass jemand im eigenen Hause im Rahmen des strategischen Prozesses diese Entlastung einbringen kann, sodass sich die beteiligten Manager auf die Inhalte fokussieren können. Wenn man dann ab und zu seine Moderationsrolle verlässt und gezielte HR-Impulse in die strategischen Gedanken pflanzt, ist man genau da, wo man hin will: zum frühestmöglichen Zeitpunkt bei strategischen Überlegungen mit am Tisch zu sitzen.

! Praxis-Beispiel

Hier ein Beispiel aus einem Beratungs-Unternehmen der Luftfahrt-Branche: Das Management plante, innerhalb eines Zeitraumes von 2 Jahren einen strategischen Schwenk von einem »Body-Leasing« hin zu einer Management-Beratung zu vollziehen. Die Personaler am Tisch in der Rolle als Moderatoren begleiteten diese strategische Umwälzung gleich von Beginn an mit sinnvollen Hinweisen auf eine notwendige strategische Personalentwicklung und Personalplanung (neudeutsch »Workforce Planning«) und deren zeitliche Erfordernisse. So konnten frühzeitig unrealistische Ideen in realistische Vorhaben umgewandelt werden. Denn einen solch dramatischen Schwenk für einen Zwei-Jahres-Zeitraum zu definieren, ist auf Folie schnell gemacht; die Mitarbeiter aber in ihren Kompetenzen dorthin zu entwickeln, den »Mindset« jedes Einzelnen und die Unternehmenskultur neu auszurichten, nicht entwicklungsfähige und -unwillige Mitarbeiter vorausschauend abzubauen sowie neue Ressourcen für das Unternehmen zu suchen und zu gewinnen, neue Vergütungsimpulse konzeptionell und vertraglich zu implementieren u. v. a. m., stellt einen ungeheuren Kraftakt für ein Unternehmen dar, der gar nicht genug geplant und früh genug begonnen werden kann.

Für eine solch frühzeitige bzw. rechtzeitige Einbindung muss man als Personaler 2 Eigenschaften besitzen:

1. Man muss dazu die **richtigen Kompetenzen** an Bord haben im Sinne von
   a) Wissen und Können, insbesondere in der Moderation, Beratung und in der Erarbeitung strategisch wirksamer HR-Prozesse sowie
   b) von Befugnissen, an strategischen Prozessen mitarbeiten bzw. bei den relevanten Meetings und Gremien eine Rolle spielen zu dürfen.
2. Man muss **bei den Führungskräften akzeptiert sein** und von diesen als Partner eingebunden und gehört werden, wenn es um strategische und taktische Planungen geht, sodass Rat und Hilfe auch gewünscht und angenommen wird.

Für den ersten Punkt müssen die Personaler selbst sorgen. Das ist schwer genug, denn man muss meist »auf Halde« lernen bzw. in Vorleistung gehen, bevor die zweite Eigenschaft der Akzeptanz durch die Führungskräfte erreicht wird. Trotzdem empfehle ich dringend, sich diese Kompetenzen proaktiv anzueignen. Für den zweiten Punkt müssen die Führungskräfte den Personalern entgegenkommen und dies sowohl einfordern als auch zulassen. Ansonsten entsteht ein »klassischer Teufelskreislauf«: HR bleibt in der administrativen Schmollecke, weil die Führungskräfte Moderation, Wissen und Rat nicht annehmen, und deshalb baut HR diese Fähigkeiten auch nicht auf oder, wenn sie proaktiv aufgebaut wurden, verblassen sie wieder, weil sie nicht in die Praxis transferiert werden können und man auch kein Personalentwicklungs-Budget in die Hand nehmen darf, um die Kompetenzen frischzuhalten.

Neben der schwierigen strategischen Rolle gibt es entlang der o.g. Zeitachse auch einen taktischen »Mittelbereich«, der einen großen Einfluss auf den Unternehmenserfolg hat, aber heute m.E. bei HR noch vernachlässigt wird. Personalabteilungen bieten i.d.R. zwar schon einiges an Unterstützung bei jährlich wiederkehrenden HR- bzw. Führungs-Prozessen. So sind jährliche Mitarbeitergespräche, davon abgeleitete Beratung bei der Personalentwicklung der Mitarbeiter oder Vergütungsprozesse mittlerweile Mindeststandard, aber für die Vollständigkeit notwendiger taktischer HR-Leistungen und einer engen Partnerschaft mit dem Management und den Führungskräften bedarf es deutlich mehr. Um die Partnerschaft zwischen HR und den Führungskräften konkreter auszugestalten, habe ich mit dem Omega-Prinzip einen »Missing Link« zwischen HR Management und Mitarbeiterführung entwickelt. Dieses beschreibt nicht nur vollständig die Herausforderungen und Pflichten einer Führungskraft, sondern erläutert auch, welchen Support die Personalabteilung zum Gelingen der Mitarbeiterführung leisten muss (dazu mehr im Kapitel 3.5 oder im Buch »Führen mit dem Omega-Prinzip«).

1.5   Plädoyer für den Aufbruch zu HR Excellence

Mein **Plädoyer an alle Personaler** ist: Geben Sie nicht auf, eignen Sie sich Moderations- und Beratungs-Kompetenzen sowie das Wissen über strategische HR-Prozesse an (insbesondere Strategische Personalplanung und -Entwicklung), bieten Sie taktische Instrumente und Prozesse an, um die Führungskräfte zu unterstützen und robben Sie sich millimeterweise an die Akzeptanz Ihrer Kunden heran. Jeden Tag ein paar Zentimeter!

Mein **Plädoyer an das Management und die Führungskräfte** ist: Holen Sie die Personaler an den Strategie-Tisch, machen Sie sie zu Ihren Moderatoren und frühzeitigen Impulsgebern, fordern Sie Stützprozesse für die Führung ab und wertschätzen Sie auch die operativen und administrativen HR-Leistungen. Auch diese benötigt ein Unternehmen zum Erfolg!

Dieses Buch ist so geschrieben, dass es Ihnen eine Handlungsanleitung für Ihren Weg zu HR Excellence liefert. Folgen Sie den Kapiteln und Sie erhalten Tipps und Konzepte in der richtigen Reihenfolge, um Ihre eigene Version des o. g. Zielfotos zu erreichen.[6]

Wenn Sie das Gefühl haben, dass in Ihrem Unternehmen der Weg zu HR Excellence noch ein verdammt langer ist und Sie deshalb meinem Plädoyer mit den Worten von Helmut Schmidt, dem ehemaligen Bundeskanzler der Bundesrepublik Deutschland (1974 bis 1982), »Wer Visionen hat, sollte zum Arzt gehen!«, den Wind aus den Segeln nehmen wollen, dann möchte ich Ihnen mit den Worten von Laotse Mut für Ihren Weg zusprechen:

> *Auch eine Reise von tausend Meilen beginnt mit einem ersten Schritt!*
> Laotse (571 bis 531 v. Chr.)

Und wenn die Reise obendrein ein lohnenswertes Ziel vor Augen hat, dann schließt sich der beschrittene Kreis des ersten Kapitels, denn eine starke Vision setzt bekanntlich Dopamin frei und das verleiht, um es werbesprachlich auszudrücken, Flügel.

---

6   Und wenn das Lesen allein nicht ausreicht, stehe ich Ihnen mit meinen Kollegen auch gerne mit Rat und Tat zur Verfügung.

Also heben Sie ab!

Tun Sie dies aber gemeinsam mit Ihrem Team, denn nur gemeinsam kann man das Leistungsspektrum einer Personalabteilung umkrempeln. Und nichts verleiht einem Team mehr Flügel als ein gemeinsames Ziel – Dopamin sei Dank!

Neuro-HR-Tipp !

Dopamin kann man als Droge für das Gehirn bezeichnen, die für neue Verknüpfungen sorgt. Motivation bzw. das Streben nach einem neuen spannenden Ziel sind neurobiologisch gesehen »Dopamin«. Wenn Dopamin im Gehirn ist und sich Nervenzellen neu verbinden, dann entstehen Ideen und Begeisterung. Ziel von HR sollte es daher sein, »Drogendealer« des Unternehmens zu werden und neben dem normalen Arbeitsalltag immer wieder spannende Projekte anzuregen oder auch daran mitzuwirken, dass jeder möglichst seinen idealen Platz im Unternehmen findet. Wenn Menschen den richtigen Arbeitsplatz haben, dann sind sie sozusagen dauernd high, was zu Top-Ergebnissen und einer Top-Motivation führt.
Sorgen Sie für gehirneigene Drogen!

---

2 HR-Transformation mit dem 3 E-Modell

Autor: Arne Prieß

Nachdem ich 15 Jahre lang im Personalmanagement tätig war, davon 12 Jahre als Vorstand eines Personalmanagement-Beratungsunternehmens, gründete ich meine eigene Firma. In dieser wollte ich meine bisherigen Erfahrungen, wie man Personalabteilungen erfolgreich neu bzw. besser aufstellt, in leicht erklärbaren und nachvollziehbaren Modellen abbilden. Ich war schon immer der Meinung, dass ein Modell nur verstanden werden kann, wenn ich es auf einem Flipchart in fünf Minuten skizzieren und erklären kann. Alles, was länger dauert, ist nach meiner Erfahrung schon zu kompliziert und deshalb insbesondere in der Beratung wenig hilfreich. Das grundlegendste Modell, nach dem ich arbeite, ist das 3 E-Modell. Dieses erklärt, wie man unter der Berücksichtigung von **Effektivität, Effizienz und Erfolgreichem Handeln** eine nachhaltige Verbesserung der Personalarbeit sicherstellt.

Lassen Sie uns mit 3 fiktiven Situationen beginnen, damit Sie mit dem Modell etwas warm werden. Stellen Sie sich vor:

a) Sie betreiben ein ganz tolles HR Management, Sie und Ihr Team sind total begeistert von Ihrem Tun. Und Ihr Geschäftsführer fragt Sie:
»Und wozu ist das gut, welche meiner Unternehmensziele werden wodurch unterstützt, ich kann es nicht erkennen?«

b) Sie betreiben genau die richtigen HR-Prozesse, jene, die sich für die Unternehmensstrategie wirksam anfühlen.
Aber leider ist alles eine Nummer zu groß, zu kompliziert und die HR-Prozesse werden deshalb falsch angewendet. So wollen Ihre tollen Versprechen an Ihre Geschäftsführung einfach nicht aufgehen.

c) Alles, was Sie tun, passt haargenau zur Unternehmensstrategie und die Prozesse sind super durchgestylt sowie IT-seitig unterstützt.
Aber Ihre HR-Mitarbeiter und die an den Prozessen beteiligten Führungskräfte kriegen es einfach nicht »auf die Kette«, wissen und können es nicht, und irgendwie wollen Sie es deshalb auch nicht.

Alle 3 Situationen führen nicht zur Zufriedenheit, bei Ihnen nicht und auch nicht bei anderen Beteiligten und schon gar nicht bei Ihren Kunden. Was also tun? Hier kommt das 3 E-Modell ins Spiel! An dieser Stelle möchte ich Ihnen nur einen kurzen Überblick geben, in den nachfolgenden Kapiteln werde ich es detaillierter beschreiben.

1. **Effektivität** in der Personalarbeit entsteht, wenn man eine HR-Strategie von der Unternehmensstrategie ableitet und alle HR-Konzepte und -Prozesse, die man betreibt, wirksam auf die Erreichung der Unternehmensziele »einzah-

len«. Damit ist klar: Effektiv kann HR-Arbeit nur sein, wenn sie sich nach den Zielen des Unternehmens richtet. Und dafür muss man die Ziele kennen bzw. definieren. Ansonsten greift das Motto: Wir wissen bei HR nicht, wo es hingehen soll, aber wir rudern mit doppelter Kraft, das können Sie uns glauben!

2. **Effizienz** in der Personalarbeit entsteht, wenn man professionelle HR-Prozesse entwickelt und betreibt. Professionell ist ein Prozess, wenn er sich an Best-Practice-Maßstäben orientiert und die vorhanden Ressourcen nicht ohne Not und über Gebühr beansprucht. Leider liegt die Bewertung, ob etwas professionell ist, meist im Auge des Betrachters. Deshalb ist es wichtig, dass man sich als Personaler mit anderen austauscht, wie diese ihre Prozesse betreiben. Natürlich kann man die Erkenntnis über Professionalität auch aus Büchern oder durch den Einsatz von erfahrenen HR Consultants gewinnen. Wo immer aber man sich das Wissen herholt, man muss über den Tellerrand des eigenen Wissens blicken, ansonsten redet man sich manch eigenen Murks so lange schön, bis man selbst dran glaubt, wie toll man ist.

3. **Erfolgreiches Handeln** in der Personalarbeit entsteht, wenn die an HR-Prozessen beteiligten Personen wissen, was sie tun, weil sie darauf vorbereitet bzw. ausgebildet wurden. Allzu häufig werden HR-Prozesse im »Bombenwurf« etabliert und die Beteiligten, und hier möchte ich insbesondere die Führungskräfte als Hauptbetreiber von HR-Prozessen benennen, wurschteln herum, weil sie es halt nicht besser wissen und mangels vorbereitender Trainings eben nach gesundem Menschenverstand (GMV) agieren. Vom Grundsatz her ist GMV eine gute Sache, aber bei manchen ist er eben nicht ausreichend ausgeprägt oder reicht nicht für den Betrieb von Best-Practice Prozessen aus. Immer daran denken: Gute Personalarbeit ist nicht gut, weil man sie macht. Sie ist gut, wenn man sie gut macht!

> **!** **Goldene HRE-Regel**
>
> Die o. g. Reihenfolge des 3 E-Modells ist bewusst gewählt:
> 1. Erst muss ich wissen, was ich erreichen will (HR-Strategie angelehnt an die Unternehmensziele), und dann auf wirksame Konzepte mein Augenmerk legen.
> 2. Dann muss ich die Detailprozesse schlank und funktionstüchtig entwickeln.
> 3. Und dann braucht es kompetente Umsetzer.
>
> Halten Sie sich bitte an diese Reihenfolge und überspringen Sie nicht den ersten Ausgangspunkt der Effektivität. Als Berater habe ich schon einige Personalabteilungen auditieren dürfen und dabei habe ich zahlreiche wirklich klasse funktionierende HR-Prozesse gesehen. Wenn diese dann aber leider nicht in die Unternehmensziele einzahlen, dann hat man das, den Personalern typischerweise vorgeworfene Syndrom: nämlich, dass HR sich um sich selbst dreht und Themen betreibt, die eigentlich keiner so richtig benötigt. Dafür fehlen dann die knappen Ressourcen dummerweise an anderen Stellen, bei denen ein wirksamer und wichtiger Beitrag zum Unternehmenserfolg geleistet werden müsste.

Bitte agieren Sie deshalb immer nach dem Motto: Wir betreiben einen Prozess, weil er für den Unternehmenserfolg wichtig ist (und nicht andersherum: Was wir tun, ist wichtig, weil wir es tun …).

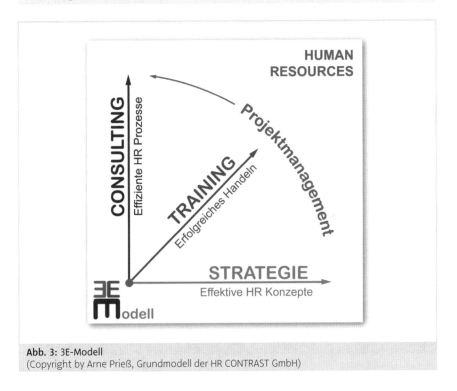

Abb. 3: 3E-Modell
(Copyright by Arne Prieß, Grundmodell der HR CONTRAST GmbH)

Stellen Sie sich die 3 o. g. Situationen noch einmal vor, nun aber, nachdem Sie mit dem 3 E-Modell gearbeitet haben:

a) Sie betreiben ein ganz tolles HR Management, Sie und Ihr Team sind total begeistert von Ihrem Tun. Und Ihr GF sagt Ihnen:
»Bei Ihnen weiß ich, dass unsere Unternehmensziele wirksam unterstützt werden; wenn nur alle Bereiche so effektiv wären …«

b) Sie betreiben genau die richtigen HR-Prozesse, jene, die sich für die Unternehmensstrategie wirksam anfühlen.
Und jeder Prozess ist angemessen und schnell, jedes HR-Tool Best Practice und deshalb lösen Sie Ihre tollen Versprechen an Ihre Geschäftsführung stets ein.

c) Alles, was Sie tun, passt haargenau zur Unternehmensstrategie und die Prozesse sind super durchgestylt sowie IT-seitig unterstützt.
Ihre Mitarbeiter und die beteiligten Führungskräfte sind gut trainiert und befähigt, und deshalb haben Sie auch merklichen Spaß an Ihrer Arbeit, jeden Tag!

Natürlich sind die Zustände in den zweiten Situationsbeschreibungen Idealvorstellungen, die man sich durch harte Arbeit erkämpfen muss und für die es keinen »Harry-Potter-ich-wedel-mal-mit-dem-Zauberstab-Spruch« gibt. Aber mit dem 3 E-Modell hätten Sie einen Plan, wie Sie diese schöne Zukunft anstreben könnten – trauen Sie sich!

Wichtig, und deshalb auch in der obigen Abbildung dem 3 E-Modell als Element hinzugefügt, ist ein angemessenes Projektmanagement. Eine HR-Transformation hin zu blühenden HR-Landschaften hat zumeist so viel Komplexität, dass man ohne professionelles Projektmanagement nicht hinkommt. Für diese Methodik empfehle ich Ihnen mein zweites Buch »Zeit- und Projektmanagement«. Fragen Sie sich vor einem HR-Projekt immer selbstkritisch: Habe ich die Kompetenz, dieses Projekt professionell zu managen? Wenn Sie dies mit Nein beantworten müssen, denken Sie bitte an das dritte E, Erfolgreiches Handeln, mit den dort empfohlenen Personalentwicklungsmaßnahmen.

Das Modell können Sie auch als Ablaufskizze darstellen, falls Ihnen das eingängiger erscheint.

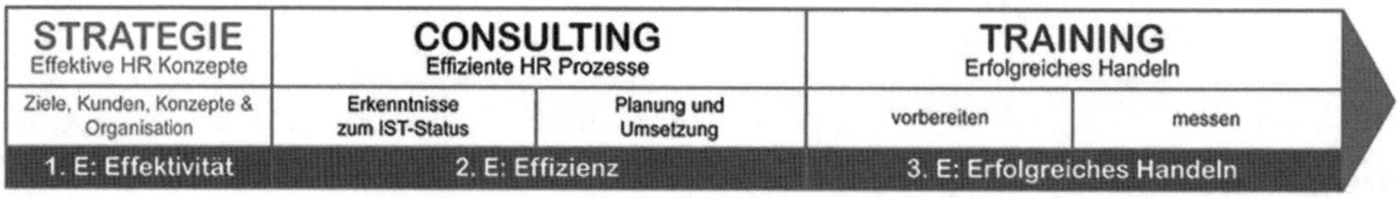

STRATEGIE Effektive HR Konzepte	CONSULTING Effiziente HR Prozesse		TRAINING Erfolgreiches Handeln	
Ziele, Kunden, Konzepte & Organisation	Erkenntnisse zum IST-Status	Planung und Umsetzung	vorbereiten	messen
1. E: Effektivität	2. E: Effizienz		3. E: Erfolgreiches Handeln	

Abb. 4: 3E-Modell als Ablaufskizze

In dieser Ablaufdarstellung habe ich zusätzlich vermerkt, dass man vor der Einführung von HR-Prozessen auch den jeweiligen IST-Zustand analysieren sollte. Wenn man ganz neue Prozesse und Konzepte einführt, hat man in der Regel eine »grüne Wiese« und kann frei aufspielen. Aber auch hier muss man IST-Elemente berücksichtigen, wie z.B. die Kultur, IT-Systeme und Umfang und Qualität der beteiligten Ressourcen. Wenn man bestehende HR-Prozesse optimieren will, ist die Analyse des IST-Zustandes unerlässlich, um den Ausgangspunkt zu erkennen (dazu mehr in Kapitel 2.2).

Beim dritten E, dem Erfolgreichen Handeln, muss man Trainingsmaßnahmen natürlich erst vorbereiten und sich über Didaktik und Methodik Gedanken machen. Der Begriff »Training« steht im 3 E-Modell übrigens synonym für Personalentwicklungsmaßnahmen, die sicher nicht nur und nicht immer Training bedeuten[7]. Nach

---

7   Dazu aber mehr in Kapitel 3.5.2.3 Die 4 Schrauben der Personalentwicklung.

der Durchführung sollte man zudem an gezielten Stellen messen, ob wirklich erfolgreich gehandelt wird (dazu mehr in Kapitel 3.8 HR Controlling.). Hier das ganze Modell noch einmal im »Schweinsgalopp«:

Das 3 E-Modell in vereinfachter Übersicht		
Effektivität	**Effizienz**	**Erfolgreiches Handeln**
Leiten Sie jährlich Ihre **HR-Strategie** von der Unternehmensstrategie ab. Aufgrund der erarbeiteten HR-Strategie können Sie Ihr zukünftiges **Leistungsspektrum** definieren – in Anlehnung an die Unternehmensziele.	**Analysieren** Sie regelmäßig Ihre **Prozesse, Konzepte und Instrumente**, ob sie **schlank** und professionell sind. **Planen** Sie die **Optimierung bzw. Neueinführung von HR-Prozessen** sorgsam und nach Prioritäten.	Bereiten Sie die Beteiligten Ihrer Prozesse mit **kollektiven und individuellen Personalentwicklungsmaßnahmen** auf die erfolgreiche Anwendung von HR-Prozessen zeitgerecht und ausreichend vor.
Stellen Sie **Ihr Team** passend zu dem neu definierten Leistungsspektrum auf!	Eine Dauergroßbaustelle braucht niemand, nur Step by Step schaffen die Ressourcen eine Effizienzsteigerung!	Nur wer etwas kann, hat auch Spaß daran!
Achten Sie bei allen Punkten auf die Freigabe der Geschäftsführung, strategisch sein braucht Rückenwind!	Beziehen Sie die beteiligten Mitarbeiter mit ein, um Prozessakzeptanz von Anfang an zu fördern.	

> **Wichtig** !
>
> Haben Sie den Mut, regelmäßig zu messen, ob Ihre Prozesse erfolgreich angewendet werden und die gewünschten Ergebnisse liefern. Nichts ist schlimmer als »Glaube, Liebe, Hoffnung«! Fragen Sie dazu auch regelmäßig Ihre Kunden, ob sie mit Ihren Prozessen und Dienstleistungen zufrieden sind!

2.1 Effektivität durch eine HR-Strategie

Es kommt nicht darauf an, die Zukunft vorherzusagen,
es kommt darauf an, auf die Zukunft vorbereitet zu sein.
Perikles (495 bis 429 v. Chr.)

Selten treffe ich auf Personalabteilungen, die mir eine HR-Strategie zeigen können, wenn ich angesichts einer Konzeptberatung danach frage. Meistens liegt das Fehlen der HR-Strategie an mangelnder Vorausschau der Verantwortlichen, oft verursacht durch die Anforderungen des Alltags. Die Gegenwart saugt mit all ihren operativen und administrativen Gegebenheiten die gesamte Kraft weg und da bleibt kaum Muße, sich mit Dingen zu beschäftigen, die noch gar nicht relevant sind. Mit der oft gehörten Anmerkung »Wer weiß denn schon, was in 3 Jahren bei uns los ist« wird diese Haltung entschuldigt. In den meisten Fällen gibt es ebenfalls keine Unternehmensstrategie, die eine Kultur des Nach-vorne-Schauens und der Vorbereitung auf die Zukunft unterstützen würde. So kämpft jeder im Unternehmen dann lediglich mit dem Tagesgeschäft und um die Erfüllung des Jahresplanes. Dass die Personalabteilung in einer solchen Kultur dann nicht als strategisch arbeitende Enklave auftritt, versteht sich von selbst.

! **Neuro-HR-Tipp**

Beim Blick in die Zukunft spielt Dopamin ebenfalls eine Rolle. Denn diese Fähigkeit ist eng an den Neurotransmitter Dopamin gekoppelt. Wie stark unsere Dopamin-ausschüttung tatsächlich ist, hängt von unserer Veranlagung und der Lebens-situation ab. Achten Sie in Teams immer darauf, die Komponente Dopamin zu berücksichtigen, also genügend Menschen mit Neugierde (und vielleicht krummen Lebensläufen) an Bord zu haben. So sorgen Sie für einen guten Mix aus Neugierde und Gewissenhaftigkeit.

In der Tat können Sie nicht (genau) wissen, was in 3 oder womöglich 5 Jahren in Ihrem Unternehmen oder Ihrer Branche los sein wird, aber Sie können Ihre Zukunft beeinflussen, indem Sie rechtzeitig die Themen angehen, von denen Sie heute wissen, annehmen oder definieren, dass Ihre Zukunft davon beeinflusst wird. Es geht mit Perikles Worten also darum, sich auf eine mögliche Zukunft vorzubereiten! Die Sinnhaftigkeit einer HR-Strategie wird ebenfalls von den Worten Moshe Feldenkrais untermauert:

> *Du kannst nur tun, was Du willst, wenn Du weißt, was Du tust.*
> Moshe Feldenkrais, 1904, bis 1984

Ich würde es noch etwas abwandeln wollen: Du kannst nur tun, was Du willst, wenn Du weißt, was Du tun willst.

2.1.1 Erarbeitung einer HR-Strategie

Bevor man sich in die Erarbeitung der HR-Strategie stürzt, sollte man vorher etwas »Strategie-Kunde« betreiben. Deshalb werde ich in diesem Unterkapitel einen kleinen Überblick über den strategischen Prozess sowie die wichtigsten strategischen Begriffe und deren Bedeutung geben.

2.1.1.1 Kurze Einführung in die Strategiearbeit im Unternehmen

Vor der HR-Strategie steht die Unternehmensstrategie. Jedes Unternehmen sollte daher einmal im Jahr, i.d.R. am Anfang der regelmäßig durchgeführten Businessplanung, in der ein konkreter Plan für das nächste Geschäftsjahr erarbeitet wird, eine »strategische Runde« drehen. Dabei werden, am besten in 2-3 Workshops gemeinsam mit dem Top Management, die strategischen Ziele des Unternehmens für die nächsten 3 (manchmal, wenn man besonders vorausschauend sein will, 5) Jahre definiert und deren Erreichung durch entsprechende Maßnahmen untermauert[8]. Bevor ich tiefer einsteige, vorab eine erste Definition des Begriffes Strategie:

> **Wichtig**   **!**
>
> Ganz kurz definiert ist eine Strategie ein Plan. Dieser besteht aus Zielen und einem Bündel von jenen Maßnahmen, die zur Zielerreichung nötig sind.

Der strategische Planungsprozess muss die folgenden Elemente berücksichtigen, damit man nicht auf eine blauäugige und rosarote Zukunft hin plant, die mit der Realität wenig zu tun haben wird. So müssen folgende Faktoren für eine Unternehmensstrategie bedacht werden.

- **Ausgangslage:** Man muss wissen, wo man steht. Die IST-Situation sollte realistisch eingeschätzt werden bzw. bekannt sein.
- **Ziele** für die wichtigsten Unternehmensbereiche müssen definiert werden. Sie ergeben sich häufig zu folgenden Themen: Finanzen (z.B. Umsatz, Gewinn), Marktanteile, Vertriebsziele (Anzahl und Zusammensetzung von Kunden-Portfolios), Ergebnisse in Bereichen wie Forschung & Entwicklung, Produktion. Welche Unternehmensbereiche besonders mit langfristigen Zielen auszurichten sind, ergibt sich aus dem jeweiligen Geschäft, das man betreibt.
- **Maßnahmen** müssen geplant werden, die glaubhaft und wirksam für die Zielerreichung erscheinen. Dabei gibt es:
  - erfolgskritische **Hauptmaßnahmen** – das sind die Maßnahmen, die das Erreichen der wichtigsten Ziele gewährleisten. Wenn ich z.B. als ein Hauptziel eine signifikante Umsatzsteigerung definiert habe, dann kann die Eroberung eines neuen Absatzmarktes, beispielsweise auf einem anderen Kontinent, eine sinnvolle Hauptmaßnahme sein;

---

8   Weiter oben habe ich empfohlen, dass der Personalleiter der Moderator des strategischen Planungsprozesses im Unternehmen sein sollte. Für diese Rolle muss man mehr wissen, als ich in diesem Kapitel beschreiben kann, ansonsten müsste ein guter Teil dieses Buches ein Leitfaden für die Strategiearbeit werden. Der strategische Planungsprozess ist aber auch keine Atomphysik, sodass es i.d.R. reicht, sich den Vorgang einmal von einem externen Berater moderieren zu lassen, ihn sich dabei abzuschauen und dann beim nächsten Mal, vielleicht mit ein bisschen Supervision, selbst zu moderieren.

- erfolgskritische **Startmaßnahmen** – das sind Maßnahmen, die als Erstes erfolgen müssen, damit man überhaupt eine geeignete Ausgangsposition einnehmen kann. So kann z.B. die Einstellung eines unwirtschaftlichen Produktes notwendig sein, um Ressourcen und Budget für die Entwicklung neuer Produkte freizumachen. Oder man muss ein Patent erlangen, bevor man mit einer neuen Technik an den Markt geht;
- wichtige **begleitende Maßnahmen** – das sind z.B. die Maßnahmen der Support-Bereiche im Unternehmen (IT, Finanzbereich, HR, Marketing und Public Relations etc.). So kann die Einführung einer neuen Standardsoftware durch die IT-Abteilung im Unternehmen eine wichtige Begleitung bei der Effizienzsteigerung aller Prozesse sein;
- **unterstützende Maßnahmen** – das sind Maßnahmen, die auf »kleiner Flamme«, aber kontinuierlich betrieben werden müssen. So sind z.B. kulturelle Veränderungen durch begleitendes Culture Change Management zu unterstützen. Kulturen ändern sich nicht durch kurze und knackig durchgeführte Maßnahmen, sondern nur durch geduldiges und langfristiges Agieren;
- **Maßnahmen zur Sicherung des Erfolges** – das sind jene Maßnahmen, die nach erfolgten Hauptmaßnahmen die Nachhaltigkeit sichern müssen. Wenn Sie z.B. in Indien ein Werk aufbauen und dazu die Belegschaft suchen, einstellen und einarbeiten, dann müssen Sie im Anschluss unbedingt ein Mitarbeiterbindungskonzept etablieren. Ansonsten wird Ihnen die Fluktuation in Form von ganzen Teams, die gut ausgebildet zur Konkurrenz wechseln, bald wieder einen Strich durch die »Rechnung des Erfolges« machen.

! **Achtung**

Auch die HR-Strategie gehört vorrangig in diesen Bereich der wichtigen begleitenden Maßnahmen. Manchmal jedoch sind strategische HR-Ziele und -Maßnahmen erfolgsentscheidend, deshalb darf man die HR Strategie nicht automatisch in ihrer Wichtigkeit »degradieren« und in dem Segment der Begleitmaßnahmen verorten. Dazu ein Beispiel: In Kapitel 1.4 erwähnte ich ein Unternehmen, das Luftfahrtgesellschaften berät. Der in diesem Unternehmen geplante Schwenk von einem eher »Body-leasing-orientierten« Beratungsunternehmen, in dem man monatelang Projektressourcen auf unterer Ebene bei Kunden einbrachte, hin zu einem Management-Beratungsunternehmen erforderte einen erheblichen Schwenk in den Schlüsselkompetenzen der Berater. Von dem Gelingen dieser strategischen Personalentwicklung hing letztlich das Erreichen des Unternehmensziels ab. Und in solchen Fällen sind die HR Maßnahmen dann erfolgskritische Hauptmaßnahmen.

- **Stakeholder**, d.h., Interessenten an Ihrem Unternehmen (z.B. Gesellschafter, Kunden, Mitarbeiter, Partner, Behörden, Betriebsräte, Gewerkschaften

u. v. a. m.) müssen erkannt, in ihren Bedürfnissen verstanden und entsprechend gemanagt werden. Nichts ist schlimmer, als Stakeholder außer Acht zu lassen und dann, wenn man so richtig schön auf dem strategischen Siegeswagen unterwegs ist, von diesen missachteten Interessenten ausgebremst zu werden.

Neuro-HR-Tipp !

Im Neuro-Kapitel 3.9.8 wird noch vom Schmerz der Außenseiter zu sprechen sein. Dieses menschliche Prinzip des Bedürfnisses, Berücksichtigung zu finden, gilt natürlich auch für o. g. Stakeholder (für manche sogar stärker). Als Kränkung wird oft ein Ausschluss von Teilhabe an Informationen gesehen. Dabei spielt es keine Rolle, welche Intention Sie haben, sondern wie es beim Stakeholder aufgefasst wird. Auch rationale Argumente sind nicht wirklich hilfreich. Die Sehnsucht, zum Kreis der Informierten zu gehören, ist stärker als jede Rationalität.
Informieren Sie so häufig und viel, wie es sinnvoll und möglich ist.

- **Umweltfaktoren** sind Rahmenbedingungen, die es zu erkennen gilt. Hier ein Beispiel, wie massiv diese manchmal dem Erfolg im Weg stehen: Einer meiner Kunden war in seinem Geschäftsmodell durch eine anstehende Gesetzesänderung massiv gefährdet. Das Gesetz hätte Einfluss auf das Provisionsmodell genommen, das bisher reichen und stetigen Gewinn sicherte. So war man gezwungen, sich über Lobbyisten in Berlin Gehör zu verschaffen und Einfluss auf den Gesetzestext zu nehmen. Dieser Vorgang war etwas völlig Neues, was so im Unternehmen noch nie jemand getan hatte. Tatsächlich gelang eine kleine Abänderung des Gesetzestextes, wenn auch nur mit wenigen Worten, diese reichten aber aus, das Provisionsmodell nicht ins Bodenlose versinken zu lassen und den Unternehmensgewinn, wenn auch auf etwas niedrigerem Niveau, abzusichern. Diese Lobbyarbeit war nach obigen Definitionen im Übrigen eine erfolgskritische Startmaßnahme. Ohne diese wäre der Fortbestand des Unternehmens gefährdet gewesen.

Alle obigen Elemente habe ich Ihnen in einem Schaubild zusammengefasst. Die beiden Achsen bedeuten:
- **Energieachse**: Umso steiler ein Pfeil ist, desto mehr Energie bringt man bei einer Maßnahme auf. Steil heißt also arbeitsintensiv, weil mit hoher Priorität zu betreiben.
- **Zeitachse**: Je nachdem, ob die Strategie 3 oder 5 Jahre vorausdenkt, ist die Zeitachse entsprechend lang.

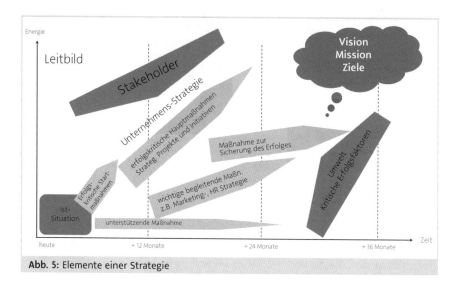

Abb. 5: Elemente einer Strategie

Gemeinsame Begriffsdefinitionen in der Strategiearbeit

Da Strategiearbeit nicht ein allseits bekannter Vorgang ist und bei den Beteiligten häufig mit unterschiedlichen Vorkenntnissen betrieben wird, muss man sich über die typischen Begriffe in der Strategiearbeit und insbesondere über das, was man darunter gemeinsam verstehen will, im Vorfeld verständigen. Nachfolgend habe ich die wichtigsten Begriffe aufgelistet. Sie sollten am Anfang des Prozesses für eine Verständigung über diese Begriffe sorgen, ansonsten reden die Beteiligten regelmäßig aneinander vorbei. Wenn einer »Mission« sagt, versteht der andere darunter die »Vision«. Wenn einer von »strategisch« spricht, erklärt der andere, dass dies ja eigentlich Tagesgeschäft ist u. s. w. In der folgenden Tabelle finden Sie die Begriffe mit hilfreichen Fragen für ein einheitliches Verständnis im Unternehmen.

Begriff	Fragen zur Definition des Begriffs in Ihrem Unternehmen
Vision & Statement	<ul><li>Vision: in die Zukunft gerichtete unternehmerische Aussage darüber, was das Unternehmen langfristig einmalig machen soll.</li><li>Vision-Statement: Was ist die »Key-Message«, die uns in (der zeitlich definierten) Zukunft einzig macht bzw. von anderen abhebt? Mit welchem Slogan (»T-Shirt-Message«) machen wir deutlich, was uns antreibt (»ein gutes Stück Familienglück«, »Nichts ist unmöglich«, »Die Beraterbank«, »Powered by Emotion«, We love to entertain you«)?</li></ul>

Begriff	Fragen zur Definition des Begriffs in Ihrem Unternehmen
Mission & Statement	<ul><li>Was ist der Grund, warum unser Unternehmen existiert; was ist der Unternehmenszweck?</li><li>Was steht im Mittelpunkt unserer Arbeit? (Wir bauen Autos, wir beraten kleine Unternehmen, wir führen Trainings durch.)</li><li>Im Rahmen der Strategiearbeit sollte das Mission-Statement für die mittelfristige Zukunft gelten.</li></ul>
Unternehmens-kultur	<ul><li>Was sind unsere gelebten Normen und Werte?</li><li>Wie gehen wir mit Kunden, Lieferanten und Mitarbeitern um?</li><li>Wie wollen wir zusammenarbeiten und was motiviert uns?</li><li>Was kennzeichnet unser Unternehmen und wie unterscheiden wir uns vom Wettbewerb?</li><li>Welche Regeln und Normen leben wir, welche benötigen wir in Zukunft, wenn wir unsere Unternehmensziele erreichen wollen?</li></ul>
Unterneh-mensziele	<ul><li>Was wollen wir in wichtigen Bereichen unseres Unternehmens im Planungszeitraum (3 bis 5 Jahre) erreichen?</li></ul>
Unternehmens-Strategie	<ul><li>Das Bündel von Maßnahmen, das uns zu unseren Zielen führt.</li><li>Unser Plan.</li><li>Wo stecken wir unsere Ressourcen hinein, was können wir aktiv selbst treiben?</li><li>Welche Aktionen müssen wir in welche Richtung betreiben, um unsere Ziele zu erreichen?</li><li>Welche Spielregeln, Richtlinien und Handlungsbedingungen begrenzen uns?</li></ul>
Strategisch	<ul><li>Auf lange Sicht ausgelegt.</li><li>Robust im Sinne von selbst entwickelbar, also nicht völlig durch Außeneinflüsse beeinflussbar.</li><li>Strategische Geschäftsfelder sind diejenigen, die den Großteil des Unternehmenserfolges erwirtschaften.</li></ul>
Bereichs-Ziele	<ul><li>Ziele von den jeweiligen Unternehmensuntereinheiten, z.B. HR-Strategie: Was wollen wir im Personalmanagement erreichen, um unsere Unternehmensziele zu unterstützen?</li></ul>
Bereichs-Strategie	<ul><li>Welche Aktionen müssen wir in dem jeweiligen Bereich in welche Richtung betreiben, um unsere Ziele zu erreichen?</li><li>Welche Spielregeln, Richtlinien und Handlungsbedingungen begrenzen uns?</li></ul>

Tab. 1: Begriffsdefinitionen

Ablauf eines Strategieprozesses

Idealerweise erarbeiten die einzelnen Bereiche zwischen den Unternehmensstrategie-Workshops zusätzlich ihre Bereichs-Strategien, die dann allen Beteiligten vorgestellt und gemeinsam auf Plausibilität geprüft werden. D. h., dieser Vorgang, den ich im nächsten Kapitel detaillierter beschreibe, sollte nicht nachgelagert werden, sondern eingebettet in dem Unternehmensstrategie-Prozess ablaufen. Wenn durch die Bereichsstrategien plausibel belegt wird, dass die Unternehmensziele erreichbar scheinen, dann kann man die Unternehmensziele finalisieren und die endgültige Strategie festlegen. Man wechselt also bildlich gesprochen im Prozess mehrfach die »Flughöhe«:

1. erste Unternehmensziele;
2. erste Bereichsziele und -maßnahmen,
3. finale Unternehmensziele und -maßnahmen,
4. finale Bereichsziele und -maßnahmen.

Wenn dieser Prozess abgeschlossen ist, dann legt man im Rahmen der Businessplanung fest, welche Unternehmens- und Bereichsziele im anstehenden Geschäftsjahr zu erreichen sind. Zum Schluss dieses Kapitels noch ein Tipp, den Sie sowohl in Ihrer HR-Strategie- als auch der Unternehmens-Strategie-Arbeit berücksichtigen sollten:

> **!**
>
> **Goldene HRE-Regel**
>
> Die meisten Strategien sind nachträgliche Absolutionen für das, was gerade getan wird. Nur wenn man frei nach vorne denken darf und soll, kappt man die Ketten der Gegenwart. Ein »Top-Down-Prozess«, in dem man aus einer ohne Restriktionen skizzierten Zukunft heraus zurückrechnet und erst dann definiert, was zu tun ist, ist effektiver als ein »Bottom-Up-Prozess«, in dem man bestehende Pläne einsammelt und dann zu einer Gesamtstrategie verbindet.
>
> Das obige »freie Denken« steht dabei nicht im Widerspruch zu systematischem Denken. Systematik und Methodik helfen den Gedanken, erst richtig Fahrt aufzunehmen, ohne völlig abzuheben. Deshalb kanalisieren Sie Ihre Gedankenspiele über die Zukunft des Unternehmens oder von HR durch eine Methodik, die zwar einen Rahmen absteckt, aber Freiraum für Denk-Optionen lässt.

2.1.1.2 Der schnelle Weg zu einer HR-Strategie

Auch die HR-Strategie als Bereichsstrategie ist an die Erarbeitung der Unternehmensstrategie gebunden. Im Allgemeinen läuft der Prozess zur Erarbeitung der HR-Strategie daher wie folgt ab:

1. **Verstehen der Unternehmensstrategie** und ihrer Anforderungen an die Personalarbeit; sollte keine Unternehmensstrategie vorhanden sein, treffen Sie Annahmen zu den vermeintlichen Zielen und den dafür notwendigen Maßnahmen, die dann vor der Umsetzung mit der Geschäftsführung abgestimmt werden. Das kommt im Übrigen nicht so selten vor, dass eine Geschäftsführung keine ausformulierte Strategie vorzeigen kann, trösten Sie sich also, wenn auch Sie mit Annahmen arbeiten müssen. Dabei fragen Sie sich einfach: Was weiß ich schon, was habe ich gehört und was vermute ich, wohin die Reise gehen soll?
2. **Definition der langfristigen HR-Ziele**, die erreicht werden müssen, um einen Beitrag zur Erreichung der strategischen Unternehmensziele zu gewährleisten.

3. **Erarbeitung und Festlegung von Maßnahmen**, die geeignet sind, um die Erreichung der definierten langfristigen HR-Ziele zu gewährleisten.

4. **Ableitung eines notwendigen HR-Budgets**, das die Umsetzung der Maßnahmen sicherstellt. Dieser Baustein im Prozess ist nicht zu unterschätzen. Es gilt der Grundsatz, dass man ohne Budget keine großen Sprünge machen kann. Wer Großes von HR fordert und dann bei der Frage nach Budget die Hände tief in den Hosentaschen versenkt, sie aber nicht oder leer wieder herausholt, der will es dann auch nicht wirklich, dass HR sich verbessert.

5. **Abstimmung der HR-Strategie mit der Geschäftsführung** bzw. anderen Unternehmensbereichen (Marketing, Vertrieb, Produktion etc.), um Ziele, Maßnahmen und Budgets (insbesondere wenn diese ggf. durch die Bereiche getragen werden müssen) zu verifizieren.

6. **Festlegen des HR Controllings** einschließlich geeigneter Messkriterien, die Ihnen Auskunft über den Zielerreichungsgrad geben können.

7. **Umsetzung der HR-Strategie**!

Da die ersten 3 Punkte einer gemeinsamen Erarbeitung von HR bedürfen, finden Sie diese im Folgenden ausführlicher in der Form eines Workshops dargestellt. Punkt 5 und 6 bedürfen der Entscheidung durch verantwortlichen Führungskräften des Unternehmens und werden daher hier nicht weiter erläutert. Punkt 6 findet sich ausführlich in Kapitel 3.7 – und was die Umsetzung der HR-Strategie betrifft, das liegt ganz in Ihrer Hand.

Achtung ❗

Wenn man es ganz schnell machen will, kann man sich seine HR-Ziele auch allein im stillen Kämmerlein überlegen und definiert so die jeweiligen Maßnahmen. Das geht schnell, bedarf keiner Abstimmung – und scheitert dann mit »Pauken und Gedöns«, wenn man die Strategie seinem Team vorstellt. Wer so einen Weg schon einmal gewählt hat, weiß, dass dann alle erstmal herummeckern, was nicht geht und warum. Da kann die Strategie noch so plausibel sein – wenn man nicht bei der Entstehung mitgearbeitet hat, dann findet man sie erst einmal doof. Wenn man daran beteiligt war, sieht es schon anders aus, man kann ja nicht doof finden, was man selbst verzapft hat. Das Ergebnis muss zwar nicht unbedingt besser werden, wenn man es interaktiv bzw. kooperativ erarbeitet hat, aber die Akzeptanz ist ungleich höher.

Goldene HRE-Regel ❗

Auch der schnelle Weg zu einer HR-Strategie benötigt ein Mindestmaß an Arbeit und Zeit, wenn das Ergebnis nicht nur gut, sondern auch noch akzeptiert sein soll. Deshalb binden Sie Ihr Team mit ein. Wenn dieses zu groß sein sollte, dann binden Sie nur Ihr Führungsteam ein. Das Ergebnis wird dann mehr Aspekte berücksichtigen, als Ihnen allein eingefallen wären, und es wird von denjenigen, die die strategischen Maßnahmen umsetzen sollen, akzeptiert werden.

2.1.1.3 Workshop zur Erarbeitung der HR-Strategie sowie des dafür notwendigen Leistungsspektrums

Die Erarbeitung der HR-Strategie und der Definition, welches Leistungsspektrum HR anbieten muss (siehe Kapitel 2.1.1.3.3), kann man in einem eintägigen Workshop schaffen. Nachfolgend habe ich Ihnen eine Musteragenda eingefügt.

Zeit	Nr.	Themen	Ziele
09.00	0	Begrüßung und Agenda	Agenda und Vorgehen ist vereinbart
09.30 (mit GF)	1	**HR Strategie (1. Entwurf)** 1. Vorstellung der Unternehmensstrategie durch den Geschäftsführer 2. Welche HR Ziele lassen sich aus der U-Strategie ableiten? 3. Welche HR Maßnahmen müssten aufgesetzt werden, um die Ziele zu erreichen?	1. U-Strategie ist in groben Zügen bekannt 2. Definition der HR Ziele 3. Definition der Maßnahmen auf grobem Level, erste Detaillierung für Schwerpunktthemen
11.00		Pause	
11.15	2	**HR Leistungsspektrum — IST** 1. Welche HR Themen/Konzepte bieten wir bereits an? 2. Sind diese von ausreichender Qualität oder müssen sie optimiert werden? Was ist insb. im Rahmen der Vergütung vorhanden?	1. Brainwriting auf Metaplan 2. Einschätzung über Qualität durch Ampel
12.30		Gemeinsames Mittagessen	
13.30		**HR Leistungsspektrum — House of Choice (1. Entwurf)** 1. Welche Bewerber und Mitarbeiter müssen wir besonders ansprechen und erreichen und was erwartet diese Zielgruppe? 2. Feinschliff HR Strategie 3. House of Choice: Welche weiteren HR Themen müssten wir gem. HR Strategie neu anbieten?	1. HR Strategie (2. Entwurf) 2. Ergänzung der Themen/Instrumente gem. der vorher definierten HR Strategie 3. Festlegung der strategischen Prioritäten (Dringlichkeit/Wichtigkeit)
15.00		**Durchsprache mit der GF** 1. Vorstellung HR Strategie und House of Choice 2. Diskussion und Abstimmung, Prioritäten	1. Zwischenstand wurde präsentiert 2. Wünsche und Impulse der Geschäftsführung wurden berücksichtigt, das House of Choice steht als Rahmen, Prioritäten für die weitere Arbeit sind klar
16.00 — 17.00		**Weiteres Vorgehen, To Do's und Termine**	Das weitere Vorgehen ist vereinbart

Abb. 6: Workshop-Agenda

Führen Sie diesen Workshop mit dem ganzen HR-Team oder mit einem ausgewählten Führungskreis durch, am besten »offsite« mit einem gemeinsamen Frühstück startend und mit ausreichend Möglichkeiten für den Austausch beim gemeinsamen Mittagessen und in den Pausen. So hat dieser strategische Arbeitsprozess auch gleich noch ein bisschen Teambuilding-Charakter.

2.1.1.3.1 Darstellung der Unternehmensstrategie

Nach einer Begrüßung und der Vorstellung der Agenda sollten Sie den Geschäftsführer die Unternehmensstrategie vorstellen lassen. Dafür reicht meistens eine halbe Stunde. Der Geschäftsführer kann dabei sowohl Ihrem Prozess Richtung als auch dem Team Rückenwind für die weitere Arbeit geben. Er ist Ihr Hauptkunde und deshalb macht es Sinn, den Tag mit einem Impulsvortrag von ihm zu beginnen. Sicher wird der Geschäftsführer 30 Minuten seiner kostbaren Zeit für diesen Zweck einbringen, denn es lohnt sich ja auch und insbesondere für ihn, wenn die Personalabteilung genau das leistet, was er benötigt, um das Unternehmen zu seinen Zielen zu führen.

Während der Geschäftsführer spricht, sollten Sie auf Haftzetteln Ziele und strategische Maßnahmen mit einem schwarzen Edding vermerken (leserlich und in Stichworten). Sollte der Geschäftsführer eine Präsentation verwenden, können Sie sich diese vorher senden lassen und Ihre Haftzettel bereits vorbereiten. In diesem und dem nächsten Arbeitsschritt müssen Sie noch nicht so sehr unterscheiden zwischen Zielen und Maßnahmen, das erfolgt dann bei der Ausformulierung der HR-Strategie.

Am Ende des Vortrags können Sie dem Geschäftsführer zurückspiegeln, was Sie verstanden haben. Dazu kleben Sie die Zettel auf eine vorbereitete Pinnwand. Auf diese sollten Sie die 2 Achsen, wie in der Abbildung »Elemente einer Strategie« in Kapitel 2.1.1.1 zu sehen, einzeichnen. Die Haftzettel bringen Sie wie folgt an:

- **Energieachse**: Je mehr Energie bei einer Maßnahme aufzubringen ist, weil sie mit hoher Priorität und deshalb meist arbeitsintensiv betrieben werden muss, desto höher hängt man die Haftzettel. Zu der jeweiligen Achsenhöhe bzw. Arbeitsintensität sollte der Geschäftsführer jeweils Auskunft geben.
- **Zeitachse**: Auf der Zeitachse positionieren Sie den jeweiligen Haftzettel auf dem Punkt, an dem eine Maßnahme abgeschlossen sein soll. Die Hauptziele, die am Ende des Planungszeitraums erreicht werden sollen, kleben Sie in einen Kasten rechts oben.

Ich arbeite bei meinen Moderationen mittlerweile mit Meta-Postern, also auf Din A0 ausgedruckte Folien. Das ist natürlich noch schicker als eine handbemalte Pinnwandbespannung.

An dieser Stelle des Workshops kann man sich beim Geschäftsführer herzlich bedanken und ihn verabschieden, denn die nächsten Arbeitsschritte erfolgen im HR-Team. Bei kleinen Unternehmen macht es erfahrungsgemäß Sinn, dass der Geschäftsführer und ggf. weitere Top Manager am kompletten Workshop teilnehmen. Sie können meist mehr über das HR Management berichten und beitragen als ggf. rein administrativ arbeitende Mitglieder des HR-Teams.

2.1.1.3.2 Erarbeiten der HR-Strategie mit Zielen und Maßnahmen

Als nächsten Arbeitsschritt überlegt man sich strategische HR-Ziele und -Maßnahmen, mit denen man die Unternehmensziele und -maßnahmen unterstützen kann. Hier 2 Beispiele in Stichworten:

	Unternehmensziele und -maßnahmen	HR-Ziele und -Maßnahmen
Beispiel 1	Organisches Wachstum des Unternehmens um 30 Prozent in 3 Jahren	»Best Recruiting«-Projekt: • Verstärkung des Recruiting-Teams um 2 FTE (Full Time Equivalent, dt. Vollzeit-Kraft) und Optimierung der Recruiting-Prozesse • Employer-Branding-Initiative • Trainings-Kampagne: »Führungskräfte als Interviewprofis«

Beispiel 2	Produktivitätssteigerung der Organisation um 15 Prozent in 2 Jahren	High-Performance-2020-Initiative:
		• Einführung eines High-Performance-Management-Konzeptes
		• Förderung der Kultur »Leistung lohnt sich bei Musterfirma«
		• Aktive Trennung von Minderleistern
		• Optimierung der Trennungsprozesse
		• Trainings für Führungskräfte:
		  – Disziplinare Führung und Trennung
		  – Performance Management im Rahmen der Führung

Tab. 2: Beispiele für Ziele und Maßnahmen von HR-Strategien

An diesen Beispielen können Sie die Wirkungsketten leicht erkennen. Bei der HR-Strategiearbeit geht es eben nicht (nur) um »hochtrabende« Visionen, es geht um ganz konkrete Ziele und wirksame, umsetzbare Maßnahmen zur Zielerreichung. Der Übersichtlichkeit halber sollten Sie Pakete für die Maßnahmen schnüren, die in ein gemeinsames Ziel einzahlen. Wie in den beiden Beispielen geschehen, clustert man zu Projekten, Programmen oder Initiativen. Solche Pakete sind auch leichter zu steuern, da sie komplett an konkret Verantwortliche delegierbar sind[9].

Im Nachgang des Workshops wird das Ergebnis protokolliert und als HR-Strategie ausformuliert. Diese lässt sich ideal mit einer zweispaltigen Tabelle darstellen:

---

9 Bei der Planung und Umsetzung kommt wie bereits erwähnt idealerweise professionelles Projektmanagement zur Anwendung. Wenn eine Maßnahme bzw. ein Projekt dann abgeschlossen und der jeweilige HR-Prozess etabliert ist, wird er als zukünftiger Leistungsbaustein von der Funktion im HR-Team betrieben, in deren Verantwortungsbereich er gehört.

Strategische HR-Ziele	Strategische HR-Maßnahmen
<ul><li>In dieser Spalte die Ziele auflisten,</li><li>diese »SMARTI« (siehe unten) formulieren,</li><li>nicht zu viele Ziele nehmen, sondern nur die »großen Leuchttürme«!</li></ul>	in dieser Spalte angemessen ausführlich beschreiben, was es zu tun gilt an – Initiativen, – Projekten und – sonstigen Maßnahmen, mit denen die Ziele erreicht werden sollen.

Tab. 3: Darstellungsform einer HR-Strategie

Die meisten HR-Strategien, die ich als Berater in der Entstehung unterstützen durfte, füllten in der finalen Version nur eine Folie mit den beiden obigen Spalten.

Goldene HRE-Regel   **!**

Eine HR-Strategie sollte kurz und klar formuliert sein. Vermeiden Sie lange Präsentationen. Strategien sollen Richtung und Orientierung geben. Umso länger und komplexer sie daherkommen, desto weniger Orientierungskraft setzen sie frei und verwirren oder verängstigen eher.

Detaillierte und ausführliche Beschreibungen sollten dann in den jeweiligen Projekt-, Programm-Planungen bzw. Initiativen-Beschreibungen vorgenommen werden.

Das protokollierte Ergebnis (in PowerPoint abgebildet) sieht zum Beispiel so aus:

Abb. 7: HR-Strategieposter (aus Gründen des Datenschutzes wurde der Unternehmensname durch »Musterfirma« ersetzt).

Bei der Formulierung der Ziele der HR-Strategie beachten Sie bitte noch Folgendes:

- Ziele müssen möglichst »SMARTI« formuliert werden, jeder Buchstabe steht dabei für ein Qualitätskriterium[10]:
  - **S** – Spezifisch, konkret, aber simpel, also genau genug, aber eben noch verständlich.
  - **M** – Messbar. Es darf also nicht lauten: »Am Ende sind wir genauso gut wie heute«, sondern es muss positive Veränderungskraft freisetzen und z. B. lauten: »Am Ende sind wir um x % besser als vorher.«
  - **A** – Aktionsauslösend, d. h., für die Erreichung muss etwas vorangegangen sein.
  - Das A steht aber auch für »Als ob jetzt«. Sie müssen die Ziele so formulieren, dass sie einen fertigen erreichten Zustand beschreiben; sozusagen die Beschreibung eines Zielfotos, das einen bereits erreichten Zustand wiedergibt.
  - **R** – Realistisch. Deshalb immer auch mal auf die Bedenkenträger hören und nicht zu sportlich planen; es ist besser, etwas konservativer zu planen, als nachher immer die gemachten Versprechen revidieren zu müssen.
  - **T** – Terminiert; also wann haben wir etwas erreicht?
  - **I** – Integriert in die Zielkaskade. Dieses Kriterium ist gewahrt, wenn Sie bei der Erarbeitung der HR-Ziele eine plausible Verbindung zu den übergeordneten Unternehmenszielen aufweisen können[11].
- Verwenden Sie eine begeisternde Sprache. Dazu muss man manchmal auch ein paar Anglizismen ertragen, die Ihr Kunde vielleicht aus Funk und Fernsehen oder in Gesprächen mit Freunden oder Kollegen gehört hat. Wenn Ihr Geschäftsführer etwas von »Performance Management«, z. B. bei seinem privaten Herrenclub, gehört hat, dann sollten Sie es nicht ohne Not verdeutschen und mit z. B. »Leistungssteuerung« schnöder klingen lassen. Da würde sich Ihr Geschäftsführer schon in den gewählten Begrifflichkeiten nicht wiederfinden.

! **Neuro-HR-Tipp**

Über Sprache und Gedanken können wir unsere neurobiologischen Vorgänge steuern. Das funktioniert sogar, wenn uns ein Roboter sagt: »Das hast Du gut gemacht.« Dies ist schon ausreichend, um Dopamin zu erhalten.

---

10 Ausführlicher beschrieben in »Führen mit dem Omega-Prinzip«.
11 Wer immer »smart« als Merkwort erfunden hat, kann ich nicht sagen. Das I in SMARTI ist jedenfalls auf meinem Mist gewachsen, da es mir unsinnig erschien, alle SMART-Kriterien einzuhalten, aber dann Ziele zu vereinbaren, die nicht in übergeordnete Ziele »einzahlen«.

In einem Versuch wurde bei Menschen gemessen, was im Gehirn passiert, wenn eine Stimme sagt: »Das hast Du gut gemacht.« Dabei wurde im Gehirn die Durchblutung gemessen. Es zeigte sich, dass die Durchblutung in den Glückszentren (Nucleus Accumbens) deutlich angestiegen war. Der Durchblutungsanstieg löst im Gehirn eine biochemische Kaskade aus, die zu einer Ausschüttung von opiumähnlichen Stoffen führt, dies macht uns high. Es tritt ein wohliges Gefühl von Begeisterung ein.
Wir können uns also über Sprache selbst high reden und dies bei anderen auch schaffen.

Die passende HR-Strategie zu dem obigen Workshop in der Abbildung ist in der nächsten Tabelle als komplette HR-Strategie wiedergegeben, um ein Beispiel einmal »am Stück« lesen zu können. So ist es sicher leichter, selbst eine Strategie zu formulieren. Lesen Sie immer erst ein Ziel inklusive Unterzielen und dann in der rechten Spalte die entsprechenden Maßnahmen dazu.

Strategische HR-Ziele	Strategische HR-Maßnahmen

Eine HR Excellence wurde bis 2018 gem. des definierten Konzeptes umgesetzt und bis 2020 wurden die Effekte erreicht.
 	
1. HR hat kontinuierlich seine Effizienz in der operativen und taktischen HR-Arbeit gesteigert und damit Ressourcen für neue Themen freigemacht.
2. Für neue HR-Themen und Dienstleistungen gem. HR-Haus (z. B. strategische Personalplanung, OE-Support, Demografie-Management und HR Controlling) wurden erfolgreich neue Konzepte und Prozesse sowie die dazu nötigen Kompetenzen angeeignet und ggf. auch neue Ressourcen integriert. Damit wurde der Kundennutzen signifikant gesteigert und Stolz bei allen Beteiligten auf HR erreicht.
	Die nachfolgenden Projekte/Initiativen werden als Gesamtvorgehen geplant und in einem HR Future Cockpit zusammengefasst gesteuert: HR-Excellence-Initiative 2020
	
	1. Umsetzung bereits analysierter Quick Wins bis Ende 2016 und kontinuierliche Verbesserung der im HR-Haus mit rot und gelb gekennzeichneten HR-Themen bis 2018. Dabei auch Überprüfung, was man weglassen und was ggf. durch Rationalisierung in seinem Aufwand verringert werden könnte. Insb. Einführung einer integrierten Standard-HR-Softwarelösung oder Vernetzung der bestehenden HR-IT zu einer rationellen Gesamtlösung bis 2017.
	2. Umsetzung der HR-Roadmap (Themenausbau und Zeitplanung) für die Weiterentwicklung des HR-Leistungsspektrums, dabei auch:
	  1. Aufsetzen einer begleitenden Kompetenzentwicklung bei den HR Ressourcen (»PE für HR 2018«) im Rahmen der Entwicklung der neuen Konzepte, aber auch durch gezielte interne HR Trainings zu ausgewählten HR-Prozessen und Themen.
	  2. Diese werden auch als HR-Teambuildings genutzt, um sich gemeinsam nicht nur inhaltlich, sondern auch psychologisch auf die Herausforderungen der Zukunft vorzubereiten.
	  3. Persönliche Weiterbildung der HR-Leitung durch eine systematische begleitende Maßnahme, z. B. eine HR-Business-Partner-Zertifizierung oder alternativ durch ein begleitendes Fachcoaching »on the job« (letzteres hat eine höhere Transfer-Orientierung).
	  4. Ausbau des HR-Teams um etwaige weitere Ressourcen, wenn fachlich und FTE-seitig begründbar.

Strategische HR-Ziele	Strategische HR-Maßnahmen
Mit der »Musterfirma Akademie« wurde die Personalentwicklung konzeptionell und prozessual bis Ende 2017 auf einem hohen Niveau etabliert. Diese leistet nachweisbare Beiträge für die Leistungsfähigkeit der Organisation und die MA-Bindung.	»Musterfirma Akademie«:

Strategische HR-Ziele	Strategische HR-Maßnahmen

Mit der »Musterfirma Akademie« wurde die Personalentwicklung konzeptionell und prozessual bis Ende 2017 auf einem hohen Niveau etabliert. Diese leistet nachweisbare Beiträge für die Leistungsfähigkeit der Organisation und die MA-Bindung.

1. Bis Anfang 2018 wurde ein einheitlicher PE-Prozess inkl. Mitarbeitergesprächen, Beurteilung und Feedback sowie einer Fach- und Projekt-Karriere etabliert.
2. Schlüssel-Funktionen und -Prozesse wurden bis 2017 in Abhängigkeit zu dem entsprechenden Unternehmens-Ziel durch gezielte Konzepte und Entwicklungs-Programme erfolgreich unterstützt.
   1. Mit dem »Leadership@ Musterfirma«-Programm wurden einheitliche Führungskompetenzen, -werte und -leitlinien inkl. der Verbesserung der Performance-, Trennungs- und Feedback-Kultur etabliert.
   2. Mit Projekt- und Prozess-Management-Entwicklungsmaßnahmen wurde die Vereinheitlichung und Professionalisierung unterstützt.
   3. Mit einem Potenzial-Analyse-Prozess werden ab 2018 regelmäßig Mitarbeiter in Schlüsselfunktionen und deren potenzielle Nachfolger durchgesprochen und PE-Maßnahmen abgeleitet.

»Musterfirma Akademie«:

1. Projekt »Best Practice Personalentwicklung 2018«: Ziel ist die Einführung eines Best Practice PE-Prozesses inkl. Mitarbeitergesprächen, Beurteilung und Feedback (verzahnt mit der variablen Vergütung) sowie einer Fach- und Projektkarriere bis Anfang 2018. Im Zentrum steht die Entwicklung eines Jobmodells inkl. horizontalen und vertikalen Karrierewegen für Fach-, Führungs- und Projekt-Laufbahnen, das ab QII 2016 zur Verfügung stehen soll.
2. Beratung und Entwicklung von gezielten Konzepten und Entwicklungsprogrammen für:
   1. alle Führungskräfte: »Leadership@ Musterfirma«-Programm gem. bereits beauftragter Didaktik; darin werden einheitliche Führungskompetenzen, -werte und -leitlinien entwickelt und vermittelt und die Rolle und damit verbundene Erwartungen an eine FK bei Musterfirma inkl. der Befugnisse geklärt; letzteres u.a. durch eine Handlungsvollmachten-Matrix.
   2. Abhängig von dem dazu noch zu definierenden Unternehmensziel unterstützt HR (kein Ownership):
      1. Projekt-Manager: im Rahmen einer etwaigen Standardisierung des Knowhows und der Prozesse werden Implementierungstrainings für Projektbeteiligte entwickelt und durchgeführt. Mit Refresher-Trainings und Trainings für neue Projektbeteiligte wird der Wissensstand hochgehalten. Das didaktische und methodische Konzept dazu wird abhängig von den Planungen zu dem Unternehmensziel entwickelt.
      2. Prozess-Management-Verständnis: Entwicklungsmaßnahmen werden abhängig von den Planungen zu dem Unternehmensziel entwickelt.
   3. Entwicklung und Einführung eines Konzeptes/Prozesses für eine Potenzial-Analyse für Key Player und deren potenzielle Nachfolger als »Roundtable-Konzept« erstmals bis Ende QIII 2017, dann regelmäßig jährlich umgesetzt. Dazu ab Ende 2017 inkl. Ableitung von kollektiven und individuellen PE-Maßnahmen.

Strategische HR-Ziele	Strategische HR-Maßnahmen

Die Attraktivität als *der* Arbeitgeber in »Ort« und in der Branche (überregional) wurde bis 2018 auf einem hohen Niveau etabliert, damit ist Musterfirma ein »Employer of Choice« für die erfolgskritischen Profile.
1. HR hat bis Mitte 2016 einen modernen und effektiven Rekrutierungs-Prozess entwickelt und etabliert. Bei diesem spielt HR eine moderierende und steuernde Rolle.
2. Bis Ende 2016 wurde das externe Employer Branding optimiert, um für das geplante Wachstum quantitativ und qualitativ ausreichend Bewerber gewinnen zu können
3. Bis 2019 wurde das interne Employer Branding optimal aufgestellt, um eine hohe MA-Bindung zu gewährleisten. Dazu wurden kontinuierlich alle diesbezüglich laufenden und für die interne Vermarktung geeigneten Maßnahmen in einem MA-Bindungskonzept gesammelt und schrittweise zur internen und externen Vermarktung aufbereitet.
	»Employer of Choice«-Initiative 2018« für erfolgskritische Profile:
	1. Bis Mitte 2016 wird ein moderner und effektiver Recruiting-Prozess entwickelt und etabliert. Dabei sind einerseits eine moderierende und steuernde Rolle von HR auszubauen, andererseits bei HR möglichst rationalisierte und automatisierte Prozesse zu etablieren. Es geht um Qualitätsverbesserung durch moderne und wirksame Prozesse und kompetente Rolleninhaber innerhalb der Prozesse im Schulterschluss zwischen HR und Führungskräften.
	2. Aufsetzen einer externen Employer-Branding-Initiative bis Ende 2016 mit Schwerpunkt auf authentischer (nicht Marketingagentur-Design geformter) Arbeitgebermarke und wenigen, aber gezielten Maßnahmen. Quellen können u. a. auch die Leitbild-Entwicklung sein (Unternehmens- und Führungs-Leitbilder).
	3. Etablierung einer festen Rolle als »interner P-Marketer« in QI 2016, um alle strategisch verbundenen HR-Maßnahmen in einer sinnvollen Kommunikation nach innen auszunutzen. Entwickeln des internen Employer Brandings »auf dem Weg« bis 2019 im Sinne von Vermarktung der Elemente der MA-Bindung.
	   1. Der Weg mündet in 2019 in ein fest etabliertes MA-Bindungskonzept, bestehend aus bindenden Elementen und deren guter und wirksamer Vermarktung.
	   2. Als Teil der Vergütung werden bis 2019 kontinuierlich Benefits etabliert, die die Aspekte »Gesundheit & Familie« (»health & family-Benefits«) unterstützen.

Strategische HR-Ziele	Strategische HR-Maßnahmen

Musterfirma hat bis 2022 eine »Leistung lohnt sich@Musterfirma-Kultur« entwickelt, in der die MA gerne hohe Leistung liefern wollen und können. Dadurch ergeben sich Produktivitäts-Kennzahlen, mit denen man dem Wettbewerb voraus ist.
1. Für die Verbesserung der »Performance-Kultur« wurden
  1. bis Ende 2016 eine Optimierung der variablen Vergütung im Management durchgeführt und
  2. bis Anfang 2019 für die gesamte Organisation Vergütungs- und Führungs-Elemente entwickelt und eingeführt.
2. Weitere HR-Prozesse (insb. Rekrutierung, PE, Trennung) wurden kontinuierlich auf »High« Performance ausgerichtet, indem sie so entwickelt oder optimiert wurden, dass sie Impulse setzen können für das Entstehen einer »Leistung-lohnt-sich@Musterfirma«-Kultur bis 2022.
	Performance-Initiativen 2022
	1. Bis Ende 2016 wird die variable Vergütung des Managements optimiert und vereinheitlicht und bis Anfang 2019 wird das Musterfirma-Gesamtvergütungskonzept optimiert und durch einheitliche variable Vergütungselemente stärker auf Leistung und Ergebnisse ausgerichtet. Dabei werden Zielvereinbarungen und Beurteilungen vergütungsrelevant als Führungselemente entwickelt und eingeführt. Hier findet eine Verzahnung mit dem MAG- und PE-Prozess statt.
	2. Alle bis 2020 zu entwickelnden HR-Prozesse (insb. Rekrutierung, PE, Trennung) werden im Sinne eines integrierten Gesamtkonzeptes auf »High« Performance ausgerichtet, indem sie so entwickelt oder optimiert werden, dass sie Impulse setzen können für das Entstehen einer »Leistung-lohnt-sich@Musterfirma«-Kultur bis 2022. Dazu wird in allen Konzeptentwicklungen ein Performance-Check etabliert und es werden KPIs definiert, mit denen die Performances im Rahmen eines zu definierenden HR Controllings regelmäßig gemessen werden können.

Tab. 4: Beispiele von HR-Strategiezielen und ihren Maßnahmen

Manchmal erwartet die Geschäftsführung mehr von einer HR-Strategie, d.h. mehr Informationen zur geplanten Herangehensweise und Umsetzung. Wer macht was wozu bis wann mit welchen Mitteln – all das können konkretisierende Zusatzinformationen für den Erfolg der Personalabteilung auf dem Weg zur Erreichung ihrer gesteckten strategischen Ziele sein. Das alles ist dann zwar nicht mehr nur die reine HR-Strategie, aber sinnvoll ist es sowieso, all dies zu planen, allein, damit man die vielen Handlungsstränge in den Griff bekommt.

Planungsinstrument HR Cockpit   **!**

Für diese Planungsarbeit habe ich ein »HR Cockpit« in Form einer Excel-Tabelle entwickelt, mit der ich alle strategisch aufgesetzten Maßnahmen im Detail planen und monitoren kann. Die nachfolgende Abbildung zeigt diese Tabelle.

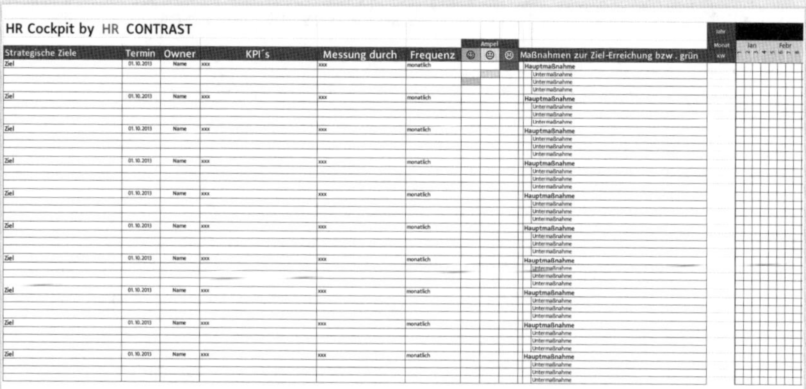

Abb. 8: HR Cockpit als Steuerstand für die erfolgreiche Umsetzung der HR-Strategie

Die Tabelle bietet die Möglichkeit, Messungen der erfolgreichen Umsetzung von strategischen Maßnahmen zu planen. Dafür können Sie KPI´s (Key Performance Indicators = Kennzahlen) definieren, die eine Aussagekraft über den Erfolg einer Maßnahme haben. So könnte man z. B. für die geplante Einführung einer betrieblichen Altersversorgung auf Basis einer Gehaltsumwandlung eine Messung planen, wie viele Mitarbeiter von diesem Angebot Gebrauch machen. Bei einer geringen Quote können Sie optimieren und als Gegenmaßnahme weitere Wellen des Marketings für dieses Angebot einplanen, sowie dazu den externen Anbieter des Durchführungsweges für Informationsveranstaltungen und -gespräche mit einzelnen Mitarbeitern erneut ins Unternehmen holen.

Rechts vom eigentlichen Steuerstand sollte man der Übersichtlichkeit halber farbliche Balken auf der Zeitachse eintragen, so hat man gleich noch einen Balken-/Zeitplan, wie man ihn aus dem Projektmanagement kennt.

Da Strategiearbeit jedes Jahr eine Aktualisierung erhält, ist anzunehmen, dass das HR Cockpit auch immer wieder neue HR-Ziele und -Maßnahmen aufnehmen wird. Somit ist eine kontinuierliche Nutzung dieses Instruments durchaus sinnvoll. Sollten aber alle Maßnahmen vorerst erreicht und erfolgreich umgesetzt sein und die jährlichen Betrachtungen keine neuen einsteuern, dann nutzt man das HR Controlling und dessen Tools (siehe Kapitel 3.7.1.4) zur Kontrolle des dauerhaften Erfolgs der im Rahmen der Strategieumsetzung neu entstandenen HR-Leistungen.

Das HR Cockpit ersetzt nicht ein professionell aufgesetztes HR-Transformationsprojekt. Dieses ist immer dann nötig, wenn sich eine HR-Organisation signifikant verändert. Naturgemäß werden in einem solchen Fall die verwendeten Projektplanungstools mit dem HR Cockpit Überschneidungen haben. Der große Unterschied ist, dass es auch dann als Steuerungs-Instrument weitergenutzt werden kann, wenn das Projekt zur Neuaufstellung beendet ist. Das HR Cockpit ist also ein dauerhaft genutztes Instrument zur Planung und zum Monitoren der erfolgreichen Umsetzung der HR-Strategie.

2.1.1.3.3 Das HR-Leistungsspektrum definieren

Nach der erfolgreichen Erarbeitung einer HR-Strategie erarbeitet man am Nachmittag des Workshops das sich daraus ergebende zukünftige HR-Leistungsspektrum. Was haben wir bisher an Erkenntnissen eingesammelt, die wir bei der Definition des zukünftigen Leistungsspektrums berücksichtigen sollten?

- Die Personalabteilung darf nicht irgendwelche Leistungen erbringen. Effektive Personalabteilungen erbringen strategisch abgeleitete und für die Unternehmenszielerreichung relevante Leistungen.
- Mega- und HR-Trends wirken auf ein Unternehmen ein, die man sich bzgl. der Relevanz für den Unternehmenserfolg genau anschauen muss.
- Nicht zuletzt muss man schauen, was andere Unternehmen ihren Mitarbeitern und Bewerbern bieten. Nur so kann man im Wettbewerb um die wichtigen Ressourcen erfolgreich sein.

Natürlich müssen aber auch ganz operative Aufgaben erfüllt werden, die sich aus gesetzlichen Pflichten des Unternehmens oder durch Hygienefaktoren ergeben. Insbesondere eine professionelle fehlerfreie Payroll dient diesen beiden operativen Erfordernissen. Was nützen die schönsten Personalentwicklungsprozesse, wenn das Gehalt des Mitarbeiters nicht in der exakten Höhe wie geschuldet und pünktlich auf dem Konto erscheint und die Sozialabgaben ordnungsgemäß abgeführt wurden? Operative Pflichten führen also nicht zu erhöhter Zufriedenheit beim Mitarbeiter, sie liefern aber ein Fundament, auf das andere Leistungen aufsetzen können, die dann eine hohe Zufriedenheit bei den Mitarbeitern ermöglichen.

Goldene HRE-Regel !

Ihr HR-Leistungsspektrum sollte nicht beliebig zusammengestellt sein. Es sollte gezielt und bewusst zusammen definiert werden, damit Ihre begrenzten HR Ressourcen sich mit ihrer kostbaren Zeit um Themen kümmern, die nötig und gebraucht werden. Nur so entsteht echter Kundennutzen!

Bei der Definition des zukünftigen HR-Leistungsspektrums sollten Sie die folgenden 4 Leitfragen beachten:

1. Was sind unsere **operativen Pflichten**, die sich durch Gesetze und zur Wahrung einer Motivations-Hygiene ergeben?
2. Was müssen wir leisten, um die **Unternehmens-Zielerreichung** effektiv zu unterstützen?
3. Welche **Mega- und HR-Trends** haben Einfluss auf die Unternehmenszielerreichung und mit welchen HR-Konzepten müssen wir darauf reagieren?
4. Was erwartet ein Mitarbeiter von einem **attraktiven Arbeitgeber**, was bieten andere Unternehmen, mit denen wir im Wettbewerb stehen?

Wenn die obigen Leitfragen nicht berücksichtigt werden, droht Ungemach! Dann landet man in der Beliebigkeit und HR Excellence bleibt ein Lippenbekenntnis.

Die o. g. Leitfragen sollen Sie inspirieren, auf die richtigen HR-Themen zu kommen. Aber nicht nur die richtigen Themen werden gebraucht, zudem benötigt man auch eine verständliche Struktur, mit der das Leistungsspektrum sinnvoll dargestellt werden kann. Ansonsten hat man eine ewig lange Liste von Leistungen, die man weder den Kunden noch der eigenen Mannschaft erklären kann. Wenn man sie bei der Geschäftsführung vortragen würde, würde man Gähnen und Wegnicken ernten. Das Auge Ihrer Kunden muss mitessen, also wählen Sie eine anschauliche Form zur Darstellung!

Auch hierfür möchte ich Ihnen ein von mir entwickeltes Modell anbieten, das Sie sowohl im Workshop bei der Erarbeitung des HR-Leistungsspektrums als auch später zu dessen Visualisierung und Erklärung verwenden können: **das HR-Haus**.

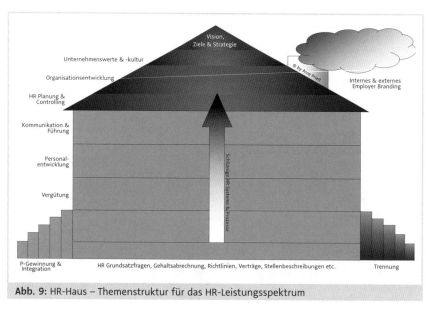

Abb. 9: HR-Haus – Themenstruktur für das HR-Leistungsspektrum

Das Schöne an diesem Hausmodell ist, dass es auf wunderbare Weise eine Story ermöglicht, die den tatsächlichen Gegebenheiten eines Unternehmens gerecht wird. Das Haus hat

- eine **Eingangstreppe**: **Personal** muss im Rahmen guter Rekrutierungsprozesse erst einmal für ein Unternehmen **gewonnen** und dann auch erfolgreich integriert werden;
- ein **Fundament**: **Regelungen** für wichtige **administrative Grundsatzfragen** und Hygienefaktoren wie **Payroll** sorgen für ein stabiles Fundament, auf das sich alles weitere, für den Unternehmenserfolg Nötige aufbauen lässt. Auch Fragen der Mitbestimmung gehören in diesen Bereich des Hauses. Ganz explizit möchte ich darauf hinweisen, dass diese Themen nicht weniger wichtig

für den Unternehmenserfolg sind. Das Haus-Modell ermöglicht dafür eine schlüssige Herleitung, denn kein Haus hat lange Bestand und würde beim ersten kleinen Erdbeben-Schubser zusammenbrechen, wenn das Fundament nicht ausreichend stabil wäre oder auf Treibsand gebaut würde;

- einen **Fahrstuhl,** der Mitarbeiterdaten in verschiedenste Bereiche des Hauses liefert, in denen sie für den Betrieb von Prozessen gebraucht werden. So werden Stammdaten für die Themen der Vergütung, der Personal-, aber auch der Organisationsentwicklung sowie dem HR Controlling benötigt. **HR-IT-Systeme** sind heute zumeist modular aufgebaut und liefern Rationalisierungs- und Professionalisierungspotenziale in allen denkbaren HR-Themen und -Prozessen. Deshalb habe ich hier einen Fahrstuhl eingebaut, der nicht statisch ist, sondern sich flexibel zwischen den verschiedenen Hausebenen bewegen kann;
- **Stockwerke und Räume**: Von **Vergütung** über **Personalentwicklung** bis hin zu **Kommunikation und Führung** lassen sich alle wichtigen taktischen Themen in den Stockwerken und Räumen einquartieren;
- ein **Dach**: Alle strategischen Themen lassen sich als Dachsegmente unterbringen, insbesondere die **Organisationsentwicklungs-** und die **kulturellen Themen** finden ihren Platz im Dach, dessen Spitze Vision, Ziele und Strategie beherbergt. Den Übergang von obersten Stockwerk und Dach markieren die **HR-Planungs-** und **HR-Controlling**-Prozesse, die üblicherweise sowohl strategisch als auch taktisch betrieben werden;
- einen **Schornstein**, der die Möglichkeit bietet, weit sichtbaren Rauch aufsteigen zu lassen. So kann ein Unternehmen seine Arbeitgebermarke, neudeutsch »Employer Brand«, im Markt sichtbar machen und dadurch die **externen Bewerber**, aber auch die internen Mitarbeiter immer wieder mit Informationen versorgen, die die Attraktivität als Arbeitgeber bekunden;
- als letzten Baustein eine **Ausgangstreppe**. Hier werden professionelle **Trennungsprozesse** angesiedelt, die es ermöglichen, sich von einem oder mehreren Mitarbeitern so zu trennen, dass diese außerhalb des Unternehmens (aufgrund schlimmer Erfahrungen während des Trennungsprozesses) den Ruf nicht verderben. Idealerweise gelingt es auch, diejenigen, die aus eigenen Beweggründen das Unternehmen verlassen, so zur Tür zu begleiten, dass sie später einmal wieder zurückkehren wollen.

Genauso, wie ein Hauseigentümer bei seinen Mietern auch regelmäßig entscheiden muss, ob er diese weiter beherbergen möchte, muss eine Personalabteilung im übertragenen Sinn das Gleiche für die Themen im eigenen Leistungsspektrum tun. Wenn ein HR-Prozess Arbeit verursacht und Ressourcen bindet, aber keinen angemessenen Erfolgsbeitrag leistet und auch nicht gesetzlich erforderlich ist, erhält er als Mieter des Hauses die Kündigung und macht so Platz für neue Themen mit mehr Relevanz für den Erfolg.

Dieses Hausmodell dient hier nur einer ersten Orientierung, was das HR-Leistungsspektrum an Vielfalt enthält. Im nächsten Kapitel erhalten Sie anhand dieses Modells einen umfassenden Überblick über sämtliche möglichen HR-Leistungen mitsamt eines großen Fundus an Möglichkeiten, in dem Sie sich ganz nach Belieben und Bedarf aussuchen können, was genau für Ihr Unternehmen und Ihre HR-Strategie benötigt wird. Nicht alles wird für Sie von Belang sein, vielleicht aber später einmal an Bedeutung gewinnen, sodass Sie dann ggf. wieder auf dieses Buch zurückgreifen können.

In dem Workshop geht man dann bei der Erarbeitung eines speziell für Ihr Unternehmen passenden **HR Hauses** wie folgt vor:

1. **Erklärung des »HR Hauses«:** die Darstellung Ihrer aktuellen Hausstruktur für die Abbildung und Erklärung Ihres derzeitigen Leistungsspektrums. Das HR-Haus können Sie auf einer Pinnwandbespannung aufzeichnen oder als Meta-Poster auf DinA0 ausdrucken, Sie müssten es nur vorher noch auf Folie skizzieren.
2. **Brainwriting A** mit Haftzetteln: Was betreiben bzw. liefern wir bereits alles im HR Management?
3. **Qualitäts-Check:** Wie gut betreiben wir unsere derzeitigen Prozesse? Zur Bewertung kann man farbige Klebepunkte nehmen, die entsprechend einer Ampel die Güte der jeweiligen Prozesse aufzeigen:
   - **rot**: sofortiger Handlungsbedarf, Prozess ist nötig oder läuft mies.
   - **gelb**: sollten wir bei Gelegenheit optimieren.
   - **grün**: alles klar, das machen wir richtig gut.
4. **Brainwriting B** mit Haftzetteln: Was müssen wir zukünftig noch betreiben, um die HR-Strategie umzusetzen? Benutzen Sie hierfür eine andere Haftzettel- oder Stiftfarbe, um im fertigen Ergebnis den Unterschied zwischen IST-HR-Haus und SOLL-HR-Haus leicht erkennen zu können.
5. **Prozess-Streichung:** Welche unserer Prozesse und Themen sind nicht mehr relevant und könnten zur Schonung unserer knappen Ressourcen eingestellt werden?

> **! Achtung**
>
> Die in dieser Diskussion eruierten Haftzettel würde ich nicht gleich aus dem Haus entfernen. HR-Prozess-Streichungen betreffen ja auch Mitarbeiter, die für die Prozesse verantwortlich sind und die ihren Job darüber definieren. Diese Mitarbeiter sollten nicht gleich Ängste entwickeln, dass ihre Jobs womöglich in Gefahr sind. Deshalb würde ich solche Themen auf einer separaten Liste auf einem Flipchart für die Nachbearbeitung einsammeln. Den betroffenen Mitarbeitern sollte man deutlich sagen, dass die Themen einer sorgfältigen Prüfung unterzogen werden und die durch eine etwaige Streichung freiwerdenden Ressourcen dann sicher für neue Themen gut genutzt werden könnten.

6. **Prioritäten:** Was hat Vorrang vor allem anderen, weil es absolut erfolgskritisch ist? (Ggf. die Haftzettel für diese Themen farbig umrahmen oder durch farbige Haftzettel ersetzen.)

In den Workshops entstehen dann solche Bilder:

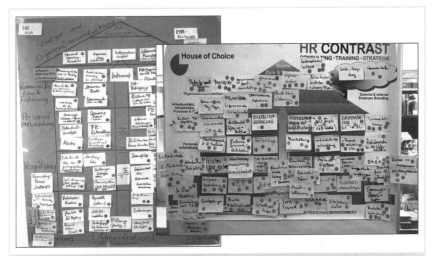

Abb. 10: Workshop-Ergebnisse für das HR-Haus (als Pinnwand-Bild und als Meta-Poster-Ergebnis)

Im Nachgang zum Workshop müssen noch folgende Arbeitsschritte vorgenommen werden:
1. Visualisierung des »HR-Hauses« in PowerPoint als repräsentative Darstellung des Leistungsspektrums.
2. Entwurf einer groben Planung, wie man die Optimierung, Erarbeitung und Implementierung der HR-Prozesse angehen will (gerne als »HR Roadmap« bezeichnet). Dabei sollten Sie in der zeitlichen Planung realistische Evolutionsstufen festlegen (Prioritäten zuerst, dann in angemessenen Ausbaustufen weiterentwickeln).

Diese nachbearbeiteten Ergebnisse müssen dann noch mit der Geschäftsführung besprochen, von dieser verifiziert und anschließend mit der Personalabteilung in eine Feinplanung überführt werden.

Die Abbildung kann je nach Zielgruppe etwas zugeschnitten werden. Ich hatte einmal einen Personalvorstand als Kunden, der das Haus mit allem, was geleistet wurde, »zukleistern« wollte. Als ich etwas mehr Übersichtlichkeit anmahnte, erwiderte sie, dass sie beim nächsten Mal, wenn irgendein Top Manager sich in ihrem Büro hinreißen ließe, die mangelnden Leistungen der HR-Organisation zu bemängeln, diesen gemeinen Wicht an das Plakat des HR-Hauses zitieren würde, um ihm haarklein aufzuzeigen, welches Riesenrad die Personaler tatsächlich drehen. Für diesen Zweck durfte das Haus natürlich etwas mehr Mieter haben ...

Wenn man aber z.B. einem Bewerber sein zukünftiges Heim bzw. seinen Arbeitgeber erklären möchte, dann würde man die Innereien des Hauses mehr auf diesen Blickwinkel zuschneiden. Ein Immobilienmakler erklärt dem potenziellen Käufer eines Hauses ja auch nicht den technischen Plan der Rohrverlegung, die er dem Handwerker erklären würde, welcher das marode Haus erst zu einem trauten Heim machen soll. Dem Käufer erklärt er eher den idealen Grundriss der Räume und die exklusive Ausstattung der Bäder und Küche. Und so würde es der Personaler beim Bewerber eben auch machen. Dazu aber mehr in Kapitel 4.1 Mitarbeiterbindung.

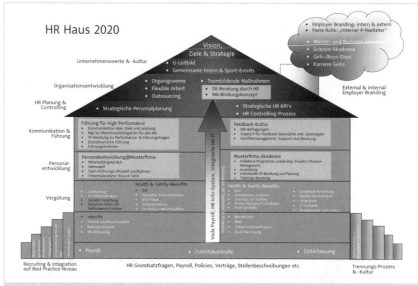

Abb. 11: In Powerpoint visualisiertes HR-Haus (Beispiel, die neuen Themen sind in schwarzer Schrift gehalten)

Nun hätten Sie, wenn Sie dem bisherigen Prozess gefolgt wären,

1. eine HR-Strategie, die Ihre Kunden bei der Erreichung ihrer Ziele unterstützt mitsamt eines

2. HR-Leistungsspektrums, das alles beinhaltet, was Ihre Kunden dafür benötigen.

Zur erfolgreichen Umsetzung dieser beiden wichtigen Elemente bedarf es nun noch einer passenden Mannschaftsaufstellung. Dann hätten Sie alles beisammen – aber Step by Step, einen Schritt nach dem anderen!

2.1.1.4 Das HR-Organisations-Design für das passende Team entwerfen

Stellen Sie sich vor, unsere Fußballnationalmannschaft würde gegen einen starken Gegner spielen müssen und der Trainer gibt vorher keine klaren Anweisungen zu der Mannschaftsaufstellung. Auf die Fragen der Spieler, wo wer was spielen soll, antwortet der Trainer mit einem lapidaren: »Jeder, wie er Lust hat, einfach rauf auf den Platz und gebt Euer Bestes!« Da können 11 Topspieler auf dem Platz stehen, bevor die sich zu einem einigermaßen funktionierenden Team zusammengerauft haben, ist das Spiel vorbei und der Gegner hat 3 Punkte und 10 Tore mehr auf dem Konto. Die Mannschaftsaufstellung sichert dem Team die effektive Spielweise, die Kompetenz des Einzelnen und die eingeübten Spielzüge sichern die Effizienz.

Neuro-HR-Tipp !

Im Idealfall berücksichtigen alle Elemente die individuelle Klasse der Mannschaft. So gibt es die Führungsspieler, die »Lautsprecher«, die gern Anweisungen geben. Es ist ratsam, diesen Menschen auch den Raum zu geben, ihre Eigenschaften positiv zur Geltung zu bringen. Sie präsentieren gern (sich selbst und die Ergebnisse). Andere dagegen sind klasse in der Analyse, aber keine »Lautsprecher«. Diese Menschen brauchen oft ein störungsarmes Umfeld.

Neurobiologisch ist dies an einer Neuro-Transmitter-Balance zu messen und zu erkennen. Die Lautsprecher sind eher die Persönlichkeiten, bei denen die anregenden Neuro-Transmitter dominant sind. So ist bei den o. g. Analysten, die ein störungsarmes Umfeld brauchen, oft die Serotonin-Produktion störungsanfällig. Das führt zu leichter Reizbarkeit und zu höherer Stressachsenaktivierung. Was zunächst wie ein Nachteil aussieht, ist aber eben auch verbunden mit hoher Genauigkeit und guter, realistischer Prognosefähigkeit. Diese Menschen sind oft die Zögerer und Kritiker im Team. Zusammen ergibt sich eine tolle Mischung.

Wenn wir das Ganze nun auf die Personalabteilung übertragen, dann brauchen wir folgende Bausteine:
1. Organisations-Design (nachfolgend Org-Design abgekürzt)
2. Rollenbeschreibungen
3. Organigramm
4. konkrete und detaillierte Stellenbeschreibungen inkl. Befugnisse
5. Prozessbeschreibungen für die wichtigsten Haupt- und Nebenprozesse

Um die obige Fußball-Analogie noch einmal zu bemühen, würde es auch nicht ausreichen, wenn der Trainer auf die Fragen der Spieler antworten würde: »Wir spielen 3-3-4!« Nun wäre zwar immerhin schon einmal ein Org-Design benannt, aber wer nun welche Rollen spielen soll und was der Trainer genau von jedem einzelnen erwartet und was dieser darf und was eben nicht und wie die wichtigsten Spielzüge verlaufen sollen, ist immer noch unklar. Also rauf auf den Platz und kicken, was das Leder hergibt, aber eben 3-3-4.

Im ersten Kapitel hatte ich darauf hingewiesen, dass die Form der Funktion zu folgen hat (»form follows function«), das bedeutet, dass das **Org-Design** so gestaltet sein muss, dass die Kunden die Unterstützung erhalten, die sie für ihre Ziele benötigen. Sollte eine reine HR-Verwaltung für die Zielerreichung völlig ausreichend sein (m.E. ein recht unwahrscheinlicher Fall), dann muss sich HR nicht komplex mit zahlreichen strategisch orientierten Rollen aufstellen. Das würde der Kunde nicht verstehen und auch nicht bezahlen wollen.

Da es seit einigen Jahren den in Kapitel 1.1 beschriebenen Hype um das 3-Box-Modell von Dave Ulrich gibt, beauftragte mich 2011 das Personalmagazin, einen Artikel zu schreiben, in dem auch andere sinnvolle Organisation-Designs dem vermeintlich »selig-machenden« 3-Box-Modell gegenübergestellt werden sollten. Ich kam zusammen mit meiner damaligen Vorstandskollegin zu folgenden Grundprinzipien:

HR kann grundsätzlich 3 verschiedene Service-Aufträge erhalten und darunter insgesamt 5 Org-Designs einnehmen (siehe auch nächste Abbildung, in der neben einer Kurzbeschreibung ebenfalls die Vor- und Nachteile der jeweiligen Designs aufgeführt werden):

1. **Verwaltung**
   1. Org-Design: HR-Verwaltung
   2. Org-Design: »One Face to the Customer« (Personalabrechner und – referent in einer Person)
2. **Strategie-Orientierung**
   3. Org-Design: Referenten-System
   4. Org-Design: Referenten-System »plus HR Experten«
3. **Business-Orientierung**
   5. Org-Design: 3-Box-Modell von Dave Ulrich

Jedes dieser von uns herausgearbeiteten Org-Designs ist weder gut noch schlecht, es kann nur passend oder unpassend sein für die Bedürfnisse der Kunden.

Auftrag an HR	Verwaltung		Strategie-Orientierung		Business-Orientierung
	»HR Verwaltung«	»One Face to the customer«	Referenten-System	»plus HR Experten«	»3 Box-Modell«
Kurzbeschreibung	HR stellt einen Teil der Arbeitgeberpflichten sicher: • individualvertragl. gegenüber dem Mitarbeiter • kollektiv-rechtlich gegenüber dem Betriebsrat und Tarifpartnern • gesetzlich gegenüber den Behörden und achtet auf deren Einhaltung im Unternehmen	die Personalabrechner übernehmen - soweit möglich - zusätzlich operative Beratungsaufgaben gegenüber Führungskräften und Mitarbeitern	• Personalreferenten übernehmen taktische Beratung und konzeptionelle Aufgaben • zusammen mit zugeordneten Sachbearbeitern bzw. Abrechnern werden Kundensegmente als Tandems unterstützt. • Abrechnung kann alternativ zentralisiert oder outgesourct sein.	für spezielle HR Themen und Prozesse gibt es zusätzliche Stabsstellen oder kleine Experten-Teams (je nach Umfang der Aufgaben), die die Personalreferenten oder direkt die Kunden strategisch beraten und Prozesse einführen und ggf. diese auch im Betrieb dauerhaft verantworten.	HR erbringt in 3 Boxen Aufgaben: • administrative (werden in Center of Scale erbracht), • strategisch beratende für die Wertschöpfung (HR Business Partner) und • mit Experten-Wissen beratende und gestaltende (Center of Expertise)
Vorteile	• wenig Komplexität • wenig Headcount • hoch rationalisierbar • klare Rolle als Hüter	• wenig Schnittstellen • schnelle Verfügbarkeit von Stammdaten in der Beratung • geringere Kosten	• Rolleninhaber können sich auf Schwerpunkte fokussieren • konzeptionelle Projekte können durch Referenten betrieben werden • Führungskräfte und Mitarbeiter haben persönliche Ansprechpartner mit klarer Fachkompetenz	• Lösungsangebote für strategische Herausforderungen möglich	• hohe Rationalisierungs-potentiale in administrativen Prozessen • Lösungsangebote für strategische Herausforderungen und Wertschöpfungsbeiträge • proaktive strategische Beratung der Führungskräfte • moderne Arbeitsweisen fördern Employability der HR-Mitarbeiter
Nachteile	• keine Lösungsange-bote für strategische Herausforderungen • keine Entwicklungs-perspektiven für HR-Mitarbeiter innerhalb und außerhalb des Unternehmens („Auslaufmodell") • Reaktiv und passiv, keine vorausschauen-den Wertschöpfungs-beiträge	• wenig Lösungsangebote für strategische Herausforderungen • Profilbreite von Abrechner zu Berater selten optimal abzudecken, daher entsteht viel Frust auf allen Seiten • Beratung kommt oft zu kurz, wenn Abrechnung die Ressourcen erfordert • Beratungsweite erstreckt sich nur über operative Themen	• Referenten werden oft an Sacharbeit gebunden, statt zu beraten • Kommunikation zwischen Abrechner und Referenten hakt oft • 2-Klassen-Empfinden entsteht bei fehlendem Teamgedanken zwischen Referenten und Sachbearbeitern	• Proaktive Strategische Beratung der Führungskräfte noch nicht ausreichend, da alle Ressourcen mit hohem Fachwissen, aber wenig strategischem Denken einbringen	• Viele Schnittstellen machen Prozesse und Kommunikation mit den Kunden komplex • Erfolg ist abhängig von moderner Technik und virtuellen Kommunika-tionsmedien • hoher Transformations-/Change-Aufwand bei der Implementierung • Hohe Investitionskosten bei der HR-IT • Lücke bei den persönlichen Ansprech-partnern für die Mitarbeiter

Abb. 12: Möglichkeiten für das HR-Org-Design (gemeinsam mit Heike Gorges erarbeitet für den Artikel im Personalmagazin 4/2011 »HR-Transformation: Wozu und wie?«)

In Trainings, die ich dazu seit Jahren bei der Haufe Akademie durchführe, frage ich die Teilnehmer nach der Vorstellung der obigen 5 Org-Designs immer nach dem Design ihrer Personalabteilungen. Dabei ordnen sich viele der eher aus dem Mittelstand kommenden Teilnehmer überwiegend den Verwaltungs-, seltener den Strategie-orientierten Designs zu. Das Business-orientierte 3-Box-Modell kommt nur bei den größeren Unternehmen vor. Das liegt nicht nur an dem jeweiligen Auftrag an HR, sondern auch etwas an der dafür notwendigen »kritischen Masse« an Ressourcen in der Personalabteilung. Mit z.B. 10 Mitarbeitern ist es einfach schwierig, die vielfältigen Rollen des 3-Box-Modells zu besetzen.

Mischformen sind möglich bei der zugunsten der Übersichtlichkeit auf 5 Org-Designs begrenzten Darstellung. So haben manche Personalabteilungen eigentlich eine Verwaltungsaufgabe, »leisten« sich aber für einzelne Themen Fachexperten. Andere wiederum nehmen für sich in Anspruch, HR Business Partner im Einsatz zu haben, die aber die Themen der HR-Fachexperten mitmachen.

Das 3-Box-Modell hat in den letzten Jahren noch eine vierte Box dazu bekommen, es hat nämlich einen kleinen Geburtsfehler. Während die Führungskräfte mit dem HR Business Partner einen persönlichen Berater erhielten, verlieren die Mitarbeiter ihren persönlichen Ansprechpartner, zu dem sie mal eben schnell auf einen Kaffee vorbeischauen und ihre Probleme besprechen konnten. Als direkten Ansprechpartner erhalten die Mitarbeiter i.d.R. stattdessen eine Hotline in dem zentralisierten Shared Service Center, die bei kleinen Fragestellungen direkt weiterhilft, bei schwierigeren Fragen an andere Kollegen im Hintergrund weiterreicht. Das funktioniert, wenn man es richtig aufstellt, eigentlich ganz gut für die Bearbeitung der anfallenden Themen. Das »Zwischenmenschliche« eines persönlichen Austausches aber bleibt dabei etwas auf der Strecke, wenn man als Mitarbeiter nicht am gleichen Standort wie das Shared Service Center arbeitet und nicht einmal kurz anstelle eines Anrufs hereinschauen kann. Deshalb haben sich einige Unternehmen durchgerungen, den Mitarbeitern weiterhin auch Personalreferenten als Partner für ihre persönlichen Belange, die nicht abrechnungsrelevant sind (z.B. die eigene Personalentwicklung), zur Verfügung zu stellen. Das entlastet dann auch wiederum die Führungskräfte, die sich aufgrund der Lücke zwischen den Rollen der Personalabrechnung und des HR Business Partners selbst stärker um die Belange des Mitarbeiters kümmern müssten.

Die Personalabrechnung wird aus verschiedensten Gründen häufig outgesourct. Trotzdem muss man diesen Teil der Ressourcen beim Org-Design auch berücksichtigen. Ob die Ressourcen auf der eigenen oder einer externen Payroll stehen, ist letztlich für das Design unwichtig, da sie an der Erfüllung der Aufgaben mitarbeiten. Hier einige **Rollenbeschreibungen** im kurzen Überblick:

Beschreibungen der HR-Rollen	
Rollen	**Kurzbeschreibung**
Team-Assistenz	Unterstützt Teams oder Rollen (i.d.R. Leitungsrollen innerhalb der Personalabteilung) durch die Übernahme operativer Aufgaben in unterschiedlichsten HR-Prozessen.
Personalabrechner bzw. -sachbearbeiter	Stellt die Gehaltsabrechnung und alle damit in Verbindung stehenden administrativen Aufgaben sicher.
Personalreferent	Berät Mitarbeiter und Führungskräfte in allen operativen und taktischen Fragen des Personalmanagements. Berät bei der richtigen Umsetzung taktischer jährlicher HR-Prozesse (Mitarbeitergespräch, Personalentwicklungsplanung, Gehaltsförderung etc.).

Beschreibungen der HR-Rollen	
Rollen	**Kurzbeschreibung**
HR Business Partner	Berät Führungskräfte in allen taktischen und strategischen Fragen des Personalmanagements mit Fokus auf die Erreichung taktischer und strategischer Businessziele. Ist entweder in der Personalabteilung »aufgehängt« oder im Business. In jedem Fall setzt der HRBP neben seiner Business-orientierten Beratung auch HR-Richtlinien durch (»Governance Funktion«). Arbeitet mit in oder leitet Projekte/n (z.B. Organisationsentwicklung).
HR-Fachexperten	Bringen vertiefte Expertise zu ausgewählten und für die Erreichung der Unternehmensziele wichtigen HR-Themen ein (siehe auch alle Themen des Kapitels 4), wie z.B.: ■ Grundsatzfragen (Arbeitszeit, Mitbestimmung, arbeitsrechtliche Regelungen etc.) ■ Personalentwicklung (Aus- und Weiterbildung) ■ Vergütung (alle Themen oder ausgewählte wie z.B. betriebliche Altersversorgung, Vergütung des Top Managements) ■ Personalgewinnung ■ Employer Branding ■ IT-Systeme für HR ■ Gesundheitsmanagement Wenn der Bedarf an Ressourcen für die Themen steigt, dann werden diese Fachexperten in Teams bzw. Competence Centern (bzw. nach Ulrich »Center of Expertise«) zusammengefasst und von Teamleitern geführt.
Personalleitung	Leitet die Personalabteilung und berät die Geschäftsführung in allen Fragen des HR Managements. Je nach Auftrag an die Personalabteilung ist er ein Verwaltungsleiter, ein strategischer Berater oder der »oberste HR Business Partner« des Top Managements.

Tab. 5: Beschreibungen der HR-Rollen

Für die Erstellung eines **Organigramms** sollte man sich an die Gepflogenheiten der im Unternehmen verwendeten Software (z.B. Visio oder PowerPoint) und Darstellungsform halten. Diesen Baustein bei der Arbeit an der Mannschaftsaufstellung will ich an dieser Stelle deshalb nicht weiter ausführen. Ein wichtiges Gestaltungsprinzip möchte ich aber anregen:

Goldene HRE-Regel   !

Idealerweise schafft sich der Personalleiter einen »Unterbau« an Teamleitern, damit er den Freiraum für Mitarbeiterführung und proaktiver vorausschauender Beratung hat. Ansonsten würde der Personalleiter »im Sumpf operativer Fragestellungen versinken« und die Geschäftsführung hätte keinen Berater in HR-Fragen. Halten Sie sich als Personalleiter an die 10er-Regel: Einer führt (max.) 10 Mitarbeiter.

Bei einem Kunden hatte der Personalleiter dieses Prinzip vernachlässigt. So berichteten alle 17 Mitarbeiter, gleich welche Rolle sie hatten, direkt an den Personalleiter. Das traurige Ende vom Lied war, dass der Personalleiter kurz vor dem Burn-out stand, die Mitarbeiter unzufrieden waren, weil sie entweder keine Zeitfenster beim Personalleiter für den notwendigen Austausch, noch fachlich angemessen kundige und somit hilfreiche Unterstützung erhielten. Und die Geschäftsführung war sauer, weil in den wichtigen HR-Themen auch nichts voran ging und sich die Führungskräfte und Mitarbeiter zunehmend über die Personalabteilung beschwerten. Dies war ein Teufelskreislauf, der nur durch die Schaffung eines Unterbaus an Teamleitern durchbrochen werden konnte. Aber glauben Sie nicht, dass meine Hinweise und mein nachdrücklicher Rat angesichts eines so offenkundigen Problems auf besonders offene Ohren des Personalleiters stießen. Teufelskreise sind eben vom Teufel gemacht oder biestige Gegner.

Um das geplante Org-Design und das skizzierte Organigramm auf seine Lebensfähigkeit zu überprüfen, muss man weitere Arbeitsschritte vornehmen. Dazu gehört die **Erarbeitung der wichtigsten Haupt- und Nebenprozesse** (siehe Kapitel 2.2), mit denen – unter Berücksichtigung der zukünftig im Org-Design definierten HR-Rollen – konkret beschrieben wird, wie man die mit dem Kunden besprochenen HR-Leistungen erbringen will. Diese Prozessarbeit ist manchmal nervig und anstrengend, da man dabei sehr im Detail und sehr genau arbeiten muss, eben nicht jedermanns Sache. Aber Prozessarbeit ist absolut unerlässlich, wenn man eine wirklich funktionierende HR-Organisation entwickeln will. Dazu eine kleine Anekdote:

! **Beispiel**

Ein langjähriger Kunde von mir hatte sich bei seiner HR Transformation durch eine andere Beratungsgesellschaft unterstützen lassen. Nachdem man an der Oberfläche die neuen Rollen nach dem bereits beschriebenen 3-Box-Modell festgelegt und sich damit das im Moment modernste Org-Design verpasst hatte, legte man den Schalter um und implementierte die HR Business Partner und die dazu gehörigen Shared Service und verschiedene Competence Center. Unglücklicherweise waren aber die HR-Prozesse nicht im Detail beschrieben, sodass die Kollegen ab der Implementierung nicht so ganz genau wussten, wann wer mit wem wozu und mit welchen Mitteln bei der Arbeit zupacken sollte. Das ganze Spektakel endete – Sie ahnen es schon – im Chaos. Die Versprechen des Personalleiters, »jetzt wird alles anders und damit natürlich alles viel besser und wertschöpfender«, wurden nicht eingelöst. Schlimmer noch, die Hausaufgaben in der Administration, die vor der Transformation bestens funktionierten, wurden nur noch fehlerhaft und schleppend erbracht. Man lieferte also nicht nur die versprochenen neuen Themen chaotisch bis gar nicht ab, sondern musste sich auch noch vorwerfen lassen, dass man die früheren Stärken in den operativen Aufgaben nun auch nicht mehr draufhatte. Ich traf den Personalleiter übrigens einige Monate später wieder bei einem Lunch, bei dem er sich als freier Berater vorstellte und seine Kooperation anbot.

Dem Beratungshaus mag ich nicht einmal einen Vorwurf machen. Wahrscheinlich hatten sie auf eine ausführlichere Prozessarbeit hingewiesen, aber wurden – man will als Personalabteilung ja auch möglichst wenig Budget ausgeben – ausgebremst. Natürlich alles nur Spekulation, aber es bleibt die Erfahrung, dass man, ohne wenigstens die wichtigsten HR-Prozesse zu modulieren, einfach nicht genau sicherstellen kann, dass die geplanten Rollen Hand in Hand als Team die versprochenen Leistungen abliefern können. Diese Erfahrung sollten Sie ganz besonders berücksichtigen, wenn die Einführung neuer HR-IT-Systeme Bestandteil Ihres Optimierungsansinnens ist. Denn in einem solchen Fall muss wirklich sehr genau definiert sein, durch wen wann welche Daten ins System eingepflegt werden. Eine Software ist nämlich dumm, die kann nur funktionieren, wenn die menschliche Intelligenz sie entsprechend füttert.

Goldene HRE-Regel   **!**

Eine konkrete und ausführliche **Stellenbeschreibung** kann auch erst erstellt werden, wenn man anhand der definierten zukünftigen HR-Prozesse herausfiltern kann, welche Haupt- und Nebenaufgaben in welchen Prozessen geleistet werden sollen. Meine Erfahrung ist dabei, dass sich in den Prozessmodulationen die zukünftigen Inhaber neuer Rollen gerne die Aufgaben aus ihren alten Rollen sichern wollen. So kämpfen z.B. zukünftige HR Business Partner mit den zukünftigen Vertretern der Recruiting Center um jeden Handschlag in den Personalgewinnungsprozessen, weil sie liebgewonnene Arbeit nicht verlieren wollen. Hier gilt es als Personalleiter, um die definierte Rollenklarheit zu kämpfen. Wenn ein HR Business Partner zukünftig in erster Linie Führungskräfte taktisch und strategisch beraten soll, dann darf er nicht mit einem guten Teil seiner Zeit in Bewerberinterviews gebunden sein, das muss er dem dafür geplanten Kollegen aus dem dafür geplanten Competence Center überlassen. Prozessarbeit ist also Verifikationsarbeit für die definierten Rollen aus dem Org-Design. Bevor diese nicht geleistet wurde, ist das Org-Design als nicht nachhaltig und lebensfähig entworfen. Sperren Sie sich lieber mit ausreichend Zeit zur Prozessarbeit in einen »geschützten Raum« ein, in dem Sie sich zusammenraufen können, bis »weißer Rauch« aufsteigt. Das ist der bessere und erfolgversprechendere Weg, viel besser als eine mangelnde Detailabstimmung nach der Implementierung vor dem Kunden durch Misslingen der Prozesse vorzuführen.

2.2 Effizienz durch Best-Practice-HR-Prozesse
Autor: Tim Oliver Goldmann

Warum eigentlich Prozesse? Sind die nicht nur für zertifizierte Unternehmen? Und selbst diese empfinden Prozesse als ein ganz schreckliches Thema! Ich hoffe, Sie teilen diese Statements nicht und haben bereits die Vorteile von Prozessen im Unternehmen erkannt.

Es wäre nicht richtig, wenn ich hier die Behauptung aufstellte, dass Prozesse ein ganz leichtes und schnell erledigtes Thema wären. Prozesse sind immer dann von besonderem Nutzen, wenn mehrere Aktivitäten zeitlich parallel ablaufen, diese Aktivitäten dabei sehr wohl koordiniert sein müssen und verschiedene Führungskräfte für einzelne Teile verantwortlich sind. Bei zunehmender Komplexität der Aktivitäten sind Prozesse sogar zwingend erforderlich, um auch die Steuerung der Aktivitäten übergreifend sicherstellen zu können. Wenn zum Beispiel eine HR-Abteilung in den nächsten 12 Monaten rund 250 neue Mitarbeiter zusätzlich rekrutieren soll, dann ist diese Aufgabe an sich schon komplex genug. Das wird dann besonders deutlich, wenn wir die Personalanforderung, Genehmigung, Terminierung von Gesprächen mit den Bewerbern und Fachabteilungen und die Anhörung des Betriebsrates betrachten. Hier ist maßgeblich HR im Driver-Seat. Sobald aber für die neuen Mitarbeiter das Facility-Management einen Arbeitsplatz sowie die IT, das Telefon, die Hardware und die Lizenzen für Software zur Verfügung stellen, der Betriebsarzt die Einstellungsuntersuchung noch vor Vertragsunterzeichnung durchgeführt haben und die Fachabteilung die Einarbeitungspläne erstellen und dann abarbeiten sollen, wird es sehr komplex und dann sind Prozesse als Orientierung ausgesprochen hilfreich.

2.2.1 Prozess: Eine Kette gemeinsamen Handelns

Im Klärungsgespräch mit Führungskräften und Mitarbeitern wird mir häufig beschrieben, dass selbstverständlich alle Prozesse im Unternehmen schon mehrfach geprüft und weiterentwickelt worden sind. Schnell kann man hier den Eindruck gewinnen, dass also die Führungskraft und die Mitarbeiter die gemeinsam handelnden Personen im Rahmen eines Prozesses sind. Das ist auch nicht falsch, aber in jedem Fall unvollständig, wenn Prozesse team-, abteilungs-, bereichs- und ressortübergreifend wirken sollen.

Der Weg zu eher unvollständigen Betrachtungsweisen beginnt meist bottom-up. Irgendwer im Unternehmen kommt zu der Überzeugung, dass jede Abteilung mal eben ihre Prozesse beschreiben müsste. Die Auslöser dafür sind vielfältig: Zertifizierungserfordernisse, durchsetzungsstarke Qualitätsmanager, neue Führungskräfte, die zuvor mit Prozessmanagement gute Erfahrungen gesammelt haben, oder Wirtschaftsprüfer, die zur Risikominimierung dem Mandanten nahelegen, Prozesse zu beschreiben und zu dokumentieren. Allein der jeweilige Auslöser kann in sich schon einen Fallstrick enthalten, wenn er isoliert betrachtet wird.

| ! |

Neuro-HR-Tipp

In aller Regel sind die Prozesse bei Mitarbeitern und Führungskräften nicht positiv belegt, sondern werden eher als Zwang empfunden. Eine Idee, um diese mit Gehirndrogen zu versehen, ist, Prozesse zum Erlebnis zu machen. Bei der Einführung eines Prozesses bietet sich zum Beispiel an, Klettern zu gehen und alle Schritte in einer Art Kletterspiel abzuarbeiten; oder für die Nicht-Schwindelfreien eine Wandertour. Wenn Sie es schaffen, den Prozess mit einer tollen Erfahrung zu verbinden, dann sorgen Sie durch die Erfahrung, dass als Abstrahlung auch der Prozess positiv belegt wird. Wir können Dinge nur entweder positiv als Belohnung und Spaß (dopaminerges System) oder als Gefahr über die Amygdala abspeichern. Dieser Gehirnmechanismus ist unabhängig vom Inhalt. Nur wenn Sie es verstehen, eine Kopplung zwischen Spaß und Ihrem Lerninhalt (dem Prozess) herzustellen, dann kann der Lerninhalt kreativ und positiv angewendet werden.

Machen Sie Prozesse greifbar und positiv erlebbar, am besten in Form eines gemeinsamen Erlebnisses wie z. B. ein Kick-off.

Wie geht es also besser? Prozesse sind in den allermeisten Fällen sehr unternehmensspezifisch und sollten gemeinsam ein Ziel – das Unternehmensziel – verfolgen. Damit kann es nur einen zielführenden Weg geben, wie sie initiiert werden: Die **Geschäftsführung** formuliert dieses Ziel und betreibt diese Veränderung persönlich und durchgängig.

Zum besseren Verständnis für die weiteren Ausführungen stelle ich hier einige Kriterien zusammen, die ein Prozess nach meinem Verständnis erfüllen muss, um den Anspruch an Best Practice zu erfüllen:

- Erstellung einer Prozesslandkarte mit Kern-, Haupt- und Unterstützungsprozessen im Unternehmen;
- Verzahnung der verschiedenen Prozesse mit entsprechenden Schnittstellen;
- Definition des jeweiligen Prozesses und der Zielbeschreibung, was damit erreicht werden soll;
- Beschreibung, wer mit diesem Prozess arbeiten soll;
- Einteilung, wer in welchem Abstand für die Prozesspflege verantwortlich ist;
- Festlegung des Inputs – womit beginnt der Prozess?;
- Festlegung der Prozessbeteiligten;
- alle Tätigkeiten zwischen Input und Output, so z. B. alle Einzeltätigkeiten, Zeithinweise, Störgrößen und Schnittstellen zwischen den Prozessbeteiligten;
- Entscheidungen, die im Laufe des Prozesses getroffen werden müssen (digital, um abzuleiten, in welchen Tätigkeiten der Prozess eine Fortsetzung findet) und deren Folgen;
- Output – welche Zwischen- und Endergebnisse produziert ein Prozess? (Welche Dokumente sind ein Zwischenergebnis des Teilprozesses oder ein Endergebnis eines Prozesses (Listen, Verträge usw.?);

- Erfassung von Dokumenten, die für den Prozess erforderlich/vorgeschrieben sind und deren Quelle;
- präventive Erfassung von potenziellen Störgrößen, die Einfluss auf den Prozess haben können;
- Festlegung der Zeiten für Prozessabschnitte und Durchlaufzeiten für den Gesamtprozess;
- Festlegung von bestenfalls Kennziffern, mit denen die Effektivität und Effizienz eines Prozesses gemessen und seine Wirksamkeit dargestellt und auch überprüft werden kann;
- Erarbeitung von Folgeprozessen, die gestartet werden müssen, wenn ein Output erreicht ist.

2.2.2 Die Prozesslandkarte entwickeln

Die Entwicklung der Prozesslandkarte beginnt sinnvollerweise immer damit, dass der Kernprozess des Unternehmens definiert wird. Im übertragenen Sinne soll hier eine stark vereinfachte Beschreibung eines Kernprozesses darstellen, wozu dieser Prozess dienen soll. (Was soll mit dem Prozess vereinfacht werden?) Zwischen dem Markt, der den Bedarf definiert, und dem Kunden, der ein Produkt oder eine Dienstleistung abnimmt, steht im Idealfall mindestens ein Unternehmen mit genau einem oder einigen wenigen Kernprozessen. So mag der eine Kernprozess die Entwicklung von Dienstleistungen/Produkten sein und der sich daran anschließende Kernprozess die Produktion/Leistung desselben. In dem folgenden Schaubild umfasst der Kernprozess des Unternehmens das Produktmanagement, die Entwicklung und die Fertigung. Schon der Vertrieb am Markt und die Logistik zum Kunden ist für ein Produktionsunternehmen sicher nicht mehr ein Kernprozess, sondern jeweils ein Unterstützungsprozess. Damit sind alle anderen Aktivitäten, die die Entwicklung und Produktion bei der erfolgreichen Bewältigung unterstützen, auch *nur* Unterstützungsprozesse. Wenn hier das »NUR« hervorgehoben wird, dann ist das absichtlich so dargestellt. Gerade in Konzernen gewinnen wir oft den Eindruck, dass jede Abteilung die Wahrnehmung hat, natürlich ein Kernprozess zu sein. So, wie in dem folgenden Schaubild dargestellt, könnte eine Prozesslandkarte anhand eines Beispiels für Maschinenbau aussehen.

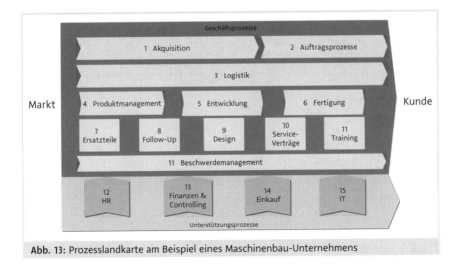

Abb. 13: Prozesslandkarte am Beispiel eines Maschinenbau-Unternehmens

Erlauben Sie hier ein kleines Beispiel, wie es aussieht, wenn sich die Unterstützungsprozesse nicht am Hauptprozess orientieren:

Beispiel !

In einem Unternehmen, das hochtechnologische Fahrzeuge entwickelt und weltweit verkauft, wird die Diskussion darüber geführt, welche Software für die Berechnung und Simulation von neuen Technologien eingeführt und genutzt werden soll. Die Technikbereiche sprechen sich für eine neu entwickelte, deutlich schnellere Variante aus, während die IT-Abteilung eine bewährte, aber um ein vielfaches langsamere Variante empfiehlt. Nachdem die Geschäftsführung die Variante der Technikbereiche präferiert, stemmt sich die IT-Abteilung dagegen und stellt ihre internen Anforderungen an diese Software über die Interessen des Kernprozesses. Schnell können wir den Eindruck gewinnen, dass die IT-Abteilung sich nicht des Unterstützungsprozesses bewusst ist und sich in die Mitte des Geschehens stellt. Auf unsere Frage, womit das Unternehmen seinen Umsatz generiert, bekommen wir zum Glück nicht die Antwort: mit der IT-Abteilung.

Mit diesem Beispiel soll noch einmal unterstrichen werden, dass die Prozesslandkarte Top-down entwickelt werden soll, damit es entsprechende Wahrnehmungsschwankungen in der Fokussierung nicht gibt. Abgeleitet vom Kernprozess werden dann die Management-, Kern- und Unterstützungsprozesse und die jeweiligen Schnittstellen beschrieben.

Je nach Beschaffenheit des Unternehmens kann der »Unterstützungsprozess HR« wie folgt aussehen:

Abb. 14: Unterstützungsprozess HR

So entsteht eine Prozesslandkarte von innen nach außen und Top-down. Diese Vorgehensweise empfehle ich dringend einzuhalten, damit die Zusammenhänge, die Schwerpunkte und die Schnittstellen entsprechend richtig zugeordnet werden können.

2.2.3 Prozess-Modulation: Wie man schlanke Prozesse entwickelt

Mit einem »schlanken« Prozess ist hier eine überschaubare Menge an Aktivitäten gemeint, die der Leser gut überblicken und so gleichzeitig das Zusammenspiel der Prozessbeteiligten erkennen kann. In den meisten Fällen werden Prozesse nicht beschrieben, bevor die Tätigkeiten ausgeführt werden. Typischerweise werden Handlungsfolgen zunächst erfunden, dann in die Umsetzung gebracht und schrittweise verfeinert.

Die Aufnahme von Prozessen empfehle ich immer in Teams mit all denjenigen, die an dem Prozess teilhaben und die einzelnen Tätigkeiten ausführen. Dabei sind bestenfalls auch die Personen einzubeziehen, die aus »prozessangrenzenden« Bereichen beteiligt sind. Mit dieser Vorgehensweise wird sichergestellt, dass auch die team-, abteilungs- und bereichsübergreifenden Schnittstellen hinreichend beschrieben und geregelt werden. So ist es unbedingt erforderlich, dass z. B. im Rahmen eines Rekrutierungsprozesses der Betriebsrat und auch einzelne Führungskräfte beteiligt werden. Die Aufnahme eines Prozesses kann dann mit wenigen Mitteln erfasst werden. Wenn die beteiligten Personen verfügbar sind, dann sind eine Metaplan-Wand, Moderationskarten und Stifte ausreichend. So können sogenannte »Schwimmbahnen« für die einzelnen Verantwortungsbereiche festgelegt und danach moderiert die wesentlichen Tätigkeiten und Dokumente erfasst werden. Nachfolgend ein paar Leitfragen für die Moderation am Beispiel Rekrutierungsprozess:
1. Wer liefert den Input zu einer Stellenbesetzung, mit welchem Dokument?
2. Wie werden Dokumente und Anforderungen durch HR bearbeitet?
3. Wie werden die Fachabteilungen beteiligt?
4. Wann wird der Betriebsrat beteiligt? In welcher Form?
5. Innerhalb welcher Frist ist die Anhörung des Betriebsrates abzuschließen?
6. Wie werden die Positionen ausgeschrieben?

7. Wie wird mit den Bewerbungen umgegangen? Wie mit den nicht qualifizierten Bewerbern?
8. Wer organisiert wie die Vorstellungsgespräche?
9. Wer trifft bis wann die Entscheidung? Wie werden dem einen der Vertrag und wie den anderen die Absagen zugestellt?
10. Welche Zwischen- und Endergebnisse werden produziert, was ist der Output des Prozesses?

Ein Ergebnis dieses Vorgehens ist zur Veranschaulichung grob vereinfacht im nächsten Schaubild dargestellt. In diesem Fall gibt es 3 Verantwortungsbereiche (Schwimmbahnen), die am Prozess beteiligt sind. Aus jedem Kästchen geht eine Aktivität oder Entscheidung hervor und bei einzelnen Aktivitäten ist mit der Darstellung der Uhr eine Durchlaufzeit hinterlegt.

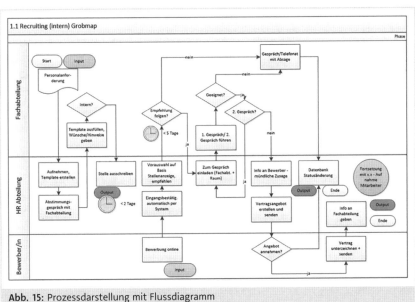

Abb. 15: Prozessdarstellung mit Flussdiagramm

Dies ist der erste Teil zu einem schlanken Prozess. Nur wenn die IST-Situation erfasst und visualisiert ist, können im weiteren Schritt die erkennbaren Sorgen und Nöte erfasst werden. Auch dies sollte in der Gruppe erarbeitet werden. Denn bei jeder Veränderung und »Verschlankung« des Prozesses sollten alle Beteiligten eine Chance haben, sich entsprechend einbringen zu können. Dies hat gar keine demokratische Beteiligung als Ursache. Der Grund dafür liegt an ganz anderer Stelle auf der Hand: Wird eine Stellschraube eines Prozesses verändert, dann hat das in den meisten Fällen Auswirkungen auf alle weiteren Aktivitäten im Prozess. Diese Vorgehensweise ist nicht die schnellste, aber sie bietet den maßgeblichen Vorteil, dass so verschlankte Prozesse auch in die Realität transferiert werden können. Natürlich ist ein kleines Team in den Arbeitsabläufen schneller. Jedoch stellen wir sehr häufig fest, dass so erfasste Prozesse zwar gut beschrieben sind, sich aber im Arbeitsalltag nicht durchsetzen. Wenn Prozesse immer am »grünen« Tisch entwickelt und beschrieben werden, werden diese nicht zwingend von den Prozessbeteiligten im Arbeitsalltag »gelebt«. Damit ist der zuletzt beschriebene Vorgang eher abzulehnen. Ähnlich ist es mit Prozessen, die ausschließlich für ein Qualitätsmanagement-Handbuch beschrieben werden. Diese fallen immer wieder dadurch auf, dass die Beschreibung lückenlos und fabelhaft zu sein scheint, die Prozessbeteiligten aber nicht danach handeln. Sie stimmen mir zu, dass jeglicher Aufwand für solche Prozesse vergebene Mühe ist.

2.2.4 Produkte: Am Ende eines Prozesses steht eine HR-Dienstleistung

Vom Kernprozess ist abzuleiten, welche bestmöglichen Unterstützungsprozesse es für ihn geben muss. Dadurch sind auch im Bereich HR Entscheidungen zu den Haupt- und Nebenprozesse zu treffen. Zusätzlich zu den auf den Kernprozess bezogenen Haupt- und Unterstützungsprozessen sind insbesondere bei HR noch Prozesse zu installieren, die die gesetzlichen Anforderungen (Betriebsverfassungsgesetz, Sozialversicherung, Datenschutz usw.) sicherstellen.

! Achtung

Alle Prozessaktivitäten können natürlich gleichermaßen gewichtet und sortiert werden. Aber auch hier gilt es, die Gewichtung und Fokussierung maßgeblich auf die Aktivitäten zu konzentrieren, die den Kernprozess unterstützen. Damit soll es bewusst eine Aufteilung in wertschöpfende und gesetzlich erforderliche Prozesse geben. Letztere sind selbstverständlich so zu erfüllen, wie es verlangt wird. Die Kreativität, Geschwindigkeit und Investitionsbereitschaft sollten sich jedoch am Kernprozess ausrichten.

Nur wenn die Verbindung und damit die Prozessschnittstellen eindeutig beschrieben und die Verantwortlichkeiten eindeutig geregelt sind, werden die Elemente durch die HR-Prozesse zielführend miteinander verbunden werden können. Daran wird auch noch einmal deutlich, dass der Schwerpunkt beim Prozessmanagement nicht innerhalb eines Prozesses liegt, sondern auf den Schnittstellen und Verbindungselementen. Deshalb ist es ganz maßgeblich, dass die Unternehmensführung festlegt, welche Zielsetzungen HR zu erreichen hat. Ich erwähne das hier so deutlich, weil z.B. in den letzten 10 Jahren immer wieder zu erkennen war, dass HR sich um die Zukunft Gedanken macht, kreative Lösungen anstrebt und auch stark ausgelastet ist. Gleichwohl wird in den Unternehmen und in Studien ebenso häufig unterstellt, dass sich HR zu sehr mit sich selbst und zu wenig mit den Unternehmenszielen beschäftigt. Es gilt also die Unternehmensziele auf den HR-Bereich herunterzubrechen, klare HR-Ziele zu definieren und über die Zielerreichung eine ganzheitliche HR-Dienstleistung zu erbringen.

Die HR-Dienstleistung hat die Herausforderung, den Kernprozess und die Führungskräfte bestmöglich zu unterstützen und damit die erfolgversprechendsten Rahmenbedingungen zu schaffen. Tatsächlich erlebe ich häufig, dass Führungskräfte ihre HR-Abteilung als »Bremser« und »Verhinderer« beschreiben, weil diese nicht lösungsorientiert arbeitet. Es darf demzufolge nicht so sein, dass sich HR hinter jährlich ändernden Gesetzen, der Mitbestimmung und den sozialversicherungsrechtlichen Rahmenbedingungen versteckt. Dies wird von Führungskräften häufig so empfunden, nur ist das nicht die Dienstleistung, die den Kernprozess des Unternehmens wertschöpfend unterstützt.

2.3 Erfolgreiches Handeln durch Trainings der Anwender
Autor: Arne Prieß

Der letzte und vielleicht wichtigste Schritt bei der Entwicklung einer HR Excellence ist die Sicherstellung des Erfolgreichen Handelns. Das allerbeste Konzept, der durchdachteste Prozess taugt nichts, wenn die Anwender bei der Umsetzung herumwurschteln und damit die Chance auf Best Practice im HR Management leichtfertig verspielen. »Ein Taucher, der nicht taucht, taugt nichts«, heißt es bekanntlich. Will heißen, ein Anwender, der es nicht versteht, den besten Prozess richtig anzuwenden, macht aus diesem elenden Murks und behauptet dann anschließend aus Selbstschutz, dass der Prozess Murks ist. Und schon hängt der Prozessentwickler bei HR am Fliegenfänger und hat die »Schuldigen-Karte« gezogen. Wenn Sie mit viel Aufwand und Gehirnschmalz Konzepte und Prozesse entwickeln, sollten Sie immer noch genug Kraft und Budget einplanen, um auf der Zielgeraden nicht zu »verhungern«.

Die Mitarbeiter als Endempfänger von geplanten HR-Produkten beurteilen deren Qualität in der Regel bereits nach der ersten Erfahrung. Wenn die Personaler oder Führungskräfte diese Erfahrung aber durch eine falsche oder fehlerhafte Umsetzung von Prozessen prägen, wird die geplante Kraft nicht entfaltet und es kann im schlimmsten Falle sogar zu kontraproduktiven Ergebnissen kommen. Machen wir dieses einmal an einem konkreten Beispiel fest:

! **Beispiel einer missglückten Personalentwicklungsmaßnahme**

Bei einem Unternehmen unterstützte mein Team die Entwicklung und Durchführung einer Potenzialanalyse im Rahmen eines Entwicklungs-Assessment-Centers. Das AC war gut strukturiert, die eingebauten Übungen und Testverfahren durchdacht, die eingeladenen Mitarbeiter gehörten zu den besten des Unternehmens und freuten sich darauf, sich beweisen zu dürfen. Nach den ersten Übungen moderierte der Personalleiter die Nachbesprechungen mit den als Beobachter eingesetzten Top Managern. Diese behaupteten von sich, langjährig erfahrene Manager zu sein, die einen geübten Blick für Potenziale haben, deshalb wurde dem Personalleiter auch das Budget für das Beobachter-Training im Vorfelde gestrichen.

In der Nachbesprechung wurde aber deutlich, dass die Beobachter ihre Wahrnehmungen nicht mit den definierten Potenzialkriterien zusammenbringen konnten. Aus den oberflächlichen Beurteilungen der Beobachter ließ sich überwiegend deren individuelle Sympathie bzw. Antipathie gegenüber den Kandidaten herauslesen. Und so wurden am Ende diejenigen protegiert, die ohnehin bereits als auserkorene »Lieblinge« gefördert wurden. Das Ziel, die noch unentdeckten Potenziale von allen eingeladenen Kandidaten für das Unternehmen zu erschließen, wurde dadurch nicht erreicht. Das ganze Verfahren fühlte sich wie eine vorhersehbare nachträgliche Bestätigung bestehender Verhältnisse an.

Obendrein machte sich der Unmut bei denjenigen breit, die nicht zu den ohnehin geförderten Lieblingen gehörten, und deren anfängliche Freude, sich beweisen zu dürfen, schlug schnell in Frust und innere Kündigung um. Für manch einen war das nächste Angebot eines Headhunters dann die willkommene Chance, sich abzuwenden und es dem Unternehmen heimzuzahlen. Die daraus entstandene Fluktuation musste anschließend mit viel Aufwand in der Rekrutierung wieder ausgeglichen werden. Dass die Manager, die durch ihr Verhalten bzw. die mangelnde Fähigkeit, durch gezielte Beobachtungen und Beurteilungen neue Potenziale zu entdecken, den Anstoß für diese Entwicklung gegeben hatten, den Weggang der Frustrierten dann mit dem Kommentar abtaten, dass dies ja ohnehin die Nicht-Talentierten sind und es nicht schade um sie ist, setzte dem Ganzen die Krone auf.

Das ganze Misserfolgs-Spektakel hätte sich durch ein eintägiges Beobachter-Training sicher verhindern lassen, aber dafür war der Einsatz von Zeit und Budget eben als nicht nötig erachtet worden.

! **Neuro-HR-Tipp**

Auch hier gilt, dass Erlebnisse helfen, ein neues Verhalten anzuwenden. Für ein neues Verhalten benötigen wir Energie und Gehirndrogen. Beides wird am schnellsten durch Bewegung und lustige Dinge erzielt. Ein Training zur Einführung sollte in erster Linie lustig sein, dann kann es auch etwas inhaltschwächer stattfinden. Aber inhaltsstark und unlustig ist sinnlos, weil die starken Inhalte nicht hängenbleiben.

Neues lernen ist biologisch mit der Ausbildung und Verstärkung neuer Synapsen verbunden. Aus Trampelpfaden werden Autobahnen, dieses bekannte Zitat von Prof. Hüther trifft den Kern des Lernens sehr gut. Je emotionaler ein Lerninhalt oder die Rahmenbedingungen für den Inhalt sind, desto eher wird der Inhalt gelernt. Biologisch bedeutet das: Je mehr Emotionsbotenstoffe das Gehirn ausschüttet, desto schneller und besser wachsen die Synapsen und klappt die Übertragung zwischen den Nervenzellen. Das ist Lernerfolg.

Erlebnisse sind der stärkste Pusher von Emotionsbotenstoffen, die zu dieser synaptischen Verstärkung führen, das Erlebnis muss allerdings positiv empfunden werden. Wenn der Inhalt schwer positiv zu belegen ist (ein neuer Prozess zur Mitarbeiterbeurteilung), dann müssen die Rahmenbedingungen witzig, positiv und spannend sein. Dies führt zu einer Kopplung der Inhalte mit den Rahmenbedingungen.

Sicher können Sie ähnliche Anekdötchen erzählen, in denen das 2. Murphy's Law gegriffen und Ihnen damit den Erfolg verhindert hat:

> **Man hat nie genug Zeit (und Budget), etwas richtig zu machen, aber immer, um es nochmal zu machen!** !

Wie heißt es so schön: »Am Ende knallt die Peitsche!« Lassen Sie sich deshalb keinen Strich durch die Rechnung machen und die notwendigen Trainingsmaßnahmen im Vorfeld eines Rollouts streichen. Machen Sie den Verantwortlichen für die Budgetfreigabe eindringlich deutlich, dass alle Maßnahmen und die damit verbundenen Aufwände für die Effektivitäts- und Effizienzsteigerung des HR Managements erst gut eingesetzt sind, wenn am Ende die Anwender auch genau das tun können und wollen, was Sie geplant haben.

Bis zu dieser Stelle habe ich Ihnen nur die Wichtigkeit von Erfolgreichem Handeln als krönenden Abschluss Ihrer Bemühungen verdeutlicht. Ihre berechtigte Frage muss daher lauten: »Was muss ich für Erfolgreiches Handeln tun?« Nachfolgend finden Sie einige Leitfragen mit möglichen Antworten und Tipps, um das Themenfeld etwas zu erschließen:

Leitfragen mit möglichen Antworten und Tipps für Erfolgreiches Handeln

- **Wer** muss alles vorbereitet werden, wer sind die Zielgruppen der Maßnahmen?
  Zuerst müssen die **Personaler** selbst vorbereitet werden. Alle, die in der Personalabteilung an zukünftigen Prozessen beteiligt sind, müssen genau verstehen, was ihre Beiträge und was die erwarteten Leistungen sind. Die Personaler, die an der zweiten Zielgruppe, den **Führungskräften**, am nächsten dran sind, müssen so gut vorbereitet werden, dass sie diese coachen

können. Als Hüter der Qualität der HR-Prozesse muss man schon selbst auch High-Level-umsetzungsfähig sein.

Je nach HR-Prozess können dies verschiedene von den in Kapitel 2.1.1.4 genannten Fähigkeiten sein. Im 3-Box-Modell sind es häufig die HR Business Partner oder die Experten aus den Kompetenzzentren, in den Strategie-orientierten Organisationen sind es meistens die Personalreferenten. Handelt es sich um einen administrativen Prozess, so könnten es auch die Personalsachbearbeiter sein, die den Führungskräften Unterstützung anbieten.

Wenn **Externe** bei der Umsetzung von HR-Prozessen beteiligt sind, müssen auch diese vorbereitet werden. So müssen z. B. Personalsachbearbeiter bei Outsourcing-Dienstleistern oder externe Gesundheitsberater bei Prozessen rund um Gesundheit vorbereitet werden. Die Liste der Möglichkeiten ist lang.

Häufig trainiere ich auch **Betriebsräte**, nicht nur, weil sie regelmäßig eine Rolle in Prozessen spielen, sondern oft, um deren Verständnis für HR-Prozesse und deren Tücken zu entwickeln. So habe ich z. B. Betriebsräte bei einem Unternehmen zum Zielvereinbarungsprozess trainiert, daraufhin konnten sie etwaige Klagen von Mitarbeitern besser einordnen und den Führungskräften sowie ihren Mitarbeitern Impulse geben, Streit und Probleme zu lösen. Vor dem Training war es eher üblich, auf die »unfähigen Führungskräfte« zu schimpfen. Aber wenn man einmal verstanden hat, dass manche Prozesse verdammt anspruchsvoll sind und andere wiederum sehr aktives Mitwirken der Mitarbeiter bedürfen, dann ist die Beurteilung einer Situation differenzierter möglich.

> **! Tipp**
>
> Machen Sie ein Brainstorming mit Ihrem Team, wer die Zielgruppe etwaiger Vorbereitungsmaßnahmen sein sollte. Dann werden Sie schon alle wichtigen einsammeln.

- **Was** muss alles vermittelt werden, damit Erfolgreiches Handeln gelingt?
  Natürlich hängt die Beantwortung der Frage von den einzunehmenden Rollen und den zu betreibenden Prozessen ab. »Form follows function«, will sagen, was immer nach einem Rollout zu tun ist, muss Bestandteil der Maßnahmen sein.

  Damit Sie nicht denken, dass ich mit dieser (platten Antwort...) den Buchpreis aber auch nicht verdient habe, ergänze ich die obige einfache, aber eben absolut wahre Aussage durch weitere Tipps: In Kapitel 3.5.2.3 werden die »4 Schrauben der Personalentwicklung« beschrieben: dürfen, wollen, wissen und können. Ohne der ausführlicheren Erklärung vorzugreifen, möchte ich an dieser Stelle meine Erfahrungen aus der Praxis zu dem Punkt »wissen« einbringen: Es wird viel zu oft nur das »Wie mache ich etwas« trainiert und viel zu selten erklärt, **»Warum jemand es wollen sollte«**. Dazu eine Anekdote:

Beispiel !

Bei einem Kunden fiel den Personalern auf, dass die im Rahmen von Mitarbeitergesprächen vereinbarten Ziele ungewöhnlicher Weise für alle identisch waren. Und dies bei völlig unterschiedlichen Berufsbildern, die völlig unterschiedliche Aufgaben hatten und dementsprechend eigentlich auch unterschiedliche individuelle Ziele hätten haben müssen. Was war passiert? Die Führungskräfte hatten, um Arbeit zu sparen, »copy-paste« gemacht, also einfach etwas in die Zielvereinbarungen hineinkopiert und dann den Mitarbeitern gesagt: »HR will wieder diesen komischen Zettel wegen der variablen Vergütung haben, ich habe da mal was reingeschrieben, keine Angst, du kriegst schon dein Geld!«

Kann man so machen, sollte man aber nicht! Warum haben die Führungskräfte aber diesen Quatsch verzapft? Man hatte beim Rollout des durchaus gut durchdachten Mitarbeitergesprächskonzeptes den Führungskräften erklärt, wie der Gesprächsbogen auszufüllen sei. Das hatten sie auch verstanden, ist ja auch keine Atomphysik. Aber warum sie das tun sollten, welchen Nutzen sie als Führungskräfte im Rahmen der Mitarbeiterführung davon haben würden, das hatte man ihnen nicht erklärt. Dass sie mit einem guten Gespräch Klarheit über die Aufgaben (bedeutet: Management by Delegation) und die Ziele des anstehenden Geschäftsjahres (bedeutet: Management by Objectives) hätten schaffen können und obendrein zusätzlich zu den spannenden Aufgaben und der dazugehörenden Personalentwicklung auch noch Prioritäten setzen und Incentivierung für gute Arbeit ausloben können würden, das war keinem klar gewesen. Es war eben nur ein nerviges jährliches Ritual und HR wollte seinen Zettel haben.

Mit meiner Hilfe wurden alle Führungskräfte im dritten Jahr nach Einführung erneut trainiert. Dabei nahm ich mir erst einmal einen Tag Zeit, um den Führungskräften den Zusammenhang dieses Instrumentes mit guter Führung sowie die Vorteile durch eine professionelle Anwendung des Konzeptes zu erklären. Erst am zweiten Tag stieg ich in den eigentlich einfachen Prozess und das dazugehörige Tool ein, das dann mit anderen Augen gesehen und als Führungshilfsmittel akzeptiert wurde.

Diese Erfahrung ist übrigens voll übertragbar auf die Personaler selbst. Wenn ein neuer Prozess umgesetzt oder neue Rolle mit neuen Aufgaben eingenommen werden soll, dann muss auch der Personaler selbst für das Wollen begeistert werden. Da unterscheidet sich »der gemeine Personaler« nicht von anderen Zielgruppen.

Tipp !

Bauen Sie in die Maßnahmen vor dem »Wie« immer erst das »Warum« in die Didaktik, dann lernen Menschen auch schneller und nachhaltiger.

! **Achtung**

Unterschätzen Sie nie die Hemmnisse für das Erfolgreiche Handeln, die von dem **Einsatz von IT-Systemen** ausgehen. Auch wenn man annimmt, dass durch den Einsatz einer Software die Prozesse zukünftig leichter von der Hand gehen und ggf. automatisierbare Zusatznutzen entstehen werden, so ist doch der Einsatz neuer und noch nicht eingespielter Softwarelösungen immer mit einem Zusatzaufwand bei der Einführung versehen, der nicht unterschätzt werden darf. Es gilt eben dann nicht nur einen neuen Prozess zu verstehen, sondern auch noch eine neue Software. Wenn man nicht so IT-affin ist, kann dies durchaus den vielleicht gerne genommenen neuen Prozess überstrahlen und zu Abwehrhaltungen führen. Besonders schlecht etablieren sich solche IT-gestützten HR-Prozesse, wenn diese nur unregelmäßig oder in großen Abständen (z.B. einmal jährlich bei der Zielvereinbarung) angewendet werden. Da vergisst man schon mal, wie das funktionierte, und es schleichen sich Startschwierigkeiten und damit Fehler ein.

Neben neuen Prozessen und neuen Systemen müssen oft auch neue Rollen eingenommen werden. Einen Wechsel z.B. aus einer Personalreferentenrolle zu einem HR Business Partner muss man auch durch Personalentwicklung systematisch unterstützen. So sind z.B. in einem solchen Rollenwechsel folgende Themen sinnvolle Bausteine in einer Didaktik:
- Betriebswirtschaftliches Wissen für den HRBP,
- Strategiearbeit und Moderation,
- Projektmanagement für Organisationsentwicklung,
- Change Management,
- Beratungskompetenz für den HRBP,
- das Management überzeugen,
- Partnerschaft und HR Governance in Balance bringen.

Damit administrative Rollen bei der Personalentwicklung im Vorfelde einer Organisationsänderung nicht leer ausgehen, macht es oft Sinn, auch hier die meist wachsenden Ansprüche an Effizienz durch Kompetenzentwicklung im Zeitmanagement oder bei der Verwendung digitaler und virtueller Medien zu unterstützen – Themen, die eigentlich meist schon vorher angebracht gewesen wären, aber dann im Zuge einer HR-Transformation neben dem Lerneffekt auch ein Zeichen von Wertschätzung darstellen.

- **Wie bzw. mit welchen Maßnahmen** werden die Anwender in der Vorbereitung für erfolgreiches Handeln unterstützt?
  Die »klassische Maßnahme« ist natürlich nach wie vor das Anwender-Training. Dabei kann ein guter Trainer mit einer sinnvollen Didaktik und Methodik den größten Effekt erzielen. Je nach Thema kann ein Blended-Learning-Konzept effizient sein.

Beispiel   **!**

Ich habe z. B. einmal ein Zielvereinbarungssystem bei den Führungskräften, HR
und den Betriebsräten durch ein Webinar eingeläutet. In 90 Minuten waren alle
wichtigen Grundlagen erklärt, die dann in einem Präsenztraining vertieft und geübt
werden konnten. Dieses Zusammenspiel ist grundsätzlich dann hilfreich, wenn
es Inhalte zu erlernen gibt, die nicht den intensiven Austausch mit einem Trainer
benötigen, sondern durch eine entspannte Weise am Bildschirm aufgenommen
werden können. Andererseits wurde in Präsenzseminaren aber auch eine Vertie-
fung und ein Lerntransfer und praktisches Ausprobieren ermöglicht, das dann in
Kleingruppentrainings gut gelingen kann.

In seltenen Fällen kann man auch komplett auf Webinare setzen. Diese Form
der Informationsweitergabe hat aber immer ihre Grenzen, denn die eingeschränkte Interaktion und mangelnde Sichtbarkeit der nonverbalen Kommunikation der Lernenden lässt wenig Rückschluss auf den Erfolg der Maßnahme zu. Sie sehen eben nicht, ob die Teilnehmer an ihren Bildschirmen
ein Schläfchen machen, ihre Mails nebenbei abarbeiten oder frustriert bzw.
verärgert den Kopf schütteln oder Schlimmeres tun.

Begleitet werden sollten ihre Maßnahmen durch selbsterklärende »Manuals«
in Form von Handlungsanweisungen. Diese können als Downloads angeboten und durch motivierende Erläuterungen im Intranet begleitet werden.

Achtung   **!**

Betriebsvereinbarungen ersetzen im Übrigen diese Manuals nicht, sie sind meist
eher ein Abbild eines Verhandlungsergebnisses und haben selten wirklich erklä-
renden Charakter. Ich neige deshalb dazu, immer sogenannte »Populärfassungen«
zu den kollektiven Rechtsquellen wie Betriebsvereinbarungen und Tarifverträgen
zu erstellen. Diese Populärfassungen können so verständlich geschrieben werden,
dass jeder weiß, was er wirklich im Detail tun muss.

In manchen Fällen macht es zusätzlich Sinn, wenn HR die Anwender bei der
ersten Umsetzung coacht. So kann man auch gleich Einblicke in die Qualität
der Umsetzung oder die Praxistauglichkeit der Prozesse gewinnen. Ansonsten verbleibt meistens nur das Hörensagen als Messinstrument für die erfolgreiche Umsetzung. Die Führungskräfte erzählen, dass alles gut gelaufen
ist, und die Mitarbeiter beschweren sich nur, wenn es grottenschlecht war,
ansonsten wissen sie als Endempfänger der meisten HR-Prozesse ja nicht,
wie sich diese angefühlt hätten, wenn sie perfekt betrieben worden wären.

! **Goldene HRE-Regel**

Bei Ihren Anwendertrainings sollten Sie selbstkritisch prüfen, ob der Einsatz eines externen erfahrenen Trainers sinnvoll bzw. geboten ist. Ein gutes und effektives Training zu erarbeiten, ist eine Kunst. Es reicht nicht, nur zu wissen, wie etwas funktioniert. Um es jemandem beizubringen, muss man wissen, wie man ein Training didaktisch aufbaut und die Inhalte methodisch vermittelt. Nach dem Training sollen die Anwender nicht nur verstanden haben, wie etwas zu tun ist, sie sollen idealerweise auch Spaß am Training gehabt haben, denn dann haben sie auch Spaß bei der Umsetzung.

Wer hier am Budget knausert und z.B. seine Personalreferenten ihr erstes Training in ihrem Leben durchführen lässt, der muss sich nicht wundern, wenn es nachher nicht so läuft, wie man es sich wünscht. Und dies ist nicht den Personalreferenten vorzuwerfen, sondern denjenigen, die aus dem erfolgskritischen Anwendertraining eine Lernumgebung für den Anfänger-Trainer machen.

Eine gute Kombination ist es, externe Trainer zusammen mit internen Personalern als Duo auftreten zu lassen. So ist der Erfolg der Trainings einerseits sichergestellt und andererseits können die Personaler sich für ein Thema im Unternehmen bei ihren Kunden sichtbar machen. Nebenbei können die Personaler erste Erfahrungen sammeln, wie man zukünftige interne Trainings vorbereitet und durchführt.

! **Neuro-HR-Tipp**

Idealerweise gesteht man jedem Lernenden seine eigene beste Lernform zu. Der eine bevorzugt ein Präsenzseminar im Vortragstil, der andere eher Webinare, der nächste Gruppenaustausch und wieder ein anderer bevorzugt E-Learning. Es gibt nicht die beste Methode, es gibt nicht den besten Unterricht oder das beste Training. Je kombinierter und differenzierter Sie Inhalte anbieten, desto höher ist die Erfolgswahrscheinlichkeit, für alle Beteiligten einen Nährwert zu erzeugen.

Im Idealfall hat HR von jedem Teilnehmer eine individuelle Lernkarte. Hier trägt der Teilnehmer ein, welche Lernform er bevorzugt, ob allein oder in der Gruppe; ob er gern in Seminaren lernt oder selber gerne Vorträge hält; wann seine energiereichsten Stunden des Tages sind. Und und und.

3 Das gesamte Personalleistungs-spektrum in einem HR-Haus

Autor: Arne Prieß

In Kapitel 2.1.1.3.3 habe ich erklärt, wie man mithilfe des HR-Haus-Modells das Leistungsspektrum der Personalabteilung anschaulich darstellen kann. Nun werden wir in diesem Kapitel auf eine ausführliche Reise durch das gesamte Haus gehen. Dabei werden Ihnen grundlegende Gestaltungsimpulse für die Erarbeitung von HR-Konzepten und -Prozessen gegeben, die in den jeweiligen Räumen des Hauses bzw. Leistungsfeldern Ihres eigenen HR-Hauses relevant sein dürften. Das HR-Haus ist somit unsere Navigation durch die Vielfalt an HR-Themen. Wir betreten das Haus über die Eingangstreppe der Personalgewinnung und gehen vom Fundament aus durch alle Stockwerke bis hin zum Dach des Hauses inklusive des Schornsteins, aus dem der Brand als Arbeitgeber sichtbar hervortritt. Verlassen werden wir das Haus wieder über die Ausgangstreppe der Trennung.

Folgen Sie uns nun auf die spannende Reise durch das Haus und sammeln Sie die »Mieter« des Hauses ein, denen Sie gerne in Ihrem HR-Haus eine Heimat anbieten wollen. Bitte aber immer daran denken, dass nicht alle Mieter bei Ihnen ein Zuhause finden müssen, sondern nur diejenigen, die aufgrund Ihrer HR-Strategie einen strategisch sinnvollen Beitrag leisten sollen und können. Es geht bei allem immer um die Bildung der **richtigen** Hausgemeinschaft und nicht um ein »volles Haus«!

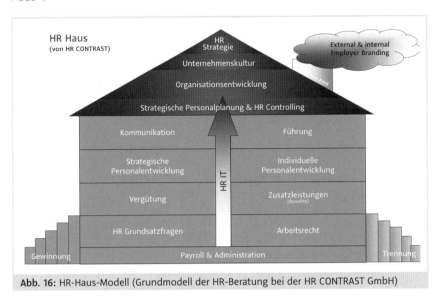

Abb. 16: HR-Haus-Modell (Grundmodell der HR-Beratung bei der HR CONTRAST GmbH)

In diesem Buch geht es uns Autoren darum, Ihnen ein vollständiges Bild von strategischem HR Management zu beschreiben. Deshalb ist die inhaltliche Partnerschaft zwischen Bekanntem und Bewährten sowie Neuem unerlässlich. Wenn Ihnen also einiges in den Kapiteln bekannt vorkommt, scheuen Sie sich nicht, weiterzulesen, denn hoffentlich werden sich zu den Ihnen schon bekannten Themen auch viele neue Ideen und Anregungen dazu gesellen. Am Ende des Buches sehen Sie dann idealerweise ein vollständig bewohntes, professionelles und modernes HR-Haus vor sich, das ist unser Ziel!

3.1 Eingangstür des HR-Hauses: Personalgewinnung – der Anfang ist die Hälfte des Ganzen!
Autor: Arne Prieß

Den »War for Talents«, den Kampf um die guten Talente, muss man sicher an vielen Stellen des HR-Hauses führen. Gute Leute für das eigene Unternehmen aber erst einmal zu begeistern und erfolgreich an Bord zu holen, markiert den Anfang dieses Kampfes. Denn bevor man ein Talent entwickeln und ans Unternehmen binden kann, muss man es eben erst einmal gewonnen haben. Und wenn man ständig die »falschen Leute« an Bord holen würde, dann bekommt man sein Unternehmen auch nicht so recht auf die Überholspur. Falsch können die neuen Mitarbeiter sein, wenn sie einfach fachlich, persönlich, von ihren Erwartungen an den Arbeitgeber her oder aus sonstigen Gründen nicht die Voraussetzungen mitbringen, erfolgreiche Mitstreiter zu werden.

Eine der wichtigsten Erkenntnisse für die Prozesse in diesem Teil des HR-Hauses ist sicher, dass der Markt sich gedreht hat. Manch einer erinnert sich noch an Zeiten, in denen man eine Anzeige schaltete und dann waschkörbeweise die Bewerbungen eingingen. Man saß als Arbeitgeber auf seinem »hohen Ross«, weil man einen Job zu vergeben hatte. Und die Bewerber gaben sich alle Mühe, bei dieser Vergabe ganz vorne in der Schlange einen aussichtsreichen Platz zu bekommen. Heute sitzen die guten Bewerber am langen Hebel, sie können sich aussuchen, bei welchem Arbeitgeber sie ihre Dienste einbringen wollen. Deshalb muss sich durch den ganzen Prozess der Personalgewinnung trotz aller Maßnahmen zur Eignungsprüfung das »heilige Gebot« ziehen, dass man den Bewerber in erster Linie für sich gewinnen muss. Vorbei also die Zeiten, in denen der Bewerber dem kritischen Auge der Auswahlmethoden unterzogen und ihm nicht erklärt wurde, warum er sich eigentlich für den prüfenden potenziellen Arbeitgeber entscheiden sollte. Bei jedem Prozessschritt muss heute immer wieder auch berücksichtigt werden, dass beim Bewerber sukzessive ein positives

Gefühl entstehen muss, ein Verlangen, bei diesem und nicht bei einem anderen Arbeitgeber seine Unterschrift unter den Vertrag zu setzen.

Steigen wir in dieses Phänomen noch etwas tiefer ein: Seit einigen Jahren gibt es in Deutschland – u.a. verursacht durch den demografischen Wandel – einen zunehmenden Fachkräftemangel. In Europa wirkt sich dieser Mangel in starken Wirtschaftsjahren ebenfalls aus, in Krisenzeiten ist die Lage naturgemäß etwas entspannter, da das geringere Angebot auch die guten Bewerber etwas engagierter und weniger kritisch werden lässt. Es geht bei diesem Phänomen allerdings nicht so sehr um die reine Anzahl gut ausgebildeter Fachkräfte, es geht eigentlich darum, sich auf Dauer erfolgreich um die besten Fachkräfte auf dem Markt zu bemühen und sie zu engagierten und loyalen Mitarbeitern zu machen. Der oben zitierte »War for Talents« ist nämlich ein »Krieg ohne Friedenszeiten«, also eine dauerhafte Aufgabe, die in Boom-Zeiten der Wirtschaft an Anspruch noch einmal kräftig zunimmt.

Man muss beim Ringen um die guten Leute aber auch zur Kenntnis nehmen, dass mancher, vielleicht super ausgebildeter Bewerber, der bereits in anderen Unternehmen sein Potenzial erfolgreich auf die Straße brachte, im eigenen Unternehmen verkümmert. Das mag vielfältige Gründe haben, aber im Recruiting gilt es, diese zu bedenken und abzuwägen. Damit ist die Personalgewinnung nicht unbedingt und ausschließlich der Kampf um die Besten der Besten, sondern einer um den idealen Kandidaten, der unter den Umständen und für den Bedarf im Unternehmen die beste Passung hat.

Beispiel

Dazu eine kleine Anekdote: In einer meiner beruflichen HR-Stationen forderte mich der CEO auf, nur die Super-Überflieger an Bord zu holen. Idealerweise mit 1er-Studium, Auslandszusatzstudien, erste Erfahrungen in Top Unternehmen etc. etc. Also diejenigen, die gerne alle haben wollen. Dummerweise hatte der CEO kein gutes Händchen für Führung und Entwicklung solcher anspruchsvollen Young Professionals. Es kam, wie es kommen musste: Die meisten der angesprochenen »High Potentials« fühlten sich im Interview nicht wirklich an der richtigen Adresse und kamen nicht an Bord. Andere kamen, aber blieben nicht, als sie merkten, dass die im Auswahlprozess gemachten Versprechen (»Ich kümmere mich persönlich um Ihre Entwicklung und Ihre Karriere«) später nicht vom CEO eingelöst wurden. Der Aufwand, den wir trieben, wäre m.E. bei etwas weniger anspruchsvollen Kandidaten besser angelegt gewesen. Denn auch aus einem engagierten 2er-Kandidaten kann ein Top-Mitarbeiter werden, wenn man ihn richtig einsetzt, führt und entwickelt.

In manchen Unternehmen vertreten die Führungskräfte die Auffassung, dass der Prozess der Personalgewinnung eine reine Aufgabe der Personalabteilung sei. Deshalb halten sie sich bis zum finalen Gespräch, in dem es um die Einstellungsentscheidung geht, ganz gepflegt heraus. Zwischendrin empfinden sie das Sichten von Bewerbungen oder Bewerberinterviews als nervige Unterbrechungen ihres wichtigen Tagesgeschäftes.

Manche Personaler bestärken diese Auffassung, indem sie diesen Ausschnitt aus ihrem Portfolio zu ihrer Schlüsselkompetenz erklären und »claimen«. M. E. sollte hier aber eine andere und ganz klare Rollenteilung erfolgen, bei der die Führungskraft die alleinige Verantwortung trägt, die richtigen Leute zu gewinnen und auf die richtigen Positionen zu setzen, während HR sich als ein kompetenter Prozesspartner mit Know-how verstehen und mit erfolgskritischen Beiträgen einbringen sollte.

> **!** **Goldene HRE-Regel**
>
> HR sollte in der Rolle eines Dienstleister den Personalgewinnungs-Prozess definieren und dafür geeignete Tools vorschlagen bzw. einbringen sowie den Prozess moderieren, damit die Führungskraft sich innerhalb dieser Rahmenbedingungen auf ihre Verantwortung, den richtigen Mitarbeiter zu gewinnen, konzentrieren kann. Wenn der Führungskraft die eigene Verantwortung für den Recruiting-Erfolg klar ist, dann wird sie dranbleiben und insbesondere die Interview-Termine freimachen bzw. -halten. Jede Bewerbung, die von HR zugesandt wurde, würde dann mit hoher Priorität behandelt werden und nicht im Arbeitsstapel nach ganz unten rutschen. Denken Sie immer daran: Wenn HR sich »im Lead« positioniert, läuft man den eigentlich zuständigen Führungskräften wie ein Esel hinterher und die Dringlichkeit des Handelns angesichts des oben beschriebenen »War for Talents« geht im Tagesgeschäft der Führungskraft verloren.

Wer einen schlechten Personalgewinnungsprozess betreibt, »kauft« sich damit einen erheblichen Wettbewerbsnachteil um die besten Bewerber ein. Dies hat eine direkte Verbindung zum unternehmerischen Erfolg, denn mangels guter Bewerber fehlen später gute Mitarbeiter und damit bleiben Chancen, wie z.B. einen möglichen Umsatz am Markt zu machen und/oder den Gewinn zu erhöhen, ungenutzt. Neben dem o.g. Nachteil gibt es aber auch 3 weitere ganz pragmatische Gründe, sich zusammen mit der Führungskraft intensiv mit professioneller Rekrutierung auseinanderzusetzen:

1. Wenn man keine Mitarbeiter für die Vakanzen im Unternehmen gewinnt, muss die bestehende Belegschaft dies ausgleichen. Dadurch kommt es häufig zu Überforderungen und krankheitsbedingt oder durch Fluktuation der überlasteten Mitarbeiter zu weiteren Ausfällen. Das ist ein bösartiger Teufelskreislauf: Schlechte Personalgewinnungsprozesse erhöhen am Ende den Aufwand in der Personalgewinnung dramatisch.
2. Wenn man aufgrund schlechter Personalgewinnungsmaßnahmen ungeeignete oder leistungsschwache Mitarbeiter gewinnt, erhöht sich der Füh-

rungsaufwand erheblich. Der erhoffte Effekt einer Neubesetzung stellt sich erst später oder gar nicht ein und die zuständige Führungskraft hat zunehmend weniger Zeit für sonstige wichtige Themen wie z.B. Personalentwicklung seiner Mitarbeiter. Das heißt, dass jeder suboptimal gelaufene Personalgewinnungsprozess den Betrieb schwächt, weil Zeit an anderer Stelle für die in der Mitarbeiterbindung erfolgskritischen Prozesse fehlt.

3. Jede misslungene Einstellung kostet das Unternehmen 1-2 Jahresgehälter (Kosten für den Rekrutierungs-Prozess, Aufwand bei den beteiligten Personen, doppelte Einarbeitung, Kollateralschäden im Team, der Organisation und ggf. bei Kunden und Partnern).

Nach dieser Herleitung muss erfolgreiche, weil professionelle Personalgewinnung also Pflichtkompetenz für Personaler und Führungskräfte sein.

Goldene HRE-Regel   **!**

> *Der Anfang ist die Hälfte des Ganzen!*
> Aristoteles, 384 bis 323 v.Chr.

Nirgendwo passt dieses Zitat so gut wie bei der Eingangstür vom HR-Haus, der Personalgewinnung. Deshalb steht diese Weisheit auch im Titel dieses Kapitels. Professionelle Personalgewinnungsprozesse helfen dabei, die richtigen Bewerber für eine Bewerbung zu begeistern und den richtigen Kandidaten auszuwählen und einzustellen; damit helfen sie, ein gutes Fundament für Produktivität und Unternehmenserfolg zu legen. Denn die passenden Mitarbeiter sind später auch die leistungsfähigen im Unternehmen. Jede Nachlässigkeit in der Rekrutierung sorgt im Unternehmen für Mittelmäßigkeit in allen Belangen und verursacht Kollateral-Schäden und dadurch Zusatzaufwände für alle Beteiligten. Ersparen Sie sich das und gestalten Sie lieber gleich hochprofessionelle Personalgewinnungsprozesse!

3.1.1   In 4 Phasen erfolgreich Personal gewinnen: der Überblick

Dass Personalgewinnung mehr ist, als Anzeigen zu schalten und den besten Kandidaten auszuwählen, muss ich Ihnen nicht erklären. Der Prozess fängt eigentlich schon viel früher an, nämlich beim Employer Branding, durch das der potenzielle Bewerbermarkt auf Ihr Unternehmen aufmerksam wird – und dies schon lange, bevor eine konkrete Vakanz entstanden und durch eine wie auch immer getätigte Vermarktung bei dem potenziell geeigneten Kandidaten angekommen ist.

In diesem Kapitel möchte ich den Prozess aber auf den nachfolgend beschriebenen 4-Phasen-Prozess eingrenzen. Dieser beinhaltet die Phasen:

1. Planung (plan),
2. Ansprache (attract),
3. Auswahl (select),
4. Integration (integrate).

Der gesamte Prozess sollte durch eine Prozessbeschreibung dokumentiert und idealerweise durch eine moderne HR-Software unterstützt werden. Eine solche Software kann Ihnen viel Fleißarbeit in der Bewerberadministration abnehmen, die eigentliche »Intelligenz« im Prozess muss aber durch die handelnden Personen eingebracht werden, also von der zuständigen Führungskraft und seinem HR-Partner. Auf jeden Fall sollte ein (zumeist Papier-)Leitfaden jeden Bewerber durch den Prozess begleiten, in dem bzw. mit dem man jeden Austausch und jede Erkenntnis dokumentiert und dadurch schrittweise den Bewerber bzgl. der Passung zum Idealprofil bewertet. Nur so wird das oft verwendete »selection by stomach« (Auswahl nach Bauchgefühl) durch eine analytische Bewertung ersetzt, die dann aber an der richtigen Stelle auch immer wieder die »Bauchseite« mit einbeziehen sollte.

Das größte Problem in dem obigen Prozess stellt zumeist die Phase der Ansprache und darin das Finden bzw. das Begeistern von ausreichend Bewerbern dar. Deswegen heißt es ja auch Fachkräfte-**Mangel**, weil es nun einmal an ebensolchen mangelt. Und wenn es überall mangelt, dann eben auch bei Ihnen, sei Ihre angebotene Stelle noch so spannend und lukrativ vergütet. In diesem Mangelzustand gilt es, sich im Verdrängungswettbewerb mit anderen Unternehmen besonders sichtbar zu machen.[12]

Aber auch wenn die Gewinnung ausreichender Bewerbungen das Hauptproblem darstellt, so gilt trotzdem und vielleicht auch gerade deswegen, dass man sich im gesamten Prozess in allen 4 Phasen keinerlei Patzer erlauben darf. Was nützt es denn, wenn bei einem durch einen hohen Vermarktungsaufwand begeisterten Bewerber unterwegs im Prozess das Interesse versiegt und er sich einem anderen Unternehmen zuwendet, in dem sich der Prozess einfach professioneller und deshalb besser anfühlt. Ebenso wichtig ist es aber auch, den einmal gewonnenen neuen Mitarbeiter so in das Unternehmen zu integrieren, dass er innerhalb der üblichen Probezeit alles erlernt, was er benötigt, und sich obendrein auch noch sauwohl bei seinem neuen Arbeitgeber fühlt. Damit sind alle 4 Phasen wichtig und mit voller Professionalität zu betreiben.

---

12   Dazu mehr in Kapitel 3.1.1.2 (Ansprache) aber auch in Kapitel 3.8 (Employer Branding) und 4.5.2 (Erfolgreiches Recruiting mit Social Media).

Goldene HRE-Regel   !

»Second Place is the first loser!« – dieser Spruch stand einmal auf einer Baseball-Cap, die ich mir in den USA als Andenken gekauft hatte. Ihn sollten Sie sich auf den oben empfohlenen Leitfaden schreiben. Er soll Sie immer daran erinnern, dass Sie nichts gewonnen und viel verloren haben, wenn Sie einen geeigneten Bewerber zwar bis in Ihr Unternehmen gelockt hatten, ihn dann aber aufgrund eines mangelhaften Personalgewinnungsprozesses unterwegs wieder verloren haben. Zwar kann man manchen verlorenen Bewerber durch sogenanntes »Kandidaten-Bonding« in seiner Probezeit vom Wettbewerber zurückgewinnen, wenn die Integration bei diesem nicht erfolgreich gelingt oder der Arbeitgeber mehr versprochen hatte, als er nachher einlösen konnte. Aber besser wäre es sicherlich, den »dicken Fisch« erst gar nicht von der Angel zu lassen.

Für den ganzen Prozess gilt m.E. der Grundsatz:

»Rekrutierung ist keine exakte Wissenschaft!«   !

Gleichwohl gibt es Möglichkeiten, zu einer gut begründeten und auf vielen Erkenntnissen beruhenden Entscheidung zu gelangen. So erhöht sich die Wahrscheinlichkeit, dass ein Bewerber auch zu einem guten Mitarbeiter werden kann, erheblich.

Insgesamt kann man bei den 4 Phasen folgenden **Zeitansatz** veranschlagen:
1. **Planung**: ca. 1 Woche für die Abstimmung des Suchprofils und die organisatorischen Vorbereitungen.
2. **Ansprache**: ca. 2–4 Wochen bis zum Eintreffen ausreichend qualifizierter Bewerbungen.
3. **Auswahl**: ca. 6–8 Wochen, wobei sich diese Zeitdauer mit der 2. Phase überschneidet und idealerweise schon die Vertragsverhandlungen bis zum Abschluss beinhaltet. Man sollte also für die Phasen 1, 2 und 3 insgesamt gut 9 bis 12 Wochen veranschlagen.
4. **Integration**: Hier plant man i.d.R. die gesamte Probezeit, also ca. 6 Monate. Sie beginnt aber erst mit dem Start der Arbeit, der aufgrund von Kündigungsfristen beim Bewerber durchaus auch erst 3 bis 6 Monate nach dem Vertragsabschluss erfolgen kann (manchmal sogar noch später).

Diese Angaben sind nur grobe Richtwerte, aber sie helfen, unrealistische Erwartungen an den Zeitrahmen zu vermeiden. In Zeiten des »War for Talents« sollte der obige Prozess natürlich möglichst beschleunigt werden, damit man der Konkurrenz nicht hinterherhinkt. Also: Seien Sie lieber schneller als gemütlich unterwegs! Dabei aber die Prozessqualität nicht vernachlässigen. Es ist deshalb immer eine Gratwanderung zwischen Zügigkeit und richtigem Vorgehen. Nicht eine schnelle Einstellung ist eine gute Einstellung, eine richtige und passende Einstellung ist eine gute!

Bis ein neuer Mitarbeiter mit seiner Arbeit beginnt, vergehen leicht 3-5 Monate; bis er erfolgreich integriert ist und seine Aufgaben vollumfänglich erfüllen kann, ggf. sogar 9 Monate. Soviel Zeit also wie bei einer Schwangerschaft! Und genau wie bei diesem natürlichsten aller Vorgänge in der Menschheitsgeschichte lässt sich auch der Personalgewinnungsprozess nur bedingt beschleunigen.

In den nachfolgenden Kapiteln soll der Prozess in seinen 4 Phasen ausführlicher erklärt und mit Tipps aus der Praxis versehen werden.

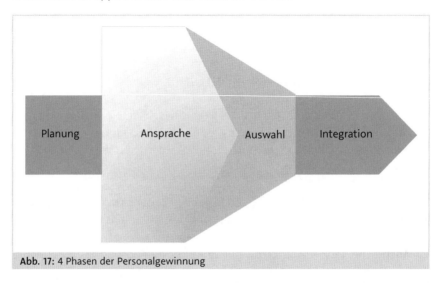

Abb. 17: 4 Phasen der Personalgewinnung

3.1.1.1 Planung: wissen, wen und welche Kompetenzen man wie suchen will

Erst wenn man weiß, welche Aufgaben jemand zukünftig erfüllen soll und welche Kompetenzen er dazu idealerweise benötigt, kann man denjenigen finden, der erfolgreich genau diesen Job machen kann. Bevor man also damit beginnen kann, potenziell geeignete und interessierte Bewerber am Markt anzusprechen, muss man – abgeleitet von einer übergeordneten strategischen Personalplanung – eine operative Besetzungsplanung in Form eines Suchprofils vornehmen. Das **Suchprofil** ist i.d.R. eine Stellenbeschreibung bzw. ein Jobprofil, das zusätzlich zu den üblichen Elementen wie Stellenbezeichnung, Einordnung in die Organisation und Hierarchie, Haupt- und Nebenaufgaben sowie ideales Kompetenzprofil um weitere für den Rekrutierungsprozess nützliche Informationen erweitert wird, wie z. B.:

- idealer Startzeitpunkt,
- befristet oder unbefristet (letzteres ist für das Gewinnen von guten Leuten für Fach- und Führungsaufgaben sicher eine Grundvoraussetzung),
- Gehaltsplanung (als Spanne von Mindest- bzw. Maximalgehalt mit Fixum, variable Bestandteile und etwaigen Benefits) sowie
- ggf. gewünschte persönliche Eigenschaften.

Goldene HRE-Regel   **!**

Achten Sie bei der Erstellung Ihres Suchprofils darauf, dass es nicht mit Floskeln, wie z. B. »teamorientiert«, angereichert ist und keine unrealistischen »Übermenschen« beschrieben werden. Fragen Sie sich immer bei den Formulierungen:

- Was bedeuten die Beschreibungen und welchen inhaltlichen Nutzen bringen sie eigentlich und
- habe ich schon einmal einen lebenden Menschen gesehen, der das alles mitgebracht hat?

Auch sollten Sie alte Profile nicht einfach kopieren. Eine neue Suche ist auch eine gute Gelegenheit, die alten Muster zu durchbrechen und Ihre Erwartungen an den neuen Mitarbeiter zu aktualisieren. Insbesondere dann, wenn die vorherige »gescheiterte« Besetzung eigentlich dem Suchprofil entsprach, lag der Fehler vielleicht genau in der Ausgestaltung der Stelle oder dem gesuchten Kompetenzprofil.

Die Zeit und Arbeit, die man in die genaue Klärung des Suchprofils steckt, ist eine gute Investition. Denn wenn man im Suchprofil einen Schnellschuss abfeuert und in den Bewerberinterviews dann merkt, dass die Bewerber der Ausschreibung zwar entsprechen, aber man eigentlich jemand anderes benötigt, hat man den potenziellen Bewerbermarkt einmal unnötig irritiert und viel Arbeit ohne Nutzen verursacht. In der Regel muss man dann im Prozess wieder ganz zurückspringen und neu anfangen. Um das zu vermeiden, empfiehlt es sich, intensiv mit der zuständigen Führungskraft zu diskutieren und das erarbeitete Suchprofil als ein genaues »Zielfoto« zwischen der Führungskraft und HR zu vereinbaren.

Wichtig ist hierbei, dass Sie der Führungskraft helfen, klassische Muster zu durchbrechen, wie z. B.:

- **»Hans sucht Hänschen«**: Die Führungskraft definiert Eigenschaften in das Suchprofil hinein, die ein Abbild der Führungskraft selbst sind (nur in »kleinerer Ausführung«, man will sich ja seine eigene Konkurrenz nicht ins Nest holen). Oft benötigt die erfolgreiche Übernahme einer Position aber andere, manchmal gegenteilige Kompetenzen, mit denen man sich als Führungskraft auch aktiv arrangieren muss.

- Man fokussiert zu sehr auf **Teampassung**, manchmal bedarf es aber aufbrechender Kompetenzen, die Teams neu inspirieren und dazu führen, dass man sich den Themen anders widmet und die gewohnten Pfade verlässt. Das ist zwar dann mit mehr Aufwand in der Integration verbunden, aber nur dadurch lassen sich manchmal gewünschte Verbesserungen des Teams erreichen.
- Man definiert wie oben bereits erwähnt den **»Übermenschen«**, der alles macht und alles kann. Ein Suchprofil darf eine ideale Besetzung beschreiben, sie muss aber realistisch bleiben und von lebenden Menschen abbildbar sein. Ansonsten scheitert auch der optimalste Bewerber an zu hoch gesteckten Hürden.

Es empfiehlt sich darüber hinaus, Teammitglieder bei der Definition des Suchprofils mit einzubeziehen. Hierbei aber bitte nicht basisdemokratisch vorgehen, sondern ganz gezielt und nur einzelne Personen einbinden. Soll die Neubesetzung neue Impulse ins Team bringen, muss man die gewünschten Impulse natürlich verteidigen, wenn sie von den an der Definition des Suchprofils beteiligten Teammitgliedern kritisiert werden. Hierbei kann man gleich die Integrationshoffnungen mit den Meinungen der Teammitglieder abgleichen und prüfen, ob das Team sich durch den neuen Mitarbeiter und in Richtung der angestrebten Impulse beeinflussen lassen würde oder ob der Veränderungswiderstand zu groß ist. So vermeidet man, dass der neue Mitarbeiter überfordert wird oder so stark aneckt, dass er schon in der Probezeit entmutigt aufgibt.

Es geht bei der Planung im Fazit darum, die Stellenbesetzung wie ein kleines Projekt aufzusetzen, bei dem man mit dem passenden Suchprofil in realistischer Zeit mit geeigneten Medien, den notwendigen und marktüblichen Parametern (Gehalt, Benefits, Einordnung in die Hierarchie) auf das Ziel einer erfolgreichen Einstellung zusteuert. Wie heißt es so schön: »Erst zielen, dann schießen!«

! Goldene HRE-Regel

Insbesondere bei der Einstufung des Profils in die Gehaltssystematik muss genau geplant werden. Erfahrungsgemäß wachsen die Erwartungen an die Vergütung am Markt schneller als im Unternehmen. Das muss man antizipieren und sich überlegen, wo die Grenzen des Machbaren beim Zielgehalt liegen, ohne dass die internen Strukturen gesprengt werden. Während der nachfolgenden Phasen sollte man seine finanziellen Möglichkeiten und Obergrenzen dann genau im Auge behalten, ansonsten passiert es, dass man das Gehalt um einen Wunschbewerber herumbaut. Leider ist das eigentlich vertraulich zu behandelnde Gehalt aber schnell bei den Kollegen erzählt und schon platzt die Bombe, wenn »der Neue« mehr verdient als »die Alten«.

3.1.1.2 Ansprache: die richtigen Bewerber ansprechen

Mit dem Suchprofil hat man eine gute Basis, um eine zielgerichtete Ansprache vorzunehmen. Welche Medien bzw. welchen Medienmix man für die Ansprache benutzt, muss nun aber noch festgelegt werden. Dazu möchte ich hier einige Empfehlungen geben:

- Ko-orientieren Sie sich immer mit Ihrem Idealkandidaten und fragen Sie sich: »Wo würde der ideale Kandidat nachschauen, wenn er sich neu orientieren oder einfach fachlich auf dem Laufenden bleiben möchte?« Sie müssen Ihren Wunschbewerber da erreichen, wo er sich herumtummelt. Das kann in den bekannteren Bewerbungsmedien (von Internetjobbörsen bis Printmedien) der Fall sein, es kann aber auch in sozialen Medien oder Fachzeitschriften gelingen. Die Medien zu finden, ist dabei weniger die Herausforderung für HR, diese sind meist bekannt, auch wenn sich gerade im Internet ständig neue Player etablieren, von denen man häufig noch nicht recht weiß, ob sie schon genügend Aufmerksamkeit bei den Bewerbern erhalten. Die größere Herausforderung ist es, nicht von seinen eigenen Neigungen gesteuert die Wahl der Medien vorzunehmen (Wo würde ich nachschauen?), sondern von den Bewerbern her zu denken. Etwas abgewandelt könnte ein Sprichwort lauten: Der Wurm muss beim Fisch im Wasser und nicht vor dem Mund des Anglers hängen!
- Man sollte in Eskalationsstufen vorgehen und mit der günstigsten Option, die eine Aussicht auf Erfolg hat, beginnen. Ein erfolgsversprechendes Startpaket ist i.d.R.:
  - eine Stellenausschreibung in einer der bekannten und für die Zielgruppe passenden Internet-Jobbörsen,
  - eine parallel erfolgende aktive und direkte Ansprache von geeigneten Kandidaten über Social-Media-Kanäle (»Active Sourcing« bei z.B. XING, Facebook, LinkedIn und den Profildatenbänke der Jobbörsen; lesen Sie weitere Infos auch in Kapitel 4.5.2 zu Social Media im Recruiting),
  - die Veröffentlichung der Stellenausschreibung auf der eigenen Karriereseite im Internet und
  - die Nutzung eines Mitarbeiter-werben-Mitarbeiter-Programms.
- Weitere Eskalationsstufen, um die Zahl der passenden Bewerbungen zu erhöhen, sollte man zeitnah nutzen. Denn bis durch zusätzliche Ansprache-Maßnahmen weitere Bewerbungen eingehen, entsteht eine weitere Zeitverzögerung. Eskalationsstufen erhöhen sicherlich das Ansprache-Budget, aber geizen würde in diesem Fall heißen, an der falschen Stelle zu sparen. Ist zu erwarten, dass sich durch einen Mehraufwand in der Ansprache geeignetere Bewerber finden lassen, sollte man immer und unbedingt nachlegen. Nicht der günstig gefundene schnelle Bewerber ist die richtige Wahl, sondern der

beste, den man mit seinen Möglichkeiten ansprechen konnte. Als Eskalationsstufen könnten hilfreich sein:

- weitere und vielleicht noch spezialisiertere Jobbörsen,
- regionale und überregionale Printmedien (Tages- oder Fachzeitschriften)
- und das Einschalten von Personalvermittlern und -beratungen, die Kandidaten beisteuern könnten, die gerade nicht aktiv suchen, aber der direkten Ansprache eines Headhunters ggf. Aufmerksamkeit entgegenbringen würden.

! Achtung

Eine Direktansprache über Headhunter kann, muss aber nicht automatisch den besten Kandidaten liefern, nur weil es am meisten kostet; das ist ein häufig vorkommender Irrglaube. Oft werden Kandidaten aus der Datenbank vorgeschlagen und die ist auch bei namhaften Personalberatungen naturgemäß begrenzt. Außerdem sind Kandidaten, die in Unternehmen angesprochen werden, oft gar nicht wechselwillig und lassen sich im schlimmsten Fall nur durch einen kräftigen Gehaltsfortschritt ködern. Ein guter Kandidat ist vom Unternehmen selbst und der angebotenen Position intrinsisch begeistert und würde nicht nur »für ein paar Dollar mehr« anrücken. Kandidaten vom Headhunter haben mich in von mir beauftragten »Searches« manchmal an Söldner erinnert, die dem bestbezahlten Auftrag und nicht der inneren Motivation für ihre Weiterentwicklung folgen. Ein Plädoyer gegen eine Direktsuche oder gar gegen Personalberatungen sollen diese Ausführungen allerdings nicht sein. Sie sind lediglich ein Hinweis darauf, dass man seine Ansprache-Kanäle sorgsam wählen sollte. Es gilt nicht immer: »Was viel kostet, bringt viel.«

- Gibt es noch kein Mitarbeiter-werben-Mitarbeiter-Programm in Ihrem Unternehmen, sollten Sie schnell eins auflegen. Es gibt keine bessere Vorauswahl als die, bei der ein Mitarbeiter einen Bekannten empfiehlt, den er persönlich als passend und fachlich geeignet einschätzt und mit dem er jederzeit bereit wäre, seine Arbeitstage zu verbringen. In der Regel kann man mit überschaubaren Prämien arbeiten und gewinnt mit wenig Aufwand weitere gute Bewerber. Die Belohnung durch Prämien kann man z.B. über steuerlich günstige Lösungen in Form von Mitarbeitergutscheinen/-karten regeln, was für den empfehlenden Mitarbeiter Brutto/Netto-Vorteile[13] mit sich bringt. Ein Nebeneffekt ist, dass sich die Mitarbeiter über ihre eigentlichen Aufgaben hinaus Gedanken um ihr Unternehmen machen, was die Loyalität und damit die Bindung stärkt.

---

13 Siehe z.B. die Angebote der Firma BONAGO Incentive Marketing Group, die auch eine Software dazu anbietet.

Wenn der Ansprache-Prozess erfolgreich läuft und interessante Bewerber reagieren, muss als Teil dieser Phase auch ein gutes Bewerbermanagement greifen. Das fängt bei einem schnellen Eingangsbescheid an und sichert über eine schnelle Einladung der interessantesten Bewerber zu ersten Interviews den Übergang in die nächste Phase.

Goldene HRE-Regel   **!**

Lassen Sie ruhig einmal die Texte der entsprechenden Bewerberkorrespondenz von Ihrer Seite durch Ihre besten Leute beurteilen, denn auch hier gilt wie so oft: Das »Ob man dies macht« allein reicht nicht aus, auch das »Wie man es macht« hat einen entscheidenden Einfluss. Dass Sie Eingangs-, Zwischen- und abschließende Bescheide versenden, steht außer Frage, wer das nicht macht, ist nicht nur unhöflich, sondern verprellt die Bewerber durch seine mangelnde Wertschätzung. Aber es ist die Frage, wie Sie diese Bescheide formulieren. Schließlich lernt der Bewerber das Unternehmen schrittweise kennen, und hier zählt eben jeder wenn auch kleine Schritt, zumal es manchmal nur wenige sind, bevor ein Bewerber sein Herz an ein anderes suchendes Unternehmen verschenkt.

Es reicht hier nicht aus, Mustertexte zu kopieren, man muss sich in den Bewerber, den es zu gewinnen gilt, hineinversetzen. Dabei müssen Sie generationengerecht und funktionsgerecht formulieren. Außerdem muss sich der Spirit des Unternehmens im Text wiederspiegeln, damit er authentisch bleibt. Verwenden Sie also keine »flippige« Sprache, wenn Ihr Unternehmen eher konservativen Werten folgt, und umgekehrt. Nutzen Sie deshalb die besten Vertreter der jeweiligen Generationen zur Bewertung der Texte.

Die Erfahrung lehrt zudem, dass Texte, die von den Kollegen aus der Bewerberadministration geschrieben und nie überprüft wurden, sich meistens auch »administrativ« und wenig gewinnend lesen. Versuchen Sie deshalb in jeder Nachricht mit passenden Worten Wertschätzung, Interesse und auch Herzlichkeit zu vermitteln.

Auf eine Erfahrung sei noch hingewiesen: Es dauert ein paar Tage/Wochen, bis die ersten Bewerbungen auf den Tisch kommen. Läuft es gut, steigt ihre Zahl dann rasch an und der Bewerbungsprozess beginnt. Oft sind es aber die »Nachzügler«, die die optimalsten Kandidaten liefern. Hier darf man nicht zu »prozessgetrieben« sein, nach dem Motto: »Wir sind im Prozess schon zu fortgeschritten, der Bewerber passt jetzt nicht mehr ins Konzept.« Stattdessen sollte man diese Kandidaten durch kompaktere Auswahlverfahren (siehe unten, 1. und 2. Interview an einem Tag) noch in den Prozess einschleusen.

! **Goldene HRE-Regel**

Der oben beschriebene Prozess ist ein reaktiver. Eine Vakanz wird abgearbeitet, wenn sie eintritt. Das wird in Zukunft nicht mehr ausreichen. Etablieren Sie in Ihrer HR-Organisation vorausschauende Lösungen. Solche Lösungen werden i.d.R. unter dem Begriff »Talent Management« betrieben. Dieser Begriff wird zwar unterschiedlich definiert und die Konzepte können vielfältig sein, aber meistens beinhalten sie den Versuch, insbesondere für die Schlüsselfunktionen eine proaktive Arbeit in der Talente-Gewinnung am Bewerbermarkt und eine vorausschauende interne Personalentwicklung zu etablieren.

Je schwieriger sich die Suche nach geeigneten Bewerbern am Markt gestaltet, desto sinnvoller sind vorausschauende Talent-Management-Konzepte.

! **Neuro-HR-Tipp**

Tracken Sie Ihre Anzeigen. Es gibt Kameras, die die Augenbewegungen der Bewerber beim Lesen Ihrer Anzeige tracken. Diese Kameras zeigen Ihnen, wohin der Bewerber schaut, was Relevanz für ihn hat. Richten Sie die Anzeige auf diese Relevanzpunkte aus. Außerdem kann über Emotionsmarker, wie dem Hautleitwiderstand, gemessen werden, ob Sie den Bewerber emotional fesseln können. Nur wenn Sie das schaffen, wird er auch eine Bewerbung abgeben. Diese Daten können Sie in speziellen Laboren erheben lassen. Sie brauchen erstaunlich wenige Teilnehmer an einer Studie, um eine Anzeige viel besser zu machen.

3.1.1.3 Auswahl: die Spreu vom Weizen trennen

Die wichtigste Erkenntnis für diese 3. Phase ist, dass sie als eine Fortführung der Ansprache verstanden werden sollte. Der am häufigsten vorkommende Fehler besteht darin, dass man den »Prüfmodus« anschaltet und den Bewerber durch alle nachfolgenden Schritte auf Herz und Nieren dahingehend prüft, ob er dem Idealprofil gerecht wird. Es ist wichtig, daran zu denken, dass man auch als Unternehmen und (wie oben bereits begründet wurde) insbesondere als Führungskraft zur Prüfung ansteht. Der gute Bewerber wird die potenziell infrage kommenden neuen Arbeitgeber seinerseits checken, ob das Unternehmen, die zu vergebenden Aufgaben, das Gehalt und insbesondere die neue Führungskraft attraktiv genug sind, um sich dafür zu entscheiden.

Deshalb müssen alle Auswahlschritte auch Zeit einplanen, in der man sich damit befasst, wie man den Bewerber durch proaktive Informationen und gute Antworten auf die üblichen FAQs gewinnen kann. Dieses Vorgehen beschreibt die nachfolgende Abbildung, in der sich das Verhältnis von Auswahl und Gewinnen mit jedem Schritt in Richtung des Gewinnens verschiebt:

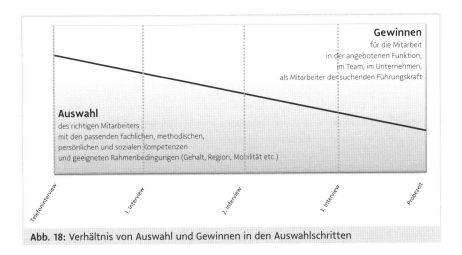

Abb. 18: Verhältnis von Auswahl und Gewinnen in den Auswahlschritten

Die sinnvollen Schritte bei der Auswahl sind auch heute noch die »altbewähr-ten«:

1. Auswertung der **Bewerbungsunterlagen.**
2. **Telefoninterview**: Hier kann man viel Zeit und auch Reisekosten sparen, weil man oft schon in 15 Minuten herausfindet, ob jemand den Anforderungen entspricht und ob er hält, was seine Unterlagen versprochen haben.
3. **Erstes Interview** (oder Assessment Center).
4. **Zweites Interview** inkl. konkreter Arbeitsprobe (oder Assessment Center) ggf. zusammen mit der übergeordneten Führungskraft.
5. **Drittes Interview** (dieser Schritt ist bei Fach- und Führungskräften sicher angemessen) oder Probearbeitstag, ggf. mit Teammitgliedern.
6. **Referenzen** bei vorherigen Arbeitgebern einholen (mehr dazu bei den Tipps weiter unten).

Wichtig ist bei allen Auswahlschritten, dass man den Bewerber einerseits in der Breite seiner Fachlichkeit und Persönlichkeit zunehmend kennenlernt, anderer-seits aber auch schrittweise tiefer bohrt und Aussagen und Annahmen verifi-ziert. Das kann nur gelingen, wenn mindestens eine Person – und das muss die zuständige Führungskraft sein – in allen Interviews dabei ist und alle Aussagen stichwortartig dokumentiert werden. Besser ist es allerdings, wenn 2 Personen (Führungskraft und HR-Vertreter) bei allen Interviews durchgängig zugegen sind. Nur so können ineffiziente Redundanzen im Gespräch vermieden, wider-sprüchliche Aussagen erkannt und bisher oberflächliche Sachverhalte durch weitere Fragen vertieft werden.

> **! Neuro-HR-Tipp**
>
> Seien Sie sich bewusst, dass Ihr Gehirn den Kandidaten bewertet hat, bevor Sie
> ein einziges Argument gehört oder gelesen haben. Wir bewerten immer vor dem
> Verstehen. Schützen Sie sich vor Verzerrungen, indem Sie öfter einmal während des
> Prozesses prüfen, ob Sie sich nicht eigentlich schon entschieden haben. Wenn Sie
> sich innerlich schon entschieden haben, empfiehlt es sich, eine möglichst neutrale
> Position einzunehmen und alle Informationen noch einmal neu zu bewerten und
> eine weitere Meinung einzuholen.

Eine Negativanekdote soll zeigen, was nicht passieren darf:

> **! Beispiel**
>
> In einem Investmentunternehmen wurden Senior-Investment-Manager-Bewerber von
> 8 Managern in mehreren Ländern nacheinander interviewt, jeweils mit der Pflicht, an-
> schließend eine Kurzbewertung zu erstellen. Das Verfahren kostete die Organisation
> ca. 20 Stunden, der Bewerber samt Reisekosten erheblich mehr. Die Ergebnisse boten
> viele Redundanzen, weil alle das Zeitfenster ähnlich verwendeten, mit typischen Fra-
> gen zum Lebenslauf und anstehenden Aufgaben. Geschickte Bewerber wurden von
> Gespräch zu Gespräch (durch den »Trainingseffekt«) in ihrer Argumentation immer
> überzeugender und gingen am Ende auf die Gesprächspartner so gut ein, dass ihre
> Antworten so formuliert waren, wie sie der Fragende – suggestiv vermittelt – hören
> wollte. Durch dieses Verfahren wurden die Bewerber letztendlich nur oberflächlich
> kennengelernt. Etwaige Unstimmigkeiten in der Darstellung ihres Könnens und ihrer
> Erfahrung fielen mangels eines durchgehenden Zuhörers nicht auf.
> Das Unternehmen beauftragte mich dann, ein Assessment Center zu entwickeln,
> um zu einer validen Analyse zu gelangen, die den oberflächlichen und redundanten
> Ergebnissen des eigenen Prozesses eine zusätzliche Entscheidungshilfe hinzu-
> fügte. Mittels Stressinterviews, Arbeitsproben, Persönlichkeitsverfahren (MBTI
> – Myers Briggs Typen-Indikator, basierend auf der Funktionstypologie des Schwei-
> zer Psychologen Jung) und mithilfe eines Intelligenztests (BOMAT – Bochumer
> Matrizentest für Professionals und High Potentials) ergab sich ein differenziertes
> Bild, das weit über die Interviewerkenntnisse hinausging.
> In dem obigen Fall des Investmentunternehmens erfolgte natürlich auch keine zu-
> nehmende Gewinnung der Kandidaten, wie ich es in der letzten Abbildung empfoh-
> len habe. Die zahlreichen Interviewer fühlten sich mehr dem Prüfmodus verpflichtet
> und waren untereinander nicht abgestimmt, sodass sie das Gewinnen des Bewerbers
> bei den anderen Vertretern und Gesprächspartnern des Unternehmens verorteten.
> Dadurch gingen unterwegs auch zahlreiche Kandidaten verloren, weil sie sich in der
> geschilderten Prüfungsrundreise nicht ausreichend wertgeschätzt fühlten.

Nachfolgend möchte ich Ihnen weitere Tipps geben und wichtige und erfolgskritische Faktoren bei der Auswahl beschreiben:

- Für die Vorauswahl können Sie heute von verschiedenen Anbietern pfiffige Dienstleistungen einkaufen. So bietet z.B. Viasto videogestützte Bewerberauswahl an, dabei werden Bewerbern passende Fragen und Aufgaben schriftlich gestellt, während sie am Laptop bei der Bearbeitung und Lösung bzw. Beantwortung auch gefilmt werden. Dadurch erhält man sicher einen besseren Eindruck vom Kandidaten als durch eine reine Prüfung der Bewerbungsunterlagen. Für größere Auswahlverfahren, bei denen viele Bewerber »durchgeschleust« werden sollen, und für regelmäßig wiederkehrende Vakanzen scheint mir dies eine gute Erleichterung zu sein. Für eine einzelne Stellenbesetzung ist der Aufwand natürlich zu hoch.
Vergleichbares gilt für Online- und Self-Assessments sowie gameorientierte Verfahren (z.B. von CYQUEST), die insbesondere bei Berufseinsteigern eine gute Vorselektion der internetgewöhnten Generationen ermöglichen. Neben dem Erkenntnisgewinn über die Potenziale und Fähigkeiten der Bewerber machen ungewöhnliche Auswahlmittel auch bei den Bewerbern etwas her und wecken ein höheres Interesse am Unternehmen als »klassische« Vorgehensweisen.
- Bei allen technischen Möglichkeiten, die man mittlerweile und zunehmend zur Modernisierung des Recruiting-Verfahrens zukaufen kann, darf man die erfolgskritische Kompetenz der am Prozess beteiligten Personen nicht außer Acht lassen. Die Hauptbeteiligten sind und bleiben die zuständige Führungskraft und der zuständige Personaler. Und diese beiden sollten für den Prozess gut ausgebildet und trainiert sein. Dabei sind folgende Kompetenzen wichtig:
  - Prozess-Kompetenz: Wie läuft unser Prozess, wer macht was und wann und wie?
  - Interview-Kompetenz: Wie gestaltet man tolle und erkenntnisreiche Interviews, in denen man auch dem Bewerber ein positives Erlebnis ermöglicht?
  - Frage-Kompetenz: Wie stellt man gute Fragen, damit man auch dem Bewerber gute Antworten ermöglicht? Häufig sind die Antworten eines Bewerbers deshalb so schlecht, weil der Interviewer miese Fragen gestellt hat (z.B. Kettenfragen, immer nur geschlossene Fragen, ständige Suggestiv- und rhetorische Fragen).
  - Präsentations-Kompetenz: Wie präsentiere ich unser Unternehmen im rechten Licht?
  - Persönliches Auftreten: Insbesondere die Führungskraft sollte gewinnend und überzeugend auftreten und den Bewerber als seinen persönlichen Kunden betrachten, den es für sich und seine Abteilung zu gewinnen gilt.
- Führungskraft und HR sollten den gesamten Prozess der Auswahl gemeinsam durchlaufen, dadurch wird Konsistenz und ein Erkenntniszuwachs ga-

rantiert. Einzig das Telefoninterview könnte als Vorauswahl durch einen der beiden Partner durchgeführt werden. Die Ergebnisse müssten dann aber sauber dokumentiert und vor dem 1. Interview intensiv ausgetauscht werden.

- Ein Leitfaden pro Bewerber begleitet den gesamten Prozess. In ihm werden fachliche und persönliche Erkenntnisse dokumentiert, nach jedem Schritt gemeinsam bewertet und eine Entscheidung für die nächsten Schritte getroffen. Den Aufbau eines solchen Leitfadens sollten Sie gemeinsam mit Ihren Führungskräften gestalten, nehmen Sie nicht einfach irgendeinen Leitfaden aus dem Web, besser ist es, Ihren eigenen zu entwickeln, der ganz genau zu Ihren Bedürfnissen und Ihrem Auswahlprozess passt. Dabei sollten Sie von der Herleitung Ihrer Entscheidung am Ende des Prozesses »zurückrechnen«, denn für diese sollten Sie in dem Leitfaden alle notwendigen Erkenntnisse zusammengetragen und dokumentiert haben. Tipps für eine gute Entscheidungsherleitung gebe ich am Ende dieses Kapitels.

- Die fachliche Eignung der Kandidaten sollte man an den 4 Hauptaufgaben oder Hauptkompetenzen festmachen; die begrenzte Zeit, die Sie einem Bewerber im Auswahlprozess widmen können, erlaubt meistens keine vertiefe fachliche Prüfung für alle Unterpunkte des Stellenprofils. Fokussieren Sie sich lieber auf wenige, aber wichtige Aufgaben und Kompetenzen, statt sich im »Wald der Anforderungen« zu verlieren.

- Hinzukommende Personen müssen darüber informiert werden, was man schon weiß, damit die begrenzte und kostbare Zeit mit dem Bewerber nicht durch unnötige Wiederholungen (»Erzählen Sie mal Ihren Lebenslauf«) vergeudet wird.

- Lassen Sie den Bewerber nicht nur erzählen, sondern auch machen. Arbeitsproben können dem Bewerber sowohl ad hoc im Gespräch (»Gehen Sie bitte ans Flipchart und skizzieren Sie uns Ihre Lösung zu folgender Fragestellung«; »Bitte visualisieren Sie diese Konzeptskizze mit PowerPoint, dazu haben Sie 15 Minuten Zeit«) als auch in Vorbereitung auf das nächste Gespräch abgefordert werden. Wo in einem Job konzeptionelle Arbeit zu leisten ist, kann man sich mit der Einladung zum 2. Gespräch zu einer in der vakanten Stelle ohnehin anstehenden Aufgabe eine Konzeptskizze, Projektplanung oder Präsentation erstellen lassen und dann im Gespräch abfordern.
Zwingen Sie Bewerber vom Tisch weg. Sitzen können alle gelassen und »cool«, aber wenn der Bewerber ans Whiteboard gehen und etwas erklären bzw. präsentieren muss, erfährt man viel über seine Sicherheit in Gestik und Auftreten.

- Bohren Sie bei allzu oberflächlichen Aussagen nach. Bewerber beschreiben oft Vorkommnisse in ihren vorherigen Unternehmen, an denen sie nur am Rande oder nur ausschnittweise beteiligt waren, so, als wenn sie die Kompetenz und die Erfahrung aus dem gesamten Vorgang mitbringen würden. Das führt zu einer Überschätzung des Bewerbers und einer späteren Ernüchterung, wenn der eingestellte Bewerber als Mitarbeiter gar nicht so breit und tief kompetent ist. Bewährt hat sich bei der Klärung der tatsächlichen persönlichen Kompetenz diese Fragenkette:

a) Was war die genaue Herausforderung bzw. das konkrete Problem?

b) Wie sind Sie genau vorgegangen, was war Ihr ganz persönlicher Beitrag?

c) Was war das konkrete Ergebnis Ihres Handelns?

- Unterbrechen Sie Ihre Frageblöcke immer wieder mit dem Angebot, Fragen des Bewerbers zu beantworten; sollten keine Fragen kommen, informieren Sie proaktiv über alle positiven Themen, die den Bewerber zu der Erkenntnis kommen lassen, dass er sich für Sie und Ihr Unternehmen entscheiden sollte.

- Das Einholen von Referenzen gehört bei höherrangigen Positionen zum Prozess dazu. Natürlich werden vom Kandidaten nur wohlgesonnene Referenzpersonen benannt und diese sind mit Sicherheit vorgebrieft, aber ein geschickter Frager kann in den Zwischentönen und mit den richtigen Fragen zumindest kleine Fragezeichen ausräumen. Schon die Benennung von Referenzen durch den Kandidaten eröffnet Erkenntnisse. Wird z.B. aus den letzten beiden Stationen keine Person benannt, lässt das vermuten, dass der Kandidat dort keine positiven Meinungen erwartet. Sicher sind in einem ungekündigten Arbeitsverhältnis wie oben bereits erwähnt die aktuellen Führungskräfte nicht ansprechbar, aber in der Station davor dürfte es dafür keinen Grund geben. Manchmal hat ein Bewerber allerdings innerhalb eines Konzerns von Station zu Station gewechselt. Das kann Referenzen praktisch bis zurück zum Berufsstart unmöglich machen. Und: Älter als 5-7 Jahre darf eine Referenz eigentlich nicht sein, wenn sie noch als Prognoseunterstützung für die Zukunft hilfreich sein soll.

Hilfreiche Kriterien zur Entscheidung

Wie kommt man nach den einzelnen Bewerbungsstationen zu einer guten Auswahlentscheidung? Indem man die Bewerber, die man durch den o.g. Prozess geschleust hat, nach den folgenden Kriterien bewertet (z.B. mit 1-5 oder A-D, wobei die Bewertung durch »+« oder »–« ergänzt werden kann) und anschließend einen Vergleich anstellt:

- fachliche Eignung (gemessen an den 4 Hauptaufgaben);
- persönliche Eignung (Passung ins Team, Berufs-/Lebensphase, persönliche Eigenschaften aus dem Suchprofil);
- sonstige Rahmenbedingungen:
  - Gehaltswunsch im Vergleich zu den Möglichkeiten im Unternehmen,
  - Region (Muss der Kandidat mit der ganzen Familie von seinem Heimatort wegziehen? Ist das glaubhaft?),
  - Starttermin,
  - Passung ins Team.
- Was sagt Ihnen Ihre Intuition (»Bauch«-Impuls)?

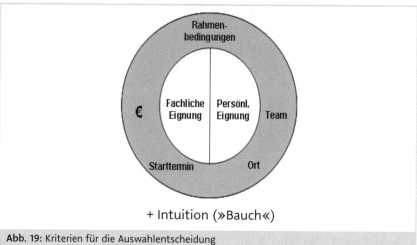

Abb. 19: Kriterien für die Auswahlentscheidung

In einem Leitfaden sollten Sie für jedes der obigen Kriterien Abschnitte einbauen, indem Sie Fragen vorgeben und Dokumentationsflächen vorsehen. Jeder dieser Abschnitte sollte mit einem Bewertungsfeld enden. Insbesondere die fachliche Bewertung sollte dabei ausreichend Raum bekommen. Nachfolgend ein Ausschnitt, wie dies im Leitfaden gestaltet sein könnte. Das Telefonsymbol soll aufzeigen, dass zu der fachlichen Eignung bereits im Telefon-Interview erste Erkenntnisse eingesammelt werden sollten. Dieses Symbol sollte bei allen Elementen stehen, die Sie bereits im Telefon-Interview abfragen wollen. Über die jeweiligen Auswahlschritte verdichten und ergänzen sich dann die Erkenntnisse zu einem Gesamtbild.

Fachliche Eignung (Fokus: Fachkompetenzen)

4 Hauptaufgaben laut Such -/Jobprofil :	Erfahrungen i n diesen Hauptaufgaben (was wurde wo erlernt, welche Erfahrungen wurden wann in welcher Rolle mit welchem Ergebnis gemacht? War man nur dabei oder war man leitend bzw. Treiber)	Einschätzung nach Interviews A = sehr hohe fachl . Eignung D = sehr geringe fachl. Eignung			
1.		A	B	C	D
		A	B	C	D
		A	B	C	D
		A	B	C	D
2.		A	B	C	D
		A	B	C	D
		A	B	C	D
		A	B	C	D
3.		A	B	C	D
		A	B	C	D
		A	B	C	D
		A	B	C	D
4.		A	B	C	D
		A	B	C	D
		A	B	C	D
		A	B	C	D
	Gesamtbeurteilung nach Telefoninterview	A	B	C	D
	Gesamtbeurteilung nach 1. Interview	A	B	C	D
	Gesamtbeurteilung nach 2. Interview	A	B	C	D
	Gesamtbeurteilung nach 3. Interview oder AC	A	B	C	D

Abb. 20: Dokumentation und Bewertung fachlicher Eignung im Rahmen eines Leitfadens

Gesamtbeurteilung der Eignung (incl. »Bauch« bzw. Intuition)

Nach Telefoninterview wer:_____	Datum _____, durch	
nach dem 1. Interview wer:_____	Datum _____, durch	
nach dem 2. Interview wer:_____	Datum _____, durch	
nach dem 3. Interview wer:_____	Datum _____, durch	
Nächster Schritt	1. Interview ☐ 2. Interview ☐ 3. Interview ☐	
	Absage ☐ Reserve ☐ **Einstellung** ☐	

Abb. 21: Zusammenfassende Bewertung in einem Leitfaden

! Goldene HRE-Regel

In den Interviews sollte die Führungskraft Sie als Partner von HR vorstellen. Vereinbaren Sie vor dem Interview die Rollenverteilung. Es bietet sich z.B. an, dass der Personaler den Bewerber beobachtet, während die Führungskraft etwas vorstellt, oder umgekehrt. Viel über den Bewerber erfährt man anhand seiner nonverbalen Kommunikation, wenn man sie durchgängig beobachtet. Der Personaler kann auch als Moderator der Interviews und sonstigen Verfahren sowie bei der analytischen Entscheidung auftreten.

Sollten Assessment Center oder Testverfahren eingebunden werden, sollte HR diese entwerfen und organisieren. Die Führungskraft sollte aber in ihrer Rolle als Gesamtverantwortlicher sichtbar und federführend bleiben.

! Achtung

Eine stark unterschätzte weitere Erkenntnis im Auswahlprozess kann sich durch die Vertragsverhandlung ergeben. Deshalb sollte dieser Schritt als weiterer Baustein der Auswahl betrachtet werden. So mancher Bewerber wechselt seine Prioritäten von spannenden Aufgaben, neuen Erfahrungen, Veränderungen erleben und Teamspirit plötzlich zu rein monetären Kleinigkeiten, Sicherheitsdenken und Besitzstandswahrung, um die er vehement kämpft. Wenn diese Erkenntnisse den bis dato noch als Idealbesetzung erlebten Kandidaten in einem anderen Licht erscheinen lassen, dürfen diese Erkenntnisse nicht versickern. Hier muss man sich eine Auszeit nehmen und die Erkenntnisse hinsichtlich ihrer Relevanz für die Einstellungsentscheidung bewerten. Lieber eine späte Erkenntnis und ein rechtzeitiges Umschwenken auf einen anderen Bewerber als ein Durchziehen der einmal getroffenen Entscheidung mit einem schmerzhaften Scheitern, das im schlimmsten Fall kurz nach Beendigung der Probezeit passiert.

Auf der Zielgeraden des Auswahlprozesses muss man mit allen Kandidaten, die in die engere Wahl gekommen sind, den Kontakt halten. Ein solches »Bonding« sorgt dafür, dass man nicht mit leeren Händen dasteht, sollte der Wunschkandidat oder man selbst aufgrund neuer Erkenntnisse aus der Vertragsverhandlung aussteigen. Hat man nämlich die durchaus gut geeigneten B-Kandidaten vernachlässigt, haben sich diese unter Umständen schon enttäuscht anderen Unternehmen zugewandt und stehen für eine Reaktivierung nicht mehr zur Verfügung. Diese Aufgabe ist »Chefsache«, sollte also von der suchenden Führungskraft selbst übernommen werden. Ein kurzes Telefonat passt immer rein und sichert den Besetzungserfolg.

Ein Scheitern auf der Zielgeraden ohne einen »Reservekandidaten« bedeutet einen kompletten Neustart, der die Arbeit, das Budget und die Zeit für die Besetzung verdoppelt. Aber hier gilt wie so oft: »Man hat nie genug Zeit, etwas richtig zu machen, aber immer, um es nochmal zu machen«… (Murphy´s Law II).

3.1.1.4 Integration: fachlich und sozial anwachsen lassen

Nach all dem Aufwand der bisher beschriebenen 3 Phasen (Planung, Ansprache und Auswahl) hat man oft das Gefühl, dass genug Zeit investiert wurde und es nun an der Zeit ist, dass der neue Mitarbeiter den Aufwand durch die erfolgreiche Übernahme seiner Aufgaben rechtfertigt. So entstehen häufig die »zum Schwimmen ins kalte Wasser geworfen«-Situationen, bei denen die neuen Mitarbeiter allzu oft noch in der Probezeit scheitern. Natürlich kann man dann zur eigenen Seelenhygiene erklären, dass der Mitarbeiter eben doch nicht so gut war, wie man im Auswahlprozess vermutet hat. Naheliegender wäre es aber zu hinterfragen, was man zum erfolgreichen »fachlichen und sozialen Anwachsen« des neuen Mitarbeiters hätte besser machen und mehr beitragen können.

Für den neuen Mitarbeiter beginnt am Starttag ein Weg, der eine angemessene Anlaufphase und reichlich Hilfe benötigt. Die folgenden Maßnahmen sollten das Mindestprogramm sein, das eine Führungskraft mit Unterstützung von HR seinem neuen Mitarbeiter angedeihen lässt:

- Einarbeitungsplan, der die ganze erste Woche abbildet und dem neuen Mitarbeiter 2 Wochen vor Arbeitsantritt zugesandt wird, inklusive
  - ausführlichem Startgespräch mit der Führungskraft (mind. ein halber Tag, den sich die Führungskraft direkt eintragen sollte, sobald der Starttermin feststeht),
  - Kennenlernen der wichtigsten Ansprechpartner und Teammitglieder (z.B. bei einem entspannten gemeinsamen Mittagessen),
  - Einarbeitung in die EDV und in die Prozesse,
  - Ortsbegehungen,
  - Informationsgespräche, um angrenzende Abteilungen und Funktionen zu verstehen;
- Festlegung eines Mentors (kann ein seniorer Kollege sein), der sich gut vorbereiten und Zeit einplanen sollte;
- Vorbereitung der gesamten Ausstattung, die der Mitarbeiter benötigt, um erfolgreich arbeiten zu können (Arbeitsplatz, EDV, Zugriffsberechtigungen, Visitenkarten, Firmenfahrzeug etc.). Es gibt nichts Frustrierenderes als die Erfahrung, dass man Wochen nach dem Vertragsabschluss den ersehnten ersten Tag im neuen Unternehmen verbringt, in dem nichts vorbereitet worden ist und alle Kollegen einem das Gefühl vermitteln, dass man gerade ganz doof das Tagesgeschäft stört. Weil aber die ersten Stunden häufig darüber entscheiden, ob der neue Mitarbeiter beim neuen Arbeitgeber bleibt, kann man mit mangelnder Vorbereitung das langwierige und häufig aufwändige sowie kostspielige Rekrutierungsverfahren in den ersten paar Tagen noch mit Pauken und Trompeten an die Wand fahren;

- Zeichen eines herzlichen Willkommens ist auch heute nach wie vor der Blumenstrauß auf dem Tisch. Falls Sie im Bewerbungsverfahren eine andere Idee herausgehört haben, können Sie den Blumenstrauß natürlich auch durch etwas anderes ersetzen, was dem neuen Mitarbeiter individueller entspricht (eine gute Flasche Wein, Leckereien aus der Region etc.). Was ich gerne neuen Mitarbeitern auf den Tisch stelle, ist ein »First-Aid-Paket« mit netten Kleinigkeiten für die ersten Tage (Essensgutscheine für die Kantine oder Restaurantchecks, Energieriegel und -getränke, der Stadtführer für den Neustart in neuer Umgebung, falls umgezogen werden muss, und gerne auch Gastgeschenke für die Familienangehörigen).

> **! Goldene HRE-Regel**
>
> Starten gerade mehrere neue Mitarbeiter, sollte HR Welcome Days organisieren, an denen den Neuankömmlingen systematisch Informationen zum Unternehmen und zu übergeordneten Prozessen etc. gegeben werden. So kann man sich die Arbeit teilen und vermeidet unnötige zeitfressende Redundanzen.

> **! Neuro-HR-Tipp**
>
> »Bonding« hat auch den Vorteil, dass es, sobald es zur Einstellung gekommen ist, die soziale Integration erleichtert. Der Kandidat hat das Gefühl, gewünscht und wertvoll zu sein. Die Botenstoffe Oxytocin und Serotonin sorgen für dieses Gefühl. Sein Gehirn ist gleich im »Zugehörigkeits-Modus«. Das ist ein messbarer Unterschied zu dem »Ich gehöre noch nicht dazu«-Modus. Binden Sie Ihre Mitarbeiter so früh wie möglich ein und nehmen Sie den Neuen in der Gruppe auf. Damit werden Sie einem wichtigen neuronalen Prinzip gerecht.

Eine häufig vernachlässigte Transferleistung ist der Übertrag wertvoller Erkenntnisse aus der Auswahlphase. Es gilt hier die Erkenntnis, dass man seinen Mitarbeiter nie wieder so gut kennen wird wie direkt nach dem Auswahlverfahren. Aber nur wenn man seine Erkenntnisse aus dem Auswahlverfahren in eine individuelle Personalentwicklungsplanung überträgt, begeht man nicht den Fehler, dass man den Mitarbeiter am Tag seines Starts (häufig etliche Wochen nach dem Auswahlverfahren) als voll einsatzfähig empfindet, weil man ihn ja schließlich eingestellt hat. Hier sollten gleich in der Startwoche die Erkenntnisse aus der Auswahlphase als Feedback zurückgemeldet werden und Personalentwicklungsmaßnahmen zum Ausgleich des erkannten Deltas zum Suchprofil vereinbart werden. Wenn man z. B. die englische Sprachkompetenz in den Interviews als grenzwertig empfunden hat, dann sollte sofort mit einem Englischtraining begonnen werden. Auch hier kann HR einen Vorschlag unterbreiten, aber die Führungskraft sollte dieses erste Personalentwicklungsgespräch als Zeichen ihrer Verantwortung führen.

> **Beispiel** !
>
> Dazu erneut eine kleine Anekdote: Ich habe einmal in einer meiner HR-Funktionen eine recht extravertierte Managerin eingestellt. In den Interviews wurde mir schnell klar, dass ich ihr direkt vor dem Start das Feedback geben muss, dass sie deutlich mehr offene Fragen stellen und dann geduldig den Antworten der Gesprächspartner zuhören sollte. In ihrer Rolle als Vertreterin einer Holding war es ihre Aufgabe, mit den Top Managern der Tochterfirmen zusammenzuarbeiten, um diese beim Wachstum der Firmen zu unterstützen. Und in einer solchen Rolle sollte man nicht ohne Punkt und Komma drauflos sabbeln und meinen, dass die Manager der Tochterfirmen nur auf Empfangsmodus zu sein haben. Das Feedback hat sie dankbar angenommen und sich stetig zu einer mehr und mehr aktiven Zuhörerin entwickelt. Ohne diese Erkenntnis aus dem Auswahlverfahren hätte sie sich wohl in den ersten Wochen bei ihren Ansprechpartnern die Türen selbst zugeschlagen, was sie wahrscheinlich noch in der Probezeit zum Scheitern gebracht hätte. Dies war nur ein kleiner Impuls, der aber eine große Wirkung auf eine erfolgreiche Gestaltung der Integration hatte.

Wie lange eine erfolgreiche fachliche und persönliche Integration benötigt, ist sicher abhängig von der jeweiligen Position. Es gibt Unternehmen, die 2 Jahre investieren müssen, bevor die Mitarbeiter soweit sind, erfolgreich und selbstständig für das Unternehmen arbeiten zu können. Grundsätzlich ist die übliche Probezeit von 6 Monaten aber eine meist passende zeitliche Eingrenzung, in der das »Anwachsen« i.d.R. gelungen sein sollte. In dieser Zeit stehen im Übrigen beide Seiten unter dem »Probevorbehalt«. Gute Leute sind immer in der Lage zu wechseln, wenn das neue Unternehmen oder die neue Führungskraft die erhofften Erwartungen nicht erfüllen konnten.

Im Rahmen der Probezeit sollte die Führungskraft zahlreiche Zwischengespräche führen, in denen Feedback gegeben und eingeholt werden sollte, um ggf. rechtzeitig gegensteuern zu können. Mindestens 3 Probezeitgespräche sind bei einer 6 Monate dauernden Probezeit angeraten. Den Anstoß dazu sollte sicher HR geben, da die Führungskräfte dies meist verschwitzen. In den Gesprächen sind die folgenden Fragen wesentlich:

A. Gespräch nach 1 Monat:
- Ist die Einarbeitung gut gelaufen?
- Hat der Mitarbeiter alles, was er für seinen Job benötigt?
- Fühlt er sich fachlich und persönlich wohl?
- Wie geht es der Familie mit dem beruflichen Wechsel?
- Was kann die Führungskraft oder HR noch beisteuern? Wo kann der Mitarbeiter noch unterstützt werden?
- Wie sieht die Zielvereinbarung für das laufende Geschäftsjahr aus?
- Welche Erkenntnisse aus dem Bewerbungsverfahren müssen im Rahmen der kurzfristigen Personalentwicklung umgesetzt werden?

B. Gespräch nach 2 Monaten:

- Abgleich mit dem Stellen- und Kompetenzprofil: Wo ist welches Delta? Was muss getan werden, um es zu schließen?
- Welche Verbesserungsvorschläge hat der Mitarbeiter für seinen Arbeitsbereich?
- Fühlt er sich fachlich und persönlich wohl?

C. Gespräch nach 5 Monaten

- Mit Blick auf das Ende der Probezeit: Wie bewertet der Mitarbeiter seine Integration? Ist er fachlich und sozial erfolgreich angekommen?
- Wie erfolgreich war die Personalentwicklung zur Schließung des Kompetenzdeltas?
- Welche Erwartungen wurden seitens des Arbeitgebers, welche seitens des Mitarbeiters erfüllt?
- Wie sieht der Mitarbeiter seine Zukunft beim Arbeitgeber?

Und noch einmal: Denken Sie an die Kosten für eine gescheiterte Einstellung (1–2 Jahresgehälter) und das o.g. Murphy's Law! Neue Mitarbeiter und ihre erfolgreiche Integration sollten für HR, aber vielmehr noch für die Führungskraft Priorität haben, wenn das Unternehmen nicht zu einem »Durchlauferhitzer« werden will, bei dem neue Leute nach kurzer Zeit wieder gehen oder gehen müssen und sich nie Stabilität in den vakanten Stellen und in den jeweiligen Teams und Prozessen einstellt.

> **! Goldene HRE-Regel**
>
> An dieser Stelle sei noch angemerkt, dass man die Entscheidung über eine erfolgreiche und nachhaltige Besetzung nicht durch eine künstliche und arbeitsrechtlich nicht immer tragfähige Verlängerung der Probezeit hinausschieben sollte. Es gilt der Grundsatz, dass etwaige erhebliche Bedenken bzgl. der tatsächlichen Eignung eines neuen Mitarbeiters aus den ersten 6 Monaten sich i.d.R. auch in einer etwaigen Verlängerungszeit nicht auflösen werden. Beenden Sie das Arbeitsverhältnis lieber innerhalb der Probezeit als – arbeitsrechtlich erschwert – danach. Meistens ist die Verlängerung nur Ausdruck eines Harmoniebedürfnisses und unangebrachter Milde. Es ist sinnvoller, eine klare Entscheidung zu treffen und sich zu trennen. Sie verlieren ansonsten nur weitere kostbare Zeit für eine erfolgreiche Besetzung im 2. Anlauf. Man sollte auch nicht versuchen, seine einmal getroffene Auswahlentscheidung bezüglich der Eignung des Bewerbers durch »Aussitzen« zu festigen. Erinnern Sie sich an das Eingangsstatement: »Recruitment ist keine exakte Wissenschaft.« Fehlbesetzungen kommen immer wieder vor, solange man Menschen einstellt, weil man diese Menschen nur begrenzt kennenlernen kann. Potenzialannahmen bleiben, was sie sind: Annahmen. Und Annahmen können eben falsch sein.

3.1.2 Neuro-HR: wie uns das Gehirn bei der Bewerberauswahl manipuliert

Autor: Dr. Sebastian Spörer

Sind Sie auch noch der Meinung, dass, je mehr Sie über den Bewerber wissen, desto besser Ihre Entscheidung ist? Die Neurowissenschaften sprechen hier eine völlig andere Sprache. Ein schöner Versuch dazu stammt von Samuel Gosling. Er hat Studenten einen psychologischen Persönlichkeitsfragebogen (big-five-Inventory) ausfüllen lassen. Nach der Selbsteinschätzung hat er die engsten Freunde der Studenten gebeten, eine Fremdeinschätzung dieser Studenten vorzunehmen. Natürlich waren die Freunde recht nah dran an der Selbsteinschätzung, schließlich »kennen« sie die Person und dessen Persönlichkeit. Nun kam der interessante Teil: Gosling hatte zudem Fremden das Wohnzimmer der Studenten gezeigt und ihnen 15 Minuten Zeit für den Fragebogen gegeben. Diese Fremden hatten weder Informationen zur Person noch zu deren Vorlieben oder Gewohnheiten, nur das Wohnzimmer. In 3 der 5 Persönlichkeitsdimensionen (Gewissenhaftigkeit, Neurotizismus und Offenheit für neue Erfahrungen) waren die Fremden besser als die besten Freunde. Der englische Wissenschaftsjournalist Malcolm Gladwell nennt dieses »Blink«, die Macht des Moments. Der richtige Ausschnitt des Lebens (Gladwell nennt dies die »richtige Scheibe« eines Menschen) reicht zu einer recht stabilen Einschätzung seiner Persönlichkeit. Alles Weitere machen wir nur, um rationale Argumente für unsere emotionalen Entscheidungen zu finden.

Schauen wir uns zunächst an, welcher Teil unseres Gehirns unsere Entscheidungen trifft. Grob unterteilt haben wir 2 Bereiche[14]:

- **den Verstand und**
- **das limbische System.**

Wenn wir eine Information erhalten, zum Beispiel »die Schuhauswahl eines Bewerbers«, dann nimmt unser limbisches System diese Information zur Kenntnis. Zwischen limbischem System und bewusstem Verstand ist noch ein Filter geschaltet, der sicherstellt, dass nicht alle Informationen unseren kleinen Verstand überfluten. Wenn Sie bewusst alle Informationen auf einmal wahrnehmen würden (Kleidung, Schuhe, Augenfarbe, Stuhllehne, Bilder an der Wand, Verkehr draußen, Getränke auf dem Tisch …) dann würden Sie keine vernünftige Frage stellen können, Ihr Bewusstsein wäre mit der völligen Reizüberflutung beschäftigt. So ist der Filter der Schutz des Bewusstseins, nur die wenigen, vermeintlich

---

14 Eine genauere Unterteilung stammt von dem Bremer Hirnforscher Gerald Roth. Er hat ein Modell mit 4 Bereichen. Für den fortgeschrittenen Leser ist diese Unterteilung die genauere. An dieser Stelle beschränken wir uns auf 2 Bereiche.

relevanten Informationen aufzunehmen. Das bedeutet aber nicht, dass wir die anderen Informationen nicht aufnehmen – nur eben nicht bewusst.

Um beim Schuhbeispiel zu bleiben: Wir nehmen sehr wohl mit einem Teil unseres Gehirns wahr, welche Schuhwahl der Bewerber getroffen hat, aber nicht bewusst. So geht es uns mit vielen Informationen, die der Bewerber uns gibt. Unser limbisches System gleicht nun immer ab, ob etwas als Gefahr oder als positive Erfahrung gespeichert ist. Das erfolgt automatisch und völlig unbewusst. Unbewusste Dinge können wir uns auch mit der größten Anstrengung nicht bewusst machen. Können Sie sich z.B. daran erinnern, was Sie an Ihrem ersten Geburtstag gemacht haben? Oder wie Sie gestern Ihren Blutdruck geregelt haben? Sicher nein, dies sind unbewusste Prozesse, sie können nicht bewusst wahrgenommen werden.

Die Beurteilung der Schuhwahl ist vorbewusst. »Vorbewusst« bedeutet: Wir können uns diese Information bewusst machen, wir können also die Schuhwahl bewusst beurteilen. Im Extremfall, nehmen wir als Beispiel Springerstiefel mit einem fremdenfeindlichen Symbol oder Flip Flops, werden wir uns bewusst daran erinnern. Im Normalfall können wir nicht sagen, welche Schuhe der Bewerber getragen hat. Trotzdem fließt diese Information neben tausenden anderen Informationen in die Bewertung ein.

Nun gleichen wir unsere Erfahrung mit den speziellen Schuhen an unsere Erwartungen an einen Bewerber ab, natürlich vorbewusst. So machen wir es auch mit Augenfarbe, Händedruck, Jackett, Akzent der Sprache, Grammatik des Bewerbers, Aussehen der Tasche, die er dabei hat ... – es gibt tausende kleine Informationen, die wir automatisch mit unseren Erfahrungen und Erwartungen abgleichen. Diese Einsortierung ist sehr schnell. Nun haben wir ein »Bauchgefühl«. Nach allem, was wir wissen, ist das Bauchgefühl »richtiger« als alles, was danach kommt. Der bewusste Verstand hinkt auch zeitlich ein paar hundert Millisekunden hinterher. Bevor wir erklären können, ob die Schuhe positiv oder negativ auf uns wirken, hat das limbische System die Entscheidung getroffen und die Durchblutungsveränderung im Stammhirn angeregt. Erst danach kommt diese Information in den Präfrontalen Cortex, eine Struktur, die auch als Stirnhirn bezeichnet und die mit dem Verstand in Verbindung gebracht wird. Fühlen kommt zuerst, dann Denken. Deshalb ist auch der Ansatz der strengen kognitiven Therapie in der Psychologie gescheitert, weil wir eben nicht erst verstehen und daraus unsere Handlungen ableiten. Wir haben zuerst ein Gefühl, dann einen Gedanken.

Daraus leitet sich auch für die Bewerberauswahl ein denkbar einfacher Leitsatz ab:

- Wenn Ihr Gefühl passt, dann nehmen Sie den Kandidaten, das Gefühl sind Ihre gesamten Erfahrungen.
- Wenn Ihr Gefühl nicht passt, lassen Sie es.

Ideal ist, wenn 2 oder 3 Personen anwesend sind und es ein System des Vetos gibt. Wenn nur ein Auswahlbeteiligter ein »schlechtes« Gefühl hat, dann wird der Bewerber nicht genommen.

Manchmal sagt ein Teilabschnitt eines Bewerbers mehr als jede fachliche Qualifikation oder berufliche Erfahrung. Lassen Sie sich unbedingt auch von seinem Hobby berichten oder fragen Sie ihn nach seinem letzten Urlaub. Das wird Ihrem limbischen System zusätzliche brauchbare Informationen geben und die Standardfragen »Wo sehen Sie sich in den nächsten 5 Jahren?« oder »Was sind Ihre Stärken?« ergänzen. Ein Teil des Ganzen, ein Ausschnitt aus der Persönlichkeit des Bewerbers wird Ihnen zusätzlich zu der rationalen Qualifizierungsfrage weitere Auskünfte geben. Wenn daraus trotz überragender Fähigkeiten Zweifel am Bewerber entstehen, dann ist der Neuro-Rat: Lassen Sie die Finger weg.

> **Achtung**   !
>
> Aus den gleichen Gründen müssen wir aber auch bei unserer Beurteilung vorsichtig sein. Unser Gehirn ist sehr schnell in der Bewertung, ohne dass wir uns dessen bewusst sind. So haben wir eine Beurteilung über einen Kandidaten oft schon gefällt, bevor dieser die erste Frage beantwortet hat. Wenn der Kandidat Schuhe trägt, die uns an unseren unternehmensinternen Rivalen erinnern, dann stehen die Chancen auf Einstellung bereits deutlich schlechter. Dieser Verzerrung können wir nur entgegenwirken, indem wir mehrere Personen am Auswahlverfahren beteiligen.

3.2 Fundament und Erdgeschoss des HR-Hauses: Administration und Innovation vereint
Autor: Arne Prieß

Bei der hitzigen Diskussion um das Gelingen einer HR-Business-Partnerschaft à la Dave Ulrich in den zurückliegenden Jahren sind m. E. die originären Hausaufgaben der Personalabteilung etwas »in Verruf« geraten. Administrative Arbeit ist in ihrem Ansehen praktisch zum Bremsklotz der wertschöpfenden HR-Arbeit verkommen. Administration ist sozusagen doof und nur die Arbeit als strategisch wertschöpfender HR Business Partner führt zum HR-Olymp. Meines Erachtens ist das alles totaler Quatsch! Aber HR ist selber schuld, weil es bei all der Diskussion vergessen hat, seine unabdingbaren operativen Aufgaben als ebenso wichtig für ein erfolgreiches Unternehmen darzustellen. Kein Unternehmen darf es sich erlauben, gesetzliche Pflichten zu vernachlässigen, Anforderungen staatlicher Behörden zu missachten oder die vertraglichen Pflichten wie eine zeitgerechte und ordnungsgemäße Gehaltsauszahlung mal eben ausfallen zu lassen. Wenn HR dies täte, um sich den »schicken« Wertschöpfungsthemen zu widmen, würde man den Personalern mächtig den Hintern versohlen, und das zu Recht.

Diese beispielhaft für die Administration genannten Aufgaben ließen sich unbegrenzt erweitern. Trotz des Umfangs dieser notwendigen Arbeit gewinnen Sie aber bei HR keinen Blumentopf damit. Dabei ist es eine super Leistung, z.B. eine geringe Fehlerquote bei der Payroll zu erreichen, fehlerfreie Einstellungsverträge abzuliefern, saubere fehlerfreie Stammdaten zu pflegen oder die unzähligen Spielflächen der Mitbestimmung vertrauensvoll zu bewirtschaften. Alles keine einfachen Aufgaben. Aber die Kunden von HR empfinden dies als Hygiene-Faktoren, d.h., sie müssen klappen. Und wenn sie klappen, gibt es gerade mal kein Gemecker, aber beileibe nicht Lob und Streicheleinheiten. Klappen sie aber einmal nicht, gibt es was zwischen die Hörner. Und auch wenn wir Autoren uns mit diesem Buch um die strategische Wirkung der Personalarbeit verdient machen möchten, so sei doch an dieser Stelle ein ganz klares Plädoyer für den Wert auch der administrativen HR-Arbeit ausgesprochen. Verbunden damit möchte ich Ihnen aber Folgendes ins Gebetbuch schreiben:

> **! Goldene HRE-Regel**
>
> Vermarkten Sie Ihre komplette HR-Arbeit und damit und insbesondere auch die administrativen Leistungen bei Ihren Kunden in angemessener Weise! Weisen Sie darauf hin, dass dieser Teil der HR-Arbeit nicht umsonst seinen Platz im Fundament des HR-Hauses gefunden hat. Und kein Haus dieser Welt ist stabil und kann auf Dauer den Menschen ein Zuhause bieten, wenn die Mauern direkt auf Sand gebaut sind.

Dieses Plädoyer und das Befolgen meines Tipps allein werden Sie aber auch nicht glücklich machen und bei Ihren Kunden dauerhafte Lobeshymnen freisetzen. Sie müssen das eine tun und das andere nicht lassen. Das »andere« ist eine kontinuierliche Optimierung Ihrer Effizienz bei der Erfüllung des »einen«, der administrativen Pflichten. Ruhen Sie sich z.B. niemals auf der Funktionstüchtigkeit eines Prozesses oder auf der Bedienungs-Kompetenz Ihrer Mitarbeiter an Ihren HR-IT-Systemen aus. Es geht immer besser, schneller und effizienter! Es geht mir hierbei aber nicht um ständigen Druck für die Personalsachbearbeiter, sondern darum, Sie offen und neugierig sowie innovationsbereit zu halten – oder zu machen, wenn Sie eher nach dem Motto »Never touch a running system« unterwegs sind. Kunden, die mir mit dieser Botschaft kommen, antworte ich gerne mit dem Hinweis darauf, dass man auch 30 Jahre lang etwas falsch machen kann, obwohl es »running« war.

Goldene HRE-Regel !

Administration sollte immer auch innovativ sein und sich stetig hinterfragen, ob man die Pflichten nicht noch etwas pfiffiger, cleverer oder automatisierter verrichten könnte.

Dazu muss man aber auch bereit sein, sich mit entsprechenden Kennzahlen zu messen und dann nach Optimierungen durch erneute Messungen und dem Vergleich mit vorherigen Leistungskennzahlen aufzuzeigen, dass man Ressourcen eingespart hat, die an anderer Stelle ggf. wertschöpfend einsetzbar sind.

In den nachfolgenden Kapiteln wird mein Kollege Thomas Heckler seine langjährigen Erfahrungen bei der Optimierung der operativen HR-Arbeit einfließen lassen und die wohl strategischste Entscheidung im Rahmen der HR-Administration Insourcing oder Outsourcing beleuchten. Dies soll Ihnen Ideen geben, in Ihren HR-Organisationen einmal kritisch hinzuschauen, ob Sie dies alles selbst machen müssen, wollen und auch effizient können, oder ob Outsourcing grundsätzlich eine Alternative sein kann. Neben dieser sehr strategischen Fragestellung haben wir noch die IT-seitige Effizienzsteigerung als Thema herausgegriffen. Wir bitten um Verständnis, dass die unzähligen weiteren Themen der HR-Administration in diesem auf strategisches HR Management ausgelegten Buch keinen weiteren Raum einnehmen werden.

3.2.1 Einsparpotenziale für die Administration: Ausgangspunkt der Outsourcing-Entscheidung
Autor: Thomas Heckler

Zur Rolle eines bereichsverantwortlichen (HR) Managers gehört es auch, in regelmäßigem Abstand in der Administration nach möglichen Prozessoptimierungen und Einsparungspotenzialen (neudeutsch: »savings«) Ausschau zu halten. Sofern er dies nicht aus Eigenantrieb tut, kann er gewiss sein, dass spätestens dann, wenn relevante Unternehmenszahlen (Umsatz, Gewinn) schlechter werden, eine unternehmensweite Suche nach Einsparungspotenzialen beginnt, die auch vor HR nicht haltmachen wird.

Manche Unternehmen – und somit auch HR-Bereiche – durchlaufen derartige Kostensenkungsprogramme im jährlichen Zyklus, oftmals mithilfe von externen Unternehmensberatungen, die dann meist mit Vorgaben wie 20 %-Kostensenkung, u.a. durch Personalabbau, wie ein Donnerhall durch das Unternehmen gehen. In diesem Zusammenhang werden auch immer wieder Überlegungen angestellt, bestimmte Teilbereiche aus der HR-Organisation herauszulösen und an externe Dienstleister zu übertragen. Die hiermit verbundene Zielsetzung ist klar: fixe Kosten zu variablen zu machen, dabei die Kosten zu senken und – manchmal auch – die Qualität der Dienstleistung zu erhöhen. Bisweilen ist der Grund für ein Outsourcing aber noch viel profaner. Es gilt, die Belegschaftszahlen zu senken oder einen Bereich, den man selbst nicht »in den Griff« bekommt, an einen Externen zu übertragen, von dem man hofft, dass es diesem besser gelingen würde. Die Hoffnung stirbt ja bekanntermaßen zuletzt. In den letzten Jahren ist deshalb für das Outsourcing ein kaum mehr überschaubarer Markt an Dienstleistern entstanden, sodass nahezu jede HR-Funktion inzwischen auch extern eingekauft werden kann: kleine lokale und oftmals hochspezialisierte Dienstleister, zum Beispiel nur für die Erstellung von Arbeitszeugnissen, sowie echte Global Player, die auch international vertretenen Konzernunternehmen ihre Dienstleistungen weltweit anbieten können.

Entsprechend der Klassifizierung der einzelnen HR-Funktionen gemäß des amerikanischen Experten Dave Ulrich wird eine der 4 HR-Rollen als »Administrativer Experte« bezeichnet. In Organisationscharts von HR-Bereichen heißt das übersetzt meist »Personalservice«, früher auch gerne Personalverwaltung. Je nach Unternehmen können hierunter alle administrativen Vorgänge von der Erstkorrespondenz mit einem Bewerber, das Schreiben der Arbeitsverträge, Anlage der Mitarbeiter in den Personalverwaltungssystemen, die Erstellung von Zeugnissen und Bescheinigungen oder die Entgeltabrechnung subsumiert werden. Der erste Schritt in Richtung Outsourcing von HR-Teilbereichen erfolgt bei vielen Unternehmen in diesem Bereich, insbesondere bei der Vergabe der (bislang) internen Entgeltabrechnung an einen externen Dienstleister. Dieser Vorgang soll im Folgenden exemplarisch dargestellt und mit Tipps für eine erfolgreiche Umsetzung versehen werden.

Die Administration – und somit auch die Entgeltabrechnung – hat es in heutiger Zeit oftmals schwer, dem Management nachzuweisen, dass sie notwendiger Kernbestandteil einer zeitgemäßen HR-Organisation ist. Verringerung der Wertschöpfungstiefe und Konzentration auf die strategischen Schwerpunkte sind auch bei HR das Gebot der Stunde. Eine in diesem Zusammenhang oft gestellte Frage lautet, ob externe Dienstleister nicht nur kostengünstiger, sondern auch qualitativ gleich gut oder möglichst besser arbeiten als die eigenen Mitarbeiter in der Personaladministration. Die Antwort hierauf ist (noch) nicht eindeutig, deswegen sollte vor einer grundsätzlichen Entscheidung über ein Outsourcing der Administration eine Analyse der Vor- und Nachteile einer Vergabe an einen externen Dienstleister stehen. Denn Outsourcing ist ein durchaus komplexer Vorgang, der in der Phase der Überleitung an einen Externen jede Menge interne Managementkapazität bindet. Weitaus schwieriger jedoch ist ein späteres »Wieder-Insourcing«. Manches Unternehmen hat diese Erfahrung leidvoll und kostenseitig teuer machen müssen.

3.2.2 Outsourcing oder Insourcing der Administration?

Outsourcing, Nearshoring, Offshoring, was ist eigentlich damit gemeint? Unter Nearshoring versteht man meist die Auslagerung eines Business Prozesses (zum Beispiel die Fremdvergabe der HR-Administration) an einen externen Dienstleister innerhalb von Europa. Aufgrund niedrigerer Lohnkosten in vielen Ländern außerhalb von Europa wird auch ein Offshoring für manche Unternehmen interessant. Dass hierbei verbunden mit der Attraktivität des niedrigen Lohnniveaus (zum Beispiel in Indien) auch die Komplexität der Steuerung des externen Dienstleisters exponentiell zunimmt, versteht sich von selbst. Deswegen werden Offshoring-Entscheidungen oftmals von kaufmännischen Abteilungen im Unternehmen hauptsächlich unter Kostengesichtspunkten getroffen, mit den Umsetzungsfolgen »leben« müssen dann aber die betroffenen Schnittstellenbereiche im Unternehmen. Deren interne Kosten für das Management der Schnittstelle (und der Qualität!) steigen fast immer deutlich gegenüber der bisherigen internen Lösung an. Outsourcing kann somit als Sammel- oder Oberbegriff für die Begriffe Nearshoring und Offshoring verstanden werden. Auch die Bezeichnung Business Process Outsourcing (BPO) taucht vermehrt auf und steht letztlich synonym für das Outsourcing, eben eines Businessprozesses.

Insourcing hingegen bezeichnet dann die Rolle rückwärts, also die Wiederhereinnahme einer bislang durch einen externen Dienstleister durchgeführten Funktion oder eines Businessprozesses. Da im Falle eines Insourcing meist nicht mehr auf intern vorhandenes Know-how zurückgegriffen werden kann, ist es durchaus berechtigt, dies als die im Vergleich zum Outsourcing komplexere Variante zu bezeichnen. Im Folgenden soll im Schwerpunkt aber auf das Outsourcing eingegangen werden, da es in der aktuellen Wirtschaftsrealität weitaus mehr Bedeutung hat.

Ein typischer Prozess einer Outsourcing-Überlegung für die HR-Administration gestaltet sich meist wie folgt: Kostenvergleiche haben ergeben, dass die interne HR-Administration zu teuer ist und am Markt eine ausreichende Anzahl an erfahrenen und spezialisierten Dienstleistern zu finden ist, die diese Dienstleistung für einen günstigeren Preis anbieten können. Controlling und HR haben auf Basis einer Vollkostenrechnung (Gehaltskosten der betroffenen HR-Administrationsmitarbeiter und sämtliche Nebenkosten wie z.B. Raummieten, Büromaterialien, Drucker- und Versandkosten etc.) einen Eurobetrag errechnet, den jede einzelne Entgeltabrechnung für einen Mitarbeiter bisher kostet. Dies ist die Vergleichsbasis, mit der die von den externen Dienstleistern angebotenen Preise pro Entgeltabrechnung später zu vergleichen sind.

! **Achtung**

Ohne an dieser Stelle zu sehr auf (arbeits-)rechtliche Aspekte eingehen zu können, sei dennoch vermerkt, dass im Zeitpunkt der ersten ernsthaften Überlegungen zu einem Outsourcing auch der Betriebsrat zu informieren ist. Spätestens wenn es um die Ausschreibung des Outsourcings geht – und somit Transparenz gar nicht mehr zu vermeiden ist –, muss diese Information erfolgen. Darüber hinaus kommt auch der Information der von einem möglichen Outsourcing betroffenen eigenen Mitarbeiter größte Sorgsamkeit und Professionalität zu.

! **Goldene HRE-Regel**

Da sich Outsourcing-Prozesse von den ersten Überlegungen bis zum »Day One/Go-Live« leicht über einen Zeitraum von mehr als 1 Jahr hinziehen, muss der Motivation der Mitarbeiter besondere Beachtung beikommen. Schließlich sind sie es, die in dieser Zeit die Arbeitsqualität hochhalten müssen und das oftmals mit dem Bewusstsein, dass ihr Arbeitsplatz nach erfolgtem Outsourcing verloren sein wird. Insoweit ist einer der erfolgskritischen Elemente eines Outsourcings der Umgang mit den direkt betroffenen Mitarbeitern. Methoden aus dem Change Management bieten sich hierzu an, genauso wie die – eher operative – Aufgabe der Suche nach internen Alternativarbeitsplätzen für die ansonsten bald beschäftigungslosen Mitarbeiter. Dies ist ein wesentlicher Kristallisationspunkt für die im Unternehmen reale – und nicht nur auf Hochglanzbroschüren gedruckte – Unternehmenskultur.

Nach einer ersten Vorentscheidung, dass Outsourcing eine mögliche Option ist, wird (abhängig von der Unternehmensgröße, hier dargestellt am Beispiel mittelständiger Unternehmen mit bis zu 5.000 Mitarbeitern) ein Projektteam, meist bestehend aus je 1 Vertreter aus HR (als betroffener Fachbereich), Einkauf, Rechtsabteilung und IT, gegründet. Es ist wichtig, dass alle Vertreter dieser Bereiche von Anfang an und im Verständnis, dass der Erfolg des Outsourcings von ihnen als Team abhängig sein wird, »an Bord« sind. Viele Outsourcing-Projekte gelangen zu suboptimalen Ergebnissen, weil der betroffene Fachbereich (hier HR) alleine die Kontinuität in der monatelangen Verhandlungs- und Transitionsphase sicherstellt und wichtige Schnittstellenbereiche (u.a. IT) nur anlassbezogen in die Projektarbeit einsteigen. Um es klar zu sagen: Die Verantwortung und somit Leitung eines Outsourcing-Projektes für die HR Administration muss bei HR selbst liegen. HR verantwortet den Outsourcing-Vertrag über die gesamte Vertragslaufzeit und wird darüber hinaus einen Outsourcing Manager als federführende Schnittstelle zum externen Partner einrichten. Dennoch kann HR das Projekt ohne die Fachexpertise der Bereiche IT, Einkauf und Recht nicht erfolgreich umsetzen.

Konkret sehen die weiteren Schritte wie folgt aus:

- **Entscheidung über den Umfang des Outsourcings**

  Hier sind Fragen zu klären, welche Bereiche der HR-Administration noch intern bearbeitet werden sollen und welche Aufgaben (im folgenden Beispiel die Entgeltabrechnung) ein möglicher externer Dienstleister erbringen soll. Erfolgen Stammdateneingaben (z.B. zur Neuanlage eines Mitarbeiters) beim Outsourcing-Partner oder noch durch eigene Mitarbeiter einer dann verkleinerten HR-Administrationsabteilung?

- **Kommt ein Betriebsübergang nach § 613a BetrVG infrage?**

  Das Outsourcing der Entgeltabrechnung kann – je nach Gestaltung – als Betriebsübergang auf ein anderes Unternehmen erfolgen. In diesem Fall gehen die Arbeitsverhältnisse unverändert auf den Erwerber (Outsourcing-Partner) über – zweifellos für die betroffenen Mitarbeiter eine der besseren Lösungen. Oder ist es geplant, eine reine Auftragsvergabe an den Outsourcing-Partner vorzunehmen, wobei dann die eigenen Mitarbeiter entweder im Unternehmen verbleiben (ggf. neue Arbeitsplätze angeboten bekommen) können oder mit betriebsbedingten Kündigungen zu rechnen haben (Stichworte: Interessensausgleichspflicht/Sozialplan).

- **Ausschreibung der gewünschten Dienstleistung/des HR-Prozesses**

  Hier ist im Schwerpunkt HR als betroffener Fachbereich gefordert. Es gilt, ein aussagefähiges Lastenheft zu erstellen, welches als Basis für die im nächsten Schritt folgende Ausschreibung durch den Einkaufsbereich dient. Die Anzahl der abzurechnenden Mitarbeiter, die Beschreibung der HR-IT-Systemlandschaft, Aussagen zu Tarifbindung des Unternehmens und vieles weitere sind hier zu nennen. Ebenso die Klarstellung, ob man ein Nearshoring wünscht oder ein Offshoring für denkbar hält.

- **Prüfung der eingehenden Outsourcing-Angebote**

  In dieser Phase ist oftmals das zu erzielende Einsparungspotenzial entscheidend. Mit den eingehenden Rahmen-Angeboten der möglichen Outsourcing-Anbieter rückt der wirtschaftliche Vergleich der bisherigen internen Vollkosten pro Entgeltabrechnung mit dem Erstangebot der Outsourcing-Anbieter in den Vordergrund. Die Kaufleute haben in dieser Phase meist das Sagen, sofern die Angebote der externen Anbieter wirtschaftlich attraktiv erscheinen (was sie meist tun). Bereits in dieser Phase sollte man sich zweierlei bewusst sein:

  1. Wie immer im Leben gilt: Das Erstangebot des Outsourcing-Anbieters ist noch gestaltbar und soll Interesse beim Unternehmen erzielen. Daher werden die Anbieter einen Preis pro Entgeltabrechnung nennen, der für das outsourcende Unternehmen attraktiv ist und es dazu bewegt, dessen Outsourcing-Überlegungen weiter zu verfolgen.

2. Andererseits kennen die möglichen Outsourcing-Partner die »Welt des Unternehmens« noch nicht ausreichend und müssen sich einen Spielraum nach oben lassen. Hierzu aber später mehr.

Das zuvor zusammengestellte interne Projektteam wird hier nun gemeinsam eine Bewertung der eingegangenen Angebote vornehmen und einen Vorschlag machen, welche der Anbieter zu einer Angebotspräsentation einzuladen sind.

■ **Die Angebotspräsentation**

In der Regel wird man 3-4 Anbieter zu einer Präsentation einladen. Man wird sich Referenzkunden nennen lassen (und diese dann in der Folge auch kontaktieren und kritisch befragen), beidseitig Fragen klären und nach erfolgten Präsentationen einen detaillierten Vergleich der Anbieter, bei dem es nicht nur um die Frage »Preis pro Entgeltabrechnung« gehen darf, erstellen. In die Entscheidung, mit welchen Anbietern man in vertiefte Verhandlungen einsteigen will, sollte man die Entscheidungsträger des Unternehmens (oftmals Themen des CFO) einbeziehen.

■ **Die Verhandlungsphase, 1. Teil: Auswahl**

Der 1. Teil der Verhandlungsphase wird zeitgleich mit idealerweise 2 Anbietern durchgeführt. Diese Phase hat das Ziel, den für das Unternehmen besten (nicht nur den preislich günstigsten) Anbieter herauszufinden. Hier helfen Gespräche mit Referenzkunden, persönliche Eindrücke am Abrechnungsstandort des Anbieters sowie Kennenlernen nicht nur des Salesmanagers (sprich aktuellen Verhandlungspartners), sondern auch derjenigen, die in Zukunft Accountmanager und Verantwortliche für die Entgeltabrechnung wären. Aber auch die Outsourcing-Anbieter sollen den Kunden und seine »Spezifika« intensiv kennenlernen, um am Ende dieser Phase einen »Letter of Intent« (LOI) mit genauer Preis- und Leistungsstruktur abgeben zu können.

■ **Die Verhandlungsphase, 2. Teil: Vertragsunterzeichnung**

Da lang andauernde, parallele Verhandlungen mit 2 Anbietern sehr aufwändig wären, entscheidet man sich meist, mit einem der beiden weiter zu verhandeln und dem zweiten eine transparente »on hold«-Position mitzuteilen. Im Zweifelsfall sollte man in der Lage sein, diesen zweiten zu reaktivieren.

In der Verhandlung kommen folgende Themen auf den Tisch:

– Entscheidungen, wie die Transition der Entgeltabrechnung stattfinden soll (oft präferiert: »lift-and-shift«),
– die Aufstellung eines konkreten Zeitplans sowie
– die detaillierten Themen eines Rahmenvertrages, u.a.:
  – Laufzeit,
  – Kosten pro Abrechnung,
  – Service Level Agreements (Pönalen für Mangelleistung!),
  – Transition Costs,

- Kosten für Sonderleistungen (u. a. Change Requests),
- Kündigungsmanagement (es ist wie bei einem Ehevertrag, die Trennungsmodalitäten und -kosten sollten festgeschrieben werden!),
- Datenschutzvereinbarung,
- Recovery Systems und Gremienstruktur (wichtig!),
- Quality Gates samt go/no-go-Kriterien für das go-live.

Zeitlich ist hierfür ohne größere Probleme ein Zeitrahmen von 4-6 Monaten mit sicherlich 10 ganztägigen Verhandlungsrunden einzuplanen. Es ist wie beim Kauf eines Neuwagens: Entscheidend ist nicht alleine der (vielleicht attraktive) angebotene Basiskaufpreis des PKW. Wichtig sind die zusätzlich zu kalkulierenden Kosten für Sonderausstattung und Folgekosten über die Vertragslaufzeit. Der Salesmanager des Outsourcing-Anbieters weiß, dass er den vielleicht kaum kostendeckenden Angebotspreis pro Abrechnung über die Laufzeit durch Sonderleistungen deutlich »aufstocken« kann. Als Vertreter des ein Outsourcing anstrebenden Unternehmens sollte man sich dessen bewusst sein. Deswegen ist das A und O jedes Outsourcings, die Verhandlungen mit der notwendigen Tiefe und mit ausreichend Zeit einzuplanen. Keinesfalls sollte man im Projektplan zeitlich in Bedrängnis kommen und dann die noch nicht vollständig abgeschlossenen Vertragsbestandteile »schnell durchverhandeln« oder gar auf einen Zeitpunkt nach Beginn des Outsourcings verschieben. Die eigene Verhandlungsposition wird nicht mehr besser.

- **Go-Live**
  Zur Entscheidung des Go-live gehört genauso die Option der Verschiebung des Go-live oder sogar des Not-Go-live. Jeder besonnene Projektverantwortliche wird dies vor Augen und hoffentlich einen Notfallplan in der Tasche haben. Auch wenn es sich bei einer Entgeltabrechnung »nur« um die Erfüllung administrativer Aufgaben handelt, möchte sicher kein Verantwortlicher in die Situation kommen, der Geschäftsführung/der Belegschaft/dem Betriebsrat mitzuteilen, dass die Löhne und Gehälter nicht ordnungsgemäß oder zeitlich verspätet ausgezahlt werden müssen. Als Worst-Case-Szenario darf man das aber gerne rechtzeitig vorher einmal durchdenken. Das erhöht die eigene Sensibilität für den Umgang mit dieser komplexen Thematik.

- **»Nacharbeiten«**
  Das Outsourcing ist mit dem Go-live nicht beendet. Ein Großteil der Arbeit folgt erst danach. Es gilt, die Mitarbeiter des Outsourcing-Partners auf die eigenen Besonderheiten (u. a. Tarifverträge, interne Prozesse) zu schulen und das Outsourcing mit Leben zu füllen. Dem internen HR- Schnittstellen/ Outsourcing-Manager kommt hierbei eine entscheidende Rolle für den langfristigen Erfolg zu. Dies ist ausdrücklich auch auf seine fachlichen, verhandlungstechnischen und kooperationsbezogenen Fähigkeiten zu beziehen. Die Auswahl dieser Person sollte Chefsache sein!

Fazit

Outsourcing von HR-Administrationsbereichen, hier am Beispiel einer Entgeltabrechnung, ist ein komplexer Vorgang, für den ausreichend Managementkapazitäten einzuplanen sind. Die Einsparungsziele, die meist bei den Überlegungen zu einem Outsourcing die wesentliche Rolle spielen, sind nur dann erreichbar, wenn ein kompetentes Projektteam, ausgestattet mit ausreichend Zeit und der Unterstützung der eigenen Geschäftsleitung (wichtig u. a. in Bezug auf Betriebsrat) dies als Projekt angeht. Die Entscheidung für ein Outsourcing sollte im Vorfeld gut durchdacht sein: Ausreichend Unternehmen kommen zu dem Schluss, eine vormals outgesourcte Dienstleistung wieder inzusourcen. Qualitätsgründe spielen hierbei offensichtlich die entscheidende Rolle.

> **! Achtung**
>
> Da das Outsourcing einer Entgeltabrechnung für nahezu alle Unternehmen zum ersten Mal geschieht (im Unternehmen hierzu also keine Fachexpertise vorhanden ist), dies für die Outsourcing-Anbieter allerdings deren Tagesgeschäft ist (sie also über große Fachexpertise verfügen), bietet es sich an, dieses Missverhältnis auszugleichen, indem man sich zeitlich befristet einen auf Outsourcing spezialisierten HR Consultant projektbezogen am Bord holt. Dessen Honorar wird sich durch dieses Gleichziehen an Erfahrung im Projektteam mehr als bezahlt machen.

Immer daran denken:

> **!** Man hat nie genug Budget, etwas richtig zu machen,
> aber immer genug, um einen entstandenen Schaden auszugleichen!

Gehen Sie lieber gleich richtig an die Sache heran und ersparen Sie sich unnötiges und teures Lehrgeld!

3.3 Fahrstuhl des HR-Hauses: HR-IT-Systeme – Motoren für die operative Personalarbeit

Autor: Arne Prieß

Moderne HR-IT-Systeme lassen sich nicht sinnvoll in einem »starren« Bereich des HR-Hauses platzieren. Es gibt mittlerweile für die unterschiedlichsten HR-Prozesse passende Software-Module von etlichen Softwareanbietern. Idealerweise wären diese durchgängig zu einer Gesamtlösung für alle Lebenslagen des Personalmanagements und von Medienbrüchen frei zusammengeführt. Es könnten die Informationen aus dem Bewerbungsprozess zu Stammdaten gemacht und für die Personalplanung, Organigramme, individuelle und kollektive Personalentwicklung, Nachfolgeplanung, Vergütungsprozesse bis hin zum HR Controlling genutzt werden.

Die HR-IT-Welt ist in Wahrheit nicht so schön vernetzt und es existieren leider allzu häufig Doppelpflegeaufwände, weil die Migration von einem in das andere System eben doch nicht so problemlos funktioniert, wie Ihnen die IT-Firma suggerierte, als Sie Ihr System gekauft haben. Dies soll hier aber kein Plädoyer gegen HR-IT-Systeme sein, im Gegenteil, es soll Sie ermutigen, dem oben skizzierten Ideal der ganzheitlichen Vernetzung der Systeme für die unterschiedlichsten Prozesse weiter entgegenzustreben, denn hier liegt das große Rationalisierungspotenzial in der operativen und insbesondere der administrativen HR-Arbeit. Ein Mitarbeitergespräch wird zwar inhaltlich nicht besser, weil ich es unter Zuhilfenahme eines Performance Management Moduls mit angeflanschtem Trainingsplanungs-Modul einer modernen Software durchführe, aber die Informationsnutzung der protokollierten Gesprächsergebnisse für andere Prozesse wird möglich und genau dies verringert die Fleißarbeit und damit auch den Ressourceneinsatz.

Um die angedeutete vielfältige Nutzung aufzuzeigen, sind HR-IT-Systeme im Modell des HR-Hauses nicht in einem fest zugeordneten Raum, sondern in einem Fahrstuhl platziert. Dieser bringt die Mitarbeiter- und sonstigen HR-Daten von unten nach oben und wieder herunter, genauso wie es ein Fahrstuhl in einem Gebäude mit Mietern leistet. Damit ist die oben skizzierte Idealvorstellung einer Verbindung von HR-Prozessen, Mitarbeiterdaten und Systemen im Modell des HR-Hauses zumindest architektonisch schon einmal hinterlegt.

Da man nicht in einem einzigen Buch und schon gar nicht in einem Kapitel alle Möglichkeiten der zahlreichen HR-Softwareprodukte beschreiben kann (das überlassen wir den Softwareanbietern selbst), habe ich einen Koautor gesucht, der an einem ausgewählten Aspekt der umfangrechen HR-IT-Welt aufzeigen kann, wohin die Reise in den nächsten Jahren gehen kann. Mit Dr. Martin Grentzer habe ich einen ausgewiesenen Experten für die Digitalisierung der HR-Arbeit gewonnen. Nach dem Motto »Glücklich sein ohne Papier« lädt er Sie in diesem Kapitel auf eine spannende Reise durch eine papierlose Welt der HR-Arbeit ein!

> **! Beispiel**
>
> Ich möchte diese mit einer weiteren strategischen Vision einläuten: Stellen Sie sich vor, Sie sind HR Business Partner in einem Unternehmen und mit Ihren Top Managern auf einem Offsite in den Alpen unterwegs. Es geht neben dem gemeinsamen Teambuilding im Management der Business-Unit um die internationale Wachstumsstrategie, um davon abgeleitete strategische Projekte auf allen Kontinenten und wer diese eigentlich leiten soll. Als der Chef nun konkrete Namen ins Feld führt, wollen die anderen Top Manager die Diskussion um Namen vertagen, da man ja erst zurück im Betrieb mit Einblick in die Personalakten valide sagen könnte, ob die ausgewählten Talente solcherlei Herausforderungen stemmen könnten. Nun kommt Ihr Moment und nach einem ordentlichen Schluck aus dem kühlen frischen Weißbier und einem Blick über den weißblauen Himmel kommt Ihnen über Ihre Lippen: »Moment! Da kann ich helfen!« Sie zücken Ihr iPad, öffnen die digitalen Personalakten Ihrer Top-Nachwuchskräfte und berichten bei einem weiteren kühlen Weißbier dezidiert über Aus- und Weiterbildungen der betreffenden Mitarbeiter, Fremdsprachenkenntnisse, über die letzten Beurteilungen und Zielerreichungen und bringen dann auch noch ins Gespräch, wer in den letzten Mitarbeitergesprächen sein Verlangen nach größerer Verantwortung nachdrücklich geäußert hat. Und als Ihnen nach 3 Stunden die Akkus des iPads versagen, legen Sie dies beiseite, zücken Ihr iPhone und fahren fort mit Ihrem Auszug relevanter Informationen aus den Personalakten.
>
> Nachdem die anwesenden Top Manager aus dem Staunen nicht mehr herauskommen angesichts einer solchen Informationsfülle aus Ihrem kleinen Tablet mitten in den Bergen, bestellen Sie eine Runde Obstler für alle und genießen das respektvolle Zuprosten des beeindruckten Chefs, der endlich weiß, warum auf Ihrer Visitenkarte HR **Business Partner** steht.

Um Ihnen diese kleine Szene zu beschreiben, muss ich auch gar nicht mehr in die Zukunft schauen, diese Optimierung durch IT ist auch heute schon möglich. Schon heute ist glücklich sein ohne Papier keine Vision mehr, sondern nur eine Entscheidung, es zu wollen.

3.3.1 Die Welt von morgen – glücklich im papierlosen Büro
Autor: Dr. Martin Grentzer

Drängt sich Ihnen beim Lesen der Überschrift dieses Kapitels nicht auch die Frage auf: »Welches papierlose Büro?« Und dies, noch bevor Sie sich die Frage nach dem »glücklich« stellen? Heinrich von Pierer, dem ehemaligen Vorstandsvorsitzenden der Siemens AG, wird das Bonmot zugeschrieben, das papierlose Büro sei genauso weit entfernt wie das papierlose Klo. Diese Äußerung liegt schon einige Jahre zurück und ist eine typisch deutsche Sicht, denn man muss nur einmal nach Japan schauen, um zu erkennen, dass mit Wasserstrahl und integriertem Wärmeföhn Papier gar nicht mehr notwendig ist – hygienischer noch obendrein!

Im Folgenden soll neben dem »papierlos« auch das »glücklich« beleuchtet werden: Wo stehen wir heute mit dem (Wunsch-)Gedanken des papierlosen Büros? Warum stehen wir da? Wohin soll oder muss uns der Weg führen? Welche technischen Möglichkeiten gibt es? Wie können diese in die Praxis umgesetzt werden, damit sie auch noch wirtschaftlich und rechtssicher sind? Zum anderen soll vor dem Hintergrund des strategischen Personalmanagements, der effektiven HR-Arbeit und Arbeitgeberattraktivität auch ganz bewusst der Aspekt der Emotionalität »glücklich« betrachtet werden, im Sinne von Spaß machen, Freude haben, modern, attraktiv, motiviert sein bis hin zu sicher, ein gutes Gefühl haben.

Wo stehen wir heute? – Eine Bestandsaufnahme
Dass wir heute mit dem papierlosen Büro nicht so weit sind, wie wir noch um die Jahrtausendwende dachten, ist offensichtlich. Dass wir aber in vielem – auch in den HR-Abteilungen – weiter sind, als wir manchmal glauben, soll uns folgender Sachverhalt verdeutlichen:

Es gibt in Deutschland kein Unternehmen – und sei es auch noch so klein –, das seine Gehaltsabrechnung noch manuell mit Stift und Papier durchführen würde bzw. könnte. Es ist klar, dass dafür heute Software genutzt wird, die die komplizierten, steuer- und sozialversicherungsrechtlich korrekten Berechnungen anstellt – sei es im Unternehmen selbst oder outgesourct über einen Dienstleister. Genauso klar ist, dass als Folge dieser Berechnungen die Datenübermittlung automatisiert zum Finanzamt und den Sozialversicherungsträgern erfolgt, ja sogar die Transaktion des Gehaltes auf das Konto des jeweiligen Mitarbeiters ist automatisiert. Alles digital, alles ohne Papier. Und nun der totale Anachronismus: Den Nachweis darüber, die Gehaltsabrechnung für den Mitarbeiter, diesen drucken wir tatsächlich auf Papier aus, um ihn dem Mitarbeiter überreichen zu können. Damit katapultieren wir uns weit zurück ins letzte Jahrtausend – und das ganz ohne Not. Und wenn man nun die Bedenkenträger hört, das müsse auf Papier sein, weil nur das sicher sei, dann frage ich mich, ob die Dokumentation – dieser Gehaltsnachweis – denn wichtiger ist als das Gehalt selbst, das nicht in Papier, nämlich bar, sondern virtuell via Datentransfer in der (controlled) Cloud auf dem Konto des Mitarbeiters bereitgestellt wird und das dieser noch womöglich per ec- oder Kreditkarte ausgibt.

Auf der anderen Seite glaubt man, dass vieles an technischer Innovation, von der auch der Büroalltag in HR profitiert, schon immer dagewesen sei, weil der Arbeitsalltag ohne diese schlichtweg nicht mehr vorstellbar ist: Telefon (1876), PC (1941), Internet (1969), E-Mail (1971), Fax (1974), SMS (1992), Smartphone (1994), Facebook (2004), WhatsApp (2009), Tablet (2010). Es zeigt sich auch, dass von der Erfindung bis zur Durchsetzung im Alltag oft einige Zeit verstreicht, manchmal fast eine gesamte Generation dazwischenliegt. Und: Benutzen die Vertreter der Generation Babyboomer überhaupt Facebook und WhatsApp schon? Nutzt die Generation Y noch Fax? Die Generation der Digital Natives, die bald dem Arbeitsmarkt zur Verfügung steht, wird über diese Aufzählung nur noch gähnen können.

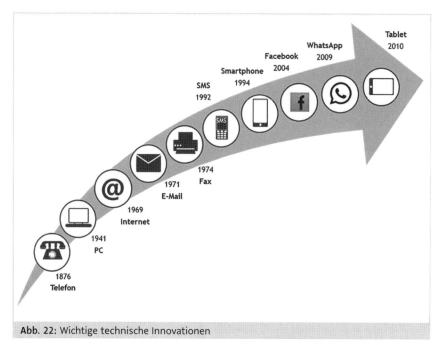

Abb. 22: Wichtige technische Innovationen

Doch zurück zu HR: Seit vielen Jahren vertreten meine Kollegen und ich die folgenden 3 Thesen, die bis heute nicht widerlegt sind und die als Grundlage für die nachfolgenden Überlegungen dienen sollen:

1. **Jeder HR-Prozess startet und/oder endet mit einem Dokument.**
   Die oben beschriebene Gehaltsberechnung mit der Gehaltsabrechnung, der Einstellprozess mit dem Arbeitsvertrag, der Austritt mit dem Zeugnis und den Austrittspapieren ...
2. **90 % der Dokumente, die in HR anfallen, erstellt HR selbst.**
   Und dies zumeist in Word oder einem anderen Textverarbeitungsprogramm, um es dann auszudrucken und mit dem vermeintlich einzig einsetzbaren Datenträger, nämlich Papier, durch die Organisation laufenzulassen, um es schließlich dem Mitarbeiter oder einer Organisation aushändigen bzw. zustellen zu können.
3. **80 % der täglichen HR-Arbeit basieren auf 20 % der HR-Dokumente (Pareto-Prinzip).**
   Und dies deshalb, weil der HR-Mitarbeiter nur wenige Dokumentarten besonders häufig benötigt. Für die restlichen 20 % der Arbeit ist oftmals ein umfangreiches Aktenstudium notwendig, wobei auf strukturierte und unstrukturierte Daten zurückgegriffen werden muss.

Während (Abrechnungs-)Daten heute nahezu komplett mit Hilfe von Softwareprogrammen verarbeitet werden, ist das bei Dokumenten noch längst nicht der Fall. Wenn aber unsere Personalarbeit immer auf Dokumenten beruht oder sie produziert – und zu 90 % in der Personalabteilung selbst erzeugt –, dann lohnt es sich, genau diesen Punkt näher anzusehen, um dem papierlosen Büro einen deutlichen Schritt näher zu kommen.

3.3.2 Die digitale Personalakte – ein erster Schritt

Vielleicht ist die Einführung einer digitalen Personalakte ein erster Schritt, um sich nach und nach vom Papier zu verabschieden: Bei der digitalen Personalakte wird initial die Papierakte eingescannt und später im laufenden Prozess das dann anfallende Papierbeleggut: statt abheften also einscannen und in die richtige Akte und das richtige Register zuordnen. Sucht man später ein Dokument, geht der Personaler oder eine andere berechtigte Person in die Akte (z.B. durch Eingabe der Personalnummer oder des Namens), wählt ein Register aus und bekommt anhand der Vorschau einen ersten Überblick über die Dokumente. In der Regel ist dieses visuelle Vorgehen deutlich schneller als – was auch möglich ist – Kriterien wie Dokumentart oder Dokumentdatum etc. einzugeben. Unserer Erfahrung nach arbeiten 80 % aller User visuell über die Dokumentenvorschau. Ein schöner Wert, denn das lässt uns bei der Attributvergabe deutlich entspannter werden: Zu granular die Register aufzuteilen, ist gar nicht notwendig, eher kontraproduktiv.

Abb. 23: Beispielansicht einer digitalen Personalakte

Die Vorteile eines solchen digitalen Archivs liegen auf der Hand. Zunächst sind Sie Ihre Papierberge los: Flächen, die die Papierakten beanspruchten, werden frei, Altakten müssen nicht mehr in ein – meist lokal weiter abgelegenes – (Alt-) Archiv ausgelagert werden. Das Arbeiten **mit** den Akten wird vereinfacht, denn Sie können ortsunabhängig und gleichzeitig auf ein und dieselben Dokumente in der Akte zugreifen – immer auf das archivierte Original, ohne (Papier-)Kopien anfertigen zu müssen und ohne damit in den rechtlichen Graubereich der Schattenakten zu kommen. Der Aktentourismus entfällt, also das Versenden der Akten, das Nachhalten, wo sich diese gerade befinden, und der Nicht-Zugriff während des Versands.

Das Arbeiten **in** den Akten wird ebenso vereinfacht: Sie können Dokumente mit einem Flag markieren (früher hätten Sie in die Papierakte einen kleinen bunten Papiermarker eingeklebt), Notizen anbringen (das hätten Sie früher auf einen Post-It-Zettel geschrieben und auf das Dokument geklebt), sich Dokumente auf Wiedervorlage legen, sodass sie automatisch am Wiedervorlagedatum angezeigt werden (das wäre früher mit der Wiedervorlagenmappe schon deutlich aufwändiger gewesen) oder zu einem Stichtag automatisch löschen lassen – beispielsweise die Abmahnung nach 2 oder 3 Jahren. (Wie kompliziert ist heute Ihr Prozess, die Abmahnungen immer fristgerecht aus der Akte entfernt zu haben?)

Darüber hinaus wird die Personalakte auch deutlich sicherer: Feuer und Wasser können ihr dank IT-Sicherungen nichts mehr anhaben, auch der Zugriff auf die Akten wird erheblich sicherer. Die Akten können durch ein fein abgestimmtes Zugriffs- und Berechtigungskonzept geschützt werden, gemäß der Fragestellung: »Wer? darf was? mit wem? wie lange?« Will heißen:

- Welcher Nutzer (Personaler, Mitarbeiter, Führungskraft) hat
- welche Berechtigung (Drucken, Löschen ... oder nur Lesen)
- auf welchen Aktenbestand (alle Mitarbeiter, nur meine eigene Akte, nur die Akten »meiner« Mitarbeiter)
- für welchen Zeitraum (permanent oder temporär)?

Auch ist es möglich, bestimmten Nutzern nur bestimmte Informationen (z.B. bestimmte Register) in der Akte zugänglich zu machen. All dies schaffen Sie nie oder nur mit sehr erheblichem Aufwand in der Papierakte.

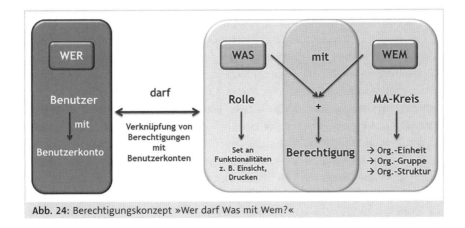

Abb. 24: Berechtigungskonzept »Wer darf Was mit Wem?«

Schöne heile digitale Welt ... Doch dem kritischen Leser drängen sich Fragen auf: Wie steht es mit der Wirtschaftlichkeit? Bin ich mit so einer Lösung schon in der »Cloud« und ist das tatsächlich sicher? Und: Haben die Dokumente aus einer digitalen Personalakte überhaupt Rechtsgültigkeit?

Mir drängen sich aber – in Erinnerung an den oben genannten Gehaltsabrechnungsprozess – ganz andere Gedanken auf: wie schön, wenn am Ende alles digitalisiert wird und man das Papier los ist. Aber die Dokumente, die wir selbst in der Personalabteilung erstellen – und das sind 90 % aller Dokumente laut unserer These – sind ja schon am Computer erstellt, mindestens in Word. Sie werden dann ausgedruckt, der Bearbeitungsprozess beginnt und am Ende wird wieder alles eingescannt – ein weiterer Anachronismus. Das Papier als Datenträger – das geht besser! Das Papier als Medienbruch – vermeidbar! Doch zunächst zu den Fragen des kritischen Lesers.

3.3.2.1 Wirtschaftlichkeit – mit oder ohne Cloud

Wirtschaftlichkeit und Effizienz sind natürlich wichtige Faktoren, nach denen ein betriebswirtschaftlich geführtes Unternehmen fragen muss. Gleichwohl ist es – zumindest bei der digitalen Personalakte – oft schwer, den Betriebswirtschaftlern eine dezidierte ROI-Berechnung vorzulegen, weil vieles dabei auf einer Vereinfachung (Aktenrecherche, Ablage ...) beruht, und dann müsste man hierbei mit REFA-Methoden Zeiten und Wegstrecken messen. Das hatte man in den 1990er Jahren bei der Siemens AG gemacht und eine daraus erfolgte Studie kommt auf ein Einsparpotenzial von 30 %[15], das sich aufgrund kürzerer Wegstrecken, schnellerer Ablage und Zugriffe, Raum-, Schrank- und Papierkosteneinsparungen ergeben hat.

---

15 Tauscher, Personalführung, S.70-74, 7/1998.

Aber mit der digitalen Personalakte hat man zunächst ja ausschließlich die Aktenberge ins digitale Zeitalter überführt: Noch wird mit Papier weitergearbeitet und erst am Ende des Prozesses eingescannt. Ein weiterer Anachronismus kostet dabei richtig viel Geld: Auf welchem Medium stellen Sie heute in der Regel dem Mitarbeiter Dokumente zu? Ausgedruckt auf Papier (und hoffentlich nicht per (unverschlüsselter) E-Mail, der »digitalen Postkarte«, die jeder mitlesen kann). Was wäre das für eine Kosteneinsparung, wenn die Dokumente dem Mitarbeiter rechtssicher digital zur Verfügung gestellt werden könnten? Man denke nur an das Einsparpotenzial der Gehaltsabrechnungen, die Monat für Monat ausgedruckt auf Papier kuvertiert und versendet werden. Da lassen sich sehr schnell Einsparpotenziale von 50 % und höher heben. Wie das gehen kann, wird weiter unten aufgezeigt.

Betrachtet man die Wirtschaftlichkeit, kommt man um die Fragestellung »on premise« oder »Cloud« nicht herum, also:

- Softwarekauf, die dann im eigenen Haus in der IT-Abteilung betrieben wird, oder
- Nutzung der Software als Service, wobei sich die Softwareinstallation in einem Rechenzentrum befindet.

Die Vorteile letzterer Lösung sind, dass die gesamte Softwareadministration (Betrieb, tägliche Sicherungsläufe, Update-Einspielungen etc.) ausgelagert ist und damit Administrationsaufwand im eigenen Unternehmen eingespart werden kann. Beim Softwarekauf hingegen sichert man sich die Investition im eigenen Haus, hat aber anfangs ein einmalig größeres Investitionsvolumen bereitzustellen.

! **Achtung**

Ist aber diese Cloud-Lösung auch sicher? Ja, wenn Sie auf einige Parameter achtgeben: Es sollte sich dabei um eine sogenannte sichere, d.h. »controlled«, Cloud handeln, die nur über sichere, weil verschlüsselte oder getunnelte, Zugriffe erreichbar ist. Ferner sollte sich diese controlled Cloud in einem deutschen Rechenzentrum befinden, da nur in Deutschland deutsches Recht – wie das hier wichtige Bundesdatenschutzgesetz – garantiert werden kann. Zuletzt benötigen Sie noch eine Auftragsdatenverarbeitungsvereinbarung, die Ihnen jeder professionelle Anbieter ausgeben kann.

Wenn nun die Cloud sicher betrieben werden kann, wie sieht es überhaupt mit der Rechtssicherheit von digitalisierten Dokumenten aus?

3.3.2.2 Rechtssicherheit – hopp oder topp

Digitalisierte Dokumente sind rechtssicher, wenn einige Rahmenbedingungen eingehalten sind: Dazu zählen u. a. die ordnungsgemäße Speicherung der Daten in einem Langzeitformat (wie z. B. das PDF) und in einem Archiv, das die Unveränderbarkeit der Daten gewährleistet, ähnlich einer CD, die einmal gebrannt immer wieder ausgelesen werden kann, während die Daten nicht mehr verändert werden können. Dazu zählt auch, dass das gesamte Verfahren, d. h. die Software und der organisatorische Prozess der Nutzung, in einer sogenannten Verfahrensdokumentation beschrieben ist. Daraus wird – potenziell auch für einen Richter – ersichtlich, dass die ganze Prozesskette schlüssig ist und keine datenschutzrechtlichen Lücken besitzt.

Doch wie sieht das bei Dokumenten, die dem Schriftformerfordernis genügen müssen, aus? Das sind gesetzlich nicht viele, wie z. B. befristeter Arbeitsvertrag, Kündigung, Zeugnis. Tarifvertraglich können noch weitere hinzukommen, z. B. jeder Arbeitsvertrag. Das Schriftformerfordernis ist erfüllt bei

- Papier + eigenhändiger Unterschrift oder
- bei digitalem Dokument + qualifizierter Signatur.

Letzteres ist in der Praxis sehr wenig verbreitet, da es für die Privatperson in der Regel recht kompliziert ist, an diesem Verfahren teilzunehmen. Das Schriftformerfordernis beinhaltet auch, Schriftstücke – wie den befristeten Vertrag – im Original entgegenzunehmen, inkludiert aber keine Vorschrift zur Archivierung. Diese muss grundsätzlich ordnungsmäßig sein, was ein professionelles digitales Archiv erfüllt[16].

Goldene HRE-Regel   **!**

Die 7 Grundsätze zum Datenschutz
1. Detailliertes Berechtigungskonzept
2. Verschlüsselung von Dokumenten
3. Protokollierung
4. Mehrere ineinandergreifende Sicherheitsmechanismen
5. Rechts- und revisionssichere Archivierung
6. Trennung von Datenbank und Archivbereich
7. Verfahrensdokumentation

---

16   Geis, AWV-Informationen, S. 4-5, 6/2007.
17   Grentzer, Lohn+Gehalt, S. 76-78, März 2010.

Letztlich ist die Rechtslage in Deutschland so, dass ein Richter die digitalisierten Dokumente gemäß dem freien Augenscheinbeweis (ZPO § 371) würdigen kann, was – zugegebenermaßen – Spielraum eröffnet, wozu Ihr Haus-Jurist Einwendungen hervorbringen würde (s. u.). Andererseits ist neben der reinen Rechtslage vielmehr die Praxis der Rechtsprechung entscheidend: Es gibt in Deutschland seit Aufkommen dieses Themas in den 1990er Jahren keinen Fall, wo ein Arbeitgeber deshalb vor Gericht unterlegen wäre, weil er »nur« digitalisierte Dokumente und keine Papieroriginale vorlegen konnte.

Juristisch gesehen – und das legen mir die Juristen stets sehr dezidiert dar – bleibt ein (minimales) Restrisiko. Dieses Restrisiko gilt es zu bewerten, um dann bewusst eine Entscheidung zu treffen, wie man damit umgehen will. Welche Überlegungen dazu Juristen und Betriebswirtschaftler haben, erfahren Sie im folgenden Kapitel.

3.3.2.3 Jurist und Betriebswirtschaftler – das Dreamteam

Wenn wir uns dem Thema über die Perspektive des Juristen und des Betriebswirtschaftlers nähern, sollte uns eines nochmals bewusst sein: Aufgabe des Juristen ist es, aufgrund der Gesetzeslage zu prüfen, ob eine Sache rechtssicher ist und darzulegen, wo ein juristisches Risiko bestehen könnte. Aufgabe des Betriebswirtschaftlers ist es, kaufmännische Berechnungen anzustellen und Risiken betriebswirtschaftlich zu bewerten.

Deshalb wird ein **Jurist** aufgrund des freien Augenscheinbeweises tendenziell eher zurückhaltende oder doch vorsichtige Empfehlungen abgeben, die darauf hinzielen, einiges doch weiterhin in Papier aufzubewahren. Um dies für sich zu bewerten, sollte man sich aber folgende Fragen stellen: Wie häufig hat das Arbeitsgericht in den letzten 5 Jahren Papier-Originaldokumente angefragt? In wie vielen Fällen wurde davon die juristische Auseinandersetzung bis zu Ende geführt und nicht mittels eines Vergleiches beendet? Hat der Arbeitgeber in den anderen Fällen aufgrund der Vorlage der Papier-Originale den Prozess gewonnen? Die Zahl der Fälle wird wahrscheinlich Null sein.

Der **Betriebswirtschaftler** wird also fragen: Wie hoch schätze ich das (monetäre) Risiko ein, vor Gericht aufgrund fehlender Papier-Originale zu unterliegen und welche zusätzlichen Kosten entstehen, wenn weiterhin Papierdokumente parallel zu digitalen Dokumenten vorgehalten werden? Man wird sich – so unsere Erfahrung – in der Regel für das Schultern des monetär überschaubaren Risikos entscheiden.

> **Beispiel** !
>
> Als bei der Siemens AG Ende der 1990er Jahre die »Elektronische Personalakte« eingeführt wurde, war noch eine völlig andere Zeit: keinerlei Erfahrung zu Rechtsprechungen mit diesem Thema und eine noch unklarere Rechtslage. Daher gaben die Juristen die Empfehlung ab, dass die gesamte Personalakte parallel zur digitalen Akte in Papier vorzuhalten sei. Nachdem die Betriebswirtschaftler vorgerechnet hatten, was dies für das gesamte Unternehmen zusätzlich kosten würde und wie viele Arbeitsgerichtsprozesse sich mit diesem »Budget« verlieren ließen, war klar, dass keine Papierakte parallel geführt wurde. Da bis heute kein Fall bekannt ist, wo ein Arbeitsgerichtsprozess aufgrund von digitalisierten Dokumenten verloren worden wäre, war dies aus heutiger Sicht die wirtschaftlich richtige Entscheidung.

Dennoch: Vielleicht gibt es einen Königsweg. Das greift dem Thema »Glücklich sein« auch im Sinne von »sich sicher fühlen« vorweg. Es ist meines Erachtens schon sehr wichtig, dass man bei alldem auch ein »gutes Bauchgefühl« hat. Viele haben das, wenn sie einige dezidierte Dokumente (meist ist das der (befristete) Arbeitsvertrag) nach dem Scannen in die digitale Personalakte in einem Papier-Sammelordner abheften, auf den im Fall der Fälle zurückgegriffen werden kann. Aber auch hier gilt: Weniger ist mehr! Sollten Sie sich für einen solchen Weg entscheiden, so beschränken Sie sich auf wenige, klar definierte Dokumente.

3.3.3 Auf dem Weg zum papierlosen Büro – ein Leitfaden

Wenn jeder HR-Prozess dokumentiert wird, wenn die allermeisten Dokumente direkt in HR erstellt werden und wenn 80 % der HR-Arbeit auf 20 % dezidierter Dokumente beruht, dann sind wir mit einer lediglich digitalisierten Ablage in die digitale Personalakte noch wenig strategisch aufgestellt. Daher müssen wir auch auf die Bereiche der Dokumentenerstellung unser Augenmerk legen: In den bisherigen Überlegungen haben wir immer wieder Anachronismen festgestellt, und zwar dann, wenn es einen Medienbruch zu Papier gibt, um dieses als Informationsträger zu nutzen. Das geschieht zum einen, wenn organisationsintern Informationen weitergegeben werden, zum anderen, wenn Informationen an Mitarbeiter oder extern ausgegeben werden. Dabei sind manche Dokumente mit Unterschriften versehen (z.B. Arbeitsvertrag), andere wiederum nicht (z.B. Gehaltsabrechnung).

Wie hört sich dagegen folgendes Szenario an? Die in der Personalorganisation erstellten Dokumente werden mittels einer (teil-)automatisierten Dokumentenerzeugung erstellt, digital durch die Organisation geleitet, wo gegebenenfalls digitale Freigaben erfolgen, schließlich dem Mitarbeiter auf einer Plattform sicher, aber unkompliziert zur Verfügung gestellt. Fehlen nur noch Unterschrifts-szenarien, die – wie beim Paketempfang oder bei manchen ec-Zahlungen – per Signierpad erfolgen können.

Noch sind diese Unterschriften rechtlich der Unterschrift auf Papier nicht gleich-gestellt, doch wenn man weiß, dass hier nicht nur das »Bild« der Unterschrift zur Identifikation herangezogen wird, sondern auch Parameter wie Unter-schriftsgeschwindigkeit und Druckstärke, dann lässt sich erahnen, wo die Reise hingeht. So bleibt vorerst das Papier als Informationsträger für diejenigen Do-kumente, die dem Schriftformerfordernis genügen müssen, derzeit der prag-matischste Weg. Alle anderen Dokumente können aber über Freigabeverfahren oder Signaturpads erledigt werden.

Was sind die Schritte zum papierlosen Büro?
1. **Professionelle Dokumentenerzeugung**
   Darunter ist der Einsatz einer Software zu verstehen, in der zum einen Do-kumentvorlagen so hinterlegt werden können, dass gewisse Rahmenpara-meter wie Absender, Fußzeile, Firmenlogo etc. automatisch und immer ak-tualisiert werden. Darüber hinaus werden genau die Daten in das Dokument automatisch übernommen, die für dieses notwendig sind. Das werden in der Regel immer Name und Adresse des adressierten Mitarbeiters sein, bei Ar-beitszeitänderungen Arbeitszeit- und Gehaltsdaten, bei Umgruppierungen Tarifgruppe und wiederum Gehaltsdaten etc. Damit wird die Fehleranfällig-keit von »copy & paste« bei Word-Dokumenten deutlich reduziert.
2. **Digitaler Workflow und Dashboard**
   Das so erstellte Dokument kann dann automatisch durch die Organisation geroutet werden, Freigaben können durch berechtigte Nutzergruppen er-folgen, Erinnerungen per Mail zugestellt werden. Prozesse können in einem Dashboard modelliert und der Bearbeitungsstatus angezeigt werden. Letz-teres hilft dann, wenn der Prozess ins Stocken gerät und man genau weiß, wo dies der Fall ist. Dass die Personalorganisation dafür oft verantwortlich gemacht wird, obgleich die Sache draußen in einer der Abteilungen hakt, ist gemeinhin bekannt. Aber wenn die Transparenz fehlt, kann man eben auch nicht auskunftsfähig sein.
3. **Zustellung am Prozessende und Archivierung**
   Die erstellten digitalen Dokumente werden automatisch in die digitale Akte abgelegt, aber wie können sie dem Mitarbeiter sicher und unkompliziert zur Verfügung gestellt werden? Verschlüsselte E-Mails scheiden weitgehend aus, da sie aufgrund ihrer Komplexität der Entschlüsselung beim Empfänger wenig praxistauglich sind. Deshalb greifen immer mehr Unternehmen darauf zurück, die Dokumente dem Mitarbeiter an einem gesicherten Ort bereitzustellen, wo dieser die Dokumente einsehen, weiterleiten oder ausdrucken kann.

Auch wenn diese 3 Schritte hier recht übersichtlich klingen, bleibt doch die Frage, wie so etwas anzupacken ist.

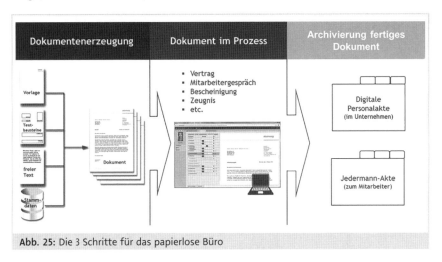

Abb. 25: Die 3 Schritte für das papierlose Büro

Nach all den vielen Punkten, die wir oben beleuchtet haben, bleibt die Frage, wo man am besten starten sollte. Dabei sollte man sich überlegen, wo zurzeit der meiste Druck herrscht: Sind es die Papierberge, die Platz versperren und umständlich zu handhaben sind, oder ist es ein Prozess, der umständlich, zeitraubend und intransparent ist? Beginnen Sie da, wo Sie schnell viele sichtbare Erfolge – effizienter, schneller, aber auch einfacher und »schicker« – erzielen können, sodass ein Aufatmen durch die Organisation geht, weil es deutlich besser als zuvor ist. Erfolg ist damit nicht nur ein wirtschaftlicher, sondern auch ein emotionaler.

Etliche Unternehmen haben mit der digitalen Personalakte begonnen, um die Basis für ein digitales Archiv zu schaffen, wohin die Dokumente am Ende der Prozesskette fließen können. Danach wurden erst sukzessive die einzelnen Prozesse von Papier auf digital transformiert. Der Nutzen und Effizienzeffekt ist hier möglicherweise erst auf dem zweiten Blick zu erkennen, wenn ihn nicht ganz profane Aspekte wie akute Raumknappheit oder bevorstehende Umzüge besonders beflügeln. Andererseits ist eine digitale Personalakte heute ein Standard, wozu es etablierte Verfahren der Einführung gibt. Dabei darf man sich auch nicht von dem riesigen zu digitalisierenden Papierberg erschrecken lassen, den professionelle Scan-Dienstleister schnell und sicher bewältigen – automatische Texterkennung, Aktenbereinigung und Zuordnung in das neue digitale Register inklusive, wenn gewünscht.

Andere Unternehmen starten ganz bewusst da, wo es am meisten klemmt: z.B. bei einem Prozess, der zu langsam, intransparent und als kompliziert erscheint.

Hierbei ist natürlich klar, dass die Einführung einer Software kein organisatorisches Problem lösen, sondern die Organisation im Unternehmen nur abbilden kann. Aber alleine die Beschäftigung mit einem Prozess schafft Raum, diesen zu überdenken und neu zu justieren. Generell gilt hier, nicht mit dem komplexesten, schwierigsten Prozess zu starten, sondern mit einem überschaubareren, damit Sie schnell Erfolge erzielen können und das Projekt nicht in den Vorarbeiten der reinen Prozessdefinition gleichsam verdorrt.

Bei der Beantwortung der Frage, welche der Dokumentprozesse denn infrage kommen, hilft hier das oben beschriebene Pareto-Prinzip: Schauen Sie sich zunächst die 20 % HR-Dokumente an, die 80 % Ihrer Arbeit ausmachen. Von diesen 20 % definieren Sie 3-5 Dokumente, die Ihnen in Papierform am meisten zu schaffen machen. Achten Sie darauf, dass die ersten beiden nicht die komplexesten sind, die in Ihrem Unternehmen zur Anwendung kommen. Setzen Sie danach das Projekt gemeinsam mit einem etablierten Dienstleister auf, der aufgrund seiner Erfahrung auch immer Best-Practice-Lösungen aufzeigen kann, die möglicherweise gar nicht oder nur an wenigen Stellen durchbrochen werden müssen.

Bleibt nur noch die Frage: Welche Software setze ich ein? Wie finde ich den für mein Unternehmen geeignetsten Anbieter? Punkte, die Sie dabei berücksichtigen sollten, finden Sie in der nachfolgenden Tipp-Aufstellung.

> **!** **Goldene HRE-Regel**
>
> Kriterien für die Auswahl eines geeigneten Software-Anbieters:
> 1. Erfahrung des Anbieters
> 2. Referenzkunden (branchen-/unternehmensnah, ggf. international)
> 3. Integration in bestehende IT-Landschaft (ggf. Zertifizierungen)
> 4. Ausgereiftes und fundiertes Sicherheitskonzept
> 5. Intuitive und visuell ansprechende Oberfläche
> 6. Verhältnis von Kosten und Leistungsumfang

3.3.4   Glücklich – und das ohne Papier

Kann man überhaupt ohne Papier glücklich sein? Und: Spielt »glücklich sein« im Geschäftsumfeld überhaupt eine Rolle, ist es wichtig? Was heißt eigentlich »glücklich sein«? Wenn wir uns der Antwort zur letzten Frage nähern wollen, so ist offensichtlich, dass verschiedene Menschen unter »Glück« sehr Unterschiedliches verstehen. In unserem Zusammenhang macht es sicherlich Sinn, die Bedeutung auf Wohlbefinden, »ein gutes Bauchgefühl zu haben«, komfortabel arbeiten zu können, das Gefühl von Sicherheit, Motiviertheit zu lenken. Dies alles lässt uns gerne arbeiten und macht uns in diesem Sinne (des Arbeitslebens) »glücklich« und damit zufrieden.

Wenn wir »glücklich sein« so definieren, ist es enorm wichtig, dass wir beim Arbeiten »glücklich« sind, weil wir motivierter und damit leistungsfähiger sind. Und so kann es tatsächlich sein, dass wir im papierlosen – oder doch wenigstens im papierarmen – Büro entspannter sind, weil wir nicht unter der Papierlast, die Chaos auf unserem Schreibtisch verursacht, leiden oder weil wir nicht unter Druck geraten, weil wir gerade nicht auskunftsfähig sind, in welchem Stadium sich der (intransparente) papiergebundene Prozess befindet. Einmal kurz in den Computer geschaut: Dort ist die Information übersichtlich zu finden.

Natürlich ist es zu vermeiden, dass Mitarbeiter sich durch diese virtuellen Prozessabbildungen überfordert fühlen. Das kann mitunter in der Babyboomer-Generation der Fall sein, die es gewohnt war, haptisch mit Papier zu arbeiten. Doch die nachrückende Generation Y will gar kein verstaubtes Papier mehr, empfindet dies als Last und Hemmschuh und fordert geradezu, sie von Papier zu verschonen. Wie werden gar die Digital Natives darauf reagieren, wenn sie noch über weite Strecken »old-fashioned« mit Papier arbeiten sollen?

Dies ist aber ein sehr entscheidender Punkt: In Zeiten des demographischen Wandels, dem »War for Talents« oder dem Arbeiten in der Industrie 4.0 respektive HR 4.0 – oder wie all die Leitthemen derzeit heißen mögen – ist es essentiell, dass ein Unternehmen eine solch große Mitarbeiterattraktivität besitzt, dass die Mitarbeiter sich für dieses und nicht für ein anderes entscheiden. Dazu wird in jedem Falle modernes, papierarmes – künftig vielleicht tatsächlich papierloses – Arbeiten gehören. Es geht also um nichts anderes, als sich einen Wettbewerbsvorteil zu verschaffen. Ein Praxisbeispiel aus unserem Kundenkreis soll dies verdeutlichen:

Beispiel

Ein mittelständisches Softwareimplementierungshaus im Raum München, das am Arbeitsmarkt bei den Jung-Ingenieuren zu den ganz großen Firmennamen in Konkurrenz steht, führte früher seine Assessment Center papierbasiert durch: 5 Führungskräfte hatten als Papierausdruck die Bewerbungsunterlagen der 12 Kandidaten (also 60 Bewerbungsunterlagen pro Assessment) und entsprechende Bewertungsbogen, in welche die Beobachtungen, Ergebnisse und Bewertungen eingetragen wurden. Diese wurden am Abend von der HR-Abteilung in eine Excel-Liste überführt und über Nacht ausgewertet. Am nächsten Morgen stand das Ranking fest und es war klar, welchen Kandidaten ein Arbeitsangebot unterbreitet werden sollte.

Heute läuft das Assessment Center mittels iPads, auf dem die Bewerbungsunterlagen zur Verfügung gestellt werden und wo über einen Prozess auch die Bewertungsbogen digital hinterlegt sind. Sind alle Bewertungen abgeschlossen, so können automatisch und in Sekundenschnelle die Besten ermittelt werden. Für diese wird in einem zweiten Schritt der Prozesskette sofort automatisch ein Vertragsangebot erstellt, das am Ende des Assessment Centers noch persönlich unterbreitet wird.

Was ist der Nutzen und was macht hier »glücklich«? Direktes, d.h. schnelleres und persönliches Überreichen des Vertragsangebotes ist nur ein Punkt. Ein anderer wichtiger ist, dass das Unternehmen mit der hier geschilderten Arbeitsweise modern auftritt und damit die potenziellen neuen Mitarbeiter überzeugt. Dazu gab es noch einen dritten positiven, nicht unbedeutenden Nebeneffekt: Auch die Führungskräfte waren bei den Papierbergen, die sie durchzuwälzen hatten, nicht mehr so sehr motiviert und HR hatte Mühe, genügend Führungskräfte für diese Aufgabe zu gewinnen. Seit das Assessment Center aber so »schick« mittels iPad durchgeführt wird, ist – alleine schon wegen des modernen Arbeitsmittels – die Bereitschaft der Führungskräfte, sich hier einzubringen, signifikant gestiegen.

Wir werden nicht umhinkommen: Um wettbewerbsfähig zu sein, modern und zukunftsorientiert arbeiten zu können, Mitarbeiter in und außerhalb von HR zu motivieren, müssen wir uns von dem alten, verstaubten Papier verabschieden. Denn nur mit »glücklichen«, d.h. motivierten Mitarbeitern ist die Zukunft gut zu bestehen.

3.3.5 Wo geht der Weg hin? – Ein Ausblick

Die voranstehenden Überlegungen zeigen, dass der Weg für das papierlose Büro klar vorgezeichnet ist: So macht heute keiner mehr eine papiergebundene Gehaltsabrechnung und das Gros der schriftlichen Kommunikation läuft heute über E-Mail ab. Die Überlegungen zeigen aber auch, dass wir uns bereits auf sehr guter Wegstrecke befinden: Die digitale Personalakte ist heute schon weitgehend etabliert und zur Dokumenterzeugung sowie zur digitalen Abbildung der Prozesse gibt es standardisierte Verfahren, die nach und nach in die Unternehmen Einzug halten. Selbst die rechtskonforme, papierlose Zustellung von Dokumenten an den Mitarbeiter oder externe Stellen ist heute bereits – auch einfach – möglich.

> **! Neuro-HR-Tipp**
>
> Viele Menschen werden einwerfen: »Wir brauchen etwas in der Hand.« Wir nehmen an, dass die Verarbeitung im Gehirn besser funktioniert, wenn unsere Motorik beteiligt ist. Diesen Widerspruch können Sie leicht umgehen, indem entweder im Stehen gearbeitet wird, dann ist deutlich mehr Motorik beteiligt, oder die Akten tatsächlich digital auf einem Tablet mitgebracht werden. Dann haben Sie auch etwas in der Hand.
> Nehmen Sie es ernst, wenn Mitarbeiter »etwas in der Hand« haben wollen.

In 10 Jahren werden wir die Medienbrüche, die Papier als Informationsträger verursacht, überwunden haben: Wir werden kein Papier mehr benötigen, um Dokumenten eine rechtsgültige Unterschrift hinzuzufügen. Vielmehr werden wir mit Hilfe von Signaturpads rechtssicher signieren, da neben dem reinen »Bild« der Unterschrift andere Parameter – wie Schnelligkeit, Druckstärke, biometrische Daten – die Unterschrift fälschungssicher machen. Oder wir signieren einfach mit Hilfe unseres Personalausweises, wo zum einen biometrische Daten hinterlegt, zum anderen PIN-Codes oder ähnliches zur Identifikation genutzt werden können.

Natürlich werden wir uns dann neuen Herausforderungen stellen müssen: Wie gehen wir beispielsweise mit dem Datenschutz um, wie kann man diesen wirksam und nachhaltig etablieren? Was passiert mit Daten, die in einer globalisierten vernetzten Welt nicht mehr an Ländergrenzen Halt machen? Wegen solcher Herausforderungen nicht auf die Zukunft zu setzen, wäre aber der falsche, rückwärtsgewandte Weg.

Papier wird künftig etwas ganz Besonderes werden: ein schönes Buch, eine handgeschriebene Karte, das Fotobuch für ein besonderes Ereignis oder eben ein exklusives Dokument wie eine Urkunde. Für den gewöhnlichen Arbeitsalltag können wir getrost darauf verzichten – schneller, leichter handhabbar und umweltschonend obendrein.

3.4 Der 1. Stock des HR-Hauses: Strategisch wirksame Vergütungsmodelle
Autor: Arne Prieß

Im ersten Stock des HR-Hauses befindet sich die Vergütung. Dies habe ich bewusst so gestaltet, denn bevor man einen Mitarbeiter durch Personalentwicklung und andere auf seine Bindung positiv wirkende Themen beglückt, muss erst einmal das Geld stimmen. Hier gilt folgender Grundsatz:

Geld ist nicht alles, aber ohne Geld ist alles nichts!   !

Dies hat natürlich auch seine Grenzen, denn vielleicht wechselt ein Mitarbeiter für mehr Geld zu einem neuen Arbeitgeber, aber niemand bleibt und ist engagiert und loyal für Geld allein! Diese Ambivalenz in der Wichtigkeit des Themas muss man im Personalmanagement ausklarieren. Man muss einerseits den Hygienefaktor Vergütung sauber regeln und dafür sorgen, dass ein Mitarbeiter ein seiner Verantwortung und seinem Wertschöpfungsbeitrag entsprechend angemessenes Gehalt verdient. (Denn ungerechte Bezahlung gilt in Zeiten des »War for Talents« nicht als Kavaliersdelikt, sondern als Todsünde.) Andererseits darf man nicht meinen, dass man fehlende Mitarbeiterbindungselemente aus dem »House of Choice« dauerhaft durch hohes »Schmerzensgeld« ausgleichen kann. Das funktioniert nun mal nicht nachhaltig. Mag sein, dass ein Mitarbeiter dank akzeptablen

Gehalts vorübergehend bleibt, obwohl er unzufrieden mit der Gesamtsituation ist, er wird deshalb aber nicht zu einem engagierten und produktiven Mitarbeiter werden. Er steckt das Schmerzensgeld ein und versucht parallel, sich einen besseren Job bzw. ein besseres Unternehmen zu suchen. Das bedeutet im Fazit: Das Geld ist futsch, aber Sie haben nichts oder nur wenig Leistung dafür bekommen.

3.4.1 Neuro-HR: Motiviert Geld das Gehirn?

Autor: Dr. Sebastian Spörer

Eine interessante These über Geld und Motivation stammt von Herzberg. Er unterscheidet Motivation und Hygienefaktoren und zählt Geld zu den Hygienefaktoren. Hygienefaktoren sollten erfüllt sein, sonst ist der Mitarbeiter unzufrieden. Nach Herzberg kann allerdings Zufriedenheit nicht aus einer Erfüllung oder Überfüllung der Hygienefaktoren entstehen. Das würde bedeuten, dass die Motivation bis zu einem bestimmten Geldbetrag steigt und danach unabhängig vom Geld variiert. Diese Überlegung ist weit verbreitet und beruht auf der Aussage, dass Geld nicht motiviert. An dieser Stelle ist wieder spannend, dass eine These ohne empirische Grundlage eine solche Verbreitung findet.

Anhand der neusten Forschung können wir Geld als Motivation weder bestätigen noch verneinen. Es ist sehr stark individuell, so ähnlich wie Körpergröße, Intelligenz oder Offenheit für neue Erfahrungen. Es gibt eine Reihe von Faktoren, die unser Verhältnis zur Entlohnung beeinflussen.

Dazu zählen:

- unsere Gene,
- unsere frühkindlichen Erfahrungen in Bezug auf Sicherheit,
- das Verhalten unserer Vorbilder (Eltern in Bezug auf Geld),
- unsere Persönlichkeit,
- unsere eigenen Erfahrungen mit Geld,
- unser soziales Umfeld und
- unsere Glaubenssätze, z.B. »Reiche Säcke« oder »Reich sein heißt viel arbeiten zu müssen«.

Wenn wir eine eher ängstliche Persönlichkeit (durch Gene und frühkindliche Erfahrungen geprägt) vor uns haben, deren Eltern sicherheitsorientiert waren und deren Erfahrung mit Sparen positiv besetzt ist, dann wird eine Gehaltserhöhung wahrscheinlich nicht der große Motivator sein. Ein risikobereiter, Reichtum orientierter Mitarbeiter, dem Status anhand von Kleidung und Autos wichtig ist, wird dagegen eher durch eine Gehaltserhöhung zu motivieren sein. Wir sind sehr unterschiedliche Persönlichkeiten in Bezug auf Geld, so wie wir sehr unterschiedlich in Bezug auf Intelligenz sind. Daher können wir uns von der These, das Geld ein reiner Hygienefaktor ist, verabschieden. Es gibt Menschen, auf die das zutrifft, aber auch Menschen, die in Geld eine Motivation sehen. Als HR-Verantwortlicher sollten Sie neben einer leistungsgerechten Entlohnung auch Möglichkeiten schaffen, dieser Erkenntnis Rechnung zu tragen.

Ein interessanter Versuch an Affen verdeutlicht, wie unser Gehirn auf Motivation reagiert. Eine Gruppe von Affen wurde auf bestimmte Symbole konditioniert. Die Gruppe der Affen bekam auf bestimmte Symbole Saft (Plus-Symbol), keinen Saft (Minus-Symbol) oder mit einer 50%igen Wahrscheinlichkeit Saft (Kreis-Symbol). Gemessen wurden die neurochemischen Reaktionen im Gehirn anhand der Dopamin-Ausschüttung. Der Affe lernte schnell, die Symbole zu unterscheiden und sich dann auf Saft zu freuen oder bei einem Minus keinen Saft zu erwarten. Im Verlauf erfolgte bei dem Affen beim Plus-Zeichen bereits zu dem Zeitpunkt eine Dopamin-Ausschüttung, als das Symbol aufleuchtete, und nicht erst beim Saft. Es wurde im Gehirn somit schon vor der eigentlichen Belohnung Dopamin ausgeschüttet. Wir erhalten also unsere gehirneigenen Drogen, wenn wir wissen, dass etwas Positives geschehen wird, und nicht erst beim Ereignis selbst.

Abb. 26: Der Affe will Saft

Am meisten Drogen, also Dopamin, erhalten wir bei einer 50%igen Wahrscheinlichkeit, etwas Tolles zu erhalten (Saft). Das Gehirn schüttete sogar während der ganzen Zeit, in der der Affe auf die Entscheidung wartete, gehirneigene Drogen aus. Sinn dieser Hirnfunktion ist es, die Motivation durch unsere gehirneigenen Drogen auf dem ganzen Weg bis zur tollen Erfahrung (Saft) zu erhalten. Unser Antrieb ist also dann am stärksten, wenn wir eine realistische, ca. 50%ige Chance sehen, etwas zu erreichen. Dann holen wir uns unsere Drogen für den Weg zu diesem Ziel.

Wenn Geld mit Motivation verknüpft ist, dann sollte es eine realistische Chance auf Erreichung geben, aber keine Selbstverständlichkeit. Wie oben beschrieben, kann Geld ein Motivator für einen bestimmten Persönlichkeitstyp sein. Wenn Sie mit einem solchen verhandeln, dann verhandeln Sie ein leistungsbezogenes Gehalt, möglichst ohne Deckelung: Es gibt Menschen, die die Aussicht, richtig viel zu verdienen, anspricht, nutzen Sie dies, indem Sie ein geringes Fixum und eine hohe leistungsabhängige Variable anbieten. Warum sollte das nur im Vertrieb funktionieren?

3.4.2 Wirksamkeit von Vergütungsmodellen
Autor: Arne Prieß

Für die Wirksamkeit eines Gehaltes kommt es nicht nur auf die Höhe, sondern auch auf die Zusammensetzung der Vergütung an. Eine auf Motivation, Bindung und Engagement wirksame Vergütung muss:

- **effektiv** gestaltet sein, d.h., die einzelnen Elemente, aus der sich die Gesamtvergütung zusammensetzt, müssen Impulse freisetzen, die für die Erreichung der Unternehmensziele wirkungsvoll sind. So können z.B.:
  - eine variable Vergütung, die an Ziele im Unternehmen geknüpft ist, eine Stärkung der Ergebnisorientierung aller Mitarbeiter unterstützen und die Leistungserbringung in die richtige Richtung fördern (Hinweis: Auf die vielen Pros und Cons variabler Vergütung und Zielvereinbarungen werde ich noch in Kapitel 3.4.3.3 ausführlicher eingehen);
  - eine Zusatzleistung aus dem Bereich der Gesundheitsvorsorge die Fehlzeitenquote verringern und damit helfen, den Gewinn zu erhöhen;
  - eine Beteiligung am langfristigen Unternehmenserfolg die Umsetzung der Unternehmensstrategie und Mitarbeiterbindung bei den wichtigsten Mitarbeitern erhöhen.
- **effizient** gestaltet sein, d.h., die einzelnen Elemente müssen für alle Beteiligten möglichst viele Vorteile mit sich bringen. So können z.B. bestimmte Benefits für Mitarbeiter aufgrund von Steuerregelungen ansehnliche »Brutto-Netto«-Effekte erzielen, sodass ein Mitarbeiter mit dem gleichen Bruttogehalt mehr Kaufkraft erhält. Für das Unternehmen müssen die Vergütungsprozesse aber trotz aller Vorteile für die Mitarbeiter noch administrierbar sein.

Wie kommt man aber erst einmal zu einem **effektiven**, also auf die Unternehmensziele wirksamen Vergütungsmodell? Die Antwort ist einfach: Indem man eine Vergütungsstrategie formuliert, die die grundsätzliche Ausgestaltung des Vergütungsmodells so regelt, dass der Zusammenhang zwischen den Unternehmenszielen und den Vergütungselementen sichergestellt ist. Diese muss sich als Teil der HR-Strategie an den Unternehmenszielen ausrichten. Kurz gesagt: Eine Vergütungsstrategie enthält knappe, aber präzise Aussagen zu den Elementen der Vergütung, die aus der HR-Strategie abgeleitet werden und somit sicherstellen, dass die Vergütung einen strategischen Beitrag zum Unternehmenserfolg leistet.

Am einfachsten gelingt die Formulierung einer Vergütungsstrategie, wenn Sie die nachfolgenden Stichworte nutzen und sich damit einen gestalterischen Rahmen für die Entwicklung/Optimierung Ihres Vergütungsmodells abstecken. Aus der Beantwortung dieser Fragen entsteht ein »Grundsatzpapier«, das bei der Gestaltung Ihres effektiven Vergütungsmodells den Rahmen vorgibt.

Stichworte für eine Vergütungsstrategie	
Stichwort	**Erklärung**
Bestandteile des Vergütungsmodells	Welche Bestandteile sollen im Vergütungsmodell berücksichtigt werden? (fix, variabel, Benefits, Short Term Incentives bzw. variable Vergütung, Long Term Incentives bzw. Beteiligungsprogramme; Tarifverträge, Regelungen für außertarifliche Mitarbeiter; alle Elemente siehe nächstes Kapitel) Ko-orientieren Sie sich dabei an der Zielgruppe, denn der Wurm muss dem Fisch schmecken, nicht dem Angler. Fragen Sie sich deshalb, was Ihre Mitarbeiter und Bewerber erwarten, welche Klientel Sie am meisten ansprechen und binden wollen. Was nützt die dickste Firmenwagenregelung, wenn die adressierte Generation Y sich lieber ökologisch korrekt mit dem City-Ticket oder dem Rad bewegen möchte?
Instrumente und Methoden	Mit welchen Instrumenten bzw. Methoden soll das Modell entwickelt werden? (z.B. Funktionsbewertung, Gehaltsbänder entwickeln auf Basis eines Jobmodells, Beitritt zu einem Flächen-Tarifvertrag)
Orientierungsparameter	Woran sollen sich die Gehaltsstrukturen orientieren? (z.B. an Branche, Tarifverträgen, Regionen und deren Preis-/Lebenshaltungskosten-Indizes, Seniorität, Wertschöpfungsbeiträgen der Funktionen, Benchmarks)
Grundsätze und Werte	Welche sonstigen Grundsätze oder Werte sollen Berücksichtigung finden? (z.B. Alter bzw. Betriebszugehörigkeit, Chancengleichheit, »Leistung statt Stehzeit«) Achtung: Diese Grundsätze müssen kompatibel mit etwaigen Unternehmens- und Führungs-Leitbildern und natürlich Gesetzen (z.B. Allgemeines Gleichbehandlungsgesetz (AGG)) sein.

Stichworte für eine Vergütungsstrategie	
Stichwort	**Erklärung**
Umsetzung & Administration	Folgende Fragen müssen geklärt werden, wenn Sie an Ihre Vergütung umfangreicher Hand anlegen wollen: • Wer ist verantwortlich für das Vergütungsprojekt, wer leitet es, wer ist Auftraggeber? • Wer wird für eine Fachberatung bei der Ausgestaltung hinzugezogen? (Tipp: Lieber ab und zu und gezielt einen Experten befragen, als ausschließlich im eigenen begrenzten Kompetenz-Saft zu schwitzen) • Wer ist für den Betrieb und die Weiterentwicklung der Vergütungsbestandteile zuständig? • Wo ist diese Funktion im HR-Organigramm aufgehängt? • Werden Teile der Gehalts-Administration outgesourct? (z.B. die Administration von Benefits oder eines »Cafeteria-Modells«) • Welche IT-Systeme werden für die Administration verwendet? • Woher kommen etwaige notwendige Budgets für die Entwicklung neuer Konzepte?
Spezialfälle	Wie geht man mit besonderen Ereignissen um? Z.B.: • Entsendungen, • vorübergehende Einnahme höherwertiger Aufgaben, • längere Krankheitsvertretungen anderer Funktionen und Aufgaben, • Beförderungen und • Zulagen (wofür und wie lange gezahlt).

Tab. 6: Stichworte für eine Vergütungsstrategie

Naturgemäß wird eine Vergütungsstrategie das bestehende Vergütungsmodell nicht völlig über den Haufen werfen, es sei denn, dies ist der totale Murks und stetiger Anlass zu Unfrieden und Frust im Unternehmen. Aber dabei darf ich Sie sensibilisieren: Es gibt nichts, was Ihnen schneller und kräftiger um die Ohren fliegt als ein schlecht gemachtes Vergütungsprojekt. Selbst wenn alle meckern, dass die Vergütung unfair und die Strukturen Schrott sind, werden alle mit Argusaugen darauf schauen, dass angedachte Veränderungen nicht zu ihrem Nachteil gereichen.

! **Goldene HRE-Regel**

Viele Unternehmen trauen sich nicht ran an den »Vergütungsspeck«, weil sie nicht so recht wissen, wie sie all die unterschiedlichen Interessen managen sollen und weil Ihnen oft die Fachexpertise und manchmal auch die Projektmanagementkompetenz fehlen, ein solch sensibles Thema systematisch in eine neue Welt zu führen. Ich darf Sie deshalb ermutigen, dass Sie die folgenden beiden Tipps berücksichtigen:

■ Machen Sie es richtig oder lassen Sie lieber die Finger von einem Optimierungsprojekt für Ihr Vergütungsmodell!

- Scheuen Sie sich nicht, externe Hilfe anzunehmen! Die Modernisierung/Optimierung einer Vergütung kostet Geld, aber nur mit einer angemessenen Investition können Sie nachher auch durch eine bessere Vergütungsstruktur einen Return on Invest in Form von besserer Bewerbereinstellungsrate, höherer Mitarbeiterbindung und einer Produktivitätssteigerung durch höhere Motivation und Engagement erhalten. Mit einer »Verschlimmbesserung« aufgrund mangelnden Knowhows beim Vorgehen produzieren Sie nur noch mehr Frust und zetteln im schlimmsten Fall noch eine Meuterei in der Belegschaft an, die mehr Schaden anrichtet, als es die schlechte Vergütungsstruktur vorher geschafft hat.

Ich habe schon einige Male von Personalleitern gehört, dass sie nicht an die motivierende Kraft der Vergütung glauben, und dass sie meinen, dass der ganze Aufwand, ein modernes Vergütungsmodell zu etablieren, keinen ausreichenden Effekt hätte und man deshalb seine Kraft woanders einsetzen sollte. Solche Kollegen vertreten die Auffassung, dass Mitarbeiter entweder selbst motiviert sind oder eben nicht.

Neuro-HR-Tipp   !

Eines unserer Gehirnprinzipien ist, Beständigkeit zu belohnen, weil es weniger Energieaufwand ist. Infolge dieses Mechanismus werden wir Änderungen als eher nachteilig empfinden. Wenn es Mitarbeitern heute egal ist, ob sie einen Tag mehr Urlaub oder eine Gehalterhöhung um 400 Euro erhalten, dann wird die Wahl, die sie heute treffen, in 5 Jahren die beste gewesen sein: Wenn Sie in 5 Jahren wieder fragen, ob Sie Geld in Urlaub umwandeln können, wird der Mitarbeiter ablehnen, obwohl es ihm heute egal ist.
Das ist die Belohnung der Beständigkeit.

Im gleichen Atemzug wird nicht selten erwähnt, dass man sich selbst gerade umorientiert, weil man das Gefühl hat, der eigene Beitrag werde monetär nicht ausreichend gewürdigt. Dass eine solche Äußerung die vertretene »Geld motiviert nicht«-These aushebelt, wird oft gar nicht bemerkt.

Ich persönlich glaube fest daran, dass ein gutes Vergütungsmodell viele positive Impulse freisetzen kann. Und ich glaube noch fester daran, dass man mit einem schlechten Vergütungsmodell reichlich Frust bei den Mitarbeitern produzieren kann und deshalb manch guter Mitarbeiter das Unternehmen verlässt. Und die Bleibenden muffeln lieber herum, anstatt engagiert zu arbeiten, weil sie glauben, dass man sie monetär tagtäglich »behummpst«. Da versickert ggf. viel Engagement im Gemecker, statt es in die arbeitsvertraglich geschuldete Leistung einzubringen. Bilden Sie sich gerne selbst eine Meinung, aber bauen Sie dabei nicht zu sehr auf Erfahrungen aus Unternehmen, wo man die Optimierung der

Vergütungsstruktur falsch oder mit zu wenig Kompetenz angepackt hat. Solcherlei Erfahrungen bestätigen nur meine obigen beiden Tipps.

Spannender ist sicher die Frage, ob man über die Vergütung wirklich erfolgreich Einfluss auf die Umsetzung der Unternehmensstrategie nehmen kann. Ich würde diese Frage mit einem klaren Ja beantworten. Aber es geht natürlich nicht durch die »Kraft der Vergütung« allein, diese kann nur einen Teil der benötigten Kräfte für den Unternehmenserfolg freisetzen. Um bei der Erarbeitung Ihrer Vergütungsstrategie die Verbindung mit Ihren HR- und Unternehmens-Zielen herzustellen, sollten Sie sich folgende Frage beantworten:

- Welchen Einfluss auf die Belegschaft können wir mit den Elementen unserer Vergütung nehmen, damit die Mitarbeiter möglichst engagiert und effektiv an der Erreichung der Unternehmensziele arbeiten?

Hier einige Beispiele, damit solche Einflussnahmen konkreter werden:

Einflussnahme auf Unternehmensziele durch Vergütungselemente	
Unternehmens- und HR-Ziele	**Beispiele für eine Einflussnahme durch Vergütungselemente**
Erschließung neuer Märkte in anderen Ländern	Großzügigere Reisekosten- und Entsendungs-Regelungen
Steigerung der Produktivität der Belegschaft	• Einführung einer variablen Vergütung mit Anreizen für die individuelle Leistung und bessere Teamarbeit • Prämien für Impulse im Rahmen von KVP-Konzepten (Kontinuierliche Verbesserungsprogramme)
Verringerung des Durchschnittsalters der Belegschaft	Höhere Einstiegsgehälter in der Gehaltsstruktur für Young Professionals
Culture Change: weg von »Anwesenheit zählt« hin zu »Leistung lohnt sich«	Streichung des Gehaltsförderungskriteriums »Betriebszugehörigkeit«, Ersetzung durch rein anforderungsorientierte Kriterien, wie z.B. mehr Geld für mehr Fach-, Management- oder mehr Umsatz-Verantwortung

Tab. 7: Einflussnahme auf Unternehmensziele durch Vergütungselemente

In den nachfolgenden Unterkapiteln werden sinnvolle Vergütungselemente kompakt beschrieben und es werden jeweils Impulse für Effektivität und Effizienz bei der Ausgestaltung gegeben.

3.4.3 Total Compensation – das Gesamtpaket zählt

Seit einigen Jahren gestalte ich als Trainer im Rahmen eines 5-tägigen »Kompakttrainings Personalmanagement« bei einem der bekannten Trainingsanbieter in Deutschland u. a. den Tag »Vergütung und Zusatzleistungen«. Meine erste Übung für die Teilnehmer lautet, mich als Bewerber davon zu überzeugen, dass das Vergütungspaket in ihrem Unternehmen attraktiv ist. Ich beschreibe mich dann als Young Professional, ehrgeizig und nassforsch, zweites Kind ist unterwegs, also auch familienorientiert, bewerbe mich für eine erste Führungsaufgabe und bin mutig sowie bereit, mich bzgl. meines Beitrages fürs Unternehmen auch messen zu lassen. Das Jahreszielgehalt, das es anzubieten gilt, wird mit einer festen Summe in seiner Höhe begrenzt, aber die Ausgestaltung soll entsprechend der Möglichkeiten im Unternehmen erklärt werden.

Die Teilnehmer – zumeist angehende Personalleiter, die sich für ihre anstehende Beförderung in eine breite HR-Leitungsverantwortung mit diesem Kompakttraining (»Das ganze Personalmanagement in 5 Tagen«) schnell in der Breite der Themen fit machen wollen – tun sich mit dieser Übung nicht selten schwer und die meisten Angebote, die ich als Bewerber in dem nachfolgenden kleinen Rollenspiel erhalte, bewegen sich im Allgemeinen bzw. Unkonkreten. Zumeist werden Fixum und manchmal noch ein variabler Vergütungsanteil beschrieben, selten die sonstigen Zusatzleistungen, neudeutsch als Benefits bezeichnet, und noch weniger sind die Teilnehmer in der Lage, mir tiefergehende Fragen zu den einzelnen Vergütungsbausteinen zu beantworten. Viele kennen sich mit den Vergütungselementen im Unternehmen nicht ausreichend aus, obwohl sie meist schon mehrere Jahre in einer HR-Funktion in dem jeweiligen Unternehmen arbeiten. Und wenn sich Personaler schon in punkto Vergütung nicht richtig auskennen, wie gut mag es dann wohl um die Führungskräfte bestellt sein, die nah dran am Mitarbeiter dieses Thema auch regelmäßig erklären und vertreten können müssten?

Ganz selten werden in diesem Rollenspiel gute bildliche Darstellungen verwendet (wie z. B. in der nächsten Grafik), die sich beim Bewerber i. d. R. besser einprägen und zu seiner positiven Entscheidung für einen neuen Arbeitgeber führen bzw. auch sich bei diesem potenziellen späteren Mitarbeiter als länger anhaltendes Bild von einem attraktiven und motivierenden Vergütungspaket »einbrennen« würden.

> **! Achtung**
>
> In der obigen Übung geht es mir im Übrigen nicht darum, aufzuzeigen, dass man alles Mögliche bzw. möglichst viele Elemente anbieten soll. Es geht mir, wie im vorherigen Kapitel aufgezeigt, darum, dass man **die richtigen** strategisch wirksamen **Vergütungselemente** anbietet und zwar auf eine für Bewerber und Mitarbeiter ansprechende Art und Weise.

Am Ende von drei kleinen Rollenspielen lasse ich dann alle Teilnehmer entscheiden, bei welchem der drei Unternehmen sie als Bewerber angefangen hätten. Und der Zuschlag wird hier i.d.R. nicht an den vergeben, der das umfänglichste Angebot unterbreitet, sondern für den, der das schlüssigste Modell hat und dieses auch zu »verkaufen« versteht.

> **! Beispiel**
>
> Dass dies auch bei großen Unternehmen nicht immer gelingt, konnte ich am eigenen Leib erfahren, als ich mich für eine HR-Funktion bei Siemens beworben hatte. Der mich interviewende Personaler begann die Erklärung für meine potenzielle Vergütung mit den Worten: »Na ja, wir sind eben im Tarifvertrag IG Metall, da haben wir leider nicht so viele Möglichkeiten.« Toller Einstieg, wenn man jemanden vor sich sitzen hat, der bereits drei Angebote von anderen Unternehmen unterschriftsreif in seiner Mappe liegen hat. Dabei hatte Siemens über den Tarifvertrag hinaus reichlich Zusatzleistungen anzubieten. Da gab es betriebliche Altersvorsorge, medizinische Betreuung am Standort, kräftig gesponsertes Mittagessen in gleich 2 wirklich gut sortierten Kantinen, Mitarbeiteraktien und so manches mehr, was ich mir dann in den ersten Wochen selbst erschlossen habe. Nach meiner Einstellung und Einarbeitung erklärte ich die vielen Schmankerln den Bewerbern in meinem Verantwortungsbereich deutlich anders und insbesondere gut aufbereitet mit einem Schaubild.

Nun können Sie angesichts der kleinen Anekdote aus meinem eigenen Personalerleben natürlich einwerfen, dass ich doch trotz der schlechten Beschreibung des Vergütungspaketes bei diesem Arbeitgeber angefangen habe. Gut gekontert, aber leider nicht übertragbar auf die heutige Zeit. Als ich jung und knackig war, da hatte das Unternehmen noch einen Brand wie Donnerhall und es bewarben sich in Zeiten des »War **of** Talents« unzählige Bewerber auf jede Vakanz. Da nahm man es als Bewerber auf eine der begehrten Stellen nicht so kleinlich, wenn sich der Personaler bei der Frage nach dem Gehalt und seiner Zusammensetzung etwas zurechtstammelte. In Zeiten des »War **for** Talents« aber und angesichts der deutlich abgenommenen Attraktivität der großen Konzerne, die eben auch die Eigenart haben, dass mal eben ein paar tausend Mitarbeiter an die frische, aber kalte Luft gesetzt werden, da muss man schon etwas mehr um die knappen Bewerber buhlen.

Goldene HRE-Regel !

Beschreiben Sie Ihr Vergütungsmodell vollständig, in allen seinen Bausteinen, verschweigen Sie dabei nichts und visualisieren Sie es anschaulich. Alles, was Geld kostet und bei den Personalkosten Eingang findet, muss auch im Paket aufgeführt werden. Ansonsten verursachen Sie zugunsten von Programmen für Mitarbeiter Kosten, aber keiner bemerkt es und weiß es dementsprechend auch nicht zu schätzen. Klopfen Sie lieber mehr auf den Busch als zu wenig, denn »Klappern gehört zum Geschäft«! Wenn man etwas schmackhaft machen und verkaufen will, muss man eben auch die Trommel tüchtig einsetzen und positive Argumente aufführen! So darf man die Zugehörigkeit zu einem Tarifvertrag gerne positiv verkaufen, also nicht mit dem Satz: »Leider haben wir hier begrenzte Handlungsspielräume« einsteigen, sondern positiv formulieren: »Sie haben eine hohe Sicherheit, dass die Tarifpartner ganz ohne Ihr Zutun jedes Jahr eine für Sie stetige und den Marktbedingungen angemessene Gehaltsentwicklung sicherstellen werden!«
Ob ein Vergütungspaket als gut oder schlecht wahrgenommen wird, hat ganz viel damit zu tun, auf welche Art und Weise Sie es unter die Leute bringen!

Mögliche Bestandteile einer Vergütung

Das gesamte an den Mitarbeiter gezahlte Salär – in Geld und geldwerten Sachbezügen – werden in Summe als **Total Compensation** bezeichnet. Dabei ist es wie o. g. wichtig, dem Mitarbeiter transparent zu machen, was er alles für Vergütungsbestandteile erhält. Meist hat er nur die Summe im Kopf, die monatlich aufs Konto überwiesen wird. Welche Zusatzleistungen (Benefits) er erhält und was am Ende eines Jahres in Summe an ihn geflossen ist, macht er sich selbst nicht deutlich und zieht es deshalb nicht zur Bewertung seiner persönlichen monetären Zufriedenheitsbetrachtung heran – deshalb müssen Sie es tun.

Die grundsätzlich möglichen Bestandteile eines Vergütungsmodells haben unterschiedliche Ziele und Wirkungen. Folgende Bestandteile und beabsichtigte Wirkungen könnte ein Vergütungspaket beinhalten (ausführlichere Infos dazu in den nachfolgenden Kapiteln):

- **Fixum:** soll die planbare monetäre Grundversorgung und einen angemessenen Lebensstandard gebührend der Komplexität und dem Anspruch der Aufgaben sicherstellen. Mit Gehaltsbändern (in Tarifverträgen häufig Gehaltsstufen), bei denen passend zu Hierarchiestufen das Gehalt ansteigen sollte, kann Transparenz geschaffen werden.
  Zum Bereich des Fixums würde ich auch alle Zulagen zuordnen, die Sie nach systematischen Kriterien für bestimmte Situationen bezahlen. Der Begriff »Fixum« steht dafür, dass der Mitarbeiter aufgrund einer Funktionszuordnung oder bei einer Zulage ggf. gebunden an Zeit oder Umstände einen festen Anspruch auf die Zahlung hat.

- **Benefits bzw. freiwillige Zusatzleistungen:** sollen Mitarbeitern in unterschiedlichen Lebensbereichen Vorteile generieren und die Lebensumstände positiv beeinflussen und damit die Gesamtmotivation abrunden. So unterstützt z.B. ein Firmenwagen die Mobilität, während eine betriebliche Altersversorgung den wohlverdienten Ruhestand absichert. Gerade in diesem Bereich sollte die Personalabteilung alle Führungskräfte mit Informationen über das interne Angebot versorgen und sie motivieren, im Rahmen von beabsichtigen Gehaltsmaßnahmen auch immer darüber nachzudenken, ob man anstele einer voll versteuerten Gehaltserhöhung dem Mitarbeiter nicht lieber ein ggf. auch steuerbegünstigtes Benefit gibt. So könnte man dem Mitarbeiter in seiner jeweiligen Berufs-/Lebensphase neben monetären auch organisatorische Vorteile verschaffen mit z.B. Zuschüssen zur Kita, einem Betriebs-Kita-Platz, Versicherungen gegen Krankheiten in einem Rahmentarif, der auch für ältere Mitarbeiter ohne Gesundheitsprüfung nutzbar ist. Bedenken Sie bei der Auswahl der Benefits für Ihr unternehmensspezifisches Angebot aber Folgendes:
  - Steuervorteile sind ein toller Nebeneffekt für alle Seiten, aber Sie sollten sich hüten, Ihr Angebot an Benefits ausschließlich nach steuerlichen Gesichtspunkten auszuwählen. Der Nutzen für den Mitarbeiter in seiner jeweiligen Berufs-/Lebensphase ist wichtiger als der Steuervorteil. Insbesondere ist es schädlich, den Mitarbeitern diese Vorteile wieder wegzunehmen, wenn Papa Staat mal wieder entscheidet, durch Streichung von Steuervorteilen seinen Bürgern noch mehr in die Tasche zu greifen. Wenn Sie dann die Benefits streichen, an die sich die Mitarbeiter gerade so schön gewöhnt hatten, dann kann das hohes Frustpotenzial freisetzen.
  - Benefits sollten nicht bei der ersten Krise gleich auf die Streichliste kommen, weil man sie sich nicht mehr leisten kann/will. In einem meiner Unternehmen gab es z.B. einen Obstkorb am Eingang. Darin lagen Früchte, deren Namen ich nicht mal kannte, geschweige denn deren Herkunftsland. Im Rahmen einer Krisensparmaßnahme änderte sich der Obstspeiseplan plötzlich und es wurden regionale Äpfel und Birnen und zusätzlich noch als tropische Früchte Bananen angeboten. Diese kleine Veränderung in der Obstauswahl ging durch die Gerüchteküche und manch einer meinte schon, dass es nun wohl Zeit wäre, das sinkende Schiff noch rechtzeitig zu verlassen.

    In einem anderen Unternehmen wollte man sich durch besonders freie Firmenwagenauswahl vom Wettbewerb abheben. Man ließ auch Billigmarken und deren Ausstattung mit großen Motoren und allem drum und dran an Sonderausstattung zu. So konnte ein Mitarbeiter in mittlerer Ebene einen hochmotorisierten Lederausstattungs-Skoda oder ein Mittelklasse-Cabriolet aus Italien fahren. In der ersten Krise aber rächten sich diese Freiheiten, als eine Rückabwicklung der Leasingverträge für solche

Exoten-Fahrzeuge aufgrund des hohen Wertverlustes teurer kam, als die Autos weiter zu leasen und sie auf dem Hof stehen zu lassen. Das war natürlich ein Klotz am Bein des »Krisen-Cashflow-Managements«. Nach Überstehen der Krise wollten neu eingestellte Mitarbeiter nichts davon hören, dass sie aus einem Gebrauchtwagenpool die, wenn auch schick ausgestatteten, »Skodas und Konsorten« fahren sollten. Ist ja praktisch so, als wenn man als Kind die Klamotten seines großen Bruders auftragen soll ... Bei der Überarbeitung der Firmenwagenrichtlinie etablierten sich dann jene Modell- und Markenauswahl-Richtlinien, die sich auch bei anderen Unternehmen bewährt haben: »deutscher KFZ-Einheitsbrei« mit gutem Wiederverkaufswert und dadurch vernünftigeren Leasingkonditionen, auch für den Fall von Rückabwicklungen.

- **Variable Vergütung (sog. Short Term Incentives):** soll eine direkte Verknüpfung mit Unternehmens- und davon abgeleiteten Zielen, die über das Geschäftsjahr zu erreichen sind (sog. »taktische« bzw. mittelfristige Ziele), sicherstellen und soll den Personalkostenblock in Abhängigkeit zum Erfolg stellen und damit flexibilisieren. Sie gibt dem Mitarbeiter die Möglichkeit, durch eigene Leistungen direkten Einfluss auf die Höhe seines Gehaltsbestandteiles zu nehmen.
- **Beteiligung des Mitarbeiters am Unternehmenswert (sog. Long Term Incentives):** soll eine längerfristige Ausrichtung auf unternehmenswertsteigernde Ziele sicherstellen, unternehmerisches Bewusstsein wecken und neben der Kraft immaterieller Werte (z.B. Zufriedenheit mit Aufgabe und Umfeld) auch zusätzlich durch monetäre Anker an das Unternehmen binden. Aufgrund der Länge der Laufzeit folgen bzw. unterstützen solche Beteiligungsprogramme strategische, also langfristige Ziele.
- **Prämien:** sollen bei außergewöhnlichen Leistungen besonderen Dank des Unternehmens ausdrücken, der mit den sonstigen Vergütungsbestandteilen nicht abgedeckt wäre.

Da das Thema Prämien nachfolgend keinen weiteren Raum einnehmen wird, hier noch Tipps zum Umgang mit diesen.

Goldene HRE-Regel !

Prämien sollten in einem Unternehmen ein fester, aber unregelmäßiger Bestandteil der Vergütung sein. Wo außerordentlich herausragende Leistungen durch Mitarbeiter erbracht werden, die mit den sonstigen Vergütungsbausteinen nicht abgegolten werden können, da sollte man zu einer Prämie greifen. Diese sollte aber mindestens ein halbes, besser noch ein ganzes Monatsgehalt ausmachen. Bei Prämien zu geizig zu sein, bereitet den ausgewählten Mitarbeitern eher Frust als Lust. Deshalb lieber wenige, aber großzügige Prämien zahlen. Und schon gar nicht mit der Gießkanne verteilen, dann verliert sich der Effekt des Besonderen und es kommen nach der Versteuerung nur Rinnsale bei den Mitarbeitern an, die wie o.g. keine Freude bereiten.

Aber Achtung: Passen Sie auch auf, dass Führungskräfte Prämien nicht als Ausgleichsmittel für ausbleibende Gehaltserhöhungen (z. B. bei einem Gehalts-Freeze im Rahmen einer Unternehmenskrise) oder als Ausgleich für eine gering ausfallende variable Vergütung wegen Nichterreichung der Ziele umfunktionieren. Das sind sozusagen »Klassiker der Harmoniebedürftigkeit« von Führungskräften, die das aus verschiedenen Bestandteilen zusammengesetzte Total-Compensation-Modell ad absurdum führen.

Ich erinnere an meine obige Seminar-Anekdote, in der ich aufzeigte, dass es nicht darum geht, im Rahmen der Vergütung alles Mögliche abzudecken, sondern möglichst für die Erreichung der Unternehmensziele effektive Elemente zusammenzufügen und diese auch gut zu vermarkten.

Das nachfolgende Schaubild bietet eine grundsätzliche Struktur, die man handschriftlich im Gespräch mit Bewerbern und Mitarbeitern skizzieren oder als hübsch aufbereitete Grafik verwenden sollte. Wenn man dieses Bild schrittweise von unten nach oben aufbaut, dann entsteht eine Gehaltssäule, die den Bewerber/Mitarbeiter mehr beeindruckt als eine bloße Zahl in Euro.

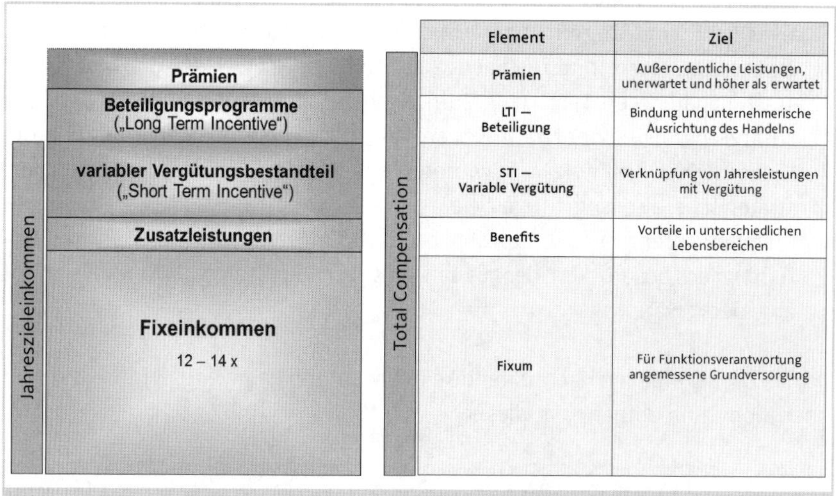
Prämien
Beteiligungsprogramme
(„Long Term Incentive")
variabler Vergütungsbestandteil
(„Short Term Incentive")
Zusatzleistungen
Fixeinkommen
12 – 14 x
Jahreszieleinkommen
Total Compensation
Element
Ziel
Prämien
Außerordentliche Leistungen, unerwartet und höher als erwartet
LTI – Beteiligung
Bindung und unternehmerische Ausrichtung des Handelns
STI – Variable Vergütung
Verknüpfung von Jahresleistungen mit Vergütung
Benefits
Vorteile in unterschiedlichen Lebensbereichen
Fixum
Für Funktionsverantwortung angemessene Grundversorgung

Abb. 27: Gesamtvergütungsmodell – Elemente und deren Ziele

Goldene HRE-Regel !

Typischer Kardinalfehler ist es in diesem Zusammenhang, zwar verschiedene Vergütungselemente im Unternehmen im Einsatz zu haben, diese aber zu »verwurschteln«. So gleichen wie oben bereits erwähnt manche Führungskräfte z.B. eine Nullrunde im Fixum aus, indem sie die Zielerreichung im Rahmen eines variablen Vergütungssystems künstlich erhöhen. Oder sie zahlen eine Prämie für eigentlich durchschnittliche Leistungen, weil sie eine nicht durchführbare Beförderung in eine höhere Gehaltsstufe ausgleichen wollen. Jedes Element hat wie oben beschrieben seine beabsichtigte Wirkung, diese sollte man nicht durch falsche Verwendung beschädigen.

Wenn man verschiedene der aufgeführten Vergütungselemente im Einsatz hat, sollte man sie konsequent so einsetzen, dass die beabsichtigten Wirkungen auch erreicht werden. Wenn Sie den damit verbundenen »Erziehungsaufwand« für Ihre Führungskräfte scheuen und die Elemente von diesen regelmäßig verbiegen lassen, empfehle ich Ihnen einen einfacheren Weg: Werfen Sie das ganze Geld lieber in einen Jahrestopf, dann kräftig umzurühren, durch 12 teilen und monatlich auszuzahlen. Sie sparen sich dadurch viel Ärger und Administration. Spaß beiseite, dieser einfachere Weg hilft natürlich wenig, da die positiven Effekte eines gut aufgesetzten und richtig »gelebten« bzw. verwendeten Vergütungsmodells durch die spaßeshalber angedeutete Alternative »monetärer Einheitsbrei« verlorengehen. Damit gibt es keine Alternative zum Richtigmachen!

Aus der obigen Siemens-Anekdote können Sie neben dem schlechten »Verkauf« durch den Personaler noch eine weitere Erkenntnis ziehen: Natürlich ist ein spannender Job manchmal wichtiger als die Vergütung. Und diesen hatte mir das Unternehmen in der Tat angeboten. Meine anderen Vertragsangebote waren höher dotiert, aber mir war klar, dass ich in diesem Job modernes Personalmanagement auf hohem Niveau schneller würde erlernen können. Und in der Tat habe ich in 3 Jahren so viel gelernt, dass ich mein erstes HR-Beratungsunternehmen mitgründen und aufbauen konnte. Ohne die inhaltlich ansprechende Aufgabe in dem Konzern hätte ich gar nicht genug »Futter« gehabt, um Unternehmen in Sachen HR beraten zu können. Aber dieses Lernpotenzial hatte mir keiner offenbart, das habe ich mir im Vergleich meiner vorliegenden Angebote selbst herausgearbeitet. Hätte ich mich zum Zeitpunkt der Bewerbergespräche rein nach den vorliegenden Vertragsfakten entschieden, hätte ich bei einem anderen Unternehmen angefangen. Das lässt mich zu einer weiteren Regel kommen:

> **! Goldene HRE-Regel**
>
> Verzahnen Sie die Vergütung mit anderen für die Mitarbeitergewinnung und -bindung wichtigen HR-Prozessen, insbesondere der Personalentwicklung! Machen Sie deutlich, dass die Vergütung eines Mitarbeiters nach transparenten Prozessen geschieht und natürlich seiner erfolgreichen Personalentwicklung folgt. Wenn das Fortkommen innerhalb eines Unternehmens mit systematischen Prozessen unterstützt wird und der Mitarbeiter Vertrauen haben darf, dass er adäquat zu seinen Fortschritten auch eine vergleichbare Entwicklung in seinem Gehalt haben wird, dann ist dies ein doppelt wirksames und äußerst ansprechendes Paket!

Nachfolgend habe ich Ihnen eine Visualisierung eingebaut, die ich im Rahmen eines Vergütungsprojektes entwickelt habe. In diesem Projekt haben wir ganz bewusst verschiedene Bereiche in einem Bild zusammengefasst, damit den Mitarbeitern deutlich wird, dass Vergütung kein solitärer Baustein ist, sondern ein verzahntes Element innerhalb eines modernen HR-Gesamtkonzeptes. Die Zahnräder zeigen in dem Schaubild auf, dass die Elemente Stellenbeschreibung und von Zielerreichung und Beurteilung abgeleitete Personalentwicklung ein miteinander verzahntes Konzept darstellen, das sich gegenseitig beeinflusst und durch den Mitarbeiter im Rahmen seiner erfolgreichen Mitarbeit und seiner individuellen Entwicklung mit beeinflusst werden kann. Für die Dokumentation der zusätzlich verzahnten Elemente wurde in dem Projekt eine Software eingeführt, die den Zugriff auf weitere Unterstützungsmodule, wie z.B. einer Trainingsbuchung, ermöglichte.

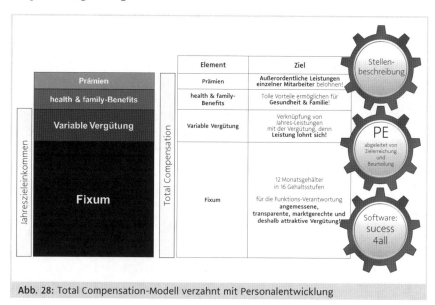

Abb. 28: Total Compensation-Modell verzahnt mit Personalentwicklung

3.4.3.1 Fixum: gerechte Gehaltsstrukturen entwickeln

Wenn man einem Tarifvertrag angehört, so ist zumindest für einen Teil der Mitarbeiter eine Struktur vorgegeben. Für den übertariflichen (manchmal auch als außertariflich bezeichneten) Teil der Mitarbeiter müssen aber auch und insbesondere gerechte Gehaltsstrukturen entwickelt werden. Und wenn Sie keinem Tarifvertrag angehören, erstreckt sich Ihre Pflicht zur Schaffung transparenter und gerechter Strukturen auf alle Mitarbeiter. Nachfolgend möchte ich Ihnen eine Art Rezept anbieten, wie Sie mit dem Instrument des Jobmodells eine passende und gerechte Gehaltsstruktur entwickeln können.

Aber was bedeutet gerecht in diesem Zusammenhang? Gerecht ist ein Gehalt, wenn es

- intern im Vergleich zwischen den Funktionen im Unternehmen unter Berücksichtigung der zu tragenden Verantwortung ausklariert wurde. Die Regel lautet, dass mehr Verantwortung (für Mensch, Material und Umsatz/Gewinn) auch mehr Gehalt bringen muss;
- extern den marktüblichen Gehältern für vergleichbare Funktionen entspricht.

Neuro-HR-Tipp ❗

Gerechtigkeit ist immer eine subjektive Empfindung des Mitarbeiters. Aus den bildgebenden Verfahren können wir viele Schlüsse ziehen. Diese Verfahren messen u.a. die Durchblutung einzelner Gehirnregionen und leiten daraus ab, welche Region bei bestimmen Emotionen oder Tätigkeiten zuständig ist. So haben Studien herausgefunden, dass die Region, die körperlichen Schmerz repräsentiert, auch bei Verletzungen des Gerechtigkeitsgefühls stärker durchblutet wird. Eine ungerechte Bezahlung ist für unser Gehirn in etwa wie ein Tennisarm.

Sie können alle sinnvollen Prinzipien anwenden und ein in sich gerechtes Vergütungssystem entwickeln. Wenn die Mitarbeiter dieses nicht als gerecht empfinden, dann ist nichts gewonnen. Fragen Sie daher auch in Mitarbeitergesprächen regelmäßig nach dem Empfinden der Mitarbeiter, ob sich diese gerecht entlohnt fühlen. Wenn das bei Einzelnen nicht der Fall sein sollte, dann müssen bei Ihnen alle Alarmsignale angehen, denn dann steht dieser Mitarbeiter vor dem Absprung. Gerechtigkeit ist ein starkes Verlangen.

Für den internen und externen Blick ist es notwendig, eine vergleichende Zuordnung zu den einzelnen Leveln vorzunehmen, und genau hier kommt das Jobmodell ins Spiel. (**Hinweis**: Für die nachfolgende Beschreibung lasse ich etwaige Tarifvertragsstrukturen einmal außer Acht und tue so, als wenn Sie in Ihrem Unternehmen für alle Funktionen noch eine Gehaltsstruktur entwickeln wollen.)

3.4.3.1.1 Das Jobmodell: Zentrum des HR-Hauses und Ausgangspunkt für Gehaltsstrukturen

Das Tool, das ich Ihnen nun vorstellen werde, möchte ich Ihnen wirklich ans Herz legen. Ich hoffe, dass ich Sie für die Entwicklung und Nutzung des Jobmodells gewinnen werde, denn in diesem einfachen Tool steckt jede Menge Potenzial für die unterschiedlichsten Themenbereiche im HR-Haus.

Zunächst aber erst einmal an dieser Stelle begriffliche Erläuterungen zum Modell:

- Ein **Jobmodell** gibt Transparenz über alle Funktionen im Unternehmen.
- Funktionen bzw. **Jobprofile**, die einen Entwicklungspfad aufzeigen, werden nach **Jobfamilien** geclustert (Vertikale) und entsprechend ihrer unterschiedlich hohen Wertschöpfungsbeiträge im Vergleich zu anderen Funktionen den sogenannten **Jobleveln** (quasi die Senioritätsstufen) zugeordnet (Horizontale).
- Jobfamilien können zu **Jobbereichen** zusammengefasst werden. So gehören z.B. die Jobfamilien Accounting (Buchhaltung) und Controlling in den Jobbereich Finance. Diese Jobbereiche finden sich im Organigramm eines Unternehmens wieder, aus dem man die Berichtswege der Funktionen erkennen kann und in dem häufig mehrere Organisationseinheiten von einem Bereichsleiter geführt werden und organisatorisch und infrastrukturell verbunden sind.

Das Jobmodell zeigt einer Unternehmensleitung häufig zum ersten Mal auf, wie komplex ihr Unternehmen in Bezug auf Skills- und Talent Management ist. Dadurch wächst meist die Aufgeschlossenheit, in diesem Bereich der HR-Arbeit mehr Aufwand in Form von Ressource und Budget einzubringen bzw. zuzulassen.

Abb. 29: Jobmodell an einem einfachen Beispiel eines Beratungsunternehmens: In die schmalen Spalten wurde die Anzahl der Funktions-/Job-Inhaber eingetragen.

Das Jobmodell kann als Ausgangs- bzw. Dreh- und Angelpunkt für folgende H-Prozesse und -Themen dienen:

- **Vergütungsstruktur:** Aufgrund der vergleichenden Betrachtung aller Funktionen und deren nach Wertschöpfung unterschiedlichen Zuordnung zu Leveln ist es nur logisch, den Jobleveln auch die Gehaltsstufen zuzuordnen. Wer im Unternehmen mehr beiträgt, mehr Verantwortung trägt und erfolgskritischere Entscheidungen treffen muss, steigt im Joblevel auf und hat damit logischer- und gerechterweise auch Anrecht auf eine höhere Vergütung. Oft werden Zusatzleistungen wie Firmenwagen oder Altersvorsorge an diesen Leveln festgemacht. Dazu werden dann Joblevel oft noch einmal geclustert und z. B. zu Top Management, Mittel Management, Seniors, Experts und »normalen« Funktionen zusammengefasst. Die Bezeichnungen sind dabei frei wählbar. In tarifvertragsorientierten Unternehmen unterscheidet man dazu auch oft nach AT (außertariflichen) bzw. ÜT (übertariflichen Mitarbeitern) und tariflichen Mitarbeitern.

- **Personalentwicklung**: Hinter jede Funktion im Jobmodell können Sie eine ausführlichere Beschreibung zu Aufgaben und notwendigen Kompetenzen legen. Diese Beschreibung wird meist als Jobprofil oder Stellenbeschreibung bezeichnet (siehe Kapitel 3.1.1.1). Aufgrund der kompletten Transparenz über alle Funktionen können für einzelne Mitarbeiter und auch für Gruppen von Mitarbeitern, die dieselbe Funktion innehaben, verschiedene Entwicklungspfade aufgezeigt werden. Dabei muss ein Karrierepfad nicht immer nur eine »Kaminkarriere« bedeuten bzw. vertikal innerhalb einer Jobfamilie nach oben verlaufen. Durch die übersichtliche Darstellung aller Funktionen im Unternehmen können auch horizontale oder diagonale Entwicklungspfade aufgezeigt werden. Der Schritt nach rechts und links in andere Jobfamilien kann manchmal der sinnvollere im Rahmen der individuellen Personalentwicklung sein und genauso viel Abwechslung im Berufsleben bedeuten wie ein Schritt in ein höheres Joblevel. Letzterer verspricht zwar dann oft Chancen auf mehr Gehalt, birgt aber auch das Risiko, an dem höheren Anspruch hinsichtlich der Wertschöpfungsbeiträge zu scheitern.
  Wichtig ist in diesem Zusammenhang, dass im Jobmodell auch Fachlaufbahnen ersichtlich sind, für die ein Anwachsen der fachlichen Kompetenz und der damit verbundenen höheren Verantwortung für fachliche Themen erwartet, aber keine Mitarbeiterführungsaufgabe zwingend abgefordert wird. Nur so haben auch Fachexperten die Chance auf einen Aufstieg und der damit verbundenen Gehaltsentwicklung, ohne sich dem unsinnigen »Peter-Prinzip« zu unterwerfen (die beste Fachkraft wird so lange zur nächsten Führungskraft befördert, bis sie auf der ersten Stufe ihrer Unfähigkeit, meist bereits die erste Führungsaufgabe mit Personalverantwortung, angekommen ist).

- **Personalplanung**: Mit ein paar Ergänzungen wird aus einem Jobmodell auch eine quantitative und qualitative Personalplanung.

- **Organisationsentwicklung**: Wenn man das Jobmodell in mehreren Jahresscheiben weiterplant, wird daraus auch ein Tool für die OE, in dem man sehen kann, welche Jobfamilien ausgebaut, welche ausgedünnt oder sogar gestrichen werden und welche neu entstehen müssen.

Wie erarbeitet man ein Jobmodell?

Dazu möchte ich Ihnen die nachfolgende Vorgehensweise empfehlen, bei der weitestgehend die moderierte qualitative Diskussion ein wichtiges Element ist. Nur dort, wo der Vorgang als Basis mitbestimmungspflichtiger HR-Prozesse wie z. B. der Vergütungsstruktur dienen soll (dazu mehr im nächsten Kapitel), müssten Sie die Zuordnung der Funktionen ggf. mittels Zuordnungskriterien oder einem Punktesystem vornehmen, wenn ein Betriebsrat es fordert. Ansonsten funktioniert das nachfolgend beschriebene pragmatische Verfahren prächtig.

1. **Tool erstellen:** Erstellen einer Muster-Excel-Tabelle vergleichbar zu der obigen Abbildung.
2. **Erster Entwurf:** Erstellen eines ersten Entwurfs (Version 1.0) auf Basis der Organigramme und der eingesammelten Jobprofile/Stellenbeschreibungen. Dabei legen Sie Jobfamilien fest und ordnen die Ihnen bekannten Jobs entsprechend der angenommenen Senioritätsunterschiede den jeweiligen Joblevel zu. Das ist am Anfang vielleicht etwas grob und bedarf ausreichend Mut, mal aus der Hüfte zu schießen, aber Sie werden sehen, nach wenigen Stunden passt es schon ganz gut. Gerne können Sie dazu weitere unternehmenskundige Personaler einbinden. Wenn vorhanden, binden Sie natürlich die für die einzelnen Organisationsbereiche zuständigen Personalreferenten oder HR Business Partner mit ein.
3. **Rücksprache mit der Geschäftsführung:** Dann drucken Sie diese Version 1.0 auf Din A1 aus und sprechen sie mit Ihrer Geschäftsführung durch. Dabei wird wieder etwas nachgeschliffen und es entsteht die Version 2.0.

! Achtung

Es geht immer um die reine Funktion, versuchen Sie soweit wie möglich Personen erstmal außer Acht zu lassen. Die Frage nach dem Wertschöpfungsbeitrag muss also beispielsweise lauten:»Trägt der Controller vergleichbar/mehr/weniger zur Wertschöpfung im Unternehmen bei als der Personalreferent, sodass diese Funktionen auf gleichen/unterschiedlichen Joblevel einsortiert werden müssen?« Falsch wäre es zu fragen:»Trägt unser Minderleister Herr Mustermann in seiner Rolle als Controller mehr/weniger zum Unternehmenserfolg bei als unser Spitzenliebling Frau Musterfrau als Personalreferentin?«

Ich kann Ihnen für das Handling die Variante mit dem Ausdruck auf Postergröße besonders empfehlen, denn anhand eines großen Ausdrucks an der

Wand kann man wunderbar mit Käffchen in der Hand alles durchsprechen und handschriftlich etwaige Veränderungen dokumentieren. Das ist viel angenehmer als die Arbeit in einer Excel-Tabelle per Beamer an der Wand. Da scrollt man dauernd hin und her und die Teilnehmer müssen warten, bis Sie ihre Umbauten vorgenommen haben. Dann lieber auf den Ausdruck schreiben und anschließend im stillen Kämmerlein feinschleifen.

4. **Rücksprache mit dem Management:** anschließend den bisherigen Stand des Jobmodells mit der nächsten Managementebene besprechen. Auch dieser sollten Sie vorab die Funktionsweise und die Intentionen eines Jobmodells erklären. Falls das Management als Team gut zusammenarbeitet, kann man dieses Durchsprechen auch in einem gemeinsamen Workshop machen. Wenn die Manager aber eher miteinander konkurrieren, dann sollten Sie die Abstimmung lieber in Einzelgesprächen vornehmen. Dabei sollen die jeweils für die Jobfamilien zuständigen Manager Funktionsbezeichnungen benennen, deren Wertschöpfungsbeitrag im Vergleich mit anderen Funktionen bewerten und dann den jeweiligen Joblevein zuordnen.

   Bei dem Vorgang entsteht manchmal der Bedarf, weitere Joblevel einzuziehen, um die Differenzierung der Wertschöpfungsbeiträge von allen Funktionen hinzubekommen; dann einfach weitere Zeilen in die Excel-Tabelle einfügen. Achten Sie aber darauf, dass es nicht zu einer Mikro-Differenzierung kommt. Selbst bei komplexen Unternehmen sollten es erfahrungsgemäß am Schluss nicht mehr als 12-16 Joblevel sein. Am Ende steht die Version 3.0.

5. **Verifikation durch die Geschäftsführung:** Den nun vorliegenden Stand des Jobmodells sollte die Geschäftsführung noch einmal absegnen, damit hätten Sie dann eine finale Version (4.0). Diese sollte für das Geschäftsjahr gültig sein und unterliegt dem jährlichen Update entsprechend der Unternehmensplanung.

6. **Implementation und Nutzung:** Nun können Sie das entwickelte Jobmodell für die vorgesehenen Prozesse nutzen. Bitte denken Sie neben den eingangs erwähnten Mitbestimmungsrechten des Betriebsrates bei einer etwaigen Nutzung im Rahmen der Personalentwicklung auch daran, dass dieses Tool Transparenz schafft und Funktionen im Vergleich aufzeigt. Die Einsortierung seiner Funktion mag manch Mitarbeiter anders sehen, denn es ist naturgemäß eine interpretierbare Einschätzung, wie hoch der Beitrag eines Job ist. Wenn man selbst diesen innehat, findet man den Beitrag prächtig, wenn man den innehabenden Mitarbeiter nicht mag, empfindet man ihn als gering. Hier sei erneut der Hinweis gegeben, dass man möglichst die Funktionen bewerten sollte und nicht die Personen, die darauf sitzen. Aber im Vorgang geschieht es immer wieder, dass man sich die Gesichter auf den Radar holt und dies ist sicher nur begrenzt zu vermeiden. Aber spätestens bei der Implementation kommt es zu persönlichen Befindlichkeiten, denn dann geht es eben um konkrete Menschen und deren Personalentwicklung, Vergütung oder den sonst vom Jobmodell abgeleiteten Themen.

! **Wichtig**

Deshalb gilt es, vor der Nutzung des Jobmodells im Rahmen der Implementation auch eine gute Kommunikation zu betreiben, damit es nicht zu Irritationen oder unnötigen Störgefühlen kommt. Erfahrungsgemäß reicht es im Rahmen der Personalentwicklung für die Vertrauensbildung aus, dass man den systematischen Prozess und die vielen Beteiligten aufzeigt. Wenn es aber ums Geld geht, bedarf es – und darum würde spätestens ein Betriebsrat mit Ihnen ringen – einer sachlich begründeten Zuordnung über schriftlich fixierte Zuordnungskriterien. Nur so würde ein Mitarbeiter verstehen, warum er sich in einem Joblevel bzw. dem davon abgeleiteten Gehaltsband befindet und nicht darüber, wo es ja mehr zu verdienen gibt.

Sollte die geschilderte Vorgehensweise Ihnen oder Ihrem Betriebsrat also nicht differenziert genug sein, so sollten Sie die Zuordnung der Funktionen wie folgt vornehmen:

- **Analytisches Verfahren:** Sie vergeben **Punkte** nach einem vorher festgelegten Schema für ausgewählte Kriterien, mit denen die Funktionen bewertet werden. Dies nennt man i.d.R. »Funktionsgrading«. Dazu sollte man sich Standardverfahren bedienen, die von einigen Beratungsunternehmen angeboten werden. In dieses Thema kann ich an dieser Stelle nicht tiefer einsteigen. Alles, was es dazu bedarf, liefert Ihnen dann das jeweilige Beratungshaus, dessen System Sie einkaufen.
- **Summarisches Verfahren:** Sie definieren **Zuordnungskriterien,** wie z.B. Art der Tätigkeit, Aufgaben, Handlungsspielraum, notwendige Fachkenntnisse und fachliche Qualifikationen, Expertise, Führungsspanne, nach denen Sie die Funktionen den Jobleveln zuordnen. Dies kann beispielhaft so aussehen:

5. Joblevel	**Funktion/Tätigkeit:** Der Arbeitnehmerin/dem Arbeitnehmer obliegt eine schwierige, umfangreiche Fachaufgabe mit Entscheidungsspielraum bezüglich der eigenen Aufgabenstellung, die die Abstimmung mit anderen internen oder externen Stellen zur Aufgabenlösung notwendig macht oder die Umsetzung/Definition von Arbeitszielen durch entsprechenden Mitarbeitereinsatz bzw. Mitarbeiterunterstützung erfordert. **Erforderliche Ausbildung/Kenntnisse:** Die Arbeitsaufgabe erfordert umfassende Kenntnisse, Fertigkeiten und Fähigkeiten, wie sie in der Regel durch eine einschlägige Berufsausbildung und qualifizierte Weiterbildung sowie langjährige (mindestens 3 Jahre) fachspezifische Erfahrung oder auf anderem Wege erworben werden. Den insgesamt erforderlichen Kenntnissen werden die durch ein einschlägiges Diplom und mehrjährige (mindestens 3 Jahre) fachspezifische Erfahrung oder durch Weiterbildung erworbene Kenntnisse gleichgesetzt. **Beispielfunktionen im Jobmodell (»Ankerstellen«):** Entwickler, IT-Fachleute, Controller

Solche Zuordnungskriterien und Beschreibungen finden Sie i.d.R. in Tarifverträgen, an die man sich konzeptionell anlehnen kann. Als Brücke zur Führungsarbeit, aber auch zum Recruiting, sollten etwaige Stellen-/Jobprofilbeschreibungen dieselben Kriterien verwenden und ausführlich darlegen. So entsteht eine Durchgängigkeit der Instrumente.

Die oben erwähnten »Ankerstellen« sind ausgewählte Funktionen, mit denen die Plausibilität Ihres Verfahrens geprüft wird. Man wählt dazu wichtige und von vielen Mitarbeitern besetzte Funktionen aus, an denen man die Kriterien und die Zuordnung als Erstes und ausführlich ausprobiert. Um diese herum und im Vergleich mit diesen fällt es einem dann einfacher, andere Funktionen zuzuordnen.

Goldene HRE-Regel   **!**

Wie immer Sie bei der Erarbeitung des Jobmodells vorgegangen sind: Für den Umgang mit dem Ergebnis empfehle ich Personalleitern und Leitern der Personalentwicklung, das fertige Jobmodell als Poster an die Wand des Büros zu hängen. So kann man jederzeit bei Gesprächen zur Personalentwicklung darauf Bezug nehmen. Sichtbarkeit fördert nicht nur die Nutzung, sondern auch die Akzeptanz. Eine irgendwo in den Tiefen einer Ordnerstruktur auf dem Server verborgene Jobmodelldatei gerät schnell in Vergessenheit. Was an der Wand hängt, ist da und unterstützt im täglichen HR-Geschäft!

3.4.3.1.2 Umsetzung der Gehaltsstruktur

Nachdem Sie nun alle Funktionen im Jobmodell zugeordnet haben, ist der Weg zu einer gerechten Gehaltsstruktur nicht mehr weit. Um diese umzusetzen, werden im zweiten Schritt nun die Mitarbeiter zugeordnet und die Gehaltsbänder definiert.

Wichtig   **!**

An dieser Stelle erneut der Hinweis: Wenn man einen Betriebsrat im Unternehmen hat, ist dieser im Rahmen seiner Beteiligungsrechte natürlich bei dem Vorgang einzubinden. Erfolgt die Vergütung der Mitarbeiter nach einer bestimmten Systematik, hat der Betriebsrat bereits bei Aufstellung dieser Systematik ein Mitbestimmungsrecht, demnach also schon bei der Erarbeitung des Jobmodells, wenn dies für die Gehaltsfestlegung herangezogen werden soll.
Im Rahmen einer Betriebsvereinbarung sind die Grundsätze des Vergütungsmodells zu vereinbaren. Das Mitbestimmungsrecht erstreckt sich dabei allerdings nicht auf die Gehaltshöhe. Bei Neueinstellungen oder Versetzungen kann der Betriebsrat aber seine Zustimmung verweigern, wenn die beabsichtigte Vergütung der in der Betriebsvereinbarung niedergelegten Systematik widerspricht.

Bei der Entwicklung von Gehaltsbändern empfehle ich folgende weitere Arbeitsschritte:

Entwicklung von Gehaltsbändern	
Arbeitsschritte	**Beschreibung der Arbeitsschritte**
1. Zuordnung der Mitarbeiter	1. Zuordnung der Mitarbeiter zu Jobprofilen bzw. -positionen im Rahmen von Gesprächen zwischen Personalabteilung und Geschäftsführung und später auch den zuständigen Führungskräften. 2. Ggf. Verifikation der Zuordnung mit dem Betriebsrat, dabei werden dann die obigen Zuordnungskriterien angewandt und auch auf Tauglichkeit geprüft. 3. Zusammenführung der für die Mitarbeiter vereinbarten Zuordnung in einer Mitarbeitertabelle, in der u.a. die Gehaltsdaten in ihren einzelnen Bestandteilen (Fixum, variabel, BAV, Firmenwagen etc.), aber auch als Jahresziel- und Total Compensation-Einkommen verfügbar sind. Wichtig ist hier eine Hochrechnung der Beträge auf den Vollzeitwert (z.B. 40 Stunden pro Woche), nur so kann man alle Gehälter wirklich vergleichen. Ist eigentlich logisch, wird aber gerne vergessen. 4. Bestätigung bzw. Nachjustierung der Zuordnung durch die Geschäftsführung.
2. Ableiten der IST-Gehaltsbänder	Die IST-Gehaltsbänder ergeben sich aus dem jeweils höchsten und niedrigsten Gehalt der zugeordneten Mitarbeiter. Naturgemäß sieht das bei einer Erstaufnahme der Struktur wie »Kraut und Rüben« aus. Es gibt meist Mitarbeiter, die zwar niedriger eingruppiert sind, aber mehr als die Kollegen verdienen, die 1-3 Level höher verortet sind.
3. Definieren der SOLL-Gehaltsbänder	Nun muss man die Gehaltsbänder der Zukunft definieren. Dazu kappt man schonmal die extremen Ausreißer, die im Gehalt aus welchen Gründen auch immer viel zu hoch bzw. viel zu niedrig liegen. Dann ermittelt man den Mittelwert und legt die Spanne vom niedrigsten bis zum höchsten Gehalt fest. Bei dieser Festlegung können Benchmarks hilfreich sein, damit die SOLL-Gehaltsbänder einem Marktvergleich standhalten. Statistische »Ausreißer«, die zumeist aus historischen Gründen entstanden sind, dürfen im zukünftigen Gehaltsband nicht berücksichtigt werden. Diese Ausreißer bezeichnet man als: • Überschreiter: Mitarbeiter, die über dem oberen Rand liegen. • Unterschreiter: Mitarbeiter, die unter dem unteren Rand liegen. Für diese Mitarbeiter sind individuelle Maßnahmen zu planen. Bei Unterschreitern sollte in den Folgejahren mit schnelleren Gehaltsschritten die Untergrenze überschritten werden. Dazu sollte die Geschäftsführung ein außerordentliches Budget zur Verfügung stellen, ansonsten würden solche Fälle bei zukünftigen Gehaltserhöhungen das begrenzte Budget auffressen.

Entwicklung von Gehaltsbändern	
Arbeitsschritte	**Beschreibung der Arbeitsschritte**
3. Definieren der SOLL-Gehaltsbänder	Bei Überschreitern kann man nur Folgendes tun, um sie in das jeweilige Band hineinzubringen: • Befördern in höhere Level, um mehr Verantwortung abzufordern (geht nur bei entsprechender Eignung, bloß nicht aus monetären Gründen das Problem der Überbezahlung durch Überforderung noch vergrößern); • »Einfrieren«, bis die jährlich gepflegten Gehaltsbänder das IST-Gehalt eingeholt haben; • Einvernehmliche Reduzierung oder Variabilisierung des Gehalts (was selten auf offene Ohren stößt). Einseitig kommen Sie nicht an zu hohe Gehälter heran. Es ist dem Mitarbeiter ja nun arbeitsrechtlich nicht vorzuwerfen, wenn ein Unternehmen zu viel zahlt. Änderungskündigung oder Kündigung wegen zu hohen Gehalts verursacht beim Arbeitsrichter daher zumeist ein mildes und mitleidiges Lächeln und dann wird Ihnen die Maßnahme kräftig um die Ohren gehauen, und das zu Recht. Mit einem Betriebsrat oder Tarifpartner würde man für die beiden Ausreißergruppen sog. Überleitungsvereinbarungen schließen, in denen geregelt wird, wie man mit dem Problem umgehen will. Bei Überschreitern ist z. B. nicht unüblich, dass man einen Teil zukünftiger Gehaltserhöhungen gewährt (z. B. in Höhe der Inflation) und einen anderen Teil auf das zu hohe Gehalt anrechnet.
4. Verabschieden, kommunizieren und implementieren	1. Erstellen einer Richtlinie; bei einem Betriebsrat: Abschließen einer Betriebsvereinbarung, in der die neue Gehaltsstruktur erklärt wird; 2. Bekanntgabe der Gehaltsbänder auf einer Mitarbeiterveranstaltung, um sich den Fragen stellen zu können; danach auf einem zentralen Laufwerk oder im Intranet zur Verfügung stellen; 3. Einzelgespräche mit den Mitarbeitern durch die Führungskräfte inkl. Erklärung der Zuordnung und Übergabe eines Schreibens, in dem diese Erklärung noch einmal verschriftet ist.

Tab. 8: Entwicklung von Gehaltsbändern

Hier ein Beispiel vor und nach der Neudefinition der Gehaltsbänder:

Jahres-Zieleinkommen bei 40 Stunden/Woche IST

Entgelt-gruppe	Minimum	Maximum	Spanne	Anzahl Mitarbeiter pro Entgeltgruppe
1	23.257,00	33.544,00	10.287,00	13
2	27.345,00	36.054,00	8.709,00	106
3	27.100,00	41.244,00	14.144,00	35
4	31.753,00	53.914,00	22.161,00	16
5	36.054,00	45.945,00	9.891,00	5
6	41.310,00	55.196,00	13.886,00	3

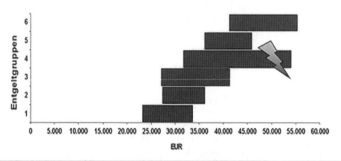

Jahres-Zieleinkommen bei 40 Stunden/Woche SOLL (Vorschlag)

Entgelt-gruppe	Minimum	Maximum	Spanne	Statistische Ausreißer unterer Bereich	Statistische Ausreißer oberer Bereich
1	23.000,00	33.000,00	10.000,00	0	2
2	26.500,00	37.500,00	11.000,00	1	0
3	29.500,00	41.500,00	12.000,00	8	0
4	33.000,00	45.000,00	12.000,00	1	5
5	36.500,00	48.500,00	12.000,00	1	0
6	40.000,00	56.000,00	16.000,00	0	0

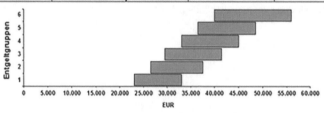

Abb. 30: Beispiel einer einfachen Gehaltsstruktur als IST- und SOLL-Darstellung inkl. Über- und Unterschreitern

Goldene HRE-Regel   !

Nicht selten wird bei diesem Erarbeitungsprozess deutlich, dass es an verschiedenen Stellen in der Gehaltsstruktur Ungerechtigkeiten gibt. Manch einer wird nach der obigen Prozedur zwar meckern (»Jetzt haben wir den Salat«), weil man nun Transparenz hinsichtlich der Missstände hat, aber dieser Zustand ist wenigstens lösbar (»Gefahr erkannt, Chance zu Gefahr gebannt«).

Viel schlimmer wäre es, wenn Sie anlässlich einer fahrlässigerweise nicht erkannten und deshalb nicht gemanagten Ungerechtigkeit wichtige Mitarbeiter im Unternehmen verprellen und diese zum Wettbewerb fluktuieren, weil dieser es vielleicht besser mit der Gehaltsgerechtigkeit hinbekommt. Also frisch ran an den Salat!

3.4.3.2 Benefits als Bindungsanker

Autor: Tim Goldmann

Zusätzlich zur gerechten Gehaltsstruktur können Benefits die Mitarbeiterbindung unterstützen, wenn sie die Vergütungsstruktur sinnvoll ergänzen und für die Mitarbeiter einen echten Nutzen darstellen. Dabei ist es entscheidend, dass die Benefits auf die Zielgruppen abgestimmt sind. Je vielfältiger und unterschiedlicher die Zielgruppen sind, desto breiter, aber auch besser durchdacht muss das Angebot an Benefits sein. Deshalb gilt: Zu Beginn eines Angebots müssen die Zielgruppen für Benefits analysiert und die jeweiligen Benefits in ihren Wirkungen auf die jeweiligen Zielgruppen maßgeschneidert werden.

Ich möchte zur Verdeutlichung hier den Begriff »Benefits-Portfolio« einführen. Das Benefits-Portfolio soll für alle Mitarbeiter einen Mehrwert bieten und sich nicht nur auf wenige Mitarbeiter beschränken. Es gilt vielmehr, ein möglichst breites Angebot an Benefits für die Mitarbeiter anbieten zu können. Leider ist dies nach wie vor in einzelnen Unternehmen immer noch nicht festzustellen. Es steckt gar keine bestimmte Absicht dahinter, oft sind es einfach die Kosten, die die Auswahl einschränken. Zum Teil ist es der Fokus auf eine Gruppe von Mitarbeitern, die unbedingt gehalten werden muss. Manchmal liegt es auch einfach an der Zusammensetzung der Arbeitsgruppe, die sich um die Benefits bemüht hat. Wenn dort nicht die Interessen aller Mitarbeitergruppen und Zielgruppen berücksichtigt werden, dann kann das Benefits-Angebot sehr einseitig ausgeprägt sein und bietet damit keinen Mehrwert für alle Gruppen. Hier sei stellvertretend ein Beispiel genannt:

> **!** **Beispiel**
>
> Ein Unternehmen hat es gut gemeint und organisiert eine Kinder- und Kindernotfallbetreuung. Dieses Benefit nutzt einerseits dem Arbeitgeber, weil die Mitarbeiter in jedem Fall eine Kinderbetreuung nutzen können und nicht durch Kindergartenstreiks o.ä. ausfallen. Andererseits nutzt dieses Benefit leider nur den Mitarbeiterinnen und Mitarbeitern, die Kinder im Betreuungsalter haben.

Bei diesem Beispiel stellen sich alle anderen Mitarbeitergruppen die Frage, was ihnen stattdessen geboten wird. Sie haben automatisch eine hohe Erwartungshaltung und bringen den Arbeitgeber in Zugzwang. In diesem Sinne sollten die Benefits bildlich gesehen im Rahmen einer »Cafeteria« ein breiteres Angebot bieten. Sinnvollerweise gilt es, die Zielgruppen der Mitarbeiterbindung zu definieren und ein darauf abgestimmtes Angebot zu kreieren.

3.4.3.2.1 Maßgeschneidertes Angebot

Das maßgeschneiderte Angebot verfolgt in erster Linie das Ziel, dass es eine gute Abstimmung der Benefits auf die Erwartungshaltung der Zielgruppen gibt. Dabei ist ähnlich zu Marketing- und Vertriebsaktivitäten die Zielgruppe zu bestimmen und anschließend maßgeschneidert für die Zielgruppe das Angebot zusammenzustellen. Abhängig von den Zielgruppen und deren Erwartungshaltung zu Benefits gilt es deutlich zu überlegen, wie und in welchem Umfang die Benefits wirken sollen. Hierbei gilt es mindestens zwei verschiedene Perspektiven der Betrachtung einzunehmen.

- Zum einen sollte der Arbeitgeber für sich abwägen, welchen Nutzen die Benefits stiften sollen und wie sich dieser Nutzen für den Arbeitgeber auswirken soll. Diese Perspektive ist insbesondere dann von Vorteil, wenn es um die Abwägung von Kosten für die Benefits und dem sich daraus ergebenden Nutzen geht. Ich hebe dies an dieser Stelle hervor, weil arbeitgeberseitig häufig die Kosten nur mit dem Nutzen für den Arbeitnehmer verknüpft werden. Das ist in der Sache dann nicht sinnvoll, wenn auch der Arbeitgeber über die Benefits einen Nutzen erzielen kann. In dem oben erwähnten Beispiel mit der Kinder- und Kindernotfallbetreuung hat der Arbeitgeber wie oben beschrieben ebenfalls seinen Nutzen.
- Zum anderen ist aus Sicht der Mitarbeiter zu betrachten, welchen Zweck die Benefits für die Mitarbeiter erfüllen. Der Zweck eines Benefits wird von Mitarbeitern sehr subjektiv betrachtet. Deshalb ist es zugegebenermaßen nicht ganz einfach und zunehmend komplex, für alle Mitarbeitergruppen und damit für alle Zielgruppen den richtigen Mix zu finden. Aus diesem Grund gibt es zu diesen Benefits auch wenig wirklich gute Beispiele. Aber nur weil es hier nicht einfach ist, können die Mitarbeiterbindung und der Einsatz von Benefits nicht außer Acht gelassen werden. Schließlich stellen die Benefits

neben guter Führung durch Führungskräfte einen wichtigen Baustein zur Mitarbeiterbindung dar.

In vielen Fällen konzentrieren sich die Arbeitgeber darauf, einzelne Mitarbeitergruppen für die Mitarbeiterbindung zu fokussieren und entwickeln dann »nur« für diese Gruppen den gewünschten Nutzen, wozu dann entsprechende Benefits eingeführt werden.

> **Achtung** !
>
> Der Vollständigkeit halber sei hier ergänzt, dass die Konzentration auf einzelne Gruppen zwar gerechtfertigt sein kann, aber ganz selten vom Betriebsrat unterstützt wird. Die sich abzeichnende Ungerechtigkeit hält Betriebsräte häufig davon ab, Benefits nur für einzelne Gruppen mitzutragen. Denn es geht dem Betriebsrat in solchen Fällen ja immer um die Verteilungsgerechtigkeit.

Im Sinne der Verteilungsgerechtigkeit sollte aber nicht das Prinzip der »Gießkanne« stattfinden. Manche Benefits erzielen eben für die eine Gruppe (Kinderbetreuung für Mitarbeiter mit betreuungspflichtigen Kindern) einen guten Zweck und für alle anderen Gruppen keinen. Deshalb gilt es, für die im Fokus stehenden Mitarbeitergruppen jeweils einen maßgeschneiderten Nutzen zu bieten. Den Begriff Mitarbeitergruppen können Sie hier z.B. auf folgende Gruppen hierarchischer Ebenen beziehen:

- Auszubildende,
- Sachbearbeiter, Produktionsmitarbeiter,
- Führungskräfte unterschiedlicher Managementebenen,
- Experten.

Darüber hinaus können Sie die Mitarbeitergruppen hierarchieunabhängig und eher lebensphasenorientiert betrachten:

- Berufseinsteiger,
- Berufserfahrene,
- Eltern mit betreuungspflichtigen und/oder schulpflichtigen Kindern,
- Eltern mit Kindern in der Ausbildung,
- Eltern, deren Kinder beruflich auf eigenen Beinen stehen,
- Mitarbeiter ohne Kinder,
- Mitarbeiter mit zu pflegenden Elternteilen,
- Mitarbeiter, die einzeln oder getrennt leben,
- gesundheitlich beeinträchtige Mitarbeiter,
- Mitarbeiter in der Mitte oder der letzten Phase ihres beruflichen Lebens
- usw.

Diese Aufzählung erhebt keinen Anspruch auf Vollständigkeit. Es kann auch ganz andere Lebensphasen geben. Mir ist an dieser Stelle wichtig darauf hinzuweisen, dass es bei den Zielgruppen für Benefits sehr unterschiedliche Betrachtungswinkel geben kann. Es gilt, je Zielgruppe eine Zielsetzung und danach Benefits auszuwählen. Finden Sie in Ihrem Unternehmen heraus, welche Betrachtung für Sie maßgeblich sein soll. Definieren Sie unternehmensspezifisch die für Ihr Unternehmen wichtigen Mitarbeitergruppen und wählen Sie dann aus, mit welchen Benefits Sie die Mitarbeiterbindung in den bei Ihnen entscheidenden Gruppen unterstützen wollen.

3.4.3.2.2 Das Benefits-Portfolio

Das Benefits-Portfolio soll ein großes/breites Angebot an Benefits vorhalten, damit die Mitarbeiter eine für ihre Belange gute Auswahl treffen können. Bildlich möchte ich an eine Situation anknüpfen, in der ein Mitarbeiter wie an einem Selbstbedienungstresen steht und aus unterschiedlichsten Themen genau die auswählen kann, die für ihn am treffendsten oder am bedeutendsten sind. In diesem Sinne empfehle ich, wie an einer großen Ladentheke ein entsprechendes Angebot zur Verfügung zu stellen. Ein Angebot, das nicht für jeden, den Sie binden wollen, etwas vorhält, ist auf Dauer nicht zielführend.

Im Benefits-Portfolio sollte für jede Lebensphase etwas dabei sein. Denn die Mitarbeiter durchschreiten ganz individuell und vom Lebensalter unabhängig unterschiedliche Lebensphasen. Auch dieser Entwicklung sollte das Benefits-Portfolio gerecht werden. Nun gewinnen Sie möglicherweise den Eindruck, dass diese Art Angebot sehr umfangreich sein muss und damit auch sehr kostenträchtig wird. Das muss aber nicht so sein, wenn Sie das Angebot sinnvoll, kreativ und lukrativ gestalten. An dieser Stelle will ich Ihnen dafür gern ein Beispiel liefern. In diesem hat das Unternehmen für sich entschieden, dass es aufgrund einer Analyse die Bereiche »health & family« mit Benefits sinnvoll unterstützen will. Zusätzlich sind die möglichen Kosten in einem engen Rahmen zu halten. Wenn Sie hier nun meinen, das kann ja nicht funktionieren, lassen Sie sich vom Gegenteil überzeugen. Sie sehen in der nachfolgenden Tabelle die Zusammenstellung der Benefits, die das Unternehmen definiert hat.

health	family
Gesundheitstage mit wechselnden Themen (halbjährlich)	Kinderbetreuung
Analyse zu psychischen Belastungen am Arbeitsplatz	Schülerhilfe

health	family
Info zum Umgang mit Gesundheitsthemen (Datenbank) – Push-Mail	Elder-Care
Förderung gesundheitsfördernder Aktivitäten	Familienservice

Sie sehen hier zunächst einmal die Unterteilung in health und family. Den Zeilen können Sie die jeweiligen Inhalte entnehmen. Diese beschreibe ich Ihnen nachfolgend noch ein wenig näher. Über die obigen Benefits hinaus hat das Unternehmen sich zur Einführung weiterer entschieden. Diese sind in dem nächsten Schaubild dargestellt.

Benefits allgemein
Entgeltumwandlung (z.B. Altersvorsorge, Zusatzversicherung usw.)
Erhöhung des Nettobezugs durch steuerliche Vorteile
Förderung ehrenamtlicher Tätigkeit (z.B. Feuerwehr, DRK, THW usw.)

Die Förderung ehrenamtlicher Tätigkeit soll ähnlich wie beim Bildungsurlaub dem freiwilligen Helfer pro Jahr fünf Tage Freistellung für die Teilnahme an Führungslehrgängen ermöglichen. Das Unternehmen geht dabei davon aus, dass diese Führungskenntnisse auch für das Unternehmen von Wert sind. Diese Benefits können Sie zum Beispiel auch noch durch Bike-Leasing, Bike-Sharing und Car-Sharing ergänzen. Mit der Erhöhung des Nettobezugs geht eine Gutscheinregelung einher, die von verschiedenen Anbietern im Markt angeboten wird. Über diese Gutscheine können dann nicht nur unzählige Einkaufsmöglichkeiten genutzt, sondern u. a. auch für den Bereich health Sportaktivitäten und Fitnesskurse oder Gebühren für gesunde Ernährungsangebote eingekauft werden.

Einzelne Benefits und deren Vorteile (beispielhaft)

Im Bereich **health** verfolgte das Unternehmen aus dem obigen Beispiel zwei Ziele:

- Zum einen sollten die Mitarbeiter eine möglichst hohe psychische und physische Resilienz entwickeln und damit den täglichen Anforderungen im Unternehmen gewachsen sein. Hier galt es rein präventiv dafür zu sorgen, dass die Mitarbeiter eine ausgeprägte Sensibilität für Gesundheit entwickeln und auch seitens des Unternehmens die Rahmenbedingungen geschaffen werden, dieses Gesundheitsbewusstsein in die Tat umzusetzen.
- Zum anderen sollte den Mitarbeitern zu deren persönlichem Nutzen durch den Arbeitgeber die Chance gegeben werden, sich möglichst einfach mit den gesunden Themen des Lebens arrangieren zu können. Die Gesundheit wurde

so von beiden Seiten stimuliert und beide Seiten hatten einen entsprechenden Nutzen davon.

Das Unternehmen hatte die zwei am meisten in der Belegschaft vertretenen Krankenkassen angeschrieben und eine Auswertung der am häufigsten registrierten Krankheiten angefordert, einen sogenannten Gesundheitsreport. So wurde über die beiden Gesundheitsreports herausgefunden, welche Themen an den zu planenden Gesundheitstagen behandelt werden sollten. Damit wurde sichergestellt, dass die ausgewählten Themen auch eine entsprechende Praxisrelevanz hatten. Mit den »Gesundheitstagen« sind Events gemeint, bei denen den Mitarbeitern am Arbeitsplatz während und nach der Arbeitszeit an einzelnen Stationen das Thema Gesundheit näher vermittelt wird. Auch die Ergebnisse der Analyse psychischer Belastungen wurden in die Gesundheitstage eingebaut und so das Angebot sinnvoll ergänzt.

Das Angebot an die Mitarbeiter enthielt auch einen sogenannten Push-Mail-Service. Interessierte Mitarbeiter nahmen an einer kurzen Online-Befragung zum Thema Gesundheit teil und bekamen abhängig von ihrem Ergebnis das Angebot, regelmäßig passende Tipps zur Gesundheit (z.B. Bewegung, Ernährung, Umgang mit Stress usw.) zu bekommen. Über diesen besonderen Service wurde das Bewusstsein der Mitarbeiter stetig weiter sensibilisiert, denn die Mitarbeiter erhielten zu Themen, die sie gerade gesundheitlich beschäftigten, wochen- und monatsweise aktuelle Artikel und Hinweise, in denen weitere alternative Angebote zur Prävention angeboten werden. Darüber hinaus arrangierte das Unternehmen die Möglichkeiten zu Sportgruppen und weiteren sportlichen Betätigungsfeldern.

Im Bereich **family** wurde über einen Familienservice ein breites Angebot zu den im »health & family« dargestellten Themen angeboten. Hier wurde über den Service in Verbindung mit einer Hotline den Mitarbeitern ermöglicht, sich vollkommen anonym zu den oben genannten Fragestellungen zu erkundigen, Hilfe zu suchen und einzelne Angebote in Anspruch zu nehmen. Der Service berichtete halbjährlich auf anonymisierter Basis an den Arbeitgeber, in welchen Themen welche Angebote genutzt worden sind. Dies ist mit den früher in Einsatz befindlichen Sozialberatungen in Unternehmen zu vergleichen. Nur ist dieser Service nun deutlich breiter angelegt und überregional verfügbar. So können z.B. auch die Aspekte Schuldnerberatung, Paarberatung, Beratung in Erziehungsfragen enthalten sein.

Mit den allgemeinen Benefits wie z.B. Car-Sharing, Bike-Sharing und Bike-Leasing sollte die Mobilität der Mitarbeiter erhöht werden. So können Mitarbeiter über Dienste wie »Car to go« oder »Drive Now« in verschiedenen Städten national wie auch international mobil sein. Bei Bedarf kann der Mitarbeiter diese Angebote dienstlich, aber auch privat nutzen. Bei dienstlicher Nutzung hat der Arbeitgeber den Vorteil, dass die Kosten günstiger als Taxifahrten sind. Die Kosten für solche Mobilitätsangebote beschränken sich für das Unternehmen auf die einmalige Anmeldung des Mitarbeiters bei den Anbietern.

Die Nutzung von Bike-Sharing kann einen ähnlichen Kostenreduzierungszweck erfüllen und obendrein ist das Fahrradfahren natürlich auch wieder zur Steigerung der Bewegung und damit der Verbesserung der Gesundheit förderlich. Anbieter für Bike-Sharing gibt es in unterschiedlichen Städten Deutschlands. Die Registrierung erfolgt durch den Mitarbeiter online und die dort entstandenen Kosten kann das Unternehmen anschließend erstatten. Beim Bike-Leasing, wofür es ebenfalls unterschiedliche Anbieter in Deutschland gibt, können die Mitarbeiter über einen Rahmenvertrag des Arbeitgebers mit dem Bike-Leasinganbieter ein Fahrrad leasen. Um dabei einen finanziellen Vorteil zu haben, wird die Leasingrate für das Fahrrad durch den Arbeitgeber bereits aus dem Bruttoentgelt abgezogen und an den Leasinggeber gezahlt. Damit reduziert sich das Bruttoentgelt und es fallen für den Arbeitnehmer sowie den Arbeitgeber weniger Sozialversicherungsbeiträge an. Über diese Variante können Mitarbeiter zudem hochwertige und teure Fahrräder im Leasing nutzen, die sie sich wegen des hohen Preises selbst ggf. nicht kaufen würden. Ob es nun City-Bikes, Mountain-Bikes, Rennräder oder gar E-Bikes sind, alle Varianten erhöhen insgesamt die Mobilität, zahlen auf den Themenkomplex »health« ein und motivieren, sich stetig zu bewegen.

3.4.3.2.3 Zusammenfassung

Eingangs hatte ich Benefits und Mitarbeiterbindung in den Zusammenhang gestellt. Die wesentlichen Voraussetzungen für den Erfolg sind
- die Zielgruppenanalyse,
- der Nutzen der Zielgruppen und
- die Abstimmung der Benefits-Auswahl mit den Betroffenen.

Die Benefits-Cafeteria habe ich als bildliches Angebot eines bunten Blumenstraußes genutzt. Dabei geht es mir nicht darum, Benefits zu wählen oder andere ablehnen zu können, sondern vielmehr darum, dass es für jede Zielgruppe Benefits geben sollte, um die Verteilungsgerechtigkeit zu wahren. Im günstigsten Fall kann mit den Benefits die Gesundheit der Mitarbeiter und damit die Leistungsfähigkeit des Unternehmens positiv beeinflusst werden.

! Neuro-HR-Tipp

Damit eine Verknüpfung zu Ihnen als Arbeitgeber besteht, reden Sie viel über Ihre Benefit-Angebote und markieren Sie diese als Unternehmensleistung. Wenn Sie ein Fahrrad zur Verfügung stellen, sollte das Fahrrad in Ihrem CI sein, ähnlich wie ein Sponsoring bei Profisportlern. Wenn Sie einen Kindergarten betreiben, sollte Ihr Logo überall zu sehen sein.

Die sichtbare Verknüpfung zwischen den Benefits und Ihnen als Arbeitgeber ist entscheidend.

3.4.3.3 Variable Vergütung – damit sich Leistung wieder lohnt
Autor: Arne Prieß

Kaum ein Thema sorgt für so viele unterschiedliche Meinungen bei den Beteiligten wie die variable Vergütung. Mancher Mitarbeiter verteufelt sie als überflüssiges Vergütungselement, das Frust statt Lust verursacht, andere wiederum freuen sich darüber, dass sie wenigstens bei einem Bestandteil ihrer Vergütung einen Einfluss auf die Höhe der Auszahlung haben.

3.4.3.3.1 Arten variabler Vergütungskonzepte

Grundsätzlich kann man bei den variablen Vergütungskonzepten 2 Arten unterscheiden, die eine unterschiedliche Komplexität bei der Einführung und im Betrieb aufweisen:
A. Variable Vergütung ausschließlich geknüpft an Unternehmensziele;
B. Variable Vergütung geknüpft an mehrere operative Zielebenen einschl. individueller Ziele

Zu A: Variable Vergütung ausschließlich geknüpft an Unternehmensziele
Lassen Sie mich kurz auf die variablen Vergütungskonzepte A eingehen. Da diese an ausschließlich übergeordnete Unternehmensziele geknüpft werden, sind sie konzeptionell betrachtet eine recht einfache Spielart variabler Vergütung, weil sie nicht den Einzelnen für seine eigenen Beiträge, sondern immer die ganze Belegschaft insgesamt oder Teile daraus (z. B. das Management) als Kollektiv belohnt. Dieses Verfahren ist deshalb konzeptionell nicht so anspruchsvoll, weil es keinen Prozess braucht, um mit dem einzelnen Mitarbeiter Orientierungsparameter zu vereinbaren, an denen die spätere Auszahlung der variablen Vergütung bemessen wird. Und weil die Konzeptentwicklung so einfach ist, kann man sie getrost der Kaufmannschaft im Unternehmen überlassen. Nicht, weil die für anspruchsvollere Konzepte zu doof sind, sondern weil die wenigen Parameter bzw. Elemente im Konzept zumeist reine »Zahlenschrauberei« sind:

- **Unternehmensziele** (z.B. EBIT oder Umsatz oder sonstige Ziele aus der Businessplanung);
- ein **Grundbetrag** für die persönliche Auszahlung der am Konzept teilnehmenden Mitarbeiter (z.B. 10 % des Jahreszieleinkommens; das kann ganz einfach durch die Geschäftsführung festgelegt werden);
- eine **Festlegung, wer** an der variablen Vergütung teilnehmen soll (das kann ebenfalls die Geschäftsführung festlegen, z.B. alle Mitarbeiter oder Mitarbeiter ab einem bestimmten Level; bei komplexeren Auswahlkriterien kommt die Mitbestimmung ins Spiel, dabei kann dann sicher HR unterstützen);
- eine **mathematische Kurve**, mit der die Zielerreichung den Auszahlungsbetrag beeinflusst (z.B. 1:2-Kurve, d.h. 1 % mehr Zielerreichung bringt 2 % mehr Auszahlung; das ist reine Sache des Businessplans, weil man nur daraus sehen kann, wie lukrativ man betriebswirtschaftlich betrachtet in der Lage sein wird, Leistung zu belohnen);
- eine **Auszahlungsmitteilung**, damit der Mitarbeiter »aktenkundig« seinen Auszahlungsbetrag zur Kenntnis nehmen kann.

Sie sehen, das Konzept ist recht einfach. Im »schlimmsten Fall« benötigt man eine Richtlinie oder eine Betriebsvereinbarung, die das ganze Prozedere beschreibt.

Was sind die Vor- und Nachteile des Konzeptes?

Vor- und Nachteile der variablen Vergütung geknüpft an Unternehmensziele	
Vorteile	**Nachteile**
• Der Personalkostenblock wird zu einem Teil variabilisiert. • Betriebswirtschaftlicher oder sonstiger an Unternehmenszielen festzumachender Erfolg und Misserfolg werden monetär zur Kenntnis genommen. • Das Kollektiv hat ein gemeinsames Ziel: »Wir sitzen alle im gleichen Boot« kann zu einem gestärkten Teamgefühl werden. • Keine Aufwände für die Führungskräfte, diese schreien laut: »Hurra, wir haben keinen zusätzlichen Aufwand!«	• Der einzelne Mitarbeiter und seine individuellen Leistungen werden nivelliert: tolle Leistungen finden ebenso wenig Berücksichtigung wie miese, alle kriegen prozentual das Gleiche vom Kuchen ab. Der Minderleister lächelt den Spitzenleister im schlimmsten Falle noch subversiv an, wenn die Auszahlung bekanntgegeben wird. Das verprellt ggf. die Guten und fördert einen schleichenden Leistungsschwund. • Der Kommunikationsprozess mit dem einzelnen Mitarbeiter bzgl. seiner persönlichen Beiträge geht verloren, wenn man ihn nicht als separaten Prozess betreibt. Würde man es tun, verliert man den Vorteil in der linken Spalte (»Hurra ...«).

Tab. 9: Vor- und Nachteile der variablen Vergütung geknüpft an Unternehmensziele

Zu B: Variable Vergütung geknüpft an mehrere operative Zielebenen einschl. individueller Ziele

Führungskräfte haben nach meiner Erfahrung häufig eine eher negative Einstellung zu dieser Form der Vergütung. Nicht, dass sie nicht auch begrüßen würden, dass Minderleister weniger und die guten Mitarbeiter mehr Gehalt bekommen, das finden die meisten o. k. Die Aversion liegt begründet in der Tatsache, dass die Führungskräfte am Anfang, zwischendrin und am Ende des Prozesses einen Haufen Arbeit haben. So ist es in den allermeisten Systemen mittlerweile Usus, dass man Ziele mit der variablen Vergütung verbindet. Bezüglich der Unternehmensziele ergibt sich daraus wenig Aufwand, die kommen ja aus der Businessplanung. Aber Ziele auf den operativeren Zielebenen wie Bereichs-, Abteilungs-, Team- und insbesondere individuelle Ziele müssen im Rahmen der Führungstechnik »Management by Objectives« (MbO) entwickelt, vereinbart, unterjährig auf Zwischenergebnisse und am Ende des Turnus auf den Erreichungsgrad überprüft werden. Wenn ich Ihnen zwischendrin meine Erfahrung mit der Führungstechnik MbO in der Praxis mitteilen darf:

> **❗ Alle glauben, dass sie MbO können, aber keiner kann es wirklich!**

Zu dieser bösartigen Behauptung werde ich weiter unten noch etwas mehr Begründung liefern, aber erstmal weitere Erfahrungen zu dieser Art der variablen Vergütung: Der oben beschriebenen umfangreichen Führungsarbeit steht dann aus Sicht der meckernden Führungskräfte wenig Output gegenüber. Die Zielerreichung hat häufig nur eine übersichtliche Schwankung bei der Auszahlung nach oben oder unten zur Folge, sodass die reichliche Arbeit im Prozess angesichts ein paar hundert oder maximal wenige tausend Euro rauf oder runter im Vergleich zum Jahreseinkommen irgendwie nicht wirklich gerechtfertigt erscheint.

Besser wird es meist auch nicht, wenn man anstelle der Zielvereinbarung eine Leistungsbeurteilung als Orientierungsparameter für die variable Vergütung heranzieht. Auch diese muss gut hergeleitet und begründet werden. Eine Führungskraft müsste über das Jahr Erkenntnisse mitplotten und zur Begründung der Leistungsbeurteilung anführen. Auch diese Alternative ist mit Arbeit verbunden. Und wenn man das Mitplotten vergisst, dann trifft die Beurteilung beim Mitarbeiter meist auf mangelndes Verständnis und produziert Frust, anstatt zukünftiges Engagement anzuregen. Es gibt also genug Potenzial für jede Menge Ärger und deshalb lassen es manche Unternehmen gleich ganz und bedienen sich der oben beschriebenen Art A oder zahlen lieber nur fixe Vergütung aus.

Dies ist nur ein kurzer Ausschnitt aus der sicher unendlichen Litanei zu variablen Vergütungskonzepten der Art B. Wenn Sie nun aber glauben, dass ich Ihnen deswegen diese Form der variablen Vergütung ausreden will, haben Sie meinem Mut, gegen den Strom zu schwimmen, unterschätzt. Ich möchte der obigen Führungskräfte-Klagewelle folgenden Damm aus Argumenten entgegenstellen:

- Ja, variable Vergütung mit operativen Zielen taugt nichts, wenn man es nicht richtig macht. Die Alternative ist m. E. aber nicht, dass man es lässt. Man sollte es einfach richtig machen!
- Und ja, variable Vergütung geknüpft an operative Ziele allein motiviert nicht. Es befinden sich aber viele Elemente in einem Prozess der variablen Vergütung dieser Art, die Motivation potenziell freisetzen können. Hier nur 3 davon, wobei ich einmal aus den Augen erfolgreicher Mitarbeiter die Dinge betrachten möchte:
  - Wer gute Arbeit leistet und Ergebnisse abliefert, sprich Ziele erreicht, der findet es gerechter, wenn er etwas mehr vergütet bekommt als diejenigen, die dies nicht tun. Zeigen Sie mir einen guten Mitarbeiter, der nicht so denkt, und ich meine jetzt nicht den einen »heiligen Samariter«, der sich aus welchen Gründen auch immer in Ihr Unternehmen verirrt hat, anstatt den Bedürftigen in armen Ländern zu helfen.

    Das Schlüsselwort ist hierbei **gerechtere** Vergütung. Bei der fixen Vergütung wird zumeist die Funktion eines Mitarbeiters vergütet. Ggf. ist hier etwas Spielraum nach oben, wenn es etwaige Gehaltsbänder zulassen, zwischen der Leistungsfähigkeit verschiedener Funktionsinhaber zu differenzieren, was ja nicht immer so gegeben ist. Wo, wenn nicht in einer variablen Vergütungskomponente, kann ein Mitarbeiter denn einen Unterschied erleben?
  - Variable Vergütung wird i. d. R. mit Erfolg auf unterschiedlichsten Arbeitsebenen verknüpft. Der Aufwand, am Anfang eines Geschäftsjahres herauszuarbeiten, was dieser angestrebte Erfolg eigentlich ist, sollte nicht als »blöder Zwang« empfunden werden, sondern als »eine Definition des Erfolgs« unabdingbarer Teil des Managements-Jobs sein. Klarheit über das, was es am Ende eines langen Weges zu erreichen gilt, ist eine wichtige Orientierung für Mitarbeiter. Und dann am Ende dieses Weges eine nicht nur mündliche »Haste toll gemacht«-Rückmeldung, sondern auch eine monetäre über das Ausmaß des Erfolges zu erhalten, zeigt dem Mitarbeiter, dass man seine Leistung sehr wohl zur Kenntnis genommen hat und bereit ist, einen Unterschied gegenüber denjenigen zu machen, die sich auf dem Weg weniger nach dem Erfolg gestreckt haben.
  - Auch wenn die Prozesse im Rahmen von variabler Vergütung manche Führungskraft nerven, so wird sie durch die Prozesse doch dazu gezwungen, sich Zeit für ihre Mitarbeiter zu nehmen. Sie muss den Mitarbeitern erklären, wo die Reise hingeht, was sie von ihnen erwartet, was sie bereit ist, zur Unterstützung einzubringen. Sie muss auf dem Weg nachhaken, sich berichten lassen, den Mitarbeitern zuhören und, wo nötig, Rat und Hilfestellung geben. Diese ganze Kommunikation ist viel mehr

Aufmerksamkeit, als mancher Mitarbeiter erhalten würde, wenn es die Prozesse mangels variabler Vergütung der Art A nicht geben würde. Ich halte diesen Austausch zwischen Führungskraft und Mitarbeiter für ein ganz wichtiges Element guter und motivierender Führung und damit hoher Mitarbeiterbindung. Und ich würde ketzerisch behaupten, dass der notwendige Austausch deutlich geringer ausfallen würde, wenn nicht ein jährlicher Pflichtprozess dazu aufrufen würde. Und da ist mir der Mitarbeiter, der Objekt und Nutznießer dieser Auseinandersetzung ist, wichtiger als die Führungskräfte, die es als Zusatzbelastung empfinden, weil sie nicht begreifen, dass genau dies gute Führung ausmacht.

Aber genug auf die Führungskräfte druffgehauen, natürlich liegt es auch an HR, den Prozess der variablen Vergütung bezüglich seiner Implikationen auf die Führungsqualität und damit Mitarbeiterbindung den Führungskräften ausreichend klarzumachen. Ich gestehe, dass manche meiner Beratungsprojekte, in denen ich in den Schlamm manövrierte variable Vergütungssysteme wieder flottmachen sollte, genau diesen Hintergrund haben: Den Führungskräften wurde seitens HR bei Einführung nur der Geldverteilungsanteil der Story erklärt. Aber dass im Prozess ganz viel professionelle Führung praktisch »auf dem Weg« stattfinden kann und soll, wurde nicht klar genug geäußert, sodass es den Führungskräften fast nicht vorzuwerfen ist, wenn sie es nicht begriffen haben.

Und Zack, hat HR wieder den schwarzen Peter. Aber da es mir nicht um Schuld, sondern um eine richtige Nutzung des Vergütungselementes geht, einigen wir uns auf Unentschieden und halten fest: Der Prozess hätte viele Chancen, wenn sie nur alle Beteiligten erkennen und nutzen würden. An dieser Stelle spiele ich auch einmal den »Hardliner«: Wer Leistungen nicht einbringt, obwohl sie für die jeweilige Funktion zu erwarten wären, und vereinbarte Ziele nicht erreicht, der darf dies über ein klares Feedback durch die Führungskraft hinaus auch gerne an seinem Geldbeutel merken. Und wenn derjenige ein Absinken seiner variablen Vergütung nicht zum Ansporn nimmt, beim nächsten Turnus einen Schlag reinzuhauen, dann spart das Unternehmen an dieser Stelle wenigstens etwas Budget ein, um es an anderer Stelle einem leistungsfähigeren oder -willigeren Mitarbeiter als positives Zeichen der Dankbarkeit für gute Leistungen auszahlen zu können. Wegen dieser Umverteilung heißt dieser Vergütungsbaustein u.a. auch »variabel«. Wenn ihn sich ein Mitarbeiter nicht »erdient«, so steht er einem anderen variabel zur Verfügung.

Sie lesen aus meinen Ausführungen schon heraus, ich glaube an die Kraft der variablen Vergütung mit operativen Zielen, aber nur dann, wenn sie mit einem guten Prozess auch gut »gelebt« wird. Und Sie können mir glauben, dass ich alle denkbaren Diskussionen zu dem Thema schon geführt und alle Argumente gegen dieses Vergütungselement schon gehört habe. Ich will in diesem Zusammenhang auch gar nicht verhehlen, dass die Praxis leider in der Tat häufiger Frust statt Lust verursacht. Damit bei Ihnen eher der Lust- denn der Frustfaktor zum Tragen kommt, finden Sie zur Unterstützung im folgenden Kapitel Elemente zur Gestaltung umsetzbarer variabler Vergütungskonzepte und viele Tipps, wie man die Fallstricke der Praxis vermeiden kann.

3.4.3.3.2 Gestaltungselemente für variable Vergütungskonzepte

Für die Ausgestaltung Ihres Konzeptes möchte ich Ihnen nachfolgend noch eine Tabelle mit grundlegenden Gestaltungselementen und Erklärungen dazu anbieten.

Gestaltungselemente für variable Vergütungskonzepte	
Gestaltungselemente	**Beschreibung: Variable Vergütung ...**
Individualvertrag	... muss sich individualvertraglich realisieren lassen, d.h., im Vertrag muss ein Vergütungsbestandteil vorhanden bzw. vorgesehen sein, der einbezogen werden kann. So könnte z.B. folgender Passus dazu geeignet sein: »Darüber hinaus erhalten Sie eine variable Vergütung in Form einer Beteiligung am Geschäftserfolg in Höhe von EUR 5.000. Über die Bedingungen der Beteiligung werden Sie jeweils am Anfang des Geschäftsjahres durch eine entsprechende Richtlinie informiert.«
kollektive Regelung	... muss kollektivvertraglich geregelt sein; so kann sie durch Richtlinie, Tarifvertrag oder eine Betriebsvereinbarung in ihrer Systematik festgelegt werden.
On top oder Teil des Jahreszieleinkommens	... kann on top, also zusätzlich zu einem bereits marktüblichen Jahresfixum/-gehalt gezahlt werden. Diese Form hat eher den Charakter einer Prämie, über die sich alle freuen, wenn sie erfolgt. Die Alternative ist, dass die variable Vergütung Teil des Jahreszieleinkommens ist. Dann fühlt sie sich nicht wie ein »warmer Regen on top« an, sondern wie ein wichtiger Baustein, den sich der Mitarbeiter noch verdienen möchte, um am Ende des Jahres mit einem guten Gehalt dazustehen.
Grundbetrag	... geht i.d.R. von einem Grundbetrag aus, mit dem die Zielerreichung verknüpft wird; so kann z.B. ein Grundbetrag von EUR 5.000 bei einer Übererfüllung der vereinbarten Ziele von 150 % zu einem Auszahlungsbetrag von EUR 7.500 und bei einer Untererfüllung von 50 % zu einer verringerten Auszahlung von EUR 2.500 führen (vorausgesetzt, man hat lineare 1:1-Kurven hinterlegt). Wenn man den variablen Vergütungsbestandteil nicht separat individuell pflegen möchte, dann kann man auch einen Prozentsatz vom Jahreszieleinkommen festlegen. (Z.B. »Sie erhalten zusätzlich einen variablen Vergütungsbestandteil, der bei 100 % Zielerreichung 15 % vom Jahreszieleinkommen ausmacht«)

Gestaltungselemente für variable Vergütungskonzepte

Gestaltungs- elemente	Beschreibung: Variable Vergütung ...
Grundbetrag	Bei einer Neueinführung hat man i.d.R. das Problem, dass man einen nennenswerten Grundbetrag mit ausreichendem Hebel nicht mal eben on top legen kann. Das würde den Personalkosten einen nicht finanzierbaren Sprung nach oben bescheren. In einigen Projekten haben wir deshalb eine einvernehmliche Wandlung von vorhandenem Urlaubs- und Weihnachtsgeld oder 13. Monatsgehältern angeboten. Nun werden Sie fragen, wieso ein Mitarbeiter so etwas tun sollte? Zu Recht! Freiwillig tut das keiner, dies gelingt nur, wenn Sie Wandlungshilfen verwenden wie z.B. folgende:»Wenn Sie 1 Euro fixes in variables Gehalt umwandeln, legen wir pro Euro 25 Cent dazu.« Im Zusammenspiel mit Auszahlungsgarantien (siehe weiter unten), überzeugenden Gesprächen und erfolgreichen ersten Jahren können Sie so sukzessive den Großteil der Mitarbeiter auf ein neues Vergütungssystem umstellen. Mit jedem neu eingestellten Mitarbeiter vereinbaren Sie ohnehin einen Vertrag inklusive variabler Vergütung. Nach ein paar Jahren sind dann die Mitarbeiter ohne variable Vergütung eine schwindende Minderheit. Bei diesen könnten Sie, soweit es etwaige kollektive Regelungen zulassen, in den Folgejahren etwaige Gehaltserhöhungen zum Aufbau einer variablen Vergütung nutzen, sodass auch diese mit dem gleichen Prozess geführt werden können; am Anfang eben nur mit einem noch recht kleinen, aber dann zusehends wachsenden Hebel.
Motivations- hebel	... sollte einen ausreichenden Motivationshebel haben; für einen Betrag von EUR 1.000, der vielleicht auch noch auf unterschiedliche Ziele aufgeteilt wird, wird kein Mitarbeiter mehr den Zusammenhang von Leistung und Zielerreichung erkennen, insbesondere, wenn erst nach Ende des Geschäftsjahres bei Vorliegen des Geschäftsjahresabschlusses gezahlt wird. Die Höhe des Grundbetrages muss der Wichtigkeit der vereinbarten und erreichten Ergebnisse angemessen sein. Unter 5 % vom Jahreszieleinkommen variable Vergütung erscheint mir nicht mehr zielführend zu sein. Dafür ist dann der Hebel auf das Jahreszieleinkommen einfach zu schwach.
Verhältnis fix zu variabel	... sollte in einem ausgewogenen Verhältnis von fixer zu variabler Vergütung gestaltet sein; dabei gelten folgende Kriterien als Anhaltspunkte: • Je höher die Hierarchiestufe, desto größer der variable Bestandteil (in einer Spanne von 10-30 % vom Jahreszieleinkommen ansteigend). • Je mehr Umsatz- und Auftragseingangsziele (z.B. bei Vertriebsmitarbeitern oder Beratern), desto größer der variable Bestandteil.

Gestaltungselemente für variable Vergütungskonzepte	
Gestaltungs-elemente	**Beschreibung: Variable Vergütung …**
Teilnehmer	… entspricht nicht der Denkweise aller Mitarbeiter, so sind weniger selbst-ständig und eher zuarbeitende Mitarbeiter mit einfachen Tätigkeiten zu-meist zufrieden damit, wenn am Ende des Monats ihr Gehalt auf dem Konto eingeht; an Zielen hängende, zusätzliche variable Vergütungsbestandteile verwirren eher, als dass sie zu zusätzlicher Motivation führen. Gegen den Trend, alle Mitarbeiter zu beteiligen, muss bei Systemen mit Jahreszielgehalt empfohlen werden, nur Mitarbeiter mit höherem Gehalt einzubinden; diese sind oft auch mit verantwortungsvolleren Aufgaben versehen und haben entsprechend höheren Handlungsfreiraum. Überlegen Sie sich sehr gut, welche Mitarbeiter Sie mit der variablen Ver-gütung »motivieren« wollen. Bei den normalen Mitarbeitern stoßen Sie am Anfang häufig auf mehr Ablehnung als Motivation! Fangen Sie daher bei den Leistungsträgern, Experten bzw. Stabs-, Führungs- und Vertriebs-positionen an und brechen Sie erst später das System – nach erfolgreicher Einführung – auf weitere Mitarbeitergruppen herunter.
Welches System für wen?	… muss zu den betroffenen Mitarbeitern passen; so gibt es unterschied-liche Möglichkeiten, die sich nach folgenden Kriterien richten: ■ Funktionsbereich (z.B. Vertrieb, Projektaufgaben oder allgemeine Funktion); ■ Senioritätslevel (Geschäftsführung, Führungskraft oder Mitarbeiter).
Turnus der Auszahlung	… wird i.d.R. einmal nach dem Geschäftsjahr gezahlt; je nach Volatilität des Geschäftes gibt es aber auch kürzere Zeiträume, die sich zumeist von der Zielreichweite der vereinbarten Ziele ableiten; so können Halbjahresziele und entsprechende Auszahlungen durchaus sinnvoll sein; bei Vertriebs-mitarbeitern werden häufig auch quartalsweise Zahlungen vereinbart, um einen direkten Bezug vom Erfolg zur Zahlung herzustellen. Wenn variable Vergütung als Bestandteil eines Jahreszieleinkommens am Ende des jeweiligen Geschäftsjahres gezahlt wird, verringert sich der monatliche »Cash Flow« um die entsprechende Summe des Grundbetrages; es sinkt also die monatlich zur Verfügung stehende Geldsumme für die Mit-arbeiter; dies führt regelmäßig zu Widerständen bei den eher in Monatsge-hältern denkenden Mitarbeitern auf niedrigeren Joblevln; bei leitenden An-gestellten oder Vertriebsmitarbeitern ist aufgrund anderer Gehaltsniveaus oder im Vertrieb üblicher Praxis i.d.R. kein Problem zu erwarten. Wenn ein Mitarbeiter aber eher im unteren Gehaltsniveau unterwegs ist, kann der verringerte Cash Flow schon zu einem monetären Engpassproblem werden. Ich empfehle daher Unternehmen, mindestens eine halbjährliche Teilaus-zahlung einzubauen. Diese sollte dann an ein Zwischenreview gekoppelt werden, in dem die voraussehbaren bzw. wahrscheinlichen Zielerreichungen analysiert werden und z.B. 50 % auf halber Strecke ausgezahlt werden. I.d.R. sind die variablen Vergütungssysteme nicht so konzeptioniert, dass die Auszahlungsbeträge selbst bei schlechter Lage wirklich auf einen Wert unter 50 % fallen könnten, sodass meist keine Gefahr für eine etwaige Rückzahlungsnotwendigkeit besteht, was arbeitsrechtlich schwierig umzu-setzen ist (»gezahlt ist gezahlt«). Das Unternehmen verliert also nichts und der Mitarbeiter gewinnt eine Spritze für seinen Cash Flow.

Gestaltungselemente für variable Vergütungskonzepte	
Gestaltungs-elemente	**Beschreibung: Variable Vergütung …**
Zielebenen und -felder	… sollte an Zielen auf unterschiedlichen Ebenen geknüpft werden, um sowohl individuelle als auch Gruppenenergien freizusetzen. Zumeist werden folgende Ebenen angeboten und je nach Priorität und Strategie mit unterschiedlichen Anteilen gewichtet: • Unternehmensziel, • Teamziel (kann dann sowohl Abteilungs- als auch andere Zwischenebenen der Organisation meinen), • persönliche bzw. individuelle Ziele. Auf diesen Ebenen können die Ziele unterschiedliche Themen ansprechen, so können z. B. folgende Zielfelder verwendet werden: Aufgaben-, Leistungs-, Verhaltens-, Projekt- und Führungsziele.
Höhe der Auszahlung (Zielerreichungskurven)	… ist deshalb variabel, weil die Auszahlung nach einem vorher festgelegten Modus von der Zielerreichung abhängt; dazu werden • quantitative bzw. mathematische (i. d. R. eine grafische Kurve mit unterschiedlichen Steigungen, siehe Beispiele weiter oben) oder • qualitative bzw. Stufen-Kurven für schwer skalierbare Sachverhalte (z. B. 5 Stufen wie 50 %, 75 %, 100 %, 125 %, 150 % mit definierten Ergebnissen für den Zielsachverhalt; das eigentliche Ziel ist dann die Definition bei der 100 %-Stufe) festgelegt, nach dem der Auszahlungsbetrag sich errechnet.
Begrenzung der Auszahlung	… wird i. d. R. mit Grenzen versehen, um eine gewisse Planbarkeit der Auszahlungshöhe zu erreichen. • Mit einer **Obergrenze**, »Deckelung« oder »Cap« bezeichnet man die obere Grenze des Auszahlungsbetrages; so gibt es viele Konzepte, die eine Verdoppelung des Grundbetrages zulassen, aber darüber hinaus (also in diesem Beispiel bei 200 % des Grundbetrages) abschneiden. • Mit einer **Untergrenze** oder »Floor« bezeichnet man die Grenze, unter der keine Auszahlung mehr erfolgt, weil die Abweichung vom Ziel nach unten so groß ist, das keine Incentivierung mehr gerechtfertigt ist; dies erfolgt häufig bei Umsatz- und Gewinnvorgaben, hier geht man davon aus, dass eine Verfehlung des geplanten Gewinns um z. B. 50 % als eine so schlechte Leistung gewertet wird, dass dafür keine »Belohnung« angemessen ist; solche Begrenzungen sind aber ständiger Diskussionspunkt, insbesondere bei schlechter Planung der Geschäftsführung. Aus Ober- und Untergrenze ergibt sich ein **Korridor**, innerhalb dem sich die Zielerreichung bewegen kann
Garantien	… kann in ihrer Mindestauszahlung garantiert werden, was letztlich bedeutet, dass der garantierte Mindestauszahlungsbetrag fixes Einkommen ist. • Eine Garantie von 50 % des Grundbetrages bedeutet demnach, dass man auch bei einer Zielerreichung darunter diesen »Sockelbetrag« erhält; zumeist gehen Garantien mit gleichwertigen Obergrenzen einher (bei 50 % Untergrenze mit Garantie, 150 % Obergrenze) Persönlich würde ich Garantien ausschließlich im Rahmen der Einführung verwenden, denn diese helfen, eingeführte Systeme in den ersten Jahren

Gestaltungselemente für variable Vergütungskonzepte	
Gestaltungselemente	**Beschreibung: Variable Vergütung ...**
Garantien	der Anwendung in ihrer Akzeptanz auch bei den »ängstlicheren« Mitarbeitern zu unterstützen. So könnte man garantieren, im 1. Jahr 100 % zu zahlen, im 2. Jahr 80 % und im 3. Jahr noch 60 %. Ab dem 4. Jahr gelten dann die normalen Regelungen ohne Garantien. Bis dahin sollte sich der Prozess aber auch eingeschwungen haben und gut funktionieren.
Auszahlungszeitpunkt	... ist oft mit der Erreichung von Unternehmenszielen verknüpft, deshalb muss vor der Auszahlung zumeist der Geschäftsjahresabschluss vorliegen; manchmal muss dieser auch von den Gesellschaftern oder den Aufsichtsgremien bestätigt werden, sodass der Auszahlungszeitpunkt sich oft auf 1-2 Monate nach Abschluss des Geschäftsjahres verschiebt; hier sollte man möglichst schneller sein, um den Zusammenhang von Erfolg und Vergütungsbestandteil nicht unnötig zu trennen.
Komplexität	... kann als reiner Vergütungsbestandteil gestaltet sein, also Zielvereinbarung (MbO) mit Vergütungsverknüpfung. ... kann in ein Mitarbeitergespräch eingebettet werden, d.h. verknüpft mit Personalentwicklung, zumeist als Teilschritt des Gespräches und der Zielvereinbarung als Anlage zum Gesprächsbogen. Diese Variante ist mittlerweile Standard, da sie Themen sinnvoll verknüpft, denn was gibt es Plausibleres als z.B. aus Unter- und Übererfüllung Personalentwicklungsdefizite bzw. nutzbare Potenziale herauszufiltern?
Instrument	... kann mit einer Standard-Software (z.B. Performance-Management-Module), selbstrechnender Excel-Tabelle, einer Word-Datei oder handschriftlich unterstützt werden. Im Sinne der Rationalisierung des Prozesses sind sicher die beiden ersten Möglichkeiten vorzuziehen. Bei der Entscheidung für das Instrument sollte bedacht werden, ob alle Führungskräfte einen PC/Laptop haben und wie affin sie mit IT-Systemen sind.
Prozess	... muss einem jährlich wiederkehrenden Prozess folgen, der üblicherweise folgende Schritte beinhaltet: 1. **Vorbereitung**: Führungskraft und Mitarbeiter terminieren sich und bereiten sich auf das Zielvereinbarungsgespräch vor, d.h., sie erarbeiten Ideen für Ziele und präparieren die Instrumente, die genutzt werden sollen. 2. **Zielvereinbarungsgespräch**: Das Gespräch wird gem. Ablaufempfehlung geführt, es wird die Zielvereinbarung vorgenommen und dokumentiert. 3. **Zwischenreview** (oft auch als Statusgespräch bezeichnet): Unterjährig sollte mind. ein (Pflicht-)Gespräch geführt werden, in dem der Stand der erfolgten Maßnahmen und der voraussichtliche Zielerreichungsstand am Ende des Turnus besprochen werden. Falls nötig werden zusätzliche Maßnahmen beschlossen, wenn die Zielerreichung gefährdet erscheint. Im Ausnahmefall, wenn aus unbeeinflussbaren Gründen die Zielerreichung nicht mehr möglich ist, wird die Zielvereinbarung adjustiert und die Auswirkung auf übergeordnete Ziele analysiert. Die Führungskraft sollte diese Auswirkung entsprechend berücksichtigen und ggf. ihre eigene Führungskraft darüber informieren, wenn übergeordnete Ziele nicht mehr voll erreicht werden können (»Zielkaskade ist nicht mehr durchgängig«).

Gestaltungselemente für variable Vergütungskonzepte	
Gestaltungs-elemente	Beschreibung: Variable Vergütung ...
Prozess	Neben einem Pflichtreview empfehle ich den Führungskräften eine stetige Thematisierung der Ziele in jedem 2. Jour fixe. So bleibt die Zielvereinbarung ein »lebendiges Führungsinstrument« und mutiert nicht zur »Aktenleiche«, die man am Ende des Jahres für alle Beteiligten völlig überraschend aus dem Hut zaubert, sich dann gemeinsam wundert, warum das ganze Jahr an anderen Themen gearbeitet wurde, sich dann aus Harmoniegründen darauf einigt, dass der Mitarbeiter trotzdem lieb und fleißig war, und eine 100%ige-Auszahlung beschließt. 4. **Datenerhebung**: Im Vorfelde des Zielerreichungsgespräches müssen ggf. für ausgewählte Ziele Daten zum Erreichungsstand erhoben bzw. die Zielerreichungen gemessen werden. 5. **Zielerreichungsgespräch:** Führungskraft und Mitarbeiter betrachten gemeinsam die Zielerreichung und dokumentieren dies in dem Instrument. Bei Dissens zum Zielerreichungsstand wird dieser ausdiskutiert. Die unterschriebene Dokumentation geht an die Gehaltsabrechnung, manchmal baut man ein 4-Augen-Prinzip mit der nächsthöheren Führungskraft ein, die den Zielerreichungsstand bestätigen muss. 6. **Auszahlung**: Auf Basis des Zielerreichungsstands wird die Auszahlung durch die Payroll angestoßen. Ein gutes Instrument rechnet den Auszahlungsbetrag automatisch aus, sodass die Kollegen in der Payroll nur die Umsetzung, nicht aber die Berechnung verantworten müssen. Ab dem 2. Durchgang werden das Zielerreichungsgespräch und das Zielvereinbarungsgespräch für das Folgejahr in einem Termin absolviert. Man schaut also erst zurück und dann vor und vereinbart idealerweise noch Personalentwicklungsmaßnahmen, die sich aus der Rückschau und auch aus den Herausforderungen der anstehenden Ziele ergeben (nach dem Motto »Fördern, was man fordert«). Der festgelegte Prozess sollte in einer anschaulichen Grafik visualisiert werden, damit man ihn leicht erklären und nachvollziehen kann.
Verantwortung	... ist ein Vergütungsbestandteil, deshalb hat die Personalabteilung meistens die Richtlinien- und Administrationsverantwortung.
»Prozess-Owner«	Für die Ziele und die Anwendung ist aber das Management des Unternehmens verantwortlich, weil das Konzept ein Führungsinstrument ist. Owner sollte deshalb das Management sein. HR dient als Prozess-Supporter.

Tab. 10: Gestaltungselemente für variable Vergütungskonzepte

Wie bereits weiter oben angedeutet, sind Vergütungsprojekte Operationen am offenen Herzen, d.h., hierbei darf nichts schief gehen. Deshalb schließe ich das Konzeptkapitel mit einem weiteren Tipp ab:

Goldene HRE-Regel   !

»Verbrennen« Sie die Chancen einer variablen Vergütung nicht leichtfertig durch mangelndes Konzeptwissen bei der Erarbeitung und Unerfahrenheit bei der Einführung. Wenn Ihr Konzept bei den Teilnehmern erst zu Frust geführt hat, ist das »Wieder-Anschieben« meist schwierig und mit erheblichem Vertrauensverlust verbunden. Im Zweifel bezüglich Ihrer eigenen Kompetenzen zum Thema kaufen Sie sich für ein solches Projekt lieber einen erfahrenen Berater ein, der Ihnen die Tücken solcher Vorgänge aufzeigen kann, bevor sie Ihnen so richtig um die Ohren fliegen. Binden Sie deshalb lieber von Beginn an Profis bei der Entwicklung und Einführung ein! Meine Erfahrung lautet bzgl. der Einführung: Sie haben nur 2 Anläufe, einmal einführen, einmal nachbessern. Wenn man an einem einmal »versaubeutelten« Prozess jedes Jahr herumschraubt, wird es zu einem »Running Gag« und dieser wichtige Prozess wird zur Lachnummer und zum Frustrationstreiber.

3.4.3.3.3 Die 8 Klassiker des Misserfolges variabler Vergütung

Um Ihnen schlechte Erfahrungen mit der variablen Vergütung zu ersparen, erhalten Sie nachfolgend einige wichtige Hinweise, wie man es nicht machen soll und was es zu beachten gilt, damit die Einführung und der Betrieb eines solchen Vergütungselements erfolgreich verlaufen können.

Gerne fasse ich meine Beobachtungen zusammen, warum so viel Frust in variablen Vergütungsprozessen entsteht. Ich nenne sie die

8 Klassiker des Misserfolges:
1. **Alle müssen Management by Objectives!**
   Die Führungstechnik MbO benötigt zum Funktionieren die Grundvoraussetzung, dass ein Mitarbeiter einen gewissen Gestaltungsspielraum hat, um Ergebnisse in der Zukunft zu erreichen. Nur wenn dies vorliegt, ist es fair und angemessen, mit dem Mitarbeiter Ziele zu vereinbaren. Wenn er trotz des Gestaltungsspielraums das Ziel nicht erreicht, so ist es fair und auch gerecht, dass dieses Misslingen/Versagen auch die Auszahlung verringert.
   Sollte ein Mitarbeiter einen solchen Gestaltungsspielraum und persönlichen Einfluss auf die Zielerreichung nicht haben (z.B. bei einem Buchhalter, der sich streng an buchhalterische Prozesse zu halten hat), dann sollte man mit Management by Delegation arbeiten, also mit der Delegation von Verantwortung für Aufgaben, und die Aufgabenerfüllung dann mit einer Leistungsbeurteilung bewerten.

2. **Aufgaben statt SMARTI-Ziele**
   In 80 % der von mir auditierten Zielvereinbarungen finde ich keine Ziele, sondern lediglich Aufgaben. »Tue dies« oder »Erledige jenes« beschreiben keine

Ergebniszustände in der Zukunft, sie beschreiben Aufgaben. Ein Ziel beschreibt eine Art Zielfoto, dass bedeutet, dass der fertige Zustand am Ende der noch zu erledigenden Arbeit so gut beschrieben wird, dass man ihn sich vorstellen kann. Sozusagen eine Manifestation der Zukunft, nur eben in Worten. Deswegen formuliert man auch in der Vergangenheitsform, was sich etwas komisch anhört, einen aber davor bewahrt, dass man Aufgaben beschreibt; also z.B. »Am 31.12. wurde die Personalabteilung erfolgreich nach dem HR-Excellence-Konzept von Arne Prieß transformiert und dadurch die Kundenzufriedenheit, gemessen durch eine Kundenzufriedenheitsbefragung, um 20 % verbessert!« Neben dem Hauptthema, Ziele statt Aufgaben zu beschreiben, müssen die Ziele auch noch Qualitätskriterien erfüllen, die dafür sorgen, dass die Ziele echte Orientierung geben. Dazu kennen Sie ja bereits das Merkwort »SMARTI« siehe Kapitel 2.1.1.3.2, in dem das i für »integriert in die Zielkaskade« steht. Denn ein Ziel kann total smart (siehe nachfolgende Grafik) sein, aber in eine völlig falsche Richtung gehen, und somit für die übergeordneten Unternehmensziele keinen effektiven Beitrag leisten.

In diesem Zusammenhang wird sicher auch klar, warum variable Vergütung gekoppelt an Ziele einen strategischen Impact hat. Über den Prozess der Zielkaskadenableitung können strategische Ziele über die Businessziele des jeweiligen Geschäftsjahres zu den für die Erreichung notwendigen Beiträgen aller Ebenen und Beteiligten heruntergebrochen werden. Daraus entsteht eine strategisch orientierte Energie des Handelns. Wenn man es richtig anstellt, verstehen alle Mitarbeiter, wohin die Reise mittel- und langfristig gehen soll und was sie dazu beitragen können und sollen. Dadurch erhält die Unternehmensstrategie erst ihre Robustheit, die Mannschaft tut, was sie sich vorgenommen hat, sie will gemeinsam am Ziel ankommen und ist bereit, jeden an seinem Platz effektiv zu unterstützen.

1. Spezifisch — konkret 2. Selbst initiierbar 3. Simpel	**S**	1. Was genau wollen wir? 2. Liegt die Zielerreichung allein in Ihrer Macht? 3. Ist das Ziel einfach und verständlich formuliert?
Messbar	**M**	Woran erkennen Sie, dass Sie das Ziel erreicht haben?
1. Aktiv beeinflussbar 2. Als ob jetzt 3. Attraktiv 4. Aktionsauslösend	**A**	1. Kann der Mitarbeiter die Zielerreichung weitgehend selbst beeinflussen? 2. Ist das Ziel in der Gegenwart formuliert? 3. Lassen Sie und der Mitarbeiter sich von diesem Ziel wirklich begeistern (Motivation)? 4. Stößt das Ziel eine Handlung/Veränderung an (Stillstand wird nicht belohnt)?
Realistisch	**R**	• Ist das Ziel anspruchsvoll, aber auch erreichbar? • Liegt das Ziel im Bereich des Möglichen?
1. Terminiert 2. Timing 3. Total positiv	**T**	1. Sind klare Termine festgelegt? 2. Wann genau ist das Ziel erreicht? 3. Ist das Ziel positiv beschrieben (etwas tun, nicht etwas unterlassen)?
Integriert in die Zielkaskade	**i**	„Zahlt" das Ziel in die übergeordneten Ziele schlüssig ein, leistet es einen glaubhaften Beitrag?

Abb. 31: SMARTI-Ziele (dazu mehr im Buch »Führung mit dem Omega-Prinzip«)

3. FK verstehen nur »Wie«, nicht »Warum«

Wie oben bereits erwähnt, wird den Führungskräften bei der Implementation oft und umfänglich erklärt, wie man den Prozess betreiben und die Tools anwenden soll. Aber nicht oder nur wenig wird ihnen erklärt, warum der Prozess nichts anderes als professionelle Führung ist; dass sie sozusagen auf dem Weg der Umsetzung alles tun, was eine Führungskraft ausmacht. So entsteht keine Eigenmotivation als Führungskraft, sondern nur das Gefühl, einen zusätzlichen, zeitraubenden Prozess für HR betreiben zu müssen, mit dem man am Ende einen Teil des Geldes variabilisieren will. Ich habe deshalb bei den von mir verantworteten Implementationstrainings immer 75 % Führungsanteile und nur 25 % Trainingsanteile, in denen ich den eigentlichen Prozess erkläre. Dadurch wird der eigentliche Nutzen des Prozesses allen klar. Die Anwendung der Tools ist ohnehin meist keine Atomphysik, sondern »einfache Kost«, die man schnell versteht.

4. Führungskräfte »manipulieren« aus Harmoniebedürftigkeit oder Antipathie

Oberstes Gebot bei variabler Vergütung ist die reine Ergebnisbetrachtung. Wenn ein Ziel nicht erreicht wurde, darf der daran geknüpfte Auszahlungsbetrag nicht vollständig fließen. Nur weil man es sich mit dem Mitarbeiter nicht verscherzen will, darf man nicht um der Harmonie willen die tatsächlichen Ergebnisse beschönigen. So führt man das Grundkonzept ad absurdum. Wenn man dieses Verhalten weiterdenkt, so kommt man zu einem erfolglosen Unternehmen, das kurz vor der Insolvenz steht, während alle

Mitarbeiter ihre volle variable Vergütung erhalten, obwohl in der Zielkaskade von unten nach oben keine Beiträge abgeliefert wurden, die zu einer Erreichung der Unternehmensziele nötig gewesen wären.

Genauso schlecht wie Harmoniebedürftigkeit ist es, wenn Führungskräfte die variable Vergütung als Instrument verwenden, um ungeliebte Mitarbeiter zu bestrafen. Im Auge der Führungskraft, die einen Mitarbeiter nicht schätzt, sehen Zielerreichungen oder Leistungen dann eben immer etwas schlechter aus als in den Augen eines neutralen Beobachters.

Beide Fehlverhalten unterminieren die Kraft und Akzeptanz der variablen Vergütung und müssen durch konzeptionelle Elemente vermieden werden. Diese könnten z.B. ein »6-Augen-Prinzip« sein (die nächsthöhere Führungskraft und/oder der Betriebsrat fungieren als Kontroll- und Regulativ-Element) oder möglichst kristallklare Zielvereinbarungen mit genauen Abstufungen der Über- und Untererfüllungsgrade. Letzteres ist aufwändig am Anfang, verringert aber am Ende des Prozesses bei der Ermittlung bzw. Festlegung der Zielerreichung umfängliche Diskussionen mit oder Frustrationen bei dem Mitarbeiter, die dann auch wieder mit Führungsaufwand abgemildert werden müssten.

5. Kurven bestrafen schnell und belohnen wenig

Während es bei Unternehmenszielen sicher angemessen ist, ab einer Unterschreitung eines Ziels wie EBIT von z.B. 20 % den an dieses Ziel geknüpften Auszahlungsteilbetrag auf null zu reduzieren, sollte man dies bei operativen Zielen nicht tun. Und man sollte bei der Übererfüllung vergleichbar zur Untererfüllung verfahren, also z.B. nicht bei einer Untererfüllung um 25 % (bzw. eine Erfüllung von nur 75 %) bereits den Auszahlungsbetrag auf 50 % fallen lassen, was einer Kurve von 1:2 entspricht (1 % weniger Erfüllung bedeutet 2 % weniger Auszahlung), dann aber bei der Übererfüllung eine viel »langsamere Kurve« von 1:1 verwenden (1 % mehr Erfüllung bedeutet nur 1 % mehr Auszahlung). Das fühlt sich wie schnelle Peitsche, aber geizige Belohnung an.

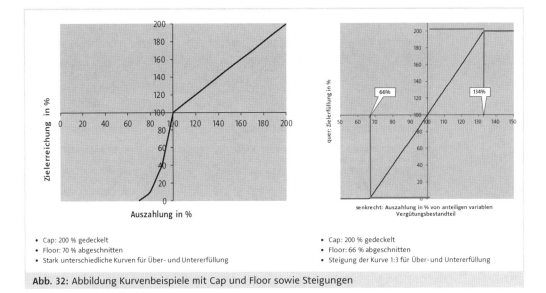

- Cap: 200 % gedeckelt
- Floor: 70 % abgeschnitten
- Stark unterschiedliche Kurven für Über- und Untererfüllung

- Cap: 200 % gedeckelt
- Floor: 66 % abgeschnitten
- Steigung der Kurve 1:3 für Über- und Untererfüllung

Abb. 32: Abbildung Kurvenbeispiele mit Cap und Floor sowie Steigungen

6. Einführung im Bombenwurf

Wenn man ein variables Vergütungskonzept wie das Zielvereinbarungssystem ZVS neu einführt, sollte man nicht vergessen, dass dies ein recht komplexer Vorgang ist. Idealerweise setzen Sie diesen mit professionellem Projektmanagement auf, um die Phasen sauber und geplant zu durchlaufen und keine notwendigen Elemente und Arbeitsschritte zu vergessen. Eine schnelle Implementation kann wie eine Bombenexplosion einen Haufen Unruhe im Unternehmen produzieren und mehr Kollateralschäden produzieren, als die variable Vergütung selbst bei wohlwollenden Annahmen jemals ausgleichen bzw. heilen könnte.

Bei der Erarbeitung des Konzeptes und der Einführung hat sich in meinen Projekten folgende Projektstruktur und ein dreigeteiltes Phasenschema bewährt:

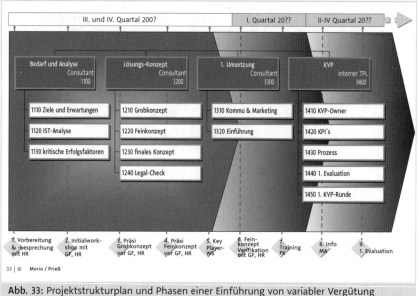

Abb. 33: Projektstrukturplan und Phasen einer Einführung von variabler Vergütung

Wenn Ihr Geschäftsjahr gleich Kalenderjahr ist, dann sollten die ersten beiden Phasen im II. und IV Quartal bearbeitet werden. Damit steht der theoretische Anteil im Projekt. Die Einführung sollte kurz bevor die jährlichen Mitarbeitergespräche laufen durchgeführt werden und muss unbedingt und ohne Ausnahme durch gute Kommunikation und überzeugendes Personalmarketing begleitet werden. Ab dem II. Quartal kann man dann eine erste KVP-Runde durchführen (Kontinuierlicher Verbesserungsprozess), um zu schauen, wo das Konzept bzw. der Prozess noch hakte.

> **!** **Goldene HRE-Regel**
>
> Fangen Sie nach dem ersten Durchgang eines neu eingeführten variablen Vergütungsprozesses nicht gleich an, alles zu verändern. Das meiste Gemecker rührt ohnehin daher, dass die Führungskräfte noch nicht alles begriffen oder richtig umgesetzt haben. Neue Prozesse müssen sich einschwingen, bis sie richtig gut laufen. Verändern Sie im Rahmen eines KVP-Durchlaufs nur offensichtliche Geburtsfehler, die wirklich als Murks erkannt wurden. Wenn ein ansonsten guter Prozess etwas hakelte, sollten Sie lieber vor dem 2. Durchlauf nachschulen.
> Oft reicht es nach dem KVP schon, den befragten Führungskräften und Mitarbeitern und, wenn vorhanden, dem Betriebsrat für ihr Feedback zu danken, kleine Feinschliffe bekanntzugeben und ansonsten den Prozess im 2. Durchlauf durch erneute und ggf. etwas anders aufgesetzte Schulungen mit frischem Rückenwind zu versehen.

7. Einmal eingeführt muss reichen

Wie bei allen anderen neuen HR-Prozessen gilt bei variabler Vergütung umso mehr, dass es nicht damit getan ist, den Prozess einmalig durch Informationsveranstaltungen und Trainings einzuführen. Prozesse, die nur selten oder sogar nur einmal p. a. durchlaufen werden, haben nun einmal die Eigenart, in Vergessenheit zu geraten. Dafür hängt aber zu viel an diesem speziellen Prozess. Es gilt, wie oben beschrieben, viel Motivation und strategieorientierte Energie freizusetzen oder, wenn man es falsch anstellt, viel Frust zu verursachen. Deshalb kann ich Ihnen nur raten, idealerweise jährlich vor dem nächsten Turnus eine Update-Info durchzuführen. Wenn Sie Kleinigkeiten verändert haben, machen Sie gleich ein umfänglicheres Update-Training, um in diesem auch andere wichtige Kompetenzen aus der Versenkung des Vergessens wieder herauszuholen.

Und Sie sollten neue Führungskräfte unbedingt trainieren, bevor diese mangels Wissen Ihren schönen Prozess »versaubeuteln«. Notorische Pappenheimer unter den Führungskräften, deren Mitarbeiter sich jährlich beschweren, müssen ggf. durch die zuständige Führungskraft, durch HR oder einen externen Coach auf den rechten Pfad gebracht werden, damit es nicht Inseln der Unzufriedenheit im Unternehmen gibt, die aufgrund der Duldung andere Inseln mit einem Virus der Unprofessionalität anstecken.[18]

8. Variable Vergütung ohne die richtige Kultur!

Mein letzter Klassiker des Misserfolges für dieses gefühlt »harte« Vergütungsthema beschäftigt sich mit etwas ganz weichem: der Kultur. Denn das zumeist mit der variablen Vergütung verknüpfte Führen durch Ziele (MbO) bedeutet, dass die Mitarbeiterführung durch die Vereinbarung von Zielen und Zielmessgrößen erfolgt. Wenn dabei enge Kontrollen entfallen sollen, müssen sowohl Führungskräfte als auch Mitarbeiter über eine Reihe von Kompetenzen verfügen:

- Beide Seiten müssen über eine konstruktive Feedbackkultur und die Fähigkeit zur Auseinandersetzung im Dialog verfügen. Beide Seiten müssen sich nicht nur gegenseitig Feedback geben wollen, sondern auch können. Dazu bedarf es einer Feedbackkompetenz, die durch Vertrauen und bedingungslose Konstruktivität am Leben erhalten wird.
- Führungskräfte müssen den Mut besitzen, je nach Situation nicht nur durchsetzungsfähig zu sein, sondern sich auch von Mitarbeitern z. B. von der Un-/Sinnhaftigkeit eines Ziels überzeugen zu lassen.

---

18 In Kapitel 3.5.2.4 finden Sie ein Blended Learning Trainingsprojekt, bei dem ich zusammen mit meinem Koautor Tjalf Nienaber einem Unternehmen geholfen habe, mit einem Webinar und Präsenztrainings ein etwas verschlissenes variables Vergütungskonzept wieder in Schwung zu bringen. Vielleicht ist dieses Vorgehen alle 3 Jahre sinnvoll.

- Feedback zu erhalten, ist dabei als eine seltene Chance zur Selbsterkenntnis zu betrachten, beide Seiten sollten diese nutzen und dafür
  dankbar sein.
- Von Seiten der Mitarbeiter wird das »Zu-seinen-Zusagen-stehen«, oft
  auch als »Commitment« bezeichnet, und ein hohes Maß an Selbstständigkeit gefordert. Aber nicht immer kommen Mitarbeiter mit der Verantwortung, die ihnen übertragen werden, zurecht. Sich dann rechtzeitig
  und mutig zu melden, wenn Überforderung droht, Ziele unerreichbar
  geworden sind oder in einer veränderten Situation nicht mehr sinnvoll
  erscheinen, muss gelernt werden und erfordert auch die Unterstützung
  durch die jeweilige Führungskraft.
- Beide Seiten müssen sich auch auf die sachliche Betrachtung von Ergebnissen einlassen, diese Ergebniskultur schafft, wie oben bei dem 4. Klassiker des Misserfolges bereits erklärt, die Trennung von Person und Ergebnis. Sonst kann es schnell passieren, dass es die Führungskraft trotz
  verfehlter Ziele nicht wagt, den Mitarbeitern wegen sonst allgemein guter Leistungen die verknüpfte monetäre Komponente vorzuenthalten.

3.4.3.4 Mitarbeiterbeteiligungsprogramme

Nun betrete ich mit Ihnen einen der schwierigsten Bereiche der Vergütungs-
gestaltung. Es geht um Mitarbeiterbeteiligungsprogramme, die eher zu einer
»seltenen Gattung« der Vergütungselemente gehören. Das liegt m. E. nicht an
deren schwacher Wirkung auf die Mitarbeitermotivation und -bindung, sondern
weil sie verdammt schwer zu entwickeln sind. Lassen Sie mich deshalb gleich mit
einem wichtigen Tipp beginnen, und ich rate Ihnen, diesen nicht leichtfertig zu
überlesen:

> **!** **Goldene HRE-Regel**
>
> Achtung: Beteiligungsprogramme haben für Unternehmen eine hohe Bedeutung,
> sie laufen langfristig und sollen die besten Mitarbeiter binden. Darüber hinaus
> haben sie aber neben den üblichen arbeitsrechtlichen oft gesellschafts- und steu-
> errechtliche Auswirkungen. Aus diesem Grunde darf bei der Entwicklung von Long-
> Term-Incentive-Programmen nichts schiefgehen. Die beste Empfehlung, die man
> deshalb beherzigen sollte, ist, Profis bei der Konzeptentwicklung und Umsetzung
> einzubinden. Natürlich wird die Entwicklung der Programme dann teurer. Wenn Sie
> diese Investition scheuen, dann lassen Sie lieber die Finger von diesem Vergütungs-
> element. Pfusch ist keine Option – also richtig oder gar nicht anpacken!

Unter Beteiligungsprogrammen bzw. unter der englischen gebräuchlichen Bezeichnung **Long Term Incentives** werden variable Vergütungsmodelle verstan-

den, die über einen Zeitraum von mehreren Jahren laufen. Der Begriff Long Term Incentive passt deshalb besser als der deutsche Begriff, da nicht alle Programme bzw. Konzepte tatsächlich zur Beteiligung der Mitarbeiter am Unternehmen führen, oftmals werden nur langfristigere Ziele für die Berechnung von Erfolgsboni herangezogen. Der finanzielle Erfolg für den Mitarbeiter hängt dabei von der Entwicklung des tatsächlichen oder fiktiven Unternehmenswerts ab. Eine Beteiligung hängt also zumeist (aber nicht immer) am Erfolg und nicht am Unternehmen selbst.

Long Term Incentives (im Folgenden mit LTI abgekürzt) eignen sich sowohl für börsennotierte als auch für nicht börsennotierte Unternehmen. Die Vorteile sind vielfältig:

- **Bessere Chancen bei der Gewinnung von neuen Mitarbeitern:** Nur wenige Unternehmen bieten solche zusätzlichen Vergütungsbausteine, deshalb fallen Sie natürlich bei einem Vertragsangebotsvergleich dann auch positiv auf.
- **Bindung der Mitarbeiter an das Unternehmen:** Die Laufzeit ermutigt die Mitarbeiter, zu bleiben und den erhofften Vergütungszuschlag nach Ablauf der Laufzeit einzufahren.
- **Motivationserhöhung bei Mitarbeitern:** Zum einen werden ausgewählte Mitarbeiter durch die Teilnahme wertgeschätzt, weil sie zu einem besonders »erlauchten« Kreis gehören; zum anderen ist mit solchen Programmen auch eine Kommunikation verbunden, mit der man über die Laufzeit den mit dieser Vergütung bedachten Mitarbeitern immer wieder durch Informationen zum Stand des Programms und der betriebswirtschaftlichen Lage des Unternehmens zusätzliche Aufmerksamkeit entgegenbringt.
- **Steigerung des Unternehmenswerts:** Die wichtigen Mitarbeiter bekommen zusätzlich zu etwaigen Short Term Incentives auch Impulse, die auf eine langfristige Unternehmenswertsteigerung ausgelegt sind. Damit wird in das Vergütungsmodell ein Gegengewicht eingebaut, das dem Streben nach »dem schnellen Geld« aufgrund kurzfristig wirksamer Handlungen immer auch langfristig sinnvolles Handeln abfordert. Manchmal verhagelt es einem die variable Vergütung, wenn man z.B. investiert statt Gewinn auszuweisen. Im Wissen, dass ein LTI dieses honorieren wird, ist ein Mitarbeiter dann geneigter, auch solche langfristig wirksamen Maßnahmen umzusetzen.
- **Personalkostenblock wird flexibilisiert:** Natürlich kann man im Rahmen einer Total-Compensation-Betrachtung einen LTI berücksichtigen und ggf. Gehaltssteigerungen im Fixum etwas zurückhaltender vornehmen. Das LTI speist sich ja aus einer erfolgreichen Erreichung von Unternehmenszielen und bezahlt sich sozusagen aus dem kräftigen Unternehmenswertzuwachs. In guten Zeiten sind solcherlei Zusatzboni also leicht bezahlt. In schlechten Fällen, wenn die Ziele nicht erreicht werden, kommt die LTI auch nicht zur Auszahlung. Diese Flexibilisierung kommt aber nur zum Tragen, wenn man –

genau wie beim STI – nicht trotz schlechter Zielerreichung aus Harmoniebedürftigkeit das volle Budget auszahlt. Man muss also eisern bleiben und klar ergebnisorientiert auszahlen.

- **Identifikation mit dem Unternehmen:** Wer die obige Wertschätzung als Mitarbeiter erfährt und die Zusammenhänge aufgrund der Einbindung in eine langfristige Unternehmensplanung und die Mitarbeit an deren Umsetzung auf längere Sicht versteht, der wird sich auch stärker mit dem Unternehmen identifizieren. Man generiert also (Mit-)Unternehmer, wo vorher nur Angestellte waren.

3.4.3.4.1 Überblick über die Varianten des LTI

Als kleine Übersicht über einige der üblichen Varianten soll folgende Tabelle dienen. Die Unterscheidung nach Programmen für börsennotierte und nicht börsennotierte Unternehmen kann hilfreich sein, wobei die Programme für letztere auch in ersteren funktionieren, aber nicht umgekehrt. Die englischen Begriffe machen deutlich, dass viele Konzepte aus den USA stammen.

Varianten des LTI	
Beteiligungsprogramme für börsennotierte Unternehmen	**Beteiligungsprogramme für nicht börsennotierte Unternehmen**
<ul><li>Aktienoptionssparplan</li><li>Stock Options</li><li>Stock Appreciation Rights bzw.</li><li>Phantom Stocks</li><li>Belegschaftsaktien</li><li>Leveraged Employee Stock Ownership</li><li>Wandelschuldverschreibungen</li><li>Genussrechte und -scheine</li></ul>	<ul><li>Long Term Cash Bonus Plan</li><li>Stock Appreciation Rights bzw.</li><li>Phantom Stocks</li><li>Mitarbeiterdarlehen</li><li>Genussrechte und -scheine</li><li>Stille Beteiligung</li><li>GmbH-Anteil</li></ul>

Tab. 11: Varianten des LTI

An dieser Stelle muss ich Sie etwas enttäuschen, dass ich die obigen Varianten nicht alle ausführlich beschreiben werde. Ich berufe mich auf meinen Eingangstipp: Es wäre unseriös, so komplexe Konzepte mal eben schnell in einem Unterkapitel sinnvoll abarbeiten zu wollen. Für die Gestaltung und Einführung bedarf es eines Expertenteams und eine gute Projektplanung. Deshalb belasse ich es bei einer Kurzbeschreibung der ausgewählten Varianten des LTI und gebe Ihnen damit nur einen komprimierten Überblick. Dieser basiert auf einem meiner Beiträge im Haufe Personal Office[19], in dem Sie zu dem Thema noch mehr nachlesen können.

Beschreibung einzelner LTI-Formen	
LTI-Form	**Beschreibung**
Stock Options	Die Mitarbeiter eines Unternehmens erhalten das Recht, nach Ablauf einer bestimmten Frist unter bestimmten Voraussetzungen Optionen, die sie von ihrem Unternehmen erhalten haben, auszuüben und zu einem festgelegten Kurs (Basiskurs) Aktien des Unternehmens zu erwerben. Der Gewinn des Arbeitnehmers ist, soweit er keine Eigeninvestition für den Erhalt der Optionen tätigen musste, die Differenz zwischen dem Kurs am Tag der Ausübung und dem Basiskurs, zu dem er die Aktien erwerben darf, multipliziert mit der Anzahl seiner Optionen. Voraussetzung für die Ausübung ist in der Regel das Erreichen einer Hürde, wie z. B. eine Erhöhung des Kurses um eine bestimmte Prozentzahl oder auch die Messung an einem Marktindex.
Stock Appreciation Rights	Bei der Ausgabe von Stock Appreciation Rights (SAR) wird ähnlich wie bei einem Stock Option Plan vorgegangen. Der Unterschied besteht darin, dass der Mitarbeiter keine Möglichkeit hat, bei der Ausübung der SAR tatsächlich Aktien seines Unternehmens zu erwerben und dadurch Aktionär zu werden. Deshalb werden die SAR auch oft als »Phantom Stocks« bzw. Phantom-Aktien oder »Shadow Stocks« bezeichnet. Letztlich sind sie rein virtuelle Aktien. Es erfolgt lediglich eine Auszahlung des Gewinns, der sich wie beim Stock Option Plan aus der Differenz zwischen dem Basiskurs, also dem Kurs, zu dem der Mitarbeiter virtuell Aktien kaufen kann, und dem aktuellen Kurs am Tag der Ausübung errechnet. Dabei werden aber tatsächlich keine Aktien transferiert.
Belegschaftsaktien	Die Mitarbeiter erhalten die Gelegenheit, Aktien ihres Unternehmens meist zu Vorzugskonditionen zu erwerben. Der Vorteil wird steuerpflichtig und wie Arbeitslohn behandelt.
Leveraged Employee Stock Ownership (LESOP)	Mitarbeiter können im LESOP Aktien zum vollen Börsenkurs erwerben, müssen dabei aber kein Eigenkapital einsetzen, denn der Kauf wird meistens vollständig über ein zinsfreies Darlehen durch den Arbeitgeber finanziert. Das Darlehen wird in der Regel durch eine Bank, die den Prozess begleitet, gegenfinanziert. Der Arbeitgeber sichert außerdem die Mitarbeiter vor Kursverlusten ab und übernimmt zusätzlich noch sämtliche anfallenden Transaktions- und Depotkosten. Der Anlagezeitraum beträgt meist 2-3 Jahre.

---

19 Haufe Personal Office, Online Nachschlagewerk.

Beschreibung einzelner LTI-Formen	
LTI-Form	**Beschreibung**
Wandel-schuldver-schreibungen	**1. Wandelanleihe** Eine Wandelanleihe ist eine Schuldverschreibung, bei der dem Mitarbeiter das Recht eingeräumt wird, sie innerhalb einer bestimmten Frist oder zu einem bestimmten Zeitpunkt in Aktien des Unternehmens umzutauschen. Es muss festgelegt werden, wie das Umtauschverhältnis definiert wird, d. h., wie viele Aktien pro Anleihe umgetauscht werden, wann die Aktien erworben werden können und wie hoch der Zinssatz ist. Der Gewinn für den Arbeitnehmer ergibt sich aus der Differenz zwischen dem Preis für die Anleihe und dem momentanen Kurs der Aktie bei Umtausch. Wird keine Umwandlung vorgenommen, hat der Inhaber der Anleihe einen Anspruch auf Tilgung und auf die vereinbarten Zinsen. **2. Optionsanleihe** Bei einer Optionsanleihe gibt der Mitarbeiter dem Unternehmen ebenfalls ein verzinsliches Darlehen und erhält dafür ein Bezugsrecht auf Aktien. Damit wird festgelegt, dass er unter bestimmten Bedingungen und zu einem festgelegten Kurs Aktien des Unternehmens erwerben kann. Die Bedingungen können z. B. eine Ausübungssperre oder eine Frist sein, in der ausgeübt werden darf. Der Gewinn für den Arbeitnehmer ergibt sich aus der Differenz zwischen dem vereinbarten Kaufpreis für die Anleihe und dem momentanen Kurs der Aktie bei Umtausch.
Long Term Cash Bonus Pläne	Beim Long Term Cash Bonus handelt es sich um ein relativ einfaches Modell eines Long Term Incentive. Hier wird ein Bonus nicht wie üblich für einen Zeitraum von maximal einem Jahr vereinbart, sondern der Bemessungszeitraum gilt für einen Zeitraum von mehreren Jahren. Die Ziele werden bereits am Anfang der Periode vereinbart, eine Auszahlung erfolgt erst am Ende des Zeitraums. Zwischendurch erfolgt keine Auszahlung. Als Zielgrößen eigenen sich Werte aus der langfristigen Planung des Unternehmens. Im nächsten Kapitel erläutere ich den Long Term Cash Bonus Plan genauer, da ich ihn für das einzige Instrument halte, das man durchaus mit »Bordmitteln« gestalten könnte. Wer schon etwas Erfahrung mit einem STI-Konzept hat, wird beim LTCBP eine in die Länge gezogenen STI erkennen, den man mit Unterstützung des Hausjuristen und gesundem Menschenverstand sicher hinbekommen könnte.

Beschreibung einzelner LTI-Formen	
LTI-Form	**Beschreibung**
Mitarbeiter-darlehen	Die Mitarbeiter stellen ihrem Unternehmen ein Darlehen in Höhe eines bestimmten Geldbetrages für einen definierten Zeitraum zur Verfügung und erhalten dafür Zinsen. Dabei kann entweder ein fester Prozentsatz vereinbart werden oder eine Verzinsung, deren Höhe vom Ergebnis des Unternehmens abhängt (partiarisches Darlehen). Eine mögliche Variante wäre, die Zinsen an die Umsatzrendite zu koppeln. Das Darlehen wird zum Fremdkapital der Firma und durch eine Bankbürgschaft vor Verlust geschützt[9]. Die Zinserträge sind für den Arbeitnehmer steuerpflichtige Kapitalerträge, er kann aber durch einen Freistellungsantrag befreit werden. Der Mitarbeiter erhält keine Informations- und Kontrollrechte.
Genuss-rechte/-scheine	Bei der Ausgabe von Genussrechten erhält der Mitarbeiter gegen Entgelt Vermögensrechte an seinem Unternehmen. Kommt es zum Börsengang, werden die Genussrechte in Genussscheine umgewandelt und erhalten Wertpapiercharakter. Die Inhaber von Genussrechten/-scheinen sind am Gewinn und meist auch am Verlust beteiligt, d.h. im Falle eines Verlustes wird die Einlage um den Verlustbetrag reduziert. Die Inhaber der Genussscheine/-rechte haben weder Mitsprache- noch Stimmrecht, auch nicht das Recht, die Gewinn- und Verlustrechnung einzusehen. Die Gestaltung der Verträge für die Ausgabe von Genussrechten/-scheinen ist rechtlich nicht festgelegt und kann deshalb relativ frei gestaltet werden (z.B. Verlustbeteiligung ja/nein).
Stille Beteiligung	Der Mitarbeiter beteiligt sich am Unternehmen über eine vertragliche Vereinbarung in Form von Geldeinlagen und wird stiller Gesellschafter. Der stille Gesellschafter tritt nach außen hin nicht in Erscheinung, es ist damit eine reine Innengesellschaft. Es ist eine Gewinnbeteiligung vorgeschrieben, eine Verlustbeteiligung kann, muss aber nicht vereinbart werden[10]. Eine Verlustbeteiligung ist jedoch auf die Höhe der Einlage begrenzt. Die stillen Gesellschafter haben kein Mitspracherecht bei der Unternehmensführung, dafür aber Kontroll-, Informations- und Widerspruchsrechte.
GmbH-Anteil	Bei einer GmbH-Beteiligung werden die Mitarbeiter durch eine notarielle Beurkundung direkt am Unternehmen beteiligt. Meist geschieht dies durch Eigenleistung des Mitarbeiters, es besteht aber auch die Möglichkeit, die Mittel durch Bonuszahlungen des Unternehmens aufzubringen. Der Mitarbeiter erhält dadurch neben Kontroll- und Informationsrechten die vollen Rechte eines GmbH-Gesellschafters, also auch Verwaltungs- und Vermögensrechte[11]. Die GmbH-Anteile sind Eigenkapital.

Tab. 12: Beschreibung einzelner LTI-Formen

---

20 Notwendig nach dem Kreditwesen- und Vermögensbeteiligungsgesetz
21 Nach § 230 ff Handelsgesetzbuch
22 Nach §§ 45-50 GmbH-Gesetz

3.4.3.4.2 Mitarbeiterbeteiligung mit dem Long Term Cash Bonus Plan

Beim Long Term Cash Bonus handelt es sich wie oben angedeutet um ein relativ einfaches Modell eines Long Term Incentive. Hier wird eine variable Vergütung nicht wie im STI üblich für einen Zeitraum von maximal einem Jahr vereinbart, sondern der Bemessungszeitraum gilt für einen Zeitraum von mehreren Jahren. Die Ziele werden bereits am Anfang der Periode vereinbart, eine Auszahlung erfolgt aber erst am Ende des vereinbarten Zeitraums. Zwischendurch erfolgen keine Auszahlungen, sondern nur Informationen über den bisherigen Erfolg des Programmes und etwaige Rückstellungen für den Mitarbeiter. Dadurch läuft der Mitarbeiter seiner großen Auszahlung entgegen und kann noch einmal Gas geben, wenn etwaige mittel- und langfristige Ziele in Gefahr sind. Auch die Motivation zum Verbleib im Unternehmen wird verbessert, insbesondere, wenn die Zeichen gutstehen. Als Zielgrößen eignen sich Werte aus der langfristigen strategischen Planung des Unternehmens.

Mit diesem ausgleichenden Instrument kann vermieden werden, dass Maßnahmen zwar kurzfristig für das laufende Geschäftsjahr zum Erfolg und damit auch zu einer höheren Auszahlung des variablen Gehalts im Rahmen eines STI-Konzeptes führen, aber auf Dauer kontraproduktiv oder sogar schädlich für das Unternehmen sind.

> **!** **Goldene HRE-Regel**
>
> Wählen Sie aus dem vielfältigen Angebot von LTIs den Long Term Cash Bonus Plan aus, denn er
> - ist ein mit Bordmitteln gestaltbares Beteiligungsprogramm;
> - konzeptionell ein über mehrere »Teilprogramme« verlängerter STI, der sich an langfristigen Zielen ausrichtet und deren Erreichen signifikant belohnt;
> - Schlüsselfunktionen werden als Mitunternehmer eingebunden, wertgeschätzt, gehalten und für die gemeinsamen Unternehmenserfolge **merklich** belohnt!
> - Er verhindert den schnellen Wechsel wegen ein paar Euro mehr!

Für die Ausgestaltung eines LTCBP habe ich Ihnen nachfolgend eine Tabelle mit den wichtigsten Gestaltungselementen und jeweiligen Empfehlungen bzw. Erklärungen zusammengestellt. Hangeln Sie sich einmal durch, dann werden Sie schrittweise Ihr Konzept so gestalten können, dass Sie es dann nur noch in einer Richtlinie niederschreiben müssen. Die mitbestimmungspflichtigen Anteile sollten Sie mit Ihrem Hausjuristen herausfiltern. Sie betreffen insbesondere die Auswahlkriterien, nach denen Mitarbeiter in das Programm eingeladen werden.

Elemente des Long-Term-Cash-Bonus-Plans	
Kriterien	**Beschreibung: Der Long-Term-Cash-Bonus-Plan …**
Ziel	▪ … ist eine langfristig motivierende und erfolgsabhängige Komponente, die zusätzlich zum Jahreszieleinkommen ausbezahlt wird; ▪ … gibt dem Mitarbeiter die Möglichkeit, an einer erfolgreichen Unternehmensentwicklung teilzuhaben; ▪ … fördert das unternehmerische, langfristige Denken.
Individualvertrag	▪ … muss in der Teilnahme am Programm individualvertraglich vereinbart werden.
Richtlinie	▪ … sollte in einer Richtlinie für alle Teilnehmer am Programm geregelt werden. Dabei sind die Mitbestimmungsrechte des Betriebsrats einzuhalten. Wenn Sie, wie häufig der Fall, nur leitende Angestellte einbeziehen, fällt die Mitbestimmung natürlich weg.
Grundbetrag	▪ … geht i.d.R. von einem Grundbetrag aus, mit dem die Zielerreichung verknüpft wird. D. h., auf Grundlage des Grundbetrags wird über eine Funktion/Kurve je nach Zielerreichung der Auszahlungsbetrag ermittelt. Die Höhe des Grundbetrags kann sich zum Beispiel nach Senioritäts- oder Hierarchiestufen oder Jahreszieleinkommen richten.
Verhältnis zum Jahreseinkommen	▪ … sollte in der Höhe des Grundbetrags in einem ausgewogenen Verhältnis zum Jahreseinkommen gestaltet sein. Ein Teilnehmer kann erwarten, dass am Ende der Laufzeit des Programms eine nennenswerte Summe zur Auszahlung kommt, die sicher den jährlichen variablen Vergütungsbestandteil oder 3 Monatsgehälter übersteigen sollte. Hier sollte aber die Höhe der Rückstellungen genau durchkalkuliert werden, um am Ende eines erfolgreichen Programms keine böse kaufmännische Überraschung zu erleben. ▪ … sollte einen ausreichenden Motivationshebel durch einen signifikanten Zielbetrag haben; für einen geringen Betrag wird kein Mitarbeiter den Zusammenhang von Leistung und Zielerreichung über einen längeren Zeitraum erkennen, insbesondere auch hinsichtlich der Langfristigkeit des Programms.
Teilnehmer	▪ … soll i.d.R. einen ausgewählten Mitarbeiterkreis mit wesentlichem Einfluss auf die Entwicklung des Unternehmens beteiligen.
Dauer des Programms und Turnus der Auszahlung	▪ … hat i.d.R. eine längerfristige Laufzeit, z.B. 3 Jahre. Es können aber für jedes Geschäftsjahr neue Programme aufgesetzt werden, sodass es bei Zielerreichung nach erster Laufzeit jedes Jahr zu Auszahlungen kommen kann.
Zielgröße	▪ … ist häufig an eine Kennzahl wie z.B. EBIT, seltener Umsatz, gebunden. Kenngrößen sollten geeignet sein, um den Zuwachs des Unternehmenswertes widerzuspiegeln.

Elemente des Long-Term-Cash-Bonus-Plans	
Kriterien	**Beschreibung: Der Long-Term-Cash-Bonus-Plan ...**
Zielerreichung und Höhe der Auszahlung	▪ ... ermittelt seine Zielerreichung anhand einer Funktion oder Kurve, die in der Richtlinie für das jeweilige Programm von der Unternehmensführung festgelegt wird.
Begrenzung der Auszahlung	▪ ... wird i.d.R. mit Grenzen ausgezahlt, um eine gewisse Planbarkeit der Auszahlungshöhe zu erreichen: – mit einer Obergrenze, »Deckelung« oder »Cap« bezeichnet man die obere Grenze des Auszahlungsbetrags; – mit einer Untergrenze oder »Floor« bezeichnet man die Grenze, unter der keine Auszahlung mehr erfolgt, weil die Abweichung vom Ziel nach unten so groß ist, dass keine Incentivierung mehr gerechtfertigt ist; – aus Ober- und Untergrenze ergibt sich ein Korridor, innerhalb dessen sich die Zielerreichung bewegen kann.
Auszahlungszeitpunkt	▪ ... wird meist nach dem Vorliegen des Geschäftsjahresabschluss ausgezahlt, sodass der Auszahlungszeitpunkt oft 1-2 Monate nach Abschluss des Geschäftsjahrs, in dem das Programm endet, liegt; man sollte möglichst schnell nach Vorlage des Abschlusses auszahlen, um den Zusammenhang von Erfolg und Auszahlung nicht unnötig zu trennen.
Verantwortung	▪ ... wird bei der Zielfindung und -erreichungsberechnung i.d.R. durch den Kaufmann des Unternehmens administriert, da er den Jahresabschluss am besten kennt und das Zahlenwerk »im Griff« hat; ▪ ... wird i.d.R. durch die Personalabteilung vertraglich und bzgl. Payroll administriert, da es sich um einen Vergütungsbestandteil handelt; ▪ ... wird insgesamt durch die Geschäftsführung verantwortet, da es sich um ein budgetrelevantes Instrument der Bindung der wichtigsten Mitarbeiter des Unternehmens handelt.

Tab. 13: Elemente des Long-Term-Cash-Bonus-Plans

Anhand des nachfolgend dargestellten Beispiels möchte ich ein solches Konzept konkretisieren.

Beispielberechnung Musterfirma LTI

Annahmen		
	€ 100.000,00	Zieljahreseinkommen über alle Jahre
	100%	Zielerfüllung
	25%	Musterfirma LTI-Grundbetrag
	€ 25.000,00	Multiplikator

Gewichtungen der Musterfirma LTI-Grundbetragsanteile für die Jahresscheiben

Jahr / Teilprogramme	2015	2016	2017	2018	2019	2010
2015 – 2017	20%	30%	50%	*Ausz.1*		
2016 – 2018		20%	30%	50%	*Ausz. 2*	
2017 – 2019			20%	30%	50%	*Ausz. 3*
usw.						

LTI-Grundbetragsanteile in € für die Jahresscheiben und Auszahlungen *(grün, kursiv)*

	2015	2016	2017	2018	2019	2010
2015 – 2017	€ 5.000,00	€ 7.500,00	€ 12.500,00	*€ 25.000,00*		
2016 – 2018		€ 5.000,00	€ 7.500,00	€ 12.500,00	*€ 25.000,00*	
2017 – 2019			€ 5.000,00	€ 7.500,00	€ 12.500,00	*€ 25.000,00*
usw.						
Auszahlungen				*€ 25.000,00*	*€ 25.000,00*	*€ 25.000,00* *€ 75.000,00*

Abb. 34: Beispiel eines Long Term Cash Bonus Plans mit 3 Teilprogrammen über je 3 Jahre

In dem abgebildeten Beispiel wurden ein Dutzend Key Personen in einem IT-Unternehmen mit ca. 80 Mitarbeitern zum Programm eingeladen. Die Mitarbeiter kamen aus der Ebene der Bereichsleiter und aus Schlüsselfunktionen, darunter waren also nicht alles Manager. Die Teilnehmer wurden jeweils für ein Teilprogramm eingeladen, das sich über 3 Jahre erstreckte. Aufgrund des starken Wachstums kamen jedes Jahr neue Teilnehmer für die nachfolgenden Teilprogramme dazu. Die »Papierseite« des Programms bestand aus einem individuellen Einladungsschreiben und einer Richtlinie. Anlage des Einladungsschreibens waren die Ziele der 3-Jahresplanung. Einen Betriebsrat gab es nicht im Unternehmen.

Das Programm nutzte die Ziele aus einer 3-Jahresplanung, die das Top Management mit den Gesellschaftern vereinbart hatte. Diese Planung wurde jeweils im darauffolgenden Jahr aktualisiert und praktisch 1 Jahr nach hinten geschoben. D. h., die 3 Teilprogramme hängten sich aneinander zu einem Gesamtplanungszeitraum von 5 Jahren. Nach jedem Jahr wurden die dafür geplanten Ziele auf Erreichung geprüft und bei Erfolg ein Teilbetrag für den jeweiligen Mitarbeiter zurückgestellt. Durch das Anwachsen des Teilbetrages in den 3 Jahren (20 %, 30 %, 50 % im 3. Jahr) wurde die beabsichtigte »Langzeit-Wirkung« verdeutlicht: Das Erreichen der Ziele im 2. und insbesondere im 3. Jahr brachte mehr in das persönliche Geldsäcklein als das Erreichen der Ziele des 1. Jahres. Darüber hinaus war mit der Richtlinie geregelt worden, dass es nur zu einer Auszahlung kommt, wenn die Ziele des 3. Jahres erreicht wurden. Es nützte also nichts, in den ersten beiden Jahren erfolgreich zu sein und dann auf der Zielgeraden zu straucheln. Wie heißt es so schön: Am Ende knallt die Peitsche!

Der Grundbetrag war hoch gewählt, gut 25 % vom Jahreszielgehalt hätten sich bei 3 komplett erfolgreichen Teilprogrammen auf eine Auszahlung von 75 % eines Jahreszielgehaltes kumuliert, das war eine Summe, für die man sich krumm macht und auch bleibt. Ein Angebot eines Headhunters mit einem nicht vergleichbaren Aufpreis auf das bestehende Gehalt wäre da weniger verlockend gewesen.

Toll wäre es bei einem solchen Konzept natürlich, wenn man die Auszahlung noch mit einer Stichtagsklausel verbinden würde, d.h., der Teilnehmer des Programms müsste sich in einem ungekündigten Verhältnis zum Zeitpunkt der Auszahlung befinden. Eine solche Regelung würde aber rechtlich nicht haltbar sein, da der Mitarbeiter durch seine Leistungen zum gemeinsam erreichten Erfolg beigetragen hat, unabhängig davon, ob er später zum Zeitpunkt der Auszahlung noch eine ungekündigten Vertrag mit dem Unternehmen hat oder nicht. Ich würde empfehlen, diesen Punkt vom Hausjuristen prüfen zu lassen, vielleicht ändert sich die Rechtsprechung ja noch bis zum Zeitpunkt Ihrer Programmeinführung.

Das beschriebene Programm hat übrigens in den ersten beiden Teilprogrammen zu keiner Auszahlung geführt, da die Pläne alle nicht erreicht wurden. Trotzdem kam es in der Teilnehmergruppe zu keiner Fluktuation. Ich schreibe dies dem nichtmonetären Effekt des Konzeptes zu. Die Teilnehmer wurden durch die Einladung zur Teilnahme wertgeschätzt, sie waren an der Planung beteiligt und erhielten im Verlaufe der Jahre tiefe Einblicke in die Unternehmensstrategie und die betriebswirtschaftliche Seite des Unternehmens. Das gab ihnen das Gefühl, eine verschworene Managementgemeinschaft zu sein, die gemeinsam siegt und sich durch gemeinsame Misserfolge nicht entmutigen lässt.

! **Neuro-HR-Tipp**

Die Wertschätzung ist in vielen Fällen ein höherer Motivator als die Auszahlung an sich. Jeder Mensch ist in seinen Motivatoren unterschiedlich, deshalb gibt es auch keine pauschale Aussage über die Motivation von LTI am Unternehmen. Aber häufig ist der Motivator Wertschätzung höher als der Motivator Geld.

Aufgrund von bildgebenden Verfahren kann eine Ableitung der Anreizstärke getätigt werden. Wenn unser Belohnungssystem, der Nucleus Accumbens, stärker durchblutet wird, dann kann dies als Anzeichen einer gefühlten Belohnung gesehen werden. In Studien wurde festgestellt, dass Menschen sehr unterschiedlich auf Belohnungen reagieren. Geld hat eine sehr unterschiedliche Auswirkung auf Menschen, Wertschätzung dagegen ist ein universeller Motivator, im Gegensatz zum Geld. Wir reagieren immer (mit Ausnahme einiger Krankheiten) auf Wertschätzung durch eine gehirneigene Belohnung. Geld und Wertschätzung stehen nicht gegeneinander, wenn Sie sich allerdings für einen Motivator entscheiden müssten, dann würden Sie mit wertschätzender Haltung mehr Menschen erreichen.

Dieser Bindungserfolg zeigt ganz gut auf, dass es nicht nur das Geld ist, das den Bindungseffekt ausmacht. Ganz häufig sind es begleitende Prozesse und deren Effekte. Und dies ist eine Erkenntnis, die in vielen Vergütungselementen gleichermaßen zu finden ist.

3.4.4 Gehaltsförderungsprozess

Gehalt sollte nicht auf Zuruf angepackt werden, hierzu sollte es im Unternehmen einen jährlich wiederkehrenden Prozess geben, auf dem man sich sowohl in der Personalabteilung als auch als Führungskraft berufen kann, wenn ein Mitarbeiter unterjährig monetären Nachschlag haben möchte.

Dass Mitarbeiter anlässlich eines vorliegenden höherdotierten Angebotes eines anderen Unternehmens bei der Führungskraft vorstellig werden und diese dann geneigt ist, zur Bindung des Mitarbeiters nachzuziehen, ist nicht zu verhindern. Ich würde für diese Situationen insbesondere bei guten Leuten empfehlen, solchen Abwerbevorgängen konstruktiv und aufgeschlossen entgegenzutreten. Aber Sie sollten solche Vorgänge als absolute Ausnahme behandeln. Idealerweise gelingt es Ihnen sogar, etwaige Gehaltsmaßnahmen in den nachfolgend beschriebenen Prozess einzusteuern, im Sinne von: »Ja, wir sehen die Möglichkeit, am Gehalt etwas zu machen, aber die Maßnahme wird in den nächsten Regelprozess einfließen, in dem dann auch über Rolle und ggf. steigende Verantwortung nachgedacht werden muss.« Falls dieser Prozess in Ihrem Unternehmen noch nicht existiert, wird es Zeit, einen solchen einzuführen. Dieser muss für alle gleichermaßen kollektiv gelten und sollte von HR moderiert werden. Ansonsten gibt es zu diesem Thema, das von Gerechtigkeit und Planbarkeit lebt, große Potenziale für Streit und Ausreißer in alle Richtungen. Die Notwendigkeit für einen Gehaltsförderungsprozess besteht auch, wenn Sie einem Tarifvertrag angehören, denn übertarifliche Mitarbeiter oder Leistungen müssen neben etwaigen tariflichen Regelungen zur Gehaltsentwicklung ebenfalls systematisch monetär gepflegt werden.

Die nachfolgende Abbildung stellt einen idealtypischen Prozess dar, der in der propagierten Partnerschaft zwischen HR und Führungskraft stabil und sicher funktioniert, wenn sich alle an ihre Rollen im Prozess halten.

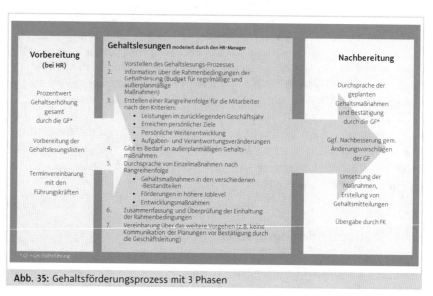

Abb. 35: Gehaltsförderungsprozess mit 3 Phasen

In der **1. Phase Vorbereitung** muss die Geschäftsführung auf den Rat des Personalmanagements und in Abstimmung mit der Kaufmannschaft einen Prozentwert festlegen, um den die Personalkosten steigen dürfen. Bei der Festlegung muss man sich natürlich am Markt orientieren, d.h., vergleichbare Tarifabschlüsse, Inflationsrate und Informationen von anderen Unternehmen oder aus Studien sollten zu Rate gezogen werden. So kommt man wahrscheinlich auf einen Wert zwischen 3-5 % Erhöhung. Dieser Wert muss mit der Businessplanung gematcht werden. Wenn diese keine Erhöhung zulässt, weil z.B. Umsatz und Gewinn sinken werden, dann wird es schwierig mit einer Erhöhung und Nullrunden stehen an. Dies ist manchmal eine betriebswirtschaftliche Notwendigkeit, aber in solchen Fällen ist es dann auch abzusehen, dass die guten Leute vom Markt weggefischt werden. Bei Nullrunden muss man sich deshalb besonders intensiv um seine besten Leute kümmern, und sei es nur durch intensivere Entwicklungsgespräche, bei denen man sanft und kostengünstig kleine Entwicklungsmaßnahmen in die geplante Richtung vornimmt.

Wenn eine Erhöhung der Personalkosten eingeplant wurde, dann geht es los mit der Organisation der **2. Phase Gehaltslesungen**. Dazu müssen Termine mit den zuständigen Führungskräften vereinbart und Listen vorbereitet werden. Die Listen werden i.d.R. in Excel erstellt, idealerweise können Sie aus Ihrem Personalinformationssystem schon recht vollständige Listen mit allen wichtigen Gehaltsdaten herausziehen. Diese Listen müssen idealerweise Folgendes beinhalten (siehe auch das Beispiel in der nächsten Abbildung):

- eine Gehaltshistorie der jeweiligen Mitarbeiter,
- die gegenwärtige Gehaltszusammenstellung als Total-Compensation-Übersicht,
- Spalten für die zukünftige Gehaltszusammenstellung und
- Berechnungsfelder, in denen man kontrollieren kann, ob der vorgegebene Prozentsatz in der jeweiligen Organisationseinheit eingehalten wird.

Die Liste sollte so aufgesetzt sein, dass die Berechnungsfelder automatisch alle Einzelmaßnahmen summieren und einen schnellen Überblick darüber ermöglichen, ob die vorgegebenen Rahmenparameter eingehalten werden.

Achtung !

Achten Sie bei den Listen darauf, dass jede Führungskraft nur seinen eigenen Verantwortungsbereich sehen kann. Gesamtlisten sehen nur HR und die Geschäftsführung!

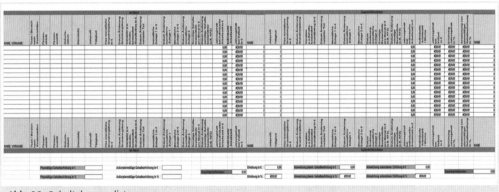

Abb. 36: Gehaltslesungslisten

Der Ablauf der 2. Phase Gehaltslesung wird in der Grafik in allen Schritten erklärt, deshalb hier nur noch ein paar besondere Hinweise: Wichtig und durch den Ablauf sichergestellt ist, dass Gehaltserhöhungen nicht nach dem Gießkannen-Prinzip verteilt werden. Eine Berücksichtigung von Leistungen und Entwicklung des einzelnen Mitarbeiters steht im Kern des Prozesses. Deshalb sollte man alle Erkenntnisse und Aufzeichnungen bei der Hand haben, wenn man das freigegebene Budget auf seine Mitarbeiter verteilen will. Nur so können die typischen Fehler vermieden werden:

- Die »lauten«, für sich eintretenden Mitarbeiter bekommen am meisten.
- Die »Lieblinge« werden bevorzugt.
- Die stillen und bescheidenen Mitarbeiter gehen unter.

Achten Sie darauf, dass Sie beim Durchsprechen der Mitarbeiter das ganze zurückliegende Jahr berücksichtigen und nicht nur kürzlich passierte positive oder negative Ereignisse ins Kalkül ziehen. Machen wir uns nichts vor, eine Führungskraft (bzw. der Mensch im Allgemeinen) erinnert sich doch maximal an die letzten 4 Wochen. Und in denen kann sogar eine einzelne positive oder negative Erfahrung viele andere überstrahlen. Wenn wir das ganz biestig interpretieren, könnten gewiefte Mitarbeiter einfach in den Wochen vor dem Gehaltsförderungsprozess einmal richtig Gas geben und sich bei der Führungskraft öfter ins Gespräch bringen. So würde die Gehaltsmaßnahme positiver ausfallen. Danach kann ein solcher Schlaufuchs dann wieder 3 Gänge herunterschalten, bis die nächste Runde kommt. Eine »gute Führungskraft« plottet deshalb das ganze Jahr ihre Eindrücke mit und kann sich dann im Gehaltslesungsprozess einen Überblick über die gesamte Leistung verschaffen und eine valide Beurteilung abgeben. Zielerreichungen und Erkenntnisse aus Mitarbeitergesprächen unterstützen diesen Gesamtblick zusätzlich.

> **!** **Goldene HRE-Regel**
>
> Bedenken Sie bei den geplanten Gehaltsmaßnahmen die ganze Breite der Vergütungselemente, so wie in Kapitel 3.4.3 erklärt. Es ist für den Mitarbeiter manchmal lukrativer, ein steuerbegünstigtes Benefit zu erhalten anstelle einer vollversteuerten Gehaltserhöhung. Kreativität im Umgang mit der Gehaltserhöhung beeinflusst das Netto des Mitarbeiters ggf. spürbarer, als diese einfach auf das Fixum aufzuschlagen. Allerdings muss die zuständige Führungskraft dem Mitarbeiter den Effekt auch gut erklären, sodass dieser nicht denkt, dass er benachteiligt wird.

Wichtig ist es ebenfalls, Gehaltsförderung »in die Zukunft zu denken«. Man bekommt als Mitarbeiter nicht (nur) mehr Gehalt für vergangene Leistungen, dafür hat man ja eine variable Vergütung. Man bekommt mehr für hoffentlich steigende Wertschöpfungsbeiträge in der Zukunft, z.B. durch Übernahme von mehr Verantwortung oder eine gestiegene Produktivität, die sich auch auf die Zukunft prognostizieren lässt. Eine Gehaltsanhebung wird ja ab dem Zeitpunkt der Umsetzung auch in die Zukunft fortgeführt. An dieser Stelle zeigt sich der Vorteil eines aus mehreren Komponenten bestehenden Vergütungsmodells, das rückwirkend durch variable Vergütung wie Prämien belohnen kann und zukunftsorientiert durch Fixum und dauerhaft zugesprochene Benefits wirkt.

Bitte verteilen Sie auch keine »automatischen« Inflationsausgleiche an »Minderleister«, niemand hat ein Anrecht auf Gehaltserhöhung, wenn es nicht ein Tarifvertragsabschluss oder eine Betriebsvereinbarung vorgibt. Wer keine ausreichenden Leistungen einbringt, sollte Nullrunden mitmachen, bis die Leistungen wieder in einem akzeptablen Bereich liegen. Dass die Inflation ein bestehendes Gehalt in seiner Kaufkraft mindert, sollte für diesen nur noch mehr Ansporn sein. Knappes Budget sollten Sie lieber Ihren Leistungsträgern geben. Von daher gilt das Verteilungsprinzip:

Mehr Gehalt gibt es für stetig gute Leistung und eine positive Entwicklung. **!**

Die **3. Phase Nachbereitung** birgt auch noch ein paar Tücken, deshalb auch dazu einige Hinweise: Niemals dürfen die Führungskräfte nach einer Gehaltslesung ihren Mitarbeitern bereits verkünden, was sie geplant haben, bevor nicht die Gesamtmaßnahmenplanung durch die Geschäftsführung bestätigt wurde und das entsprechende Gehaltsschreiben vorliegt. In der Vergütung gilt das vielleicht schon bekannte Prinzip noch viel konsequenter:

Gebe nie ein Versprechen, das Du nicht einhalten kannst. **!**

Es gibt nichts Peinlicheres, als dem erfreuten Mitarbeiter später erklären zu müssen, dass aus welchen Gründen auch immer die Gehaltsplanung eine Änderung erfuhr. Im schlimmsten Falle wird dann natürlich die Schuld auf HR oder die Geschäftsführung geschoben, was am Ende alle Beteiligten einschließlich die Führungskraft selbst, die den »Schwarzen Peter« an andere weitergibt, beschädigt. Deshalb endet die 2. Phase auch mit einer Vereinbarung zwischen dem Personaler und der Führungskraft, dass die Mitarbeiter erst informiert werden, wenn die 3. Phase durchlaufen wurde. Zunächst müssen **immer** die Einzelplanungen der Führungskräfte mit der Geschäftsführung durchgesprochen und von dieser verifiziert werden. Erst dann ist die Planung umsetzungsreif.

Ich habe es mehrfach erlebt, dass die Geschäftsführung Planungen überstrahlt hat, weil sie z.B. Kenntnis von privaten Beziehungen zwischen Führungskraft und Mitarbeitern hatte, die ggf. zu ungerechtfertigt hohen Gehaltsmaßnahmen geführt haben. Manchmal hat die Geschäftsführung mit Mitarbeitern aber auch noch mehr vor als die zuständige Führungskraft und möchte beim Gehalt deshalb nicht zu kurz springen. Nicht alle Beweggründe lassen sich durch den moderierenden Personaler in der Gehaltslesung herausfiltern, deshalb ist das Durchsprechen mit der Geschäftsführung in der letzten Phase eine zusätzliche Validierungsrunde, die man intensiv nutzen sollte.

Wenn alles sozusagen »offiziell« ist, dann sollten entsprechende Gehaltsschreiben erstellt werden. Bei allen Bemühungen um papierlose HR-Prozesse und Büros (siehe Kapitel 3.3.1) empfinde ich das gute alte Gehaltsschreiben immer noch als ein wichtiges greifbares Zeichen der Wertschätzung und als Anlass, um in ein Mitarbeitergespräch einzusteigen, bei dem das Schreiben übergeben und erläutert wird. Der letzte Schritt des aufgezeigten Prozesses sollte dann die Information über die geplante Gehaltsmaßnahme an den Mitarbeiter sein und dies sollte unbedingt in einem persönlichen Gespräch erfolgen. Das gilt in allen Fällen, insbesondere auch dann, wenn ein Mitarbeiter keine oder eine unterdurchschnittliche Erhöhung erhält. Idealerweise ist die Gehaltsmaßnahme ja ein konsequenter Prozessschritt, der alle relevanten Erkenntnisse und Ereignisse der Vergangenheit, aber auch Pläne und Erwartungen für die Zukunft berücksichtigt. Deshalb ist das Gehaltsgespräch ein wichtiger Moment, den die Führungskraft mit hoher Professionalität vorbereiten und managen sollte. Das auf dem Tisch liegende Gehaltsschreiben bildet für dieses Gespräch einen Anker, an dem sich die Führungskraft immer wieder festhalten kann.

> **!** **Goldene HRE-Regel**
>
> Die Übermittlung der geplanten Gehaltsmaßnahme ist unbedingt und ohne Ausnahme die Aufgabe der zuständigen Führungskraft! Hier kann die Führungskraft ebenso positive Wertschätzung und Erwartungen für die Zukunft angesichts einer hohen Gehaltsmaßnahme artikulieren als auch Appelle an eine Steigerung von Leistung und Engagement, wenn die Gehaltsmaßnahme niedrig ausfiel.
> Lassen Sie sich als Personaler niemals die Übermittlung von Gehaltsmaßnahmen aufs Auge drücken, das ist und bleibt »Chefsache«!

Das Pferd im Fazit von hinten aufgezäumt: Wenn alles zum Thema Vergütung in Ihrem Unternehmen schiefgelaufen ist, dann bekommen alle Mitarbeiter gleichermaßen losgelöst von ihren Leistungen einen Inflationsausgleich plus »kleinem Schnaps obendrauf« als Gehaltsmaßnahme und die entsprechende Gehaltsmitteilung landet kommentarlos im Postfach. Dann haben Sie die guten Mitarbeiter richtig sauer gemacht und den nicht so guten bewiesen, dass es sich auch im unteren Drittel ganz gut leben lässt. Sie haben also nichts gewonnen, aber das Geld ist natürlich trotzdem weg. Wer so agiert, hat m.E. gute Mitarbeiter nicht verdient und lernt eine ehernes Gesetz kennen:

> **!** Sich um seine besten Leute nicht zu kümmern,
> ist ein dummes Alleinstellungsmerkmal,
> denn alle anderen sind sicher klüger und werden es gerne tun!

3.5 Der 2. Stock des HR-Hauses: Talent Management und Personalentwicklung
Autor: Arne Prieß

Talent Management ist ein großer Begriff, für ihn gibt es zahlreiche unterschiedliche Definitionen. Mancher versteht darunter fast die gesamte Personalarbeit: von den

- Aktivitäten bei der Ansprache der für das Unternehmen und seine Strategie besonders gut passenden Bewerber über

- alle Maßnahmen der Personalentwicklung für die Mitarbeiter hinweg bis hin zum
- Betreiben von Alumni-Netzwerken, mit denen man fluktuierte Leistungsträger zumindest mental noch an das Unternehmen binden möchte, um sie später einmal bei ihren übernächsten Berufsstationen wieder zurückholen zu können.

Andere wiederum fokussieren beim Talent Management nur auf diejenigen Mitarbeiter, denen man besonders hohes Potenzial zuspricht und die man deshalb in »Edel-Mitarbeiter-Pools« (oft als »Goldfisch-Teich« bezeichnet) besonders pflegt und hegt, um sie für die wichtigsten Funktionen heranzuziehen. Wieder andere meinen, dass Talent Management nichts anderes sein sollte, als die verborgenen Talente und/oder Leistungsreserven jedes Mitarbeiters im Sinne einer Produktivitätssteigerung mit Personalentwicklung zu entdecken und zu heben.

Goldene HRE-Regel !

Welchen Weg man auch geht, man sollte ihn nach einem vorher klar definierten und mit dem Management vereinbarten Konzept beschreiten. Man sollte also klar definieren, was man unter dem Begriff Talent Management verstehen will und welches Konzept das im Unternehmen maßgebliche sein soll. Nur so verhindern Sie es, sich in dem Wald verschiedener Verständnisse zu verlaufen.

Bedenken Sie immer, dass die Manager Ihres Unternehmens ggf. in vorherigen Unternehmen andere Konzepte erlebt haben und ggf. immer noch danach handeln. HR muss deshalb die Führungskräfte über das gemeinsam mit der Geschäftsführung beschlossene Konzept informieren und dafür gewinnen, sich genau wie in den eventuell für sie neuen Prozessen definiert zu verhalten. Nur so wird im Unternehmen Talent Management zu einem funktionierenden Motor für Mitarbeiterentwicklung, Leistungserbringung und Mitarbeiterbindung.

In den nachfolgenden Kapiteln haben sich die beteiligten Autoren darauf geeinigt, dass wir unter Talent Management Folgendes verstehen wollen:

Talent Management ist vorausschauende Personalentwicklung, die bei jedem Mitarbeiter ansetzen sollte und sich nach den strategisch erforderlichen Kompetenzen im Unternehmen richtet. Ein zusätzliches Augenmerk auf Nachwuchstalente, denen man über das normale Maß an Personalentwicklung hinausgehende Förderung und Aufmerksamkeit angedeihen lassen möchte, kann, muss aber nicht Bestandteil des Konzeptes sein.

Mit dieser Definition setzen wir also die Begriffe Talent Management und Personalentwicklung gleich. Voraussetzung für diese Begriffszusammenführung ist aber, dass die Personalentwicklung nicht kurzfristig denkend und reagierend, sondern vorrauschauend und strategisch wirksam betrieben wird. Aufgrund dessen könnte man den auch oft verwendeten Begriff »Strategische Personalentwicklung« mit unserem Verständnis von Talent Management gleichsetzen, daher würde ich ihn als Synonym verstehen.

! **Talent Management = strategisch wirksame Personalentwicklung**

Wir vertreten über die obige Definition hinaus die feste Auffassung, dass sich die Qualität von Talent Management nicht an irgendwelchen Elite Labeln festmachen lassen kann, sondern einzig und allein an der durch die Mitarbeiter tatsächlich erlebten Entwicklung ihres Könnens. Elite-Label produzieren zumeist hohe Erwartungen, die selten erfüllt werden. Daraus entstehen Frustration und Fluktuation bei denjenigen, die ja eigentlich durch die Aufnahme in besondere Programme und Pools besonders gebunden werden sollten. Deshalb gilt für uns die Regel:

! **Weniger versprechen und in Aussicht stellen, sondern mehr tatsächlich fördern und reflektieren über die geschaffte Entwicklung!**

Meine Autorenkollegin Angelique Morio wird nachfolgend in den ersten Kapiteln auf die kompetenzbasierte Personalentwicklung eingehen und sowohl typische und teure Fehler aufzeigen, als auch den wichtigen Personalentwicklungsmotor »Mitarbeitergespräch« skizzieren. Ich werde Hilfestellung geben, wie man gemeinsam mit der zuständigen Führungskraft anhand des »4-Schrauben-Modells« die individuelle Personalentwicklung systematisch durchdenken und davon sinnvolle Maßnahmen ableiten kann. Danach werde ich mit dem Verfahren einer »Teamdurchsprache« eine Methode der »kollektiven Personalentwicklung« aufzeigen, bei dem man Mitarbeiter im Vergleich betrachten und dann für Teilmengen des Teams Maßnahmen und Programme ableiten kann. Mein Koautor Ingo Priebsch wird Ihnen anschließend zur Abrundung des Themas aufzeigen, wie man eine nachhaltig nutzbare Nachwuchspipeline aufbauen kann, ohne sich in den obigen Risiken des Elitefrustes zu verstricken.

Da erlebte Personalentwicklung eine ganz besondere Rolle im Rahmen der Mitarbeiterbindung spielt, sind die nachfolgenden Kapitel sicher von besonderer Bedeutung für das strategische Personalmanagement. Also Käffchen und Kekse auf den Tisch und ran an die Kapitel!

3.5.1   Talent Management mit vorausschauender Personalentwicklung
Autorin: Angelique Morio

Wie sagte der ehemalige US-Verteidigungsminister Robert McNamara schon vor Jahrzehnten so trefflich: »Management ist die schöpferischste aller Künste. Es ist die Kunst, Talente richtig einzusetzen.« Es geht beim Talent Management nicht nur darum, Talente für das Unternehmen zu gewinnen und zu binden, sondern diese Talente auch gezielt zu fördern und im Sinne des Unternehmens einzusetzen. Talent Management wird aus den nachfolgenden Gründen immer wichtiger für Unternehmen:

1. Unternehmen benötigen immer mehr hochqualifizierte oder hochspezialisierte Mitarbeiter auf den verschiedensten Gebieten und finden diese am Arbeitsmarkt entweder gar nicht oder nicht in der benötigten Anzahl. Deshalb brauchen viele Unternehmen neue und innovative Konzepte, Talente auch aus eigener Kraft mit den passenden PE-Instrumenten zu fördern und nicht nur am Arbeitsmarkt zu rekrutieren und ans Unternehmen zu binden. Dabei zeigt die demografische Entwicklung die dringliche Notwendigkeit in Unternehmen, den Begriff Talent Management in der heutigen Zeit nicht nur auf die jungen Arbeitskräfte des Unternehmens anzuwenden, sondern auch auf die älteren Arbeitnehmer zu erweitern. Dies erfordert ein generelles Umdenken in Unternehmen, wie Talente definiert und entwickelt werden.

2. Je besser Mitarbeiter ausgebildet, qualifiziert oder spezialisiert sind und je mehr Möglichkeiten diese am Arbeitsmarkt haben, desto höher ist die Erwartungshaltung dieser Mitarbeiter und desto größer der Wunsch nach Anerkennung ihrer Leistung. Gerade die Generation Z (also nach 1991 Geborene) ist sehr intrinsisch motiviert und zeigt häufig eine deutlich niedrigere Loyalität gegenüber Arbeitgebern. Werden die Bedürfnisse nach Individualisierung, Selbststeuerung und Flexibilität nicht befriedigt, sucht die Generation Z viel schneller einen neuen Arbeitgeber als vorherige Generationen.

3. Die Anforderungen an die Talente steigen kontinuierlich. Durch die Globalisierung und digitale Revolution werden immer neue Kompetenzen wie Umgang mit unterschiedlichen Kulturen, Anpassungsfähigkeit an neue Rahmenbedingungen und Lern- und Leistungsbereitschaft auf hohem Niveau benötigt. Das Talent Management der Zukunft wird sich deshalb viel stärker an Kompetenzen orientieren müssen. Dies bedeutet, dass es nicht nur darum geht, welches Wissen jemand braucht, um seine Rolle zu erfüllen. Es geht in Zukunft vielmehr darum, welche Kompetenzen Unternehmen benötigen, um ihre Ziele zu erfüllen und inwieweit die Talente im Unternehmen diese Kompetenzen anwenden können. Je früher Unternehmen dies gezielt umsetzen und entsprechendes Kompetenzmanagement aufbauen, desto größer sind die Chancen, Talente auch langfristig im Unternehmen zu binden und zu entwickeln.

! Neuro-HR-Tipp

Mit dem Wechsel der Generationen geht auch wie oben beschrieben ein Wandel der Werte einher. Diesbezüglich ist die Neurobiologie der Werte extrem spannend. Werte gelangen ins Gehirn wie jeder andere Lernvorgang – durch das selber Erleben und Abschauen bei anderen. Wenn wir nun also immer mehr junge Bedürfnisse nach Individualisierung, Selbststeuerung und Flexibilität befriedigen, dann wird aus dieser Logik heraus ein Trend erzeugt, der wiederum den Personenkreis mit diesen Bedürfnissen vergrößert.

Dieser rasante Wertewandel scheint vom Medienkonsum und die damit einhergehende Verfügbarkeit von Vorbildern geprägt zu sein. Viele dieser medialen Vorbilder leben eine, manchmal vermeintliche, Selbstbestimmtheit vor (Fußballer, Popstars etc.) und geben diese Werte weiter. Die sozialen Medien helfen dann bei der schnellen Verbreitung und Etablierung dieser Werte.

Denken Sie daran: Sie können sehr wohl im Unternehmen andere Werte prägen und auch einfordern. Wir lernen schnell, dass es in bestimmten Umgebungen bestimmte Werte gibt.

3.5.1.1 Die 5 teuersten Fehler im Talent Management

Bevor wir inhaltlich ins Talent Management einsteigen, möchte ich Ihnen die diesbezüglich 5 teuersten Fehler aufzeigen, die ich oft bei Unternehmen beobachte und die richtig Geld kosten. Diese können Sie übrigens auch 1:1 auf die allgemeine Personalentwicklung übertragen.

! Goldene HRE-Regel

Vorab die wichtigsten Grundsätze für Talent Management, die viele Unternehmen unterschätzen:

1. Gutes Talent Management braucht gute Führungskräfte. Diese müssen in der Lage sind, Talente zu erkennen und auch fördern zu wollen. Deshalb sind neben Ihren Talenten die Führungskräfte eine sehr wichtige Zielgruppe, da sie die Konzepte umsetzen und sich dabei als Individuen mit ihren Stärken und Schwächen einbringen!

2. Talent Management ist ressourcenintensiv. Das möchte niemand hören, entspricht aber der Wahrheit. Gezieltes Talent Management kann nicht einfach so nebenher mitgemacht werden. Sie brauchen passende Instrumente und Zeit, damit Sie Ihre Vorgaben erfolgreich umsetzen können. Auch hier haben Führungskräfte eine wichtige Aufgabe und ein nicht unerheblicher Teil ihrer Zeit wird benötigt, um alle Talente, die sie in ihrem Team haben, entsprechend zu fordern und fördern.

3. Talente brauchen Vorbilder, die ihnen das gewünschte Verhalten werteorientiert vorleben. Und schon sind wir ein drittes Mal bei den Führungskräften angelangt. Wir können von Talenten nicht guten Gewissens Wissen, Können und Verhalten erwarten oder verlangen, das nicht vom Management vorgelebt wird.

Hand aufs Herz: Wie viel Geld investieren Sie jährlich in die gezielte Entwicklung Ihrer Talente? Die Summen, die ich immer wieder von Kunden oder Seminarteilnehmern höre, liegen zwischen 5- und hohen 6-stelligen Beträgen. (Dabei liegt die Unternehmensgröße zwischen 50 und bis hin zu 20.000 Mitarbeiter.) Auf meine Frage: »Was hat Ihr Investment der Entwicklung der Talente dem Unternehmen wirklich gebracht und woran haben Sie das gesehen?« kommt meistens keine Antwort.

Der Bereich Personalentwicklung (ich inkludiere hier auch die Talente) ist in der Regel der einzige Bereich in einem Unternehmen, der Budget erhält, ohne sagen zu müssen, was hinterher dabei »rumkommen« soll. In keinem Unternehmen, das ich kenne, würde z. B die IT-Abteilung einfach so jährlich EUR 95.000 Budget bekommen, ohne dass im Vorfeld klar definiert worden wäre, welche Vorteile diese Investition haben und welchen Nutzen sie stiften soll. In der Personalentwicklung hingegen ist diese Vorgehensweise fast schon Standard und vor allem dann, wenn es um die Entwicklung der Talente im Unternehmen geht. Da werden teure, langfristige Programme aufgesetzt bzw. durchgeführt und hochpreisige Coaches und Trainer eingekauft. Aber auf die Frage, »woran haben Sie den Erfolg der Maßnahme gesehen und wie haben Sie diesen gemessen?«, gibt es oft keine Antwort.

Deshalb möchte ich Ihnen die 5 teuersten Fehler im Talent Management aufzeigen sowie Alternativen, was Sie im Unternehmen tun können, um diese Fehler zu vermeiden:

1. Fehler: »Produzieren auf Halde«
Viele Unternehmen bilden in internen Programmen jährlich eine höhere Anzahl an Talenten (Nachwuchs oder Führungskräfte) aus, als sie benötigen. Sie bilden sozusagen auf Vorrat aus. In die firmeneigenen Talentpools kommen auf diese Weise oft mehr Talente herein als heraus und häufen sich dort an. Das bedeutet, dass Unternehmen viel Geld in ihre Talente investieren, ohne zuvor den wirklichen Bedarf genau geplant zu haben oder zu kennen.

Häufig sind die Teilnehmer zudem ein Jahr nach Abschluss des Programms noch immer in der gleichen Funktion und Stelle tätig wie zuvor. Für sie hat sich also nichts geändert. Längerfristige Entwicklungsprogramme wecken aber bei den Talenten konkrete Erwartungen, denn sie

- hoffen, in Kürze für eine neue Aufgabe vorgesehen zu sein;
- erwarten, dass sich in ihrer beruflichen Entwicklung bald etwas tut;
- freuen sich, dass der nächste Karriereschritt bevorsteht;
- gehen davon aus, dass nach Ende des Programms mit ihnen bis zur Beförderung regelmäßig über das weitere Vorgehen gesprochen wird.

Bekommen die Teilnehmer lange Zeit keine neue Herausforderung angeboten, sind sie frustriert und weniger motiviert. Sie vergessen in der Zwischenzeit das vermittelte Wissen oder erworbene Können, weil es nicht angewendet wird. Im schlimmsten Fall geht Ihr Talent gut ausgebildet zu einem anderen Unternehmen und erhält die Herausforderungen, auf die es bei Ihnen gewartet hat, und setzt dort seine erworbenen Fähigkeiten sofort ein.

Wie können Sie das vermeiden?

- Durch solide Datenkenntnis: Analysieren Sie im Vorfeld die Altersstruktur im gesamten Unternehmen und in den einzelnen Abteilungen. So erkennen Sie schnell Ihren kurz-, mittel- und langfristigen Handlungsbedarf.
- Durch exakte Bedarfsplanung: Wenn Ihnen diese Informationen vorliegen, können Sie den Bedarf an Nachwuchskräften genau feststellen und die Anzahl der Teilnehmer an Ihr geplantes Weiterbildungsprogramm anpassen.
- Guter Kontakt zu den Teilnehmern ist sehr wichtig: Überlegen Sie bereits während der Planungsphase, wie Sie mit Ihren teilnehmenden Mitarbeitern und Talenten bis zur Versetzung in einem intensiven und motivierenden Kontakt bleiben.
- Wenn Sie nicht im Vorfeld planen können: Dann qualifizieren Sie den Teilnehmer extern just-in-time bei einem Kooperationspartners Ihres Vertrauens. Dies ist letztlich für alle Beteiligten motivierender, zeit- und ressourcenschonender als ein langfristiges Programm, an dessen Ende Ihre Talente in einem nicht gepflegten Talentpool landen.

> **!** **Goldene HRE-Regel**
>
> Führen Sie keine Programme durch, nur »um irgendetwas für Ihre Mitarbeiter zu tun«. Das hat nichts mit gezieltem Talent Management, sondern mehr mit Incentive Maßnahmen zu tun. Incentive Maßnahmen haben ihre Berechtigung, wenn sie nicht unter den Deckmantel der Personalentwicklung gepackt werden. Aber auf Halde produzieren, ist Ressourcenverschwendung im Unternehmen und kostet viel unnötiges Budget.

2. Fehler: »Suchen Sie sich ein schönes Seminar«

Ein Klassiker, den ich schon oft genauso gehört habe. Viele Führungskräfte haben von Personal- oder Talententwicklung keine Ahnung oder wollen sich nicht aktiv mit dem Thema auseinandersetzen. Die Auswahl einer geeigneten Maßnahme wird bei diesem Fehler dem Talent überlassen. Dies zieht meist die Teilnahme an einem selbst ausgesuchten externen Seminar nach sich, was im Ernstfall für die Entwicklung des Talents nicht benötigt wird. Der Mitarbeiter entscheidet hier selbst, was er glaubt zu brauchen oder was er gerne machen möchte. Das kann der Realität entsprechen, muss aber nicht. Es steht selten die Notwendigkeit einer bestimmten Kompetenzentwicklung des Talents im Fokus.

Dieser Fehler beinhaltet, dass Seminare mehr als Wunschkonzert denn als Qualifizierung verstanden werden. Die Konsequenz ist, dass kein gezieltes Talent Management stattfindet und die Führungskraft zum »Genehmigender und Unterzeichner« von Seminaranmeldungen und weniger zum aktiven Talententwickler wird. Und der Personalbereich investiert sein Budget in nicht notwendige Maßnahmen.

Wie können Sie das vermeiden?
- Ihre Führungskräfte müssen verstehen, was Talent Management in Ihrem Unternehmen überhaupt bedeutet.
- Vermitteln Sie das Wissen, wie sich die verschiedenen Instrumente der Personalentwicklung mit dem Talent Management bei Ihnen im Unternehmen verzahnen.
- Zeigen Sie Ihren Führungskräften, dass Talent Management mehr ist als die Anmeldung zu einem Seminar.

Goldene HRE-Regel   !

Führen Sie Gespräche oder Fragebögen zur Überprüfung der Wirksamkeit von Seminaren und deren Transfererfolg ein. Der Entwicklungsbedarfs eines Talents ist die Differenz von IST zum SOLL. So einfach ist das.
Ohne Soll-/Ist-Abgleich kann Entwicklung nicht sinnvoll gemessen werden.

3. Fehler: »Jetzt machen wir mal, dann schauen wir«

Dieser Fehler wird schnell sehr teuer, wenn Sie Talent Management ohne konkrete Zieldefinition und ohne konkrete Planung umsetzen. Wenn Sie nicht im Vorfeld genau definieren, was das Ziel Ihres Programmes oder Ihrer Maßnahme sein soll und wie Sie dies erreichen, ist der Inhalt und Ablauf einer Maßnahme oder eines Programms sehr beliebig. Welche Kompetenzen sollen Ihre Talente verbessern, was sollen Ihre Talente lernen, was sie jetzt noch nicht können? Sie können den Erfolg einer Maßnahme nicht messen, wenn Sie im Vorfeld kein klares Ziel definieren.

Wie können Sie das vermeiden?
- Definieren Sie im ersten Schritt bei allen Aktivitäten im Talent Management ein klares Ziel. Ihre Kernfrage ist hier: Was wollen Sie mit dieser Maßnahme oder diesem Programm erreichen?
- Definieren Sie im zweiten Schritt, warum Sie dieses Ziel erreichen wollen. Ihre Kernfrage ist hier: Welchen Nutzen soll das Ziel haben?

Hier ein Beispiel: Sie bilden in einem Programm Ihre Projektmanager aus. Ihr Ziel ist, dass diese wissen, verstehen und umsetzen, worauf es bei Ihnen im Unternehmen bei der Durchführung von Projekten ankommt und wie sie dies erfolgreich anwenden. Der Nutzen der Maßnahme kann darin liegen, dass Ihre Projekte bei gleichem Umfang kosteneffizienter und schneller abgeschlossen werden können, weil alle das gleiche Verständnis und die gleiche Vorgehensweise im Projekt haben und dadurch keine Redundanzen entstehen.

> **!** **Goldene HRE-Regel**
>
> Hier erneut der Hinweis: Gutes Talent Management braucht gute Führungskräfte. Haben Sie bitte in allem, was Sie planen und umsetzen, Ihre Führungskräfte im Kopf und binden Sie diese frühzeitig in Ihre Überlegungen und Planungen mit ein. Je besser Führungskräfte verstehen, dass die Zieldefinition ein wichtiger Grundstein ist und was ihre Rolle dabei ist, desto gezielter können die Talente in Ihrem Unternehmen entwickelt werden.

4. Fehler: »Viel hilft bestimmt auch viel«

Bei diesem Fehler werden Talente druckbetankt, meist in einem sehr aufwändigen und langfristigen Programm. Es finden alle 4-8 Wochen verschiedene Seminarmodule im Rahmen des Programms statt. Zusätzlich gibt es Coaching, Projektarbeit, Unterstützung durch Mentoren/Paten und vieles mehr. Nichts wird unversucht gelassen, die Talente bestmöglich und aufwendig zu entwickeln, und das parallel zum Tagesgeschäft. Diese Vorgehensweise hat leider einen Haken: Ihre Wäsche wird nicht weißer werden, wenn Sie der Waschmaschine mehr Waschpulver hinzufügen. Unabhängig davon, was Sie alles an Maßnahmen zur Talententwicklung planen und umsetzen: Talent Entwicklung findet im Schwerpunkt am Arbeitsplatz und nicht in Seminaren oder Programmen statt.

Druckbetankung ist in der Regel keine sinnvolle Option, weil Wissen und Können in der Anwendung Zeit brauchen und auch Veränderung Zeit braucht. Viel Input bedeutet nicht zwingend viel Output und kann zu Überforderung am Arbeitsplatz führen.

Wie können Sie das vermeiden?

- Achten Sie auf die Qualität der Maßnahmen und weniger auf die Quantität.
- Definieren Sie das zu erreichende Ziel der Maßnahme und messen Sie die jeweilige Ausgangssituation, um die Weiterentwicklung nicht mit zu vielen Maßnahmen unnötig zu überfrachten.

> **!** **Goldene HRE-Regel**
>
> Je mehr Sie über die SOLL-/IST-Differenz des Talents wissen, umso gezielter können Sie im Rahmen eines Programms auch mit verpflichtenden und optionalen Modulen arbeiten. Es muss nicht jeder immer alle Angebot im Rahmen eines Programms machen. Legen Sie Wert auf Ergebnisorientierung!

5. Fehler: »Wird wohl schon geholfen haben«

Die häufigsten Messungen, die Unternehmen zur Überprüfung des Lernerfolgs vornehmen, ist der Feedbackbogen nach dem Seminar. Diese Messung der Zufriedenheit findet in der Regel am Ende der Weiterbildung, des Programms oder der Veranstaltung über Bewertungsbögen oder Abfragen über Flipchart statt. Unternehmen lassen sich so eine Einschätzung geben, wie das Talent die Maßnahme am Ende bewertet. Dies hat leider keinerlei Aussagekraft darüber, wie viel Ihr Talent von der Maßnahme wirklich umsetzen kann oder umsetzen wird, weil die Messung bereits am Ende der Maßnahme passiert.

Es kann nur darüber Auskunft geben, wie der Teilnehmer den Nutzen am Ende dieser Maßnahme einschätzt, aber nicht, wie erfolgreich der Transfererfolg der Maßnahme ist. Wie viel Ihr Talent letztendlich von diesen ermittelten Nutzen auch in die Praxis umsetzt oder umsetzen kann, kann am Ende eines Seminars noch nicht gesagt werden. Wissen bedeutet nicht automatisch Können.

Wenn Sie den Erfolg von Maßnahmen im späteren Verlauf nicht messen, ist der Entwicklungsstand eines Talents zu einem Zeitpunkt X nicht abbildbar und der weitere Entwicklungsbedarf unklar. Darüber hinaus haben Sie im Ernstfall viel Geld in Maßnahmen investiert und keine Transparenz über deren Wirksamkeit, was das Controlling in der Personalentwicklung deutlich erschwert. Bitte unterscheiden Sie bei der Evaluation von Bildungsmaßnahmen zwischen der Messung der Zufriedenheit und der Messung des Transfererfolges.

Neuro-HR-Tipp !

In Bezug auf die Messung von Maßnahmen kann die BWL viel aus der Medizin lernen. Dort werden doppelblind randomisierte Versuche durchgeführt, um zu testen, ob ein Medikament oder eine Maßnahme sinnvoll ist. Sicher ist diese Form der Evaluation nicht die einzig seligmachende und auch unter Medizinern wird gefordert, mehr auf Erfahrungswissen zu setzen, aber niemand fordert ernsthaft eine ausschließlich erfahrungsbasierte Medizin.
So ist es aber im Management. Es gibt kaum Vergleichsgruppen, die gebildet werden, es wird so gut wie nie randomisiert, es ist bereits fortschrittlich, wenn zusätzlich zu den Feedbackbögen auch eine Beobachtung des zu ändernden Verhaltens besteht. Es wird, angelehnt an die Medizin, Zeit für ein Evidence-based Management. HR sollte jede Maßnahme anhand von Studien beurteilen können, ob durchschnittlich mit einem Erfolg zu rechnen ist. Vereinzelt gibt es bereits solche Studien.

Wie können Sie das vermeiden?

- Bei der Messung des Transfererfolgs wird nach der Maßnahme zwischen Führungskraft und Talent ein Plan mit nachführenden Maßnahmen erstellt und die Nachhaltigkeit sichergestellt. So erreichen Sie die Umsetzung des

Gelernten in der täglichen Arbeit durch konkrete Umsetzungsziele, die zwischen Talent und Führungskraft vereinbart und nach einem definierten Zeitraum auch überprüft werden. Sie können dafür im Unternehmen Leitfäden für Transfergespräche einführen, die folgende Fragen beinhalten:

- Wie schätzen Sie den Nutzen der Maßnahmen ein?
- Was haben Sie Neues gelernt?
- Wie soll das Gelernte praktisch umgesetzt werden?
- Welche Transferziele sollen erreicht werden?
- Woran wird die Veränderung sichtbar?

! **Goldene HRE-Regel**

Talent Management ist kein Nebenjob und bedarf nicht nur einer Zielplanung, sondern auch der Erfolgsüberprüfung.

! **Neuro-HR-Tipp**

Erfolg kann auch biologisch gemessen werden. Da sich Führungsqualitäten in Hormonen wiederfinden, kann auch ein zusätzliches Instrument, nämlich eine Hormonanalyse, genutzt werden. Besonders die beiden Hormone Testosteron und Cortisol bieten sich an. Es hat sich in einer Vielzahl von Studien herausgestellt, dass bei einer Hormonkombination von einem niedrigen Cortisolwert und einem hohen Testosteronwert die besten Führungseigenschaften zum Vorschein kommen. Solche Hormonwerte können ein guter Ausgangspunkt für ein biologisches Coaching sein – und dann natürlich eine sehr gute Erfolgsmessung der Maßnahme.

Diese Tests laufen natürlich immer freiwillig und unterliegen der therapeutischen Schweigepflicht. In der Praxis sieht es so aus, dass die Teilnehmer Speichelröhrchen nach Hause gesendet bekommen, diese füllen und an ein Labor senden. Die Auswertung wird dann mit einem Coach durchgeführt, der neben medizinischen Fragestellungen auch den Einfluss der Hormone auf das Verhalten und den Erfolg bespricht. Inzwischen gibt es sogar bereits eine Führungsausbildung, die diese Hormontests als zentrales Messinstrument hat: Lab & Leadership.[12]

3.5.1.2 Entwicklung eines unternehmensspezifischen Kompetenzmodells

Personalwicklung sollte sich aus den Zielen und der Strategie des eigenen Unternehmens ableiten. Um die hierfür notwendigen Kompetenzen gezielt aufzubauen, ist ein unternehmensspezifisches Kompetenzmodell hilfreich. Hierzu sollten Sie sich vorab folgenden Unterschied verdeutlichen.

---

23 Hier finden Sie mehr: http://www.zentrum-fuer-leistungsmanagement.com/

Der Unterschied zwischen Wissen und Können

Bei der Entwicklung von Talenten geht es in erster Linie um die beiden Begriffe Wissen und Können. Diese werden oft gleichgesetzt, was aber inhaltlich nicht korrekt ist. Wissen und Können sind zwei völlig unterschiedliche Paar Schuhe. Wenn Sie etwas wissen, heißt das nicht automatisch, dass Sie etwas können. Denn:

> **Wichtig**   **!**
>
> Können heißt, Wissen erfolgreich umzusetzen.

Zwei kleine Beispiele: Sie wissen einiges über Mitarbeiterführung, d.h., Sie haben bereits in Ihrem Leben einige Bücher über erfolgreiche Mitarbeiterführung gelesen und Seminare dazu besucht. Dies bedeutet aber noch lange nicht, dass Sie gut führen können, also eine gute Führungskraft sind oder als solche gesehen werden. Oder Sie haben bereits viele Bücher über effektives Kundenmanagement gelesen und an einem Seminar für effektiven Umgang mit Kunden teilgenommen. Dies bedeutet aber auch noch lange nicht, dass Sie kundenorientiert sind und so handeln. Dies ist der Unterschied von Wissen und Können, beide Begriffe werden oft fälschlicherweise in einen Topf geworfen.

In die Sprachwelt der Personaler übersetzt heißt das für uns:

- Wissen = Qualifikation.
- Können = Kompetenz.

Wissen ohne Kompetenz geht, aber Kompetenz ohne Wissen geht nicht. Im Talent Management und in der Personalentwicklung bedienen sich Unternehmen sehr häufig der Stellschraube Wissen. Was ist der Unterschied?

- Wissen kommt von »Außen«. Darunter fallen z.B. Ausbildungen, Studiengänge, Lehrgänge und Seminare. Wissen ist auf Anforderungen und Qualifikationen ausgerichtet, darauf, was Mann oder Frau zu einem bestimmten Thema wissen oder nachweisen muss. In der Regel geht dies mit einem rechtlichen Zertifikat wie Ausbildungszeugnis, Diplom oder Teilnahmebescheinigung einher – eine schriftliche Bestätigung, dass ein bestimmtes Wissen zu einem bestimmten Zeitpunkt erworben oder nachgewiesen wurde.
- Können kommt von »Innen«. Hier zeigen wir, wie wir unser Wissen im Kopf auch erfolgreich umsetzen. Deshalb brauchen wir Kompetenzen, um Erfahrungen und Wissen in der Praxis erfolgreich anzuwenden. Unter Kompetenzen fallen auch Fertigkeiten, Werte und Ideale. Kompetenzentwicklung muss zuerst gewollt und dann über Tun erworben werden. Deshalb geht es im Talent Management immer um den individuellen Prozess und die individuelle Entwicklung des jeweiligen Talents.

Bei der Talententwicklung können Sie die vielfältigen Angebote Ihrer Personalentwicklung nutzen, wie z.B.

- Seminare,
- Coach (extern mit Fokus Persönlichkeitsentwicklung),
- fachlicher Coach (intern mit Fokus fachlicher Entwicklung),
- Job Enrichment,
- Job Enlargement,
- Job Rotation,
- Training on the job,
- Patenschaft,
- Mentoring,
- usw.

Sie sehen, es muss nicht immer der Klassiker »Seminar« sein. Welche Maßnahmen für Ihr Talent Management im Unternehmen passend sind, hängt von Budget, Ressourcen und Zeit ab.

Wesentliche Bestandteile einer gezielten und erfolgreichen Talentförderung und Personalentwicklung sind Jobprofile. Viele Unternehmen konzentrieren sich bei den Jobprofilen aber in erster Linie auf Wissen und Qualifikationen und vernachlässigen dabei die Kompetenzen, die benötigt werden, um in der Rolle erfolgreich zu sein. Wenn wir Talente gezielt entwickeln wollen, brauchen wir Qualifikationen UND die benötigten Kompetenzen als Basis. Für den praktischen Einsatz bedeutet dies, dass Sie für Ihr Unternehmen die gewünschten Kompetenzen definieren und im Detail beschreiben. Das daraus entstandene Kompetenzmodell ist Basis für Ihr Talent Management.

> **!** **Wichtig**
>
> **Warum ist ein einheitliches Kompetenzmodell wichtig?**
> Wenn Sie in jedem Jobprofil individuelle Kompetenzen definieren, wird es schwierig zu überprüfen, ob Sie Ihre Talente auch in Positionen, wo andere Kompetenzen gemessen werden, versetzen können. Weil die Bemessungsgrundlage hier auf unterschiedlichen Kompetenzen beruht, vergleichen wir in diesem Fall Äpfel mit Birnen. Wenn Sie z.B. im Jobprofil Ihres Talents Problemlösungsfähigkeit als wichtig erachten und in einem anderen Jobprofil das Einfühlungsvermögen, haben Sie keinerlei Aussagekraft darüber, ob Ihr Talent Einfühlungsvermögen besitzt, weil Sie es nie in der täglichen Arbeit überprüft haben, und können hier keine valide Einschätzung geben.

Es gibt verschiedene Kompetenzmodelle, deshalb möchte ich Ihnen gerne einen Hybrid aus verschiedenen Modellen aufzeigen. Hier geht es um 4 verschiedene Kompetenzfelder, denen unterschiedliche Kompetenzen problemlos zugeordnet werden können:

1. **Persönliche Kompetenz:** Fähigkeit, wie ich mit mir selbst umgehe;

2. **Umsetzungskompetenz:** Fähigkeit, wie aktiv ich in der Umsetzung bin;
3. **Soziale Kompetenz:** Fähigkeit, wie ich mit anderen umgehe;
4. **Fachlich-Methodische Kompetenz:** Fähigkeit, wie ich mit Sachverhalten umgehe.

Den einzelnen Kompetenzfeldern können nun Kompetenzen zugeordnet werden, wie Sie dem nachfolgenden Beispiel entnehmen können:

Kompetenzfelder mit zugeordneten Kompetenzen	
Persönliche Kompetenz (wie ich mit mir selbst umgehe)	**Umsetzungskompetenz** (wie aktiv ich in der Umsetzung bin)
▪ Glaubwürdigkeit, ▪ Loyalität ▪ Eigenverantwortung ▪ Offenheit für Veränderungen ▪ Zuverlässigkeit ▪ Selbstmanagement ▪ Ganzheitliches Denken ▪ …	▪ Initiative ▪ Belastbarkeit ▪ Ergebnisorientiertes Handeln ▪ Zielorientiertes Führen ▪ Entscheidungsfähigkeit ▪ Durchsetzungskraft ▪ Begeisterungsfähigkeit ▪ …
Soziale Kompetenz (wie ich mit anderen umgehe)	**Fachlich-Methodische Kompetenz** (wie ich mit Sachverhalten umgehe)
▪ Kundenorientierung ▪ Kommunikationsfähigkeit ▪ Einfühlungsvermögen ▪ Beratungsfähigkeit ▪ Teamfähigkeit ▪ Integrationsfähigkeit ▪ Gewissenhaftigkeit ▪ …	▪ Analytische Fähigkeiten ▪ Organisationsfähigkeit ▪ Projektmanagement ▪ Präsentationsfähigkeit ▪ Konzeptionsstärke ▪ Wissensorientierung ▪ Systematisches Vorgehen ▪ …

Tab. 14: Kompetenzfelder mit zugeordneten Kompetenzen

Mithilfe dieser 4 Kompetenzfelder können Sie Ihr unternehmensweites Kompetenzmodell schnell entwickeln und im Unternehmen implementieren. Grundsätzlich lässt sich sagen, dass die Auswahl der Kompetenzen für das Kompetenzmodell in einem Unternehmen oft eine eher willkürlich anmutende Auswahl von Kompetenzen beinhaltet. Wenn ich bei Kunden nachfrage, warum eine bestimmte Kompetenz im Modell enthalten ist und eine andere Kompetenz nicht, bekomme ich oft keine konkrete Antwort darauf.

> **!** **Achtung**
>
> Gestalten Sie dieses Modell nicht willkürlich und erarbeiten Sie in einem gemeinsamen Workshop mit Führungskräften und dem Management Ihr unternehmensspezifisches Kompetenzmodell. Wenn Sie den Workshop gut vorbereiten, geht das auch fix in 4 Stunden. Eine Teilnehmeranzahl von max. 10 ausgewählten Führungskräften querbeet inklusive Geschäftsführung hat sich bei mir bewährt.

Am Anfang eines Workshops bei meinem Kunden sage ich immer, dass am Ende mindestens das Kompetenzmodell mit den abgeleiteten Kompetenzen stehen wird. Die Frage meiner Kunden lautet dann meistens: »Und das wollen Sie in 4 Stunden schaffen?« Mein Standardantwort ist: »Schauen wir mal, Sie wären aber der erste Kunde, bei dem es nicht in gut 4 Stunden geht.« Wenn Ihre Vorgehensweise im Workshop gut vorbereitet ist und Sie einen klaren Fahrplan haben, ist dieser Zeithorizont absolut realistisch.

So gehen Sie bei der Entwicklung Ihres Kompetenzmodells vor
Ich stelle Ihnen im nächsten Schritt ein Workshop-Design für die Erarbeitung und Umsetzung Ihres unternehmensspezifischen Kompetenzmodells vor. Stellen Sie eine Übersicht aller Kompetenzen, die Sie zur Diskussion stellen möchten, in alphabetischer Reihenfolge zusammen. Ich habe immer pro Kompetenzfeld 16 Kompetenzen im Gepäck (insgesamt 64 Kompetenzen), es müssen aber nicht so viele sein. Die Zuordnung zu den Kompetenzfeldern ist zu diesem Zeitpunkt unwichtig. Um eine gemeinsame Basis zu schaffen, beschreiben Sie bitte grob in 1-2 Sätzen, was unter diesen Kompetenzen verstanden werden soll, das Detail ist hier noch nicht wichtig. Wenn Sie das nicht tun, werden 10 Führungskräfte im Workshop ihr eigenes Verständnis zu Kompetenzen wie z.B. »Entscheidungsfähigkeit«, »Konfliktlösungsfähigkeit« oder »Einfühlungsvermögen« haben. Und das ist nicht im Sinne des Erfinders!

Drucken Sie diese Übersicht für den Workshop als Handout für die Führungskräfte aus. Der Ablauf für den Workshop selbst ist wie folgt:

1. **Ableitung der Kompetenzen**
   Die Kompetenzen aus den Unternehmenszielen, der Unternehmensstrategie sowie dem Unternehmensleitbild und den Führungsgrundsätzen abzuleiten, ist eine hervorragende Kombination, damit Sie im Workshop ein einheitliches und ganzheitliches Kompetenzmodell erarbeiten können. Vermutlich werden Sie die Ableitung der Kompetenzen aus den Unternehmenszielen und der Unternehmensstrategie sofort nachvollziehen können. Bei der Ableitung der Kompetenzen aus dem Unternehmensleitbild und den Führungsgrundsätzen könnte dies anders aussehen. Dabei geben Ihnen Unternehmensleit-

bild und Führungsgrundsätze oft ganz konkrete Hinweise, welche Kompetenzen erwünscht sind und erwartet werden.

Nehmen Sie als Beispiel die BMW Group. Dort werden auf der Webseite bei Unternehmenskultur unter anderem die Begriffe »Verantwortung«, »Wandlungsfähigkeit« oder »Höchstleistung« genannt. Es wird näher beschrieben, was BMW darunter versteht. In einem Workshop wäre es dann für Sie wichtig, herauszuarbeiten, welche Kompetenzen aus Ihrer Sicht hinter diesen Begriffen stecken.

Ihre Geschäftsführung stellt im Workshop zunächst die Strategie und Ziele der nächsten 1,5-2 Jahre anhand der Leitfrage »Wo möchte Ihr Unternehmen in den nächsten 1,5 bis 2 Jahren sein?« vor und schafft für alle im Workshop eine wichtige Basis: Damit ist allen Teilnehmern deutlich geworden, wo die Reise hingeht. Danach werden durch die Geschäftsführung Fragen zu Strategie und Zielen beantwortet. Dies wird für eine gemeinsame Basis benötigt. Im nächsten Schritt geht es um die Ableitung der Kompetenzen. Hierfür bringen Sie zum Workshop nicht nur die Kompetenzübersicht als Handout mit. Zusätzlich haben Sie auch z.B. Broschüren für das Leitbild, Werteübersicht oder die Führungsgrundsätze mit dabei. Wichtig ist, dass diese Unterlagen in ausgedruckter Form vorliegen, damit die Teilnehmer im Workshop immer wieder darin blättern und sich daran orientieren können. Bei den Überlegungen, welche Kompetenzen für Ihr Modell wichtig sind, muss es immer den Bezug zu den nachfolgenden 4 Fragen geben:

1. Welche Kompetenzen sind für die Umsetzung unserer Strategie wichtig?
2. Welche Kompetenzen sind für die Umsetzung unserer Ziele wichtig?
3. Welche Kompetenzen gibt uns das Unternehmensleitbild vor?
4. Welche Kompetenzen geben uns die Führungsgrundsätze vor?

Es ist im Übrigen auch später nicht wichtig, dass alle 4 Kompetenzfelder inhaltlich gleich stark vertreten sind.

2. Individuelle Einschätzung der Kompetenzen

Jede Führungskraft bewertet im Anschluss alle Kompetenzen im vorbereiten Arbeitsblatt aus ihrer Sicht anhand der nachfolgenden 5-stufigen Skala. (Sie können aber auch eine Skalierung in 7 Stufen verwenden.)

> 1 = Diese Kompetenz ist weniger wichtig.
> 2 = Diese Kompetenz ist teilweise wichtig.
> 3 = Diese Kompetenz ist ziemlich wichtig.
> 4 = Diese Kompetenz ist sehr wichtig.
> 5 = Diese Kompetenz ist äußerst wichtig.

Erinnern Sie Ihre Führungskräfte immer wieder an den Zusammenhang mit den 4 Fragen, die im 1. Schritt genannt sind. Es muss bei der Einschätzung, welche Kompetenz wichtig ist, immer der Bezug zu den Zielen, der Strategie, dem Leitbild und den Grundsätzen vorhanden sein. So wird Ihr Kompetenzmodell individuell und konkret.

3. Übertragung der individuellen Einschätzung

Nun übertragen Sie jedes Arbeitsblatt in eine gemeinsame Tabelle. Dies gibt allen ein erstes Bild, wo die Einschätzung gleich bzw. unterschiedlich ist. Und mit einem Beamer können Sie die übertragenen Ergebnisse gleich für alle sichtbar an die Wand werfen.

4. Diskussion über die Kompetenzen

Im nächsten Schritt findet eine Diskussion über die Kompetenzen statt. In der Regel ergeben sich die ersten 7-8 Kompetenzen automatisch, weil hierüber eine große Einigkeit bei allen Führungskräften besteht und oft nicht mehr darüber gesprochen werden muss. Die letzten 7-8 Kompetenzen erfordern hingegen häufig eine gemeinsame Diskussion. Hier sind vor allem die Bandbreite der Bewertungen und das unterschiedliche Verständnis über die Wichtigkeit der unterschiedlichen Kompetenzen für Sie von Bedeutung. Je stärker die Streuung in der subjektiven Einschätzung, desto wichtiger ist es, ein gemeinsames Verständnis über die jeweilige Bedeutung der Kompetenz für das Unternehmen zu erzielen und zu einer Neubewertung zu kommen. Angeleitet durch Ihre Moderation kommen Sie so zu einem Grundgerüst Ihres Kompetenzmodells.

5. Festlegung der Kompetenzen

Es gibt eine goldene Regel: »twenty is plenty«. Achten Sie deshalb bitte darauf, dass Sie nicht mehr als 20 Kompetenzen haben. Ich würde sogar empfehlen, maximal 16 Kompetenzen zu nehmen. Was Sie nicht in 16 Kompetenzen komprimiert darstellen können, geht in der Regel auch nicht in 20 Kompetenzen. Also: Klasse statt Masse.

6. Detailbeschreibung der Kompetenzen

Je nachdem, wie schnell Sie im Workshop vorangekommen sind, können Sie die Ausarbeitung der einzelnen Kompetenzen im Detail gemeinsam beginnen. Wenn hierfür keine Zeit mehr bleibt, arbeiten Sie die Detailformulierungen zu den jeweiligen Kompetenzen aus. Danach stellen Sie die Ergebnisse den Workshop-Teilnehmern im Nachklang per E-Mail zur Verfügung. So kann jeder noch einmal seine Verbesserungsvorschläge einbringen und fertig ist das Muster-Kompetenzprofil für Ihre Jobprofile.

Beispiel für ein unternehmensspezifisches Kompetenzmodell

Wie gerade eben beschrieben, unterstützt ein gemeinsamer Workshop die strukturierte und effiziente Festlegung der für Ihr Unternehmen bedeutsamen

Kompetenzen. Nach dem Workshop steht unser Kompetenzmodell und könnte wie folgt aussehen:

Abb. 37: Abbildung Kompetenzmodell

Sobald unser Kompetenzmodell steht, arbeiten wir im Detail aus, was unter der jeweiligen Kompetenz verstanden worden ist bzw. werden soll. Dies ist unsere Grundlage, um zu einer einheitlichen Vorlage für den Kompetenzteil im Jobprofil zu kommen.

Hier ein Auszug aus der daraus entstehenden Kompetenzprofilvorlage als Beispiel:

Beispiel einer Kompetenzprofilvorlage	
Persönliche Kompetenz	
Eigenverantwortung	Handelt verantwortlich, gewissenhaft, gründlich und umsichtig. Misst das eigene Handeln an den Wertvorstellungen und Maßstäben des Unternehmens. Identifiziert sich mit wichtigen Zielen und Wertvorstellungen für die eigene Arbeit und das Unternehmen.
Selbstmanagement	Fähigkeit, das eigene Handeln zu gestalten. Schöpft die gegebenen Handlungsmöglichkeiten aktiv aus und versucht bewusst, sie auszuweiten. Erweitert unaufgefordert die eigenen Erfahrungen und das eigene Wissen.
Offenheit für Veränderungen	Steht Neuem aufgeschlossen gegenüber und hält nicht an bereits vorhandenen Lösungen fest. Nutzt solche Situationen, um zu lernen und die eigene Persönlichkeit weiterzuentwickeln.

Beispiel einer Kompetenzprofilvorlage	
Persönliche Kompetenz	
Zuverlässigkeit	Arbeitet mit starkem Pflichtgefühl und Aufgabenbewusstsein und handelt vertrauenswürdig. Wahrt die Unternehmensinteressen durch eigenes wirtschaftliches Verhalten und hohe Identifikation. Thematisiert Fehler und Probleme, wenn diese das Unternehmen gefährden.

Tab. 15: Beispiel einer Kompetenzprofilvorlage

! **Neuro-HR-Tipp**

Denken Sie immer daran, dass Entwicklung nicht nur defizitorientiert ist. Wenn eine Führungskraft bereits gut entwickelte Kompetenzen hat, dann macht es auch Sinn, die Führungskraft genau in diesen Feldern zu fördern, also die Stärken zu stärken. Ein Kompetenzmodel dient nie nur der Entwicklung von Schwächen, sondern mindestens im gleichen Maße auch der Stärkung von Stärken.

Studien an Schülern und an Führungskräften (Zenger/Folkman) zeigen, dass durch die Stärkung der Stärken eine Kompetenzübertragung auch auf andere Felder stattfindet, auch wenn dies zunächst schwerfällt zu glauben. Bei Schülern sollte daher einem matheschwachen Schüler, der gleichzeitig in Englisch gut ist, in Englisch Nachhilfe gegeben werden, nicht in Mathe. Neurobiologisch wird bei Erfolgserlebnissen Dopamin ausgeschüttet, dieses hilft uns generell beim Lernen. Wenn wir aber Nachhilfe in dem schwachen Fach zulassen, dann werden Stresshormone (Noradrenalin, Cortisol) gebildet, in hoher Dosierung blockieren diese Botenstoffe dann jegliches Lernen.

3.5.1.3 Jobprofil als Basis der Personalentwicklung

Jobprofile unterstützen Unternehmen bei sehr vielfältigen Aufgaben. Sie dienen als Basis z.B. für Stellenausschreibungen, Mitarbeitergespräche und Zeugnisse. Jobprofile geben Orientierung und zeigen auf, wofür der Mitarbeiter in seiner Funktion verantwortlich ist.

Wie bereits beschrieben, ist das Jobprofil in der Personalentwicklung unentbehrlich. Es ist die Grundlage für einen SOLL-/IST-Abgleich im Mitarbeitergespräch und besteht aus 2 Teilen:

1. **Hauptaufgaben** und die hierfür erforderliche/n Ausbildung, Kenntnisse und Erfahrungen

   Hier geht es um die Aufgaben, die der Mitarbeiter in seinem Job hat und welche Ausbildung, Kenntnisse und Erfahrungen hierfür notwendig und erforderlich sind (Wissen).

2. **Kompetenzprofil**

Hier geht es um die Konkretisierung, wie stark die in unserem unternehmensspezifischen Kompetenzprofil erarbeiten Kompetenzen für die jeweilige Tätigkeit Anwendung finden (Können).

Am Beispiel eines Projektmitarbeiters kann der erste Teil des Jobprofils wie folgt aussehen:

---

1. Teil des Jobprofils eines Projektmitarbeiters   **!**

Hauptaufgaben und Verantwortung

- Umsetzung der Aufgaben im Rahmen des Projekts
- Kompetente Beratung des Kunden bei Fragen zum Projekt
- Umsetzung projektbezogener Arbeitsanweisungen
- Monitoring der eigenen Projektstände und -fortschritte
- Unterstützung bei projektspezifischen Mitarbeiterschulungen
- Erarbeitung von Projektstrukturplänen
- Erstellung von Projektdokumentationen
- Unterstützung des Projektleiters bei Kick-off-Veranstaltungen und Projektmeetings
- Abstimmung mit internen und externen Schnittstellen
- Optimierung der Organisationsabläufe im Projekt

Erforderliche Ausbildung, Kenntnisse und Erfahrungen

Ausbildung: Fachschul-, Fachhochschul- oder Hochschulabschluss als Betriebswirt oder anderweitig erworbene gleichwertige Kenntnisse mit technischem Schwerpunkt

Kenntnisse:
- analytisch-methodische Vorgehensweise bei der Problemerfassung und -definition und Erarbeitung von Lösungskonzepten
- gute Englischkenntnisse
- gute Kenntnisse der Projektmanagement-Werkzeuge und -Methoden
- betriebswirtschaftliche Kenntnisse in Kosten-Nutzen-Rechnung
- Kenntnis der einschlägigen Normen und Vorschriften in Unternehmen und Gesetzen

Erfahrungen:
- mindestens 1-3 Jahre Berufserfahrung in ähnlichen Positionen

---

Für den Kompetenzteil im Jobmodell wird das vorher erarbeitete Kompetenzmodell angewendet. Unser Muster-Kompetenzprofil liegt uns bereits vor. Mit dieser Vorlage können Sie die einzelnen Jobprofile in der SOLL-Ausprägung auf einer für Sie passenden Skala für die Funktion vorbereiten.

Die Leitfrage ist hier, wie stark z.B. Eigenverantwortung bei den unterschiedlichen Jobprofilen ausgeprägt sein muss. Eigenverantwortung wird bei einem

Projektmitarbeiter sicherlich noch stärker ausgeprägt sein müssen als bei einem Projektassistenten. Besonders bewährt hat sich eine 5-stufige Skala:

1 = SOLL-Kompetenz wird selten oder gar nicht benötigt.
2 = SOLL-Kompetenz wird manchmal benötigt.
3 = SOLL-Kompetenz wird regelmäßig benötigt.
4 = SOLL-Kompetenz wird häufig bzw. in guter Ausprägung benötigt.
5 = SOLL-Kompetenz wird oft bzw. in sehr guter Ausprägung benötigt.

Wenn Sie für alle Funktionen das Kompetenzprofil im SOLL definiert haben, liegt Ihnen die Grundlage erfolgreichen Talent Managements und erfolgreicher Personalentwicklung vor. Erst wenn Sie wissen, was jemand können soll, können Sie auch messen, wo Ihr Mitarbeiter oder Ihr Talent in Bezug auf das beschriebene SOLL steht. Deshalb ist ein Jobprofil ein zentrales Kernstück der Personalentwicklung.

Hier ein Auszug für das fertige SOLL-Kompetenzprofil für den Projektmitarbeiter als Beispiel:

Auszug SOLL-Kompetenzprofil						
Persönliche Kompetenz		1	2	3	4	5
Eigenverantwortung	Handelt verantwortlich, gewissenhaft, gründlich und umsichtig. Misst das eigene Handeln an den Wertvorstellungen und Maßstäben des Unternehmens. Identifiziert sich mit wichtigen Wertvorstellungen für das Unternehmen.			X		
Selbstmanagement	Fähigkeit, das eigene Handeln zu gestalten. Schöpft die gegebenen Handlungsmöglichkeiten aktiv aus und versucht bewusst, sie auszuweiten. Erweitert unaufgefordert die eigenen Erfahrungen und das eigene Wissen.			X		
Offenheit für Veränderungen	Versteht Veränderungen als Lernsituationen und handelt entsprechend. Stellt sich Problem- und Handlungssituationen mit offenem Ausgang bewusst und gern.		X			
Zuverlässigkeit	Arbeitet mit starkem Pflichtgefühl und Aufgabenbewusstsein und handelt vertrauenswürdig. Wahrt die Unternehmensinteressen durch eigenes wirtschaftliches Verhalten und hohe Identifikation.			X		

Tab. 16: Auszug SOLL-Kompetenzprofil

Dieser Abgleich von SOLL und IST stellt die Grundvoraussetzung für die Identifikation und Entwicklung von Führungskräften, Mitarbeitern, Talenten oder High Potentials dar. Je größer sich die Differenz zwischen dem SOLL und dem IST herausstellt, desto höher ist der Entwicklungsbedarf. Im Rahmen der Personalentwicklung können Sie einen Mitarbeiter auch mit verschiedenen SOLL-Profilen vergleichen. Dies gibt Ihnen oft einen erstaunlichen Einblick über anderweitige Einsatzmöglichkeiten, an die Sie im ersten Schritt nicht denken.

Ein Ergebnis Ihrer Analyse kann zudem sein, dass die fachlichen Voraussetzungen (Wissen) für die Beförderung eines Mitarbeiters in eine nächsthöhere Position hervorragend sind, während die hierfür benötigten Kompetenzen (Können) noch nicht im ausreichenden Maße erfüllt sind. Hier sollten Sie überlegen, ob, in welchem Zeitraum und mit welchen Personalentwicklungsmaßnahmen Sie den Mitarbeiter weiterentwickeln, um die Differenz zwischen SOLL und IST in Bezug auf die Kompetenzen zu minimieren. Genau aus diesem Grund ist die Unterscheidung zwischen Wissen und Können so wichtig.

3.5.1.4 Mitarbeitergespräche: Motor für die Personalentwicklung

In der Personalentwicklung gibt es viele verschiedene Instrumente und Maßnahmen, die Sie im Unternehmen einsetzen können, um Ihre Führungskräfte und Mitarbeiter hinsichtlich der erarbeiteten Ergebnisse in den Job- bzw. Kompetenzmodellen zielgerichtet zu entwickeln. Welche Instrumente Unternehmen hierfür auswählen, hängt unter anderem von ihrer Größe, den eingebundenen Beteiligten, den bei HR zur Verfügung stehenden Ressourcen, dem Budget und auch den Unternehmenszielen ab.

Meine Seminarteilnehmer oder Kunden fragen mich oft: Wie sieht das perfekte Personalentwicklungskonzept aus? Meine Antwort ist immer die gleiche: Es kommt darauf an. Sie können sich vorstellen, dass dies niemand hören möchte. Ich zeige Ihnen das an einem Beispiel auf: Sie gehen zu einem Autohändler und fragen, wie das perfekte Auto aussieht. Der Autohändler wird sagen, dass es davon abhängig ist, was Sie mit dem Auto machen wollen, wie viel Geld Sie ausgeben können und was für Sie das perfekte Auto können soll.

Genauso ist es mit einem Konzept für Personalentwicklung. Es gibt nicht das perfekte Konzept. Die Frage ist, was es für Ihr Unternehmen können soll. Das Ziel ist immer, Mitarbeiter gezielt zu entwickeln und dem Unternehmen Nutzen zu stiften. Deshalb kann ich Ihnen die Frage, was das perfekte Konzept für PE ist, nicht beantworten. Welche Instrumente Sie für die PE einsetzen und welche Maßnahmen Sie daraus ableiten, hängt stark von den Faktoren Zeit, Kompetenz und Ressourcen ab. Als Beraterin sage ich meinen Kunden immer: Ich zeige Ihnen einen Strauß verschiedener Blumen. Gemeinsam werden wir herausfinden, welche Blume oder welche Blumen zum jetzigen Zeitpunkt die passenden für Ihren persönlichen Blumenstrauß in der Personalentwicklung sind. Das versteht jeder.

Es gibt ein Instrument, bei dem ich dogmatisch bin. Jedes Unternehmen braucht ein vernünftiges Mitarbeitergespräch, egal, wie groß das Unternehmen ist. Denn wenn kein Austausch zwischen Führungskraft und Mitarbeiter stattfindet, kann Personalentwicklung nicht zielgerichtet und erfolgreich gestaltet werden. Jedes Personalentwicklungskonzept braucht ein vernünftiges Mitarbeitergespräch. Es ist ein sehr zentrales Instrument der Personalentwicklung, weil dort der Abgleich stattfindet, was der Mitarbeiter in seiner Rolle kann und können sollte. Dies kann mehr oder weniger deckungsgleich sein, muss aber nicht.

Schauen wir uns die Aufgabenverteilung an: Die Aufgaben im Bereich Personal sind, Konzepte, Instrumente und Maßnahmen zu gestalten und diese einzuführen oder umzusetzen. Der Bereich Personal weiß am meisten über den Kenntnisstand eines Mitarbeiters bei seiner Einstellung. Denn dort wird geprüft, inwieweit der Bewerber für die vakante Stelle passend ist. Sobald der Mitarbeiter in der Fachabteilung arbeitet, erfahren Sie in der Regel nur sehr wenig davon, wie sich der Mitarbeiter entwickelt. Ihre Aufgabe ist es daher »lediglich«, Ihren Führungskräften für das MA-Gespräch eine strukturierte Arbeitshilfe an die Hand zu geben, wie sie ihre Mitarbeiter unterstützen können und was der Mitarbeiter für seine Entwicklung benötigt. Die Aufgabe Personalentwicklung bzw. die Verantwortung für die Weiterentwicklung eines Mitarbeiters liegt bei der Führungskraft (und nicht bei Ihnen).

Mithilfe eines gut konzipierten Leitfadens für Mitarbeitergespräche und dem Jobprofil helfen Sie den Führungskräften, sich strukturiert mit ihren Mitarbeitern auszutauschen. Gleichzeitig stellen Sie damit sicher, dass alle Führungskräfte den gleichen Leitfaden benutzen und nicht jeder das Gespräch so führt, wie er es gerne persönlich machen möchte. Ohne Mitarbeitergespräch können Sie nicht sinnvoll moderne Personalentwicklung umsetzen.

! **Neuro-HR-Tipp**

Viele Unternehmen haben einen jährlichen Turnus von Mitarbeitergesprächen. Das ist sicher gut begründet, allerdings verändern sich die Rahmenbedingungen immer schneller in vielen Unternehmen. Auch die Zyklen der Mitarbeitergespräche sollten sich an die Veränderungsgeschwindigkeit des Unternehmens anpassen. In vielen Fällen sind monatliche oder vierteljährliche Mitarbeitergespräche der Unternehmensdynamik angemessen.

Unsere Erinnerung ist nicht in der Lage, so lange Zeiträume wie 1 Jahr gut zu verarbeiten. Wir können uns kaum an die letzte Woche erinnern, wenn nicht etwas Besonderes passiert ist. Biologisch ist es ebenfalls sehr sinnvoll, Platz für wichtige Informationen zu schaffen. Unser Gehirn ist ein riesiger Relevanzfilter, alles, was nicht unmittelbar Relevanz hat, wird ausgeblendet. Wenn Sie im Mitarbeitergespräch mit Angelegenheiten anfangen, die 10 Monate zurückliegen, dann ist die Wahrscheinlichkeit der Relevanz niedrig.

»Zauberfragen« für den Gesprächsleitfaden

Das Mitarbeitergespräch selbst konzipieren Sie wie einen Zeitstrahl:

A. Rückblick in die Vergangenheit
B. Analyse der Gegenwart
C. Vereinbarung für die Zukunft.

Deshalb machen folgende Fragen für ein erfolgreiches Mitarbeitergespräch Sinn:

1. **Wie waren die Arbeitsergebnisse seit dem letzten Betrachtungspunkt?**
   Hier geht es um die Erreichung oder Nichterreichung vereinbarter Ziele, die Analyse der Gründe aus Sicht der Führungskraft und des Mitarbeiters.
2. **Wo steht der Mitarbeiter in Bezug auf seine Kenntnisse, Erfahrungen und Kompetenzen?**
   Hier geht es um Wissen, Fähigkeiten, Erfahrungen, die der Mitarbeiter in der Zwischenzeit erworben oder gemacht hat und die er nun einsetzen könnte.
3. **Was ist für die Zusammenarbeit in den nächsten 12 Monaten wichtig?**
   Hier geht es um die Vereinbarung von Zielen oder Übernahme neuer Aufgaben in den nächsten 12 Monaten.
4. **Wie kann oder soll der Mitarbeiter künftig eingesetzt werden?**
   Hier werden die nächsten Entwicklungen oder Karriereschritte des Mitarbeiters geplant.
5. **Welche Entwicklungs- und Weiterbildungsmaßnahmen sind vorgesehen?**
   Hier geht es um die Vereinbarung, mit welchen Maßnahmen oder Weiterbildungen der Mitarbeiter gefördert werden soll.
6. **Wie sehen Führungskraft und Mitarbeiter die Zusammenarbeit?**
   Hier geht es um die gemeinsame Reflexion, wie Führungskraft und Mitarbeiter die Zusammenarbeit erleben und was verbessert werden kann.

Fazit: Für einen effektiven SOLL-/Ist-Abgleich brauchen Sie gute Leitfragen im Mitarbeitergespräch als Teil Ihres Personalentwicklungskonzepts.

> **!** **Wichtig**
>
> Wichtig ist, dass Sie in Ihren Leitfaden die Frage einbauen, inwieweit sowohl Mitarbeiter als auch Führungskraft mit den festgestellten Einschätzungen übereinstimmen. Es wäre illusorisch von uns anzunehmen, dass diese Einschätzung von beiden immer gleich ist. Mithilfe dieser Fragestellung können Sie sicherstellen, dass unterschiedliche Einschätzungen dokumentiert und erläutert werden können.

Prozess: die andere »halbe Miete« für den Erfolg

Sie müssen den Prozess für die Mitarbeitergespräche bereits **vor** der Einführung der Mitarbeitergespräche definieren. Somit weiß jeder bei Ihnen, welche Schritte wer zu welchem Zeitpunkt wie machen muss. Dies bringt Klarheit und schafft Struktur. Bei der Gestaltung des Prozesses geht es nicht nur um die Ablage des Gesprächsbogens in der Personalakte, sondern auch um die koordinierte Umsetzung der darin stehenden Vereinbarungen. Denken Sie bitte bei der Prozessgestaltung an folgende Fragen:

- In welchem Intervall soll das Mitarbeitergespräch geführt werden?
- Soll es ein Zwischengespräch geben?
- Wer unterschreibt den Leitfaden und in welcher Reihenfolge?
- Wer leitet den Leitfaden an den Personalbereich in welcher Form zu?
- Was passiert mit den ausgefüllten Leitfäden im Personalbereich?
- Wie soll die Verdichtung der Ergebnisse aus den Leitfäden sein?

Je klarer Sie den Prozess beschreiben, desto besser wissen Ihre Führungskräfte, was sie tun sollen. Besonders hilfreich ist auch, wenn Sie den Prozess auf der ersten Seite des Mitarbeitergesprächs noch einmal kurz in Prosa beschreiben. Dann müssen Führungskräfte und Mitarbeiter vor dem Gespräch nicht erst noch irgendwo den Prozessablauf im Intranet öffnen, sondern können sich direkt an der Dokumentationsvorlage orientieren.

Bringen Sie Ihre Botschaft in die Köpfe der Führungskräfte

Prima: Ihr Leitfaden steht, der Prozess ist definiert. Der nächste Schritt ist, dass Sie Ihre Führungskräfte hierfür fit machen. Ein Mitarbeitergespräch kann nur so gut sein wie die Führungskraft, die das Gespräch mit dem Mitarbeiter zu führen vermag. Auf die Frage, wer schon einmal eine schlechte Führungskraft kennengelernt hat, habe ich noch nie erlebt, dass kein Seminarteilnehmer die Hand gehoben hat. Stellen Sie sich selbst die Frage: Kennen Sie selbst nur Super-Führungskräfte? Wenn nicht, wissen Sie, warum die Vorbereitung der Führungskräfte auf das Mitarbeitergespräch so wichtig ist.

Ziel des Mitarbeitergesprächs ist nicht, dass die Führungskraft in 30 Minuten alle Fragen im Leitfaden herunterspult. Es geht auch um Feedback geben, Empathie zeigen, Verständnis für den Mitarbeiter haben, Zuhören und den Wunsch,

Mitarbeiter voranzubringen. Hierfür ist nicht jede Führungskraft von Natur aus gleich talentiert. Deshalb ist es wichtig, dass Sie im Vorfeld Ihre Führungskräfte nicht nur über das Mitarbeitergespräch und dessen Prozess informieren, sondern auch für die Durchführung fit machen. Und selbst das ist kein Garant, dass Führungskräfte ihre Gespräche vernünftig führen, wie Ihnen das nachfolgende Beispiel zeigt:

Beispiel   !

Bei einem Kunden haben wir bei der Implementierung des Mitarbeitergesprächs alle Hausaufgaben gemacht: Die Führungskräfte wurden trainiert, von der Personalleiterin über die Bedeutung informiert, von der Geschäftsleitung gebrieft und für die neuen Mitarbeitergespräche sensibilisiert. Als die Leitfäden ausgefüllt zurückkamen, fiel der Personalleiterin auf, dass in einer Abteilung jede Frage im Mitarbeitergespräch immer mit zwei Sätzen beantwortet wurde. Nach interner Nachfrage stellte sich heraus, dass die Führungskraft die Leitfäden ausgefüllt hatte, bevor sie das Gespräch mit den Mitarbeitern geführt hat. Letztendlich haben die Mitarbeiter ein Gesprächsprotokoll ohne Mitarbeitergespräch unterschrieben. Die Quintessenz war, dass die Führungskraft ihrer Funktion enthoben wurde.

Selbst wenn Sie Ihre Führungskräfte optimal vorbereiten, sagt dies nicht zwingend etwas über die Qualität der geführten Mitarbeitergespräche aus. Bitte setzen Sie nicht automatisch voraus, dass Ihre Führungskräfte diese Gespräche ohne Vorbereitung und Unterstützung im Sinne des Unternehmens führen.

Goldene HRE-Regel   !

Sorgen Sie dafür, dass Ihre Führungskräfte wissen, was man von ihnen beim Führen von Mitarbeitergesprächen erwartet.

Typische Fehler beim Führen der Gespräche

Beim Führen von Mitarbeitergesprächen werden oft immer wieder die gleichen Punkte von Mitarbeitern als störend empfunden. Deshalb möchte ich Ihnen die gröbsten Fehler kurz zusammenfassen, damit Sie Ihre Führungskräfte hierfür sensibilisieren;

1. Zeitmangel,
2. Unterbrechung durch Telefonate,
3. fehlende Wertschätzung,
4. nicht zuhören,
5. schlechte Vorbereitung auf das Gespräch.

Wenn ein Mitarbeitergespräch stattfindet, hat der Mitarbeiter auch ein Recht darauf, dass sich die Führungskraft Zeit für dieses Gespräch nimmt und in dieser Zeit »präsent« ist. Deshalb geht es oft nicht so sehr um die Vermittlung der Technik an die Führungskräfte, sondern um die Vermittlung des »Mindset«. Zeigen Sie den Führungskräften auf, dass das Mitarbeitergespräch eines der zentralen Instrumente der Personalentwicklung ist und besondere Bedeutung bei der Entwicklung und Bindung von Mitarbeitern hat. Es ist erfahrungsgemäß auch einer der größten Treiber für die Mitarbeiterzufriedenheit bzw. -unzufriedenheit. Ein gutes Gespräch kann über manche sonstigen Mängel hinweghelfen, ein »versaubeuteltes« jedoch kann einer ohnehin angeschlagenen Motivation den Gnadenstoß geben.

Fazit: Es ist nicht allein die Technik, sondern auch die Einstellung, die für den Erfolg oder Misserfolg eines Mitarbeitergesprächs verantwortlich ist.

! **Neuro-HR-Tipp**

Sprache ist nicht der entscheidende Kanal, um Empathie auszudrücken. Unter Spiegelneuronen versteht man Neuronen, die ein Gefühl eines anderen in uns das gleiche Gefühl auslösen lassen. Wenn also unser Gegenüber traurig ist, dann werden wir auch eher traurig. Wenn unser Gegenüber fröhlich oder sauer ist, dann spiegelt sich dieses Gefühl auch in uns.
Deshalb ist Kongruenz in Sprache und unserem Gefühl so wichtig. Der starke Kanal ist nicht die Sprache, sondern das Gefühl, wir spüren, welche Einstellung unser Gegenüber gerade hat.

Ergebnisse des Mitarbeitergesprächs

Das Ergebnis des Mitarbeitergesprächs ist idealerweise ein gemeinsames Verständnis über die bisherige und zukünftige Zusammenarbeit sowie ein SOLL-/IST-Vergleich der Kompetenzen. Im Vorfeld wurden bereits die SOLL-Kompetenzen pro Jobprofil festgelegt. Im Mitarbeitergespräch sprechen Führungskraft und Mitarbeiter jetzt gemeinsam über ihre jeweilige Einschätzung von SOLL und IST.

Ausgangsbasis im SOLL war:

    1 = SOLL-Kompetenz wird selten benötigt bzw. in minimaler Ausprägung.
    2 = SOLL-Kompetenz wird manchmal benötigt bzw. in niedriger Ausprägung.
    3 = SOLL-Kompetenz wird regelmäßig benötigt bzw. in mittlerer Ausprägung.
    4 = SOLL-Kompetenz wird häufig benötigt bzw. in guter Ausprägung.
    5 = SOLL-Kompetenz wird oft benötigt bzw. in sehr guter Ausprägung.

Jetzt fügen wir eine Skala für die IST-Einschätzung hinzu:

    1 = IST-Kompetenz entspricht nicht den Anforderungen.
    2 = IST-Kompetenz entspricht nicht ganz den Anforderungen.
    3 = IST-Kompetenz entspricht den Anforderungen.
    4 = IST-Kompetenz überfüllt die Anforderungen.
    5 = IST-Kompetenz überfüllt die Anforderungen in erheblichem Maße.

Das Ergebnis des Mitarbeitergesprächs könnte für unseren Projektmitarbeiter wie folgt aussehen, wobei die Kreuze für das SOLL und die Kreise für Einschätzungen unter, auf oder über dem SOLL stehen:

Beispiel Ergebnis Mitarbeitergespräch						
Persönliche Kompetenz		1	2	3	4	5
Eigenverantwortung	Handelt verantwortlich, gewissenhaft gründlich und umsichtig. Misst das eigene Handeln an den Wertvorstellungen und Maßstäben des Unternehmens. Identifiziert sich mit wichtigen Wertvorstellungen für das Unternehmen.			X O		
Selbstmanagement	Fähigkeit, das eigene Handeln zu gestalten. Schöpft die gegebenen Handlungsmöglichkeiten aktiv aus und versucht bewusst, sie auszuweiten. Erweitert unaufgefordert die eigenen Erfahrungen und das eigene Wissen.		O	X		
Offenheit für Veränderungen	Versteht Veränderungen als Lernsituationen und handelt entsprechend. Stellt sich Problem- und Handlungssituationen mit offenem Ausgang bewusst und gern.		X	O		
Zuverlässigkeit	Arbeitet mit starkem Pflichtgefühl und Aufgabenbewusstsein und handelt vertrauenswürdig. Wahrt die Unternehmensinteressen durch eigenes wirtschaftliches Verhalten und hohe Identifikation.			X	O	

Tab. 17: Beispiel Ergebnis Mitarbeitergespräch

Das Ergebnis der Fragen im Leitfaden und dem SOLL-/IST-Abgleich der Kompetenzen bietet Ihnen eine hervorragende Grundlage für geeignete Entwicklungsmaßnahmen im Talent Management des Mitarbeiters und für eine spätere Potenzialanalyse, die von Arne Prieß im nachfolgenden Kapitel erläutert wird.

3.5.2   Personalentwicklungsbedarf eruieren und umsetzen

3.5.2.1 Teammitarbeiter einschätzen und Personalentwicklung ableiten
Autor: Arne Prieß

Ganz einfach und transparent kann man Potenziale – und damit einen eventuellen Personalentwicklungsbedarf – von ganzen Teams einschätzen, indem man einem klassischen Muster folgt, das mit 2 Achsen arbeitet:

- Potenzial nach mehr Verantwortung (Möglichkeit zu Job Enrichment) und
- Leistung im Job.

! **Goldene HRE-Regel**

Sie sollten Ihre Führungskräfte anhalten, einmal jährlich eine Einschätzung der Mitglieder Ihres Teams im Hinblick auf Potenzial und Leistung gemeinsam mit Ihnen vorzunehmen. Sie können diese Einschätzung auf der Basis der Protokolle von Mitarbeitergesprächen und Zielerreichungen zu festgelegten Kriterien wie z.B. Potenzial und Performance sowie Empfehlungen für die Personalentwicklung abgeben. Außerdem können Sie die Führungskraft davor bewahren, dass Sie Ihre »Favoriten« zu positiv und Ihre eher kritischen Mitarbeiter zu negativ einstufen.

Im Hinblick auf die beiden Achsen, die den Ist-Zustand und die Zukunft abbilden, müsste man eigentlich von einer Potenzial-/Leistungs-Analyse sprechen. Es hat sich aber der Begriff »Potenzialanalyse« eingebürgert.

Das Vorgehen ist recht einfach: Bewerten Sie gemeinsam die Mitarbeiter eines Teams bzw. Führungsbereiches nacheinander hinsichtlich ihres Potenzials und ihrer Leistung. Bewerten Sie die Leistung des Mitarbeiters aber nur im Hinblick auf die Funktion, die er aktuell ausfüllt und vermeiden Sie einen Vergleich mit anderen Inhabern anderer Funktionen im Team. Das Potenzial des Mitarbeiters beurteilen Sie bitte mit Blick auf anspruchsvollere Aufgaben im Sinne von Job Enrichment und Beförderungen.

Sie können dies auch mit Werten von 1 bis 6 quantifizieren, so ergeben sich für alle Mitarbeiter 2 Zahlen, mit denen Sie schnell vor Augen haben, wo sie stehen. Das können Sie auf einem Blatt schnell aufzeichnen (siehe Abbildung).

Aus der abgebildeten Matrix ergeben sich verschiedene Cluster für die Mitarbeiter:

- **Top Stars:** Mitarbeiter mit deutlich überdurchschnittlichen Leistungen und Potenzialen. Diese gilt es zu binden und zu fördern.
- **Stars:** Mitarbeiter mit überdurchschnittlichen Leistungen und Potenzialen. Diese gilt es zu binden und in ihren Leistungen weiter zu steigern.
- **Leistungsträger:** Mitarbeiter mit überdurchschnittlichen Leistungen. Diese gilt es zu binden und in ihren Leistungen stabil zu halten und, wo machbar, noch zu steigern.
- **Talente:** Mitarbeiter mit deutlich erkennbaren bzw. überdurchschnittlichen Potenzialen, die aber »ihre Kraft noch nicht auf die Straße bekommen«. Es gilt, die Leistung dieser Talente noch zu steigern, also das Können bzw. den Transfer der Potenziale in tatsächliche Leistungen zu unterstützen.
- **Fragezeichen:** Mitarbeiter mit unterdurchschnittlichen Leistungen und Potenzialen. Diese Mitarbeiter müssen ihre Leistung deutlich steigern, also durch entsprechende Personalentwicklungsmaßnahmen für eine deutlich bessere Aufgabenerfüllung und Zielerreichung befähigt werden.

- **Problemfälle:** Mitarbeiter mit mangelnden Leistungen und Potenzialen. Von diesen Mitarbeitern sollten Sie sich aktiv trennen. Auf keinen Fall sollten Sie hier Ihre kostbare Zeit einbringen und die anderen Mitarbeiter, bei denen mit wenigen Mitteln häufig starke Verbesserungen zu erwirken sind, vernachlässigen.

Beachten Sie, dass nicht alle Mitarbeiter Potenzial haben müssen. Sonst würden auch alle auf Ihrer Personalentwicklungs-Matte stehen und nach Förderung rufen. Ein Team benötigt hauptsächlich Leistungsträger, aber auch einige Potenzialträger, die Sie in der Verantwortungshierarchie aufsteigen bzw. nachrücken lassen können. Letzteres sollten Sie im Sinne des Unternehmens bitte auch außerhalb des Verantwortungsbereiches einer Führungskraft andenken. Talent Management ist in vielen Unternehmen schon gescheitert, weil die Führungskräfte ihre Talente »claimen«, anstatt sie für die Entwicklung im Unternehmen freizugeben. Das Ende von diesem traurigen Lied ist zumeist, dass die Talente für ihren nächsten Entwicklungsschritt zum Wettbewerb wechseln.

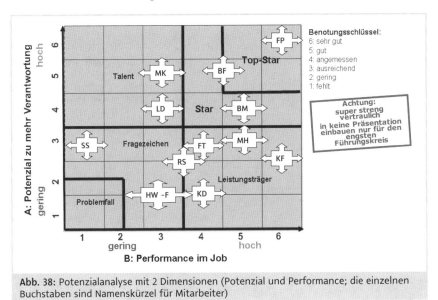

Abb. 38: Potenzialanalyse mit 2 Dimensionen (Potenzial und Performance; die einzelnen Buchstaben sind Namenskürzel für Mitarbeiter)

Als Personaldirektor einer Unternehmensgruppe habe ich einmal jährlich alle wichtigen Funktionen und deren Inhaber gemeinsam mit dem Geschäftsleitungskreis der Gruppe durchgesprochen. Dazu nutzte ich eine Excel-Tabelle, in der wir im Rahmen eines von mir moderierten Durchsprechens die Beurteilung der Funktionsinhaber nach 4 Kriterien protokollierten:

1. Leistung,
2. Soziale Kompetenz,
3. Fachkompetenz,
4. Potenzial.

Name	Team	Leistung	Soziale Kompetenz	Fach-kompetenz	Rang	Potenzial	Ampel	Maßnahmen
		1	2	3	2,00	1		
		3	2	2	2,33	2		
		2	4	3	3,00	2		
		5	2	5	4,00	2		
		3	4	6	4,33	3		Achtung, nicht überlasten
		4	5	5	4,67	4		
		5	6	3	4,67	6		
		5	4	5	4,67	6		Ziel: Delegation und Führung
		4	6	4	4,67	3		
		6	5	5	5,33	6		
Anzahl der bewerteten Mitarbeiter		3,80	4,00	4,10	3,97	3,50		

Legende:	fett	Bewertung vorgenommen	Höchster Wert = 6
	dünn	keine Bewertung vorgenommen wegen zu kurzer Stehzeit oder geplantem Ausscheiden	
	rot	muss verifiziert werden	

Abb. 39: Jährliches Durchsprechen von Funktionsinhabern

Bei dieser Beurteilung durften alle anwesenden Manager ihre Erfahrungen mit den jeweiligen Mitarbeitern einbringen und Einschätzungen zu den Kriterien vornehmen. Das »letzte Wort« hatte die zuständige Führungskraft, die i. d. R. den Mitarbeiter am besten kannte. In die Diskussionen brachte ich Fakten (Zielerreichung, Beurteilungen, Mitarbeitergesprächsnotizen etc.) und, soweit vorhanden, Infos zu bereits erfolgten Personalentwicklungsmaßnahmen ein.

In der Tabelle gab es eine Ampeldarstellung[24] für den »Rang-Wert« jedes Mitarbeiters. Dieser bezeichnete den Durchschnittswert der 4 oben benannten Kriterien. Die Skala ging von 1-6 und hatte die folgende Einteilung:

- Grün: ab 4.0
- Gelb: 3,0 bis 3,9
- Rot: unter 3,0

Dieser Rang-Wert diente nur dem Herstellen einer Rangreihenfolge anhand einer anschaulichen Darstellung der vorhandenen Kompetenzen und war nicht als Gesamtbenotung des Mitarbeiters zu verstehen.

Durch dieses Vorgehen wurde recht schnell transparent, wie die wichtigsten Funktionen besetzt waren und bei welchem Mitarbeiter hinsichtlich einzelner, ggf. auch mehrerer Kriterien Handlungsbedarf in der Personalentwicklung vorlag. Vergleichbar mit den »Problemfällen« der 2-Dimensionen-Matrix wurde bei diesem Vorgehen der Bedarf an Personalentwicklung bei denjenigen deutlich, bei denen eine »rote Lampe« Defizite signalisierte. Wenn bei diesen Mitarbeitern bereits Personalentwicklungsmaßnahmen durchgeführt worden waren und sich trotzdem keinerlei Entwicklung erkennen ließ, dann war eine Trennungs-

---

24 Die technische Erstellung ist über »bedingte Formatierung der Zelle« möglich.

entscheidung eine legitime und sinnvolle nächste Maßnahme[25]. Die Top Stars standen unten im grünen Bereich der Liste und waren natürlich die zu bindenden Mitarbeiter, die man hegen und pflegen musste, um sie dem Unternehmen zu erhalten.

3.5.2.2 Wie man seine Talent-Pipeline auffüllt
Autor: Ingo Priebsch

Das Gewinnen von Mitarbeitern mit den passenden Potenzialen, Kompetenzen und Wertvorstellungen ist nicht ausschließlich Aufgabe einer spezialisierten Abteilung innerhalb des HR-Bereiches, sondern ist Aufgabe aller Mitarbeiter und damit auch aller Managementebenen. Wenn Sie diesbezüglich alle folgenden Fragen mit ja beantworten können, dann lesen Sie bitte nicht weiter:

- Habe ich abgestimmte Auswahlkriterien zum Identifizieren meiner internen Talente?
- Haben die Führungskräfte meines Unternehmens ein klares, abgestimmtes Bild der Potenziale ihrer Mitarbeiter?
- Gehört das Identifizieren und Fördern von Talenten zu den jährlichen Zielvereinbarungen der Führungskräfte?
- Haben meine Mitarbeiter eine klare Aussage, wie sie in Leistung und Potenzial zu ihren Kollegen stehen?
- Habe ich im Unternehmen ein Weiterbildungsprogramm für meine Talente?

Wenn Sie zumindest eine Frage mit nein beantworten, befinden Sie sich bei der Mehrheit der Unternehmen.

Erfolgreich aber sind die Unternehmen, die kompetente Mitarbeiter und Führungskräfte auf die passenden Positionen hin fördern. Doch ein geplanter und geregelter Nachfolgeprozess im Bereich der Spezialisten und Führungskräfte ist eine wesentliche Aufgabe des Managements, die lange vernachlässigt worden ist bzw. auch heute noch nicht mehrheitlich praktiziert wird.

Ein ideales Planungsinstrument zur Umsetzung dieser Aufgabe ist die Talentkonferenz: Sie bündelt die Erfahrungen des Unternehmens, prognostiziert Potenziale und identifiziert und fördert zukünftige Leistungsträger. Bei einer Talentkonferenz treffen sich Entscheidungsträger des Unternehmens, um das Potenzial der vorhandenen Mitarbeiter für Führungsaufgaben zu eruieren. Dabei ist eine Teilnahme des Top Managements unerlässlich, um innerhalb des

---

25   Dazu mehr in Kapitel 3.9.

Unternehmens die nötige Durchschlagskraft sicherzustellen. Neben dem Top Management sollten die Führungskräfte der zu besprechenden Mitarbeiter Teil der Konferenz sein. Moderiert wird die Konferenz durch einen erfahrenen HR Manager oder durch einen externen Berater.

> **!** **Achtung**
>
> Einer der größten Fehler bei der Auswahl von Mitarbeitern für Aufgaben mit erweiterter Führungs- und Aufgabenverantwortung ist es, aus sehr guten Leistungen in dem bisherigen Einsatzgebiet das Potenzial für zukünftige, erweiterte Aufgaben abzuleiten. Ein äußerst erfolgreicher Mitarbeiter aus der Abteilung Forschung und Entwicklung muss nicht automatisch ein guter Abteilungsleiter werden. Ein solcher Karriereschritt kann sogar konträr zu persönlichen Stärken und eigenen Wünschen zur Weiterentwicklung laufen. Die Folge: An einer wichtigen Schlüsselfunktion sitzt ein frustrierter Abteilungsleiter, der Arbeitsergebnisse zwar fachlich gut beurteilen, aber sich gegenüber seinen Mitarbeitern nicht durchsetzen kann, sein Team nicht motiviert bekommt und Abteilungsziele nicht erreicht.

Wichtig ist vielmehr, neben den aktuellen Leistungen von Mitarbeitern das Potenzial für künftige Aufgaben zu berücksichtigen. Dieses lässt sich durch Testverfahren, aber auch durch Beobachtungen im täglichen Arbeitsablauf ermitteln.

Leitfragen für die Beobachtungen sind:
- Wie hat ein Mitarbeiter seine Führungskraft bei einer Krankheit vertreten?
- Wie stellt er sich in Projektgruppen und Krisensituationen an?
- Wie weit schaut er bei seinen Entscheidungen und Vorschlägen über den »Bereichs-Tellerrand«?
- Inwiefern denkt er unternehmerisch?

Die Talentkonferenz
Diese ermittelten Beobachtungen lassen sich am besten in der Talentkonferenz zusammenführen und bewerten. Hier sollten Führungskräfte, auch wenn sie in letzter Instanz selbst über Personalfragen entscheiden wollen und auch sollen, bei der Vorbereitung ihre wichtigsten »Komplizen« mit einbeziehen: die HR-Abteilung. Denn nur HR kann im Rahmen einer Talentkonferenz übergreifend sicherstellen, welche Talente im Unternehmen mit welchen Maßnahmen gefördert werden sollen.

Bestandteile und Leitfragen einer Talentkonferenz sind:
Kompetenzbedarfe: Auch hier geht es um eine Vorwärtsperspektive. Welche Trends gibt es in der Branche und was bedeuten sie für die zukünftige Personalstruktur?

Personenkreis: Welche Personengruppen möchte sich das Unternehmen anschauen? Hier kann die Auswahl zum Beispiel funktional, hierarchisch oder nach Jobfamilien gewählt werden (zum Beispiel Marketing und Vertrieb oder Forschung und Entwicklung).

Beurteilungskriterien: Jeder Bereichs- oder Abteilungsleiter hat subjektive Auswahlkriterien. Diese gilt es zu »kalibrieren«. Bewährt hat es sich, alle Beurteiler zu verpflichten, nicht mehr als 20 % der zugeordneten Mitarbeiter in den 3 oberen rechten Bewertungsfeldern zu positionieren. Genauso gilt dies auch für die 3 unteren linken Segmente.

Kommunikation im Unternehmen: Sollen die Ergebnisse allen beurteilten Mitarbeitern zur Verfügung gestellt werden oder ist es sinnvoll, nur die Mitarbeiter im Führungskreis zu informieren? Dies hängt von der Unternehmenskultur ab und sollte individuell festgelegt werden.

Aus- und Weiterbildungskonzepte: Wie können Potenziale gefördert werden? Auf welche Kompetenzen kann ich aufsetzen, die weiterentwickelt werden können? Welche Jobfamilien haben welche Bedarfe? Die Beantwortung dieser Fragen legt den Grundstein für ein Entwicklungsprogramm.

Der ideale Ablauf:

Im Vorfeld der Konferenz bewertet jede beteilige Führungskraft die ihm zugeordneten Mitarbeiter nach Leistung und Talent und gruppiert sie auf einer Performance-Potenzial-Matrix. Dazu zieht er bisherige Beurteilungen, Zeugnisse, Weiterbildungen und persönliche Beobachtungen heran. HR führt die Bewertungen des festgelegten Personenkreises zusammen.

In der Talentkonferenz kommen die beteiligten Führungskräfte, ein Moderator (auch hier kann HR eine funktionale und entscheidende Rolle spielen) und mindestens 1 Mitglied der Geschäftsführung zusammen und diskutieren die Positionierung jedes Mitarbeiters in etwa 10 Minuten, im Einzelfall auch länger. Gerade die Diskussionen zwischen den Teilnehmern der Talentkonferenz verdeutlichen die Wirksamkeit des Vorgehens: Durch die Teilnahme mehrerer Führungskräfte aus unterschiedlichen Bereichen werden die Bewertungen objektiviert und mitgetragen. Ein interessanter und wichtiger Nebeneffekt: Die Führungskräfte setzen sich intensiv, aber auch konfrontativ mit den Mitarbeiterbeurteilungen auseinander und gewinnen erweiterte Erkenntnisse für ihre Führungsarbeit. Das abgestimmte Ergebnis bildet die Basis für die Verdichtung aus allen Talentkonferenzen. Bzgl. der Talent-Performance-Matrix, in die man die Talente zuordnet, verweise ich die Abbildung im vorangegangenen Kapitel.

Nachhaltige Kompetenzentwicklung:

Nachdem die Mitarbeiter informiert sind, folgt die Umsetzung eines Weiterbildungsprogramms. Um keine falschen Hoffnungen zu wecken, müssen die Auserwählten wissen: **Zum Talentpool zu gehören, ist Verpflichtung und kein Privileg.** Daher sollten feste Ziele, Projektaufgaben über die tägliche Arbeit hinaus sowie selbstverantwortete fachliche und persönliche Weiterbildung zum Karriereplan der aufstrebenden Führungskraft gehören. Außerdem sollte Transparenz über die Erwartungen und Ziele bestehen und regelmäßig Feedback gegeben werden.

Mit der Leistungs- und Talentbeurteilung, der Talentkonferenz und Weiterbildungen für Kompetenzentwicklung haben Unternehmenslenker wichtige Instrumente, um in ihrem Unternehmen eine strategische Nachfolgeplanung umzusetzen.

> **!** Wichtig
>
> **Das Top Management ist notwendig**
> Talentkonferenzen und die abzuleitenden Maßnahmen werden keine Wirkung zeigen, wenn auf der kulturellen Ebene keine Philosophie zur Karriereentwicklung hinterlegt ist. Das Top Management sollte diese Unternehmenskultur vorleben und mit den Mitarbeitern diesbezüglich in den Austausch gehen. Wichtig sind hierbei eine Thematisierung der Entwicklungschancen und der Spielregeln für Karriereentwicklung, die Transparenz und Flexibilität unbedingt umfassen sollten. Sobald klar ist, dass über Karriere offen und zukunftsorientiert geredet wird und dass das Top Management seine Rolle bei der Unterstützung von Karriereentwicklung ernst nimmt, werden sich auch die Führungskräfte der mittleren Ebene dieser Aufgabe mehr öffnen.
> Verdeutlichen Sie ihren Führungskräften, welche wichtige Rolle ihnen beim internen Karrieremanagement zukommt. Helfen Sie ihnen, eine langfristig ausgerichtete und unternehmensweite Perspektive einzunehmen.

> **!** Goldene HRE-Regel
>
> Die Talentkonferenz ist für HR das ideale Mittel, versteckte Talente zu entdecken. Gerade die Auseinandersetzungen innerhalb der Konferenz stärken die Rolle von HR und nebenbei die Beurteilungskompetenz der Führungskräfte.

Damit aus Talent Management ein Wertschöpfungsbeitrag wird:

Abschließend finden Sie noch einmal den Aufbau der Talent-Pipeline in einem übersichtlichen Schaubild. Mit den 6 Komponenten und Leitfragen können Sie das Talent Management unterstützen, sodass Ihre Maßnahmen eine echter Beitrag zum strategischen Unternehmenserfolg werden:

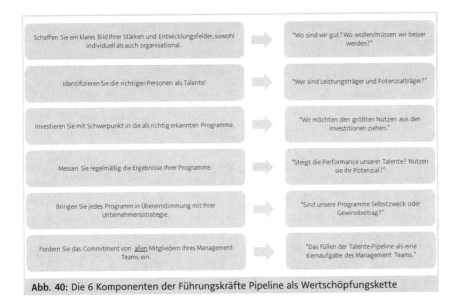

Abb. 40: Die 6 Komponenten der Führungskräfte Pipeline als Wertschöpfungskette

3.5.2.3 Individuelle Personalentwicklung mit dem »4-Schrauben-Modell«

Autor: Arne Prieß

Auch wenn wir uns in diesem Buch auf »Strategisches Personalmanagement« fokussieren, so muss man doch in manchen Themen auch »tiefer bohren«, damit die effektiven Konzepte und Pläne in der Realität ankommen und Wirkung zeigen. In diesem Sinne soll das nachfolgend beschriebene Modell der »4 Schrauben« eine Brücke zur **individuellen Personalentwicklung** darstellen, nachdem Sie Ihr Team analysiert und Ihre Talente ausgewählt haben. Es ist so einfach wie genial und für alle Führungskräfte gut geeignet. Nutzen Sie es deshalb immer dann, wenn Sie mit Ihren Kunden die strategische Personalentwicklung auf den einzelnen Mitarbeiter »herunterbrechen« wollen.

Ich habe versucht, die Personalentwicklung einzelner Mitarbeiter (individuelle Personalentwicklung) auf eine einfache Formel zu bringen, die man sowohl als Personaler als auch als Führungskraft abarbeiten kann:

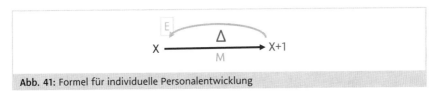

Abb. 41: Formel für individuelle Personalentwicklung

Ausformuliert ist für die Umsetzung dieser Formel im Rahmen der Personalentwicklung Folgendes zu tun:

1. Stellen Sie fest, wie das **aktuelle Kompetenz- und Leistungsprofil** eines Mitarbeiters ist **(X).**

   Das liest sich einfach, ist aber häufig trotz des im vorangegangenen Kapitel erläuterten Ablaufs gar nicht so leicht, was daran liegt, dass weder der Mitarbeiter noch die Führungskraft die Leistungsgrenzen wirklich vor Augen hat. Wann kommt man als Mitarbeiter schon einmal wirklich an seine Grenzen? Bei einem Marathon kann es passieren, dass man nach 30 Kilometern keinen einzigen Schritt mehr gehen kann und am Boden liegend und nach Luft japsend die Grenzen seiner Leistungsfähigkeit erreicht hat. Aber in einer beruflichen Fachaufgabe sind Leistungsgrenzen weniger sichtbar, es sei denn, ein Mitarbeiter scheitert mit Pauken und Trompeten und unübersehbarem Schaden. Um das zu vermeiden, bleibt der Mitarbeiter aber gerne in seiner »Komfortzone«, das ist der Bereich, in dem er auf positive Erfahrungen zurückgreifen kann (»Das habe ich schon zahlreiche Male erfolgreich gemacht«). Auch die Führungskraft vermeidet in der Regel ein Überschreiten der Grenzen, entweder aus falsch verstandener Fürsorge oder um sich nicht nachsagen zu lassen, dass in seinem Führungsbereich etwas schiefgegangen ist.

   Hierzu passt ein Zitat von Henry Ford:

   Wer immer tut, was er schon kann, bleibt immer das, was er schon ist!

   Fehler machen bedeutet, dass man erfährt, wo die Grenzen der eigenen Kompetenz bzw. Leistungsfähigkeit liegen und wo man durch gezielte Personalentwicklung nachlegen muss. Deshalb sollte man — in angemessenen Grenzen — ausloten, was ein Mitarbeiter wirklich leisten kann, und dabei dann aber auch Fehler zulassen. Wichtig ist beim Auftreten von Fehlern eine ausreichende Nachbesprechung, sodass man das Prinzip von »Lessons Learned« bewusst betreibt. Nur so lernt der Mitarbeiter etwas aus seinen Fehlern und erkennt, dass sie ein durchaus akzeptierter Bestandteil der Entwicklung sind. Bei einem Kunden habe ich einmal einen wirklich klugen Satz in einem Unternehmensleitbild an der Wand entdeckt:

   Wir haben eine Fehlerkultur! Aber unser nächster Fehler wird ein neuer sein!

   Besser kann man es nicht ausdrücken. Fehler gehören zur Entwicklung, aber man sollte sie auch als Erkenntnismittel nutzen und nicht fleißig und hartnäckig wiederholen.

Neuro-HR-Tipp

Unser Gehirn leitet aus einer Vielzahl von Einzelfällen allgemeine Regeln ab. So lernen wir zum Beispiel sprechen: Nicht, indem wir Grammatik pauken, sondern indem wir Regeln anhand vieler gehörter Beispiele anwenden. Wenn Sie eine Fehlerkultur etablieren wollen, ist nur die Anwendung entscheidend, nicht aber Worte oder Beteuerungen. Wenn Sie wollen, dass Mitarbeiter Fehler machen (weil sie handeln), dann freuen Sie sich über die Fehler Ihrer Mitarbeiter. Nur so kann das Mitarbeitergehirn die Regel »Wir haben eine Fehlerkultur« lernen. Entscheidend ist, wie beim Erlernen der Sprache, die Vielfalt an Beispielen. Die Anzahl von Einzelfällen, bei denen der Mitarbeiter Fehler gemacht hat; wie der Mitarbeiter die »Fehlerkultur« erlebt und lernt. Durch das Erlernte/Erlebte entstehen dementsprechende Handlungsweisen.

2. Definieren Sie, wie das **zukünftige Kompetenz- und Leistungsprofil** des Mitarbeiters ausgeprägt sein soll, um die vereinbarten Aufgaben erfolgreich übernehmen und die Ziele erreichen zu können **(X+1)**.
   Hier 2 erklärende Beispiele:
   - Soll ein Mitarbeiter ein Meeting moderieren, muss er grundlegende Moderationstechniken beherrschen (z. B. Erstellen einer Agenda, Reflektieren, Visualisieren, Diskussionen leiten).
   - Soll ein Mitarbeiter, der bisher in Projekten nur mitgearbeitet hat, ein Teilprojekt oder sogar ein gesamtes Projekt leiten, bedeutet das für sein Profil, dass er grundlegende oder fortgeschrittene Fähigkeiten im Bereich »Projektmanagement« benötigt.

Für den Betroffenen kann es sich unter Umständen um einen größeren Entwicklungsschritt handeln, sodass die Formel sogar X+2 oder mehr aufweist. Achten Sie aber darauf, dass die Schritte nicht zu groß sind, ansonsten ist ein Scheitern praktisch vorgezeichnet. Und ein komplettes Scheitern hat eine deutlich andere Wirkung auf den Mitarbeiter als ein einfacher Fehler. Bei einem Scheitern kann es durchaus passieren, dass der betroffene Mitarbeiter völlig frustriert ist und an sich selbst so stark zweifelt, dass man ihn in seinem Selbstbewusstsein oder aber seinen Ruf im Unternehmen beschädigt hat, er also kaum wieder »auf die Füße« kommt. Bei einem Fehler schüttelt sich der Mitarbeiter bestenfalls einmal kräftig, insbesondere wenn er erst einmal gelernt hat, sie zu reflektieren und gestärkt aus ihnen hervorzugehen. Er empfindet es als eine Herausforderung, die entsprechende Situation beim nächsten Mal besser zu meistern. Achten Sie deshalb darauf, dass die Entwicklungsschritte angemessen sind. Sie sollten nicht so klein sein, dass sie unmerklich sind, und nicht so groß, dass sie ein Scheitern geradezu provozieren.

In dem zweiten o. g. Beispiel wäre es sicher besser, den Mitarbeiter erst einmal mit einem kleinen Teilprojekt zu betrauen, danach mit einem größeren, wichtigeren Teilprojekt und erst dann mit einem kompletten Projekt.

3. Fragen Sie, wie groß das **Delta** ist **(Δ)**. Kleine Abweichungen lassen sich durch »Learning on the Job« schließen. Dabei hilft die Erfahrungsweitergabe durch die Führungskraft oder durch einen Kollegen, der einen Wissens- und/ oder Fähigkeitsvorsprung hat. Größere Abweichungen müssen im nächsten Schritt durch gezielte Personalentwicklungsmaßnahmen angegangen werden. Dabei ist natürlich eine stärkere Begleitung des Mitarbeiters notwendig, denn solche Lücken schließen sich nicht durch eine Maßnahme allein, sondern durch einen erfolgreichen Transfer. Und bei dieser Aufgabe sollte kein Mitarbeiter alleingelassen werden.

4. Leiten Sie **Maßnahmen** ab, die dazu geeignet sind, das geplante Profil zu erreichen bzw. das Delta zu schließen **(M)**. Wichtig ist, dass der Besuch eines Trainings (der allen als Erstes einfällt) nicht unbedingt die effektivste Maßnahme ist. Hüten Sie sich vor dem Reflex, Ihren Mitarbeiter auf ein Training zu schicken und damit seine Personalentwicklung abzuhaken. Es gibt für jeden Bedarf eine geeignete und effektive Maßnahme. Welche das ist, gilt es herauszufinden. Dabei hilft Ihnen das u. g. Modell der »4 Schrauben der Personalentwicklung« (manchmal auch als »4 Schrauben der Veränderung« benannt).

5. **Evaluieren** Sie, ob die Maßnahmen erfolgreich waren, also ob ein Transfer stattgefunden hat **(E)**. Leider ist Personalentwicklung erfahrungsgemäß ein »müßiges Geschäft«. Der Transfer von vermitteltem Wissen gelingt Menschen eben nicht unmittelbar. Hier gibt es eine Regel, die leider nicht sehr ermutigend ist:

> **!** Ein Drittel des vermittelten Wissens nimmt man mit,
> davon entscheidet man sich, ein Drittel nachhaltig umzusetzen.

Man muss kein Mathematiker sein, um zu erkennen, dass Lerntransfer offensichtlich nur unter großen Verlusten stattfindet und man einen Aufwand manchmal mehrfach betreiben muss. Aber angesichts des ständig wachsenden Veränderungs- und Entwicklungsdrucks sollte einem die o. g. Regel eher dazu ermutigen, öfters und mehrfach Impulse zu setzen und insbesondere die Transferphase aktiv zu unterstützen.

Wenn Sie meine Formel für individuelle Personalentwicklung nachvollziehen konnten, lassen Sie uns geschwind zu dem »4 Schrauben-Modell« kommen. Dieses besteht aus den 4 Schrauben »Dürfen, Wollen, Wissen und Können«, genau in dieser Reihenfolge gedreht:

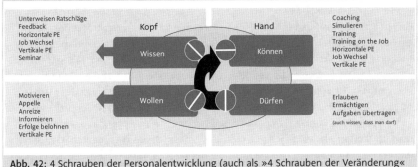

Abb. 42: 4 Schrauben der Personalentwicklung (auch als »4 Schrauben der Veränderung« bezeichnet)

Die Abbildung lässt sich ganz leicht erklären. Wenn Sie die o. g. Formel von individueller Personalentwicklung abarbeiten und sich ein Mitarbeiter von X zu X+1 entwickeln soll, Sie das Delta festgestellt haben und dann zu Schritt 4 »Maßnahmen« kommen, dann stellen Sie sich die 4 Fragen (Schrauben) in der durch den Pfeil in der Mitte aufgezeigten Reihenfolge. Mit der Festlegung und der Durchführung von gezielten Personalentwicklungsmaßnahmen (stehen jeweils neben den Schrauben-Feldern) drehen Sie an den Schrauben und justieren sie für die zu X+1 passende Stellung:

Dürfen:
Darf der Mitarbeiter X+1? Hat er also die Befugnis, sich im Rahmen seiner Linienfunktion so zu verhalten, wie X+1 es erfordert? Stehen irgendwelche arbeitsrechtlichen Barrieren, fehlende oder begrenzte Handlungsvollmachten oder ungeschriebene Verhaltensregeln dagegen? **Dann muss man erlauben und ermächtigen und die Verantwortung für Aufgaben übertragen!**

Häufig stehen auch unausgesprochene Annahmen im Weg. Der »Klassiker« ist, dass man den Mitarbeiter angesichts einer ausbleibenden Entwicklung fragt, warum er dies oder jenes nicht getan habe, worauf er dann entrüstet antwortet: »Ja, wenn ich gewusst hätte, dass ich das darf, dann hätte ich natürlich …«. Nur ist dann vielleicht schon ein Teil der knappen Zeit bis zur Zielerreichung ins Land gezogen. Hier ein Beispiel:

! Beispiel

Ein Mitarbeiter im Marketing soll eine vorliegende Vermarktungsbroschüre für ein Produkt auf den neuesten Stand bringen und dabei aktuelle Erkenntnisse der Neurologie berücksichtigen. Er tut sich schwer und »googelt« sich Halbwissen zusammen. Das Ergebnis überzeugt den Marketingleiter nicht und der Mitarbeiter kann auch nicht erklären, warum er was verändert hat. Auf die Frage des Marketingleiters, warum er sich nicht ein einschlägiges Buch angeschafft und zuhause gemütlich und in Ruhe auf der Couch gelesen und ausgewertet habe, antwortet der Mitarbeiter:»Ja, wenn ich gewusst hätte, dass ich das darf, dann hätte ich das natürlich getan. Aber ich habe ja nicht die Befugnis, Büromaterial zu bestellen ...«

Bedenken Sie also vorhersehbare Barrieren und sprechen Sie diese bei der zuständigen Führungskraft oder dem Mitarbeiter gleich an: »Nur zur Sicherheit: Sie können natürlich einschlägige Literatur dazu bestellen und lesen, und ich fände es auch in Ordnung, wenn Sie diese zuhause während der Arbeitszeit in Ruhe durcharbeiten. Ist ja allemal günstiger als der Besuch eines Trainings – aber die Drinks auf der Couch weglassen ...«

Wollen:
Will der Mitarbeiter X+1 überhaupt oder hat er innerlich eine Blockade, weil er sich nicht verändern möchte oder die Konsequenzen scheut? Wenn dem so wäre, könnten Sie so viele Maßnahmen aufsetzen wie Sie wollen, der Betroffene würde den Erfolg der Personalentwicklung bewusst oder unbewusst blockieren. Man darf sich aber auch nicht zu schnell mit einem ablehnenden Lippenbekenntnis zufriedengeben, insbesondere wenn die Weiterentwicklung für den Bestand des Arbeitsplatzes oder des Unternehmens unabdingbar ist. Auch gilt hier, dass jeder Mensch jemanden braucht, der an ihn glaubt und ihm über seine selbst definierten Grenzen hinweghilft. Folgendes Zitat passt hierzu wunderbar:

Was uns im Leben am meisten Not tut, ist ein Mensch, der uns zu dem zwingt,
was wir können.
Ralph Waldo Emerson, amerikanischer Dichter und Philosoph, 1803–1882

Das Wollen kann man unterstützen durch **Motivieren, Appelle, Anreize, Informieren, Erfolge belohnen und »vertikale Personalentwicklung«.** (Letzteres ist mein Versuch, ein deutsches Wort für Job Enrichment zu finden, also für die Erweiterung des Verantwortungsbereiches um anspruchsvollere Aufgaben, die einen dazu ermutigen herauszufinden, dass noch mehr in einem steckt).

Eine Erkenntnis sollten Sie bei dieser Schraube berücksichtigen: Der Mitarbeiter muss sich selbst dafür entscheiden, ernsthaft zu wollen. Bei allen guten Impulsen durch den Personaler und die Führungskraft **kann** ein **Wollen nur intrinsisch entstehen.**

Man kann einem Mitarbeiter nur helfen, einen Willen zu entwickeln. Und ganz falsch wäre es, einen lernunwilligen Mitarbeiter zu einem Seminar zu schicken und dem Trainer Versagen vorzuwerfen, wenn der Mitarbeiter nicht bezüglich seines Wissens bereichert bzw. unwillig für den Transfer des Erlernten zurückkehrt. Das Prügeln auf den Trainer ist zwar in solchen Fällen eine wunderbar einfache Reaktion, aber für das eigentliche Problem keine Lösung und hilft deshalb auch nicht weiter.

Ein Beispiel aus der Praxis soll die Wichtigkeit dieser Wollen-Schraube aufzeigen:

Beispiel !

Ein talentierter und erfolgreicher Verkäufer wollte vorankommen und sein Gehalt steigern, um der Familie ein besseres Auskommen zu sichern. Er bewarb sich auf eine ausgeschriebene Stelle als Leiter einer Handelsfiliale und wurde in seine erste Führungsaufgabe befördert.

Erste Erkenntnis: Er wollte mehr Geld und musste im Gegenzug auch Führungsverantwortung übernehmen.

Nach einem Jahr sprach ich beim Grillen mit ihm und gab ihm im Spaß das Feedback, er habe auch schon mal besser ausgesehen. Daraufhin erzählte er mir, dass er wohl kurz vor einem Magengeschwür stehe und unter Schlafstörungen leide. Als ich nach den Gründen fragte, erzählte er mir von seinen Mitarbeitern, die immer nur Urlaub wollen, wenn es nicht passt, und andauernd krank seien, von Azubis, die einfach nicht begreifen, wie man verkauft etc.

Auf meine Frage, ob er vielleicht eine seiner Hauptaufgaben als Filialleiter, die Mitarbeiterführung, nicht wirklich wolle, gab er zu, dass dies in der Tat der Teil seines neuen Jobs sei, den er am wenigsten mag. Er berichtete auch von absolvierten Trainings wie z.B. »Schwierige Mitarbeiter führen« und »Wie man Krankenquoten senkt«, aber das war nach seiner Meinung alles theoretischer Unfug und vertane Zeit für ihn.

Zweite Erkenntnis: Er wollte nicht führen, weil ihm die damit verbundenen Aufgaben keinen Spaß bereiteten. Die Personalentwicklungsmaßnahmen sind deshalb bei ihm verpufft und anstatt zu lernen, hat er nach Gründen gesucht, warum das vermittelte Wissen reine Theorie ist.

Meinem Rat, sich rechtzeitig einen neuen Job zu suchen, in dem er wieder seinem Talent zum Verkaufen nachkommen könne, folgte er und wechselte zu einem Getränkelieferanten. Hier war er dann so erfolgreich, dass seine neue Firma ihm bald eine regionale Vertriebsleitung anbot. Murphy's Law folgend (»Man hat nie genug Zeit, etwas richtig zu machen, aber immer, um es nochmal zu machen«) ließ er sich erneut bebauchpinseln und tappte zum zweiten Mal in die Beförderungsfalle. Es dauerte nicht lange, bis er wieder verzweifelt vor mir stand. Alles war schrecklich, die Welt hart und biestig: Er solle mit einer Mannschaft, deren eine Hälfte sich im »Sinkflug zur Rente« befindet und die Zahlen nicht schafft und einer anderen leistungsstarken Hälfte, die die erstgenannte ausgleichen soll und das ungerecht findet, einen viel zu strammen Plan schaffen. Da die erste Hälfte aber unter dem Schutz der Geschäftsführung stünde, dürfe er diese nicht härter anpacken und sein blödes Seminar »Mitarbeiter motivieren« sei ein derartiger Unsinn gewesen …

Dritte Erkenntnis: Auch in einem anderen Unternehmen gelten oft die gleichen Prinzipien. Wer mehr verdienen möchte, muss Führungsverantwortung übernehmen. Der mangelnde Spaß daran steckt aber im betroffenen Mitarbeiter, der dieses »Nicht-Wollen« in jedes neue Unternehmen mitnimmt.

Mein Rat war derselbe wie beim ersten Gespräch und er wechselte zu einem namhaften Wasserlieferanten. Es kam, wie es kommen musste: Seine Zahlen als Verkäufer gingen durch die Decke und man diente ihm eine regionale Vertriebsleitung an. Trotz heftigen Werbens der Personalabteilung blieb er dieses Mal standhaft seinen Talenten treu und unterließ den dritten Schritt ins Unglück. Er bot stattdessen an, andere Kollegen als Mentor und interner Trainer zu unterstützen.

Ahnen Sie, was geschah? Genau! Seine Führungskraft und die Personalleitung konnten es nicht glauben und machten ihm die Hölle heiß. Es könne ja wohl nicht sein, dass er ein solches Angebot ausschlage. Man würde ihn ja auch in ein Führungskräfteentwicklungsprogramm einschleusen, um ihn auf seine anspruchsvollen Führungsaufgaben vorzubereiten.

Vierte Erkenntnis: Auch anderen Beteiligten, wie z. B. den übergeordneten Führungskräften und der Personalleitung, sollte bekannt sein, dass man jemanden, der nicht führen will, nicht zur Führungsaufgabe zwingen oder überreden sollte. Ansonsten kann sich ein Mitarbeiter nicht auf seine eigentlichen Stärken besinnen und wird in eine unglückliche Situation gedrängt, in der er sich mangels »Wollen« nicht erfolgreich entwickeln wird.

Es dauerte eine Weile, bis sich die Wogen geglättet hatten und man seine Entscheidung akzeptierte. Heute macht er erfolgreich und glücklich seinen Job fernab der ungewollten Führungsverantwortung.

Aus der Zeit seiner »Karriere« als Führungskraft sollte noch Folgendes erwähnt werden: Natürlich stürzte sich der oben beschriebene Kollege in Aufgaben, die seinen eigentlichen Talenten entsprachen. Er setzte sich an die Kasse, besetzte Verkaufsstände, baute seine Kundenbesuche aus und glich die Minderleistungen seiner Mitarbeiter durch eigene Verkaufserfolge aus. Es ist wohl überflüssig zu sagen, dass er bei Coaching-Impulsen zur Führung, die ich gab, sofort damit argumentierte, dass er dazu ja bei all den operativen Fachaufgaben gar keine Zeit habe …

Fünfte Erkenntnis: Wenn einer Führungskraft die operativen und fachlichen Aufgaben jenseits der Führungsarbeit am meisten Spaß machen und sie deshalb davon so viel leistet, dass die Zeit für Führung regelmäßig fehlt, ist dies ein klares Signal, dass sie ihre Führungsrolle eigentlich nicht will. Eine solche Führungskraft wäre sicher in einer Fachkarriere besser aufgehoben und würde dort glücklicher und erfolgreicher arbeiten.

Ein kurzer Satz soll diese ausführliche Betrachtung zusammenfassen: **Wollen ist die innere Bereitschaft, eine Entscheidung umzusetzen!** Liegt diese Bereitschaft nicht vor, wird das, was man bräuchte, um zu X+1 zu gelangen, nicht gelernt. Oder es wird das, was man gelernt hat, nicht umgesetzt, weil einen das wiederum auf eine Spielfläche zwingen würde, die man eigentlich nicht betreten will.

Wissen:

Weiß der Mitarbeiter theoretisch, was er wie tun muss, um X+1 zu erreichen, kann er in Worte fassen oder einen Plan erstellen, welche Arbeitsschritte geleistet werden müssen, damit er seine Ziele erreicht? Wissen ist eine Theorie- bzw. eine Kopf-Schraube. Man kann davon ausgehen, dass Maßnahmen zum Aufbau von Wissen ein guter Zwischenschritt zum tatsächlichen Erreichen der gesteckten Ziele ist, denn wenn der Kopf weiß, was die Hand tun muss, fällt es der Hand mit hoher Wahrscheinlichkeit leichter, es tatsächlich auch zu tun.

Will man die Wissen-Schraube richtig justieren, muss man **unterweisen, Ratschläge, Informationen und Feedback geben, vorübergehende Jobwechsel innerhalb des Unternehmens zum Wissensaustausch arrangieren, Seminare besuchen, Bücher lesen, vertikale und horizontale Personalentwicklung** betreiben. (Letzteres ist mein Versuch, ein deutsches Wortes für Job Enlargement zu finden, also für die Erweiterung des Verantwortungsbereiches um gleichwertige Aufgaben.)

Seminare vermitteln üblicherweise einen höheren Wissensanteil als Trainings, bei denen mehr Wert auf die Umsetzung gelegt wird. Diese beiden Begriffe werden heute aber umgangssprachlich nicht mehr unterschieden. Jeder Trainer wird heute versuchen, ein angemessenes Verhältnis von Theorie und Praxis zu finden, um beide Schrauben ansprechen und das Training interaktiv und kurzweilig gestalten zu können. Nur so kehren die Teilnehmer mit der Erinnerung an ein tolles Training, mit ausreichend Rüstzeug und guten Vorsätzen an den Arbeitsplatz zurück und bemühen sich, den Transfer hinzubekommen.

Neuro-HR-Tipp   **!**

Das Gehirn ist ein paradoxes Lernsystem: Je mehr wir wissen, desto mehr können wir neu hinzulernen. Es ist also das Gegenteil einer Festplatte oder eines Karteikartensystems und erinnert mehr an einen Ameisenhaufen. Je mehr da ist, desto mehr kann dazukommen. Je erfolgreicher Ihr Mitarbeiter bereits lernt, desto größere Fortschritte dürfen Sie erwarten – aber desto mehr neuen Stoff müssen Sie ihm auch anbieten. Bei neuem Wissen müssen Sie sich am Wissensstand und am bisherigen Lerntempo des Mitarbeiters orientieren. Auch deshalb ist »Personalentwicklung von der Stange« nicht gehirngerecht.

Im Hinblick auf die Wissen-Schraube muss man grundsätzlich annehmen, dass viel notwendiges Wissen im Unternehmen an irgendeiner Stelle verfügbar ist. Man müsste nur wissen, in welchem Kopf es schlummert und einen Austausch mit dem betroffenen Mitarbeiter arrangieren. Wissensmanagement ist eine Aufgabe, zu der es umfangreiche Literatur und Konzepte gibt. Während meiner Zeit in einem namhaften deutschen Konzern galt das geflügelte Wort: »Wenn XYZ wüsste, was XYZ weiß …!«

> **! Goldene HRE-Regel**
>
> HR müsste den besten Überblick über die Kompetenzen und Erfahrungen der Belegschaft haben. Pragmatisch gedacht, wäre es einfach notwendig, sich selbst oder seinen HR-Partner zu fragen, wer etwas über das bei einem Mitarbeiter zu entwickelnde Themenfeld wissen könnte. Wenn man bei HR noch keinen Hinweis erhält, fragt man auch im Führungs-/ Managementteam nach und landet sicher schnell bei den verfügbaren Quellen.
>
> Wenn die HR-Abteilung eine Skills-Datenbank etabliert hat, funktioniert eine solche Suche auch per Knopfdruck. Aus Erfahrung muss ich aber sagen, dass solche Systeme noch die Ausnahme sind, was sicher an der Komplexität der Einführung, der häufigen Gegenwehr der Betroffenen, dem notwendigen Datenschutz und der Mitbestimmung liegt.
>
> Aber wie gesagt, auch ohne etabliertes Skills-Management-System ist man nach ein paar Recherchen i.d.R. beim Wissensträger gelandet, der als interner Lehrer dienen könnte.

Können:

Theoretisches Wissen erfolgreich in die Praxis zu transferieren, ist die Voraussetzung für das Können. Diese Schraube ist eine Hand- bzw. Praxis-Schraube.

Eine kurze Definition könnte lauten: **Können ist die Fähigkeit, erfolgreich zu tun, was man sich vorgenommen hat.** Da man hier am Ende der Kette angelangt ist, kann man mithilfe einer Prüfung oder Messung, ob X+1 erreicht wurde, kontrollieren, ob die Personalentwicklung erfolgreich war.

Manchmal gibt es aber auch Erfolge, die man sich nicht erklären kann: Manch einer antwortet auf die Frage nach dem »Wie er etwas erreicht hat« mit den Worten: »Keine Ahnung warum, aber das Ziel ist erreicht.« In meinen Trainings verdeutliche ich dieses Phänomen mit folgender Denksportaufgabe, die mir ein Führungsteam, das bei mir ein Führungskräftentwicklungsprogramm durchlaufen hatte, als Abschiedsgeschenk überreicht hat. Es basiert auf einem Brett mit einem Loch in der Mitte. Rechts und links ist ein Seil befestigt, das zweimal durch das Loch geht. Auf beiden Seiten des Loches hängen an dem Seil Holzkugeln mit Bohrungen, durch die das Seil gezogen wurde. Nun soll eine Kugel in die Schlaufe auf der anderen Seite zu der anderen Kugel gebracht werden. Es ist klar, dass das Loch für die Kugel zu klein ist, diese aber dem Seil, das ja zweimal durch die Bohrung geht, auf die andere Seite folgen müsste (ich hoffe, dass Sie es sich vorstellen können).

Als ich mit dieser Aufgabe zum ersten Mal konfrontiert wurde, habe ich das natürlich nicht hinbekommen, weil mir mein Kopf sagte, dass das nicht möglich sei, weil die Kugel nicht durch das zu kleine Loch passt. Dann erhielt ich drei Bilder: Ausgangsposition, zweiter Schritt, Kugel auf der anderen Seite. Nach einer Stunde habe ich erneut aufgegeben. Meine Frau kniffelte solange, bis sie es schließlich hinbekam. Im ersten Moment konnte sie nicht sagen, wie sie es geschafft hatte. Nach einiger Zeit und vielen Versuchen war sie dann doch dazu in der Lage, den Weg zu beschreiben. Ich kann das heute nachmachen wie ein Äffchen, habe aber auch nicht die geringste Ahnung, warum es geht. Ich habe die Wissen-Schraube übersprungen und die Können-Schraube erreicht. Dummerweise kann ich die gewonnene Fähigkeit nicht auf ähnlich geartete Aufgaben übertragen, weil ich Dösbattel ja die Lösung nicht verstehe und deshalb kein Lösungsprinzip transferieren könnte.

Ein solches Überspringen der Wissen-Schraube ist also leider nicht effizient, weil der Mitarbeiter seinen Ergebniserfolg nur schwer auf andere, ähnlich geartete Ziele übertragen kann.

Ermutigen Sie ihre Führungskräfte im Rahmen der Personalentwicklung immer dazu, den Mitarbeiter nach einem sichtbaren Erfolg zu fragen, wie er das Ziel erreicht hat. Diese Reflektion festigt den Entwicklungserfolg und zeigt, ob ein reproduzierbarer Fähigkeitsfortschritt stattgefunden hat. Auf diese Weise wird dem Betroffenen bewusst, dass gerade Personalentwicklung stattgefunden hat. Das wirkt dem eingangs erwähnten falschen Verständnis »Personalentwicklung heißt: Ich war auf Trainings oder bin befördert worden« positiv entgegen.

Neuro-HR-Tipp   **!**

Können hängt aus Sicht des Gehirns zu einem extrem großen Teil von der Frage ab, ob ich mir etwas zutraue. Sehr viele Experimente und Versuche verdeutlichen diesen Zusammenhang. Der vielzitierte Klassiker ist ein Test an Studentinnen, deren Mathematikergebnis zu 50 % davon abhing, was sie vorher über die Mathematikfähigkeiten von Frauen gelesen hatten. Hier war das Testergebnis kein Ausdruck von Intelligenz oder Wissen, sondern in erheblichem Maße ein Ausdruck von Zutrauen in die eigenen Fähigkeiten. Ihre Aufgabe als Führungskraft besteht genau darin, dieses Zutrauen zu stärken. Wenn Sie das tun, ergibt sich das Können viel leichter.

Zum Schluss noch 3 Erkenntnisse über das Lernen im Allgemeinen:
1. Menschen lernen am besten, wenn zum Dürfen auch das Wollen dazukommt und wenn sich das Wissen im Alltag zum Können transferieren lässt (das beschreibt in einem Satz das Modell der 4 Schrauben der Personalentwicklung).

2. Menschen lernen, wenn sie umsetzen, an was sie sich erinnern! Und die Wege des Erinnerns sind vielfältig: Wir erinnern uns an das, was wir lesen, hören, sehen, sagen und tun. Am besten lernen wir, wenn alles zusammen geschieht. Achten Sie deshalb darauf, dass im Rahmen der Personalentwicklung möglichst alle Lernkanäle genutzt werden. Der Satz einer Führungskraft: »Ich habe es meinem Mitarbeiter doch schon 100 Mal gesagt«, trägt das Problem schon in sich: Man hat es ihm eben immer nur gesagt und alle anderen Lernkanäle ungenutzt gelassen.

3. Meines Erachtens nach lernen Menschen auch dann besser, wenn man sie fühlen lässt, dass man fest an sie glaubt, und davon überzeugt ist, dass sie es schaffen werden. Hier passt wieder mein Credo: Es geht nicht darum, **ob** der Mitarbeiter sich entwickeln wird, sondern darum, **wie** er es schaffen kann, sich zu entwickeln. Ermutigen Sie insbesondere Ihre Führungskräfte dazu, stetig und geduldig als »Lehrer« zu fungieren, die mit Wort, Gestik und Mimik den Glauben an die Entwicklungsfähigkeit ihrer Mitarbeiter ausstrahlen. Erinnern Sie die Führungskräfte an den weisen Rat von Goethe:

> *Behandle die Menschen so, als wären sie, was sie sein sollten,*
> *und du hilfst ihnen zu werden, was sie sein können.*
> Johann Wolfgang von Goethe, deutscher Dichter
> der Klassik und Universalgenie, 1749–1832

3.5.2.4 Personalentwicklung durch Blended Learning: die Mischung macht's

Autor: Tjalf Nienaber

Seien wir einmal ehrlich. Eigentlich hat E-Learning die Jahre zuvor nicht wirklich funktioniert. Bei E-Learning (Standard WBT/CBT) denke ich vor allem an: viele unnütze Konzepte, Beratertage, Geld versenken, langweilige Contents und Zielgruppen, die das nicht annehmen. Klar, warum auch? Es hat einfach keinen Spaß gemacht! Das Ergebnis waren »Lernende, die auf Computer starren«. Natürlich gab und gibt es auch wirklich gut gemachte Ausnahmen. Aber können Sie sich noch an alle E-Learnings erinnern, die mehr oder weniger auf den Laufwerken brachliegen?

Aber egal, schauen wir nach vorne. Denn jetzt kann tatsächlich Blended Learning funktionieren. Warum? Weil es jetzt eine größere Zielgruppe gibt, die dies will. Es ist nicht mehr nur das Unternehmen, dass Blended Learning aufsetzt. Es sind vor allem die jüngeren Mitarbeiter/Young Professionals, die online lernen wollen. Sie wollen selbst bestimmen, wann, wo und wie sie lernen wollen. Während der Arbeit und nach der Arbeit. Und sie wollen vor allem auf einem mobilen Endgerät lernen.

Dies ist ein weiterer Grund für eine 2. Chance: Heute hat jedes Smartphone eine bessere Bandbreite als jeder PC, der noch vor 10 Jahren in den Unternehmen stand (teilweise selbst heute noch steht). Wir haben schnellere Streaming-Geschwindigkeiten und wir haben neue Endgeräte, auf denen wir uns mal eben unsere online-Lernnuggets abholen können.

Kurz zum Begriff: Blended Learning oder bzw. die deutsche Bezeichnung »Integriertes Lernen« steht wie bereits in Kapitel 3.5.2.4 erläutert für eine Lernform, in der man eine methodisch und didaktisch sinnvolle Verbindung von Präsenzveranstaltungen und modernen Formen des E-Learnings anstrebt. Während meine Generation (Baby Boomer) durch manchmal langweilige Seminare durchgeschleust worden ist und oft heute noch wird, haben die Generationen X, Y & Z keine Berührungspunkte z.B. mit den folgenden Tools:

- **Video**
  - Youtube hat sich in den letzten Jahren u.a. auch zu einem interessanten Weiterbildungskanal gemausert. Wussten Sie, dass Sie sich dort z.B. ganze Office- und Sprachkurse abholen können? Kostenfrei und in einer Qualität, die oft den gekauften nichts nachsteht. Hier wird der zukünftige Job des Personalentwicklers auch der sein, im Netz nach den passenden Videos zu recherchieren.
  - Video hat nur ein Problem (wenn es nicht gerade Live-Stream Videos sind): Es ist nicht in Echtzeit. Genauso wie
- **Augemented Reality**
  - übersetzt: »erweiterte Realität«, darunter versteht man die computergestützte Erweiterung der menschlichen Sinneswahrnehmung, z.B. durch die visuelle Darstellung von Informationen in Bildern oder Videos mittels Einblendung oder Überlagerung. Im Gegensatz zu
- **Webinaren:**
  - Webinare sind seit vielen Jahren ein hocheffizientes Medium, um an Online-Veranstaltungen live teilzunehmen. Hier hat sich HRnetworx als Webinar-Veranstalter im Personal-Bereich, vor allem mit Ganztageskonferenzen, einen echten Namen gemacht.
  - Aber auch hausinterne Webinare setzen sich immer mehr durch, um die interne Weiterbildung voranzutreiben. Alle erforderlichen Endgeräte sind bereits vorhanden und die Software ist mittlerweile recht günstig zu bekommen. Aber vor allem die besseren Bandbreiten und die Bereitschaft der Mitarbeiter haben den Webinaren zum Durchbruch verholfen. Innerhalb einer Webinar-Lösung kann man u.a.

- **Virtual Classrooms**
  - anlegen, in denen in einzelnen Gruppen online weitergearbeitet und am »Ende des Tages« die einzelnen Arbeiten ggf. wieder einer größeren Gruppe vorgestellt werden können. Oft wird hier ein Trainer eingesetzt und das Webinar als

- **Online Coaching**
  - gestaltet. Ein online Trainer steht zu bestimmten Uhrzeiten zur Verfügung und/oder moderiert eine Gruppe über den Kurs hinweg. Diese Vorgehensweise, i. B. als Gruppe, bezeichnet man dann auch gern

- **Social Learning.**
  - Alter Wein in neuen Schläuchen, Gruppenarbeit ist nichts Neues. Neu ist aber jetzt die Methode: online und oft in Echtzeit. Sei es im eigenem Social Intranet (vgl. Enterprise 2.0, Kapitel 4.5.1.2) bzw. im Sharepoint oder auf externen Social networks. In Gruppen diskutieren sowie voneinander zu lernen und kollaborativ zu netzwerken, gehört heute zum guten Ton, um sich weiterzubilden. Wussten Sie, dass Sie diese Sitzungen auch zu einem

- **Podcast**
  - konvertieren können, um diese z. B. als Audiodatei im Auto zu hören? Hat sich allerdings nicht wirklich durchgesetzt. Oft, so meine ich, weil man schlicht und einfach nicht daran denkt oder das Know-how nicht da ist, diese Dateien umzuwandeln. Denn eigentlich wäre dies auch eine schöne Möglichkeit, die in das

- **Mobile Learning**
  - einzahlt. Ohnehin wird sich das Lernen im Wesentlichen hier abspielen. Das Smartphone haben wir immer dabei und somit einen 24/7-Lernzugriff. Wann immer ich lernen will, kann ich das. Und da der Lernstoff oft in der Cloud liegt, ist die Zugriffsbarriere kaum noch da. Für die Lesefreudigen unter uns ist dann auch das

- **eBook**
  - das Richtige. Sie sehen, für alle Lerntypen gibt es das richtige Format. Und darauf kommt es an. Aber auch die Jüngeren wollen abgeholt werden. Das klappt u. a. mit

- **Serious Games**
  - recht gut. Übersetzen kann man es schlicht und einfach mit: »Lernspiele« – nur eben digital. Auch die bekannten Planspiele finden heute immer mehr online statt. Wo vorher noch geballert oder eine Farm bewirtschaftet wurde, findet sich jetzt auf dem Tablet ein Assessment wieder, das spielerisch durchlebt werden kann. Diese Art des Lernens wird sich weiter durchsetzen.

Interessanterweise erfahre ich immer wieder in meinen Workshops, dass sich der folgende Mega-Trend in der Online-Weiterbildung noch nicht wirklich herumgesprochen hat:

- **MOOC**
  - Massive Open Online Course (deutsch: »massiver offener Online-Kurs«). Dies bezeichnet kostenlose Onlinekurse, die meist auf Universitätsniveau sind. Ich finde das sensationell: Kurse ohne Ende – und dazu kostenfrei. Dies ist eine echte Revolution im Weiterbildungsbereich. Hier haben sich in Deutschland Plattformen wie iversity und mooin gut entwickelt oder coursera, die ebenfalls international erfolgreich sind. Das Geschäftsmodell ist simpel: Die Kurse sind kostenfrei, das Teilnahmezertifikat, oft mit Abschlussprüfung und Identitätsprüfung, ist kostenpflichtig, aber auch hier sind die Gebühren sehr überschaubar.

Doch Vorsicht, nicht nur die Jüngeren sind hier aktiv, immer mehr trauen sich auch die Generationen, die vorher skeptisch waren, nun heran. E-Learning ist nicht unbedingt mehr ein Thema des Alters, sondern des Kopfes. So finden sich auch verstärkt Tandem-Modelle: Ältere lernen von Jüngeren den Umgang mit der neuen Technik und umgekehrt wird durch die Älteren inhaltliches Wissen vermittelt. Auf einmal macht es Spaß und das ist der erfolgskritische Faktor: **Lernen muss Spaß machen!**

Learning on the Job und vor allem die starke Zunahme des informellen selbstorganisierten Lernens im vernetzten Unternehmen (vgl. Enterprise 2.0, Kapitel 4.5.1.2) sind die neuen Herausforderungen. Doch die größte Herausforderung ist dabei, die unterschiedlichen Altersstrukturen und Lerntypen abzuholen und sie mit dem richtigen (Blended)-Konzept auszustatten. Ob jeder für sich oder kollaboratives, synchrones oder asynchrones Lernen: Es ist Ihre Aufgabe, herauszufinden, welche Strategie die sinnvollste in Ihrem Unternehmen ist. Bevor Sie anfangen, didaktische Konzepte zu erstellen, benötigen Sie eine Antwort auf die Frage: Was ist die effektive und effiziente Lernumgebung speziell für mein Unternehmen? Denn die Konzepte hängen u.a. auch stark mit der bisherigen Unternehmens- und Lernkultur zusammen.

Übrigens: Interessant finde ich, dass ich noch kein Unternehmen kennengelert habe, das seine Mitarbeiter gefragt hat: **Wie würdest Du gerne lernen?** Ich bin davon überzeugt, dass Sie, wenn Sie diese Frage stellen und die Ergebnisse einer solchen Abfrage für die Umsetzung Ihrer Personalentwicklung ableiten würden, einen großen Schritt Richtung Erfolg und Nachhaltigkeit machen.

> **!** **Goldene HRE-Regel**
>
> Wenn Sie nicht von jedem einzelnen Mitarbeiter wissen, was er für ein Lerntyp ist, dann wird jede Form der Wissensvermittlung ihr Ziel verfehlen. Deshalb ist Blended-Learning ein sinnvoller Kompromiss, der mehreren individuellen Lernstilen gerecht wird.

Ich sehe die zukünftige Rolle der Personalentwickler noch stärker in einer Lernprozessbegleitung. Trainer nehmen zunehmend auch die Rolle eines Moderators ein, vielleicht sogar die eines Lern-Community-Managers. Das Wissen ist zum großen Teil im Netz vorhanden und wartet auf seinen Einsatz.

> **!** **Tipp**
>
> **Mein Tipp für Sie**, wenn Sie mit einem Dienstleister zusammenarbeiten: Nur wenn dieser die neuen Lernformen mit im Blick – und noch besser Referenzen hierzu hat –, sollten Sie mit ihm weiterreden. Das setzt natürlich voraus, dass **Sie selbst** diesen Lernformen gegenüber offen sind. Auch hier gilt: Es ist nicht wichtig, ob Sie persönlich diese gut bzw. schlecht finden, sondern was für das Unternehmen und die Mitarbeiter das Richtige ist.

> **!** **Beispiel Blended Learning Konzept**
>
> Abschließend möchte ich Ihnen ein einfaches Beispiel von einem Blended-Learning-Konzept beschreiben, das ich als Experte für Webinare mit Arne Prieß durchgeführt habe. Dabei wollte der Kunde erstmalig Blended-Learning umsetzen, um auszuprobieren, wie diese kombinierte Lernform im Unternehmen angenommen wird. In unserem Zusammenwirken gemeinsam mit dem Kunden entstand ein Konzept als Mischung von
>
> - Webinar (für die Grundlagen und mit Impulsen für die Wichtigkeit des Prozesses im Unternehmen),
> - Präsenztrainings (mit vertiefenden Wissensbausteinen, Workshops und Übungen für die Zielgruppen Führungskräfte, HR und Betriebsrat) sowie einem
> - Online Coaching (nach Abruf durch einzelne Führungskräfte bei der Umsetzung, insb. der Gestaltung von SMARTI-Zielen).
>
> Das Konzept wurde insgesamt gut angenommen und durch die Mischung von verschiedenen Lernformen von den Teilnehmern als innovativ und erfrischend empfunden. Neben der Vielfältigkeit der Lernkanäle und -stile ist als kleiner Nebeneffekt auch die Einsparung eines 2. Präsenztrainingstages und der damit u.a. verbundenen Reiseaufwände und -kosten aufgrund des von überall zugänglichen Webinars zu erwähnen. Zudem steht eine Aufzeichnung des Webinars dem Unternehmen auch für die spätere Nutzung, z.B. für neue Führungskräfte, als Podcast zur Verfügung.

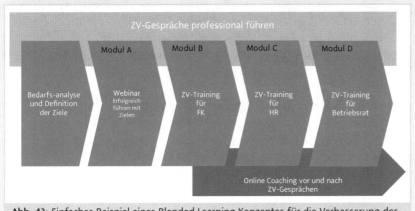

Abb. 43: Einfaches Beispiel eines Blended Learning Konzeptes für die Verbesserung des Zielvereinbarungssystems in einem Unternehmen

3.5.3 Neuro-HR: Wie Menschen lernen (»Biologie der Personalentwicklung«)
Autor: Dr. Sebastian Spörer

Wir verstehen immer mehr, wie Lernen funktioniert. Dazu beigetragen haben bildgebende Verfahren, Tierversuche und pädagogische Experimente. Zunächst einmal ist die Erkenntnis spannend, dass wir 2 große Lernsysteme haben:

3.5.3.1 Unser »Stresssystem« und unser »Begeisterungssystem«

Die beiden Systeme stehen sich wie Fußballteams in einem endlosen Wettstreit gegenüber und entweder lernen wir aus »Gefahrenabwehr« oder aus »Belohnungswiederholung«.

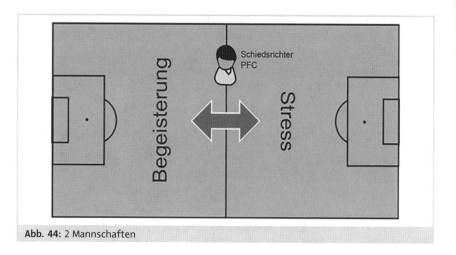

Abb. 44: 2 Mannschaften

Die Gefahrenabwehr ist durch unsere Stressbotenstoffe Adrenalin, Noradrenalin und Cortisol geprägt. Immer wenn wir eine Gefahr wahrnehmen oder an etwas erinnert werden, das einmal eine Gefahr für uns dargestellt hat, dann wird über die Amygdala und den Focus Coereleus unser »Stresssystem« aktiviert und wir merken uns (erneut) die Gefahr. Das »Stresssystem« ist ein Lernsystem, um beim nächsten Mal der Gefahr aus dem Weg gehen zu können. Wenn wir häufig mit Gefahren zu tun haben, werden wir wahrscheinlich eine vermeidende statt neugierige Persönlichkeit. Gefahren sind für uns heute weniger der Tiger, als vielmehr ein ungelöstes emotionales Problem, ein nicht abgezahlter Kredit, ein schwebender Konflikt oder die Arbeitslast. Diese Stressoren verursachen eine chronische Aktivierung unseres Stresssystems. Nach ein paar Jahren werden wir vor allem Neues vermeiden, weil wir nur noch das Vermeidungslernsystem nutzen. Nun werden wir Chancen-Verweigerer.

Hieran wird klar, dass für einen Veränderungsprozess gutes Zureden oder gute Argumente nichts bewirken können. Wenn eine Persönlichkeit gelernt hat, dass das Leben gefährlich ist, und ständig mit einer Stressachsen-Aktivierung reagiert, dann ist der erste Schritt zur Veränderung die Beruhigung des »Stresssystems«, damit sich anschließend Veränderungsbereitschaft einstellen kann.

Die Aktivierung der Stress-Achse kann man über die »Stresshormone« Cortisol und Adrenalin messen. Wenn beide ein auffälliges Profil zeigen, dann sollte zunächst dies in Gleichgewicht gebracht werden, bevor die eigentliche Personal- oder Organisationsentwicklungsmaßnahme beginnt.

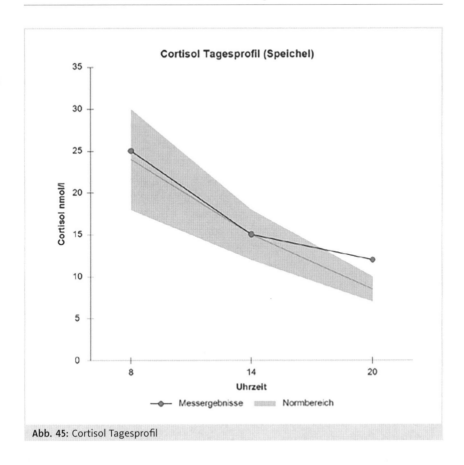

Abb. 45: Cortisol Tagesprofil

Immer mehr Unternehmen führen diese Messungen durch, um ihre Mitarbeiter dabei zu unterstützen, wieder eine positive Lernbereitschaft zu erlangen. Diese positive Lernbereitschaft ist an den Botenstoff Dopamin gekoppelt. Wenn wir eine Dopamin-Ausschüttung im Gehirn anregen können, dann lernen wir Dinge besser. Dopamin sorgt für unsere gehirneigenen Drogen, die endogenen Opiate. Mit vielen Gehirndrogen macht das Leben und das Lernen Spaß. Damit freuen wir uns auf neue Impulse und neue Gelegenheiten.

Über bildgebende Verfahren können Forscher feststellen, welche Situation mit welchem System gespeichert wurde.

3.5.3.2 »Schnell lernende Organisation«

Eine der zentralen Fragen eines Unternehmens ist: Wie werden wir eine schnell lernende Organisation? Dazu ist es hilfreich, sich anzuschauen, wie und unter welchen Umständen Menschen nicht nur gerne, sondern auch am schnellsten lernen. Einen guten Überblick gibt ein Modell von Lila Davachi[26]. Sie nennt die Zusammenstellung **AGES**:

- **Attention:** Wir bekommen täglich unzählige Informationen und unser Gehirn wählt die relevanten Informationen aus. Die Aufmerksamkeit auf etwas zu lenken, das relevant ist, und sich konzentrieren zu können, statt ständig Mails abzufragen oder andere Dinge zu tun, ist ein Lernprozess. Als Organisation haben Sie dafür zu sorgen, dass die Botschaften, die das Unternehmen von allen Mitarbeitern umgesetzt haben möchte, eine hohe Aufmerksamkeit erreichen. Das Schockierende ist: Unsere Aufmerksamkeitspanne liegt nur bei ca. 10 min, maximal 15 min. Danach muss eine Pause für das Gehirn erfolgen. Das bedeutet, eine Lernmaßnahme muss so gestaltet sein, dass nach spätestens 15 min. eine Abwechslung geboten wird, zum Beispiel eine kurze Gruppendiskussion, eine Pause für einen Kaffee. Nach wenigen Minuten Pause kann es dann weitergehen.

- **Generation:** Faszinierende Studien haben gezeigt, dass nachgebetete Inhalte dann erst richtig verstanden wurden, wenn sie vom Lernenden in eigenen Worten wiedergegeben werden konnten. Etwas schlicht noch einmal zu hören oder zu lesen, ist auch hilfreich, aber bei weitem nicht so hilfreich wie die eigene Wiederholung. Die Generation, also das eigene Wiedergeben von Inhalten, führt zu den Lernverknüpfungen. Wenn Sie eine lernende Organisation wollen, reduzieren Sie Inhalte und lassen Sie diese dann durch jeden Mitarbeiter wiedergeben. Die Mitarbeiter können zum Beispiel kurze Vorträge über Neuigkeiten und zu den Lerninhalten vorbereiten, die Sie vorgeben. 3-minütige Vorträge reichen völlig aus.

- **Emotion:** Wie stark Emotionen eine Rolle spielen, wird immer klarer. Etwas ohne Emotion zu lernen, ist für unser Gehirn ohne Relevanz. Emotionen machen die Umweltreize für uns erst interessant, besser ausgedrückt: relevant. Und erst durch diese Relevanz wird ein Umweltreiz zu einem Lernziel.

- **Spacing:** Informationen werden in kleinen Häppchen besser aufgenommen als im Block. Das gilt sowohl für kleinere Abschnitte als auch für den großen Rahmen. Im Schlaf werden die Informationen endgültig abgelegt, daher sind kleinere Sequenzen über mehrere Tage erfolgreicher als ein Tagestraining (ausführlichere Informationen am Ende dieses Kapitels).

Wir können durch positive oder negative Emotionen lernen. Eine Möglichkeit, sich dies vorzustellen, ist das oben erwähnte Fußballspiel. Es gibt 2 Mannschaften, die gegeneinander spielen. Nur ein Team kann im Besitz des Balls sein – aktiv sein – und das Spiel bestimmen. So wie die jeweilige Mannschaft können wir nur entweder unter Druck oder aus Begeisterung etwas Lernen, aber nicht gleich-

---

26   Dr. Lila Davachi et al.: Learning that lasts through AGES, Neuro Leadership Journal issue THREE 2010.

zeitig beides aktiviert haben. Dies sind im Gehirn 2 unterschiedliche Bereiche; für Druck die Amygdala und für Begeisterung der Nucleus Accumbens.

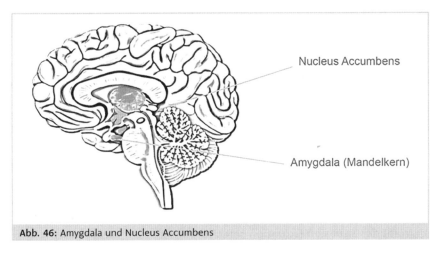

Abb. 46: Amygdala und Nucleus Accumbens

Untersuchungen haben gezeigt, dass unser Gehirn in der Lage ist, blitzschnell umzuschalten, wenn wir z.B. in eine Gefahrensituation geraten. Oder umgekehrt: Wenn eine gefährliche Situation sich doch als witzig herausstellt, dann springt sofort unser Begeisterungssystem an.

3.5.3.3 »Emotionsregulation« (ER)

Gefahr oder Begeisterung sind emotionale Verknüpfungen, die helfen, erworbenes Wissen zu verankern. Lernen ohne Emotionen ist zwar möglich, aber sehr mühsam. Die Emotionen sind unsere Lernturbos. Deshalb sollte sich für Personaler die Frage stellen: Wie schaffen wir möglichst positive Emotionen für das Lernen von neuen Dingen?

Aus der Psychologie gibt es 5 verschiedene Wege, mit negativen Emotionen umzugehen bzw. diese in positive umzudeuten, und einen Weg, der sicher scheitert. Letzterer, der »Männerweg« – nämlich die Emotion einfach zu unterdrücken –, führt sicher zu mehr Problemen. So zu tun, als wäre nichts, ist keine Lösung. Die Emotionsregulation zeigt Fähigkeiten und Strategien auf, wie wir sowohl unsere positiven als auch unsere negativen Emotionen beeinflussen können. Hierzu gibt es 5 Lösungsansätze, die anhand von Beispielen aus dem HR-Alltag veranschaulicht werden.

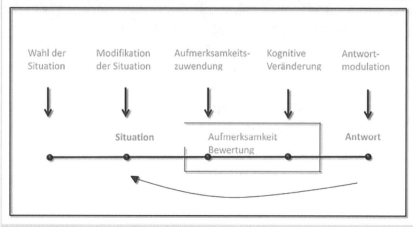

Abb. 47: Emotionsregulierung

1. **Wahl der Situation (situation selection)**

   Auf einer Zeitachse gesehen (siehe Grafik) kann als erster möglicher Ansatz für Emotionsregulierung die Auswahl der Situation stehen. Wir können unsere Emotionen beeinflussen, indem wir Orte oder Personen auswählen, und uns somit einer Emotion annähern oder diese vermeiden.

   Wenn sich ungünstige Personen-Konstellationen bei Projekten herausgestellt haben, dann achten Sie bei den nächsten Projekten darauf, die betreffenden Personen nicht mehr zusammen an einem Thema arbeiten zu lassen.

2. **Modifikation der Situation (situation modification)**

   Der zweite Ansatzpunkt findet in der Situation selbst statt, die von uns gestaltet und variiert wird, um unsere eigenen Emotionen zu regulieren.

   Wenn in einem Raum bereits viele negative Meetings zu einem Thema stattgefunden haben und die Gefahr besteht, dass das nächste Meeting wieder zäh wird, dann verspricht ein Raumwechsel eine neue Chance.

3. **Aufmerksamkeitszuwendung (attentional deployment)**

   Bei der Aufmerksamkeitszuwendung lenken wir unsere Aufmerksamkeit auf ganz bestimmte Aspekte einer Situation, um unsere momentanen Emotionen zu regulieren. Sie wird auch als persönliche Variante der Situationswahl beschrieben, da die »äußere« Situation nicht geändert werden kann.

   Bei einer Moderation z.B. haben Sie die Zeitvergabe in der Hand. Lassen Sie nicht zu, dass sich das gesamte Meeting um die Probleme dreht, sondern lenken Sie die Aufmerksamkeit auch auf Erfolge und weitere Fragen.

4. **Kognitive Veränderung (cognitive change)**

   Bei dieser Strategie steht die Umbewertung der momentanen Situation im Mittelpunkt, von negativer hin zu positiver Bewertung.

   Bei einer Meinungsverschiedenheit stellen Sie die positiven Aspekte und Chancen für ein Projekt heraus. Wenn diese Veränderung funktioniert, ist es eines der stärksten Instrumente der Emotionsregulierung. Unser Gehirn schaltet dann sofort aus dem Gefahrenmodus in den Begeisterungsmodus.

5. **Antwortmodulation (response modulation)**

Im letzten möglichen Schritt, wie wir auf unsere Emotionen Einfluss nehmen können, steht die Antwortmodulation. Sie findet ihre Anwendung im Nachhinein, d.h., nach einer emotionalen Reaktion auf eine Situation. Sie kann die vorangegangene Emotion abschwächen und eine Verhaltensänderung hervorrufen. Achtsamkeitstraining oder Entspannung und Konzentrationsübungen sind hier geeignete Instrumente. Die Forschung ist sich inzwischen sehr sicher, dass der große Vorteil von Achtsamkeit eine gesteigerte Konzentration und eine geringere Angst ist.

Spacing   **!**

Spacing meint, dass Zeit und Ablenkung zwischen dem Gelernten und der 2. Lernphase vergehen sollte. Wenn wir etwas Neues, zum Beispiel Feedback geben, an einem Tag intensiv lernen, dann behalten wir diese Dinge an diesem Tag und vielleicht noch am nächsten. Wenn wir uns allerdings am 1. Tag 5 Minuten zum Lernen nehmen, am 2. Tag 5 Minuten, am 3. Tag 5 Minuten, dann schaffen wir eine stabile Verknüpfung: So erfolgt langfristiges Lernen. Unser Gehirn wiederholt die letzten Erfahrungen grundsätzlich und automatisch. Das bedeutet, wenn wir etwas lesen und dann einkaufen fahren, wird das Gelesene verarbeitet, ohne dass wir es merken. Es wird reaktiviert. Jede Reaktivierung macht die Erfahrung stärker. Es ist wie ein Film, den wir einmal gesehen haben und der dann ständig im Kopf wiederholt wird.

Eine weitere starke Reaktivierung findet im Schlaf statt, und zwar durch eine Selektion nach Relevanz. Es gibt dazu eine Vielzahl von Versuchen, ein spannender Versuch ist an Ratten durchgeführt wurden. Den Ratten wurde beigebracht, wie sie eine Plattform schwimmend erreichen können. Am nächsten Tag wurden die Ratten wieder in die Flüssigkeit gesetzt und es wurde die Zeit gemessen, in der sie diese Plattform erreichten. Hatten die Ratten ausreichend Schlaf, dann erreichten sie die Plattform schnell, bei nicht ausreichendem Schlaf wurde mehr Zeit benötigt. Der kürzere Schlaf führte dazu, dass nicht genügend Zeit zur Reaktivierung des Gelernten blieb.

3.6 Der 3. Stock des HR-Hauses: Kommunikation und Führung

Autor: Arne Prieß

Im 3. Stock des HR-Hauses befinden sich 2 außerordentlich wichtige Themen für die Mitarbeiterbindung. Es geht um die Kommunikation (nach innen) und um die Sicherstellung einer hohen Führungsqualität. Diese Themen lassen sich in ihrer Funktionsweise nicht voneinander trennen, denn es sind die Führungskräfte, die im direkten Kontakt zu den einzelnen Mitarbeitern den Hauptteil der Kommunikationsarbeit über die wichtigen Themen zu leisten haben.

3.6.1 Kommunikation – eine Aufgabe für alle

Über »HR-Kommunikation« wurde in den letzten Jahren viel geschrieben und in Konferenzen und Veranstaltungen reichlich Aufhebens darum gemacht. Unzählige Beratungsgesellschaften haben sich dieses Themenfeld auf die Fahnen geschrieben und bieten ihre Unterstützung an, damit in den Unternehmen die Kommunikation gelingt. Ich persönlich würde das HR vor der Kommunikation streichen, denn diese Aufgabe obliegt nicht HR allein, es sollte nach meinem Dafürhalten eine Gemeinschaftsaufgabe für Geschäftsführung, Führungskräfte, die Abteilung Unternehmenskommunikation bzw. Public Relations (PR), falls es eine solche im Unternehmen gibt, und natürlich auch HR sein.

Zu dieser Gemeinschaftsaufgabe gehört es, dass alle internen und externen Kommunikationsmaßnahmen, egal wer von den o.g. daran beteiligten Funktionen diese übernimmt, daraufhin abgestimmt sind, dass sie einen Beitrag für die erfolgreiche Umsetzung der Unternehmensstrategie leisten. In einer meiner beruflichen Stationen war ich als Vorstand eines Beratungsunternehmens u.a. für den Bereich Mitarbeiterbefragungen verantwortlich und ein Ergebnis der meisten Befragungen war, dass Mitarbeiter immer das Gefühl haben, dass sie zu wenig über Ziele und Vorhaben im Unternehmen informiert werden. Wenn ich ein »Naturgesetz« als Fazit aus den vielen Befragungsprojekten bei unterschiedlichsten Kunden herausfiltern kann, dann dieses:

> **!** Zuviel Kommunikation kann man in einem Unternehmen nicht betreiben!

Wenn man aus der obigen Gemeinschaftsaufgabe spezifische Bausteine für HR herausfiltern möchte, dann könnten dies ggf. folgende Aufgaben sein:
- Bewerberkommunikation,
- Mitarbeiterzeitschriften und -Portale,
- Informationen zum Ablauf und zu Instrumenten im Rahmen von HR-Prozessen, wie Personalentwicklung, Vergütung und Vertragsbedingungen,
- Governance-Informationen zu geltenden Richtlinien (Reisekostenrichtlinien) und Betriebsvereinbarungen (z.B. Arbeitszeitregelungen) sowie Tarifverträgen,
- Personalmarketing einschließlich der Arbeitgebermarke (Employer Brand).

Aber auch bei diesen Beispielen bin ich der festen Auffassung, dass man Geschäftsführung, Führungskräfte und wenn vorhanden auch den Betriebsrat als Player im Spiel haben sollte. HR kann und sollte sicherstellen, dass ausreichend und transparente Kommunikation betrieben wird, aber HR muss und sollte nicht immer selbst in der Bütt stehen und vom Turm blasen.

Die Kommunikation mit dem Ziel des Employer Branding sowohl nach außen als auch nach innen wird von Angelique Morio in Kapitel 3.8 näher erläutert. Dort soll, um im Bild des HR-Hauses zu bleiben, der weithin sichtbare Employer Brand aus dem Schornstein aufsteigen. »Internal Employer Branding«, also die Arbeitgebermarke nach innen zu gestalten, ist letztlich auch Kommunikation nach innen, aber wir grenzen es aus Gründen der HR-Haus-Systematik von der internen Kommunikation so ab:

- **Interne Kommunikation:** Hier wird der Mitarbeiter über alles informiert, was er für die erfolgreiche Arbeit in seiner Funktion und seinen Beitrag bei der Umsetzung der Unternehmensstrategie benötigt.
- **Internal Employer Branding:** Hier wird der Mitarbeiter über die Werte, Normen (zumeist in Leitbildern beschrieben) und Besonderheiten des Unternehmens informiert, damit er sich mit diesem identifizieren und sein Verhalten entsprechend danach ausrichten kann. Ergebnisse sind idealerweise Stolz, Mitarbeiter des Unternehmens zu sein, und ein Zugehörigkeitsgefühl, aus dem Engagement und Bindung des Mitarbeiters entsteht.

Wie bereits aufgezeigt, kann man die Interne Kommunikation nicht von Führung trennen. Es ist daher nicht der Personaler, der direkt am Mitarbeiter die notwendige Kommunikation betreibt, die dieser für die Erfüllung seiner Aufgaben benötigt, es ist (hoffentlich) die Führungskraft. Nichtsdestotrotz sollte HR Kommunikation als unverzichtbaren Bestandteil des HR-Hauses im Blick behalten und ggf. bei den Führungskräften an die Ausübung erinnern bzw. diese einfordern.

3.6.2 Neuro-HR: Kommunikation entsteht im Gehirn
Autor: Dr. Sebastian Spörer

Wir hören von vielen Führungskräften den Satz »Das habe ich erklärt«, wenn es um Informationsübermittlung oder Arbeitsanweisungen etc. geht. Aber aus der neuro-psychologischen Sicht ist die Annahme falsch, dass etwas beim Gegenüber so wie gedacht aufgenommen wird, nur weil es gesagt wurde. Dazu gibt es verschiedene Ursachen:

Spiegelneuronen
Sprache wird völlig überschätzt. Ein interessanter Versuch aus den 90er Jahren an Affen hat die Funktionsweise der Spiegelneuronen aufgedeckt: Forscher haben die Greifbewegungen bei Affen mit der Fragestellung untersucht, was im motorischen (Bewegungs-)Kortex des Affen passiert, wenn er Nüsse oder Kekse zum Mund führt. Beim Affen wurden die motorischen Neuronen für Armbewegungen aktiviert und lösten diese Bewegung aus. Als die Forscher hungrig wurden und dem Affen die Kekse wegaßen, passierte Erstaunliches! Bei der Essbewegung der

Forscher wurden erneut die gleichen motorischen Nervenzellen des Affen wie bei dem eigenen Essen aktiviert. Dies bedeutet, dass bei uns im Gehirn alleine durch Beobachtung anderer das Gleiche passiert wie bei unserem eigenen Handeln.

In der Kommunikation bedeutet dies, dass unser Gegenüber unsere Gedanken lesen kann. Besser ausgedrückt, er bekommt unsere Haltung »gespiegelt«. Natürlich weiß unser Gegenüber nicht exakt, was wir denken, doch der Kanal, die Haltung des anderen wahrzunehmen, ist sehr gut ausgeprägt. Deshalb fühlt sich ein nicht ernst gemeintes Lob auch für den Empfänger so komisch an. Wenn Sprache und Körpersprache ein völlig unterschiedliches Bild zeigen, dann ist meistens die Körpersprache das ehrlichere Bild. Seien Sie in jeder Kommunikation kongruent, sonst entsteht beim Gegenüber ein ungutes Gefühl.

AGES-Schema:
Wie in Kapitel 3.5.3 dargestellt, hängen das Lernen und die Verhaltensänderung an der Darbietung der Lerninhalte von dem AGES-Schema ab. Wenn z.B. eine Führungskraft den Mitarbeiter emotional nicht erreicht, dann wird dieser wahrscheinlich sein Verhalten nicht ändern.

> **!** **Tipp**
>
> Die reine Erklärung hilft dem Mitarbeiter im Veränderungsprozess wenig, er sollte zusätzlich im Anschluss die Veränderungsinhalte noch einmal wiedergeben. Nur durch die **eigene Wiederholung** entsteht eine gute Verknüpfung.

»Bedeutungshöfe«
Unser Gehirn wird zu dem, was wir an Erfahrungen im Laufe der Zeit gewonnen haben. Wenn wir eine gute Erfahrung mit einer Softwareaktualisierung gemacht haben, dann werden wir dem nächsten Update positiver gegenüberstehen, als wenn das letzte Update ein Reinfall war. Alle relevanten Informationen zu Software-Update fließen zusammen und bilden ein Gefühl und mehrere Gedanken. Je nach Erfahrung haben wir einen lächelnden IT-Leiter oder ein zertrümmertes Gerät vor unserem inneren Auge. Das Gefühl ist das Ergebnis der Aktivierung vieler Neuronen. Wenn ein solches Neuronennetz aktiviert wird, dann gibt unser Gehirn einem Erlebnis Bedeutung. Die Aktivierung der Neuronen wird auch Bedeutungshof genannt. Ein Bedeutungshof sind viele Neuronen, die gleichzeitig aktiviert sind und somit einem Reiz eine Wertung geben.

Der Haken ist: Wir kennen die Bedeutungshöfe des anderen nur selten. Je besser wir uns kennen, desto leichter ist es, weil wir wissen, ob das letzte Update ein Erfolg war oder nicht. Allerding gibt es auch allgemeingültige »Bedeutungshöfe«. So aktiviert jedes Wort einige andere Worte, die bedeutungsmäßig in der Nähe liegen. Das passiert bei jedem automatisch und völlig unbewusst. Beim

Wort »weiß« denken wir sofort an »schwarz«. Die Leitungsgeschwindigkeit, mit der wir an »schwarz« denken, ist höher als die Geschwindigkeit, mit der wir an eine andere Farbe denken, wenn »weiß« einmal aktiviert wurde. So passen wir uns auch sprachlich an den letzten Gedanken an. Von dem Hirnforscher Manfred Spitzer stammt das Beispiel: »Was magst Du vom Metzger?« – »Ist mir Wurst.« Das geht sogar so weit, dass Namen einen Einfluss auf die Berufswahl ausüben. So gibt es in Amerika überdurchschnittlich viele Zahnärzte mit dem Vornamen Dennis (Zahnarzt = Dentist). Der Hals-Nasen-Ohren-Arzt unserer Kinder heißt Dr. Schall. Je mehr wir uns mit solchen Kuriositäten beschäftigen, desto mehr fallen sie uns auf. Diese Zusammenhänge sind kein Zufall, sondern das Produkt unserer Bedeutungshöfe.

Für die Kommunikation bedeutet das: Ich sollte die Bedeutungshöfe meines Gegenübers kennen. Wenn ich ein Projekt von meiner Führungskraft genehmigt bekommen möchte, dann beginne ich die Kommunikation so: »Dieses Projekt ist so ähnlich wie das Projekt xy, das so erfolgreich war. Folgendes ist gleich ...« Jetzt ist ein positiver Bedeutungshof aktiviert.

Je mehr Sie wissen, welche positiven Erfahrungen ein Mitarbeiter in vergleichbaren Situationen gemacht hat, desto leichter wird es Ihnen fallen, bei dem Mitarbeiter damit positive Bedeutungshöfe zu aktivieren, indem Sie ihn auf diese Erfahrungen ansprechen. Das reicht bereits, um insgesamt einen positiven Rahmen zu schaffen. Wir wissen aus der Forschung, dass ca. 15-30 % eines Ergebnisses von unserer Erwartung abhängt. Wenn Sie das Projekt positiv angehen, ist die Wahrscheinlichkeit höher, dass es gelingt. Wenn Sie daher beim Mitarbeiter seine positive Erfahrung abrufen, ist die Wahrscheinlichkeit höher, dass er erfolgreich sein wird.

Daher ist der beste Kommunikationstipp: **Aktivieren Sie die Bedeutungshöfe, die Sie näher zum Ziel bringen.**

3.6.3 Führungsqualität und Top HR Management mit dem »Omega-Prinzip«
Autor: Arne Prieß

Mit einer Kurzbeschreibung des von mir entwickelten »Führungs-Omega-Prinzips« möchte ich Ihnen einen Einblick in eine Systematik geben, wie Sie die Verbindung von HR und Führungskräften erfolgreich gestalten können.[27]

---

27 Wie bereits aufgezeigt finden Sie weitergehende Ausführungen hierzu in meinem Buch »Führen mit dem Omega-Prinzip« (Haufe 2013).

❗ Goldene HRE-Regel

Auch wenn Sie vielleicht keine Führungsrolle bei HR innehaben, so kann ich Ihnen nur dringendst empfehlen, sich Führungswissen anzueignen. Denn wer als Partner der Führungskraft ernst genommen werden will, der kann nicht »kluge Sprüche machen« und Ratschläge geben, ohne wirklich zu wissen, wie gute Mitarbeiterführung funktioniert.

»Führungswissen für Personaler« ist also das Gebot der Stunde. Ein solches Training biete ich seit einigen Jahren an und nun raten Sie mal, wie oft das schon gebucht wurde! Genau: 0. Wer sich als Personaler beschwert, dass man bei den Führungskräften nicht auf Akzeptanz stößt, sollte sich erst einmal selbst rüsten, um auf Augenhöhe beraten und unterstützen zu können; dann kommt die Akzeptanz ganz von selbst!

Wenn mich meine Kunden fragen, wo ich die Prioritäten bei der Verbesserung der Mitarbeiterbindung sehe, dann gebe ich immer die gleiche Antwort:

❗ Verbessern Sie die Führungsqualität,
dann verbessern Sie die Mitarbeitermotivation/-produktivität/-bindung!

Ich glaube fest an folgende Kettenreaktion, deren Wirkungsweise ich in der Praxis ausreichend erlebt habe:

1. Gute Führung erhöht die Motivation und das Engagement der Mitarbeiter!
2. Motivierte Mitarbeiter bringen aufgrund dieses höheren Engagements eine höhere Produktivität ein!
3. Da sie auch stärker an ihr Unternehmen gebunden sind und damit Fluktuationskosten vermieden werden, haben sie doppelten Einfluss auf Umsatz und Gewinn des Unternehmens!

Damit steht die Erhöhung der Führungsqualität ganz oben auf der Liste der Aufgaben, mit denen HR im Zentrum der Wertschöpfung tätig sein kann und sollte.

»Führen mit dem Omega-Prinzip« zeigt ausführlich die Zusammenhänge von Führung und Mitarbeiterbindung auf. Hier möchte ich nur einen kurzen Weckruf für die Wichtigkeit dieses Aufgabenfeldes für HR tätigen sowie einige Inspiration für die Ausgestaltung der Führungskräfteentwicklung geben. Auf folgende »Naturgesetze« des Personalmanagements möchte ich nachdrücklich verweisen:

1. Mitarbeiter verlassen nicht Unternehmen, sie verlassen schlechte Führungskräfte!
2. Bewerber interessieren sich für Unternehmen und Aufgaben, aber sie kommen für Führungskräfte (oder eben nicht)!

Wenn das erste Naturgesetz zuschlägt, dann haben Sie als Bewerber jemanden am Tisch sitzen, der sich gerade von seiner Führungskraft abwendet, weil er mit der schlechten Führung nicht länger leben will. Nun sitzt er vor seiner potenziell neuen Führungskraft, schaut mit kritischen Augen und hört mit gespitzten Ohren zu, ob er bei einem Wechsel vom »Regen in die Traufe« kommt. Wenn in dieser Situation die Führungskraft nicht als Bereicherung wahrgenommen wird, mit der man gerne arbeiten möchte und von der man sich Impulse für ein erfülltes Arbeitsleben und ein Fortkommen im Rahmen der persönlichen Entwicklung erhofft, dann bleibt der Bewerber doch lieber da, wo er heute ist. Er will sich ja nicht verschlechtern und obendrein eine Probezeit in Kauf nehmen.

Führungskräfteentwicklung ist deshalb eine der wichtigsten Aufgaben der Personalabteilung. Wie Sie diese Aufgabe systematisch und strukturiert angehen können und sich bei Ihren Anstrengungen nicht im Flickenteppich von wahllos ausgewählten Trainingsthemen verheddern, zeigt Ihnen das Führungs-Omega-Prinzip. Es beschreibt anschaulich und einprägsam ein ganzheitliches Verständnis der o.g. Partnerschaft und bietet Impulse für Führungskräfte und den HR Partnern, Leistungen für die Motivation von Mitarbeitern zu erbringen, damit diese engagiert und erfolgreich zum Unternehmenserfolg beitragen können und wollen.

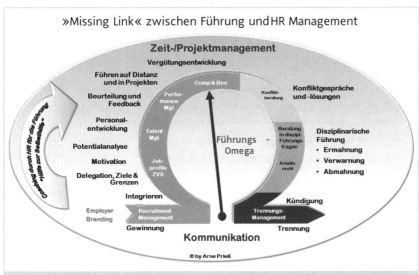

Abb. 48: Omega-Prinzip als Basisprinzip eines ganzheitlichen Verständnisses von HR Management (im farbigen Original haben die unterschiedlichen Grautöne eine grüne, gelbe, orange und rote Farbe, auf die ich mich in den folgenden Erklärungen beziehe)

Der Buchstabe Omega bietet mit seiner Form eine gute Erklärungsmöglichkeit, welche Phasen im »Unternehmens-Leben eines Mitarbeiters« gestaltet werden müssen. Es gibt einen Eintritt, ein Hochfahren, aber auch einen Abschwung und einen Austritt. Mit den hier unterschiedlich grauen Kennzeichnungen (im Original grün, gelb, orange, rot) ergeben sich ähnlich einer Ampel verschiedene Phasen, die grün (hier dunkelgrau), also in Ordnung bzw. positiv sind, aber auch Phasen, bei denen die Ampel auf gelb (hellgrau) und orange (mittelgrau) und schließlich rot (schwarz) signalisiert, dass man mit den Leistungen des Mitarbeiters nicht mehr zufrieden ist. Als Führungskraft ist man für alle Phasen voll verantwortlich, aber HR muss in allen Situationen HR Beiträge liefern!

Neben dem Omega-Buchstaben stehen die Aufgaben der Führungskraft, auf dem Omega die Supportleistungen von HR (der Übersichtlichkeit halber natürlich nicht vollständig, sondern fokussiert auf die wichtigsten Themen). Aufgrund der Verbindung von Aufgaben der Führungskraft und Supportleistungen der Personalabteilung in einem Modell nenne ich es gerne das »Missing Link« zwischen Führung und HR Management. HR entwickelt und liefert, was die Führungskräfte für einen guten Job benötigen. Die **Omega-Phasen für die Führung und das HR Management** im kurzen Überblick:

- **»Grüner Bereich« – Mitarbeiter gewinnen, Performance entwickeln und halten:** Die Ziele dieses Führungsbereiches sind u.a., neue Mitarbeiter zu gewinnen, sie erfolgreich zu integrieren und sie nachhaltig im Bereich hoher Leistungsbereitschaft und -fähigkeit zu halten. Mitarbeiter leisten gerne und gut und bleiben obendrein gesund und gebunden. HR kann dies durch die Entwicklung und Einführung entsprechender HR-Prozesse unterstützen.
- **»Gelber Bereich« – Konflikte und Krisen managen:** Wenn die Leistungen des Mitarbeiters und die Zusammenarbeit im Team nicht mehr den Erwartungen entsprechen, muss aktiv versucht werden, den Mitarbeiter zurück in die grüne Phase zu führen. Durch Krisengespräche und Konfliktlösungen müssen Barrieren für eine gute Leistung aus dem Weg geräumt werden. Dabei kann HR als Moderator und Mediator dienlich sein.
- **»Oranger Bereich« – Disziplinare Führung:** Dies bedeutet, dass angesichts arbeitsvertraglicher Pflichtverletzungen die Führungskraft versucht, den Mitarbeiter mit Instrumenten und Handlungen, die für diesen als solche erkennbar sind, zurück in die grüne Phase zu führen.HR kann hier durch arbeitsrechtliche Beratung, aber auch Gesprächs- und Prozess-Coaching begleiten.
- **»Roter Bereich« – Trennung:** Wenn das Leistungsbild des Mitarbeiters nachhaltig nicht den Erwartungen entspricht oder sonstige Gründe dies erfordern, gilt es, sich auf professionelle Art und Weise zu trennen. Auch diese letzte Phase des Omegas kann durch den Beitrag von HR professionell gestaltet werden. Selbst wenn kein Mitarbeiter gerne eine Trennung erlebt, so macht es doch einen Unterschied, ob man ihn wie »einen Hund vom Hof peitscht« oder sich auf faire, arbeitsrechtlich erlaubte und moralisch vertretbare Weise voneinander trennt.

Für diese vielfältigen Aufgaben müssen Führungskräfte vorbereitet werden: Das betrifft sowohl methodisch-handwerkliche als auch psychologische Aspekte. Zudem muss sich die Führungskraft mit der eigenen Einstellung und dem eigenen Wertesystem auseinandersetzen. Die Personalabteilung muss dafür beratend unterstützen und geeignete Prozesse sowie Instrumente zur Verfügung stellen. Daraus sollte sich eine erfolgreiche Partnerschaft ergeben, deren Ziel es ist, für hohe Mitarbeiterzufriedenheit, -bindung und -produktivität zu sorgen.

Beispiel   **!**

In einem Unternehmen mit ca. 400 Mitarbeitern in der Automotive-Branche wurde die gesamte Führungskräfteentwicklung auf das Omega-Prinzip abgestellt. Anhand von 3 Trainingsmodulen wurden alle Phasen mit Methodenwissen unterstützt. Heute sprechen die Personaler und die Führungskräfte eine gemeinsame Sprache: Wenn ein Manager erklärt, was er alles im »gelben Bereich« geleistet hat, um einen Mitarbeiter »auf grün« zurückzuholen, und dass er nun gedenkt, mit einer Abmahnung den »orangen Bereich« zu betreten, dann weiß der Personalreferent, was gemeint ist und kann seine Beratung mit dem gleichen Verständnis formulieren.

Als Basis für das oben angedeutete und nachfolgend beschriebene Verständnis von Partnerschaft nach dem Omega-Prinzip möchte ich folgende Führungsdefinition anbieten:

Führung bedeutet, die ganzheitliche Verantwortung dafür zu tragen, Menschen für eine Organisation zu gewinnen, sie erfolgreich in diese zu integrieren, ihnen Aufgaben und Verantwortung anzuvertrauen, ihnen Ziele für ihr Handeln und Streben zu geben, sie bei der Entwicklung ihrer Kompetenzen zu unterstützen, sie für ihre Leistungen zu belohnen, aber auch für ihr Fehlverhalten zu sanktionieren.

Führung erstreckt sich also über ein weites Feld: von der Mitarbeitergewinnung über deren Entwicklung und deren steuernden Einsatz bis hin zu Bereichen wie Konflikte und Trennung. Zusammenfassend kann man sagen, dass eine gute Führungskraft zusammen mit seinem HR-(»Excellence«)Partner

- den Mitarbeiter dabei unterstützt, erfolgreich die vereinbarten Leistungen zu erbringen,
- bei seinen Mitarbeitern die Freude daran freisetzt, am Erreichen von Zielen und an den Erfolgen des Unternehmens und der jeweiligen Teams mitzuwirken,
- ein aktiver Konfliktlöser ist und
- wo nötig auch disziplinare Maßnahmen bis hin zur fairen und professionellen Trennung einsetzt, um die Ernsthaftigkeit seines Führungsanspruches konsequent, aber fair und gerecht durchzusetzen.

Mir ist an meinen Definitionen wichtig: Führungskräfte sollen erkennen, dass sie eine **breite Verantwortung** tragen, die sich von der Mitarbeitergewinnung bis hin zur Trennung von ihnen erstreckt. Und die Verantwortung können sie nicht an die Personalabteilung abgeben. Diese explizit geforderte Breite zollt der Erfahrung Rechnung, dass manche Führungskräfte sich gerne im mittleren grünen Bereich aufhalten, d.h., insbesondere das Gewinnen neuer Mitarbeiter an die Personalabteilung delegieren und sich aus schwierigen Themen wie z.B. aus Konflikten und Trennungen heraushalten. Ich bezeichne diese eingeschränkte Verantwortungsannahme als »Sonnenschein-Management«. Aber Führungskräfte sollten ihrem erhöhten Status gerecht werden, indem sie gerade dann, wenn es anstrengend wird, selbst das Ruder in der Hand haben. Erst diese ganzheitliche Verantwortung der Führungskräfte vervollständigt die eingangs zitierte Partnerschaft zwischen Führungskräften und HR.

Bei der Führungskräfteentwicklung gilt natürlich alles, was in Kapitel 4.5 Personalentwicklung beschrieben wird. Mein Omega-Prinzip ersetzt nicht die Anwendung des PE-Wissens, aber es kann die didaktische Grundlage für ein Trainingsprogramm sein. Da es die vielfältigen Situationen beschreibt, in denen eine Führungskraft einen guten Job machen muss, kann man etwaige Trainingsmodule entlang dieser Situationen aufbauen. Man muss also nicht von den in einem Jobprofil definierten Kompetenzen ableiten, was zu erlernen ist, sondern man »hangelt« sich einfach einmal durch das Omega und bietet in den Trainings Wissen und Methoden für die erfolgreiche Bewältigung der jeweiligen unterschiedlichen Situationen an.

In der nachfolgenden Abbildung habe ich eine typische didaktische Struktur eines Führungskräfteentwicklungsprogrammes abgebildet, wie ich es zahlreiche Male bei Kunden durchgeführt habe.

Abb. 49: Führungskräfteentwicklungsprogramm entlang des Omega-Prinzips

Im Mittelstand gibt es trotz eines hohen Bedarfs an Personalentwicklung für Führungskräfte leider auch eine gewisse Budgetbegrenzung. Mehr als 3 Zwei-Tages-Module werden dem Personalleiter meistens nicht genehmigt. Die Entwicklung eines Führungsleitbildes und dessen Einführung im Rahmen z. B. einer Führungskonferenz sind meist der maximale Umfang, den man einplanen darf.

Ich rate bei der Entwicklung eines Programmes auch dazu, im ersten Modul mit einer Selbstreflektion zu beginnen und die Grundlagen erfolgreicher Kommunikation zu vermitteln. Alle nachfolgenden Inhalte profitieren davon, weil sich die Führungskraft in den unterschiedlichsten Situationen selbst besser managen und in der Interaktion mit ihrem Mitarbeiter erfolgreicher ihre Impulse an diesen übermitteln kann. Beide Aspekte sind meines Erachtens erfolgskritisch, denn was nützt eine brillant ausgebildete Führungskraft, die sich mangels Selbstreflektion unbewusst an den Erfordernissen der vielfältigen Führungssituationen »vorbei« verhält und mangels Kommunikationsfähigkeit unverständlich ist und die Fallstricke menschlicher Kommunikation nicht in den Griff bekommt.

Kommunikation könnte so einfach sein, wenn nur die anderen nicht wären. !

Diesen Satz »beame« ich am Anfang des Kommunikationsteils in meinen Trainings zusammen mit einem Bild von Robinson Crusoe an die Wand. Crusoe hatte auch kein Problem mit der Kommunikation, als er auf seiner einsamen Insel vor sich hin lebte. Aber als dann Freitag auf die Insel kam, war es mit der erfolgreichen Kommunikation mit sich selbst vorbei, da zeigten sich alle Hindernisse menschlicher Kommunikation. Und da Führungskräfte naturgemäß nicht nur sich selbst auf einer sonnigen Insel im weiten Ozean zu führen haben, ist die Fähigkeit, erfolgreich zu kommunizieren, erstes Gebot guter Mitarbeiterführung.

Die Trainingsmodule sollten von den entsprechenden HR-Prozessen (wie läuft bei uns die Personalgewinnung, wie läuft das Mitarbeitergespräch ab, wie funktionieren Beförderungen und Gehaltsentwicklung etc.) im Unternehmen begleitet werden, sei es mit einer gleichzeitigen Entwicklung bzw. Einführung derselben oder in Anlehnung an bereits bestehende. So können sich alle Wissensbausteine mit den internen Prozessen verbinden und ergeben die Grundlage für eine gelingende Partnerschaft zwischen Führung und HR Management.

In den Trainings selbst könnte an ausgewählten Stellen neben einem externen erfahrenen Führungskräfte-Trainer, der die Hauptarbeit übernimmt, ein Vertreter von HR die internen Prozesse vorstellen. So wird HR auch in den Trainings sichtbar und positioniert sich in seiner Rolle als Partner im Rahmen der Führung. Wenn Sie ein solches Trainingsprogramm beginnen, empfehle ich darüber hinaus, dass der Geschäftsführer und der Personalleiter im ersten Modul Begrüßungsworte sprechen und am Ende gemeinsam die Teilnahmezertifikate bei einem Gläschen überreichen. So erhält die Führungskräfteentwicklung ausreichend Wertschätzung.

Wenn mehrere Durchgänge für die Module erforderlich sind, da mit mehr als 12 Führungskräften die Obergrenze an Teilnehmern erreicht wird, sollte man immer Top-down ausbilden. D.h., idealerweise nimmt die Geschäftsleitung am ersten Durchgang eines jeden Moduls teil und anschließend die folgenden Führungsebenen. So haben die übergeordneten Führungskräfte einen Wissensvorsprung und können vorleben und abfordern, was man gefördert hat.

Das Führungsleitbild und seine Entwicklung stellen einen werteorientierten Rahmen für die Anwendung von Wissen, Methoden und Prozessen dar. Wissen und Methoden sind i.d.R. neutral und von Individuen unabhängig verstehbar. Deren Anwendung kann aber stark von den individuellen Wertevorstellungen beeinflusst werden, deshalb ist diese »weiche Materie« durchaus auch ein guter »Abbinder« für ein Entwicklungsprogramm. Die dort ermittelten Werte bilden den »Leim« zwischen den Führungskräften und helfen insbesondere dann, wenn man als Führungskraft gerade sein Wissen nicht parat hat. Der Vorgang der Erarbeitung eines Leitbildes sollte zudem als teambildende Maßnahme im Führungsteam verstanden und genutzt werden. Und da man ein Führungsleitbild nicht im »Bombenwurf«, am schlimmsten noch per Mail, einführen darf, empfiehlt es sich gleichsam, das Leitbild als »krönenden Abschluss« eines Programms offiziell in einem würdigen Rahmen einzuführen. Ich empfehle dazu immer ein »Offsite« mit allen Führungskräften, bei dem nicht nur das Leitbild erklärt, sondern zudem das ganz konkrete Überführen der Werte und Leitlinien in den Führungsalltag in Kleingruppen besprochen wird.

Achtung   **!**

Da am 2. Tag nach dem letzten Modul das Vergessen beginnt, kann ich nur empfehlen, spätestens 6 Monate nach dem letzten Trainingstag eine mindestens 1-tägige Refresher-Einheit zu planen. An diesem Tag kann das Wissen reaktiviert und auch an die guten Vorsätze bzgl. dessen Anwendung appelliert werden. Machen wir uns nichts vor, das Tagesgeschäft hat die Führungskräfte schnell wieder im Griff und unterdrückt viele Transferabsichten. Idealerweise übernehmen hier die übergeordneten Führungskräfte den Job, das Vergessen und Verblassen des Erlernten bei ihren unterstellten Führungskräften zu verhindern – aber für sie gilt diese Erinnerung letztlich genauso. Vergessen ist menschlich, auch in den oberen Führungsriegen.

Goldene HRE-Regel   **!**

Als Fazit zu diesem kompakt gehaltenen Kapitel möchte ich 3 Regeln aufzeigen:
- Nehmen Sie die Führungskräfteentwicklung ernst, sie steht im Zentrum Ihrer Möglichkeiten, an der Wertschöpfung mitzuarbeiten!
- Verzahnen Sie Führungswissen und -methoden mit Ihren internen Prozessen. Sollten Sie keine Angebote für die Unterstützung in Form von HR-Prozessen haben, dann wird es Zeit, diese zu entwickeln!
- Geben Sie Ihren Anstrengungen im Bereich der Führung ein »Gesicht«, schaffen Sie sich ein ganzheitliches Modell oder nutzen Sie das Führungs-Omega-Prinzip, um zu beschreiben, was wer wann tut und wie die Partnerschaft zwischen Führungskräften und HR in Ihrem Unternehmen funktionieren soll.

Ihre Mitarbeiter werden es Ihnen durch hohe Loyalität und Engagement danken.

3.6.4   Neuro-HR: Führung mit Köpfchen

Autor: Dr. Sebastian Spörer

Das Thema »Neuro-Leadership« lässt sich in 2 Bereiche teilen, zu denen sich die beiden folgenden Fragen aufwerfen
- Gibt es eine optimale Führungskraft aus neurobiologischer Sicht?
- Was sind die wichtigsten Führungsgrundsätze?

3.6.4.1 Gibt es eine optimale Führungskraft aus neurobiologischer Sicht?

Zum Thema »Die ideale Führungskraft« ist bereits viel geschrieben worden. An dieser Stelle sei deshalb nur ein Zusatz erwähnt: Aus neurobiologischen Studien wird immer klarer, dass es mindestens ein Hormonprofil gibt, das bestimmte Führungsqualitäten fördert. Zu diesen untersuchten Führungsqualitäten gehören Entscheidungsfindung unter Druck, Empathie und Stressresistenz. Führungskräfte mit einem hohen Testosteronspiegel und einem niedrigen Cortisolspiegel scheinen hier optimale Voraussetzungen zu haben, eine gute Führungsleistung zu vollbringen. Die Studienlage ist noch etwas zu dünn, um mit letzter Sicherheit Aussagen treffen zu können, aber es deutet sehr vieles auf diese Kombination hin.

Daraus ergeben sich 2 spannende Fragen:
1. **Ist das messbar?**
   Hier ist die Antwort eindeutig: Ja. In unserem Kooperationslabor messen wir diese Profile und haben dadurch einen guten Anhaltspunkt in Bezug auf Führungstätigkeit. Auch als Verlaufsmarker ist die Messung geeignet, also zum Beispiel, um den Erfolg eines Führungskräftetrainings beurteilen zu können.
2. **Ist das Profil veränderbar?**
   Auch hier gilt wieder uneingeschränkt: Ja. In unseren Seminaren bringen wir den Teilnehmern bei, wie sie ein optimales Profil erhalten. Das ist ein Schritt in Richtung gute Führungskraft. Es würde den Rahmen des Buches sprengen, dies im Detail zu erläutern, aber die folgenden Hinweise geben eine erste Orientierung:
   - Zu einer Cortisoloptimierung trägt eine gute Ernährung bei, zum Beispiel regulieren Südfrüchte wie Mango und Ananas den Cortisolspiegel.
   - Unter anderem trägt Kraftsport zu einem erhöhten Testosteronspiegel bei.
   - Ein gutes soziales Umfeld und Tageslicht wiederum reguliert den Cortisolspiegel.

Negativfaktoren wie Rauchen, zuckerreiche Ernährung, Alkohol und chronischer Stress wiederum verhindern ein gutes Profil. In unseren Seminaren und Einzelcoachings erhält jeder Teilnehmer sein individuelles »neurobiologisches Führungsprogramm« auf der Basis der Laborwerte. Als Fazit lässt sich daher sehr sicher sagen, dass es einen Führungshormoncocktail im Körper gibt und dass wir diesen beeinflussen können. Das ist Neuro-Leadership.

3.6.4.2 Was sind die wichtigsten Führungsgrundsätze aus neurobiologischer Sicht?

Neuro-Leadership ist kein eigenes Forschungsgebiet. Es nutzt die Erkenntnisse der Neuro-Wissenschaften zur Steigerung von Führungsqualitäten. Neuro-Leadership zieht Rückschlüsse, was Mitarbeiter benötigen, um Topleistungen zu erbringen. Die Betriebswirtschaftslehre hat durch die Neurobiologie erkannt, wie eng der Zusammenhang zwischen den biochemischen Vorgängen im Gehirn und unserem Verhalten ist. Aus diesen neuro-wissenschaftlichen Erkenntnissen leiten sich die wichtigsten Führungsgrundsätze ab.

Das bereits in Kapitel 3.5.3.1 erwähnte Fußballfeld als Symbol für unser Begeisterungs- und Stress-System, bei denen nur eines der beiden Systeme in Ballbesitz sein kann, ist die Grundlage für Führung aus neurobiologischer Sicht. Unser Begeisterungssystem schüttet gehirneigene Drogen aus, diese sorgen für Motivation und Antrieb. Das Stress-System, unser Schnellwarnsystem, bringt uns in Kampfposition und sorgt für Genauigkeit und Aufmerksamkeit in unseren Handlungen.

Es gibt diesbezüglich 4 Grundsätze, die in der Führungskräfteentwicklung eine wesentliche Rolle spielen:

- Fairness,
- Soziale Eingrenzung (s. Kapitel 3.9.8 Trennungen aus neurobiologischer Sicht),
- Transparenz,
- Stärken stärken.

Fairness
Ein interessanter Versuch verdeutlicht unsere Verhaltensweise in Bezug auf Fairness: Ein Spielleiter übergibt Spieler A EUR 10. Dieser darf den Betrag zwischen sich und Spieler B nach eigenem Belieben aufteilen. Er kann eine Verteilung von 50:50 wählen oder die kompletten EUR 10 für sich behalten, sodass Spieler B nichts erhält. Letzterer hingegen bekommt die Möglichkeit, den gesamten Deal entweder anzunehmen oder abzulehnen; dann erhalten weder A noch B Geld.

Bei diesem Versuch wurden folgende Verhaltensweisen beobachtet: Bei einer Aufteilung von 50:50 nahm Spieler B das Geld normalerweise an. Bei einer Aufteilung von EUR 9,90 für Spieler A und EUR 0,10 für Spieler B lehnte B normalerweise ab. Der Deal ist also nur zustande gekommen, wenn sich Spieler A fair verhalten hat. Das Verhalten von Spieler B hat die Wirtschaftswissenschaften lange vor ein Problem gestellt, da es rational richtig gewesen wäre, jeden Cent anzunehmen, egal, wie viel Spieler A für sich behält.

Anhand der Aufzeichnungen durch einen Gehirnscanner wurde das Verhalten von Spieler B nachvollziehbar. Das Ergebnis war, dass Spieler B, dem nur EUR 0,10 von Spieler A geboten wurde, für seine Ablehnung des Angebots mit dem Begeisterungsbotenstoff Dopamin belohnt wurde. Er bekam für die Bestrafung des unfairen Verhaltens von Spieler A seine gehirneigene Drogenbelohnung. So erklärt sich, warum Menschen irrational handeln und sogar eigene Nachteile in Kauf nehmen, wenn es um faire Behandlung geht. Nicht die Maximierung des eigenen Vorteils bringt uns unsere Gehirndrogen, sondern die Fairness in der Gruppe.

Für Führungskräfte bedeutet dies, dass ein klarer Fokus auf dem fairen Umgang mit ihren Mitarbeitern liegen muss. Dies bedeutet nicht, dass alle Mitarbeiter gleich behandelt werden müssen, sondern dass sich alle Mitarbeiter fair behandelt fühlen.

Stärken stärken
Die Aussage »Ich muss an meinen Schwächen arbeiten« war einmal und ist überholt. Der Trend geht in der Personal- und Führungskräfteentwicklung hin zu einer immer individuelleren und sich an Stärken orientierenden Förderung der Führungskräfte und Mitarbeiter. Das Arbeiten an Schwächen ist nach Zenger und Folkman[28] nur dann sinnvoll, wenn es eine alles andere überschattende Schwäche gibt. Nur dann, wenn eine Führungskraft gar nicht in der Lage ist, eine Beziehung zu Mitarbeitern aufzubauen, muss an dieser Schwäche gearbeitet werden. Der Studie zufolge haben circa 30 % der Führungskräfte eine solche, alles überragende Schwäche. Für die anderen 70 % gibt die Forschung in diesem Bereich immer klarere Hinweise darauf, dass das Training »Die Stärken stärken« genau das Richtige ist.

Es ist nicht wichtig, welche Kompetenzen bei einem Mitarbeiter stark ausgeprägt sind, sondern dass es herausragende Stärken gibt.

---

28   John H. Zenger, Joseph R. Folkman: The Extraordinary Leader: Turning Good Managers into Great Leaders, 2002.

Ergebnis-orientierung	Veränderungen vorantreiben	Charakter	Interpersonelle Fähigkeiten	Individuelle Fähigkeiten
			Kommuniziert kraftvoll und effektiv	
Handelt ergebnis-orientiert	Entwickelt strategische Perspektiven	Zeigt hohe Integrität und Ehrlichkeit	Inspiriert und mo-tiviert andere zu Höchstleistungen	Technische/ berufliche Erfahrung
Setzt heraus-fordernde Ziele	Zeigt Verände-rungsinitiative			Problemlösung und -Analyse
			Baut Bezieh-ungen auf	
Ergreift Initiative	Verbindet und repräsentiert die Organisation nach Außen		Entwickelt und fördert andere	Innovation
				Entwickelt sich selbst weiter
			Zusammenarbeit und Teamwork	

Abb. 50: 16 Kompetenzen nach Zenger/Folkman

Zenger/Folkman haben 16 Kompetenzen ermittelt und belegen in ihren Arbeiten sehr eindrucksvoll, dass insbesondere die Führungskräfte Spitzenresultate erzielen, die herausragende Stärken haben. Führungsentwicklung sollte deshalb diese herausragenden Stärken fördern. Aus neurobiologischer Sicht ist das sehr sinnvoll: An Stärken zu arbeiten ist für die meisten Menschen leichter, bringt also viel mehr gehirneigene Drogen und damit einen höheren Antrieb und bessere Erfolgsaussichten. Entwicklungsgespräche sollten daher immer stärkenorientiert sein und Entwicklungsmaßnahmen für die Führungskraft sollten sich aus den Stärken ableiten, nicht aus den Schwächen.

Transparenz

Schaffen Sie so viel Transparenz wie möglich. Es gibt nichts energieraubenderes als das Gefühl, der Kollege engagiert sich nicht oder arbeitet weniger. Daher empfehlen wir eine vollständige Transparenz der Aufgaben im Team. Ein Board ist eine erstklassige Möglichkeit, absolute Transparenz über alle Aufgaben zu schaffen. So kann jeder Mitarbeiter leicht erkennen, woran ein Kollege arbeitet, kann unterstützend eingreifen und seine Arbeit in Bezug auf die Prioritäten des anderen abstimmen. Die Aufgaben werden wöchentlich priorisiert und müssen in der Reihenfolge der Prioritäten abgearbeitet werden.

Bei fast allen Teams führte dies, trotz anfänglicher Skepsis, zu einem besseren Klima im Team, zu höherer Produktivität, zu einer besseren Zusammenarbeit und zu einem höheren Vertrauen in die Fähigkeiten des anderen. Diese Transparenz muss allerdings sehr gut moderiert werden. Um wirkliche Veränderungsbereitschaft auch in den Teams zu erreichen, brauchen Sie Transparenz und Vertrauen.

In vielen technisch geprägten Unternehmen ist ein solches Board bereits Wirklichkeit, in der Softwareentwicklung sogar Standard (mit Frameworks wie Scrum und Kanban). Auch für HR-Abteilungen oder HR-Projekte sind solche Transparenzmethoden sinnvoll.

3.7 Das Dach des HR-Hauses: Organisationsentwicklung für das Unternehmen
Autor: Arne Prieß

Eine der wichtigsten und vielleicht am stärksten zur Wertschöpfung beitragenden Rollen von HR ist die des Organisationsentwicklers im Unternehmen. Gerade die großen Unternehmensvisionen und die besonders sportlichen Unternehmensziele werden nur Realität, wenn es gelingt, die Organisation entsprechend weiterzuentwickeln. Jedes Wachstum, aber auch jede Verkleinerung einer Organisation, jede Neuausrichtung und jede Leistungssteigerung geht mit einer Entwicklung der Organisation einher.

Aber Organisationen sind erfahrungsgemäß träge. Wenn ein CEO eine neue Marschrichtung ankündigt, geschieht erfahrungsgemäß erstmal wenig. Und dieses »wenig« ist meist umso weniger, desto größer die Unternehmen sind. Größe macht träge. Aber auch Mittelständler entwickeln sich nicht auf Knopfdruck. Ich habe schon erfolgreiche Mittelständler erlebt, deren familiäre und harmonische Kultur wie eine Wand vor jeder Veränderung der Organisation stand. Da mutierten eigentlich positive kulturelle Eigenschaften zu erfolgskritischen Entwicklungskillern.

Sie dürfen weder von Ihrem Management noch von den Mitarbeitern erwarten, dass sie gelernte Organisationsentwickler sind. Aber irgendeiner in Ihrem Unternehmen sollte es können, ansonsten müssen Sie reichlich Beraterbudget im Haushalt haben. Auch in diesem Buch können wir nicht unser ganzes Organisationsentwicklungs-Know-how darlegen, aber einige wichtige Impulse werden Sie hier finden.

Für eine Organisationsentwicklung[29] sind insbesondere die 4 unten beschriebenen Themenbereiche relevant. Ich habe die Kompetenzbegriffe vorangestellt, sodass Sie mit dem jeweiligen Stichwort nach geeigneten Trainings oder sonstigen Entwicklungsmaßnahmen am Markt suchen können:

---

29 Organisationsentwicklung ist im Folgenden mit OE abgekürzt.

- **Strategie-Kompetenz –** OE beginnt damit, dass man die Strategie kennt und weiß, wohin die Organisation will. Kenntnis oder besser noch das Mitwirken und Beraten bei der Entstehung der Unternehmens-, Bereichs- und Abteilungsstrategien gibt Ihnen Nähe zum Geschehen und verbindet Sie mit der geplanten Zukunft. Nur so verstehen Sie, was die Organisation für ihre Entwicklung benötigt, und können die Zukunft von Beginn an mitgestalten.
- **Projektmanagement-Kompetenz –** OE ist meistens komplex, deshalb gilt: Nur wer Projektmanagement kann, wird Unternehmen erfolgreich mitentwickeln können!
- **Change Management Kompetenz –** OE ist immer mit Veränderungen verbunden: Was sich entwickelt, verändert sich. Neben der strategischen Voraus- und der Projektplanung muss man deshalb ebenfalls und unbedingt Change Management betreiben können!
- **Beratungskompetenz:** Wenn man Manager unterstützen will, die richtigen Entscheidungen für ihre Verantwortungsbereiche zu treffen, dann muss man beraten können. Das liest sich leichter, als es ist.
  Wer beraten will, muss die richtigen Fragen richtig stellen können[30]. Die besten Antworten hat meist der, den man berät. Wenn man die manchmal etwas diffusen Antworten dann noch gut sortieren und strukturieren sowie sie in verbesserter Form zurückspiegeln kann, dann ist man einem guten Beraterprofil schon recht nah. Zusätzlich zu dieser Fragekompetenz hilft es natürlich auch, wenn man sich darauf versteht, die Aufbau- und Ablauforganisation durch Organigramme und Prozessbeschreibungen mitzugestalten.[31]

Ausführliche Informationen zu Projektmanagement und Change Management finden Sie in meinen beiden Büchern »Zeit- und Projektmanagement« sowie »Führen mit dem Omega-Prinzip«, sodass ich im Folgenden den Schwerpunkt auf die Strategie-Kompetenz legen werde.

3.7.1 Strategische Personalplanung statt Vakanzen stopfen

OE beginnt immer mit einer strategischen Personalplanung. Diese beinhaltet eine vorausschauende Planung, aus der sich effektive Maßnahmen ableiten lassen und die dadurch von wichtiger Bedeutung für die Wertschöpfung im Unternehmen ist. Nach meiner Erfahrung wird dieses größte Potenzial, an der betrieblichen Wertschöpfung beteiligt zu sein, durch HR ganz häufig aber nicht erkannt und deshalb auch nicht aktiv wahrgenommen. Die strategische Perso-

---

30 Siehe »Führung mit dem Führungs-Omega« Seite 239ff.
31 Eines der wichtigsten Tools für die OE, das Jobmodell, habe ich Ihnen aufgrund der Reihenfolge der Themen im HR-Haus bereits in Kapitel 3.4.3.1.1 vorgestellt. Dieses steht auch im Zentrum aller Themen der Organisationsentwicklung.

nalplanung (neudeutsch auch häufig als »Workforce Planning« oder »Workforce Management« bezeichnet) bietet einen wirklich starken Beitrag zur Gewinnsteigerung im Unternehmen.

Wenn Sie diesen unterstützenden Anteil selbst noch nicht sehen oder Ihre Geschäftsführung Sie nicht an den Planungstisch heranlassen möchte, benötigen Sie Argumente für die Eigen- und die Überzeugung Ihrer Geschäftsführung. Dazu möchte ich Ihnen gerne anhand von 2 Darstellungen erklären, warum strategische Personalplanung **der** große Gewinnbringer ist:

3.7.1.1 Quantitativer und qualitativer Überhang und Unterdeckung der Ressourcen

Die 1. Abbildung in diesem Kapitel erklärt den starken Einfluss auf den Gewinn auf der quantitativen Ebene: Nehmen wir an, das Unternehmen hat in den nächsten Jahren einen bestimmten Ressourcenbedarf, um an der Erreichung der strategischen Unternehmensziele erfolgreich arbeiten zu können. Wenn ein Unternehmen z.B. plant, in einer Region kräftig zu wachsen, weil dort eine stark wachsende Nachfrage durch Kunden erwartet wird, dann wäre es für das Unternehmen tödlich, wenn die für die Bearbeitung der Kundenanfragen notwendigen Ressourcen nicht rechtzeitig und in ausreichender Anzahl an Bord wären. Die bestehenden Ressourcen könnten sich zwar noch etwas strecken, um den erhöhten Kundenbedarf zu befriedigen, aber irgendwann ist Schluss mit lustig. Die Kunden, die dann nicht bedient werden können, wenden sich dem Wettbewerb zu und geben dort die Aufträge ab. Es liegt praktisch Geld auf der Straße, aber es ist kein Mitarbeiter da, um sich zu bücken und es aufzuheben. Das ist das Problem der **Unterdeckung**. In dieser Phase reagieren Geschäftsführungen oft mit Panikattacken und es kann gar nicht genug Geld für Headhunter ausgegeben werden. In Zeiten von Fachkräftemangel ist der Einsatz von Geld aber häufig nicht die Lösung, meist bedarf es Vorlaufzeit, um die benötigten Fachleute vorausschauend vom Markt gewinnen zu können.

1 = Bedarf an Personal
2 = IST und Soll sind möglichst deckungsgleich
3 = IST bei Personal

Zeitachse

Abb. 51: Überhang und Unterdeckung im Personal wegen mangelnder Planung. In der Abbildung sehen Sie den voraussichtlichen Bedarf an Ressourcen mit einer Wellenlinie, der Bedarf geht hier im Zeitverlauf immer etwas rauf und runter, vergleichbar mit einer Konjunktur-Kurve.

Genauso wertvernichtend ist es, wenn der IST-Stand der Ressourcen größer ist als der tatsächliche Bedarf, denn dann entsteht ein **Überhang**, d.h., es sind mehr Ressourcen an Bord als angesichts der Möglichkeiten am Markt wertschöpfend eingesetzt werden können. Das Unternehmen hat also Personalkosten, denen keine Wertschöpfung gegenübersteht. Das nennt man nicht zu Unrecht Gewinnvernichtung. Meistens wird dann mit kurzfristigem Personalabbau reagiert, bei dem mit hohen Abfindungen eine möglichst geräuscharme Reduzierung des Personalkörpers erreicht werden soll. In diesem Szenario kommen alle Themen zum Tragen, die ich in Kapitel 3.9 beschreibe. Neben den Kosten für einen Abbau durch Abfindungen und Freistellungen bei Bezahlung etc. kommen noch Kosten dazu, die durch die typischen Kollateralschäden entstehen (z.B. schlechte Stimmung und dadurch weniger Produktivität im Unternehmen, weniger Bewerber wegen gelittenem Brand u. v. a. m). Hätte man den sinkenden Ressourcenbedarf durch vorausschauende Planung im Blick gehabt, dann hätte man die »natürliche Fluktuation« nutzen oder fördern können und das Problem damit zumindest etwas verringert.

Regelmäßig beginnen Unternehmen in einer nächsten Wachstumsphase hektisch die gerade freigesetzten Mitarbeiter zurückzuholen oder durch neue zu ersetzen, weil ganz unverhofft (bei etwas vorausschauender Denkweise meist gar nicht unverhofft, sondern vorhersehbar) der Bedarf für die just gefeuerten Ressourcen wieder da ist. So hat man doppelte Kosten verursacht, was im Übrigen doppelte Gewinnvernichtung ist.

In der 2. Abbildung beschreibe ich die gleiche Problematik, aber als qualitative strategische Personalplanung. Die Abbildung versteht sich wie folgt: Ein Unternehmen hat ein Dienstleistungs- oder Produktangebot. Dabei gibt es einen Schwerpunkt bei den Angebotsbereichen C und D, das sind die Zugpferde der Wertschöpfung. Hier hat das Unternehmen jahrelang Kompetenzen bei den Mitarbeitern aufgebaut, d.h., die aktuelle Mitarbeiter- bzw. Kompetenz-Struktur ist hier am stärksten ausgeprägt. Bei den anderen Angebotsbereichen A, B, E etc. sind die Kompetenzen geringer vorhanden. Nun entwickelt sich die Kundennachfrage aber so, dass die bisherigen starken Zugpferde z.B. durch Sättigung abnehmen und die bisher schwache Nachfrage für die anderen Bereiche stark zunimmt. Wenn man dies nicht vorausschauend erkennt und bei Organisationsentwicklung und Talent Management berücksichtigen würde, entstünde auch hier ein Überhang und eine Unterdeckung, nur dieses Mal in den Kompetenzen der Mitarbeiter. Dies hätte man durch qualitative Personalplanung und davon abgeleitetes Talent Management verhindern können.

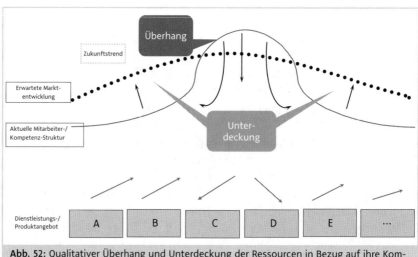

Abb. 52: Qualitativer Überhang und Unterdeckung der Ressourcen in Bezug auf ihre Kompetenzen

Genauso wie bei der quantitativen Betrachtung haben bei der qualitativen Problematik Überhang und Unterdeckung starken Einfluss auf Umsatz und Gewinn. Denn eine falsche Ausprägung bei den Kompetenzen verursacht ebenfalls Probleme bei der Befriedigung der Kundenbedarfe. An einem konkreten Beispiel erklärt: Was nützen Unmengen an teuren Ingenieuren zur Entwicklung von Dieselmotoren im Unternehmen, wenn die Kunden umweltschonende Elektroantriebe in ihren Fahrzeugen haben wollen, für deren Entwicklung man ganz andere Ingenieurskompetenzen benötigen würde? Wenn man die zukünftig stärker benötigten Kompetenzen durch vorausschauende Personalentwicklung bei den bestehenden Ingenieuren aufbauen könnte, dann würde die Veränderung der

Kompetenzstruktur rechtzeitig einen Umbau unterstützen und man würde die typischen oben bereits erwähnten Panikreaktionen und damit Kosten vermeiden.

Goldene HRE-Regel   **!**

Wenn HR durch einen strategischen Personalplanungsprozess helfen würde, den IST-Stand der Ressourcen eines Unternehmens mit dem Bedarf in eine möglichst deckungsgleiche Übereinstimmung zu bringen, dann würden Überhang und Unterdeckung vermieden werden und die Kasse würde laut und kräftig klingeln.

Wenn HR (oder eine andere Funktion im Unternehmen) dies nicht macht, dann wird im Fall des Überhangs Gewinn vernichtet bzw. im Falle einer Unterdeckung kann potenzieller Umsatz und damit verbundener Gewinn nicht realisiert werden. Damit ist strategische Personalplanung eine wichtige Kompetenz, mit der HR einen hohen Beitrag für die Wertschöpfung im Unternehmen leisten kann.

Ich hoffe, dass diese beiden vereinfacht skizzierten Argumentationen Sie und Ihre Geschäftsführungen überzeugen können und den nötigen Rückenwind für die Einführung einer kontinuierlich betriebenen strategischen Personalplanung geben.

Neuro-HR-Tipp   **!**

Das Gefühl, gebraucht zu werden, ist im Rahmen der strategischen Personalplanung nicht zu unterschätzen. Ein Antreiber, um arbeiten zu gehen, ist für viele Menschen das Gefühl, gebraucht zu werden. Bei einer mangelhaften Personalplanung und dem damit mitunter verbundenen Überhang an Talenten kann dies schnell dazu führen, dass die Talente nicht sinnvoll ausgelastet sind. Dies ist genauso problematisch wie eine Überlastung.

Also ran den Wertschöpfungsbeitrag! Und nicht vergessen: den Erfolg immer schön aufzuzeigen! Wir reden hier über Köpfe und Zahlen, denn Personalplanung ist Zahlenarbeit und aus der kann man durchaus Berechnungen herleiten, wieviel Sie durch Ihren Planungsbeitrag an Kosten eingespart oder zum Umsatz und Gewinn beigetragen haben.

3.7.1.2 Standardprozess für die strategische Personalplanung

Idealerweise ist der nachfolgende Prozess ein fester Bestandteil im Rahmen der regelmäßig durchgeführten Unternehmensplanung. Dieser liegt zumeist in Händen des Controlling-Bereiches oder einer Stabsstelle für die Unternehmensplanung. Wo auch immer der Prozess verortet ist, erklären Sie demjenigen, dass Sie von nun an dabei sind und Ihr Prozess der strategischen Personalplanung ein Baustein der Gesamtplanung sein muss. Falls dieser abwehrt, sollten Sie die Geschäftsführung für diese Verknüpfung gewinnen, zur Not mit einer Anweisung von oben. Schöner wäre es sicherlich, wenn Ihr Charme und Ihre Argumente unter Kollegen ausreichen würden. Zur Unterstützung zaubern Sie die beiden Abbildungen mit Über- und Unterdeckung aus dem Hut und präsentieren diese. Mit dieser Verbindung wird Ihr strategischer Personalplanungsprozess zu einem jährlich wiederkehrenden Vorgang, jeweils am Anfang der jährlichen Business-planung.

Der konkrete Prozess wurde bereits von Capgemini in 2009 im Rahmen des Cap-gemini-HR-Barometers gut beschrieben. Am Beispiel von SAP wurde Strategic Workforce Management erläutert, dazu gab es einen Sonderdruck »Strategic Workforce Management als Grundlage für Talent Management«[32]. Angelehnt an den darin beschrieben Prozess beschreibe ich hier den Ablauf:

1. **Analyse** der Unternehmensstrategie und -planung im Hinblick auf Bedarfe an das Personal;
2. **Forecast**: qualitative und quantitative Annahmen über den Personalbedarf der Zukunft;
3. **Prüfung der Möglichkeiten und Empfehlungen**: Wie kann man etwaige Gaps schließen (intern oder extern)? Erarbeitung von Empfehlungen, Diskus-sion mit dem Management, Treffen der Entscheidungen;
4. **Maßnahmenplanung:** Planung nach Unternehmensstruktur bzw. zusam-men mit den jeweils verantwortlichen Managern inkl. Budgetplanung, Ver-abschiedung des Maßnahmenplans;
5. **Umsetzung der Maßnahmen;**
6. **Controlling der Erfolge** (dazu mehr im allgemeinen Thema HR Controlling in Kapitel 3.7.2)

Innerhalb und am Ende des Ablaufs müssen alle Arbeitsschritte mit den ande-ren Planungsprozessen abgestimmt werden. Platt gesprochen: Was nützen die schönsten Maßnahmenplanungen, wenn z.B. im Rahmen der Budgetplanung dafür kein Cent eingestellt wurde?

Der oben beschriebene Prozess ist ein rollierender, d.h., er beginnt regelmäßig von neuem, entweder gemäß des im Unternehmen üblichen Starttermins (zu-meist zu Beginn der Businessplanung) oder aufgrund eines Anlasses, wie z.B. einer Unternehmenskrise. Ein solcher außerplanmäßiger Anlass würde es natür-lich erforderlich machen, die Personalplanung und alle davon abgeleiteten Maß-nahmen an aktuelle Gegebenheiten anzupassen.

---

32 Capgemini 2009.

3.7.1.3 Fragen für die strategische Personalplanung

Im Rahmen des obigen Prozesses müssen Gespräche geführt werden, in denen gemeinsam mit den zuständigen Managern die Implikationen aus der Unternehmens- und den davon abgeleiteten Bereichsstrategie/n analysiert und berücksichtigt werden müssen. Diese Gespräche sollten von HR moderiert und durch entsprechende Leitfragen strukturiert werden.

Die Leitfragen zur Personalplanung könnten wie folgt lauten:

Fragen zur Quantität:
1. Werden zusätzliche Mitarbeiter zur Unternehmenszielerreichung benötigt?
2. Wenn ja, in welchen Bereichen werden sie benötigt?
3. Wann werden diese Ressourcen benötigt?
4. Wie viele Mitarbeiter auf welchem Verantwortungslevel werden notwendig? (Wenn Sie ein Jobmodell hätten, könnten Sie den Bedarf nun genau zuordnen.)
5. Gibt es Bereiche, Funktionen oder Mitarbeiter, die aufgrund der Unternehmensplanung nicht mehr beschäftigt werden können?

Qualität bzw. Kompetenzen:
6. Welche Anforderungen werden an die neuen Mitarbeiter gestellt?
7. Werden an die bestehenden Mitarbeiter signifikant andere oder neue Anforderungen gestellt?
8. Wann müssen diese Anforderungen erfüllt werden?
9. Müssen sich die bestehenden Mitarbeiter in ihrer Qualifikation verbessern?
10. Wenn ja, in welchen Bereichen?

Da dies alles offene Fragen sind (sog. W-Fragen), müssen Sie nun die Geduld haben, auf die Antworten der zuständigen Manager zu warten. Durch die Reihenfolge der Fragen leiten Sie die Manager langsam durch eine Gedankenfolge, die am Ende sowohl zu Quantität als auch Qualität hilfreiche Informationen liefert.

Der ganze Vorgang ist übrigens ein gutes Beispiel für die in Kapitel 3.7 erwähnte Beratungs-Kompetenz: die richtigen Fragen stellen und mit den Antworten des Managements die richtigen Impulse für die Organisationsentwicklung ableiten. Dabei muss durch Ihre Beratungsleistung und auf Basis Ihrer Erfahrung auch eine realistische Einschätzung in die Planung Einzug halten. Manager wollen Ziele erreichen und wenn sie sich dazu z.B. in Windeseile knappe und allseits gesuchte Ressourcen vom umkämpften Bewerbermarkt holen wollen, gilt es, Ihnen Auskunft zu geben, wie lange solche Vorgänge realistischerweise dauern.

Aufgrund Ihrer Dokumentation können Sie nach dem Gespräch ein Protokoll erstellen und die Ergebnisse auf Ihre Tools übertragen, zu denen ich im nachfolgenden Kapitel Empfehlungen ausspreche.

Inhaltlich leiten sich aus den o.g. Fragen i.d.R. Maßnahmen für die folgenden 3 Themenfelder ab:

1. Personalgewinnung: neue Mitarbeiter gewinnen mit bestimmten Skills;
2. Personalentwicklung: bestehende Mitarbeiter entwickeln zu bestimmten Skills (entweder Optimierung bestehender Skills oder Entwicklung ganz neuer Skills), ggf. inkl. Versetzungen in andere Funktions- bzw. Organisationsbereiche;
3. Personalabbau: bestehende Mitarbeiter abbauen.

3.7.1.4 Tools für die strategische Personalplanung

Je nach Ausbaustufe bzw. Reifegrad Ihres Personalplanungsprozesses können Sie von »einfach bis komplex« entsprechende Tools entwickeln und einsetzen. Da es wenig Sinn macht, an dieser Stelle auf die Besonderheiten und Leistungsangebote ausgewählter Softwareprodukte einzugehen, beschränke ich mich auf die Struktur der Tools. Beispielhaft möchte ich Ihnen aus den vielen Möglichkeiten von Tools zwei etwas näher beschreiben:

A. Einfache Personalplanung mit einer Excel-Tabelle
B. Personalplanung mit dem Jobmodell

Zu A: Einfache Personalplanung mit einer Excel-Tabelle
Hierbei entwerfen Sie eine einfache Excel-Tabelle, in der Sie Ihre Organisationsbereiche aufführen und nach wenigen Senioritäts-Unterscheidungen den zukünftigen Headcount (sozusagen ein Mitarbeiterkopf, losgelöst von Voll- oder Teilzeit) oder FTE (Full Time Equivalent, also Vollzeitkräfte bzw. VZK) vorplanen. Welche der beiden Kennzahlen Sie nehmen wollen, sollten Sie vorher mit der Geschäftsführung abstimmen. Headcount bietet sich an, wenn Sie Recruiting-, Personalentwicklungs- und Führungsaufwand bemessen wollen. FTE ist geeigneter, wenn Sie über Produktivität nachdenken. Eine lediglich Halbzeit arbeitende Ressource schafft i.d.R. auch nur die Hälfte (selbst wenn wir häufig erleben, dass Teilzeit-Mitarbeiter deutlich effizienter arbeiten und deshalb mehr »wegschaffen«).

Die Tabelle könnte z.B. wie in der nachfolgenden Abbildung aufgezeigt aussehen:

Personalplanung 200X - 200X+2												
	Jahr 200X				Jahr 200X+1				Jahr 200X+2			
	FK	S	SB	T	FK	S	SB	T	FK	S	SB	T
Unternehmensleitung/GF												
Vertrieb												
Marketing												
Produktion												
Logistik												
Kundenbetreuung / Key Account / Call Centre u.ä.												
Controlling / FiBu												
Personal												
Auszubildende / Trainees												
Sonstige: _____												
Total												
FK = Führungskräfte, **S** = Spezialisten, **SB** = Sachbearbeiter/Unterstützung, **T** = Total												

Abb. 53: Einfache Personalplanungstabelle

Mit einer dreistufigen Senioritäts-Unterscheidung wird bei diesem Verfahren aufgezeigt, ob man im Rahmen der HR-Prozesse wie Recruiting oder Personalentwicklung »größere Sprünge« machen muss. Einen Spezialisten zu finden, ist schwerer als eine unterstützende Kraft. Eine Führungskraft zu finden oder intern zu entwickeln, ist wieder eine andere Herausforderung. Und wenn z.B. in einem Bereich die gesamte Mannschaft kräftig aufgestockt werden soll, dann muss man bedenken, auch die Anzahl der Führungskräfte zu erhöhen, damit die Führungsspanne nicht ungesund wird. Hier gilt z.B. die 10er-Regel des heiligen St. Benedikt: Einer führt 10 (direkt an ihn berichtende Mitarbeiter). Wenn diese Zahl überschritten wird, sollte der OEler empfehlen, einen Führungsunterbau zu etablieren. Das Gleiche gilt natürlich auch beim Abbau: Ein halbierter Indianerstamm benötigt auch nur noch die Hälfte der Häuptlinge.

Zu B: Personalplanung mit dem Jobmodell
Wie bereits weiter oben angedeutet, eignet sich das Jobmodell auch für die Personalplanung. Dazu muss man in der Excel-Datei nur für jedes vorgeplante Jahr ein weiteres Tabellenblatt einbauen. Meistens hat man dann 4 Tabellenblätter:
1. IST Stand heute
2. Jahr +1
3. Jahr +2
4. Jahr +3

Im darauffolgenden Jahr wird im Rahmen der rollierenden Planung das weitere Jahr mit dem nächsten Tabellenblatt eingebaut. Die aus den obigen Planungsgesprächen herausgefilterten Erkenntnisse lässt man anschließend in die Jobmodelle der nächsten Jahre einfließen. So müssen z.B. neue Jobfamilien eingebaut, bestehende gestrichen, neue Funktionen in Phasen eingearbeitet oder die jeweilige Anzahl der Funktionsinhaber gesteigert oder verringert werden.

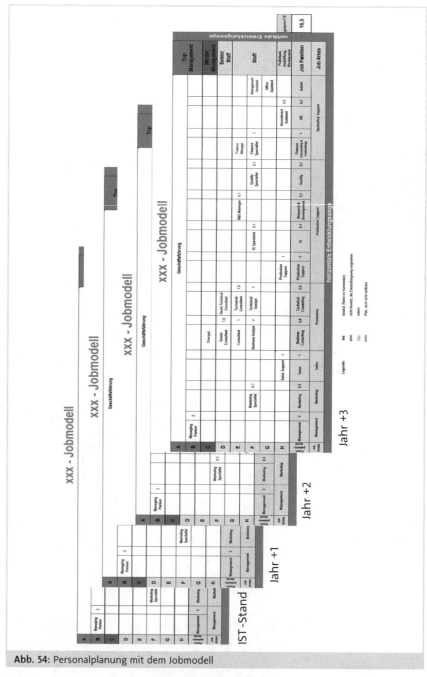

Abb. 54: Personalplanung mit dem Jobmodell

Die quantitativen Planungen ergeben sich aus den Eintragungen in den Anzahlspalten neben den Jobfamilien und werden zur Gesamtsumme addiert. Die Eintragungen der jeweiligen Jahresplanungen können dann in einer Gesamtsicht in Excel (5. Tabellenblatt) zusammengefasst werden. Das ist i.d.R. einfache Excel-Arbeit und mit etwas Sorgfalt und Geschick und sauberen Verknüpfungen und einfachen Formeln möglich, also absolut keine Atomphysik.

Jobbereiche	Jobfamilien	Jobprofile	Anzahl 2007 Ist FTE	Anzahl 2007 Soll FTE	2007 Recruiting-bedarf HC	Anzahl 2008 Soll FTE	2008 Recruiting-bedarf HC	Anzahl 2009 Soll FTE	2009 Recruiting-bedarf HC	
Management	Management	Managing Partner	2	2	0	2	0	2	0	
Marketing	Marketing	Marketing Specialist	0.1	1	1	1	0	1	0	
		Marketing Manager	0	0.1	0	0.3	0	0.3	0	
Sales	Sales	Sales Support	1	1	0	1	0	1	0	
		Sales Manager	0	0	0	1	1	0	0	
		Head of Sales	0	0	0	0	0	1	0	
Production	Business Consulting	Principal	0	1	1	2	1	2	0	
		Senior Consultant	1.8	2.9	1	2.6	-0	4.7	2	
		Consultant	1	2	1	6	2	7.9	2	
		Business Analyst	4	6	2	8	1	9	1	
	Technical Consulting	Technical Consultant	1.8	1.8	0	0	-2	0	0	
		Technical Analyst	1	1	0	0	-1	0	0	
Production Support	Production Support	Head of Production Support	0	0	0	0	0	0,3	0	
		Production Assistant	0	0	0	1	1	1	0	
		Production Support	1	1	0	1	0	1	0	
	IS	IS Specialist	0.1	0.1	0	0.1	0	0.1	0	
	Research & Development	R&D Manager	0.1	1	1	1	0	0.7	-0	
		R&D Assistant	0	0	0	0	0	1	1	
		R&D Support	0	0.5	1	0.5	0	0	-1	
Backoffice Support	Quality	Quality Specialist	0.1	0.1	0	0.5	1	0.5	0	
	Finance (Accounting & Controlling)	Finance Manager	0	0	0	0	0	1	0	
		Finance Specialist	1	1	0	1	0	0	0	
	HR	Recruitment Assistant	0.5	0.5	0	0.5	0	0.5	0	
		HR Manager	0	0.6	1	0.6	0	0.6	0	
	Admin	Management Assistant	0	0	0	1	0	1	0	
		Office Assistant	1	1	0	0	0	0	0	
		Gesamt zum Stichtag	16,5	24,6		31,1		36,6		gesamt
		Gesamtbedarf pro Jahr		8,1	8	6,5	7	5,5	6	21

Legende: 1 ergibt sich aus Beförderung / -2 Versetzungen

Abb. 55: Zusammenfassung als Tabelle aus mehreren Planungsjahren mit Jobmodell

Beim Aufbau sollte man immer prüfen, ob die jeweilige Funktion durch Beförderung intern zu besetzen ist. Dieses Vorgehen folgt der Logik, dass nur so die für die Mitarbeiterbindung wichtigen Personalentwicklungsperspektiven im Unternehmen entstehen. Außerdem ist es meist einfacher, eine im Jobmodell »niedrigere Funktion« neu zu besetzen als eine höhere.

Das Verfahren funktioniert auch noch bei größeren Mittelständlern, ich habe es hier nur für ein Kleinunternehmen abgebildet, damit es auf einer Buchseite noch lesbar bleibt. In Konzernen mit mehreren tausend Mitarbeitern gehe ich davon aus, dass der Bereich Controlling eine Software mit entsprechenden Modulen für die Personalplanung zur Verfügung stellt. Aber glauben Sie mir: Die Prozesse, Prinzipien und Ihre Rolle als OEler bleiben die gleichen. Und einfacher wird es durch den Einsatz einer Software auch meist nicht ...

> **! Goldene HRE-Regel**
>
> Die erfolgreiche Umsetzung einer strategischen Personalplanung entsteht nicht durch die Tools, sondern durch die Intelligenz der Beteiligten und durch den systematischen Vorgang unter Einbindung der verantwortlichen und handelnden Personen. OE ist deshalb überwiegend Beratungs-, Moderations- und Prozess-Arbeit. Ein gutes Tool hilft dabei, ersetzt aber nicht die obigen Kompetenzen.

3.7.2 HR Controlling – wissen, wo man steht und was man tun sollte

Autor: Arne Prieß

Das Gegenteil vom häufig in der Personalarbeit verwendeten Handlungsprinzip »Glaube, Liebe, Hoffnung« ist strategische Personalplanung in Verbindung mit HR Controlling. Das erstgenannte Handlungsprinzip fühlt sich natürlich besser an, weil man mit warmen Worten darlegen kann, wie toll alles bei HR bestellt ist. Im Kampf um die Akzeptanz bei den Business Managern ist es aber überzeugender, wenn man zu den Managementzielen passende HR-Ziele aufweisen würde, davon wiederum effektive Maßnahmen abgeleitet hätte, und die dann auch noch in ihrem Umsetzungs- und Wirkungsgrad anhand von gezielten Kennzahlen (KPIs) messbar wären. Solange Sie noch kein funktionstüchtiges HR Controlling implementiert haben, empfehle ich Ihnen folgende Vorgehensweise: **Eine stramme Behauptung ist besser als jeder Beweis!**

Wenn Sie rhetorisch versiert sind, funktioniert das mit der strammen Behauptung eine Zeit lang. Spätestens aber, wenn Sie mit den Zahlenmenschen im Unternehmen sprechen, kann es sein, dass diese trotz gut formulierter Behauptungen Ihren Ausführungen und womöglich Anträgen zum HR-Budget nicht ganz folgen wollen, sondern nach ein wenig mehr Indikatoren für die Sinnhaftigkeit Ihres Handelns fragen. Deshalb beachten Sie bitte folgende Regel:

> **! Goldene HRE-Regel**
>
> Sie können sich drehen und wenden, wie Sie wollen, ohne HR Controlling wird es schwer, den erwünschten Stand als ernstgenommener Partner im Business zu erhalten. Das beste Prinzip für erfolgreiches strategisches HR Management ist und bleibt, die richtigen Dinge richtig zu tun und anschließend auch zu beweisen, dass diese wirklich nachweisbar zum Erfolg beitragen.
>
> HR Controlling ist kein mühsamer Zusatzaufwand, es ist gut eingebrachte Zeit, mit der Sie prüfen, ob Sie mit Ihrem Handeln auf strategischem Kurs sind. Das gibt sowohl HR selbst ein gutes Gefühl als auch dem Business. Und es gibt Ihnen die Möglichkeit neu zu justieren, wenn die KPI-Messungen (KPI = Key Performance Indikator = Kennzahlen) keinen Erfolg bei Ihren Maßnahmen aufzeigen.

Wichtig ist bei der Gestaltung des HR Controllings, dass man die typischen Fehler vermeidet. Diese sind:

- **Man erhebt zahlreiche Daten mit viel Aufwand, die dann keiner zur Kenntnis nimmt.**

  HR Controlling darf kein Selbstzweck und keine Selbstbeschäftigung sein. Wenn es keinen Abnehmer für die Daten gibt, wenn sie niemand analysiert und als Erkenntnisse für das zukünftige Handeln verwendet, sollte man den Aufwand lieber lassen. Besser aber wäre es, den Prozess so aufzusetzen und transparent zu erklären, dass der Nutzen und die Sinnhaftigkeit des Verfahrens von HR selbst und insbesondere den Empfängern im Management erkannt werden. Dazu muss man manchmal auch etwas Werbung machen. Klappern gehört zum Geschäft – das gilt im Übrigen für alle HR-Prozesse.

- **Man erhebt unzählige KPIs, weil man sie schon immer erhoben hat oder weil es andere auch tun.**

  Damit schafft man häufig Zahlengräber, die keiner braucht, weil sie keinen strategischen Nutzen stiften. Man sollte nur die KPIs erheben, die eine Beweiskraft für den Erfolg der strategisch abgeleiteten Maßnahmen und Konzepte haben.

- **Die HR-Controlling-Ergebnisse zeigen Mängel auf, aber keiner reagiert darauf.**

  Das darf auf keinen Fall passieren, denn das wäre so, als wenn beim Segeln das Echolot vor Flachwasser warnt, man aber fleißig weiterschippert, bis man auf Grund gelaufen ist. Um solchen Unfug zu vermeiden, muss man klare Warnsignale sowie einen Prozess einführen, in dem bei Vorliegen der Warnsignale kein Ignorieren geduldet wird.

Um diese typischen Fehler vermeiden zu können, finden Sie in den nachfolgenden Kapiteln einen Überblick über die wichtigsten Gestaltungselemente des HR Controllings.[33] Alles, was nun folgt, wird Ihnen eine praktische Hilfestellung und einen schnellen Überblick geben, der es Ihnen erleichtern wird, sich dem Thema schnell zu nähern und ein erstes Konzept zu entwickeln.

3.7.2.1 Grundsatzfragen: Das Spielfeld für das HR Controlling abstecken

Bevor es konkret wird, müssen Sie sich mit einigen Grundsatzfragen auseinandersetzen. Die Beantwortung der nachgenannten Fragen steckt Ihnen das

---

33 Wenn Sie nach dem Lesen meiner Ausführungen Lust auf mehr HR Controlling verspüren, verweise ich auf tiefergehende Literatur wie z. B. dem »Praxishandbuch Personalcontrolling« von Guido Lisges und Fred Schübbe, Haufe Verlag 2014.

Spielfeld ab, auf dem das zukünftige Konzept angewendet werden kann. Ich empfehle Ihnen, diese Fragen gemeinsam mit der Geschäftsführung und ausgewählten Mitgliedern des Managements zu erörtern, nur so entsteht ein Spielfeld, mit dem auch Ihre Hauptkunden nachher glücklich sind.

1. **Definition:** Was verstehen Sie unter »HR Controlling« bzw. was wollen Sie und Ihr Management darunter verstehen?
2. **Stufen des HR Controllings:** Welche Evolutionsstufen gibt es und welche wollen Sie umsetzen/erreichen?
3. **Wichtigkeit:** Warum ist HR Controlling wichtig für Ihr Unternehmen? Warum ist HR Controlling wichtig für das Personalmanagement?
4. **Organisatorische Zuordnung:** Wo soll das HR Controlling als Prozess in das Leistungsspektrum integriert bzw. wo sollen die Ressourcen angesiedelt werden?
5. **Rollenbeschreibung und Besetzung:** Welche Rollen/Aufgaben sollen konkret delegiert werden und wer ist die richtige Besetzung für das HR Controlling?

Gerne werde ich Ihnen nachfolgend einige Inspiration zur Beantwortung dieser Fragen geben. Danach sollten Sie selbst alle Fragen durchgehen und gemeinsam mit Geschäftsführung und Management Antworten bzw. Parameter definieren. Die wichtigsten Fragen nach der Klärung der Grundsatzfragen sind die nach dem Prozess, den KPIs und dem HR Cockpit.

Zur Definition:
Meine Definition lautet:
HR Controlling ist die kontinuierliche Überprüfung und Analyse von Kennzahlen, die Aussagekraft hinsichtlich der Wirksamkeit ausgewählter HR-Maßnahmen auf den strategischen Unternehmenserfolg haben. Abgeleitet von der Analyse etwaiger Ursachen für Abweichungen sollen Handlungsempfehlungen für das Management und die HR-Organisation folgen, mit denen die strategische Wirksamkeit des Handelns optimiert werden kann.

Wichtig an der Definition des HR Controllings sind 2 Aspekte:

- Man prüft nicht alles, sondern man fokussiert sich auf die wichtigen, weil besonders relevanten HR-Maßnahmen und -Prozesse. Fokus statt breitgefächert, das ist in diesem Zusammenhang ein weises Prinzip.
- HR liefert nicht nur ab, sondern bewertet die Ergebnisse. Analyse und Empfehlungen sind zwei ganz wichtige Komponenten des Prozesses. Wenn man diese nicht im Prozess hat, verkommt man zum reinen »Number Cruncher«, zum Zahlenknecht, der zu faul oder dumm ist, um durch Beratungsleistung eine Brücke zum zukünftigen Handeln zu bauen.

Zu Stufen des HR Controllings:

Eng mit der Definitionsfrage verbunden ist die Frage nach der Ausbau- oder Evolutionsstufe des HR Controllings. Schaut man sich die IST-Situation in deutschen Unternehmen an, so findet man unzählige Beispiele, bei denen kein HR Controlling betrieben wird. Oder bei denen die Zahlenknechte mit ein paar Klassiker-KPIs (siehe Kapitel 3.7.2.4) aufwarten, diese dann abliefern und damit hat es sich. Leider viel seltener als es für Unternehmen gut ist, erfolgt das HR Controlling nach der oben genannten Definition. Der Vollständigkeit halber zeige ich nachfolgend typische Evolutionsstufen auf, mein Plädoyer an Sie sollte aber so verstanden werden: Versuchen Sie mindestens die Stufe 2, besser noch die Stufe 3 zu betreiben!

- **Stufe 1: Buchhaltungs-orientiert** – Rechnungslegung mit Darstellung der Abweichung, aber keine Ursachenanalyse und nicht vorausschauend denkend.

- **Stufe 2: Zukunfts- und Aktions-orientiert** – unterstützende Dienstleistungsfunktion, Subsystem der Unternehmensführung, mit Planung und Kontrolle strategischer Maßnahmen, Informationsaufbereitung als Basis für Entscheidungen des Managements.

- **Stufe 3: Management-orientiert** – zusätzlich zu Stufe 2 erfolgt eine Analyse der Ursachen von Abweichungen, das Aufzeigen von Schwachstellen und Potenzialen in der Wirtschaftlichkeit betrieblicher Prozesse, es erfolgt eine Vorlage von konkreten Verbesserungsvorschlägen.

Capgemini hatte in einem ihrer HR-Studien[34] eine vierstufige Darstellung bzw. Differenzierung gewählt (einzelne Kennzahlen. Kennzahlensystem, Intangibles Controlling und Wertbeitrags-Controlling). Diese Differenzierung gibt in den 3 ersten bzw. unteren Stufen zusätzliche Impulse bei der Gestaltung der Kennzahlen. So werden diese von unten nach oben hin immer vernetzter. Während die einzelnen Kennzahlen zunächst für sich allein stehen (z.B. Headcount), werden daraus nach oben hin zunehmend Zahlenwerke, die erst lose (z.B. Fehlzeiten und Fluktuation haben Einfluss auf die Produktivität), dann in einem kausal verbundenen Zusammenhang (daher intangibel, z.B.: Wenn die gemessene Zufriedenheit sinkt, steigt die Fluktuation und die Produktivität geht herunter) Erkenntnisse liefern. Die oberste Stufe Wertbeitrags-Controlling ist vergleichbar zu meiner o.g. Stufe 3 Management-orientiertes HR Controlling.[35]

---

34 HR Barometer 2007.
35 Die Idee der zunehmenden Vernetzung von Kennzahlen als Prognosehilfen für zukünftige Entwicklungen sollten Sie für die Gestaltung Ihrer KPIs im Hinterkopf behalten. In Kapitel 3.7.2.4 gehe ich zur Vermeidung von Redundanzen nicht noch einmal darauf ein.

Zur Wichtigkeit:

Die Frage, ob HR Controlling wichtig für das Unternehmen ist, ist letztlich eine Überzeugungsfrage. Ich persönlich habe sie ja bereits in der Einleitung des Kapitels für mich beantwortet. Die Frage ist, ob Sie und/oder das Management im Unternehmen die Wichtigkeit auch anerkennen. Wenn dies nicht der Fall ist, dann werden Sie bei dem o.g. ersten typischen Fehler landen: Sie betreiben einen Prozess mit viel Aufwand, aber keiner will die Ergebnisse haben, im schlimmsten Falle nicht einmal HR selbst. Das produziert viel Frust auf allen Seiten.

Mit einer kleinen Anekdote möchte ich der Wichtigkeit etwas Rückenwind geben:

! **Beispiel**

»Es begab sich zu der Zeit«, als ich als Berater einem Unternehmen in Hamburg dabei helfen durfte, die Personalabteilung auf komplett neue und viel modernere Füße zu stellen (sog. HR-Transformation). Das Unternehmen war in der Immobilienbranche ein großer und erfolgreicher Player, das Geld floss sozusagen in Strömen. Bei der Konzeption des Leistungsspektrums und des Org-Designs von HR empfahl ich dem Personalleiter auch einen HR-Controlling-Prozess und eine dafür verantwortliche Ressource zu implementieren. Auf der Wachstumswelle des Unternehmens waren aber gerade Recruiting und Personalentwicklung die strategischen wichtigen Themen, sodass er meinen Vorschlag mit den Worten: »Herr Prieß, Zahlen interessieren gerade keinen, Hauptsache, wir kriegen die Leute ran für das Wachstum« abwies.

Aber dann kam die Immobilienkrise und erwischte das Unternehmen mit voller Breitseite. Und raten Sie einmal, welchen Inhalt die Fragen des Managements an HR plötzlich hatten. Genau: Zahlen, Zahlen, Zahlen. Und dabei steht »Zahlen« natürlich für Erkenntnisse über die Organisation, Leistungsdefizite bei Mitarbeitern und Abteilungen, Transparenz über die Vergütungsstruktur, geplanter weiterer Aufbau in Headcount, Produktivitäts-Kennzahlen etc. Der Personalleiter forderte mich auf, flugs ein HR-Controlling-Konzept aufzusetzen, einen Mitarbeiter aus der Organisation vorzuschlagen, den ich mir als Stabstelleninhaber vorstellen konnte und mit diesem das Konzept ad hoc einzuführen. Gesagt, getan, aber bis alles wirklich lief, vergingen etliche Wochen.

Hauptproblem war im Übrigen die mangelnde Verfügbarkeit von brauchbaren Daten im ohnehin nicht wirklich Controlling-tauglichen HR-IT-System. Es waren bereits die Stammdaten fehlerhaft, von weiteren Daten, zu denen ich noch kommen werde, ganz abgesehen. Bei der Datenqualität gilt natürlich das alte Sprichwort (verzeihen Sie die unschöne Sprache, ich habe es nicht erfunden): »Bullshit in, Bullshit out«. Der schönste HR-Controlling-Prozess liefert Ihnen keine brauchbaren Daten, wenn die Qualität der Datenbasis schlecht ist. Bei der Eingabe muss deshalb mit Akribie gearbeitet werden. Und manchmal muss zu Beginn des HR Controllings erst einmal »Tabula rasa« gemacht und die Datenbasis völlig neu aufgesetzt werden – ein echter, aber unerlässlicher Kraftakt.

Was kann man aus der obigen Anekdote lernen? Zweierlei:

- Die Wichtigkeit von HR Controlling ist immer gegeben, auch im Wachstum muss eine Organisation wissen, ob z.B. die Maßnahmen für das Wachstum greifen (gemessen an der Quote der abgesprungenen Top-Kandidaten, Durchlaufzeit der Bewerbungen bis zur Entscheidung, Kündigungen und Fluktuation innerhalb der Probezeit). Und in schlechten Zeiten wollen alle Manager wissen, was schiefläuft und warum und wo.

- Die gefühlte Wichtigkeit kann sehr schnell ansteigen, aber die erfolgreiche Implementation eines funktionierenden idealerweise managementorientierten HR-Controlling-Konzeptes dauert und liefert entsprechend zeitverzögert seinen Output. Besser ist deshalb eine kontinuierlich gute HR-Controlling-Arbeit und nicht ein »Rein und Raus aus dem Prozess« entlang der konjunkturellen Wetterlage.

Die schwankende Wichtigkeit des Prozesses kann man auch anhand von Studien erkennen, so nehmen mitunter die Zahlen der Unternehmen ab, die HR Controlling betreiben. Dies zeigt sich in der o. g. Capgemini-Studie, in der die Anzahl der Unternehmen, die HR Controlling betrieben haben, gesunken ist. Meine Interpretation dieses Absinkens ist, dass in guten Zeiten Ressourcen auf andere Themen gesetzt werden. Dies birgt aber das Problem, dass neben der zwangsläufigen verspäteten Zurverfügungstellung von nutzenstiftenden Erkenntnissen der Prozess nicht zum Standard wird und die Routine fehlt.

Neuro-HR-Tipp   !

Die Erstellung von fundierten Daten durch HR Controlling bewahrt davor, intuitive Fehleinschätzungen als Basis zu nehmen. Der Nobelpreisträger Kahnemann zeigt anhand mehrerer spannender Beispiele, wie wenig wir uns auf unsere statistische Intuition verlassen können. Das bekannteste Beispiel lautet: Wenn ein Ball und ein Schläger zusammen EUR 1,10 kosten und der Schläger EUR 1 teurer ist als der Ball, was kostet der Ball?
Die intuitive Antwort ist 10 Cent, bei weiterem Nachdenken kommen die meisten darauf, dass die richtige Antwort aber 5 Cent sind. 10 Cent sind die erste schnelle Reaktion, die uns durch den Kopf schießt. Unser Gehirn mag sich nicht anstrengen. Statistik ist deshalb für uns nicht intuitiv zu erschließen. Intuitiv zu erschließen ist zum Beispiel das Gefühl eines anderen. Das können wir fühlen. Aber Statistik können wir eben nicht »fühlen«. Dazu müssen wir uns anstrengen. Hier wird aus biologischer Sicht viel Glukose verbraucht. Legen Sie also die Beschäftigung mit Controlling in Ihre Tageshöchstzeit, bei den meisten ist das der Morgen.

Zur organisatorischen Zuordnung:
Meine Empfehlung ist hier eindeutig: Siedeln Sie den Prozess und die dafür verantwortliche Ressource bei HR an. Nur so haben Sie die Abläufe im Griff und

können sie steuern. Und auch nur so wird HR mit den sich aus dem Prozess ergebenden Erkenntnissen und Impulsen für das Management sichtbar.

Denkbar ist auch eine gemischte Lösung, bei der einige Anteile am Prozess durch
die Abteilung Controlling (meist bei Finance) abgedeckt werden. Dies kann dann
Sinn machen, wenn einige Ihrer definierten KPIs aus Systemen des Controllings
kommen. Zusammenlaufen sollten aber alle Erkenntnisse bei HR, ebenso wie
das Betreiben des Prozesses, insbesondere der Analyse- und Empfehlungsbau-
stein. Insbesondere wenn man HR Controlling neu implementieren will, ist es
zu Beginn eine sinnvolle taktische Lösung, im Schulterschluss mit der Abteilung
Controlling zu arbeiten. So sitzt man als Partner mit einer im Management etablierten Abteilung am Tisch. Das Ziel sollte aber mittel- bis langfristig eine klare
Prozess-Führerschaft bei HR sein.

Zur Rollenbeschreibung und Besetzung:
Je nachdem, wie Sie die obigen Fragen beantwortet haben, ergibt sich eine Rollenbeschreibung für den Inhaber des Prozesses. Die Rolle wird in kleineren Personalabteilungen meist als Stabstelle etabliert, die direkt an den Personalleiter
berichtet, der dann wiederum mit den Ergebnissen und Analysen als Partner des
Managements fungiert. In größeren HR-Abteilungen bzw. Unternehmen besteht
das HR-Controlling-Team gerne auch aus mehreren Leuten, die unterschiedliche
Teilschritte des Prozesses verantworten. So arbeiten in diesem Fall die eher
buchhaltungsorientierten Sachbearbeiter den für Analyse und Empfehlungen
zuständigen Kollegen zu.

Je nach Prozess und Aufgabenteilung muss man die richtigen Profile auf die Jobs
setzen, d.h., man besetzt passend zum Schwerpunkt der jeweiligen Kompetenzen und Neigungen der Mitarbeiter. Wenn man einen Zahlensammler und
-strukturierer nimmt, wird dieser seinen Präferenzen folgend sich auch darauf
konzentrieren. Wenn Sie aber einen beratungsorientierten Kollegen auf einen
»Zahlen-Job« setzen, wird dieser ggf. bei der Datensammlung bzw. -Erhebung
nicht viel Fleiß aufbringen und damit eine unsolide Datenbasis erstellen und mit
dieser agieren. Selten findet man einen Mitarbeiter, der beide Aspekte des Con-
trolling-Prozesses mit gleichem Herzblut betreibt. Die »Eier legende Vollmilch-
Sau« muss erst noch geboren werden. Entscheiden Sie sich lieber für eine der
Kompetenzausrichtungen und gestalten Sie den Prozess dann arbeitsteilig mit
mehreren Personen.

3.7.2.2 Rollierender HR-Controlling-Prozess

Der HR-Controlling-Prozess ist ein sog. »rollierender Prozess«. Er erhält bei der Einführung einen Anstoß und wiederholt sich dann regelmäßig in dem definierten Turnus. Der Anstoß ist i.d.R. die Definition der KPIs, möglichst einmal jährlich, nachdem die Strategie- und Businessplanung erfolgt ist. Dieser regelmäßige Arbeitsschritt sollte dazu genutzt werden, die KPIs des Vorjahres zu prüfen, ob sie immer noch relevant für die Messung der zukünftigen strategischen Arbeit sind. Manchmal gilt es, bestehende KPIs zu streichen, manchmal müssen neue definiert werden, damit auch hinzugekommene strategische Initiativen und Maßnahmen auf ihre Wirksamkeit für den Unternehmenserfolg hin gemessen werden können.

Nach diesem ersten Anstoß, der einmal pro Jahr vorgenommen werden sollte, verläuft der Prozess immer wieder in den gleichen Teilschritten:
1. Erhebung der Daten,
2. Analyse der Daten (inkl. Ursachenermittlung),
3. Vorschläge für die Erarbeitung von Maßnahmen,
4. Maßnahmenumsetzung.

Anschließend beginnt der Zyklus wieder von vorne mit der Erhebung. Bei der Festlegung der Frequenz, mit der Sie den Prozess im Jahr wiederholen wollen, sollten Sie folgende Fragen abwägen:
- Was können die HR-Organisation und die mit dem Prozess betrauten Funktionen leisten; wie oft schaffen die Ressourcen den Durchlauf des Prozesses pro Jahr?
- Wie häufig würden bzw. können sich die Manager die Zeit nehmen, sich mit den Ergebnissen und Empfehlungen auseinanderzusetzen? Was nützt es, wenn HR sich »ein Bein ausreißt«, den Prozess monatlich zu absolvieren, und Ihre Führungskräfte schaffen es nur jedes halbe Jahr, in die Reports hineinzuschauen. Eine zu hohe Frequenz und damit verbundenes wiederkehrendes Ignorieren der Reports führen nach meiner Erfahrung auch dazu, dass der Prozess an sich seine Aufmerksamkeit verliert und zu einem stillschweigend ignorierten Routinevorgang verkümmert.
- Wie häufig verändern sich die erhobenen KPIs nennenswert? Wenn man in der definierten Frequenz lediglich Veränderungen in der 3. Stelle hinter dem Komma vermelden kann, dann werden diese zu keiner Reaktion führen. Wenn die Schwankungen aber erkennbar sind, dann wird das Management die Veränderung der Ergebnisse mit mehr Ernsthaftigkeit zur Kenntnis nehmen.
- Wie empfindlich sind Veränderungen in den KPIs, welchen Schaden würden auch kleine Abweichungen prognostizieren und wie lange würde es dauern, wirksame Gegenmaßnahmen zu planen und umzusetzen? Eine zu geringe Frequenz könnte ggf. bedeuten, dass man signifikante Veränderungen erst

zu spät registriert und etwaigen daraus entstehenden Schaden nicht mehr abwenden kann.

Ich empfehle als guten Kompromiss für die Frequenz des Zyklus die Wiederholung pro Quartal. Als Personaldirektor einer Unternehmensgruppe wurde ich einmal durch die Muttergesellschaft (ein namhafter Großkonzern) zu einem monatlichen Zyklus gezwungen. Ich musste aufgrund dieser hohen Frequenz meine begrenzten Ressourcen zu einem nicht unerheblichen Teil für HR Controlling einsetzen. Auf meine Nachfragen bei der abfordernden Muttergesellschaft, was denn jeden Monat mit den Daten passieren würde, erhielt ich die lapidare Antwort, dass ich mir darüber keine Gedanken machen sollte. Nach meiner Meinung, die zugegebenermaßen aus einer Ameisenperspektive auf den Gesamtkonzern schaute, haben sich mit diesem hochfrequenten Prozess Horden von Controllern selbst beschäftigt und ihre Daseinsberechtigung verdient.

Eine Erkenntnis sollten Sie dieser sicher ketzerischen Beobachtung von mir aber entnehmen: Den am Prozess beteiligten Personen sollte man den Nutzen erklären können, damit sie ihren Aufwand dagegen abwägen und die Arbeit dann voller Elan angehen. Wenn man den HR-Controlling-Prozess nur noch als Ritual ohne Engagement abspult, dann kommt es auch zu Fehlern in den Daten und zu Nachlässigkeiten in der Analyse und den Empfehlungen. (Und wenn man in einem HR-Prozess so gar nichts mit mangelnder Qualität von Zahlen anfangen kann, dann beim HR Controlling.)

In der folgenden Abbildung habe ich den obigen Prozessüberblick visualisiert und ein konkretes und detaillierteres Beispiel des Prozesses für eine 3-Box-Organisation dargestellt.

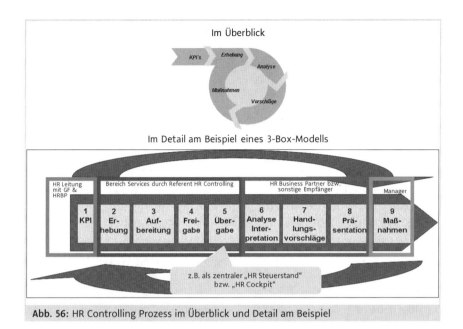

Abb. 56: HR Controlling Prozess im Überblick und Detail am Beispiel

Die 9 aufgeführten Schritte finden sich hier noch einmal mit Erläuterungen:

1. **KPIs** definieren, abgeleitet von der Unternehmens- und HR-Strategie. Das ist »Chefsache«, deshalb sollte es der Personalleiter ggf. mit Unterstützung von HR Business Partnern tun. Entweder schlägt man der Geschäftsführung das KPI-Set für das nächste Jahr vor oder man erarbeitet sie gleich zusammen mit der Geschäftsführung im Rahmen der Strategiearbeit.

2. **Erhebung** der Daten aus Datenquellen und durch Messverfahren. Idealerweise kommen so viele Daten wie möglich aus bestehenden Verfahren bzw. Systemen, deren »Fütterung« im Rahmen von sonstigen Prozessen geschieht (z.B. im Stammdatensystem oder in HR-Modulen der verwendeten HR Software, wie beispielsweise Zielerreichungsergebnisse im Performance-Management-Modul oder Anzahl Bewerber auf eine Stelle in der Bewerber-administrations-Software anhand von Eingangsbescheiden). Alles, was man extra eingeben muss, um anschließend neue Daten herauszuziehen, bedeutet Mehrarbeit.

   Bei manchen KPIs ist aufgrund des Aufwands auch eine seltenere Erhebung sinnvoll. Bei der Kennzahl »Mitarbeiterzufriedenheit« beispielsweise ist es sicherlich übertrieben, quartalsweise Mitarbeiterbefragungen zur Messung durchführen, hier wäre eine jährliche Frequenz sinnvoll. Im Fazit hat die Frequenz der Erhebung einzelner KPIs viel damit zu tun, wie aufwändig die Erhebung ist. Der komplette Zyklus des Prozesses aber sollte unabhängig von der Erhebung einzelnen KPIs wie empfohlen quartalsweise eine aktuelle Datenlage liefern.

3. **Aufbereitung** der Daten in Form von Statistiken und Reports in einem abgestimmten Format, dazu mehr im nächsten Kapitel.

4. **Freigabe** des Datenreports nach dem Check der Vollständigkeit und Richtigkeit der Aufbereitung. Das ist ein immens wichtiger Arbeitsschritt. Aufgrund der Auswirkungen von erhobenen Daten auf die Unternehmensstrategie etc. ist eine Fehlerfreiheit unabdingbar. Stellen Sie sich vor, es würden wegen eines Zahlendrehers oder einer fehlerhaften Formel in einer Excel-Tabelle falsch erhobene Daten in einem Unternehmensbereich eine sich gerade abspielende Katastrophe aufzeigen, wie z.B. ein erhebliches Absinken der Produktivität der Mitarbeiter. Wenn nun dadurch ausgelöst eine massive Reaktion von der Geschäftsführung bis hin zu den Mitarbeitern erfolgt und die zuständige Führungskraft aufgrund ihres Versagens an den Pranger gestellt wird, haben Sie einen hochpeinlichen Auftritt, sobald sich herausstellt, dass es nur ein Zahlendreher bei HR war. Ich empfehle deshalb, mindestens ein 4-, besser noch 6-Augenprinzip vorzuschalten, bevor die Daten zur Analyse weitergegeben werden.

5. **Übergabe** bzw. Zurverfügungstellung der Reports/Daten z.B. auf zentralem Laufwerk oder per Mail. Bitte beachten Sie hierbei den Datenschutz, es dürfen nur diejenigen alles sehen, die als Geschäftsführung auch die komplette Verantwortung tragen. Ich empfehle deshalb die einmalige Klärung, wer was in welcher Form sehen darf, im Rahmen der Prozessdefinition vorzunehmen. Auf diese Weise ist für alle Zyklen festgelegt, an wen was gehen darf.

6. **Analyse** durch den Empfänger/Kunden und **Interpretation** im Kontext: Diese Aufgabe wäre für den HR Business Partner eine wunderbare Gelegenheit, sein internes Wissen zu dem von ihm beratenden Organisationsteil einzubringen und dieses Wissen zusammen mit den Ergebnissen in einer schlüssigen Interpretation aufzubereiten. Gerade die Interpretation im Kontext erleichtert die richtige Bewertung. Wenn z.B. in einem Bereich gerade Personal abgebaut wird, dann sind schlechte Ergebnisse bei Produktivitäts- und Zufriedenheits- sowie Fluktuations- und Fehlzeiten-KPIs nicht ungewöhnlich und vorübergehend wohl als schwerlich zu verhindern zu bewerten. Wenn die gleichen schlechten Ergebnisse aber in einem im »Routinefahrwasser fahrenden« Organisationsteil vorkommen, dann müsste dies ggf. kritischer bewertet werden und es besteht deutlich mehr Anlass zum Gegensteuern.

7. **Handlungsvorschläge** für Maßnahmen erarbeiten: Von den Ergebnissen des 6. Arbeitsschrittes abgeleitete Handlungsempfehlungen zeigen einem Manager im Business auf, dass HR als Partner hilfreich und wertschöpfend sein kann. Hier gilt der Grundsatz für HR: Komme nie nur mit dem Problem und werfe es dem Management vor die Füße. Komme stattdessen mit dem Problem und passenden Handlungsempfehlungen, wie man es lösen kann. Management heißt immer auch handlungsorientiert zu sein, das gilt für das HR Management nicht minder! Das Wort Management leitet sich schließlich ab

vom englischen »manage«, was so viel bedeutet wie handhaben, mit etwas zurechtkommen, etwas bewältigen, fertigbringen und bewirtschaften. Sie sollten sich nicht auf den lateinischen Ursprung »manus«, die Hand, beziehen. Wenn Sie nach dem Motto, »Ich habe es in der Hand, das unangenehme Problem, und jetzt gebe ich es Dir, lieber Manager, dann kannst du dir daran die Finger schmutzig machen« agieren, dann wird es nichts mit der angestrebten Wertschöpfung durch HR.

8. **Präsentation** vor dem verantwortlichen Manager: Dem zuständigen Manager muss anschaulich präsentiert werden, was der Prozess bis hierher zutage gefördert hat. Vergessen Sie dabei nicht, den wichtigen Part von HR ausreichend deutlich zu machen. Erst zu diesem Zeitpunkt kommt der Kunde zum ersten Mal mit den Früchten der HR-Arbeit in Berührung. Wenn bis zu diesem Zeitpunkt ein Riesenaufwand betrieben wurde und die Präsentation zwischen Tür und Angel und auf ein paar Sätze komprimiert gähnend langweilig vonstattengeht, dann beschädigt man den ganzen Prozess, der davor gelaufen ist, und tritt den daran beteiligten Kollegen sinnbildlich hinterrücks in die Kniekehlen.

9. **Umsetzung** der Maßnahmen, für die Entscheidungen getroffen wurden: Soweit dies HR-Maßnahmen sind, muss HR jetzt aktiv werden. Häufiger aber müssen nun die Manager ihren Job erledigen. Da diese aber meist mehr als genug zu tun haben, darf man ruhig Unterstützung bei der Umsetzung anbieten, ohne jedoch der Führungskraft die Verantwortung abzunehmen.

Mit dem 9. Schritt ist der jeweilige Zyklus erst einmal abgearbeitet. Mit dem nächsten Zyklus beginnt das Spiel von vorne und die Datenerhebung beginnt von neuem. Dabei wird es dann aber interessant zu sehen, ob die Maßnahmen des letzten Zyklus bereits erste Früchte getragen haben und sich in den betroffenen KPIs Besserung abzeichnet.

3.7.2.3 HR Controlling-Cockpit – Navigation für Ziele und Maßnahmen

Das Auge isst mit, heißt es beim Essen. Dieses Prinzip können Sie auch auf die Aufbereitung der Controlling-Daten übertragen. Was bringt es, wenn Sie ein begeisterter Excel-Anwender sind und glänzende Augen bekommen, wenn man Ihnen eine komplexe Excel-Tabelle mit unzähligen Spalten anbietet, Ihr Kunde aber Excel-Tabellen eher als lästiges Ärgernis empfindet. Der Wurm muss dem Fisch und nicht dem Angler schmecken! Bereiten Sie deshalb die Daten in einer mit dem Empfänger vereinbarten Form auf. Dabei ist es üblich, den Charakter eines Management Summary anzustreben. Dieses zeichnet sich dadurch aus, dass man auf einen Blick plakativ die Ergebnisse erfassen kann und nur bei Bedarf in eine tiefere Analysewelt eindringt.

Häufig werden die Daten mit Ampeln versehen, bei denen mit den üblichen Farben rot, gelb und grün der Status einer KPI schnell zu erfassen ist. Natürlich werden sich die »schnellen Leser« im Management auf die gelben und noch mehr auf die roten Ampeln fokussieren, und das ist auch gut und richtig so. Bei Grün ist ja nichts zu befürchten. Aber in den Fällen von überwiegendem Grün sollten Sie nicht zu kurz präsentieren, sondern insbesondere den Erfolg von HR-Maßnahmen ausgiebig erläutern und die tolle und strategisch wirksame HR-Arbeit ins rechte, weil grüne Licht rücken.

> **! Neuro-HR-Tipp**
>
> Neuro-psychologisch heißt das Phänomen Priming. Das bedeutet, wir handeln nach den Eindrücken, die wir als Letztes hatten. Wenn Sie in einem Projekt ausgiebig über dessen Probleme reden, dann entsteht der Eindruck eines Problemprojektes, bei Ihnen und bei anderen. Wenn Sie stattdessen viel über Erfolge reden, entsteht bei Ihnen und den anderen der Eindruck eines Erfolgsprojektes.
>
> »Ist das nicht manipulativ?« – diese Frage wird häufig gestellt, und ja, der Fokus unserer Gespräche entscheidet über unser Gefühl zu einer Sache. Viel Positives lässt uns optimistisch auf einen Sachverhalt schauen, viele negative Gespräche lassen uns hingegen pessimistisch die Angelegenheit betrachten. Nun haben Sie es in der Hand, wie Maßnahmen beurteilt werden. Das bedeutet natürlich nicht, an der Ampel zu drehen, aber wenn 8 Ampeln auf Grün stehen und 1 auf Gelb, dann ist es nicht ratsam, 4 Stunden über die gelbe Ampel zu diskutieren und 5 Minuten über die grünen Ampeln. Damit geben Sie allen, inklusive sich, das Gefühl, es läuft holprig – auch wenn es gar nicht so ist.

Einfache HR Cockpits arbeiten mit kurzen Tabellen, in denen zumindest Zellenfarben die obigen Ampeln wiedergeben. Komplexere Versionen aggregieren untergeordnete KPIs in den weiter oben beschriebenen Wirkungsketten zu einer kumulierten KPI und reduzieren dann auf eine Ampel.

So kann sich z.B. ein Engpassrisiko für einen Unternehmensbereich aus dem Zusammenspiel von:

- Anzahl der Bewerber auf Stellenausschreibungen für eine Funktionsgruppe (z.B. Entwicklungsingenieure),
- Fehlzeiten in der betreffenden Funktionsgruppe,
- Anzahl der Talente als Nachwuchskräfte für die Funktionsgruppe und der
- Quote der Abbrecher in einem internen und/oder externen Zertifizierungsprogramm

ergeben.

Kennzahlen	Wert	Bemerkungen
Mitarbeiteranzahl und -Struktur		
Anzahl **FTE**´s zum letzten Stichtag	100	bei letzter Präsentation bzw. 1 Jahr zuvor
Anzahl **FTE**´s zum aktuellen Stichtag	90	**Full Time Employees**
Anzahl **MA** (Heads) zum letzten Stichtag	110	bei letzter Präsentation bzw. 1 Jahr zuvor
Anzahl **MA** (Heads) zum aktuellen Stichtag	95	Einschl. Geringfügig u. Teilzeit-MA, ohne vorüberg. Beschäftigter wie Werkstudenten, Praktikanten
Anzahl der bewusst **reduzierten MA** (Heads) seit letztem Stichtag	7	durch Kündigung seitens Arbeitgeber
Anzahl **FTE** zum Ende des **GJ**	93,00	**aktuelle FTE plus geplante Einstellungen**
Anzahl **FTE**´s im Management zum aktuellen Stichtag	17	1. und 2. Führungsebene (disziplinäre und fachliche Führung)
Verhältnis **Management/Gesamt-MA-Anzahl in %** zum akt. Stichtag	18,89%	
Mitarbeiterdynamik		
Fluktuation in Mitarbeitern (Heads) rückwirkend	8	
Fluktuation in % rückwirkend	7,27%	
Anzahl **Einstellungen von MA** (Heads´s) seit letztem Stichtag	5	
Anzahl **Einstellungen von FTE**´s seit letztem Stichtag	3,5	
Mitarbeiterdynamik (Heads) seit letztem Stichtag in %	13,00%	Zugänge und Abgänge, also Situationen, die dynamisch die Organisation beeinflussen
geplante Anzahl **Einstellungen von MA** (Heads´s) zum Ende des **GJ**	5	
geplante Anzahl **Einstellungen von FTE**´s geplant zum Ende des **GJ**	3	
MA-Reduzierung und erwarteter Abgang von MA (Head´s)	5	Einschätzung für Abgänge wg. Unzufriedenheit oder mangelnder Entwicklungsperspektive
Mitarbeiterdynamik (Heads) vorausschauend	10,53%	
Personalkosten		
Personalkosten IST gesamt zum Stichtag	€ 5.000.000,00	brutto ohne Sozialversicherung
geplante Gehaltserhöhung in % für das **GJ**	5,00%	über alle Personalkostenelemente (fix, variabel, Prämien, Benefits etc.)
Veränderung Personalkosten durch Neueinstellung oder Entlassungen	€ 300.000,00	geplante Einkommen summiert über alle Stellen, bei Entlassungen mit minus-Zeichen
Gesamterhöhung	€ 550.000,00	
Personalkosten PLAN gesamt geplant zum Ende des **GJ**	€ 5.550.000,00	
Personalkostenstruktur IST		
Kosten Management IST	€ 2.000.000,00	1. und 2. Führungsebene (disziplinäre und fachliche Führung)
Kosten restl. MA	€ 3.000.000,00	
Kosten Management in Prozent	40,00%	
Freie Mitarbeiter IST		
Anzahl freie MA	5	Mit Vertragslaufzeit von mehr als 3 Monaten
Verhältnis freie/feste MA	5,56%	
Kosten freie MA	€ 400.000,00	Mit Vertragslaufzeit von mehr als 3 Monaten
Vergütungselemente-Struktur		
Anzahl **MA mit variabler Vergütung**	13	geführt durch Zielvereinbarungen
MA mit variabler Vergütung in % von Gesamtanzahl	13,68%	
Anzahl **MA mit Firmenwagen**	7	
MA mit Firmenwagen in % von Gesamtanzahl	7,37%	
Mitarbeitergespräche und Personalentwicklung		
Anzahl **MA, mit regelmässigen MA-Gespräch**	75	systematisch nach festgelegten Prozess mit Rückschau, Vorschau, Bewertung und Vereinbarungen
Anzahl **MA, mit regelmässigen MA-Gespräch in %**	78,95%	
geplantes **Budget für Personalentwicklungsmaßnahmen**	€ 30.000,00	für alle MA gesamt
Budget für PE pro MA	€ 322,58	statist. Wert, es wird davon ausgegangen, dass zielgerichtet und nicht gleichmässig verwendet wird
PE-Budget in % vom Personalkostenblock	0,54%	

Legende:	Eintragungen vornehmen
	nicht ausfüllen, rechnet automatisch
GJ	Geschäftsjahr
MA	Mitarbeiter
rot, fett	HR Kennzahl

Abb. 57: Selbstrechnende Excel-Tabelle zum Dateneintrag und den sich daraus nach vorgegebenen Formeln selbst errechnenden KPIs

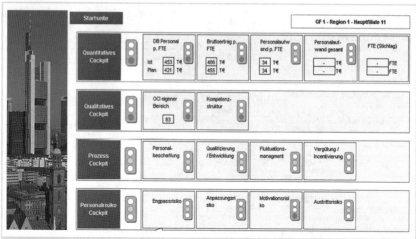

Abb. 58: HR Controlling-Cockpit mit aggregierten KPIs geclustert in 4 KPI-Bereiche am Beispiel der Commerzbank

3.7.2.4 Kennzahlen – nur messen, was relevant ist

Weiter oben habe ich bereits einen der typischen Fehler bei den KPIs aufgezeigt: Man erhebt unzählige KPIs, weil man sie schon immer erhoben hat oder weil es andere auch tun.

> **❗ Goldene HRE-Regel**
>
> Bei der Festlegung Ihrer KPIs geht es deshalb in keinem Fall darum, eine unendlich lange Liste zusammenzustellen. Es geht darum, diejenigen KPIs zu definieren, die eine Aussagekraft über die erfolgreiche Umsetzung der Unternehmens- und HR-Strategie haben. Fragen Sie deshalb bei jeder KPI: **Zu welcher strategischen Initiative/Maßnahme/Absicht liefert uns die jeweilige Kennzahl eine hilfreiche Erkenntnis?** Wenn Sie auf diese Frage keine sinnvolle Antwort finden, sollten Sie die Kennzahl nicht auf Ihrer Liste lassen.

Natürlich gibt es auch grundlegende Kennzahlen, deren Aussagekraft nicht immer strategisch, oft aber im Sinne der Transparenz im Unternehmen notwendig ist. So müssen sicher

- Headcount und
- FTE

erhoben werden. Diese beiden Kennzahlen muss man regelmäßig prüfen, auch wenn sich in normalen Zeiten keine strategisch relevante Information davon ableiten lässt. In Zeiten von Wachstum, Umbau und Abbau im Unternehmen werden sie aber natürlich sehr schnell strategisch wichtig.

Folgende Kennzahlen können im Personalmanagement innerhalb des Unternehmens (z.B. zwischen Unternehmensbereichen) und oft auch extern mit anderen Unternehmen verglichen werden:

- **Mengendaten:** Anzahl Mitarbeiter, Teilzeitmitarbeiter, Auszubildende …,
- **Strukturdaten:** Verhältnis männliche/weibliche Mitarbeiter, Mitarbeiter mit Führungsverantwortung …,
- **Ereignisdaten:** Fehlzeiten-, Krankheits- oder Fluktuationsquote …,
- **Leistungsdaten:** Umsatz pro Mitarbeiter, Wertschöpfung pro Mitarbeiter, Überstunden, Produktivität …,
- **Kostendaten:** Personalaufwand pro Mitarbeiter, Aufwand für betriebliche Altersvorsorge, Personalentwicklungsbudget, Einarbeitungskosten …

Das Angebot an Kennzahlen ist vielfältig und wird in den auf HR Controlling spezialisierten Büchern ausreichend beschrieben. Regelmäßig findet man auch im Internet kostenlose Veröffentlichungen dazu, so z.B. das Haufe Whitepaper »HR Kennzahlen in kleinen und mittleren Unternehmen«[36].

Bei der Auswahl der Kennzahlen würde ich neben den klassischen Kennzahlen aber immer vom konkreten Messbedarf her auswählen: **Was will ich strategisch leisten und welche Kennzahl könnte mir Aufschluss über meinen Erfolg geben?** Bei der Beantwortung dieser Frage und der davon abgeleiteten Definition einer Kennzahl ist mir gesunder Menschenverstand (GMV) deutlich lieber als irgendwelche empfohlenen Kennzahlen aus einem Lehrbuch. Es steht Ihnen frei, Ihre Kennzahlen selbst zu entwickeln. Allerdings gibt es für solche Eigenentwicklungen keine Benchmarks von anderen Unternehmen.

Beispiel   !

Ich habe z.B. einmal eine Kennzahl definiert, die ich als »Dynamik« bezeichnet habe. Es ging mir darum, angesichts der erheblichen Unruhe aufgrund vielfältiger Organisationsentwicklungsmaßnahmen in einem Unternehmen aufzuzeigen, dass die Organisation durch Nachbesetzungen und Neueinstellungen eine ggf. ungesunde Dynamik zu bewältigen hatte. Neben der Fluktuation, die wir wie üblich exklusive der arbeitgeberseitig verursachten Trennungen definiert hatten, definierte ich die Kennzahl Dynamik inklusive aller wodurch auch immer verursachten Austritte. Dadurch wurde das Kommen und Gehen im Unternehmen sichtbarer, was natürlich Einfluss auf den Aufwand an Rekrutierung, Einarbeitungen neuer Kollegen und vorübergehender Zusatzbelastungen für die bestehenden Mitarbeiter bis zur erfolgreichen Einarbeitung hatte. Damit war diese KPI ein gutes Indiz für die Arbeitsfähigkeit und Produktivität des Unternehmens.

---

36   Haufe 2015, im Downloadcenter der Haufe Akademie zu finden.

Bitte haben Sie im Rahmen des HR Controllings auch den Mut, sich innerhalb der HR-Organisation selbst den Spiegel vorzuhalten. Insbesondere nach einer HR-Transformation sollten Sie mutig messen, ob alles wie geplant funktioniert und ob die Prozesse auch die beabsichtigten Früchte tragen.

Hier einige Beispiele:

- **Funktions-Benchmarks:** Wenn Sie die HR-Organisation in ihrer Effizienz optimieren wollen, dann sollten Sie sicher messen, wie die Betreuungsquoten sind. Wie viele Fälle rechnet der Gehaltsabrechner monatlich ab (z.B. 1:200), wie viele Mitarbeiter betreut ein Personalreferent (z.B. 1:400) oder wie viele Führungskräfte ein HR Business Partner (1:30)? Es gibt im Internet dazu zwar verschiedene Benchmarks, aber ich rate dazu, diese genau zu hinterfragen. Exakt vergleichbare Aufgabenspektren in den Funktionen sind wohl eher schwer zu finden und oft auch gar nicht transparent, sodass man schnell »Äpfel mit Pflaumen« vergleicht. Ich empfehle, einen Vergleich mit den eigenen IST-Daten anzustrengen. Wenn man z.B. bei Beginn des Transformationsprojektes eine Betreuungsquote des Personalreferenten von 1:350 hatte und nach dem Projekt den Personalreferenten z.B. durch die Einführung verschiedener Selfservice-Angebote für Mitarbeiter und Führungskräfte entlasten konnte, wodurch sich die Quote ohne Qualitätsverluste auf 1:400 erhöhen ließ, kann man mit eigenen Zahlen einen Erfolg nachweisen.
- **Prozess-Kennzahlen:** Wenn Sie angesichts des Wachstums des Unternehmens Ihre Rekrutierungsressourcen und -prozesse neu organisiert haben, sollten Sie im Bewerbungsprozess z.B. die Durchlaufzeit eines Bewerbers messen. So können Sie feststellen, in welchen Prozessschritten ggf. der Bewerber zu lange »hängenbleibt« und deshalb am Ende des Prozesses nicht zeitgerecht ein Vertragsangebot erhält, obwohl er als der Richtige identifiziert wurde. Mehr als 30 Tage sollte ein Rekrutierungsprozess in Zeiten des Fachkräftemangels nicht mehr dauern. Aufgrund der Messerkenntnisse können Sie den Prozess in seiner Schnelligkeit an den richtigen Stellen nachjustieren und dadurch ggf. verhindern, dass Bewerber im Prozess abspringen.
- **Kundenzufriedenheit:** Wenn es Ihnen darum geht, Ihre Kundenzufriedenheit zu erhöhen, sollten Sie regelmäßige Zufriedenheitsabfragen durchführen und bei schlechten Ergebnissen einzelner HR-Prozesse/Leistungen/Personen gezielt nachbessern. Handlungsbedarf nach solchen Abfragen entsteht nach meiner Erfahrung häufig in Bezug auf Informationsbedarf zum HR-Leistungsspektrum, Verhalten und Kompetenz der Personaler, Bedienungsfreundlichkeit (Usability) von HR-Systemen und Self-Services, Prozess- und Beratungsqualität.

Bei der Festlegung der KPIs müssen Sie zudem noch auf die beiden folgenden Dinge achten:

Formeln

Jede Kennzahl muss mit einer eindeutigen mathematischen Formel definiert werden. Dies gilt insbesondere, wenn Sie in einer Unternehmensgruppe arbeiten, in der an verschiedenen Stellen durch verschiedene Personen Kennzahlen erhoben und berichtet werden. Wenn die Erhebung nicht nach exakt vorgegebenen Formeln geschieht, darf man sich nicht wundern, wenn es zu Irritationen kommt.

Beispiel !

Hierzu erneut eine kleine Anekdote: Ich erwähnte bereits, dass ich in einer meiner Rollen mit meinem HR Team ein recht umfängliches HR Controlling nach den Vorgaben der Konzernmutter durchführen musste. Im Rahmen dieser Prozesse kam es bei einer Tochterfirma zu allerlei Auffälligkeiten bei den einfachsten Kennzahlen wie Headcount und FTE. Jeden Monat kamen neue Zahlen, obwohl weder Auf- noch Abbau geplant waren und auch keine nennenswerte Fluktuation stattfand. Der CEO der Gruppe war irgendwann so entnervt, dass er mich bat, ein Antreten der Belegschaft zu initiieren, bei der er durchzählen lassen wollte. Ich riet ihm, dieses bei militärischen Organisationen durchaus übliche Verfahren noch einmal zu überdenken und versprach, den Dingen etwas diskreter auf den Grund zu gehen.

Es stellte sich heraus, dass sich die verantwortliche Person in der Personalabteilung einfach nicht an die von mir für die Gruppe vorgegebenen Formeln hielt. Sie zählte jeden Monat nach Gutdünken durch, wobei Diplomanden, Werkstudenten, Masteranden und alle weiteren nicht »vollwertigen Arbeitsverhältnissen« jedes Mal anders mit eingerechnet wurden. Eine erneute Vergatterung auf die definierten Formeln (z.B. Vollzeit-Praktikant und -Diplomand werden mit 0,5 FTE gerechnet, Vollzeit-Werkstudenten mit 0,7, geringfügig Beschäftigte mit 0,3) ersparte dem Gruppen-CEO die Anreise und der Belegschaft der Tochterfirma das ungewöhnliche Happening eines Antretens und Durchzählens (wäre aber lustig gewesen, das zu erleben).

Die Moral von der kleinen Anekdote: Definieren Sie ihre Formeln und überprüfen Sie regelmäßig die Einhaltung der korrekten Formeln.

Ampelschaltung

Eine Kennzahl ist zunächst einmal eine neutrale Zahl. Ob die jeweilige gemessene KPI Ihnen aufzeigt, dass alles o. k. ist oder ob dringender Optimierungsbedarf vorliegt, müssen Sie durch eine vorher definierte Ampelschaltung festlegen. So könnten beispielsweise Fluktuation und Fehlzeiten folgendermaßen in Ihrer Ampelschaltung festgelegt werden (am besten als »bedingte Formatierung« in einer Excel-Zelle):

Grün	alles o. k.	bis 3%
Gelb	Achtung Gefahr	> 3%-5%
Rot	Krise, sofort handeln	> 5%

Haufe hat mit dem HR-Ampel-Check[37] eine gute Zusammenstellung zahlreicher Kennzahlen im Vergleich verschiedenster Branchen geliefert. Leider gab es bisher kein Update dieser Studie. Aber ich finde sie immer noch hilfreich, da man sich darin ein Gefühl verschaffen kann, wie man seine Ampeln in der jeweiligen Branche schalten muss. Die obige Ampelschaltung für die Klassiker Fehlzeiten und Fluktuation würde z.B. in einem Callcenter Traumwerte darstellen und zu täglichen Freudentänzen verleiten, aber so funktioniert es in dieser Branche nicht. So viele Gegenmaßnahmen könnten Sie gar nicht aufsetzen, um bei dieser Zahlenvorgabe auf eine grüne Ampel zu kommen. Im Rahmen der Definition Ihrer Ampel müssen Sie deshalb Ihre passenden Zielwerte festlegen. Dabei dürfen Sie der Organisation ruhig etwas Sportlichkeit verleihen, indem Sie die Zielwerte nicht zu leicht, aber noch realistisch und erreichbar festsetzen.

Die Nutzung solcher Ampeln hat im Übrigen eine hohe Wirkung auf das Handeln der Beteiligten. Etwas so Plakatives wie eine gelbe oder rote Ampel bringt das Management und die Personaler mehr in Schwung als »Man müsste mal«-Bekundungen oder ein strenger Blick. Keiner will gerne vor der roten Ampel stehen, insbesondere dann nicht, wenn ein interner Vergleich aufzeigt, dass in anderen Unternehmensbereichen ein angenehmes und Hoffnung versprühendes Grün die erreichte Farbe ist.

3.7.2.5 Neuro-HR: Der Glaube an Zahlen
Autor: Dr. Sebastian Spörer

HR Controlling ist zwangsläufig ein stark zahlenorientierter HR-Bereich. In Bezug auf Zahlen herrschen derzeit 2 scheinbar gegensätzliche Trends vor:
- Zum einen steigt die Datenmenge, die Unternehmen zur Verfügung haben, stark an und die Instrumente, um »Big data« zu beherrschen, entwickeln sich rasant.
- Zum anderen plädieren immer mehr neuro-psychologisch ausgerichtete Institute, sich am »Gefühl« zu orientieren.

Was ist nun richtig?

Aus unserer Sicht beides. Das Gefühl ist nichts anderes als die Summe der internen »Big data«-Verarbeitung. Unser Gehirn nimmt unglaublich viele Informationen auf und legt diese auf eine bislang nicht verständliche Weise in mehreren Schichten auf der Hirnrinde ab. Auch der Abruf dieser Informationen ist bislang

---

37 kostenloser Download, nach »HR-Ampel-Check 3.0 2007« im Internet suchen (März 2016: http://media.haufe-group.com/media/attachmentlibraries/rp/PM1008_HRAmpel_Check.pdf).

nicht wirklich geklärt. Sicher ist allerdings: Beim Abruf der Informationen wird gleichzeitig ein Gefühl aktiviert, das uns entweder zur Vorsicht rät oder zum Handeln auffordert oder einfach ein »schlechtes Gefühl« in der Magengegend gibt – ein Ergebnis der neuronalen Aktivierungen in unserem Gehirn. Das Gefühl entsteht in unserem Gehirn aus den Datenmengen, die wir aufnehmen.

Das bedeutet für Entscheidungen auch im HR Controlling auf der individuellen Ebene:

- Sammeln Sie so viele Informationen wie möglich!
- Setzen Sie sich einen Zeitpunkt für die Entscheidung!
- Dann hören Sie auf Ihr Gefühl, nicht auf das Ergebnis des Nachdenkens!

Strukturell ist der intellektuelle Teil des Gehirns nur wenig mit unseren Handlungszentren verbunden. Verlassen Sie sich mehr auf Ihre Intuition als auf vermeintlich sicheres Faktenwissen. Die Kopplung findet nur sehr begrenzt statt.

Auf organisatorischer Ebene sollte ebenfalls auf diese Weise mit »Big data« umgegangen werden: Sammeln Sie so viele Daten wie Sie können, verfolgen Sie Korrelationen, arbeiten Sie die Daten statistisch aus, aber lassen Sie nicht zu, dass die Daten entscheiden. Es ist immer noch Ihr Gefühl zu einer Sache, das mehr wiegt als Daten. Die Daten sind ein Hilfsmittel. Neurobiologisch gesehen sind die Auswertungen von Statistiken nur eine weitere Information zu dem Gehirn-Big-Data, mehr nicht. Vielleicht wiegt diese Information etwas stärker, aber sie kann den komplizierten Prozess Ihrer 100 Milliarden Nervenzellen nicht ersetzen. Unsere Nervenverbindungen sind viel stärker als jeder denkbare Computer, denn erst durch die emotionale Färbung einer Erfahrung entsteht für die nächste Entscheidung ein handlungsrelevantes Wissen.

An 2 Beispielen wird dies deutlich:

- **Mitarbeitereinstellung**
  Die wichtigsten Fragen sind durch einen Test nicht zu erfassen. Zu diesen Fragen zählen: Passt der Mitarbeiter ins Team? Stimmen seine Werte mit unseren überein? Wie motiviert sich der Mitarbeiter und welche Bedingungen kann die Führungskraft bezüglich der Motivation beitragen? Diese Fragen sind nicht allein durch Tests und Zahlen sinnvoll herauszufinden. Hier spielt der Eindruck oder das Gefühl eine wichtige Rolle. Wir gewinnen diesen Eindruck oft ohne Sprache: Wenn wir zum Beispiel Teilnehmer in einem offenen Seminar, in dem die Teilnehmer sich nicht kennen, fragen, welches wohl die größten Stärken ihres Nachbarn sind, dann liegen sie 80-90 % richtig – ohne Sprache und Tests. Unsere Intuition ist sehr stark.

- **Mitarbeiterentwicklung**

  Es gibt 2 Möglichkeiten der Mitarbeiterbeurteilung als Basis für die Mitarbeiterentwicklung:

  1. anhand eines zahlenbasierten Benotungssystems nach verschiedenen Fähigkeiten. So bekommt ein Mitarbeiter z. B. eine 3 in Belastungsfähigkeit, eine 2 in Fachwissen und eine 4 in Empathie (1= sehr gut und 6= sehr schlecht);
  2. anhand des Mitarbeiterjahresgespräches mit Stärken und Entwicklungspotenzial.

  Beide Systeme sind aus neurobiologischer Sicht nicht optimal. Beim zweiten System wird der Handlungsbedarf meistens bei dem Entwicklungspotenzial gesehen, aber dann ist es doch wieder eine »Schwächen-orientierte« Entwicklung. Das Benotungssystem hat ebenfalls Nachteile: Es verhindert eine »Stärken-orientierte« Entwicklung. Nehmen wir den Mitarbeiter mit gutem Fachwissen, aber mangelnder Empathie. Wenn dieser Mitarbeiter seine Schwäche trainiert, statt auf seine Stärke zu bauen, hat er im Notensystem mehr davon. Er kann bei Fachwissen noch 1 Notenpunkt gewinnen, bei Empathie aber bestenfalls 3. Mit 3 Notenpunkten mehr hat er bessere Möglichkeiten der Beförderung und eventuell sogar ein höheres Gehalt. Das System fördert die Schwächen-Abstellung, aber nicht die Exzellenzentwicklung. (Natürlich nur, wenn der Durchschnitt eine Rolle spielt, das tut er aber fast immer.)

  Daher sollten Mitarbeiterbeurteilung und die Ableitung von Entwicklungsmaßnahmen durch regelmäßige Gespräche stattfinden. In diesen sollten Sie den Mitarbeiter 2 Fragen beantworten lassen:

  1. Wo haben Sie Ihre Stärke in Ihren Tätigkeiten?
  2. Was können wir tun, um diese Stärke noch weiter zu fördern? Was brauchen Sie von uns als Arbeitgeber?

  Mitarbeiterentwicklung sollte daher nicht auf einem zahlenorientierten Beurteilungssystem basieren, sondern auf einer stärkenorientierten Gesprächskultur mit einigen Gesprächsleitsätzen als Hilfsmittel.

3.8 Der Schornstein des HR-Hauses: Employer Branding – die Arbeitgebermarke etablieren

Autorin: Angelique Morio

Aufgrund der demographischen Entwicklung und dem starken Wettbewerb von Unternehmen um Talente ist es zunehmend eine Herausforderung, sehr gut qualifizierte Mitarbeiter in der benötigten Anzahl zu gewinnen und zu binden. Für Unternehmen wird es in Zukunft noch wichtiger werden, sich positiv von anderen Unternehmen abzuheben. Deshalb können Sie im Unternehmen nicht früh genug damit anfangen, die Risiken der Zukunft bewusster zu steuern.

Beim Employer Branding geht es um die Positionierung Ihres Unternehmens als attraktiver Arbeitgeber. Die grundlegende Frage ist: Was unterscheidet Sie als Arbeitgeber von anderen konkurrierenden Unternehmen und warum soll sich ein Bewerber für Sie entscheiden? Employer Branding gibt auf diese Fragen passende Antworten, denn sein Ziel ist es, sich als glaubwürdiger und attraktiver Arbeitgeber darzustellen, um im Wettbewerb um die Talente die Nase vorn zu haben.

Die Einführung von Employer Branding führt insgesamt zu einem besseren Image des Unternehmens und bringt durchaus auch andere sehr positive Effekte mit sich:

- höhere Identifikation der Mitarbeiter mit dem Unternehmen,
- Bindung von Leistungsträgern,
- Kostenreduktion durch niedrigere Fluktuation,
- gesteigerte Motivation der Mitarbeiter,
- höhere Leistungsbereitschaft der Mitarbeiter,
- bessere Kenntnisse der Mitarbeiter über die Werte und Ziele im Unternehmen,
- besseres Wissen der Bewerber über das Unternehmen,
- Verbesserung der Qualität der Bewerber,
- höhere Anzahl von Bewerbungen,
- schnelleres Recruiting,
- Sicherung der Nachwuchskräfte-Pipeline.

Employer Branding braucht von Anfang an die Unterstützung der Unternehmensleitung. Sie ist der wichtigste Repräsentant der Veränderungen, die sich aus einer neu definierten Arbeitgebermarke ergeben. Trägt die Unternehmensleitung diese Veränderungen nicht mit, wird das Employer Branding nicht erfolgreich umgesetzt werden können.

Da Begrifflichkeiten im Employer Branding oft unterschiedlich verwendet werden, erläutere ich Ihnen die wichtigsten 5 Grundbegriffe:

1. **Marke**
   Bei der Marke geht es um die Produkte oder Dienstleistungen, die Ihr Unternehmen anbietet, und warum sich jemand für diese Produkte oder für Ihr Unternehmen als Anbieter entscheiden soll. Somit können Sie unter der Marke Ihres Unternehmens alle Vorstellungen verstehen, die Ihre Kunden mit dem Markennamen und/oder dem Markenzeichen haben oder haben sollen. Denken Sie einfach an Firmen wie BMW, Ikea, Coca Cola, Zalando oder Allianz. Hier haben Sie sofort eine Vorstellung, worum es bei den Unternehmen geht, weil die Marke etabliert ist.

2. **Marketing**
   Beim Marketing geht es um die Maßnahmen und Aktivitäten, mit denen Ihr Unternehmen seine Produkte oder Dienstleistungen am Markt (besser) ab-

setzen kann, wie Werbung, Marktanalyse und gezielte Produkt- und Dienstleistungsentwicklung. Im Marketing richten Sie Ihre Unternehmensaktivitäten an den Bedürfnissen des Marktes aus.

3. **Arbeitgeberimage**
   Beim Arbeitgeberimage geht es darum, wie Sie tatsächlich als Arbeitgeber wahrgenommen werden (Ausgangssituation bzw. IST).

4. **Arbeitgebermarke**
   Bei der Arbeitgebermarke geht es darum, wie Sie gerne als Arbeitgeber wahrgenommen werden möchten (Zieldefinition bzw. SOLL).

5. **Arbeitgebermarketing**
   Beim Arbeitgebermarketing geht es um die gesteuerten und gezielten Aktivitäten, die Sie planen und umsetzen, damit Ihr Unternehmen als Arbeitgeber so wie gewünscht wahrgenommen wird (der Weg vom IST zum SOLL).

Employer Branding sollte Markenstrategie, Organisationsentwicklung und Personalentwicklung miteinander verbinden. Marketing und Arbeitgebermarketing ist in vielen Unternehmen noch wenig miteinander vernetzt, geschweige denn in einer gemeinsamen Abteilung vereint. Dabei liegen die Vorteile einer engen Zusammenarbeit zwischen Marketing und Arbeitgebermarketing klar auf der Hand: Wenn Sie als Unternehmen am Markt generell keinen guten Ruf genießen, hat dies auch Auswirkungen auf Ihren Ruf als Arbeitgeber. Wie wollen Sie eine positive Arbeitgebermarke aufbauen, wenn Ihr Angebot, Ihre Produkte oder Ihre Dienstleistung eine negative Resonanz haben oder negativ wahrgenommen werden?

Das Arbeitgebermarketing kann von einer positiv besetzten Marke hingegen sehr stark profitieren, weil Menschen mit einer positiven Marke gedanklich meistens auch einen positiven Arbeitgeber verbinden. Denken Sie dabei z.B. an Firmen wie Audi, Google oder Microsoft, die in verschiedenen Studien oft als attraktive Arbeitgeber genannt werden. Das bedeutet nicht zwingend, dass dieses Bild als Arbeitsgeber der gelebten Realität im Unternehmen entsprechen muss. Und doch hinterlässt dieses Bild bei den Bewerbern und Mitarbeitern eine Wirkung.

Da der Aufbau einer Arbeitgebermarke nicht allein Ihre Aufgabe als Personaler ist, sollten Sie ein Projekt aufzusetzen, bei welchem alle relevanten Geschäftsbereiche vertreten sind. In der Regel sind Geschäftsführung, Personal, Marketing, Vertrieb und Unternehmenskommunikation Teil des Projekts. Klären Sie, welcher Bereich die Projektleitung übernimmt, und stellen Sie sicher, dass ein gemeinsames Grundverständnis über die zu erreichenden Ziele vorliegt.

Goldene HRE-Regel   **!**

1. Denken Sie daran, dass der Aufbau einer Arbeitgebermarke keine Frage von
   Wochen oder Monaten ist. Um die Arbeitgebermarke zu definieren und in den
   Köpfen aller Führungskräfte und Mitarbeiter und natürlich der potenziellen Bewerber fest zu verankern, können Sie mit 2-3 Jahren rechnen. Damit ist Employer
   Branding keine kurze Wanderung, sondern eher eine Pilgerreise.
2. Denken Sie daran, dass viele Unternehmen auf dem Weg vom Konzept zur Umsetzung deutlich an Geschwindigkeit verlieren. Bleiben Sie dran und machen es
   besser als der Wettbewerb. Es lohnt sich!

Neuro-HR-Tipp   **!**

Auch im Employer Branding spielt das Priming, also die Relevanz der letzten Eindrücke für die Einschätzung, eine Rolle. Im besten Fall definieren **Sie** die Bilder, die
im Kopf entstehen, wenn Ihr Unternehmen bei Bewerbern genannt wird. Wie im
Marketing von Produkten oder Dienstleistungen sind es einige wenige Merkmale,
die im Kopf bleiben. Bahnen Sie Ihre Marke im Kopf der Bewerber. Die Erlebnismarke
Jochen Schweitzer ist ein schönes Beispiel. Das Bild im Kopf Ihrer Bewerber ist, dass
viele coole Menschen den ganzen Tag irgendwo herunterspringen und andere coole
Dinge tun. Das hilft die Bewerberzahl schwindelerregend hochzuhalten. Dabei geht
es nicht um Realität, sondern um die Bilder im Kopf.

3.8.1 Aufbau einer Arbeitgebermarke

Wenn Sie Ihre Position bzw. Ihre Marke als Arbeitgeber entwickeln möchten,
können Sie im Projekt mit diesen 3 Schritten Ihre attraktive Arbeitgebermarke
analysieren, aufbauen und umsetzen:

1. Schritt: Analysieren Sie Ihre Ausgangssituation
Analysieren und diskutieren Sie Ihre Ausgangssituation mit der Projektgruppe
und machen Sie eine Bestandsaufnahme anhand folgender Leitfragen:

- Welche Werte haben wir und wo spiegeln sich diese bei uns wieder?
- Was erwarten unsere Mitarbeiter vom Unternehmen?
- Was erwarten unsere Bewerber vom Unternehmen?
- Welches Angebot haben wir bis jetzt für Bewerber?
- Wo sehen wir unsere Stärken und Schwächen als Arbeitgeber?
- Was bieten unsere Mitbewerber an?
- Wie sehen wir unseren Ruf als Arbeitgeber? Haben wir dafür Anhaltspunkte
  (z. B. Befragungsergebnisse)?
- Welche Eigenschaften und Gefühle werden mit uns verbunden?

Es ist immer wieder erstaunlich, wie viele Unternehmen sich in der heutigen Zeit
über Arbeitgebermarketing noch wenig Gedanken machen und davon ausge-

hen, dass alle Probleme gelöst sind, wenn die Karriereseite im Internet überarbeitet und aufgepeppt ist. Deshalb ist es wichtig, dass Ihre Projektgruppe zunächst analysiert, wo das Unternehmen jetzt steht, anstatt gleich konkrete Maßnahmen für die Zukunft zu überlegen.

Die Ergebnisse aus Ihrer Analyse sollten Sie gemeinsam diskutieren und anschließend daraus eine SWOT-Analyse erstellen. Hier ein Beispiel aus einem Kundenworkshop:

Analyse einer Arbeitgebermarke	
Unsere Stärken	**Unsere Schwächen**
■ Sicherer Arbeitsplatz ■ Starke Werteorientierung ■ Geringe Fluktuationsrate ■ Umfangreiche Sozialleistungen ■ Gezielte Personalentwicklung ■ Wichtiger regionaler Arbeitgeber ■ Vielfältiges Berufsangebot ■ Verschiedene Standorte	■ Interne Kommunikation ■ Öffentlichkeitsarbeit ■ Lange Entscheidungswege
Unsere Chancen	**Unsere Risiken**
■ Noch attraktiverer Arbeitgeber ■ Zufriedenere Mitarbeiter ■ Niedrigere Krankheitsquote ■ Einfachere Mitarbeitergewinnung ■ Überregionaler Bekanntheitsgrad ■ Mehr Initiativbewerbungen	■ Mangel an internen Ressourcen ■ Hohe Marketingkosten ■ Fehlende Nachhaltigkeit

Tab. 18: Analyse einer Arbeitgebermarke

Je genauer Ihre Analyse aufbereitet ist, umso gezielter können Sie im nächsten Schritt Ihre Arbeitgebermarke konkretisieren.

2. Schritt: Ausarbeitung der Arbeitgebermarke

Nachdem Sie Ihre Ausgangssituation erörtert haben, geht es nun um die Ausarbeitung der Arbeitgebermarke. Was macht Ihr Unternehmen als Arbeitgeber aus und welche Vorgaben müssen Sie aus Unternehmensstrategie, -zielen und -marke für Ihre Arbeitgeberpositionierung ableiten bzw. berücksichtigen?

❗ Goldene HRE-Regel

Nutzen Sie alle Ihnen bereits vorliegenden Informationen wie Statistiken, Auswertungen, Feedback Ihrer Mitarbeiter und Führungskräfte etc.
Fragen Sie auch Bewerber, wie diese Ihr Unternehmen sehen. Das liefert Ihnen oft tiefere Einblicke als Studien am Markt und kostengünstiger ist es allemal.

Unternehmen fällt es meiner Erfahrung nach oft wesentlicher leichter, den Vorteil ihrer Produkte oder Dienstleistungen zu beschreiben, anstatt den Vorteil, den es für einen Bewerber oder Mitarbeiter hat, sich für das Unternehmen zu entscheiden bzw. dort zu bleiben. Arbeitgebermarketing ist zwar in aller Munde, aber viele Unternehmen haben noch keine genaue Vorstellung, was es genau bedeuten soll, geschweige denn, wie sie dort hinkommen.

Hier hilft die Ausarbeitung der Markenkompetenz, um zu definieren, was das Besondere an Ihrem Unternehmen als Arbeitgeber ist, und die Markentonalität festzulegen, d.h., welche Emotionen mit dem Unternehmen verbunden werden sollen. Ikea weckt als Arbeitgeber sicherlich ganz andere Emotionen wie die Deutsche Bahn oder McKinsey. Das Markenbild definiert, wie Sie nach außen auftreten – was selbstverständlich zur Markentonalität passen muss. Das Unternehmen Ikea duzt auf seiner Website seine Kunden, so wäre es nicht dem Markenbild entsprechend, wenn Ikea seine Bewerber auf den Karriereseiten siezen würde. McKinsey siezt auf den Karriereseiten vom Praktikanten bis hin zum Berater konsequent seine Bewerber und entspricht damit der Markentonalität von McKinsey. Und die Deutsche Bahn wählt für jede Zielgruppe – vom Auszubildenden bis hin zum Berufserfahrenen – eine für die Zielgruppe angepasste Bild- und Textsprache.

Das Nutzenversprechen ist Ihr Angebot an Bewerber und Mitarbeiter für deren Leistungserbringung und Engagement im Unternehmen. Was haben Ihre Bewerber und Mitarbeiter auch langfristig davon, in Ihrem Unternehmen zu arbeiten? Zusammengefasst geht es um die nachfolgenden 4 Punkte:

Unsere Markenkompetenz	**Unsere Markentonalität**
Das sind wir	So sind wir
Unser Nutzenversprechen	**Unser Markenbild**
Das bieten wir	So treten wir auf

Erst am Ende dieses Schrittes entscheiden Sie das Maßnahmenpaket, das Ihr Unternehmen zu einer attraktiven Arbeitgebermarke machen soll. Dieses Paket beinhaltet materielle und immaterielle Inhalte. Letztendlich ist es die Gesamtheit aller Aspekte, die zur Zufriedenheit am Arbeitsplatz führen. Die wenigsten Bewerber entscheiden sich nur wegen des Gehalts für ein Unternehmen. Bedingungen am Arbeitsplatz oder klare Prozesse sind oft genauso wichtig wie Vereinbarkeit von Familie & Beruf und z.B. Arbeitszeitmodelle.

Denken Sie ebenfalls an die zwischenmenschlichen Aspekte wie Führung, Wertschätzung und Unternehmenskultur. Auch das sind Gründe von Bewerbern, sich für ein Unternehmen zu entscheiden, oder für einen Mitarbeiter, beim Unternehmen zu bleiben. Themen wie Personalentwicklung oder Fortbildungsmöglichkeiten und Karrierewege sind weitere wichtige Bestandteile, wenn es um den Aufbau einer attraktiven Arbeitgebermarke geht.

Ziel ist, verbindlich festzulegen, was Sie als Arbeitgeber besonders oder einzigartig macht und wo sich Ihr Unternehmen vom Wettbewerb unterscheidet, wofür Sie stehen und was Sie anbieten. Denn Sie wollen nicht nur Mitarbeiter haben, die fachlich optimal passen, sondern auch von ihrer Einstellung und Werteorientierung das Unternehmen optimal ergänzen. Das Ergebnis der Diskussion kann wie beim nachfolgenden Beispiel so aussehen:

Beispiel einer Arbeitgebermarke	
Unsere Markenkompetenz Das sind wir	**Unsere Markentonalität** So sind wir
▪ Der größte regionale Arbeitgeber im Kreis X ▪ Viele verschiedene Standorte	▪ Sympathischer, familienorientierter Arbeitgeber ▪ Positives Wir-Gefühl ▪ Fortschrittlich ▪ Qualitätsbewusst
Unser Nutzenversprechen Das bieten wir	**Unser Markenbild** So treten wir auf
▪ Sehr gute Ausbildung in verschiedenen Berufen ▪ Spannende Entwicklungsmöglichkeiten und Weiterbildungsangebote ▪ Gute Zuganbindung ▪ Förderung flexibler Arbeitszeiten ▪ Mitarbeiterwohnungen zu reduzierten Preisen ▪ Kostenfreies Parkplatzangebot ▪ Finanzieller Zuschuss für Kinderbetreuung ▪ Freizeitausgleich bei Mehrarbeitsstunden	▪ Starker Internetauftritt ▪ Aktives Social Media ▪ Starkes Netzwerk ▪ Gute Kooperationen zu Trägerverbänden ▪ Enge Zusammenarbeit mit Fach- und Hochschulen

Tab. 19: Beispiel einer Arbeitgebermarke

3. Schritt: Planung der Umsetzung

Sie haben die Stärken und Schwächen bereits analysiert und wissen, wo Ihr Unternehmen steht und hin will. Nun geht es im Projekt um die Planung der Umsetzung und wie das Ziel erreicht wird.

Goldene HRE-Regel   **!**

Ihre Arbeitgeberpositionierung muss für Bewerber, Mitarbeiter und Führungskräfte erlebbar und sichtbar sein. Das Versprechen, dass Sie nach innen und außen mit Hilfe von Marketingmaßnahmen sichtbar machen wollen, muss unbedingt auch eingelöst werden! Ansonsten haben Sie einen schönen Papiertiger, der Ihrem Unternehmen aber nicht weiterhilft. Ich bin immer wieder überrascht, in wie vielen Unternehmen ein kooperativer Führungsstil mit starken Wir-Gefühl in Leitbildern, Broschüren und Internetauftritten stark propagiert wird und wie viel letztendlich davon noch übrigbleibt, wenn ich hinter die Fassade des Unternehmens blicke.
Die wichtigste Regel im Employer Branding lautet daher: Versprechen müssen gehalten werden. Nichts ist frustrierender als unerfüllte Erwartungen!

Planen Sie für Ihren Arbeitgeberauftritt auch konkrete Maßnahmen der Umsetzung, damit Angebote, Werte und Unternehmenskultur spürbar werden. Definieren Sie, welche Zielgruppen (z.B. Ingenieure, Programmierer, Hochschulabsolventen ...) gezielt angesprochen werden sollen, und überlegen Sie, welches Angebot diese Zielgruppe von einem attraktiven Arbeitgeber erwartet. Ein Hochschulabsolvent hat sicherlich andere Erwartungen an einen attraktiven Arbeitgeber wie ein Auszubildender. Während für einen Auszubildenden eine Übernahmegarantie nach der Lehre ein attraktives Angebot sein kann, finden Hochschulabsolventen vielleicht verstärkt die Entwicklungsmöglichkeiten in Ihrem Unternehmen attraktiv. Deshalb brauchen Sie für verschiedene Zielgruppen unterschiedliche Angebote.

Mit welchen Botschaften und in welcher Form wollen Sie Ihre Zielgruppe ansprechen? Finden Sie heraus, wo sich Ihre Zielgruppe bewegt. Ist die Zielgruppe mehr auf Facebook aktiv oder liest diese täglich das Handelsblatt? Deshalb macht es Sinn, verschiedene Zielgruppen auch über völlig unterschiedliche Kanäle anzusprechen.

Goldene HRE-Regel   **!**

Bedenken Sie dabei, dass es im Bereich Social Media unzählige Tummelplätze für Ihre Zielgruppen gibt. Facebook ist nur eine einzige Plattform in einem großen Universum. Ich war versucht, Ihnen eine aktuelle Übersicht über die Social-Media-Landkarte zu geben, aber der Versuch wäre schon veraltet, bevor das Buch gedruckt sein wird.
Deshalb ein stets funktionierender Rat, der nicht an Aktualität verliert: Fragen Sie Vertreter Ihrer Zielgruppen (Mitarbeiter oder Bewerber), wo sie sich aktuell im Internet vernetzen, was also gerade hip ist. Fragen Sie aber auch, ob sich die Zielgruppe dort für berufliche Perspektiven und Karriereangebote ansprechen lassen möchte. Wer da nervt, wo sich die gesuchten Leute privat bewegen wollen, der leistet seinem Employer Brand einen Bärendienst!

Fazit

Zielgruppenorientiertes Arbeitgebermarketing ist die Grundlage für erfolgreiches Arbeitgebermarketing. Ihre Arbeitgebermarke muss in allen Marketingmaßnahmen, Führungs- und Personalprozessen sichtbar, beobachtbar und nachvollziehbar sein. Es ist nicht sehr glaubwürdig, sich z.B. als technisch innovativer Arbeitgeber zu positionieren und stark veraltete Produktionsanlagen im Einsatz zu haben.

Arbeitgebermarketing setzt die Unternehmenswerte authentisch um und gilt für interne und externe Zielgruppen. Sie brauchen diese Authentizität als Basis für eine durchgängig erlebbare Arbeitgebermarke. Dies erreichen Sie mit gezielten Maßnahmen im internen und externen Arbeitgebermarketing, die zu Ihrem Unternehmen passen. Ein produzierendes »Traditions-Unternehmen« wird z.B. andere Ideen für das Arbeitgebermarketing haben und umsetzen müssen als ein Software-Unternehmen, das kreative und funktionelle Apps entwickelt.

Arbeitgebermarketing kann als die Vermarktung Ihres Unternehmens als attraktiver Arbeitgeber und Ihrer definierten Angebote und Konzepte angesehen werden. Damit ist Personalmarketing die Anwendung von Marketing auf den Personalbereich. Da Sie mit Ihrem Arbeitgebermarketing interne und externe Zielgruppen ansprechen wollen, wird im Folgenden auch zwischen internen und externem Arbeitgebermarketing unterschieden.

3.8.2 Internes Arbeitgebermarketing

Das interne Arbeitgebermarketing (auch gerne als »Internal Employer Branding« bezeichnet) hat jeden Mitarbeiter (auch die Führungskraft als Mitarbeiter) im Fokus und macht die Positionierung als Arbeitgeber intern für alle erlebbar. Internes Arbeitgebermarketing betrifft jeden im Unternehmen, da alle Führungskräfte und Mitarbeiter sowohl Adressaten als auch Multiplikatoren und Botschafter Ihrer Arbeitgebermarke sind.

Es geht beim internen Arbeitgebermarketing nicht um einmalige Aktionen oder Informationen. Dies ist ein kontinuierlicher Prozess, damit die Menschen täglich spüren, was die Arbeitgebermarke ausmacht und wohin sie sich ggf. entwickelt. Deshalb hängt die Bereitschaft der Mitarbeiter zur Identifikation und für ein gemeinsames Selbstverständnis auch davon ab, wie glaubwürdig Ihr Unternehmen in der Umsetzung der Maßnahmen für das Arbeitgebermarketing ist. Das »Leben« einer Arbeitgebermarke ist also eine tägliche Aufgabe.

Interne HR Kommunikation

Die interne Kommunikation ist der wichtigste Treiber, wenn es um die Veränderung bzw. um die Einführung Ihres internen Arbeitgebermarketings geht. Machen Sie nicht den Fehler und gehen Sie davon aus, dass eine einmalige Mitteilung per Email oder Brief zur Arbeitgeberpositionierung ausreicht, um dies erfolgreich umzusetzen. Ich habe weiter oben erwähnt, dass die gesamte Umsetzung circa 2-3 Jahre benötigt. Diese Entwicklung muss durch regelmäßige Kommunikation und Information begleitet werden. Hier können Sie Ihre Mitarbeiter durch Teammeetings, Informationsrundschreiben, Betriebsversammlungen, Emails, Broschüren und Bereichsmeetings auf vielen verschiedenen Ebenen einbinden. Deshalb benötigen Sie auch ein konkretes und langfristiges Umsetzungskonzept für Ihr internes Arbeitgebermarketing. Nachhaltige Veränderungen in der Wahrnehmung und im Verhalten erreichen Sie niemals mit einer Handvoll Information und Kommunikation.

Goldene HRE-Regel   **!**

Sie wollen Veränderungen im Unternehmen haben und erlebbar machen? Dann müssen Sie Ihre Arbeitgebermarke nicht nur implementieren, sondern danach immer wieder kommunizieren und so oft es geht erlebbar machen.

Sie wollen, dass Ihre Mitarbeiter und Führungskräfte stolz auf das Unternehmen sind und gerne für dieses arbeiten? Dann gilt folgender Grundsatz: Von nichts kommt nichts! Internal Employer Branding ist eine Daueraufgabe, die Energie und einen langen Atem kostet.

Ich erinnere mich an die Ausführungen eines Seminarteilnehmers. In dessen Unternehmen sind am Starttag für das interne Arbeitgebermarketing alle Führungskräfte gemäß dem neu definierten internen Motto »Gemeinsam erklimmen wir den Berg« in Wanderbekleidung, Wanderschuhen und Rucksack gekommen. Dies war der Auftakt für eine langfristige und gemeinsame Veränderung, die monatlich durch unterschiedliche Aktionen begleitet wurde. Ziel war es, dass jedes Team, jede Führungskraft und jeder Mitarbeiter am Ende wissen sollte,

- welche Ziele im Arbeitgebermarketing erreicht werden sollen,
- woran die Zielerreichung erkannt wird und
- wie dies am eigenen Arbeitsplatz und im eigenen Team mit Leben gefüllt werden kann.

! Neuro-HR-Tipp

Je emotionaler Erlebnisse erlebt werden, desto höher ist die Wahrscheinlichkeit, dass sich sowohl Erlebnis als auch das damit Intendierte einprägen. Sie wissen wahrscheinlich noch, wo Sie am 11. September 2011 waren, und Sie erinnern sich wahrscheinlich auch an den ersten Kuss mit Ihrem Partner. Diese emotional berührenden Erlebnisse bleiben haften. Für unser Gehirn haben sie eine Relevanz. Eine E-Mail mit der neuen Employer-Branding-Strategie hat wenig Relevanz, eine Erlebnis-Bergtour mit einem besonderen Highlight schon eher.
Schaffen Sie Erlebnisse.

Im Folgenden möchte ich Ihnen wichtige Eckpfeiler für den Erfolg aufzeigen:

Führungsqualität als Erfolgsfaktor

Die tollsten Konzepte und kreativsten Ideen für Ihr internes Arbeitgebermarketing nützen nichts, wenn Ihre Führungskräfte dies alles nicht entsprechend umsetzen. Daher ist es wichtig, den Führungskräften die Bedeutung ihrer Führungsrolle aufzuzeigen und in den Köpfen ein Bewusstsein für die gewünschten Veränderungen zu schaffen. Als Instrumente dienen hier die Führungsleitlinien, Führungskräftebeurteilungen, Coaching etc., um die Kriterien für hohe Führungsqualität festzulegen, die Qualität zu entwickeln und zu messen. Die Vorbildfunktion sollte ein wesentlicher Bestandteil des Konzeptes sein. Das bereits vorgestellte Kompetenzmodell in Kapitel 3.5.1.2 ist ein wichtiges Steuerungsinstrument für Ihre Führungskräfte, wenn es um die Umsetzung beziehungsweise Veränderungen der Unternehmenskultur geht. Je besser der einzelne Manager dies täglich mit Leben füllt, umso besser kann das interne Arbeitgebermarketing flächendeckend erfolgreich umgesetzt werden. Führungskräfte müssen Vorbild sein, da jede Arbeitgebermarke nicht vom Hinschauen, sondern vom Mit- und Nachmachen lebt. Je weniger die Führungskräfte mitziehen, umso weniger erfolgreich wird die Umsetzung auf Dauer sein und damit auch der Erfolg für das gesamte Unternehmen verringert.

! Goldene HRE-Regel

Für eine motivierende und gelebte Arbeitgebermarke brauchen Sie unbedingt das passende Führungsverhalten Ihrer Führungskräfte und eine wertschätzende Kommunikationsstrategie, damit sich Ihre Zielgruppen auch langfristig wirklich angesprochen fühlen. Ihre Führungskräfte sind also Ihre wichtigsten Botschafter!

Gestaltung von Arbeitsbedingungen

In diesem Punkt geht es um die professionelle Umsetzung aller Maßnahmen, die Sie im Vorfeld als Teil Ihres Arbeitgebermarketing vereinbart haben: Karrieremöglichkeiten, Arbeitszeitmodelle, Vereinbarkeit von Familie und Beruf, Sozialleistungen, Weiterbildungen, Weiterentwicklung, Vergütung, Work-Life-Balance, Gestaltungsspielraum in der täglichen Arbeit, sozusagen all die Rahmenbedingungen und freiwilligen Zusatzleistungen, warum ein Mitarbeiter im Unternehmen bleibt oder sich ein Bewerber für Ihr Unternehmen entscheidet. Natürlich setzt dies eine passende Aufbauorganisation und klare sowie passende Prozesse voraus, damit Ihre Maßnahmen von langfristigem Erfolg gekrönt sind.

Neuro-HR-Tipp   **!**

Hier gilt: Nehmen Sie statt einer Auflistung Ihrer Maßnahmen lieber 1 oder 2 wesentliche Punkte und führen Sie diese detailliert und emotional aus. Lieber berichten Sie emotional von einer jungen Mutter, die aufgrund Ihres Arbeitszeitmodells Kind und Arbeit organisiert bekommen hat, anstatt dass Sie auf eine Aufzählung von allen Möglichkeiten, die Sie jungen Müttern zur Verfügung stellen, verweisen.

Lieber ein emotionales Erlebnis beim Bewerber schaffen als eine breite Aufzählung. Das emotionale Erlebnis gibt das Gefühl: Dieser Arbeitgeber findet eine Lösung. Eine Aufzählung spricht viel zu sehr unseren Berater im Gehirn an, den Präfrontalen Cortex.

Professionelle Personalprozesse

Bei den Personalprozessen geht es um die Steuerung der Personalarbeit in Ihrem Unternehmen entsprechend der in der Arbeitgebermarke gemachten Versprechen durch Festlegung und Einhaltung klarer Prozesse. Sind diese nicht klar geregelt oder werden nicht entsprechend umgesetzt, fehlt die durchgängige Erlebbarkeit der Maßnahmen des Arbeitgebermarketings. Wenn Ihre Mitarbeiter bei Fragen und Nöten wochenlang auf eine Antwort aus der Personalabteilung warten müssen, dann können Bekundungen in der Arbeitgebermarke bzgl. »Mitarbeiter sind unser höchstes Gut« schnell als hohle Phrasen empfunden werden. Das Gesamtpaket der Professionalität an vielen Stellen im Unternehmen macht es also aus und nicht einzelne Maßnahmen und noch weniger tolle und gebetsmühlenartig wiederholte Versprechen.

Interne Jobbörse

Es ist es wichtig, Mitarbeiter über vakante oder neu zu besetzende Stellen zu informieren. Dies können Sie wunderbar mit einer internen Jobbörse abbilden. So können sich Mitarbeiter darüber informieren, ob es im Unternehmen über ihre bisherige Rolle hinaus auch andere attraktive Arbeitsplatzangebote gibt, auf die sich der Mitarbeiter gerne bewerben oder seinem Netzwerk weiterempfehlen kann. Auf diese Weise wird der mitarbeiterbindende Aspekt »Karrieremöglichkeiten« sichtbarer bzw. greifbarer.

Mitarbeiterbefragungen

Mitarbeiterbefragungen sind ein wunderbares Mittel, um Auskunft über die Zufriedenheit mit dem internen Arbeitgebermarketing zu bekommen. In solchen Befragungen erhalten Sie Rückmeldung, ob die Maßnahmen zur Steigerung der Arbeitgeberattraktivität auch von den Mitarbeitern so gesehen werden oder ob Sie am Bedarf vorbei geplant haben.

3.8.3 Externes Arbeitgebermarketing

Das externe Arbeitgebermarketing (auch gerne als »External Employer Branding« bezeichnet) hat Ihre im Vorfeld definierten Zielgruppen, wie z.B. Ingenieure, IT-Spezialisten oder Vertriebsmitarbeiter, im Fokus. Mit externem Arbeitgebermarketing erreichen Sie, dass Sie bei Ihren Zielgruppen und für Ihre Wunschkandidaten als attraktiver Arbeitgeber gesehen und wahrgenommen werden. Externes Arbeitgebermarketing ist nicht weniger aufwändig als internes. Im Folgenden möchte ich Ihnen auch hierfür wichtige Eckpfeiler für den Erfolg aufzeigen:

Externe HR Kommunikation
Medien, in denen sich Ihre Zielgruppen informieren, sind eine wichtige Plattform Ihrer Markenbildung als Arbeitgeber. Bauen Sie Ihre Kontakte zu diesen Medien frühzeitig auf und nicht erst dann, wenn Sie dort etwas veröffentlichen bzw. posten wollen. In den Medien können Sie zeigen, wer Sie sind und was Sie als Unternehmen anbieten. Sie haben in Ihrem Unternehmen ein tolles und innovatives Programm für Work-Life-Balance Ihrer Mitarbeiter eingeführt? Dann verbreiten Sie diese Botschaft nach draußen – Bescheidenheit ist **keine** Zier!

Medien suchen immer einen Experten, der sein Wissen teilt oder ein Best-Practice-Beispiel aus dem Unternehmen aufzeigt. Sie können z.B. über die verschiedenen Berufsbilder berichten, die Sie in Ihrem Unternehmen ausbilden, oder aufzeigen, wie Sie die Gesundheitsförderung in Ihrem Unternehmen verbessern. Was könnte für Zeitschriften oder Zeitungen interessant sein? Arbeiten Sie hier eng mit der Presseabteilung zusammen. Nehmen Sie Kontakt zu Fachzeitschriften und Internet-Redaktionen auf und machen Sie Ihre Botschaft bekannt. Ihre innovativsten Konzepte nutzen nichts, wenn diese keiner kennt!

Karriereseiten auf der Unternehmenswebsite bzw. Arbeitgeberbroschüre
Die Karriereseite und Image- bzw. Bewerberbroschüren (elektronisch und wo sinnvoll auf Papier) sind nach wie vor Ihre wichtigsten Instrumente bei der Ansprache Ihrer Zielgruppen. Sie stellen sich hier als attraktiver und sympathischer Arbeitgeber dar. Ihre vorher definierte Arbeitgebermarke muss hier sichtbar, spürbar und erlebbar sein. Es geht bei der Karriereseite um viel mehr als nur um die Darstellung Ihrer offenen Stellen. Nutzen Sie den Karrierebereich auch zur Darstellung Ihres Betriebsklimas, zeigen Sie Entwicklungsmöglichkeiten im Unternehmen auf und informieren Sie in Ihrem Karriereblog über die neuesten Aktivitäten.

Für Ihre Zielgruppe muss auf einen Punkt deutlich werden, was Sie als Arbeitgeber ausmacht und warum es toll ist, für Ihr Unternehmen zu arbeiten. Dies zeigen Sie ansprechend über Ihre Text- und Bildersprache. Niemand möchte sich hier seitenweise durch Prosatext quälen. Statements von Mitarbeitern mit Bild unterstützen dabei authentisch Ihre gewünschte Positionierung, was z.B. aktuell den Karriereseiten von Audi oder der Baloise Group sehr gut gelingt. Ihr Ziel muss sein, dass Ihre Karriereseite so viel Faszination vermittelt, dass sich Ihre Zielgruppen bei Ihnen bewerben wollen. Zeigen Sie, was Sie haben und anbieten, aber bleiben Sie sich dabei wie oben beschrieben treu! Wenn Sie selbst die Darstellung durchlesen und fühlen, dass Sie/das Unternehmen so nicht sind, dann rudern Sie zurück auf ein authentisches Maß.

Stellenanzeigen offline und online

Ihre Text- und Bildsprache muss in den Stellenanzeigen, egal ob Sie eine Printanzeige schalten oder sich für eine Anzeige in einer Internetbörse entscheiden, konsistent sein und einen hohen Wiedererkennungswert haben. Kurze und knackige Texte mit verständlicher Sprache sind hier entscheidend. Die Gestaltung des Layouts, egal ob Print oder Online, ist in Grundzügen ähnlich und hat den gleichen Aufbau. Besonders an diesem Beispiel zeigt sich, wie wichtig es ist, mit dem internen Marketing zusammenzuarbeiten, damit alles aus einem Guss ist.

Arbeitgeber Awards

Beim Aufbau einer positiven Arbeitgebermarke und zur Stärkung des Bekanntheitsgrades Ihres Unternehmens können Sie zur Unterstützung an einem Arbeitgeberranking (z.B. Great place to work, Top Job, Best PersAward oder Top Arbeitgeber) teilnehmen. Auf der einen Seite unterstützt die Teilnahme an solchen Wettbewerben Ihre eigene Analyse. Sie erfahren, wie zufrieden die Mitarbeiter wirklich sind und wo Sie sich als Arbeitgeber verbessern können, und erhalten zudem klare Handlungsempfehlungen. Auf der anderen Seite können Sie sich als attraktives Unternehmen einer breiten Öffentlichkeit präsentieren (je nachdem, wo Ihr Unternehmen im Ranking steht). Durch die PR- und Werbemaßnahmen, die Teil solcher Preisverleihungen sind, können Sie interessante Kontakte zur Presse knüpfen und aktiv die Werbetrommel für Ihr Unternehmen als Arbeitgeber rühren.

> **Goldene HRE-Regel** !
>
> Nehmen Sie nicht zu früh an solchen Wettbewerben teil. Wenn Sie nach eigener Analyse noch einen langen Weg bis zum beabsichtigten attraktiven Arbeitgeber gehen müssen, sollten Sie erstmal ausreichend erlebte positive Erfahrungen bei den Mitarbeitern generieren.
> Bedenken Sie, dass ein schlechtes Abschneiden ggf. eine »Worst Place to work«-Rückmeldung provoziert. Ein solches Stigma kann sich im Gefühl der Belegschaft einbrennen und verstärken. Wenn selbst die guten Mitarbeiter dann ein negatives Gefühl bezüglich ihres Arbeitgebers bekommen, haben Sie Aufwand betrieben und Budget verbraten für schlechte Stimmung.

Schulen und Hochschulen

Machen Sie Ihre Arbeitgebermarke direkt dem Nachwuchs bekannt und warten Sie nicht, bis der Nachwuchs mit der Ausbildung fertig ist. Zeigen Sie sich Schülern und Studenten frühzeitig als sympathischer und attraktiver Arbeitgeber. Arbeiten Sie mit für Sie relevanten Universitäten oder regionalen Schulen zusammen, wenn eine Ihrer identifizierten Zielgruppen bestimmte Hochschulabsolventen oder Auszubildende sind. Denken Sie daran, Praktika, Jobs in den Semester- oder Schulferien, Diplomarbeiten oder Dissertationen anbieten. Ziel ist es, früh den Kontakt zu potenziellen Arbeitnehmern zu suchen und die Chance zu erhöhen, Schüler direkt nach dem Schulabschluss oder Studienabsolventen direkt nach dem Studium für Ihr Unternehmen zu gewinnen.

Karrieremessen oder Fachmessen

Gehen Sie nach draußen, wenn Sie sich als Arbeitgeber bekannter machen wollen. Recruiting- oder Fachmessen helfen Ihnen dabei. Es versteht sich, dass die Vorbereitung und Durchführung solcher Messen den gleichen professionellen Anspruch benötigt wie alle anderen Aktivitäten im externen Arbeitgebermarketing, da auch der Anspruch potenzieller Bewerber bei solchen Messen mittlerweile sehr hoch ist. Hat es bis vor 5 Jahren noch gereicht, einen einfachen Stand zu haben, reicht dies heute oft nicht mehr. Arbeitgeber werfen sich heute auf Messen in Schale und buhlen mit beeindruckenden Messeauftritten um die besten Talente. Sie können aber auch als Sponsor bei Sportwettbewerben oder anderen Events fungieren und sich auf diese Art und Weise bei Ihrer Zielgruppe bekannt machen. Die Möglichketen sind vielfältig, aber immer gilt: lieber richtig oder gar nicht machen![38]

3.9 Ausgangstreppe des HR-Hauses: Professionelle Trennungsprozesse managen
Autor: Arne Prieß

Dieses Kapitel wird keine juristische Abhandlung. Es befasst sich mit Prozessen und der Psychologie des Handelns und beinhaltet nur grundlegendes Wissen zum Arbeitsrecht. Letzteres wird Ihnen im Grundsatz sicher vertraut sein, der Vollständigkeit halber möchte ich aber darauf nicht ganz verzichten. Zudem werden in diesem Kapitel auch nicht die komplexen Vorgänge eines Personalabbaus beleuchtet, dessen Ziele sicher eher als strategisch zu bezeichnen wären.

---

38 Bitte lesen Sie als Ergänzung auch das Kapitel 4.5.2 von Tjalf Nienaber, der die Aspekte von Social Media im Rahmen des externen Arbeitgebermarketings ausführlicher beschreibt.

Ein Personalabbau, egal in welchem Ausmaß, benötigt nach meiner Erfahrung ohnehin ein professionelles Projektmanagement und eine Begleitung durch einen Juristen, um alle wichtigen Facetten einer solch sensiblen Unternehmensveränderung systematisch und vollständig zu managen.

In diesem Kapitel wird die Trennung von einem einzelnen Mitarbeiter beschrieben. Viele der darin enthaltenen psychologischen Elemente sind aber auch auf die Situationen einer Personalreduzierung übertragbar, denn letztlich geht es um einen Menschen, der ganz persönlich betroffen ist und seine persönliche Trennung durchlebt. Da ist es ihm egal, ob und wie viele andere noch betroffen sind.

Es ist verständlich, dass Sie und auch Ihre Führungskräfte den Bereich der Trennung nicht gerne und nicht vorschnell betreten. Denn jeder weiß oder vermutet, dass diese Phase des HR Managements besondere Ansprüche an Verhalten und Feingefühl stellt. Man bewegt sich im »Grenzbereich«, bei dem der Mitarbeiter schnell realisiert, dass signifikante Einschnitte in seinem Berufsleben bevorstehen. Das geht nicht spurlos an ihm vorbei, denn er verdient sich mit seinem Job seinen Lebensunterhalt und ggf. den seiner Familie.

Neuro-HR-Tipp   **!**

Bei jeder Trennung erleben Sie für sich im Kleinen, was der Mitarbeiter fühlt. Jede Trennung ist auch für Ihr Gehirn ein Einschnitt. Spiegelneuronen sorgen dafür, dass wir die Situation des anderen nachfühlen (können). Somit machen wir aus neurobiologischer Sicht die Ängste, den Stress, den Schmerz des Gekündigten auch zu unserem. Unsere Stress- und Schmerzsysteme sind voll angeschaltet. Nach einer Trennung brauchen Sie als Führungskraft aufgrund dieser Gehirnfunktion ebenfalls eine Ruhepause – es ist auch Ihr Stress.

3.9.1 Trennungsmöglichkeiten von einzelnen Mitarbeitern im Überblick

Es gibt verschiedene Möglichkeiten, sich zu trennen. Wir gehen für das Folgende davon aus, dass Sie sich aktiv vom Mitarbeiter trennen möchten. Hier gilt grundsätzlich: Die Führungskraft sollte im Driver Seat einer Trennung sitzen und das Heft des Handelns in der Hand haben. HR sorgt dafür, dass Trennungen nicht mit einem »Scherbenhaufen« enden, denn diese haben fatale Folgen, wie ich nachfolgend noch erläutern werde.

!   **Goldene HRE-Regel**

Bei Trennungen ist die Führungskraft der verantwortliche Treiber und HR der Garant für arbeitsrechtlich und moralisch sauberes Handeln. Es gilt die Regel: Keine Trennung ohne HR und Hausjurist, aber die Verantwortung liegt bei der zuständigen Führungskraft!

!   **Achtung**

Völlig falsch, aber häufig praktiziert ist der Versuch, die Situation dadurch zu managen, dass man den Mitarbeiter nach einem Gespräch inklusive Trennungsabsicht auffordert, sich doch bitte neu zu orientieren und somit die Kündigung in dessen Hände legt. Das wird häufig zu einer Hängepartie, in der ein »nicht mehr gewollter Mitarbeiter« monatelang durchs Unternehmen schleicht und die Stimmung verdirbt. Gepaart wird diese lockere Trennungsvereinbarung dann im schlimmsten Falle noch mit einer Verringerung des Drucks auf den Mitarbeiter, seine arbeitsvertraglichen Pflichten zu erfüllen. Damit verliert man dann auch die Möglichkeit, den Mitarbeiter wegen Leistungsmängeln oder Pflichtverstößen abzumahnen und so die Grundlage für eine einseitige Trennung: Man hängt also am »Fliegenfänger der persönlichen Bemühungen des Mitarbeiters«. Und da wir bei beabsichtigter Trennung von einem Mitarbeiter i.d.R. auch nicht von einem »Spitzenleister« sprechen, ist eine Neuorientierung für diesen oft kein leichtes und schnelles Unterfangen.
Bleiben Sie gemeinsam mit der Führungskraft im Driver Seat, geben Sie nie das Heft des Handelns aus der Hand! Aber prüfen Sie weichere Wege der Trennung, bevor Sie kündigen, das würde auch ein Arbeitsrichter verlangen.

Welchen der nachgenannten Wege Sie auch immer beschreiten, ich gebe Ihnen die Empfehlung, den Mitarbeiter in dieser Situation von einer Outplacement-Beratung begleiten zu lassen (dazu mehr in Kapitel 3.9.7). Wenn vorhanden, muss der Betriebsrat eingebunden bzw. angehört werden und das ist natürlich originäre Aufgabe der Personalabteilung.

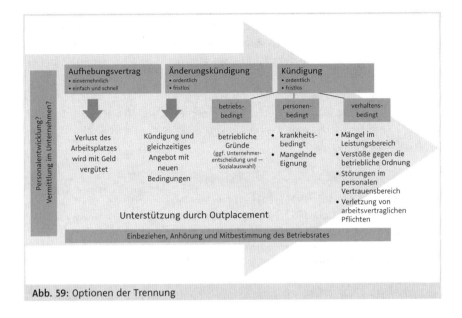

Abb. 59: Optionen der Trennung

Hier nun der Vollständigkeit halber und vielleicht als kleine Auffrischung die Erklärung der Optionen der Trennung entlang der obigen Abbildung:

1. **Personalentwicklung**: Die erste Option sollte immer sein, den Mitarbeiter
   auf eine andere Stelle im Unternehmen zu versetzen, die seinem Profil besser entspricht. Ich erkläre das gerne mit folgender Analogie: Nehmen Sie Ihren Schlüsselbund in die Hand, jeder Schlüssel hat sein eigenes individuelles
   Bart-Profil, das zu einem ganz bestimmten Schloss passt und dort die Tür
   öffnet. In einem anderen Schloss hakelt es und es rührt sich nichts. Nun ist
   der Schlüssel weder gut noch schlecht, er steckt einfach im falschen Schloss.
   Bei einem Mitarbeiter ist es nicht anders. Er hat ein bestimmtes Kompetenz-
   und Leistungsprofil und seine Funktion ist sein Schloss. Wie auch immer es
   passiert ist, manchmal steckt der Mitarbeiter im falschen Job und die Tür
   öffnet sich nicht, sprich, er kann die geforderte Leistung nicht einbringen.
   Nun ist dieser Mitarbeiter weder gut noch schlecht, er sitzt einfach nur auf
   dem falschen Job.
   Mit Personalentwicklung könnte man nun an dem Profil etwas feilen, man
   könnte versuchen, durch geeignete Maßnahmen das Profil passender für
   den Job und dessen Herausforderungen zu gestalten, oder man könnte an
   der Motivation arbeiten. Aber das geht alles innerhalb bestimmter Grenzen,
   irgendwann bricht der »Schlüssel im Schloss«, sprich, man verbiegt den
   Mitarbeiter so sehr, bis er fernab seiner beruflichen Optimalaufgaben oder
   -wünsche arbeiten muss. Damit wird er auf Dauer nicht glücklich und er wird
   auch nie wirklich gut werden. Nun gibt es im Unternehmen aber vielleicht vakante Stellen, deren gefordertes Profil dem betroffenen Mitarbeiter deutlich

besser entsprechen und wo er auf seinen Stärken und Wünschen aufbauen könnte. Ihn dahin zu versetzen, wäre ein weiser Schritt und zeigt auch der Mannschaft, dass man mehr kann als »rauszuschmeißen«, wenn es bei einem Mitarbeiter einmal klemmt.

Dieses Plädoyer soll aber kein Freifahrtschein sein, sich vor Kündigungen zu drücken und die Minderleister im Unternehmen anderen Chefs »unterzujubeln«. Hierzu wieder eine kleine Anekdote von einer Gewerkschaft als anschauliches Beispiel:

> **! Beispiel**
>
> Ich hatte einmal den Auftrag, Geschäftsführer von Bezirksverbänden einer Gewerkschaft in professionellen Trennungsprozessen zu trainieren. Die Gewerkschaft musste die Schere zwischen sinkenden Mitgliederzahlen und dadurch weniger Beiträgen, aber gleichbleibenden Mitarbeiterzahlen managen. Sie wollte nun endlich bei Minderleistern durchgreifen, die es sich »gemütlich gemacht« hatten. Dazu war sogar ein Personalleiter aus der Wirtschaft angestellt worden.
>
> Bei den Trainings vermittelte ich u.a. ein Schema für die Erstellung von formal wirksamen Abmahnungen. Ich ließ mir dazu konkrete Abmahnungen aus der Personalabteilung zusenden, natürlich geschwärzt bzw. anonymisiert. Diese wollte ich als Best und Worst Practices nutzen, um die Anwendung des obigen Schemas zu verdeutlichen.[28]
>
> Im Training gingen wir die Fälle durch und einer der Teilnehmer erkannte an der Situationsbeschreibung einen in seinen Bezirksverband versetzten Kollegen. Nur hatte der in seiner Personalakte zum Zeitpunkt seiner Einsichtnahme gar keine Abmahnung, sie war offensichtlich bereinigt worden, um ihm den ungewollten Mitarbeiter mit »blütenreiner weißer Weste« schmackhaft zu machen. Nach dem Motto, dieser braucht einfach ein neues Umfeld, ansonsten wäre er ja gar nicht so schlecht, hatte man ihm den neuen Kollegen mit »geweißter Weste« ins Nest gelegt.

Kennen Sie den »GOMER-Effekt«? Lesen Sie »House of God«[40] von Samuel Shem, einen Arztroman über das erste Jahr von Assistenzärzten in einem Elite-Hospital in den USA, dem sog. House of God. Sehr unterhaltsam und man lernt etwas über das o.g. Verhalten aus der Anekdote. GOMER steht für »get out of my emergency room« und bezeichnet Patienten, die viel Arbeit verursachen, aber einfach nicht wieder auf die Beine kommen. Diese GOMERs versucht man im Haus in andere Abteilungen zu verlegen. Da kann in einer Abteilung schon mal das Bett-Gitter vergessen werden, sodass ein GOMER herausfällt und sich den Oberschenkel bricht — und man ihn in die Orthopädie verlegen kann. Den beschriebenen jungen Ärzten muss man an dieser

---

39 Nach Durchsicht der Beispiele bestätigte ich dem Ansprechpartner aus der Personalabteilung, dass ich ja jetzt genug Worst Practices hätte und er mir die vorbildlichen Abmahnungen senden solle. Seine Antwort war, dass dies bereits die guten wären …, aber das ist eine ganz andere Geschichte.

40 Samuel Shem: House of God. Droemer Knaur 1998.

Stelle zugestehen, dass sie psychisch und physisch »verheizt« werden und sich in ihrer Dauerüberlastung irgendwie zu schützen versuchen. Also seien Sie mit dem Urteil gegenüber diesem Verhalten nicht zu kritisch, bevor Sie das Buch selbst gelesen haben.

Goldene HRE-Regel   **!**

Vermeiden Sie in Ihrem Unternehmen den »GOMER-Effekt«, versetzen Sie nur Mitarbeiter intern auf andere Jobs, bei denen eine ehrliche und glaubhafte Aussicht auf eine erfolgreiche Mitarbeit nach einer Versetzung besteht. Ansonsten würden Sie ein Problem nur verschieben, lösen Sie es lieber direkt und fair.

2. **Aufhebungsvertrag**: Diese Form der Trennung ist eine recht geräuscharme, denn Sie kaufen dem Mitarbeiter seinen bestehenden Arbeitsvertrag mit einer Abfindung ab. Viele Führungskräfte denken, dass es dafür eine verbindliche Formel gibt (0,5 Monatsgehälter pro Beschäftigungsjahr o. ä.), aber dem ist bekanntlich nicht so. Der Mitarbeiter könnte eine Million Euro aufrufen. Nachdem die Führungskraft sich von ihrem Schock erholt hat und wieder auf ihrem Sessel sitzt, von dem sie vor Schreck gefallen war, wird sie den Mitarbeiter fragen, ob er noch »alle Nadeln an der Tanne« hat. Aber er wird dann seiner unbedarften Führungskraft antworten, dass er einen befreundeten Juristen gefragt hat. Und der hat ihn darauf hingewiesen, dass ein Aufhebungsvertrag eine einvernehmliche Vereinbarung zwischen 2 Parteien ist, in der jeder gerne abfordern darf, was er für angemessen hält.

Ersparen Sie Ihren Führungskräften solche peinlichen Auftritte und informieren Sie diese vor dem Beginn von Trennungsprozessen über die Möglichkeiten und Kosten einvernehmlicher Trennungen. Ich empfehle deshalb Führungskräften, niemals mit »leeren Händen« in eine Verhandlung zur Aufhebung des Arbeitsvertrages zu gehen — lassen auch Sie Ihre Führungskräfte immer parallele Wege gehen. Empfehlen Sie ihnen, weiter aktiv bei der Forderung nach Einhaltung der arbeitsvertraglichen Pflichten zu sein und lassen Sie sie dem Mitarbeiter aufzeigen, dass man konsequent bleiben wird, auch wenn man dem Mitarbeiter die Möglichkeit für eine einvernehmliche Trennung ermöglichen möchte. So sind Sie als Arbeitgeber nicht erpressbar bzgl. der Höhe der Abfindung. Und wenn sich eine Aufhebung nicht zu vertretbaren Konditionen vereinbaren lässt, dann empfehlen Sie der zuständigen Führungskraft, den einseitigen Weg weiterzugehen und etwaige Verstöße sachlich abzumahnen, bis eine Kündigung als nächster Schritt der angemessene und durchsetzbare Weg ist.

3. **Änderungskündigung**: Bevor man eine Kündigung ausspricht, muss man prüfen, ob eine Weiterbeschäftigung auf einer anderen Stelle oder zu anderen Konditionen nicht eine machbare Lösung wäre. Man spricht also eine Kündigung für den bestehenden Vertrag aus und bietet im gleichen Atem-

zug einen neuen Vertrag an. Nimmt der Mitarbeiter diesen nicht an, so gilt die Kündigung. Dies ist psychologisch sozusagen die »Kündigung light«, erfordert aber genau die gleichen Begründungen wie die normale Kündigung. Ein Arbeitsrichter würde immer prüfen, ob man mit diesem Instrument nicht auch hätte handeln können.

Im Gegensatz zur Versetzung, die ich im Rahmen des 1. Schrittes »Personalentwicklung« als »weichstes« Mittel vorgeschlagen habe, ist die Änderungskündigung ein einseitiger Schritt, den man als Arbeitgeber durchsetzt. Mit einer Versetzung wird der Mitarbeiter innerhalb des Direktionsrechts auf einen neuen Arbeitsplatz versetzt; eine Änderungskündigung wird erforderlich, sobald der neue Arbeitsplatz außerhalb des Direktionsrechts steht. Sollte der Mitarbeiter die Personalentwicklung nicht akzeptieren, weil er störrisch darauf beharrt, dass er unschuldig beklagt und eigentlich für seine Aufgabe voll leistungsfähig und -willig ist, dann kann man ihn mit der Änderungskündigung zu seinem »Glück zwingen«. Manchmal stellt sich die Einsicht beim Mitarbeiter später ein und er kommt und bedankt sich für die konsequente Vorgehensweise, da er merkt, wie viel Spaß Arbeit wieder innerhalb anderer und für ihn ggf. passenderer Rahmenbedingungen machen kann.

4. **Kündigung:** Als stärkstes Mittel der Trennung spricht man angesichts betriebs-, personen- oder verhaltensbedingter Gründe eine Kündigung aus. 2 wichtige Begriffe sollten Sie in diesem Zusammenhang noch kennen:
   - **Fristlos** bedeutet ohne Einhaltung der Kündigungsfrist, was eine Unzumutbarkeit der weiteren Beschäftigung erfordert. Hierfür muss der Mitarbeiter schon Prügel verteilt haben oder ähnliche Kracher, um die Unzumutbarkeit zu begründen.
   - **Ordentlich** dagegen bedeutet, dass man die vereinbarte Kündigungsfrist einhält.

Zu den folgenden 3 Kündigungsbegründungen hier noch einige Erklärungen:

1. **Betriebsbedingt**: Aufgrund einer unternehmerischen Entscheidung erfolgt ein Wegfall einer Stelle oder die Teil-/Schließung einer Abteilung. Dies geschieht i.d.R. aufgrund von betriebswirtschaftlicher Notlage, Rationalisierung oder eben einfach aufgrund einer unternehmerischen Entscheidung, die jederzeit legitim ist. Dieser Fall der Trennung hat nichts mit dem Mitarbeiter persönlich zu tun und die Auswahl der betroffenen Mitarbeiter erfolgt auf Basis von Kriterien, nach denen man die soziale Schutzbedürftigkeit ermittelt. Das Verfahren dazu sollten Sie den Fachleuten überlassen, aber Sie sollten sich hüten, für die Sozialauswahl Namen auf eine Liste zu setzen. Es geht um Funktionen und erst im zweiten Schritt um Personen. Der Gesetzgeber lässt es aber zu, Schlüsselpersonen aus der Sozialauswahl herauszunehmen, wenn ihr Verbleib den Bestand des Unternehmens und damit die Sicherung der restlichen Arbeitsplätze garantiert. Bei dieser Kündigungsform kann man einem Mit-

arbeiter eine Abfindung in Aussicht stellen, wenn er eine Klage unterlässt (Kündigungsschutzgesetz §1a, 0,5 Monatsgehälter mal Jahre Betriebszugehörigkeit; oder die Berechnung erfolgt gem. eines Sozialplanes, der zwischen Arbeitgeber und Betriebsrat abgeschlossen wurde und für diesen Fall Geltung hat).

2. **Personenbedingt**: Für bestimmte Funktionen sind ausgewählte persönliche Eigenschaften erforderlich, ohne die ein Mitarbeiter seinen Job nicht mehr ausüben kann. So können Krankheiten (z.B. wiederkehrende Schwindelanfälle bei einem Führer schwerer Fahrzeuge) oder sonstige Gründe für »mangelnde Eignung« (Verurteilung wegen Steuerhinterziehung und Betruges bei einem Buchhalter) eine Kündigung begründen. In solchen Fälle ist ein Argumentieren schwieriger und Abmahnungen sind kein geeignetes Mittel der Vorbereitung, weil der Mitarbeiter dadurch keinen realisierbaren Änderungsanstoß erhält. Man wird ja nicht wegen einer Abmahnung wieder gesund oder frei von Vorstrafen. Vereinfacht gesagt, kann man diese und die folgende Kündigungsform so unterscheiden: personenbedingt heißt, er kann es nicht, verhaltensbedingt heißt, er will es nicht. Eigentlich braucht man zur Vorbereitung einer personenbedingten Kündigung keine Abmahnungen, aber oft weiß man bis zum Gerichtsverfahren (z.B. wegen der ärztlichen Schweigepflicht) nicht, ob es am Wollen oder am Können liegt.

3. **Verhaltensbedingt**: Dies ist der Bereich, in denen Abmahnungen eine vorbereitende Wirkung haben. D h., der Mitarbeiter bekam nach Abmahnungen die Gelegenheit, sein Verhalten zu ändern und etwaige Leistungsmängel abzustellen oder Pflichtverstöße und Verstöße gegen die betriebliche Ordnung zu vermeiden. Aber auch Störungen im personalen Vertrauensbereich gehören in dieses Feld der Kündigung (schwerer zu argumentieren, deshalb immer mit dem Hausjuristen durchgehen). Je nach »Schwere der Tat« kann nach 1-3 Abmahnungen zum gleichen Tatbestand eine Kündigung erfolgen.

3.9.2 Auswirkungen auf das Arbeitgeberimage

An dieser Stelle möchte ich bereits vorab deutlich machen, warum auch professionelle Trennungen von einzelnen Mitarbeitern einen strategischen Impact haben und nicht in die Schublade operativer HR-Arbeit zu verbannen sind. Sich in dieser sensiblen Phase des HR Managements so professionell wie möglich zu verhalten, zeichnet einen wirklich guten Personaler und natürlich auch eine richtig gute Führungskraft aus und es ist zudem ein wertvolles Element einer fairen Unternehmenskultur. So manches Unternehmen hat sich jahrelang am Markt mit viel Aufwand einen guten Ruf aufgebaut und ihn dann blitzschnell durch fahrlässiges und unprofessionelles Verhalten im Rahmen von Trennungen wieder verspielt. Die bekanntesten Fälle für diese Rufschädigung waren Personalabbauprojekte, die in puncto Fairness und respektvollen Umgang dilettantisch gemanagt worden sind. Aber auch das Verhalten bei einzelnen Trennungsprozessen funktioniert nach den gleichen Prinzipien und kann im schlimmsten Falle in Zeiten von Social Media (z. B. www.kununu.de) und offener Kommunikation via Internet ungeahnte Wellen schlagen.

> **!** **Beispiel**
>
> Dazu erneut eine kleine Anekdote, die Ihnen aufzeigen soll, wie schnell Trennungsmanagement Auswirkungen auf den Employer Brand und damit ggf. auf strategische Wachstumspläne haben kann: Ich habe ein Unternehmen dabei unterstützt, ihr HR Management auf strategisch effektive Füße zu stellen. Neben vielen Baustellen war auch der Employer Brand arg beschädigt. Wenn man im Internet Mitarbeitermeinungen fand, dann waren es welche auf der oben benannten Social-Media-Plattform, und diese waren im Durchschnitt sehr kritisch. Es stand dabei die Vermutung im Raum, dass ein ehemaliger Mitarbeiter, von dem man sich getrennt hatte, einen »Shitstorm« zusammen mit anderen ehemaligen, ebenfalls entlassenen Kollegen entfacht hatte und damit den »Notenschnitt« und die nachlesbaren Feedbacks kräftig in den unteren Bereich gezogen hat. Es sind eben meistens die Mitarbeiter, die ein Unternehmen verlassen mussten, die sich ihren Ärger von der Seele schreiben.

Der häufige Versuch, den Notendurchschnitt in solchen Arbeitgeber-Bewertungsportalen nach oben zu drücken, in dem man zufriedene Mitarbeiter auffordert, doch auch einmal ihre Meinung niederzuschreiben, kann leider nur gering die Knitterfalten aus dem Employer Brand glätten. Besser ist es, unvermeidbare Trennungen so zu gestalten, dass die Gefühle der Ausscheidenden sich in einem normalen, der Situation geschuldeten Maß bewegen und nicht in blanken Hass umschlagen.

Übrigens waren bei dem Unternehmen auch einige 5,0 Bewertungen (von max. 5,0 Sternchen) zu finden. Dass ein Mitarbeiter, ohne dazu beauftragt worden zu sein, bei zahlreichen Kriterien immer die höchste Bewertung für seinen Arbeitgeber abgibt, ist so unwahrscheinlich wie ein 6er mit Zusatzzahl im Lotto. Solche Verzweiflungstaten sollten Sie lieber ganz lassen, denn diese schaden dem ohnehin angeschlagenen Ruf noch mehr, weil sie selbst für den flüchtigen Leser so durchsichtig sind wie frisch geputzte Brillengläser.

Sie können es sich im Bereich des Trennungsmanagements also selbst aussuchen, auf welcher Seite der nachgenannten Tabelle Sie stehen wollen:

Sozial	Unsozial
Fair	Unfair
Liquide	Pleite
Verantwortungsbewusst	Verantwortungslos
Guter Arbeitgeber	Schlechter Arbeitgeber
Profis	Anfänger
Hire & Help	Hire & Fire
Durchstarten	Niedergang

3.9.3   Rollen, Beteiligte und Prozess

Bei einer Trennung gibt es mehrere Beteiligte und Betroffene, die eine aktive Rolle spielen oder auf deren Befindlichkeiten Rücksicht genommen werden muss:

- Die **Führungskraft**: Sie hat die Verantwortung für eine professionelle Trennung. Nach der Philosophie des Führungs-Omegas (siehe Kapitel 3.6.3) gilt, dass man als Führungskraft die Verantwortung nicht delegieren kann. Man kann sie nicht abwälzen, weil sie unangenehm ist. Man muss sich dieser Aufgabe genauso stellen wie z.B. der Personalgewinnung. Hier muss die Führungskraft demonstrieren, dass sie Amtsautorität besitzt – und der zwischenmenschliche Vorgang wird beweisen, ob sie auch wirklich eine persönliche Autorität besitzt. Schon mehrfach musste ich mit ansehen, wie ein persönlich akzeptierter Manager nach einem »unglücklichen« Trennungsfall, in dem alle Lippenbekenntnisse aus dem Führungsleitbild aus Unvermögen, Fahrlässigkeit oder tatsächlichem Vorsatz mit Füßen getreten wurden, anschließend in seiner persönlichen Autorität schwer beschädigt war. Das Vertrauen ist bei den bleibenden Mitarbeitern ebenso schnell verloren wie bei den ausscheidenden, denn wie bereits erklärt, spricht sich der Vorgang der Trennung i.d.R. schnell und meist aus den Augen und dem Munde der betroffenen Mitarbeiter herum.
- Der **betroffene Mitarbeiter**: Natürlich wird es keinen Mitarbeiter geben, der mit einem »Hurra« angesichts eines professionellen Trennungsverhaltens das Haus verlässt. Aber ob es ein »lärmendes Zeter und Mordio« oder ein leises Zähneknirschen wird, das entscheidet er angesichts der Behandlung, die er erfahren hat. Die Bandbreite der emotionalen Reaktion eines Mitarbeiters wird in Kapitel 3.9.4 noch ausführlich beschrieben.
- Vertreter von **HR**: Aus der Personalabteilung sollte die Führungskraft Unterstützung durch Beratung zum Prozess und erste Hilfe zum Arbeitsrecht

erfahren. Auch eine psychologische Partnerschaft für diese anstrengende Phase sollte geleistet werden, damit die zuständige Führungskraft unterwegs im Prozess ihren Entschluss nicht wieder aufweicht oder sogar zurücknimmt, wenn es denn schwierig wird (und das wird es meist bei einseitigen Trennungsprozessen).

- Der **Hausjurist**: Ich empfehle dringend, sich im Rahmen von Kündigungen immer den Rat des Hausjuristen einzuholen. Dieser muss so eingebunden werden, dass er vollumfänglich informiert ist und für seine Beratung geradestehen muss, auch vor dem Arbeitsgericht. Halbgare Einbindung mit dem Wunsch nach »schneller Absolution« bringt nichts. Der Rechtsanwalt muss mit klarem Mandat beraten und wissen, dass er seine Meinung vor Gericht argumentieren muss. Und dass es dazu oder zu einer vorgeschalteten Güteverhandlung kommen wird, ist angesichts heute üblicher Rechtsschutzversicherungen bei Mitarbeitern eher der Normal- als der Ausnahmefall.

- Wenn Sie es vorsehen, ist ein **Out-/Newplacement-Berater** beteiligt. Dieser erhält das Mandat, dem Mitarbeiter bei der Neuorientierung zu helfen. Neben ganz handwerklichen Hilfen wie z. B. bei der Erstellung aussagefähiger und ansprechender Bewerbungsunterlagen ist die psychologische Begleitung und die Hilfe der Selbstreflektion und Ausrichtung nach Stärken eine wertvolle Leistung.

- Der **Betriebsrat**: Er muss im Rahmen des Mitbestimmungsrechts angehört werden. In der Regel steht er auf der Seite des Mitarbeiters, auch wenn dieser sich Pflichtverletzungen oder nachhaltige Minderleistungen zuschulden kommen lassen hat. Dies ist legitim, denn wer sonst hält in dieser Phase zum Mitarbeiter; aber eine partnerschaftliche Einbindung und das Aufzeigen von umsichtigen Verhalten auf Seiten des Arbeitgebers wird dafür sorgen, dass eine faire Meinung beim BR entsteht.

- Die **verbleibenden Mitarbeiter**: Sie werden sich Ihr Verhalten genau anschauen. Auch wenn Sie die gebotene Diskretion wahren, so spricht sich wie bereits beschrieben doch recht schnell herum, was passiert ist. Informieren Sie proaktiv, diskret aber steuernd, damit die Bleibenden nicht dem sogenannten »Survivor-Syndrom« unterliegen. Dieses beschreibt die Reaktion der bleibenden (»Überlebenden«, daher Survivor) Mitarbeiter, die aufgrund der Geschehnisse verunsichert sind und deren Produktivität und Vertrauen dadurch beeinträchtigt werden. Die Erfahrung zeigt aber auch, dass bei offensichtlichem Fehlverhalten oder mangelnden Leistungen eine erfolgte Kündigung von Teamkollegen mit einer zustimmenden Reaktion aufgenommen wird (»Es wurde aber auch Zeit, dass die Führungskraft hier durchgegriffen hat«) und Ihnen dafür Respekt gezollt wird. Aber wie so oft geht es nicht nur um das Ob, sondern auch um das Wie. Trotz aller offensichtlichen Notwendigkeit darf der Prozess nicht nachlässig geführt werden.

> **Achtung** !
>
> Bei den Rollen gibt es das sog. Täter-, Helfer- und Opfer-Prinzip. (Bitte lassen Sie sich durch die Bezeichnungen nicht persönlich angreifen). Dies beschreibt, dass die Führungskraft und HR als aktiv kündigende Personen vom betroffenen Mitarbeiter als Täter erlebt werden. Es ist also Unfug, dass HR gleichzeitig anbietet, den Mitarbeiter noch bei der Neuorientierung zu unterstützen. Man kann nicht »Helfer« und »Täter« in einer Person sein. Das muss man sauber trennen, damit es funktioniert.

Abwicklungsvertrag

Es bietet sich im Prozess der Trennung unbedingt an, mit dem Mitarbeiter einen Abwicklungsvertrag zu vereinbaren. Im Unterschied zum Aufhebungsvertrag, in dem die Beendigung selbst festgelegt wird, regelt der Abwicklungsvertrag einvernehmlich die noch offenen Punkte, nachdem die Entscheidung zur Beendigung durch eine Kündigung einseitig vorgenommen wurde.

Darin können folgende Themen vereinbart werden (ohne Anspruch auf Vollständigkeit):

- Übergabe der Aufgaben;
- Resturlaub und Umgang mit Zeitguthaben;
- Abgabe von Firmeneigentum;
- Zeugniserarbeitung (z.B. Entwurf durch den Mitarbeiter);
- Freistellungen (dies ist ein nicht leichtfertig zu verschenkender Wert: Geld für keine Arbeit ist ein Vorteil, den man in der Verhandlung nur gegen Zugeständnisse des Mitarbeiters einlösen sollte; auch wenn ohnehin nicht mehr mit sinnvollen Beiträgen zu rechnen ist);
- Festsetzung eines Auszahlungsbetrages für die variable Vergütung (wenn nicht bereits in einer Richtlinie oder Betriebsvereinbarung für den Fall des Ausscheidens eines Mitarbeiters eine Regelung definiert wurde);
- etwaige Abfindungen im Gegenzug zur Unterlassung einer Kündigungsschutzklage (kein Muss, wenn nicht ein Sozialplan es vorsieht);
- Out-/Newplacement-Unterstützungen;
- Verschwiegenheitspflichten;
- wohlgefällige gegenseitige Äußerungen;
- Vereinbarungen zur Kommunikation über die Trennung;
- Austrittsformalitäten.

Der psychologische Vorteil einer solchen Vereinbarung ist es, dass man mit dem Mitarbeiter über ohnehin trennungsrelevante Themen im Gespräch bleibt. Zwar begibt man sich in eine Verhandlungssituation, die angesichts einer juristisch begründbaren einseitigen Kündigung nicht obligatorisch ist, aber es liegt der Tatbestand einer Verhandlung vor, wenn der eine etwas hat, was der andere will und umgekehrt. Und Sie wollen noch etwas vom Mitarbeiter: Unterlassen einer Kündigungsschutzklage, »geräuschloses Ausscheiden«, saubere Übergabe etc. Deshalb kommt man nicht umhin, dafür auch etwas anzubieten.

! **Goldene HRE-Regel**

Manchmal ist es geschickt, dass der HR-Partner den Abwicklungsvertrag verhandelt. Eine solche Stellvertreterverhandlung eröffnet die Möglichkeit, etwas mit den Rollen zu spielen, nach dem Motto: »Ich würde Ihnen das gerne zugestehen, aber da muss ich mit Ihrer Führungskraft verhandeln. Können Sie mir dazu vielleicht noch etwas Entgegenkommen beweisen, dann müsste ich das durchbekommen ...« Grundsätzlich ist aber die Führungskraft der Verhandlungsführer. Die »Spielart« mit den Rollen wäre nur aus verhandlungstaktischen Gründen sinnvoll, oder wenn die Beziehungsebene zwischen Führungskraft und Mitarbeiter zu angespannt ist und eine angedrohte Kündigungsschutzklage nur durch den Einsatz von HR verhindert werden könnte.

3.9.4 Psychologie im Trennungsmanagement

Auch wenn ein Mitarbeiter im Vorfelde einer Kündigung vielleicht auf Warnsignale und Führungsimpulse im gelben und orangen Bereich der Führung (siehe Führungs-Omega in Kapitel 3.6.3) nicht reagiert hat und man »unter Erwachsenen« sagen mag: »Selbst schuld, es hat Dich keiner gezwungen, nicht wieder in den grünen Bereich zurückzukehren«, so ist das Eintreten eines Trennungsszenarios dennoch mit großer psychologischer Wirkung verbunden. Gerade in unserer deutschen Kultur ist man in einer Gesellschaft aufgewachsen, in der man seine Identität stark mit seinem Beruf verbindet. Verliert man den Beruf, so gerät man schnell in eine Identitätskrise. Kommen dann noch finanzielle Sorgen dazu, kann es zu bedrohlichen Schockzuständen und Depressionen kommen. Der gesamte Verlauf der psychologischen Reaktionen ist in dem »emotionalen W«[41] beschrieben.

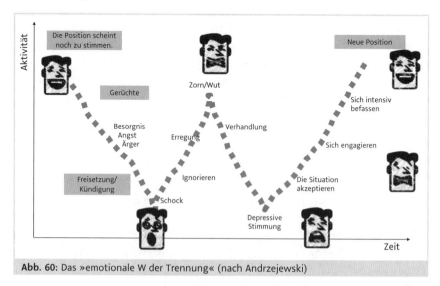

Abb. 60: Das »emotionale W der Trennung« (nach Andrzejewski)

---

41   Dies geht m.E. zurück auf das Buch von Andrzejewski: Trennungskultur. Hermann Luchterhand Verlag 2008.

Der Verlauf bildet den Buchstaben W nach. Die Produktivität (Aktivitäts-Achse) des Mitarbeiters geht in den Keller, wenn sich die Freisetzung konkretisiert. Der Mitarbeiter verfällt in einen Schockzustand, in dem er nicht mehr klar denken kann. Dies ist durchaus wörtlich gemeint.

> **Beispiel** !
>
> In einem Unternehmen, in dem ich als HR-Direktor tätig war, hatte der CFO einen High Potential gegen meinen Rat allzu schnell in eine Top-Position bei einer Tochterfirma befördert. Als kaufmännischer Geschäftsführer dieser Tochter sollte er eine außerordentlich schwierige Situation meistern und scheiterte daran. Er hatte dabei so viele Fehler gemacht und Schaden verursacht und seinen Namen in der Unternehmensgruppe so nachhaltig verbrannt, dass der CFO ihn nicht mehr halten konnte und wollte. Im Vorfelde des Trennungsgespräches ließ ich ein Taxi für die Fahrt zurück zum Flughafen bestellen. Der CFO belächelte das mit dem Hinweis, dass der Betroffene das ja wohl selbst hinbekommt. Als sich die Wogen geglättet hatten, bedankte sich der betroffene Mitarbeiter bei mir und erzählte, dass er im Taxi tatsächlich nicht mehr wusste, wo er eigentlich hin will und auch am Flughafen noch recht desorientiert war. Wenn nicht auf seinem Flugticket gestanden hätte, wann er wo abfliegt, hätte er es nicht gewusst.

Nach dem Schockzustand bäumt sich ein von der Kündigung betroffener Mitarbeiter wieder auf und richtet seinen Zorn gegen die kündigende Firma und die handelnden Personen. Dieser Zorn bedeutet zwar auch Aktivität, aber leider nicht in Form von sinnvoller Produktivität, sondern von Gegenwehr gegen die Kündigung und das Trennungsvorhaben des Arbeitgebers. Der Gang zum Rechtsanwalt ist dann obligatorisch. Da nach dem deutschen Arbeitsrecht jede Kündigung, sei sie noch so juristisch abgesichert, erst vor dem Arbeitsgericht auf den Prüfstein gerät, muss man sich im Klaren sein, dass nun »der Tanz beginnt«. Im schlimmsten Falle lässt sich der gekündigte Mitarbeiter dazu hinreißen, dem Unternehmen noch Schaden zuzufügen. Nicht umsonst ist ein Entzug einer Zugangsberechtigung zu sensiblen Daten und Prozessen eine gut begründete Maßnahme, wenn auch nicht ein Automatismus.

Wenn der Mitarbeiter dann richtig realisiert, dass er sich nun neu orientieren muss und die regelmäßigen Gehaltszahlungen vom alten Arbeitgeber bald enden werden, beginnt oft eine Phase der Depression. Selbst in Zeiten von Fachkräftemangel liegen die Jobs nicht auf der Straße und solange nichts Neues in Sicht ist, gilt es, eine Phase der Unsicherheit zu überwinden. Wenn der Mitarbeiter sich seiner mangelnden Leistungen bewusst wird, die ggf. Grund für die Kündigung waren, wird ihm auch schnell klar, dass er sich auf dem Bewerbermarkt unter Umständen gegen deutlich bessere und engagiertere Konkurrenten durchsetzen muss.

Mit etwas zeitlichem Abstand geht die Aktivität wieder hoch, dies jedoch als Energie für die Neuorientierung. Das ist gut für den Mitarbeiter, bringt aber wiederum nichts im Sinne von Produktivität für das Unternehmen.

Meine Erfahrung mit vielen Trennungsprozessen hat mir gezeigt, dass ein Mitarbeiter nach einer Kündigung nicht mehr sinnvoll einzusetzen ist. Wer also glaubt, man kündige einem Mitarbeiter und kann ihm – da man ihn ja auch solange bezahlt – noch bis zum letzten Tag gute Arbeit abfordern, dem sei gesagt: Quatsch! Lange Kündigungsfristen helfen nach meiner Erfahrung kaum gegen Lücken, die sich aus Kündigungen durch das Unternehmen und ebenso wenig aus Kündigungen durch Mitarbeiter ergeben. Auch im zweiten Fall wird ein Mitarbeiter, dem man einen schnellen Wechsel in seinen neuen Job mit Hinweis auf seine Kündigungsfrist verwehrt, voraussichtlich keine »Heldentaten« mehr vollbringen. Ich habe deshalb immer gesetzliche Kündigungsfristen vereinbart.

! **Neuro-HR-Tipp**

Für den Mitarbeiter ist die Kündigung immer ein Angriff auf seine Zugehörigkeit zu seiner sozialen Gruppe. Unsere evolutionäre Reaktion muss eine Stressantwort sein, da der Einzelne ohne Gruppe nicht überlebensfähig war. Sollten Sie oder andere Mitarbeiter noch Einfluss auf den ehemaligen Mitarbeiter haben, dann tun Sie alles, um andere soziale Gruppen in den Vordergrund zu stellen, nicht aus Ablenkung, sondern um wieder eine Zugehörigkeit zu schaffen, die verletzt worden ist.

Angesichts des emotionalen W's und seiner Ausschläge nach oben und unten ist es angeraten, dem Mitarbeiter einen Partner zur Seite zu stellen, der ihm neutral und unvorbelastet über diese schwierige Zeit hinweg hilft. Das Angebot von Outplacement-Beratern am Markt ist vielfältig. Die Investition rentiert sich auch für das beauftragende Unternehmen. Es mildert die Schock-, Zorn- und Depressions-Phasen und dämpft das emotionale W zu einer »sanften emotionalen Welle« ab. Auch nach innen für die verbleibenden Mitarbeiter wird es als Zeichen respektvollen Umgangs mit einer schwierigen Phase positiv zur Kenntnis genommen.

Neben dem beschriebenen W-Verlauf der Emotionen gibt es (nach Andrzejewski) bei den von der Kündigung betroffenen Mitarbeitern weitere Reaktionskategorien. Diese stellen das W nicht infrage, sondern ergänzen es. Die folgende Tabelle beschreibt die Reaktionskategorien bei gekündigten Mitarbeitern (nach Andrzejewski: Trennungskultur, ergänzt um den Depressiven).

Beherrschte	<ul><li>Stellen Sie sicher, dass der Betroffene die Nachricht wirklich aufnimmt.</li><li>Wiederholen Sie die Nachricht, wenn nötig, oder formulieren Sie sie neu.</li><li>Achten Sie sorgfältig auf die Reaktionen.</li><li>Versuchen Sie keinesfalls, Emotionen »gewaltsam« in Gang zu setzen.</li><li>Geben Sie der Situation Struktur.</li></ul>
Aggressive	<ul><li>Lassen Sie ihm Zeit, seinem Ärger und seiner Wut Ausdruck zu geben.</li><li>Widerstehen Sie der Versuchung, sich zu verteidigen.</li><li>Sachliche Argumente beruhigen den Aggressiven in der Regel nicht.</li><li>Machen Sie deutlich, dass Sie Aussagen zur Kenntnis nehmen – ruhig bleiben.</li><li>Bleiben Sie bei Ihrer geplanten Gesprächsstrategie.</li></ul>
Depressive	<ul><li>Anders als beim Aggressiven richtet sich hier die Energie gegen den Mitarbeiter selbst.</li><li>Verstärken Sie nicht das Gefühl der Schuld beim Betroffenen.</li><li>Sachliche Argumente ermuntern den Depressiven in der Regel nicht.</li><li>Seien Sie sensibel für Signale der Selbstdestruktion (Suizidgefährdung).</li><li>Bleiben Sie bei Ihrer geplanten Gesprächsstrategie.</li></ul>
Schockierte	<ul><li>Geben Sie dem Betroffenen Zeit, die Mitteilung sacken zu lassen.</li><li>Scheuen Sie nicht davor zurück, Schweigen als Mittel einzusetzen.</li><li>Geben Sie die Möglichkeit, die Schockreaktion in einem Gefühlsausbruch zu entladen (z. B. weinen).</li><li>Geben Sie Hilfestellung durch die Systematik der nächsten Schritte.</li></ul>
Konstruktive	<ul><li>Hören Sie sorgfältig zu.</li><li>Halten Sie so viele Informationen bereit wie möglich.</li><li>Beantworten Sie die Fragen des Mitarbeiters offen und klar.</li><li>Seien Sie präzise in Bezug auf die weiteren Schritte.</li></ul>

Mit dem Wissen um die typischen Reaktionen können Sie sich mental etwas auf die Situation vorbereiten und eine Einschätzung bzgl. der Reaktion des Mitarbeiters vornehmen. Sprechen Sie mit der zuständigen Führungskraft und erarbeiten Sie gemeinsam eine Annahme, wie der Mitarbeiter reagieren könnte. Allein das Sprechen über die Reaktionsarten hilft, sich mental zu rüsten. Da die Kündigungssituation auch für Sie anstrengend genug sein wird, ist ein bisschen Vordenken eine gute mentale Vorbereitung. Die Tipps in der obigen Tabelle helfen, mit der Situation dann besser umzugehen.

Auch wenn es auf den ersten Blick nicht so ersichtlich ist, aber der Konstruktive verursacht manchmal mehr Schaden, als man ahnen würde. Bei diesem Kollegen müssen Sie eine klare Vereinbarung treffen, dass im Unternehmen absolutes Stillschweigen zu wahren ist und die Kommunikation zu Themen wie Übergaben der Aufgaben etc. ausschließlich durch Sie erfolgt. Ansonsten kann es Ihnen passieren, dass »die Katze schon aus dem Sack« ist, während Sie noch auf dem Weg zum Driver Seat sind. Der Kollege hat dann schon seine Übergabe mit dem

Bürokollegen geplant, den Kunden über sein Ausscheiden informiert und sonstige konstruktiv gemeinte Vorbereitungen getroffen.

»Spannend« für die Gestaltung der Kündigungssituation ist natürlich auch der Aggressive, dazu eine weitere kleine Anekdote aus meinem Berater- und Trainerleben:

! **Beispiel**

In dem beschriebenen Beispiel aus den Trennungstrainings bei der Gewerkschaft hatte sich eine Teilnehmerin offensichtlich über mich vorinformiert und dabei wohl mein Buch »Selbstverteidigung im Einsatz« (ein Leitfaden für die militärische Selbstverteidigung) gegoogelt. Sie berichtete von einem anstehenden Trennungsgespräch mit einem recht aggressiven Mitarbeiter, der obendrein ein »Kerl wie ein Baum« ist, während sie eine recht zierliche Dame war. Mit Hinweis auf mein Nahkampfbuch fragte sie mich, wie sie mit dieser Situation umgehen soll. Ihre Hoffnung auf ein paar einfache, aber wirksame »Dirty Tricks« zur Abwehr dieses Aggressiven habe ich enttäuschen müssen, um dem Training nicht eine neue Richtung zu geben. Ich gab ihr aber den Rat, sich eine wirksame Allianz zu schaffen. Mit beisitzenden Kollegen wie dem Betriebsratsvorsitzenden und dem Personalleiter sollte dem betroffenen Mitarbeiter klar werden, dass er sich mit seiner Aggression nicht gegen die Geschäftsführerin allein wenden kann, sondern eine vereinte Allianz der wichtigsten Führungsträger vor sich hatte. Für die Zeit danach bis zum Verlassen des Unternehmens und darüber hinaus empfahl ich einen Outplacement-Berater, der den betroffenen Mitarbeiter in seinem gemäß dem emotionalen W zu erwartenden Zorn immer wieder auf den »emotionalen Boden« zurückholen sollte.

Auch Sie und Ihre zuständige Führungskraft werden emotional reagieren, die Situation wird unweigerlich etwas bei Ihnen auslösen. Auch dafür gibt es typische Reaktionsarten, auf die Sie sich einstellen können: Verdränger, Konfrontierer und Konsens-Sucher. Die folgende Tabelle beschreibt die Reaktionstypen der Führungskraft in Trennungssituationen[42]:

---

42   Nach Andrzejewski, a. a. O., S. 151 ff.

Verdränger

- **Bekannte Verdrängungsstrategien:**
  - Innere Abspaltung: »Ich muss das nicht vertreten, da ich nur ausführendes Organ bin.«
  - Funktionärhaftes Arbeiten: »Das ist ein Job wie jeder andere.«
  - Ausstiegsphantasien: »In 3 Jahren mache ich sowieso alternativen Landbau.«
  - Rationalisieren: »Irgendeiner muss den Job ja machen.«
  - Hoffnung auf bessere Tage: »So kann es ja nicht immer weitergehen.«
  - Ausstieg: »Ich wechsle den Job.«
  - Delegation des Problems an die nächsthöhere Ebene.
- **Verhaltenstipps:**
  - Machen Sie sich die Komplexität und Emotionalität der Trennungssituation bewusst.
  - Sprechen Sie über Ihre Situation und über Ihre Gefühle mit erfahrenen Kollegen, Personalprofis oder einem Coach.
  - Bleiben Sie innerlich am Ball, erlauben Sie sich keine Ausflüchte (muss ja auf Dienstreise ...).
  - Bereiten Sie sich diszipliniert vor.

Konfrontierer

- **Verhalten:**
  - Image des Problemlösers, aber auch des Zerstörers und Vernichters (harter Manager).
  - Je unsicherer er sich in der Rolle des Kündigenden fühlt, desto aggressiver und härter glaubt er, vorgehen zu müssen.
  - Technische Problemlösung unter Einschaltung der »Instanzen« Rechtsanwalt und HR.
- **Verhaltenstipps:**
  - Machen Sie sich bewusst, dass es auch anders geht.
  - Überdenken Sie Ihre Grundeinstellung zur Trennung.
  - Versuchen Sie Ihre Gefühle bewusst wahrzunehmen.
  - Überdenken Sie Ihr Menschen- und Mitarbeiterbild.
  - Verschaffen Sie sich innere Sicherheit. Wer selbst sicher ist, hat keinen Grund, andere »klein« zu machen.
  - Ermutigen Sie sich selbst, Ihre Gefühle zuzulassen.

Konsens-Sucher

- **Verhalten:**
  - Sucht nach fairer und professioneller Lösung, empfindet sich als empathisch und einfühlsam.
  - Wird oft als zu nett und soft wahrgenommen.
  - Dem Mitarbeiter zu ermöglichen, sein Gesicht zu wahren, wird als Schwäche ausgelegt.
  - Eigene Verstrickung mit der Gefühlswelt des Gekündigten kann zu faulen, falschen Kompromissen führen.
- **Verhaltenstipps:**
  - Prüfen Sie sich hinsichtlich Ihrer Grenzen, bleiben Sie innerhalb der für Sie tolerablen Grenzen – emotional und sachlich.
  - Achten Sie auf die Gefahr, zu viele Zugeständnisse zu machen (»Ich muss es nicht allen recht machen«).
  - Sagen Sie sich: »Die Gefühle des anderen gehören zu ihm, nicht zu mir!«
  - Denken Sie an Ihren Auftrag, den Sie gewissenhaft und professionell durchführen wollen.
  - Lassen Sie sich nicht irritieren durch die Aufforderung nach mehr Härte.
  - Bleiben Sie menschlich und fair.

Nach meiner Wahrnehmung kommen Konfrontierer eher selten vor. Diese neigen dazu, Recht haben zu wollen und dem Streit vor Gericht gelassen ins Auge zu schauen. Dadurch werden häufig so viele Geräusche gemacht, dass es zu einem Spektakel mit Öffentlichkeitswirksamkeit wird, was, wie bereits erklärt, schnell negative Auswirkungen auf das Arbeitgeberimage haben kann. Dazu mal wieder eine kleine Anekdote aus meinem Personaler-Leben:

> **❗ Beispiel**
>
> In einem Unternehmen hatte sich der Marketingmanager reichlich Schuld aufgeladen. Er hatte bei dem ehemaligen Gründer des Unternehmens, der mittlerweile ein anderes Unternehmen führte, Dienstleistungen eingekauft und sich u. a. aufgrund »jugendlicher Unerfahrenheit« dafür persönliche Vorteile verschafft. Die Faktenlage war eindeutig genug für eine ordentliche Kündigung wegen arbeitsrechtlicher Pflichtverletzungen. Da der Marketingmanager aber auch jahrelange wertvolle Aufbauarbeit geleistet hatte und sich von dem ehemaligen Gründer offensichtlich verführen hatte lassen, empfahl ich die Verhandlung eines Aufhebungsvertrages, um eine Trennung unter Gesichtswahrung für den Betroffenen zu ermöglichen und der Mannschaft zu zeigen, dass man bemüht ist, auch den Menschen im Mitarbeiter zu wertschätzen. Das geplante Vorgehen wäre für beide Seiten geräuscharm verlaufen.
>
> Eine Abfindung und sonstige Vergünstigungen hätte es dabei natürlich nicht gegeben. Der Aufhebungsvertrag war schnell fertig verhandelt und lag zur Unterschrift vor. Da sprach der CEO unabgesprochen eine fristlose Kündigung aus, um dem Betroffenen einmal zu zeigen »wo Meier den Most holt«. Dies war ein klarer Fall von Konfrontierer-Verhalten, der allerdings mit Pauken und Trompeten vor dem Arbeitsgericht scheiterte. Denn vor dem Arbeitsgericht gilt häufig »im Zweifel für den Schutzbedüftigeren«. Die fristlose Kündigung wurde aufgehoben und in einem Vergleich musste der CEO noch eine Abfindung zahlen, hatte sich kräftig blamiert und in der Branche war der Fall **das** Tagesgespräch. Dummerweise war das Unternehmen in einer Branche tätig, in dem der Kunde Vertrauen als Basis für das Geschäft betrachtete, und das wird durch derlei Schmutzschlachten nicht unterstützt.

3.9.5 Nach der Trennung: Agieren Sie als Organisationsentwickler!

Auch wenn der Vorgang einer Trennung anstrengend ist, darf man sich nachher nicht ausruhen und einfach weitermachen. Selbst wenn man einen Mitarbeiter entlassen hat, der wenig Beitrag oder sogar Schaden im Team angerichtet hat, so heißt es doch, für das betroffene Team Nachsorge zu betreiben und »Wunden zu lecken«. Vergleichen Sie die Trennung mit einer Operation. Selbst wenn man den Eingriff mikroinvasiv gestaltet, also bei der Trennung so professionell wie möglich vorgegangen ist, bleibt es doch ein Eingriff und der muss eine Wundbehandlung nach sich ziehen.

Es wird durch eine Trennung in jedem Fall eine Lücke in die Organisation gerissen. Gewachsene Strukturen werden zerstört oder geheilt. Aber in jedem Fall hat sich etwas verändert, deshalb heißt das Gebot der Stunde »Organisationsentwicklung«. Begleiten Sie also Trennungen bei Ihren HR-Kunden mit Team- bzw. Organisationsentwicklung. Dazu sollten Sie folgende Maßnahmen in Betracht ziehen:

- Teambuilding hilft zusammenzuschweißen, was Risse bekommen hat. Dazu sollte man sich entweder inhouse oder besser noch »offsite« Zeit nehmen und mit interner/externer Moderation den Blick nach vorne richten.
- Die Trennung von Personen kann/muss auch immer Anlass sein, über die Trennung von Funktionen bzw. Aufgaben nachzudenken. (Braucht man die Funktionen und Aufgaben wirklich alle oder nur teilweise?)
- Muss nachbesetzt werden oder kann man mittels Prozess- und Strukturveränderungen mit weniger Ressourcen die gleichen Aufgaben erledigen? In keinem Falle sollten Sie einfach so tun, als wenn sich nichts verändert hat. Die verbleibenden Mitarbeiter müssen mindestens das Gefühl und die Zuversicht entwickeln können, dass es aktive Maßnahmen gibt, um das Arbeitsvolumen in Zukunft schaffen zu können.
- Potenzial zum Ausgleich einer verringerten Ressource steckt meist in der Optimierung von Ablauf- und Aufbauorganisation (Prozesse und Organigramm). Neue Stellenbeschreibungen/Jobprofile entstehen oder es müssen bestehende aktualisiert werden.
- Bei umfänglicheren Änderungen von Jobprofilen müssen ggf. Versetzungen von Mitarbeitern ausgesprochen werden.
- Personalentwicklungsmaßnahmen können oder müssen als Veränderungsbegleitung herangezogen werden, wenn durch eine Umverteilung neue Aufgaben auf Mitarbeiter zukommen.
- Neue Prioritäten sollten festlegt werden, insbesondere, wenn nicht nachbesetzt wird. Vielleicht müssen alle Aufgaben erhalten bleiben, aber nicht jede muss oder kann mit der gleichen Aufmerksamkeit und Intensität erfüllt werden.

3.9.6 Austritts-Interviews als Quelle der Erkenntnis

Wenn ein Mitarbeiter von sich aus das Unternehmen verlässt (Fluktuation), sollte man in jedem Falle nachfragen, warum man ihn nicht binden konnte. Austrittsbzw. Exit-Interviews sind hier eine tolle Möglichkeit, um Schwachstellen in allen wichtigen Elementen der Bindung aufzudecken. Die zuständige Führungskraft muss es aushalten, dass i.d.R. ihre Führungsqualität nicht ganz ungeschoren davonkommt, wenn man fluktuierende Mitarbeiter nach ihren Gründen fragt. Dass Führung und Bindung einen engen Zusammenhang haben, habe ich bereits erläutert. Und dass die Meinung eines ausscheidenden Mitarbeiters nicht mehr ganz frei von kritischen Aspekten ist, sollte klar sein. Aber es liegt an Ihnen, die

»Perlen« herauszufiltern, die Ihnen ermöglichen, Optimierungspotenziale für die Zukunft aufzudecken.

Aber auch wenn Sie sich aktiv von einem Mitarbeiter trennen und Sie Ihre Beweggründe dafür genau vor Augen haben, sollte ein Exit-Interview stattfinden. Denn warum ein Mitarbeiter seine Potenziale nicht heben konnte, was ihn gebremst und gestört hat, ist oft vielfältig. Manchmal stößt man auf ganz neue Erkenntnisse, die bisher nicht ausgesprochen wurden, und wie bereits im Falle der Fluktuation erwähnt, wird auch hier manches über die mangelnde Führungsqualität ausgesagt, was die zuständige Führungskraft Ihnen gegenüber natürlich nicht erwähnt hat, als sie mit den ersten Trennungsgedanken zu Ihnen kam. Ein Mitarbeiter, dessen Austritt vereinbarte Sache ist, gibt eben viel mehr preis als ein Mitarbeiter, dem man in Kritik- oder disziplinarischen Gesprächen unter Führungsdruck gesetzt hat. Denn in solchen Situationen reagiert ein Mitarbeiter naturgemäß verschlossen, weil er befürchtet, dass man seine Äußerungen zu seinem Nachteil auslegt und verwendet.

! **Goldene HRE-Regel**

Das Exit-Gespräch sollte ein neutraler Partner führen. Das kann ggf. in nicht allzu angespannten Situationen der zuständige Personaler sein, besser aber noch wäre es, jemanden aus einem anderen Bereich oder einen Externen einzubinden. Wichtig ist, dass die Wahl auf jemanden fällt, der keine Ambitionen hegt, bestimmte Themen in den Vordergrund zu stellen. So würde ein Betriebsrat ggf. (dies soll keine platte Unterstellung sein, sondern nur ein Beispiel) seine Fragen so stellen, dass Themen an Wichtigkeit gewinnen, deren Änderung der Betriebsrat schon lange der Geschäftsführung abverlangt. Die zuständige Führungskraft hingegen erinnert sich sicher besonders an den Satz »Ich wollte mich regional verändern«, und nicht so sehr an Aussagen, die ihre Führungsweise betreffen.

Als Personaler müssen Sie wissen, welche Fragen man in einem Exit-Interview stellen müsste oder nach welchen Erkenntnissen Sie einen anderen Interviewer fragen lassen sollten, falls Sie es aufgrund Ihrer Beteiligung an einer Trennung an jemand delegiert haben, der neutral ist. Hier einige Beispiele:

- Was empfanden Sie in unserem Unternehmen als motivierend?
- Was empfanden Sie als demotivierend?
- Was hätte passieren müssen, damit Sie Ihre volle Leistungsfähigkeit und Engagement hätten entfalten können? Welche Rahmenbedingungen hätten anders gestaltet sein müssen?
- Was waren die größten Bremser Ihrer Leistungsfähigkeit?
- Was müsste man bei Prozessen und Organisation verbessern?
- Was hätte man im Rahmen des Trennungsprozesses besser machen können?
- Was gab es Positives und Negatives im Team?

Dies sind alles offene Fragen (d.h., sie beginnen immer mit einem W-Wort), die ein Mitarbeiter auch offen beantworten kann und muss. Sie müssen nur die Geduld aufbringen, auf die Antworten des Mitarbeiters zu warten. Legen Sie dem Mitarbeiter keine Antwortoptionen in den Mund, lassen Sie ihn frei seine Antworten formulieren, nur dann bekommen Sie die ehrlichsten Antworten und damit den meisten Nutzen.

An dieser Stelle möchte ich erneut die strategische Wirkung professionellen Trennungsmanagements aufzeigen: Die Erkenntnisse, die Sie aus Exit-Interviews gewinnen, weisen Sie auf die konkreten Schwachstellen in Ihrem Unternehmen hin. Das sind genau die Baustellen, die Leistungserbringung und -willen, aber auch Mitarbeiter-Bindungs-Schwächen und Risiken für Ihren Employer Brand aufdecken. Nutzen Sie die gewonnenen Erkenntnisse weise!

> **Neuro-HR-Tipp**   **!**
>
> Schweigen ist Gold. Wie soeben beschrieben, ist es nicht nur taktisch unklug, bereits Antworten vorzuformulieren: »Sie gehen, weil Sie sich regional verändern wollen, oder?«, sondern es ist auch für unser Gehirn eine Bahnung. Sie bekommen auf diese Weise die vorgebahnten Antworten sehr viel wahrscheinlicher als den ersten Impuls des Mitarbeiters. Wertvoll ist aber genau dieser erste Impuls. Was fällt ihm als erster Motivator ein (oft das Verhältnis zu den Kollegen) und welches ist der erste Demotivator.
>
> Wenn Sie vorbahnen, dann erhalten Sie tendenziell die erwünschten Antworten. Das ist in einem Vertriebsgespräch eine tolle Chance, aber im Exit-Gespräch völlig sinnlos.

3.9.7 Out/New Placement: den Employer Brand bewahren
Autor: Ingo Priebsch

»Outplacement ist Personalentwicklung nach außen« – diesen Satz eines erfahrenen Outplacement-Beraters habe ich seit 12 Jahren im Ohr. Mitarbeiter beobachten genau die Art und Weise, wie Trennungen stattfinden. Das Trennungsgespräch, die Begründung für die Trennung, das Verfahren, das Verhalten der Vorgesetzten, die Art der (Nicht-)Betreuung lösen einen Lernprozess aus. Der wahrgenommene Prozess wird mit den formellen und informellen Werten und Normen des Unternehmens abgeglichen. Falls sich subjektiv wahrgenommene Unterschiede ergeben, ist die Kultur nachhaltig erschüttert. Dies ist umso dramatischer, je öfter von Unternehmensseite aufgrund schwieriger wirtschaftlicher Rahmenbedingungen außergewöhnliche Leistungen der Mitarbeiter eingefordert werden.

Wenn gute Personalentwicklung eine hohe Bindungskraft für Mitarbeiter hat, dann ist Outplacement ein wichtiges Werkzeug für das Employer Branding und hilft durch den Beleg eines fairen Umgangs miteinander bei der Selbstdarstellung als attraktiver Arbeitgeber für zukünftige Bewerber. Zwar ist Employer Branding Aufgabe aller Mitarbeiter und vor allem der Führungskräfte, doch HR kommt eine besondere Rolle und Verantwortung dabei zu, wenn es um Outplacement, dem fairen Trennen von Mitarbeitern, geht. Wer soll Trennungsgespräche vorbereiten und wer unterstützt Führungskräfte bei diesen Gesprächen? Wer wählt auf dem unüberschaubaren Markt der Personaldienstleistungen den richtigen Anbieter für die jeweilige Situation aus? Wer unterstützt Mitarbeiter, die von Trennung betroffen sind, trotz hoher emotionaler Belastung wieder die Blicke nach vorn in die Zukunft zu lenken? Das wollen und können nur ganz wenige Mitarbeiter »in der Linie« und deshalb gehören diese Fähigkeiten in das Portfolio guter und innovativer HR-Abteilungen.

3.9.7.1 Was in einem guten Outplacement passieren wird

Was ist ein gutes Outplacement? Ein gutes Outplacement hilft dem Klienten, nach der Trennung in der kürzestmöglichen Zeit die richtige neue Position auf dem Markt zu finden. Nicht mehr, aber auch nicht weniger. In kurzer Zeit (einige Unternehmen führen kurze Beratungszeiten als Qualitätsmerkmal an) den falschen Job zu finden, ist genauso wenig sinnvoll, wie sich mehr als ein Jahr mit der Zielfindung der neuen Position zu befassen.

Nahezu jedes Outplacement-Unternehmen bietet zeitlich und leistungsmäßig unterschiedliche Beratungsformen an, um den Ansprüchen des Unternehmens und des Mitarbeiters Rechnung zu tragen. Meist zahlt das Unternehmen die Beratung, es gibt jedoch auch Mischformen: Unternehmen und Mitarbeiter teilen sich die Kosten oder das Unternehmen verrechnet die Kosten mit einem Teil der Abfindung. Es kann sinnvoll sein, einem Mitarbeiter, der erst seit wenigen Jahren im Unternehmen ist, insgesamt bereits mehrere Unternehmen durchlaufen hat und noch nicht über 45 Jahre alt ist, etwa eine drei- bis sechsmonatige Beratungszeit anzubieten. In der Form der immer seltener nachgefragten sogenannten »Garantierten Beratung« wird der Klient so lange beraten, bis er eine neue Position gefunden hat. Darüber hinaus wird er durch die Probezeit hindurch weiter begleitet. Scheitert der Klient während der Probezeit aus Gründen, die nicht in seiner persönlichen Verantwortung liegen, wird in den meisten Outplacement-Unternehmen die Beratung wieder so lange aufgenommen, bis erneut eine Stelle gefunden wurde. Garantierte Beratungen sind für Mitarbeiter attraktiv, die ihr Berufsleben weitgehend nur in einem Unternehmen verbracht und sich dort einen »Quasi-Beamtenstatus« erarbeitet haben.

Neben regelmäßigen Sitzungen mit dem Berater bieten gute Outplacement-Unternehmen weitere ergänzende Leistungen an, wie z.B. Büroservice, Computerinfrastruktur, das Nutzen eines Vakanzen-Netzwerkes oder das Erweitern des persönlichen Netzwerkes durch Themenworkshops mit anderen Klienten. Die Digitalisierung hat besonders in den letzten Jahren das Outplacement unabhängiger von Präsenzberatungen gemacht. Beratung durch Onlinesitzungen, Skype oder Intranet-Plattformen gewinnen an Bedeutung und führen zu einer weiteren Demokratisierung von Outplacement, d.h., nicht nur Führungskräfte, sondern immer mehr Spezialisten und Sachbearbeiter bekommen Outplacement im Rahmen von Trennungen angeboten.

Phasen des Einzeloutplacements
Neben Beratungsunternehmen, die anhand eines festen Arbeitsablaufes vorgehen, gibt es einige Anbieter, die dies als zu wenig individuell kritisieren und sich auf ihre Beratungserfahrung und Intuition verlassen. Folgender Ablauf hat sich aber insgesamt bewährt und durchgesetzt.

1. **Trennungsarbeit und Standortbestimmung**
    In der 1. Phase kommt der Trauerarbeit und der sich daraus ergebenden neuen Gedanken eine besondere Bedeutung zu. Auch wenn durch zunehmend kürzere Verweildauer in Unternehmen die Trennungserfahrung der Mitarbeiter steigt, ist es doch ein Unterschied, ob die Trennung selbst oder durch den Arbeitgeber veranlasst wurde. Der Berater wird mit dem Klienten erarbeiten, was die (wahren) Gründe für die Trennung waren und welche Folgerungen daraus abzuleiten sind. Dabei ist der Ansatz potenzialorientiert, d.h., es wird versucht, dem Gedanken zu folgen, dass Veränderungen auch Chancen bieten, sich zu entwickeln und letztlich von der zunächst negativ wahrgenommenen Trennungserfahrung zu profitieren.
    Im Einzelnen geht es in dieser Phase um die folgenden Punkte:
    –   Auseinandersetzen mit der aktuellen Situation und Verarbeitung der Trennungsemotionen;
    –   Analysieren der Trennungsgründe und Folgerungen für die weitere berufliche Entwicklung;
    –   Erkennen der eigenen Potenziale und der persönlichen Wünsche;
    –   Selbst- und Fremdbildanalyse durch arbeitspsychologische Diagnostik.

Neuro-HR-Tipp   **!**
Je mehr positiv emotionale Beispiele der Dienstleister für den Klienten parat hat, desto leichter wird diese Phase. Aus Gehirnsicht ist es besonders wichtig, eine Handlungsfähigkeit wiederherzustellen. Dies geht nur, wenn sich der Klient auf eine zumindest hoffnungsvolle Zukunft einstellen kann. Dann erhält er die Gehirndrogen (Dopamin) und kann so auch als zukünftiger Bewerber handlungsfähig und motiviert wahrgenommen werden.

2. Erarbeiten neuer Ziele

Die 2. Phase dient der Festlegung der Branchen, der Positionen und des Umfeldes, die der Klient mit dem Berater als ideal definiert. Darauf folgt die Erstellung der Bewerbungsunterlagen. Zu dieser Phase gehören:

– Entwickeln eines aussagefähigen Lebenslaufs;
– Festlegen von Zeit und Inhalt der Bewerbung;
– Erarbeiten der Marketingkampagne;
– Einholen von Referenzen;
– Training von Bewerbungsgesprächen.

3. Umsetzen der Strategie

Jetzt wird die individuelle Marketingstrategie umgesetzt und der Verkauf des eigenen Leistungspaketes begonnen. Der Berater unterstützt bei der Suchkampagne durch folgende Maßnahmen:

– Auswählen der Suchmethoden im offenen und verdeckten Stellenmarkt;
– Intensivieren der Kontaktnetzarbeit;
– Erstellen und Abarbeiten einer Liste mit Direktansprache;
– Herstellen von Kontakten zu Personalberatern;
– Vor- und Nachbereiten von Bewerbungsgesprächen.

4. Entscheiden für das beste Angebot und begleitendes Coaching

Hat sich der Klient im Laufe der Beratung ein Angebot erarbeitet, prüft er gemeinsam mit dem Berater, ob das Angebot auch den zu Beginn definierten Bedingungen an Branche, Position und Umfeld entspricht. Im Einzelnen gehören folgende Themen zu dieser Phase:

– Abwägen der verschiedenen Angebote;
– Unterstützen bei den Verhandlungen mit dem potenziellen Arbeitgeber;
– Überprüfen des Anstellungsvertrages;
– Begleiten während der Probezeit.

Durch den intensiven Beratungsprozess entsteht oft eine starke Bindung zwischen Berater und Klient. Gute Outplacement-Unternehmen halten diese Verbindung als Teil eines Alumni-Netzes auch nach der Beratung und verbreitern so das eigene Netzwerk als Basis für die Stellensuche kommender Klienten.

> **!** **Goldene HRE-Regel**
>
> Ein gutes Outplacement ist fordernd und zielgerichtet. Das Ziel ist das zügige Erreichen einer passenden neuen Position. Gutes Outplacement ist Personalentwicklung nach außen und akzeptiertes Mittel im Trennungsmanagement, weil es dem Unternehmen **und** dem Mitarbeiter nützt.

3.9.7.2 Was man beachten muss, wenn man einen Dienstleister auswählt

Outplacement ist in der Regel betroffenen Mitarbeitern nicht bekannt. Erst in der konkreten Trennungssituation informieren sich zumindest einige über die Möglichkeiten und Kompetenzen der unterschiedlichen Beratungsunternehmen. Umso wichtiger ist es, dass die Personalabteilungen Empfehlungen einholen und eine Vorauswahl treffen. Folgende Prüffragen können bei der Auswahl helfen:

- Wie lang ist das Outplacement-Unternehmen bereits am Markt tätig?
- Bietet das Unternehmen die Möglichkeit eines unverbindlichen Informationsgesprächs?
- Kann der Mitarbeiter einen oder mehrere Berater vorab kennenlernen?
- Welche Geschäftsbereiche werden neben Outplacement abgedeckt?
- Wie hoch ist dabei der Anteil von Outplacement?
- Wird mit Dienstleistern (Zeitarbeitsunternehmen, Personalvermittlern) kooperiert?
- Wie groß ist die Anzahl der Berater und wie interdisziplinär sind diese eingesetzt?
- Wie werden die Berater ausgewählt und weitergebildet?
- Welche Branchen, Hierarchieebenen und Berufsfelder werden beraten?
- Wie gut ist das Unternehmen regional, national und international vernetzt?
- Welche Suchstrategien nach neuen Jobs werden eingesetzt und welche Instrumente stehen zur Verfügung?
- Welche Referenzen können genannt werden?
- Wie professionell ist das Unternehmen digital?
- Gibt es regelmäßige, individuelle Beratungsberichte?
- Wie lernen sich die Klienten kennen und werden Netzwerke gebildet?

Gute Outplacement-Unternehmen zeichnen sich darüber hinaus dadurch aus, dass Arbeitspsychologen bei der Analyse der beruflichen Möglichkeiten hinzugezogen werden und ein Beraterwechsel möglich ist. Sehr positiv dargestellte Erfolgsquoten, d.h. die Anzahl von platzierten Klienten innerhalb eines bestimmten Zeitraumes, sind meist nicht zielführend. Nahezu alle Outplacement-Unternehmen nennen Quoten von jenseits 90 % innerhalb eines Jahres. Hier sollten Personaler genau nachfragen. Meist lösen sich diese Aussagen bei näherer Betrachtung in Wohlgefallen auf. Viel wichtiger ist es, Lebensalter, Verweildauer im bisherigen Unternehmen, marktübliches Gehalt und Mobilität der unterstützten Klienten zu bewerten.

Anforderungen an den Outplacement-Berater

Wie der des Coaches ist der Beruf des Outplacement-Beraters nicht geschützt. Zwar existiert ein Berufsbild bei der Agentur für Arbeit, aber einvernehmliche Ausbildungsordnungen oder anerkannte Zertifizierungen sind noch nicht vorhanden. Vor diesem Hintergrund ist es zweckmäßig, die Personalentwicklungsabteilungen, die Kompetenzträger für Training und Coaching im Unternehmen, mit der Auswahl der Berater zu beauftragen und mit den Beratern ein strukturiertes Interview durchzuführen. Dabei kann es sinnvoll sein, mehrere Berater unterschiedlicher Unternehmen in einen Pool aufzunehmen, so wie dies bereits beim Coaching praktiziert wird. Leider spielen jedoch oft finanzielle Aspekte eine Rolle, sodass den Mitarbeitern eine nur vermeintlich günstige Möglichkeit der Beratung vorgeschlagen wird. Seriöse Outplacement-Unternehmen führen grundsätzlich mit den Interessenten ein unverbindliches Gespräch, auch um die Sympathie zwischen Berater und Klient zu prüfen. Über diesen weichen Faktor hinaus gibt es eine Reihe von Kriterien, die es dem Klienten und vorab der Personalentwicklung ermöglichen, die Auswahl des Beraters professionell zu gestalten:

- Welche Erfahrung hat der Berater in der Wirtschaft?
- Hat der Berater eigene qualifizierende Trennungserfahrungen?
- Auf welcher Hierarchiestufe war der Berater tätig?
- Welche Branchen, Berufsgruppen und Unternehmensgrößen sind ihm geläufig?
- Hat er internationale Erfahrung?
- Seit wann ist er als Berater tätig?
- Welche Ausbildungen hat er zusätzlich absolviert?
- Wie viele Beratungen hat er bereits durchgeführt?
- Wie hoch ist seine Kompetenz im Bereich Social Media?
- Wie gut ist er regional, national und international vernetzt?
- Hält er Kontakt zu ehemaligen Klienten?

Entscheidend bei der Wahl des Beraters ist nicht, ob der Klient und Berater aus der gleichen Branche kommen – das kann aufgrund der fachlichen Nähe sogar ein Nachteil sein –, sondern ob der Klient bereit ist, gemeinsam mit dem Berater auch unangenehme Punkte in der beruflichen Laufbahn zu thematisieren und daraus die richtigen Schlüsse zu ziehen. Ein kompetenter Outplacement-Berater ist vertrauensvoller Coach und Ideengeber, aber auch Kritiker und Antreiber, der weiß, wie er Klienten mit Motivationsproblemen unterstützen kann.

! **Goldene HRE-Regel**

Ein gutes Outplacement-Unternehmen für alle Funktions- und Hierarchiegruppen gibt es nicht. Lernen Sie mehrere Unternehmen kennen. Sprechen Sie mit den Beratern über ihre Kompetenzen, nicht mit den Kundenbetreuern. Jede Beratung ist anders. Statistiken und Erfolgsquoten sind für den Einzelfall nicht hilfreich.

3.9.7.3 Der eigene Beitrag: Welche Rolle spielt HR im Outplacement?

HR spielt bei der Trennung von Mitarbeitern die zentrale Rolle. Wie bereits an anderer Stelle behandelt, ist HR das zentrale Bindeglied zwischen Unternehmens- und Mitarbeiterinteresse. HR hat bei Trennungssituationen, bei denen Outplacement erwogen wird (und das sollte immer dort erwogen werden, wo keine fristlosen Kündigungen nötig sind), mehrere Aufgaben.

- **Information der Führungskraft über die Möglichkeit, Outplacement in das Trennungspaket aufzunehmen**
  Linienführungskräfte sind kaum über Outplacement informiert und das wäre wohl auch zu viel verlangt. Gerade weil Outplacement die Konfliktpotenziale einer Trennung verringern kann, ist es notwendig, Führungskräfte darüber umfassend in Kenntnis zu setzen. Wer sollte dies tun, wenn nicht die HR-Experten im Unternehmen?
- **Information des Mitarbeiters über Vorteile, die Outplacement für die berufliche Neuorientierung bietet**
  Zwar nimmt nach Aussage der meisten Outplacement-Unternehmen die Bewerbungskompetenz der Klienten zu, aber die besondere Situation einer vom Unternehmen initiierten Trennung wird von vielen Mitarbeitern unterschätzt. Nach der Devise »Das kann ja nicht so schwer sein« werden in der oft emotional aufgeladenen Stimmung der ersten Wochen gute Kontakte »verbrannt«, günstige mögliche Positionen durch falsches, weil emotionales Verhalten verloren. Aufgabe von HR ist es, ggf. auch mit Nachdruck dafür zu sorgen, dass der Mitarbeiter ein Informationsgespräch führt. Oft hilft dies ungemein, zu einer akzeptierten Trennungsvereinbarung zu kommen.
- **Auswahl eines für den Mitarbeiter geeigneten Outplacement-Anbieters**
  Die Auswahl des Outplacement-Unternehmens, die Art der Maßnahmen und der Begleitung sind Bereiche, die das HR Management maßgeblich betreiben sollte. Ebenso wie die Führungskraft das Trennungsgespräch nicht delegieren darf, sollte HR und eben nicht der Einkauf oder der Betriebsrat die Entscheidung über den Outplacement-Anbieter und die Art der Maßnahmen treffen. Es kann nicht im Sinne des HR Managements sein, diese Kompetenz und Verantwortung abzugeben; dass sich der Einkauf und auch der BR unterstützend einbringen, ist unbenommen.
  Die Struktur der auf Outplacement spezialisierten Unternehmen stellt sich etwa so wie bei den klassischen Personalberatern dar: Neben wenigen national und international tätigen Unternehmen gibt es eine Vielzahl kleiner, teilweise »Einmann«-Beratungsunternehmen mit regionaler Bedeutung. Anfang der 90er Jahre wurde im BDU, dem Bundesverband der deutschen Unternehmensberatungen, eine Fachgruppe für Outplacement ins Leben gerufen. In ihr sind alle großen Anbieter des deutschen Marktes als Mitglieder vertreten.

- **Verhandlung mit dem Anbieter über Dauer und Inhalt des Outplacements, abhängig von Budget und persönlichen Rahmenbedingungen des Mitarbeiters**
  Nicht die teuerste (wird gerne statusorientiert von Topführungskräften gefordert und einigen Outplacement-Unternehmen angeboten) oder billigste Beratung (ggf. durch einen von der global operierenden Muttergesellschaft als weltweiter Rahmenvertrag verhandelt) ist zielführend, sondern die Passung des ausgewählten Beraters und der angebotenen Dienstleistungen. Eine Garantieberatung ist in einigen Fällen sinnvoll.
- **Monitoring des Ablaufs und des Erfolgs der Outplacement-Beratung**
  Gute Outplacement-Unternehmen berichten über den Fortgang der Beratung und die erfolgreiche Neuplatzierung des Klienten. Gute HR-Abteilungen prüfen das, um daraus interne Empfehlungen abzuleiten.

> **!** **Goldene HRE-Regel**
>
> HR spielt die zentrale Rolle: als Ratgeber, Treiber, Verhandlungspartner und Controller. Diese Rolle ist nicht delegierbar und dient der weiteren Stärkung von HR im Unternehmen.

3.9.8 Neuro-HR: Was bei Trennungen im Gehirn abläuft
Autor: Dr. Sebastian Spörer

Wir bekommen häufig die Frage gestellt: Warum sind Trennungen ein so negatives Thema? Beim aktuellen Arbeitsmarkt gibt es kaum Anlass zur Sorge. und in den meisten Fällen sagen die Betroffenen nach 2 Jahren: »Es war gut, dass es so gekommen ist.« Bis auf wenige Ausnahmen ist die negativste Konsequenz eine Gehaltseinbuße. Trotzdem haben so viele Menschen Angst vor der Kündigung und sehen sich in einem solchen Fall vor dem Ruin.

Die Neurobiologie gibt uns Hinweise, warum Trennungen als so gefährlich empfunden werden. Hierzu gibt es einen spannenden Versuch auf dem jungen Feld der Neurobiologie, der bereits als Klassiker gilt. Wissenschaftler waren sich einig, dass körperlicher Schmerz sehr klar von emotionalem Schmerz zu trennen ist. Um herauszufinden, welches Gehirnareal in Verbindung mit Schmerz steht, wurden Probanden mittels Elektrostimulation körperliche Schmerzen an der Hand zugefügt, während diese an einem Gehirn-Scanner angeschlossen waren. Auf diese Weise konnten die Gehirnregionen, die bei Schmerzempfinden aktiviert wurden, lokalisiert werden. Im nächsten Schritt spielten die Probanden zu dritt »Cyberball«, eine Art virtuelles Tennisspiel. Während des Spiels wurde einer der Probanden ausgeschlossen. Beim sozialen Ausschluss reagierte das Gehirn ähnlich wie beim körperlichen Schmerz. Emotionaler Schmerz wird im Gehirn somit wie körperlicher Schmerz repräsentiert. Dies zeigen inzwischen immer mehr Studien.

Wenn der Arbeitgeber eine Trennung ausspricht, dann wird automatisch unser Zugehörigkeitsgefühl angegriffen. Schon die Aussicht auf eine Trennung führt zu einer Verletzung dieses Gefühls. Trennungen sind für uns als Säugetiere in unserer ganzen Entwicklungszeit sehr gefährlich gewesen. Wir haben unser bestes System genutzt, um den Trennungen zu entgehen: unser Stresssystem. Das bedeutet, unsere biologische Veranlagung ist es, soziale Trennung zu vermeiden. Es gilt das Motto: Lieber in einer schlechten Beziehung/Gruppe als in gar keiner. Es ist wieder das Abwägen zwischen unserem Verstand, der weiß, dass eine Trennung eine neue Chance bedeutet, und unserem Emotionssystem. Je nach Veranlagung und Erfahrungen haben wir unsere Emotionen unterschiedlich im Griff. Je ausgeprägter eine grundsätzliche Furcht, desto stärker wird der Mitarbeiter auf eine Trennung oder auf die Aussicht auf Trennung reagieren.

In diesem Zusammenhang ist noch wichtig zu wissen, dass zwischen 15-20 % der Deutschen eine klinisch diagnostizierbare Angststörung haben. Wir reden hier nicht von einigen wenigen Menschen, sondern von sehr vielen Menschen. Im Großen und Ganzen zusammengefasst lässt sich evidenzbasiert sagen: Trennungen sind deshalb ein Problem, weil Menschen zu sozialen Gruppen gehören möchten und ein Ausscheiden aus einer solchen Gruppe gefährlich ist.

Praktisch bedeutet dies: Transfergesellschaften sind eine gute Idee, sie geben eine neue Gruppenzugehörigkeit. Dies ersetzt natürlich nicht einen neuen Arbeitsplatz, kann aber den Schmerz lindern. Als Unternehmen sollten Sie soziale Aktivitäten des gekündigten Mitarbeiters fördern, z. B. ihm als Teil der Abfindung die Mitgliedschaft für ein Jahr in einem Verein/Theater/Gruppe finanzieren. Über eine weitere und neue Gruppenzugehörigkeit helfen Sie dem Mitarbeiter, für sich wieder neue Perspektiven zu entwickeln.

4 Übergeordnete HR-Prozesse außerhalb des HR-Hauses

Autor: Arne Prieß

Das Modell vom HR-Haus hat in den bisherigen Kapiteln eine einfache Zuordnung der gegenwärtigen HR-Bereiche ermöglicht:

- Eingangs- und Ausgangstreppen für die Personalgewinnung und Trennung,
- Fahrstuhl für moderne HR-IT-Systeme, die im ganzen HR-Haus unterstützen,
- Stockwerke für die Hauptbereiche wie
  - Grundsatzfragen,
  - Vergütung,
  - Personalentwicklung und
  - Kommunikation & Führung,
- Räume für die Unterbereiche bzw. operativen HR-Themenfelder,
- ein Dach für die strategischen HR-Themen wie Organisationsentwicklung inkl. HR-Planung und Controlling, alles abgeleitet von der HR-Strategie,
- ein Schornstein für die nach außen sichtbare Arbeitgebermarke.

Es gibt aber Themen, die sich nicht einem dieser Hausbereiche zuordnen lassen, deshalb haben wir sie im 5. Kapitel zusammenfassend aufgeführt. Um das Haus-**Bild** in diesem Kapitel nicht ganz zu verlieren, möchte ich gerne diese Themen über die »Inneneinrichtung« in die Haus-Architektur einpassen.

Ob Sie ein Haus als »heimelig« empfinden und als Ihr Zuhause bezeichnen, entscheiden Sie erst, wenn Sie das ganze Haus gesehen, »gefühlt und erlebt« haben. So ist es auch mit der Mitarbeiterbindung. Diese entsteht eben nicht in einem Raum wie z.B. »Variable Vergütung« bzw. nur da. Sie entsteht auch, weil an vielen Stellen des Hauses die richtigen Möbel stehen und das Haus ihnen insgesamt wohnlich und wohnenswert erscheint. Deshalb ist Mitarbeiterbindung letztendlich ein Ergebnis der gesamten »Innen- und Außenarchitektur«. Genau verhält es sich mit dem Thema Gesundheitsmanagement, das durch das Zusammenspiel vieler kleiner Maßnahmen und Konzepte einen nachhaltigen, »heimeligen« Effekt hat. Das neue Themenfeld HR 2.0 bzw. Digitalisierung von HR könnten Sie der Digitalisierung von Häusern zuordnen. Während im Hausbau der digitale Kühlschrank bereits die Bestellungen im Online-Supermarkt aufgibt und die zentrale Heizungsanlage die Räume entsprechend der jeweiligen Sonneneinstrahlung automatisch angenehm temperiert, findet im HR-Haus 2.0 z.B. eine unaufhaltsame Verschmelzung von Social Media mit zahlreichen HR-Themenfeldern statt.

Folgende valide Annahme ergibt sich als Quintessenz aus den Themen dieses Kapitels:

! Ein motivierter und gesunder Mitarbeiter,
leistet gut und gerne und ist dem Unternehmen loyal verbunden.

! **Neuro-HR-Tipp**

Aus Medizin und Psychologie wird immer deutlicher, dass Leistung eine biologische Komponente hat. Was bereits sehr früh mit dem Satz: »Ein gesunder Geist in einem gesunden Körper« beschrieben wurde, ist heute die Psycho-Neuro-Immunologie. HR und Führungskräfte dahingehend zu trainieren, dass sie erkennen, welche Schrauben zu einer begeisterten Hochleistungskultur führen, ist die zentrale Aufgabe von Leistungsmanagement. Nur ein umfassender Blick auf Gesundheit, Arbeitsbedingungen, Führung und Freizeitgestaltung verspricht, die richtigen Schrauben für Hochleistung zu finden.
Ein Beispiel dafür ist erneut der Botenstoff Dopamin, der unsere Gehirndrogen auslöst. Dieser Botenstoff besteht aus einer Eiweißstruktur. Begeisterung muss gegessen werden – ein Plädoyer für eiweißreiche Nahrung! Außerdem wird Dopamin durch Bewegung angeregt. Wenn wir Bewegung mit Zielen koppeln, dann ist die Wahrscheinlichkeit, Drogen für die Ziele zu erhalten, höher.

4.1 Mitarbeiterbindung – das House of Choice aus Sicht des Mitarbeiters

Autor: Arne Prieß

Jeder verlorene Mitarbeiter kann bis zu 1-2 Jahresgehälter kosten. Diese gewaltige Summe ergibt sich aus vielen Bestandteilen und ist vergleichbar mit den Kosten bei einer missglückten Einstellung, bei der zu den direkten Kosten der Nachbesetzung zahlreiche teure Kollateralschäden hinzukommen. Die Nachteile bei der Kündigung eines Mitarbeiters können sein:

- verringerte Produktivität des ausgeschiedenen Mitarbeiters im Vorfelde des Abgangs;
- Kollateralschäden im Team (z.B. Überbelastung, gerissene Beziehungen) und bei Kunden (z.B. Vertrauensverlust zum Unternehmen);
- Recruitment-Kosten für die Nachbesetzung;
- erhöhter Führungsaufwand;
- erhöhter Aufwand in der Personalabteilung;
- gestiegene Gehälter am Markt;
- Einarbeitung des neuen Mitarbeiters;
- geringere Produktivität bis zur erfolgreichen Integration des neuen Mitarbeiters.

Es gilt also insbesondere, die leistungsfähigen und für den Erfolg des Unternehmens wichtigen Mitarbeiter zu binden. Dies ist zunehmend die leichtere Aufgabe bzw. das intelligentere Vorgehen, als eine Nachbesetzung erfolgreich zu gestalten. Nachfolgend der Versuch einer Definition, was Mitarbeiterbindung charakterisiert:

Mitarbeiterbindung ist aus …
- **… Mitarbeiter-Sicht:**
  - die gefühlte Anziehungskraft eines Unternehmens, die ihn bewusst zum Bleiben bewegt, obwohl er die Möglichkeit zum Gehen hätte.
  - Sie liegt vor, wenn die Gravitation eines Heimat-Planeten (Unternehmen) stärker ist als die Fliehkraft seiner Satelliten (Mitarbeiter).
- **… Unternehmens-Sicht:**
  - die Summe aller Maßnahmen, Elemente und Prozesse, die ein Unternehmen bewusst oder unbewusst betreibt mit der Absicht, insbesondere die richtigen, also erfolgskritischen Mitarbeiter im Unternehmen zu halten.

Wichtig für den Erfolg sind beileibe nicht mehr nur Fach- und Führungskräfte. In einer meiner vielen Vortragsveranstaltungen zu diesem Thema berichtete ein Personalleiter davon, wie sein Getränkehandelsunternehmen in der Hochsaison mehrere Millionen Umsatz nicht erzielen konnte, weil nicht genügend Gabelstapler zur Beladung der Lastwagen zu finden waren. An welcher Stelle in Ihren Business-Prozessen das höchste Risiko steckt, sollten Sie beleuchten. Manchmal ist es einfacher, einen Teamleiter nachzubesetzen als den besten Fachmann im Team.

Das hier vorgeschlagene Modell zur Mitarbeiterbindung nennt sich »House of Choice«. Es zeigt das HR-Haus aus der Sicht eines Mitarbeiters und beschreibt anschaulich und einprägsam ein ganzheitliches Verständnis davon, wie Mitarbeiterbindung durch vielfältige Maßnahmen unterstützt werden kann und muss. Meine Erfahrungen zeigen, dass man sich nicht auf eine Maßnahme fokussieren darf, wenn man seine vielfältige Belegschaft binden möchte. So wie jeder Mitarbeiter ganz individuelle Motivatoren besitzt und persönliche Beweggründe zum Bleiben oder Gehen hat, so muss auch das Spektrum der Bindungsmaßnahmen vielfältig sein. Deshalb hat dieses »House of Choice« viele Räume, d.h. viele Möglichkeiten zur Auswahl, damit der Mitarbeiter sich die jeweils für ihn passende auswählen kann.

Gleichwohl kann man nicht alles bzw. sollte – bei begrenzten Ressourcen – die Prozesse nicht halbherzig aufsetzen. Aber man sollte ein »Zielfoto« vor Augen haben, das es sukzessive mit Leben zu füllen gilt und das die Mitarbeiter als eine ernsthafte und glaubhafte Absicht des Arbeitgebers für hohe Mitarbeiterorientierung erkennen. In jedem Fall sollte aber großer Wert auf gute und professionelle Mitarbeiterführung gelegt werden, denn es gilt das schon weiter oben zitierte Gesetz: »Mitarbeiter verlassen nicht Unternehmen, Mitarbeiter verlassen Führungskräfte!«

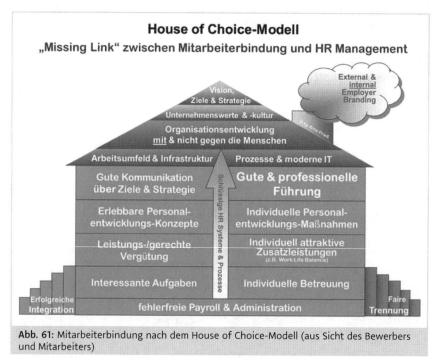

Abb. 61: Mitarbeiterbindung nach dem House of Choice-Modell (aus Sicht des Bewerbers und Mitarbeiters)

Auf Basis meines Modells können Sie für Ihr Unternehmen ein individuelles House of Choice entwerfen und mit der Entwicklung der entsprechenden HR-Konzepte und -Maßnahmen schrittweise umsetzen. Setzen Sie sich als Personaler dafür ein, denn es ist weitaus einfacher und intelligenter, gute Mitarbeiter zu binden und die besten Bewerber für Ihr Unternehmen zu interessieren, als eine Durchlaufstation für enttäuschte Mitarbeiter zu sein.

Das House of Choice bietet bis zu 15 Elemente in der vollen Ausbaustufe, die es zu entwickeln, erfolgreich zu implementieren und nachhaltig zu betreiben gilt. Hier werden sie und die Rolle der Führungskräfte darin erklärt.

1. **Erfolgreiche Integration:** Mitarbeiter müssen fachlich und sozial im neuen Unternehmen »anwachsen«, dann werden sie bleiben und leistungsfähig sein. Halten Sie hierfür Ihre Versprechen aus dem Recruitment ein, die ersten Enttäuschungen sind die, die am meisten schmerzen!

2. **Fehlerfreie Payroll & Administration:** Was klappen muss, muss klappen – vermeiden Sie Fehler bei Hygienefaktoren. Achten Sie darauf, dass die Personaladministration alle Informationen hat, die sie für eine ordnungsgemäße Aufgabenerfüllung benötigen. Wenn Sie die Information zur Änderung der

Steuerklasse auf Ihrem Schreibtisch liegenlassen, verursacht das nicht nur mehr Arbeit für die Administration und Nachteile für den Mitarbeiter, sondern ist auch ein Zeichen des mangelnden Respekts gegenüber dem Mitarbeiter.

3. **Interessante Aufgaben:** Setzen Sie die richtigen Leute auf die passenden Jobs. Ob etwas für einen Mitarbeiter interessant ist, ergibt sich aus seinen Erwartungen, Hoffnungen, Kompetenzen und aus persönlichen Eigenschaften. Mancher erfolglose Vertriebs-Außendienst-Mitarbeiter ist im Sales-Backoffice die beste Kraft!

4. **Individuelle Betreuung:** Zeigen Sie mit persönlicher Ansprache echtes Interesse an den Themen des Mitarbeiters und wertschätzen Sie Erfolge und auch persönliche Belange. Mitarbeiter sind menschliche Individuen und keine genormten Maschinen!

5. **Leistungs-/gerechte Vergütung:** Compensation muss der Leistung und der Wertschöpfung des Mitarbeiters gerecht werden. Nutzen Sie bestehende Systeme oder fordern Sie bessere ein, wenn Sie und die Mitarbeiter das Gefühl haben, dass die Vergütung unfair geregelt ist. Von Tarifsystemen abgesehen, haben Unternehmen ausreichend Spielräume, um sich um Leistungsgerechtigkeit und Marktfähigkeit der Gehälter zu bemühen (siehe auch Kapitel 3.4).

6. **Individuelle attraktive Zusatzleistungen:** Benefits dürfen nicht nach dem Gießkannen-Prinzip verteilt werden, sondern sollten zugeschnitten auf Berufs-/Lebensphasen zur Verfügung stehen, sodass insbesondere Work-Life-Balance klappt. Jemand, der gestern noch die Benefits für einen Single als attraktiv empfand (Fitnessprogramme, kreative Firmenwagenregelung mit Cabrios, lange Urlaube am Stück mit Fernreisen etc.), will morgen nach der Heirat und anlässlich des ersten Kindes ganz andere Zusatzleistungen (Risikoversicherung, Familien-Van, Elternzeit, Krippenzuschuss etc.).

7. **Erlebbare Personalentwicklungskonzepte:** Transparente Entwicklungsperspektiven und Personalentwicklungsprozesse, die nachweislich helfen, diese zu erreichen, sind starke Ankerketten. Wer Perspektiven vor Augen hat und den Weg dorthin als bereichernd erlebt, muss sich nicht nach neuen Ankerplätzen umschauen. Es nützen aber auch keine High-Potential-Programme, wenn dieses nur die wenigsten Kollegen betrifft. Personalentwicklung muss bei allen erlebbar sein, in kleinen und in größeren Schritten.

8. **Individuelle Personalentwicklungsmaßnahmen:** Der einzelne Mitarbeiter muss lernen und sich weiterentwickeln können sowie alle Maßnahmen dazu als seine Personalentwicklung verstehen; das 4-Schrauben-Modell ist dafür die Grundlage.

9. **Gute Kommunikation über Ziele & Strategie:** Dem Mitarbeiter muss klar gesagt werden, wo es hingehen soll und wie man es gemeinsam mit dem Mitarbeiter schaffen will. Nichts ist stärker als ein mitgetragenes attraktives und nachvollziehbares Ziel. Dies erlebt jeder Segler, wenn nach langem Törn

das Land in Sicht kommt. Plötzlich ist man frisch und konzentriert und die Energie für die Strecke bis zum Ziel kommt wie von selbst.

10. **Gute & professionelle Führung:** Die drei wichtigsten Worte der Bindung sind Führung, Führung, Führung!

11. **Arbeitsumfeld & Infrastruktur:** Mitarbeiter müssen sich wohlfühlen, im und um das Unternehmen herum. Schaffen Sie Infrastruktur und Umgebungen, in denen Arbeiten, Leisten, Lernen und Entwickeln erfolgreich gelingen können! Bleiben Sie flexibel in punkto Arbeitszeiten, -orte (warum nicht einmal Konzeptarbeit von zu Hause, solange Arbeitssicherheit gegeben ist) und -einsatz Ihrer Mitarbeiter und investieren Sie in moderne Arbeitsmittel und eine angenehme Atmosphäre.

12. **Prozesse & moderne IT:** Wer seine Ziele kennt, will effektiv und effizient arbeiten. Dabei helfen gute und bekannte Prozesse und eine arbeitserleichternde IT. Hören Sie auf die Klagen und setzen Sie mit Verbesserungen an, damit unnötiger Sand aus dem Getriebe kommt.

13. **Organisationsentwicklung mit und nicht gegen die Menschen:** Bei Veränderungen gilt es, die »Betroffenen zu Beteiligten zu machen« und nicht umgekehrt (»Beteiligte zu Betroffenen zu machen«); Change Management ist eine unerlässliche Kompetenz für die HR-Kollegen und alle Führungskräfte. Manches Unternehmen hat jahrelang eine hohe Bindung zu seinen Mitarbeitern aufgebaut, um sie dann bei einer einzigen Organisationsänderung auf null zu fahren.

14. **Unternehmenswerte & -kultur:** Unterstützen Sie gelebte Werte in einer positiv erlebten Kultur statt Lippenbekenntnisse! Dazu gehört u.a. auch ein faires Trennungsmanagement.

15. **Vision, Ziele & Strategie:** Eine große Kraft und Faszination geht davon aus, zu wissen (und zu sagen), wo man langfristig hin und wie man den Weg beschreiten will – und was jeder einzelne dazu beitragen kann und soll.

4.2 Gesundheitsmanagement 1: Einstieg und Überblick
Autor: Tim Oliver Goldmann

In diesem Abschnitt beleuchte ich Ihnen das Thema Gesundheitsmanagement bewusst aus explizit nur einer Perspektive. Natürlich könnte ich hier den sicherlich auch interessanten gesetzlichen Anspruch und dessen Absicht darstellen, aber es ist vielmehr mein Interesse, den Nutzen für den Arbeitgeber und die Arbeitnehmer darzustellen, anstatt die gesetzlichen und sozialversicherungsrechtlichen Aspekte zu wiederholen.

Unter dem Begriff Gesundheitsmanagement will ich aber hier nicht nur einzelne wirkungsvolle Aktivitäten darstellen und zusammenfassen, denn das wäre zu kurz gesprungen. Leider erlebe ich diesen begrenzten Ansatz sehr oft bei einzelnen meiner Kunden. Die dort vorgefundene Ansammlung von einzelnen, nicht miteinander in einem Gesamtkonzept vernetzten gesundheitlichen Aktivitäten war sicher nicht die Absicht dieser Unternehmen. Oft ist dieser einfach der Tatsache geschuldet, dass Gesundheitsmanagement sehr langsam, über einen langen Zeitraum und immer nur punktuell lanciert worden ist. So haben die Unternehmen situativ auf diesen oder jenen Impuls reagiert: im Rahmen eines Projektes, mit einer kleinen Arbeitsgruppe aus dem Kreise des Ausschusses für Arbeitssicherheit, auf Anraten des Betriebsrates oder ggfs. auf die Initiative der Fachkraft für Arbeitssicherheit. Hier lässt sich bereits erkennen, wie erfolgversprechend diese Vorgehensweise ist: Gar nicht! Es braucht einen ganz anderen Ansatz.

4.2.1 Wer sind die Treiber eines Gesundheitskonzeptes?

Um zielorientiert die Gesundheit der Mitarbeiter zu erfassen, ggfs. zu stabilisieren und perspektivisch zu erhalten, ist ein Konzept erforderlich. Gesundheitsmanagement enthält die Begriffe Gesundheit **und** Management. Wenn Gesundheit für den Inhalt steht, dann sollte Management für die Vorgehensweise stehen. »Managen« steht für »etwas bewältigen«, »etwas organisieren« und »etwas erfolgreich durchführen« – damit stehen das Organisieren der Gesundheit und ihre erfolgreiche Durchführung im Vordergrund. Wenn die Unternehmensführung dieses Thema erfolgreich betreiben will, muss sie auch alle Führungskräfte im Management damit beauftragen, es **vorbildlich** zu betreiben: Es muss also zur Führungsaufgabe werden.

Welche Konsequenzen ergeben sich daraus? Wird das Thema Top-down geführt, dann besteht kein Zweifel daran, dass es der Unternehmensleitung wichtig ist und damit eine hohe Erwartungshaltung für die erfolgreiche Umsetzung verknüpft wird. Doch woran kann ich einen Erfolg festmachen? Sicher an messbaren Veränderungen von Ergebnissen oder Verhältnissen. Hierzu müssen in die Unternehmensziele auch messbare Ziele zum Thema Gesundheit einbezogen werden. Anhand eines Beispiels können Sie das gut nachvollziehen:

Beispiel   **!**

Im Rahmen der vorhandenen Kennzahlen stellt eine Unternehmensführung fest, dass sowohl die Fehlzeitenquote als auch die Anzahl der Arbeitsunfälle im Branchenvergleich überdurchschnittlich ausgeprägt sind. Beide Kennzahlen beeinflussen durch sehr hohe Kosten auch unmittelbar das Ergebnis des Unternehmens. Nun gilt es, hier nicht nur den Kostenaspekt zu beleuchten, sondern den jeweiligen Nutzen der besseren Gesundheit der Mitarbeiter.

Infolgedessen hat das Unternehmen eine Gesundheitsquote, die Umkehrung der Fehlzeitenquote und eine Zielkennziffer maximaler Arbeitsunfälle in die Unternehmensziele
aufgenommen. Diese Kennziffern haben sie in die Ziele der jeweiligen Führungsebenen
eingebracht und sichern sich im Zielvereinbarungsgespräch mit sehr spezifischen Maßnahmen die Umsetzung des Gesundheitsmanagements und dessen Ziele.
Ich will ausdrücklich nicht darauf abheben, dass das Gesundheitsmanagement zielgerichteter betrieben wird, wenn die variable Vergütung der Führungskräfte daran
geknüpft ist. Es geht hier auch nicht darum, tatsächlich kranke Mitarbeiter an den
Arbeitsplatz zu holen, nur um eine hohe Anwesenheits- oder Gesundheitsquote
zu erreichen. Beides zielt nur auf die ablesbare Kennziffer ab und ändert nichts an
dem Verhalten der Führungskräfte und der Mitarbeiter.

Der Arbeitgeber kann durch erfolgreiches Gesundheitsmanagement neben der
Kostenreduzierung eine höhere Anwesenheit, bessere Planbarkeit, gegebenenfalls eine bessere Qualität und weitere Vorteile für sich erreichen. Wenn die Maßnahmen auch aus der Perspektive der Mitarbeiter betrachtet und kommuniziert
werden, können diese eine ausgeprägte Fürsorge der Führungskräfte erkennen.
Sie nehmen die Maßnahmen dann nicht nur als Mittel zur Kostenreduzierung
wahr, sondern zudem als Maßnahmen mit persönlichem, individuellem Nutzen,
weil ihre Gesundheit geschont wird.

Der Vollständigkeit halber sei hier aber schon erwähnt, dass Führungskräfte ihre
Mitarbeiter eher für bestimmte Arbeitszeiten für Gesundheitsaktivitäten frei-
stellen, wenn ihre eigene variable Vergütung an den Erfolg gekoppelt ist. Viel
zielführender ist es aber immer, wenn die Führungskräfte selbst an den Aktivitäten teilnehmen und dabei bestenfalls als Vorbild fungieren. Das signalisiert
die Identifikation des Chefs mit den Gesundheitsthemen. Gleichermaßen gilt es
als »Erlaubnis« zur Teilnahme, wenn die Führungskraft selbst teilnimmt, und am
besten wirkt es, wenn Führungskräfte mit ihrem Team gemeinsam teilnehmen.
Das stärkt die Kommunikation untereinander, schafft auf ganz neuer Ebene einen gemeinschaftlichen Geist und fördert den gegenseitigen Ansporn, gemeinsam etwas für die Gesundheit zu leisten.

4.2.2 Warum eigentlich Gesundheit der Mitarbeiter?

Überall dort, wo die Mitarbeiter den wesentlichen Wertschöpfungsfaktor ausmachen, beantwortet sich diese Frage von allein: Wenn meine Mitarbeiter nicht
gesund sind, können sie nicht die volle Leistung entfalten. Wenn die Mitarbeiter
krankheitsbedingt fehlen, gilt es, diesen Zustand zu kompensieren. Diese Kom-
pensation ist nur selten besser als der Originalzustand. In beiden Fällen ist die Gesundheit der Mitarbeiter eine zwingende Voraussetzung für die Wertschöpfung.

Die Arbeitsverdichtung, die stetig zunehmende Geschwindigkeit in den Arbeits-
prozessen und die hohen Qualitätsansprüche an unsere Arbeit fordern den Mitarbeitern in gleicher Zeit immer mehr Leistung ab. Durch Prozessverbesserungen
fallen dazu häufig genug Tätigkeiten weg, die den Mitarbeitern zwischendurch
eine Verschnaufpause erlaubt haben. Nach Einführung der digitalen Personalakte hat mir eine Mitarbeiterin mitgeteilt, wie schön schlank der Prozess der
Ablage jetzt läuft, dass sie aber schon jetzt die Verschnaufpause der Ablage im
Archiv vermisse.

Viele Unternehmen sind tatsächlich an einer intakten Gesundheit und damit an
einer hohen physischen und psychischen Resilienz ihrer Mitarbeiter interessiert.
Manche vermarkten das unter dem Aspekt Arbeitgeberattraktivität. Wieder andere betrachten nur die hohen Kosten der Lohnfortzahlung und sind genau deshalb an der Gesundheit der Mitarbeiter interessiert. Der Vollständigkeit halber
sei hier kurz erwähnt, dass der Gesetzgeber ein Betriebliches Wiedereingliede-
rungsmanagement und damit auch die Analyse Psychischer Belastungen schon
seit 2013 mit der Ergänzung des Arbeitsschutzgesetzes im § 5 Absatz 3 Nr. 6 Arb-
SchG vorschreibt. Beides sind ebenfalls gute Rechtfertigungsgründe, warum
die Gesundheit der Mitarbeiter nicht nur mehr Aufmerksamkeit erfahren sollte,
sondern konkrete Maßnahmen zu ergreifen sind.

> **Neuro-HR-Tipp**   **!**
> Faszinierend ist, wie in den letzten Jahren immer deutlicher wurde, dass es nur we-
> nig Unterschiede in der Ursache zwischen körperlichen und psychischen Erkrankun-
> gen gibt. Ein entzündeter Zahn kann sowohl zu einer Depression als auch zu einem
> Bandscheibenvorfall führen. Eine psychische Erkrankung kann Ursache oder Folge
> einer Achillesfersenverletzung sein.
> Denken Sie nie einseitig, dass eine Krankheit nicht ein Ausdruck des Gesamtsystems
> ist. Medizinisch sind diese Wirkmechanismen inzwischen sehr gut nachgewiesen.

4.2.3 Konzeptentwicklung zum Gesundheitsmanagement

4.2.3.1 Die Basis: Situationsanalyse

Meine Empfehlung für einen idealen Einstieg in das Gesundheitsmanagement ist
eine konkrete Situationsanalyse. Prüfen Sie, an welchen Stellen und Arbeitsplät-
zen in Ihrem Unternehmen die Gesundheit der Mitarbeiter im Vergleich zu anderen weniger gut ausgeprägt ist. Dazu bedienen Sie sich z.B. der vorhandenen
Ergebnisse der betriebsärztlichen Gefährdungsbeurteilung und der Beurteilung
der psychischen Belastungen, der Fehlzeitenquote, der Hinweise der Fachkraft
für Arbeitssicherheit und, wenn vorhanden, der Hinweise des Betriebsrates. Sie

können auch die Krankenkassen, an die Sie die Sozialversicherungsbeiträge abführen, beteiligen und von diesen einen Gesundheitsreport zu den am häufigsten auftretenden Krankheitsbildern abfordern und entsprechend auswerten.

Diese Aufzählung erhebt keinen Anspruch auf Vollständigkeit. Nutzen Sie unternehmensspezifisch die Ihnen zur Verfügung stehenden Quellen, um die derzeitige Situation in Ihrem Hause zu erfassen. Daraus können Sie dann erste Maßnahmen entwickeln, welche Aktivitäten hilfreich und zielführend sein können.

4.2.3.2 Vorgehen, wenn es mehr als ein Flickenteppich werden soll

Aus der o.g. Situationsanalyse gilt es, das Konzept zu entwickeln. Für ein Konzept benötigen Sie eine klare Zielsetzung, was Sie mit den zukünftigen Aktivitäten verändern oder verbessern wollen. Diese Zielsetzung kann sehr unterschiedlich sein. Aus Sicht der Arbeitssicherheit geht es meistens darum, die Anzahl der Arbeitsunfälle zu reduzieren. Aus betriebswirtschaftlicher Sicht gilt es, die Lohnfortzahlungskosten überschaubar zu halten und möglichst wenige Abgaben an die Berufsgenossenschaften zu entrichten. Die Fürsorgepflicht animiert die Unternehmer, einen betrieblichen Beitrag zur Gesundheit der Mitarbeiter beizutragen.

Ich strebe in jedem Fall immer eher präventive Maßnahmen an, die die Ursachen beheben und nicht nur an den Auswirkungen justieren. Dazu benötigen Sie als Ausgangssituation die genaue und transparente Situationsanalyse, aus der heraus Sie die maßgeblichen Hebelwirkungen ableiten können. Das gelingt immer dann besonders gut, wenn auch der Belegschaft die Gelegenheit gegeben wird, reale Meinungen abzugeben. Dies kann über Befragungen, Gesprächen in Peer-Groups etc. erfolgen. Nutzen Sie dazu die in Ihrem Hause zur Verfügung stehenden Mittel, aufgrund der vielfältigen unternehmensspezifischen Situationen kann ich Ihnen hier kein Patentrezept beschreiben. Wesentlich ist, dass Sie aus der Situationsanalyse Ziele ableiten können, die den zukünftigen Aktivitäten einen Rahmen und eine Wirkungsrichtung geben.

Achtung !

Manche Unternehmen bewältigen diese Aufgabe schlichtweg nutzengetrieben. Sie definieren, welchen Nutzen das Unternehmen haben will und bestenfalls, welchen Nutzen die Mitarbeiter vom Gesundheitsmanagement haben sollen. An der Stelle, wo Sie einen individuellen Nutzen für den Mitarbeiter erreichen wollen, wird es aber auch gleich sehr komplex. Denn dieser ist schlimmstenfalls für jeden Mitarbeiter ein anderer, weil er sehr subjektiv empfunden wird, das macht es in diesem Zusammenhang anspruchsvoll. Hier verfolge ich nicht das Ziel, alle Mitarbeiter unter »einen Schirm zu bekommen«. Es bleibt aber erstrebenswert, möglichst viele mit den Maßnahmen des Gesundheitsmanagements zu erreichen. Der Fokus sollte dabei nicht auf den Mitarbeitern und Mitarbeitergruppen liegen, die sich auch schon privat umfangreich dem Sport und der Gesundheit widmen, die sind ohnehin leicht zu begeistern. Es gilt diejenigen anzusprechen und zu mobilisieren, die hier noch Entwicklungspotenzial haben.

Das sollte für Ihr Konzept auch der treibende Faktor sein, wenn es um die einzelnen Maßnahmen und deren Inhalt geht: Orientieren Sie sich bitte nicht in erster Linie daran, was das Unternehmen am einfachsten anbieten und umsetzen kann. In diesem Fall erhalten Sie schnell die obligatorischen Laufgruppen, die Fußballmannschaft, die Walking-AG und wie die Aktivitäten im Einzelnen heißen mögen. An diesen beteiligen sich zu häufig eben doch nur die, die schon hinreichend gesund leben. Prüfen Sie vielmehr, welche Zielgruppen wollen Sie ansprechen? Welche Möglichkeiten zum Thema Gesundheit sind dann anzubieten und mit welchen Abholpunkten können Sie die zu motivierenden Mitarbeiter mit den neuen Maßnahmen verknüpfen?

4.2.3.3 Beispiel Gesundheitstage

Sie erahnen schon, dies ist ebenfalls sehr unternehmens- und mitarbeiterspezifisch. Deshalb versuche ich auch gar nicht erst, Ihnen hier ein allgemeingültiges Konzept vorzuschlagen. Vielmehr möchte ich Ihnen anhand mehrerer Beispiele darstellen, wie es sinnvollerweise funktionieren kann.

! **Beispiel**

Zum Gesundheitsmanagement kann es eine Vielzahl an Aktivitäten geben. In dem ersten Beispiel war das Ziel, die psychische und physische Resilienz der Mitarbeiter zu erhöhen. Deshalb hatte ich für das Unternehmen bei den beiden am meisten repräsentierten Krankenkassen je einen Gesundheitsreport beantragt und anschließend ausgewertet. Aus diesen beiden Berichten ließ sich sehr gut herauslesen, welche Gesundheitsthemen zu fokussieren waren. Diese standen übrigens auch im Zusammenhang mit der hohen Fehlzeitenquote. Damit lagen gleich mehrere Hinweise vor, welche Gesundheitsthemen für die im Rahmen des Konzeptes geplanten Gesundheitstage zu berücksichtigen waren. Im Rahmen eines Gesundheitstages plante das Unternehmen, die zu fokussierenden Themen (Skeletterkrankungen, Ernährung, Bewegung etc.) im Rahmen von verschiedenen Stationen auszustellen. Sie können sich den Gesundheitstag wie einen »Marktplatz« mit Anbietern vorstellen. Sie bekommen an den »Marktständen« Informationen zum jeweiligen Thema, Tipps zur Umsetzung und Hinweise zur Integration der Maßnahmen in Ihren Arbeitsalltag. Zum Thema Bewegung gibt es einen Marktstand mit Informationen zur Bewegung allgemein und zu den positiven Aspekten der Bewegung für den gesamten Körper. Dabei erhalten Sie den Hinweis, dass Sie täglich ca. 7.000 Schritte absolvieren sollten. Interessierten Mitarbeitern kann ein Schrittzähler zur Verfügung gestellt werden, um tagesgenau ablesen zu können, wie viel oder wenig sie sich bei der Arbeit bewegen und wie viel Bewegung am Rest des Tages noch zu absolvieren wäre, um das Tagespensum zu erreichen.

Der Aha-Effekt war bei vielen Mitarbeitern in der Verwaltung des Unternehmens sehr groß, weil diese feststellen konnten, dass sie an einem normalen Arbeitstag nicht mehr als 3.500 Schritte und damit nur 50 % des Tagespensums während der Arbeitszeit erreichten. Diese waren anschließend gut für das Thema »Ausreichende Bewegung« sensibilisiert. In einem anderen Unternehmen ist als eine der Folgeaktivitäten ein Team-Wettbewerb durchgeführt worden. Teams mit maximal 5 Teilnehmern konnten sich anmelden und bekamen jeweils einen Schrittzähler. Der Wettbewerb bestand darin, als Team die Distanz vom Standort des Tochterunternehmens zur Zentrale der Muttergesellschaft in einem skandinavischen Land zurückzulegen. Die jeweiligen Tageserfolge der Teams wurden im Intranet visualisiert. Eine Begleiterscheinung dieser Maßnahme war unter anderem, dass der Fahrstuhl gemieden und stets die Treppen genutzt worden sind, um noch mehr Schritte pro Tag erzielen zu können.

An einem anderen Marktstand war ebenfalls Bewegung thematisiert worden. Hier ging es allerdings eher um die Vermeidung von Verspannungen am PC-Arbeitsplatz. Die Krankenkasse hatte zu diesem Zweck die Ursachen von Verspannungen und Rückenproblemen informativ aufbereitet und visualisiert. Interessierten Mitarbeitern ist dann mit einem sogenannten »Gymnastikband« dargestellt worden, wie sie in ganz kurzen Sequenzen mit ein paar Handgriffen und leichten Übungen Verspannungen vorbeugen können und den Rücken und Nacken stärken, um den Belastungen zukünftig besser gewachsen zu sein. Diese Art der Übungen kann von der IT dahingehend unterstützt werden, dass als Bildschirmschoner ähnliche Übungen und vor allem die Aufforderung zu Übungen eingespielt werden kann.

Wenn Sie »Ihre« Themen und Ihr Konzept aus dem Unternehmenskontext ableiten und dabei einen inneren Zusammenhang zu tatsächlichen Kennziffern haben, werden Ihre Maßnahmen auch auf die festgestellten Ursachen einwirken. Hier sind die investierten Kosten sicher zielgerichteter eingesetzt, als es gewöhnlich der Fall ist. Die oben geschilderte Vorgehensweise bietet auch eine großartige Möglichkeit, die Krankenkassen in die Gesundheitstage miteinzubeziehen. Das spart eine Menge Organisation und bestenfalls eine noch größere Menge an Budget. Betrachten Sie die Gesundheitstage, selbst wenn sie mehrfach pro Jahr stattfinden, allerdings bitte nicht als wirksame Maßnahmen mit eigener Wirkung, sondern vielmehr als Bestandsaufnahme.

Abhängig von den in den Gesundheitstagen erfassten Ergebnissen und Beobachtungen kann das Unternehmen dann weitere Themenfelder ableiten und zu diesen weitere Maßnahmen entwickeln. Zum besseren Überblick hier eine kurze und deshalb sicher nicht vollzählige Aufzählung:

1. **Ernährung**
   - Umstellen des Kantinenangebotes,
   - Angebot von Seminaren zur gesunden Ernährung,
   - Angebot von kostenlosem Obst am Arbeitsplatz,
   - Angebot von kostenlosem Wasser am Arbeitsplatz,
   - Angebot von Push-Mails zu Ernährungstipps,
   - Angebot von Weight-Watcher-Gruppen im Unternehmen.
2. **Rauchen**
   - Organisation von Raucherentwöhnungskursen,
   - bei erfolgreicher Teilnahme Rückerstattung der Teilnahmegebühr.
3. **Bewegung**
   - Organisation von Walking- und Lauftreffs nach der Arbeitszeit,
   - Team-Wettbewerb mit Schrittzählern,
   - Angebot von ermäßigten Schwimmbadnutzungen,
   - Bonus-Aktion der Krankenkasse beim Ablegen des Deutschen Sportabzeichens.
4. **Vorsorge**
   - Angebot des betriebsmedizinischen Dienstes zu Vorsorgeuntersuchungen,
   - Vorsorgeuntersuchungen im Rhythmus von 2 Jahren für alle Führungskräfte und besonders gefährdete Mitarbeiter,
   - Bonus-Aktionen der Krankenkasse bei bestimmten Vorsorgeuntersuchungen.
5. **Stress/Belastung**
   - Ableiten von Maßnahmen aus der psychischen Gefährdungsbeurteilung,
   - Straffen von Meetings durch Meeting-Kultur und vor- und nachbereitende Aktivitäten,

- Einhalten von Pausen- und Erholungszeiten,
- Auswerten und Gegensteuern bei auffälligen Mehrarbeitszeiten.

Neben diesen konkreten Hinweisen sind ggfs. in Verbindung mit dem Ausschuss für Arbeitssicherheit und dem Betriebsarzt weitere präventive Maßnahmen zusätzlich abzuleiten. In den nächsten Beispielen will ich exemplarisch einen Hinweis geben, zu dem es im Gesundheitsreport keine Informationen geben kann.

! **Beispiele**

Im Rahmen eines Tages der offenen Tür wurde allen interessierten Mitarbeitern ein Haut-Screening angeboten. Das Unternehmen hatte einen Arzt für diese Maßnahme gewonnen, der im Laufe des Tages rund 10 % der anwesenden Mitarbeiter näher betrachtete und bei nahezu jedem zehnten aller Teilnehmer Auffälligkeiten und potenzielle Risiken feststellte. Diese haben sich anschließend bei ihrem Hautarzt vorgestellt und tatsächlich konnte bei rund 10 Mitarbeitern dadurch ein Hautkrebsrisiko sehr früh erkannt und damit frühzeitig behandelt werden. Zu dieser Maßnahme gab es im Vorfeld eine Menge Kritik. Datenschutz, Kosten für den Arzt und das Untersuchungsverfahren sind hier exemplarisch genannt. Zum Wohle der Mitarbeiter hatte das Unternehmen einen Preis pro Untersuchung bezahlt. Der Gesamtpreis für den Tag lag ungefähr bei dem 1,5-fachen durchschnittlichen Monatsentgelt. Das sind natürlich keine »Portokosten«, aber in Relation zum Ausfall nur eines Mitarbeiters mit einer Hautkrebserkrankung sind diese Kosten als gering einzuschätzen.

In einem weiteren Beispiel hatte ein Unternehmen über die Gesundheitsreports identifizieren können, dass die Hauptursache für Fehlzeiten Muskel- und Skeletterkrankungen waren. Trotz eines Zuschusses zum Besuch von Sportstudios wurde diese Ursache nicht kleiner. Bei genauerer Betrachtung und aus den Gesprächen mit den Mitarbeitern stellte sich heraus, dass die Mitarbeiter diese Sportstudios nach der Arbeitszeit nicht nutzten. Der Betriebsrat wusste von unzähligen Gründen zu berichten und damit war das Angebot nutzlos. Hier ist daraufhin eine sehr gute Alternative gefunden worden. Für die Mitarbeiter, die in besonderem Maße den Gefährdungen der oben genannten Erkrankungen ausgesetzt waren, wurde ein Dienstleister engagiert, der mit einem mobilen Sportstudio, integriert in einen ehemaligen Linienbus, direkt auf das Firmengelände kam und dort zwei Stunden im Rahmen der Schichtübergabe für die interessierten Mitarbeiter zur Verfügung stand. Ein Mitarbeiter konnte in nur 15 Minuten fünf spezielle Geräte für je zwei Minuten nutzen und hatte dazwischen jeweils eine Minute Pause zum Gerätewechsel. Seine Leistungen (Höhe des Widerstands, Anzahl Wiederholungen usw.) wurden auf einem Chip automatisch gespeichert und damit gab es je Quartal eine mitarbeiterbezogene Auswertung, wie sich das Training auswirkt. Die Ergebnisse waren überraschend erfreulich und fast verblüffend. Bei nur einer 15-minütigen Trainingseinheit pro Woche konnte ein Leistungszuwachs von bis zu 30 % erzielt werden. Der Erfolg basierte auf den speziellen Geräten aus der Rehabilitationsmedizin. Ein wirklich genialer Nebeneffekt bestand darin, dass jeder Teilnehmer diese Übungen in seiner normalen Arbeitskleidung ausüben konnte, sich also nicht vorher und nachher umziehen musste. Aufgrund der Wirkung auf die Tiefenmuskulatur war auch das Duschen nach dem Training nicht erforderlich.

Zu diesem Thema gibt es noch eine ganze Reihe weiterer Beispiele, die hier allerdings den Rahmen sprengen würden. Es geht mir neben den anschaulichen Beispielen vielmehr darum, dass Sie in Ihrem Unternehmen einen hilfreichen Ansatz finden, wie das Gesundheitsmanagement ganzheitlich und wirksam aufgezogen werden kann.

Neuro-HR-Tipp !

Im Idealfall haben Sie neben dem Ziel »Gesundheit« auch das Ziel »Leistungssteigerung« und können dies ausreichend messen. Zu einer validen Messung von Gesundheitsdaten gehören u. a. Blutwerte, Hormone, Neurotransmitter und Mikronutrienten.

Ein ideales Beispiel ist erneut Dopamin: Es ist einerseits der Marker für Motivation und Begeisterungsfähigkeit und anderseits ein Marker für psychische Gesundheit und (mit anderen sog. Katecholaminen) ein Frühindikator für Depressionen. Dopamin ist recht leicht zu bestimmen und deshalb ein ausgezeichneter Indikator, um Gesundheitsmanagement mit Zahlen und Fakten zu belegen.

HBA 1c wiederum ist ein Blutzuckermarker, der einerseits das Diabetes-Risiko angibt und anderseits Hinweise auf kognitive Leistungsfähigkeit bereithält. Modernes Betriebliches Gesundheitsmanagement misst u. a. HBA1c als Erfolgsfaktor einer Maßnahme. Dies ergibt einen zusätzlichen Indikator für langfristigen Erfolg (der Wert verändert sich im Idealfall bei einer Maßnahme) neben fehleranfälligen Kennzahlen wie Krankenstand.

4.2.4 Information und Vermarktung

Alle Aktivitäten des Gesundheitsmanagements bleiben nur dann in den Gedanken der Mitarbeiter haften, wenn sie immer wieder präsent gemacht werden. Damit benötigen Sie zum Konzept auch eine Informationskomponente. Hier gilt das alte Sprichwort: »Aus den Augen – aus dem Sinn.« Begleitend zu allen Planungen, Veranstaltungen und vor allem zu allen Ergebnissen sind Informationen zusammenzustellen und das Gesundheitsmanagement immer wieder zu vermarkten. Wir reden hier ja nicht von einem einmal aufgelegten und zeitlich befristeten Projekt. Wenn die Initiative Gesundheit lebendig werden und vor allem bleiben soll, dann ist es wichtig, die Mitarbeiter regelmäßig mit Informationen zu versorgen. Dazu bedienen sich die Unternehmen sehr unterschiedlicher Medien. Üblicherweise stehen auch Ihnen diese in derselben oder in anderer Form zur Verfügung. Hier sind beispielhaft die Mitarbeiterzeitung, das Intranet, Aushänge, Infoveranstaltungen zu neuen Angeboten, Einladungen per Mail oder Aushang zu neuen Veranstaltungen und Terminen, Flyer, Poster, Aufsteller in den Eingangsbereichen usw. zu nennen.

Das bedeutet, dass Sie zu allen Aktivitäten eine kleine Redaktionszelle installieren müssen, die die Infoaufbereitung, -koordination und -weitergabe durchführt. Manchmal ist das eine einzelne Person, die dies im Nebenamt erledigt, manchmal ist es auch einfach die kleine interne Redaktion für die Mitarbeiterzeitung oder die eine oder andere Assistenzfunktion. Es ist kein riesiger Aufwand zu bewältigen, aber es bleibt eine ständige Aufgabe der Informationsgewinnung, -sammlung und -verarbeitung. Wenngleich dies keine sehr umfangreiche Aufgabe ist, kommt ihr eine große Verantwortung zu. Schläft die Berichterstattung ein, gerät die Initiative Gesundheit in den Hintergrund!

> **! Goldene HR-Regel**
>
> Das Gesundheitsmanagement ist auf höchster Ebene zu starten und konsequent durch die Führungsebenen bis zur untersten Ebene zu betreiben. Dabei ist es von besonderer Bedeutung, dass die Führungskräfte sich selbst einbringen und vorbildlich an den Aktivitäten teilnehmen. Die Zusammenstellung der einzelnen Maßnahmen bedarf einer gründlichen Analyse. Es sollte jederzeit die Kette von Ursache über Maßnahmen zum erkennbaren Erfolg/zur Verbesserung im Blick behalten werden. Dabei gilt es schon im Vorfeld zu definieren, welches Thema mit welchen Maßnahmen wie bearbeitet werden und welche Auswirkungen erzielt werden sollen. Nur wenn Sie das messbar nachhalten können, wird Ihnen ein Budget zur Verfügung gestellt werden, das seine Wirkung nicht verfehlt.
>
> Die einzelnen erzielten Veränderungen und Erfolge sollten regelmäßig an entsprechenden Stellen kommuniziert werden. Wenn alle beteiligten Mitarbeiter an den Maßnahmen Spaß haben, wird sich der Erfolg einstellen. Und dies ist dann auch ein wirklich guter Baustein der Kommunikation nach innen mit dem Ziel hoher Mitarbeiterbindung.
>
> Wie in allen Aktivitäten sind regelmäßig die gesammelten Erfahrungen auszuwerten und die »Lessons learned« neu in den Prozess einzubringen. Damit stellen Sie sicher, dass einzelne Aktivitäten nicht nutzlos betrieben werden und womöglich eine Menge unsinniger Kosten verschlingen.

4.3 Gesundheitsmanagement 2: Praxisbeispiel »Fit@NetApp«
Autor: Dr. Dierk Schindler

4.3.1 Gesundheitsmanagement? – Keine Frage, sondern ein »Muss«!

Vor 3 Jahren hatten wir als deutsche Organisation des weltweiten IT-Unternehmens NetApp gerade unser Ergebnis bei der Great Place to Work (GPTW)-Umfrage nachhaltig verbessert und waren im Verlaufe einiger Jahre bis unter die »Top 3«-Unternehmen unserer Kategorie vorgestoßen. Als wir vor diesem Hintergrund im Management mit unserer Personalabteilung die Umfrageergebnisse analysierten, kam das Thema »Gesundheit« zur Sprache – und die Frage, ob wir »da etwas tun müssen« – trotz der guten Umfrageergebnisse. Rückblickend betrachtet war es ein Glücksfall, dass wir uns nicht vom guten Ranking haben blenden lassen, sondern im Detail der Auswertung erkannt haben, dass auch bei uns das Thema Gesundheit am Arbeitsplatz mehr Priorität bekommen musste.

Natürlich gelten auch bei NetApp die allgemeinen Regeln der modernen Arbeits-kultur in Unternehmen. Die Arbeitsverdichtung nimmt zu und die vielzitierte Work-Life-Balance hält eine neue Einstiegsfrage bereit: Liegt die Balance in der strikten Trennung oder in der immer weiteren Verzahnung und der damit ver-bundenen Flexibilität der Arbeitnehmer? Wie geht man mit den Belastungen im privaten Umfeld um, die – erwiesenermaßen – einen wesentlichen Faktor in Be-zug auf den Stress-Level darstellen?

Es wäre nicht ehrlich, wenn man als Unternehmen das Thema Gesundheit al-lein mit altruistischen Motiven begründete, ist es doch inzwischen anerkannt, dass sich für Unternehmen das wirtschaftliche Risiko durch Krankheit in einem Maße erhöht hat, dass es zum Thema in Vorstandsetagen wird. Aber was sind die wesentlichen Faktoren? Es gibt die unveränderlichen, wie z. B. das steigende Durchschnittsalter der Mitarbeiter. Es verändert sich aber auch das Krankheits-profil: Während die »Klassiker« unter den Krankheitsgründen weitgehend un-verändert bleiben, nehmen psychische und psychosomatische Erkrankungen zu, also Krankheiten, die üblicherweise eine längere Rekonvaleszenz mit sich bringen. Zugleich nimmt der Druck zu, ein besonders attraktiver Arbeitgeber für seine Mitarbeiter zu sein – und zu bleiben. Martialische Schlagworte wie »War for Talents« beschreiben, wie schwierig es für Unternehmen wird, heraus-ragende Mitarbeiter zu finden und dauerhaft an sich zu binden. Gesundheit und Work-Life-Balance sind folglich ein immer wichtigerer Bestandteil des Employer-Branding. Somit war auch für uns das Thema Gesundheitsmanagement keine Frage – sondern ein »Muss«!

Dieser Beitrag gibt einen Überblick über unser vor 3 Jahren ins Leben gerufene Projekt »*Fit@NetApp*«, mit dem wir das Thema Gesundheit am Arbeitsplatz aktiv und nachhaltig angegangen sind. Ich beschreibe unseren Weg von der Erkennt-nis, »Wir müssen etwas tun«, über die Projektstruktur und die konkreten Maß-nahmen bis hin zu den Ergebnissen, Learnings und der Phase der Erneuerung, um das Projekt dauerhaft erfolgreich zu machen. »*Fit@NetApp*« hat in unserem Unternehmen viele Dinge und uns alle – buchstäblich – in Bewegung gebracht. Vielleicht ist es eine interessante Anregung für andere Unternehmen, mit denen wir gerne zu einem Austausch bereit sind.

4.3.2 Am Anfang war ... nichts

Unsere Mitarbeiter sind grundsätzlich sehr zufrieden – wir haben zuletzt in Deutschland den Spitzenplatz im GPTW-Ranking unserer Größenklasse und in der IT-Branche erreichen können; die Fluktuation liegt deutlich unter dem Branchendurchschnitt; auch die Krankenstände sind stabil auf eher niedrigem Niveau. Doch, wie schon angesprochen, war für uns der wesentliche erste Schritt, dass wir uns nicht von den insgesamt recht positiven Daten blenden ließen, sondern akzeptierten, dass dennoch die allgemeinen Kräfte der Arbeitswelt und der IT-Branche auch auf unsere Mitarbeiter wirken. Denn auch bei uns gilt, was sich in abgeschwächter Form in der gesamten IT-Branche zeigt: Das Durchschnittsalter in einer »jungen« Branche steigt und damit erhöhen sich schon allein statistisch unvermeidlich die wirtschaftlichen Risiken durch krankheitsbedingte Ausfälle.

Wie in vielen dynamischen Wachstumsunternehmen erbringen unsere Mitarbeiter Leistung oft im Grenzbereich. Sie sind mit Herz und Seele dabei und die Belastung am Arbeitsplatz nimmt im hochtechnisierten und dynamischen Arbeitsumfeld stetig zu. Und – so groß die Bereitschaft zu höchstem Einsatz auch sein mag – im Gegenzug erwarten unsere Kollegen einen aktiven Beitrag des Unternehmens zum Thema Stressbewältigung und Gesundheit am Arbeitsplatz. Die Gesundheit der Mitarbeiter ist also nicht mehr nur deren Privatsache, das Unternehmen NetApp sieht sich hier mit in der Verantwortung. Zugleich haben Gesundheit und Gesundheitsförderung auch einen großen Einfluss auf die Motivation, die Mitarbeiterbindung und die Produktivität. Wir sind deshalb der Überzeugung, dass die Stabilität der psychischen Gesundheit einer der grundlegenden Bausteine der Leistungskraft für gesunde Mitarbeiter und damit im Ergebnis für ein gesundes Unternehmen ist. Bei genauerer Betrachtung also die klassische »Win-Win-Situation«.

Diese Tatsachen spiegeln sich auch in unseren neutralen Mitarbeiterbefragungen wider, wie z.B. in der Umfrage des »Great Place to Work«-Institutes (GPTW). Unser Unternehmen erzielt hier über Jahre gute und auch sich stetig weiter verbessernde Ergebnisse. Dennoch hatten wir 2012 eine Delle bei den Ergebnissen zu den Fragen rund um die Gesundheit am Arbeitsplatz. Wir mussten also handeln. Immerhin hatten wir die Chance, in der Zeit hoher allgemeiner Zufriedenheit der Mitarbeiter mit unserem Unternehmen ein komplexes Thema anzugehen, anstatt zu warten, bis hieraus ein ernstes Problem entstanden ist.

Unsere Personalabteilung übernahm die Führung und in der Diskussion um das »Wie gehen wir das an?« identifizierten wir schnell 2 grundsätzliche Parameter:

1. Wir wollten das Thema mit der notwendigen Kompetenz angehen, um wirklich nachhaltige Ergebnisse zu erzielen.
2. Es war uns wichtig, dieses Projekt im Einklang mit unserer offenen Unternehmenskultur und unseren Unternehmenswerten umzusetzen. Wir wollten also nicht bloß ein paar von oben verordnete Seminare, sondern ein nachhaltiges Programm aus der Mitte des Unternehmens.

4.3.3 »Gesundheit« – wie wird aus einem Thema ein nachhaltiges Projekt?

Uns war klar, dass man in das Thema »Gesundheit« Zeit und Kompetenz investieren muss, um nachhaltige Ergebnisse zu erzielen. Maximale Einbindung der Mitarbeiter sollte nicht nur das Projekt auf viele Schultern verteilen und gleichzeitig im Unternehmen verankern – wir wollten auch sichergehen, dass wir nicht an den tatsächlichen Bedürfnissen unserer Mitarbeiter vorbei arbeiteten.

Vor diesem Hintergrund entstand folgender Rahmen für das Projekt »*Fit@ NetApp*«:
1. Das Projekt wurde **im Verantwortungsbereich und mit direktem Zugang zur Geschäftsleitung** angesiedelt. Das Geschäftsleitungsteam bekannte sich dazu, sich selbst am Erfolg des Projektes messen zu lassen. Es wurde für einen Zeitraum von 18 Monaten ein fünfstelliges Budget bereitgestellt – fix und lediglich geknüpft an den erfolgreichen Fortgang des Projektes. Zugleich wurde das Projekt direkt mit den Unternehmenszielen der NetApp Deutschland GmbH verknüpft – das konkrete Ziel lautete, durch nachhaltige Maßnahmen das Rating zu »Gesundheit« in der nächsten Mitarbeiterbefragung durch das GPTW-Institut deutlich zu verbessern.
2. Die **Personalabteilung übernahm die Führung** und die Aufgabe, von Anfang an der »Motor« zu sein (sie ist dies bis heute). Die Personalchefin für Deutschland – als Prokuristin selbst Mitglied der Geschäftsleitung – zeichnete mit ihrem Team verantwortlich für die Durchführung der Phase 1, deren Ziel es war, eine stabile Grundlage für die Durchführung nachhaltiger Maßnahmen zur Gesundheitsförderung zu schaffen.
3. So sehr uns das Thema in der Geschäftsleitung beschäftigte, so war doch klar, dass wir uns **Kompetenz von außen hinzuholen** mussten. Als wir zu diesem Zweck auf die Techniker Krankenkasse (TK) zugingen, wurden wir positiv überrascht. Die TK war nicht nur gerne bereit, mit Material und Informationen zu unterstützen, sie war auch bereit, sich am Projekt direkt mit Experten zu beteiligen und – sollte das Projekt nachhaltig und qualitativ hochwertig aufgesetzt werden – das vom Unternehmen bereitgestellte Budget durch Co-Funding aufzustocken!

Lässt man den Marketing-Effekt für die Krankenkasse für einen Moment außer Betracht, so ist die Logik bestechend einfach: Stressbedingte Erkrankungen sind häufig Langzeiterkrankungen, die immense Kosten auch und gerade für Krankenversicherer auslösen. Damit ist jede vermiedene Langzeiterkrankung durch Prävention ein immenser Kostenvorteil — auch für diesen aus Unternehmenssicht externen Stakeholder zum Thema »Gesundheit am Arbeitsplatz«.

Last but not least einigten wir uns im Geschäftsleitungsteam auf den Grundsatz: »Von den Mitarbeitern, für die Mitarbeiter!« Das Projekt sollte von Anfang an in die Hände und die Verantwortung einer Gruppe von Mitarbeitern gelegt werden. Wir wollten damit eine volle Identifikation der Mitarbeiter mit dem Projekt erzeugen und zugleich die Sicherheit, dass die konkreten Maßnahmen dann auch den spezifischen Bedarf in unserem Unternehmen treffen.

Im Ergebnis entstand damit eine Projektstruktur in 3 Phasen:
- Phase 1: nachhaltige Grundlagen schaffen,
- Phase 2: konsequente Umsetzung des konkreten Maßnahmenprogramms und
- Phase 3: Lernen und Erneuern.

4.3.3.1 Phase 1: Nachhaltige Grundlagen schaffen

Die Phase 1 gliederte sich in 5 Schritte:
1. Kick-off der Projektgruppe,
2. Bestandsaufnahme mittels einer Impulstest-Umfrage,
3. Deep-Dive-Umfrage auf Basis der Ergebnisse,
4. Führungskräfte-Trainings und Workshops zum Thema,
5. Internet-Plattform für das dauerhafte Projekt »Fit@NetApp«.

Beim ersten Schritt, dem Kick-off der Projektgruppe, handelte es sich um einen 1-Tages-Workshop mit einem Team von ca. 30 Mitarbeitern, das einen Querschnitt durch alle Abteilungen und alle Ebenen des Unternehmens darstellte – inklusive der Geschäftsleitung. Geplant und durchgeführt mit Experten für das Thema von unserem Partner, der TK, und geleitet von der Personalchefin war der Tag nicht nur inhaltlich ein Erfolg, sondern erzeugte die Team-Dynamik, die das Projekt letztendlich zum Erfolg getragen hat.

Um eine klare Basis zu schaffen, führten wir in einem 2. Schritt zunächst eine **»Bestandsaufnahme«** in Zusammenarbeit mit unserem Projektpartner durch. Das Mittel dazu war eine sogenannte »Impulstest-Umfrage« bei unseren Mitarbeitern. Kernziel der Befragung war es, gezielt die hauptsächlichen Stressfaktoren im Unternehmen zu erkennen. Deshalb wurden verschiedene Themenblöcke abgefragt, wie zum Beispiel Arbeitsabläufe, Arbeitsumgebung, soziale Rückendeckung durch Kollegen und Vorgesetzte in Stresssituationen, Zusammenarbeit, Informationsfluss und Mitsprache. Die Fragen zielten dabei bewusst stets in beide Richtungen – sowohl auf den Ist-Zustand als auch auf den Wunschzustand, um bereits durch die Umfrage Impulse auf eine konstruktive Veränderung zu setzen. Das Ergebnis war präzise und ehrlich: Insgesamt betrachtet erzielte NetApp als Arbeitgeber ganz ordentliche Werte – die meisten Themenblöcke erhielten die Note »Ressourcen erhalten und pflegen«. Es gab jedoch auch präzise Aussagen zu einigen Bereichen, bei denen unsere Mitarbeiter Entwicklungspotenzial bzw. Handlungsbedarf sahen – all das immer in Bezug auf den Aspekt »Gesundheit«.

Um diese Themenblöcke genauer zu hinterfragen, führte das Projektteam in einem 3. Schritt eine sogenannte **»Deep-Dive-Umfrage«** durch. Die zusammengefassten Ergebnisse daraus bildeten dann die Grundlage für die sehr konkreten Handlungsempfehlungen des Projektteams an die Geschäftsleitung.

Schritt 4 basierte auf dem bekannten Erfahrungswert, dass Veränderungen im Unternehmen nur dann nachhaltig erfolgreich sind, wenn die **Führungskräfte** diese positiv und persönlich unterstützten. Somit lag in einer frühen Phase im Projekt der Fokus darauf, unseren Führungskräften das Thema »Gesundheit am Arbeitsplatz« selbst sowie Ansatzpunkte in der täglichen Mitarbeiterführung nahezubringen. Im Rahmen von Management-Trainings/Workshops wurden deutschlandweit alle NetApp-Führungskräfte sensibilisiert und geschult.

Das 5. Element zur Schaffung einer guten Grundlage für »*Fit@NetApp*« war es, eine einheitliche und informative **Informationsplattform im Intranet** zu schaffen. Unter dem Stichpunkt »Fit@NetApp« finden die Mitarbeiter seit Beginn des Projektes viele Informationen rund ums Gesundheitsmanagement. Im Zentrum stehen hilfreiche Tipps und natürlich sämtliche Initiativen und Aktionen.

4.3.3.2 Phase 2: Konkrete Maßnahmen konsequent umsetzen

Die Maßnahmen, die hier in der Folge beispielhaft genannt werden, mögen als Denkanstoß dienen. Wie in unserem Projekt sollten und werden sie in jedem Unternehmen so individuell und unterschiedlich sein, wie die Mitarbeiter und die Arbeitsrealität in verschiedenen Unternehmen ist. Ebenso verändern sie sich von Jahr zu Jahr – je nach dem aktuellen Bedarf und Interesse in der Mitarbeiterschaft.

Management-Trainings

Wie bereits erwähnt, war die erste Maßnahme ein Management-Training: Im Rahmen eines verpflichtenden halbtägigen Präsenztrainings an allen Standorten wurden alle NetApp-Führungskräfte unter der Überschrift »Gesundheit unter Hochleistung dauerhaft erhalten – sich und andere bestmöglich führen« sensibilisiert und geschult. Dieses Knowhow wurde noch in eintägigen (freiwilligen) Workshops anhand von praktischen Beispielen vertieft. Die Resonanz unserer Führungskräfte auf diese Trainings war hervorragend.

Laufen/Firmenläufe

Nach dem Motto »Laufen kann jeder« wurde das Thema Laufen aufgegriffen. Ziel war es hier, nicht nur die ohnehin schon aktiven Läufer einzubinden, sondern gerade auch Neulinge zu motivieren. Eine guter Ansatzpunkt waren die B2Run-Firmenläufe, an denen nunmehr seit 2 Jahren viele NetApp-Teams mit insgesamt mehreren hundert Mitarbeitern an verschiedenen Standorten teilgenommen haben. Das »*Fit@NetApp*«-Laufshirt und die »nur« 6 Kilometer lange Strecke ermutigte auch Mitarbeiter, die nicht regelmäßig joggen, bei dem Lauf mitzumachen.

Darüber hinaus haben wir als NetApp-Team auch noch an weiteren Firmenläufen teilgenommen, wie z. B. am J. P. Morgan Corporate Challenge in Frankfurt, dem AVON-Frauenlauf in München, dem 5x5km-Staffellauf in Berlin. Damit war ein zusätzlicher Anreiz für unsere leistungsorientierten Läufer gegeben. Im Vorfeld zu den Läufen haben sich aktive Laufgruppen gebildet, die sich auch weiterhin zum gemeinsamen Joggen treffen. Hierbei lernen sich auch Kollegen kennen, die – obwohl am selben Standort zu Hause – nichts miteinander zu tun haben, ein zusätzlicher Gewinn unter unserem Unternehmenswert »Teamwork & Synergy«.

Biometrische-Impedanz-Analyse und ergänzender Vortrag

Mit der Aktion »Körpervermessung« haben wir unseren Mitarbeitern in allen Niederlassungen die Chance gegeben, ihre Körperwerte ermitteln zu lassen. Durch die Biometrische-Impedanz-Analyse (BIA) erfuhren unsere Mitarbeiter, wie »fit« sie tatsächlich sind. Nach der Messung wurde ihnen in einem Gespräch von einem Spezialisten das Ergebnis[43] erklärt und mögliche Maßnahmen aufgezeigt. In Kombination mit der »Messung Körperzusammensetzung« wurde ein passender Vortrag zum Thema »Bewegung und Ernährung« angeboten. Dieser Vortrag nahm auch Bezug auf die Messwerte und stellte eine sinnvolle Ergänzung und vertiefende Einblicke zur Analyse dar.

---

[43] Die Zuordnung der Ergebnisse zur eigenen Person war nur für die beteiligten Mitarbeiter möglich, die Werte wurden für die Weiterverwendung im Unternehmen anonymisiert.

Unser Ziel ist es, diese Aktion im nächsten Jahr zu wiederholen. Dadurch haben die Mitarbeiter die Möglichkeit, ihre Werte mit dem Vorjahr zu vergleichen und können z. B. erkennen, ob eingeleitete Maßnahmen bereits erste Erfolge zeigen.

»Fit@Lunch-Breaks« mit Workout-Sessions & Vorträgen
Als Resultat aus den Terminen »Messung Körperzusammensetzung« wurden sogenannte »Fit@Lunch-Breaks« angeboten. Dies umfasste Trainingseinheiten und Vorträge zu unterschiedlichen Themen. Die Slots dauerten jeweils 30 Minuten und fanden mittwochs und freitags in der Mittagszeit statt. Mittwochs gab es 2 halbstündige »Rückenfit«-Work-Out-Sessions. Freitags hatten wir verschiedene Vorträge zu Themen Ernährung, Bewegung und Entspannung (z. B. »Wie überwinde ich den inneren Schweinehund?« oder »Was tun gegen Heißhunger?«) sowie eine Work-Out-Session »Fit ins Wochenende«.

»Vom Junkie zum Ironman« – Vortrag eines Hochleistungssportlers
Ein besonderes Highlight war der Vortrag eines bekannten Hochleistungssportlers: der Triathlet Andreas Niedrig erläuterte seinen Werdegang. Der Vortrag beinhaltete die Problemanalyse ebenso wie konkrete Hilfestellungen, Motivation und Begleitung für Menschen unter extremen Belastungen. Ein interessanter Brückenschlag zu den hohen Belastungen im beruflichen Alltag.

Pilotprojekt »Gesundheitswerkstatt«
Die Gesundheitswerkstatt wurde erstmalig im Oktober 2012 als Pilotprojekt mit unseren Support Account Managern durchgeführt. Ziel der Gesundheitswerkstatt war die Sensibilisierung der Mitarbeiter für das Thema psychische Belastung/Gesundheit. Belastungsfaktoren sowie Lösungsmöglichkeiten wurden im Team gesammelt und gemeinsam mit einem erfahrenen Trainer reflektiert. Aus dem Team heraus hatten sich verschiedene kleine Projektgruppen gebildet, die an der Umsetzung der Ergebnisse arbeiteten.

Pilotprojekt »Brainflow«
Ein weiteres Pilotprojekt wurde auf Initiative von Mitarbeitern in einer unserer Geschäftsstellen gestartet. Ziel war es, gleichzeitig etwas für den Körper und den Geist zu tun. Das Team identifizierte »Brainflow« als Ansatz dazu, ein Bewegungskonzept zur Gehirnaktivierung. Einmal die Woche wurde ein entsprechendes Training von ca. 45 Minuten im Büro angeboten.

Kooperation mit dem Sportverein Heimstetten
Der mit Abstand größte Standort ist unsere Deutschlandzentrale in Kirchheim-Heimstetten bei München. Dort bot es sich an, einen Weg zu finden, den Mitarbeitern ein breiteres Sportangebot zugänglich zu machen. Dafür stellten wir aus der Geschäftsleitung ein separates Budget bereit. Unser Ziel war jedoch mög-

lichst kein rein kommerzielles Angebot zu wählen und gleichzeitig die Familien der Mitarbeiter mit einbeziehen zu können – denn Sport ist letztlich Teil des Privatlebens.

Erfreulicherweise konnten wir den ortsansässigen, ehrenamtlich geführten Sportverein, den SV Heimstetten, als Partner gewinnen. Seit Herbst 2012 besteht zwischen der NetApp Deutschland GmbH und dem Sportverein ein Kooperationsvertrag. Die Kooperation eröffnet nicht nur unseren Mitarbeitern Zugang zu sämtlichen Sportangeboten des Vereins, sondern auch deren Familien – und das komplett kostenlos. Sporteinrichtungen wie z.B. Rasen- und Kunstrasenplätze, Soccer-Five-Platz, Beach Volleyball-Platz, Stock- und Inline Bahn, Sand-Tennisplätze, Turnhallen gehören ebenso dazu wie Angebote im Gymnastik und Fitness-Bereich, wie z.B. Aerobic, Body Styling, Zumba®, Lauftraining, Step-Aerobic, Wirbelsäulentraining (teilweise gegen Zusatzgebühr) und natürlich die »Klassiker« wie Tischtennis, Basketball, Volleyball, Fußball, Tennis, Judo, Sportklettern.

4.3.3.3 Phase 3: Lernen und Erneuern

Das wichtigste Ergebnis der ersten beiden Projektphasen ist: Es hat funktioniert! Neben vielen Stimmen aus dem Unternehmen zeigen auch die Ergebnisse in Mitarbeiterbefragungen, dass wir auf dem richtigen Weg sind; das Ergebnis zu Fragen rund um die Gesundheit am Arbeitsplatz hat sich seit dem Jahr 2011 um über 30 % verbessert! So kam es nicht von ungefähr, dass die Projektgruppe »Fit@NetApp« – als erste Gruppe – vom deutschen Management zum »Contributor of the Month« der NetApp Deutschland GmbH gewählt wurde, ein Award, der für besondere Leistungen im Bereich des Business-Supports vergeben wird.

Doch genauso wie »Gesundheit am Arbeitsplatz« eine dauerhafte Aufgabe ist, muss auch das Projektteam auf Dauer aufgebaut sein. Das fortgesetzte Interesse und die aktive Unterstützung (und Teilnahme) seitens der Geschäftsleitung und des oberen Managements bleiben ein wichtiger Teil der Grundlage des Erfolges. Die Einbindung einer Vielzahl von Mitarbeitern in das Projekt und die immer wieder neu durchgeführte Abfrage nach den aktuellen Ideen und Bedürfnissen sind ein weiterer Erfolgsfaktor, der dazu führt, dass sich das Projekt und seine Relevanz für alle immer wieder erneuert.

Gleichzeitig kann man den Einsatz der Kernmannschaft des Projektteams nicht hoch genug einschätzen. Selbstverständlich betrachten wir die Projektarbeit als Teil der Arbeitszeit, doch in vielen Fällen kommt darüber hinausgehender Einsatz dazu. Deshalb war und sind 2 Aspekte aus unserer Sicht zentral für langfristigen Erfolg:

1. Fluktuation im Projektteam ist eine gute Sache. Damit können sich Mitarbeiter mit neuen Ideen einbringen und im Gegenzug andere Mitarbeiter nach einer Phase zurückziehen, ohne das Gefühl haben zu müssen, dass die geleistete Aufbauarbeit an ihnen »hängt«.
2. Nach 2 Jahren war es wieder an der Zeit, externe Unterstützung dazuzuholen. In Absprache mit dem Projektteam haben wir eine Fachfrau zum Thema »Gesundheit & Gesundheit im Unternehmen« engagiert. Sie nimmt dem Team einen Teil des Projektmanagementaufwands ab und bringt gleichzeitig auch wieder Erfahrungen von außen ein.

Das stabile Engagement der Projektgruppe hat auch Momentum in den kleineren, über Deutschland verteilten Geschäftsstellen generiert. Die Projektgruppe hat in diesem Jahr erstmals von allen Standorten eine Planung für Initiativen eingefordert und erhalten. Engagement und Ergebnis waren überzeugend und haben dazu geführt, dass das »Fit@NetApp«-Team kleine Budgets in die Standorte vergeben hat, um vor Ort Aktionen zu unterstützen. Von dieser Entwicklung versprechen wir uns eine noch breitere Verankerung des Themas in der Gesamtorganisation. So haben wir nunmehr »Projekt-Außenstellen« von 3-5 Mitarbeitern in allen größeren Standorten, die nunmehr die Initiative vor Ort noch stärker vorantreiben.

Nicht unerwähnt bleiben darf auch eine interessante Querverbindung zu unserem Safety & Security-Team. Dort sind Bereiche wie Arbeitssicherheit und Ergonomie verankert. Der Austausch mit dem Fit@NetApp-Team hat dazu geführt, dass ein ganz anderes Interesse an der Arbeit und den Angeboten des Safety & Security-Teams in der Mitarbeiterschaft geweckt wurde und für deren wichtige Arbeit ein zusätzlicher Kommunikationskanal entstanden ist. So ist das Projekt »Fit@NetApp« mittlerweile zum festen Bestandteil der NetApp Deutschland GmbH geworden. Das Fit@NetApp-Team ist motiviert und hat der Geschäftsleitung gerade erst wieder einen kreativen Plan für die nächsten 12 Monate vorgelegt.

4.4 Internationale Handlungsfelder für den Personalbereich

Autorin: Isabelle Demangeat

Internationalität ist überall. Alles ist global: die Kunden, die Zulieferer, die Dienstleister. Und das Personalmanagement? Ja auch! Die Frage ist, wie die Internationalisierung in den Personalbereich Einzug hält: notgedrungen und von Fall zu Fall oder als das Ergebnis einer überlegten und vorbereiteten Strategie?

Wo fängt »international« für die Arbeit im Personalbereich an? Was wird im Personalwesen anders, wenn das Unternehmen internationaler agiert? Was bedeutet eigentlich Interkulturalität im Personalmanagement bzw. für die Arbeit der Personalentwicklung? Wie kann interkulturelle Kompetenz aufgebaut werden? Dies sind einige der Fragen, denen ich in meinem Kapitel nachgehen möchte. In der Managementliteratur finden sich zwar etliche Bücher und Artikel über internationales, transnationales, interkulturelles Management, aber meistens richten sie sich an »das Management« im Allgemeinen. Wenige behandeln das Thema aus der Perspektive von oder für die Menschen, die sich in den Unternehmen mit den Fragen des Personalmanagements professionell beschäftigen.

Wenn ein Unternehmen nicht nur im eigenen Land agiert, sondern international tätig ist, hat dies prinzipiell einen Einfluss auf alle Handlungsfelder des Personalmanagements: Personalplanung, Rekrutierung und Personalentwicklung, Systeme des Performance Managements, Qualifizierungsprogramme sowie auf alle legalen und steuerlichen Aspekte. Im Unterschied zu Aktivitäten, die ausschließlich für das eigene Land entwickelt werden, sind bei Internationalisierungsprozessen die Bedürfnisse des Mitarbeiterstamms, die Zuständigkeiten für die Umsetzung, die Reichweite der Entscheidungen und die strukturellen Notwendigkeiten anderer Natur und erfordern neue Konzepte und Kenntnisse.

Neben dem internationalen Personaleinsatz geht es in diesem Kapitel darum, welche Internationalisierungsstrategien es gibt und welche Themen diese unterschiedlichen Strategien für die Arbeit der Personalabteilungen mit sich bringen. Zudem möchte ich aufzeigen, welche interkulturelle Kompetenz im Unternehmen für den Erfolg auf dem internationalen Parkett aufgebaut werden sollte.

4.4.1 Internationaler Personaleinsatz: Auslandsentsendung

Sagt man »internationaler Personaleinsatz«, wird oft »Auslandseinsatz« gehört. Sicherlich sind Auslandentsendungen naheliegend, wenn ein Unternehmen international agiert. Es wird oft als **das** Handlungsfeld Nummer 1 für die Personalabteilung und für die Weiterbildung gesehen. Deshalb widme ich mich hier dieser Thematik, obwohl viele andere, wie z.B. die Bindung von Mitarbeitern aus verschiedenen Ländern an das Unternehmen oder die Rekrutierung im Ausland, eine meistens ebenso wichtige Rolle für den Erfolg des internationalen Personalmanagements spielen.

Aus der Perspektive der Person, die ins Ausland geht, bedeutet die Auslandsentsendung eine große Umstellung und eine grundlegende Verunsicherung. Viele Fragen kommen auf: Was wird dort anders sein? Wird man dort beruflich und privat zurechtkommen? Wird die Familie – wenn vorhanden – mitziehen? Wie wird jedes Familienmitglied reagieren? Wird der Partner/die Partnerin eine Stelle dort finden? Ist die Schule gut für die Kinder? All diese Fragen gäbe es auch bei einem Wechsel im eigenen Land – aber die Verunsicherung ist hier höher, weil das Umfeld meistens sehr unbekannt ist. Im eigenen Land geht man davon aus, dass einiges doch wie »zu Hause« sein wird. Aber wie ist es in China, Indien, USA oder gar Spanien? Hinzu kommen auch häufig Fragen zur Sprachkompetenz, entweder für sich selber oder für die Familienmitglieder.

Worauf sollte das Personalwesen besonders achten?
Personalselektion ist immer ausschlaggebend, aber bei einem Auslandseinsatz spielen Aspekte wie die Sozialkompetenz, die Risikobereitschaft und die Resilienz-Fähigkeit der Kandidaten noch mehr als sonst eine wichtige Rolle. Selbstredend sind ihre technischen und fachlichen und ggf. Führungs-Fähigkeiten grundlegend wichtig. Aber diese alleine werden keinen Erfolg bringen, wenn die sogenannten »Soft Skills« nicht vorhanden sind. Technische und fachliche Fähigkeiten lassen sich eher aufbauen oder können durch andere Mitarbeiter eher eingebracht werden als die Grundbereitschaft, Risiken einzugehen und Unsicherheiten für sich und die eigene Familie auszuhalten.

Das persönliche Umfeld der entsandten Mitarbeitenden muss einbezogen werden, auch wenn die Grenze zwischen beruflicher Person und privatem Bereich sehr klar definiert ist und das Unternehmen sie strikt respektieren muss. Beim Thema Auslandentsendung ist aber die Familie oder allgemeiner gesprochen das persönliche Umfeld der Mitarbeiter in einer Weise betroffen, die es erlaubt, ja sogar notwendig macht, sie einzubeziehen. Eine Studie weist auf einen interessanten Widerspruch hin: Rund 1/3 der Unternehmen betrachtet die Belange der Angehörigen als nachrangige Priorität, obwohl 76 % der Mitarbeiter eben aus diesem Grund eine Entsendung ablehnten[44].

Manchmal wird bei jemandem, der ohne Familie ausreist, davon ausgegangen dass es kein privates Umfeld gibt. Aber auch »Alleinstehende« können Partner oder Partnerin haben! Natürlich kann der Personalbereich hier nicht inquisitorisch befragen, aber es bewährt sich, die Person, die für eine Position im Ausland kandidiert, darauf aufmerksam zu machen, dass der Erfolg der Entsendung von dem persönlichen Wohlbefinden aller Beteiligten abhängt. Eine deutliche Unterstützung des Unternehmens besteht z.B. darin, vor der endgültigen Entscheidung eine Besichtigung vor Ort zu zweit zu ermöglichen. Auch bei interkulturellen Trainings sollten unbedingt die Partner eingeladen werden. Während der

---

44 Quelle: Studie von PWC – www.iww.de/pistb/archiv/auslandsentsendung-trends-bei-mitarbeitereinsaetzen-im-ausland-flexiblere-modelle-sind-gefragt-f35300.

Entsendung sollte der Kontakt nicht abgebrochen werden, im Gegenteil! Eine Unterstützung z.B. durch Coaching oder/und Mentoring sind sehr lohnende Investitionen, weil sie einen sehr effektiven Beitrag zur Stabilisierung und adäquaten Entwicklung der entsandten Person bilden.

Ein Auslandseinsatz wird als nicht erfolgreich eingestuft, wenn der Entsendungsvertrag frühzeitig abgebrochen wird und wenn die Person innerhalb eines Jahres nach der Rückkehr das Unternehmen verlässt. Deshalb ist die Phase der Rückkehr ein Bestandteil der Entsendung.

Die 3 Hauptfaktoren eines Misserfolges bei Auslandsentsendung sind:
- **Schwierigkeiten im Familienkreis bzw. im persönlichen Leben**
  Symptome sind: Die Person oder jemand in der Familie gerät aus dem Gleichgewicht, verträgt das Leben im Ausland nicht, wird krank oder depressiv, die Partnerschaft gerät aus den Fugen.
- **Interkulturelle Schwierigkeiten**
  Symptome sind: Die bisherigen Handlungen und Strategien »greifen« nicht, Widerstand entsteht, wo er nicht erwartet wurde, Missverständnisse häufen sich und die Kredibilität der Führungskraft leidet, es wird viel in »wir« und »die anderen« gesprochen und argumentiert, das Image im Land leidet.
- **Verlust des eigenen Netzwerkes im Herkunftsstandort**
  Symptome sind: Man denkt nicht mehr an die Person, die Informationen aus dem Heimatstandort werden spärlich, die Reisekosten haben eine höhere Bedeutung als der Mehrwert, den die Führungskraft bringen kann, erst 6-3 Monate vor der Rückkehr wird darüber nachgedacht, wo die Person einzugliedern ist, die Person wird nur noch in Verbindung mit dem Entsendungsland erwähnt (»Frau XY von Brasilien«, »Das ist der Kollege aus Pune« etc.).

Um einen Erfolg zu gewährleisten, muss der gesamte Personalbereich Hand in Hand zusammenarbeiten und zu diesen 3 Hauptfaktoren klare Antworten anbieten. Hier ein Fragenkatalog, der helfen soll, diese Klarheit herzustellen:
- Welche sind die Motivationshebel der Kandidaten? Passen sie zu den Herausforderungen einer Entsendung?
- Ist der Vertrag für alle Beteiligten klar?
- Sind die steuerlichen Fragestellungen geklärt?
- Sind alle Compliance-Fragestellungen gelöst und allen Beteiligten erklärt?
- Welche Begleitung bietet das Unternehmen während der Entsendung an (Heimreisen, Teilnahme an wichtigen internen Meetings, Beteiligung an Projekten oder Zusammenarbeit für wichtige unternehmensweite Themen etc.)
- Wer im Heimatstandort – im Personalbereich wie in der Linie – ist dafür zuständig, mit der entsandten Person Kontakt zu halten?
- Wie wird die Rückkehr in allen Aktionen ab dem Auswahlverfahren mitbedacht?

- Welche Vorbereitung bietet das Unternehmen an? Für die Angestellten selber? Für ihre Angehörigen? (Look-and-See-Trip, Relocation Services, Netzwerk-Möglichkeiten vor Ort etc.)
- Welche Trainings vor der Entsendung werden angeboten? Für die Angestellten und für deren Angehörige?
- Welche persönliche Unterstützung wird während der Entsendung im Aktionsfeld Training oder Coaching angeboten?
- Gibt es Mentoring Möglichkeiten, ggf. an beiden Standorten?
- Wie wird die dortige Organisation auf die neue Person und den Führungswechsel vorbereitet?
- Wie wird die Qualität der Zusammenarbeit zwischen dem Herkunftsstandort und dem Entsendungsstandort gemanagt? Wer ist dafür auf jeder Seite verantwortlich?
- Wie wird das »Heimat-Netzwerk« während der Entsendung gepflegt?
- Bei Menschen, die ohne Familie ausreisen, wie bei denen, die mit Familie ausreisen: Wie kann das Unternehmen ein gesundes Engagement gewährleisten? (Entsandte tendieren zu Überarbeitung und damit zu Burn-out.)

Ein professionelles internationales Personalmanagement sollte auf diese Fragen Antworten haben und auch, da wo nötig, transparente Prozesse für alle Beteiligten vorweisen können.

Ein Charakteristikum von Auslandsentsendung ist, dass die Aufgaben nur durch eine transversale Zusammenarbeit im Personalbereich und vom Personalbereich mit dem oberen Management erfolgen können. Dies ist nicht selten eine Herausforderung. Aber die investierte Arbeit lohnt sich schnell: Eine missglückte Auslandsentsendung verursacht Kosten im oft fünfstelligen Bereich.

Wichtig !

- Soziale Kompetenzen sollten beim Auslandseinsatz höher als technische Kenntnisse bewertet werden – oder zumindest genauso so hoch.
- Das persönliche Umfeld sollte in die Entscheidung und in die Vorbereitung miteinbezogen werden.
- Während der Abwesenheitszeit sollten nicht nur das Personalwesen, sondern auch andere Bereiche regelmäßigen Kontakt pflegen, auch ohne sachlichen, aufgabenbezogenen Grund.
- Reintegration fängt bei der Selektion an. Reintegration ist Aufgabe und Verantwortung vom Personalwesen und vom gesamten Management Team eines Unternehmens.

4.4.2 Internationalisierungsstrategien und Handlungsfelder in der Personalentwicklung

Wenn man die Internationalisierungsstrategie eines Unternehmens genauer untersucht, hilft es, die Arbeit in der Personalentwicklung, im Talent Management oder allgemein im Personalbereich zu strukturieren und den Bedarf der internen Kunden (aller Mitarbeiter und Führungskräfte) zu analysieren. Bei den hier beschriebenen strategischen Prozessen handelt es sich grundsätzlich um Veränderungen, die nach den Prinzipien und mit dem Handwerkzeug von Change Management gesteuert werden sollen. Hier geht es aber weniger darum, in die Tiefe dieser Change Management Prozesse hineinzuschauen, als vielmehr die Aufgaben, die bei solchen Veränderungen vom Personalbereich geleistet werden, zu schildern. Diese Aufgaben variieren je nach Internationalisierungsstrategie und Form der Umstrukturierung. Dafür sollte die Kompetenz vom Personalbereich von der Konzeption bis zur Ausführung eingesetzt werden.

In meinen Darstellungen möchte ich keine der im Folgenden dargestellten Internationalisierungsformen als gut oder schlecht bewerten. Meine Auffassung ist, dass diese Prozesse ein komplexes Ergebnis der Unternehmensgeschichte, der Unternehmenskultur, der Stärken und Schwächen des Managements durch die Geschichte des Betriebes, der interkulturellen Reife, der Einflüsse des Marktes, der Realität der Talente, der Entwicklung verschiedener nationaler Ausbildungssysteme u. v. a. m. sind.

4.4.2.1 Internationalisierungsform I: Das Modell Unternehmenszentrale – Filialen

Diese Form ist sehr klassisch. Sie ist lange die Regel und die einzige Internationalisierungsform großer Unternehmen gewesen: Aus einer starken Position auf dem deutschen, heimatlichen Markt gründet man Unternehmenseinheiten, Filialen, in anderen Ländern. Es wird dann oft vom »Mutterkonzern« und »Töchtern« gesprochen. Das Modell sieht so aus:

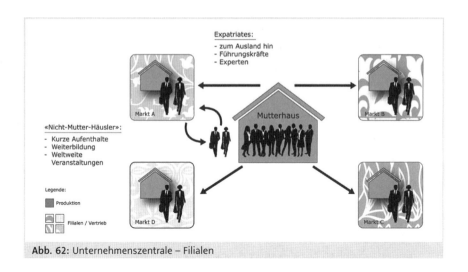

Abb. 62: Unternehmenszentrale – Filialen

4.1.1.1.1 Wodurch ist diese Internationalisierungsform charakterisiert?

1. Die Entscheidungsmacht für die Bereiche Strategie und Finanzen ist und bleibt im »Zentrum«. Dieses Zentrum ist oft örtlich definiert und hat sich historisch wenig geändert. Auch wenn die Produktentwicklung wegen des Kostendruckes in den letzten Jahren nach außen manchmal verlagert wurde, bleibt die Entscheidungsmacht über die Richtigkeit dieses oder jenes Produktes im Zentrum. Der Bereich Qualitätssicherung kommt manchen nur qualitativ hoch genug vor, wenn er zentral geleitet wird.
2. Der Initialaustausch zwischen der Unternehmenszentrale und den anderen Standorten geht meistens in die Richtung »Zentrale zur Filiale«. Oder es zeichnen sich Ungleichheiten in den Kommunikationswegen zwischen Zentrale und anderen Standorten ab: Die äußeren Standorte sollen vor allem antworten, reagieren, Anfragen beantworten, nach den von der Zentrale konzipierten Richtlinien und Reporting-Prozessen handeln. Die Denkweise und die Logik der Zentrale sind Maßstab.
3. Unternehmenszentrale heißt oft Machtzentrale: Es wird hier von ethnozentristischer Kultur[45] gesprochen. Dies klingt nach einer negativen Bewertung. Systemisch gedacht hat dieses System aber seine Vorteile und ist möglicherweise das bessere für manche Unternehmen und manche der Märkte, in denen sie agieren. Die Folgen dieser Kultur zielführend zu managen, ist und sollte die Aufgabe der Führungskräfte und des Personalmanagements sein. Geographisch ist es meistens der zentrale Standort, der Gründungsort des Unternehmens. Es ist ein geschichtsträchtiger Ort und bietet eine große Identifikation an.

---

45 Howard V. Perlmutter, EPRG Konzept, 1969 oder Martin Hilb, 2000.

4. Die Auslandsaufenthalte bilden eine – zum Teil unerlässliche – Etappe der Karriereentwicklung. Sie wirken wie ein »rite de passage« im Kreise der High Potentials und der etablierten Führungskräfte. Entweder bleiben sie den Talenten, die eher für eine fachliche Karriere geeignet sind, ausgeschlossen. Oder es übernehmen Menschen aufgrund des Druckes Führungsaufgaben im Ausland, deren Kompetenzen in anderen Bereichen zieldienlicher wären. Der Erfolg dieser Talente ist dann oft sehr beeinträchtigt. Diese zweite Hypothese kann zwar auch im Inland beobachtet werden, der Unterschied liegt aber darin, dass die Komplexität der Führungsaufgaben in einer fremden Umgebung viel höher ist, womit die Gefahr des Misserfolges steigt.

5. In der Organisation des Personalmanagements kann man beobachten, dass die Aufteilung in Besetzung und Betreuung oberer Führungskräfte nur in der Zentrale zu finden ist, da die Filialen keine Verantwortung für das Top Management haben.

6. Gruppendynamisch entwickelt sich eine Logik der 2 Pole, die in der Sprache durchschimmert: »Wir hier und die dort«, »Wir in der Zentrale ...« oder »Die dort in ... (Stadt der Zentrale)« sind Ausdrücke, die man dann oft hören kann.

4.1.1.1.2 Welche Anforderungen werden bei diesem Modell an HR gestellt?

Recruiting: In den Kandidatenprofilen spielen die Sprachkompetenz, die bisherigen Auslandsaufenthalte und die Bereitschaft zur Mobilität eine wichtige Rolle. Die Auslandsaufenthalte wurden lange Zeit nicht auf deren Aussagekraft für die zu besetzende Stelle überprüft. Ich kann mich gut an einen Kandidaten erinnern, der einige Monate in Kalifornien, USA, verbracht hatte. Die besonderen Fähigkeiten, die er dadurch erwarb, waren aber mehr im Surfen als in den wirtschaftlichen Analysen, die die Stelle erfordert hätte, für die er kandidierte. Ich denke, dass dies kein Einzelfall ist. Ohne Zweifel können durch einen Studienaufenthalt im Ausland soziale und interkulturelle Kompetenzen erworben werden. Die Kompetenzen sollten aber abgefragt werden und nicht als selbstverständliches Ergebnis einiger Monate in der Fremde gelten.

Arbeitsrecht: Spezifische juristische Kenntnisse im Personalbereich und die Begleitung durch internationale Arbeitsrechtler sind notwendig, um in den Arbeitsverträgen sowie den Steuer- und Versicherungsfragen den Erfordernissen der Compliance zu genügen. Die Phase der Reintegration erfordert ebenfalls eine besondere Aufmerksamkeit, nicht nur menschlich, sondern auch juristisch.

Personalentwicklung: Die häufigste Antwort auf das Bedürfnis, die Zentrale in den anderen Standorten »gut und richtig« vertreten zu wissen, ist die Entsendung oberer Führungskräfte in die ausländischen Filialen. An dieser Stelle möchte ich auf die ersten Absätze meines Beitrages verweisen, die das Thema Auslandsentsendung ausführlicher behandeln.

4.1.1.1.3 Welche Aktionen sollten durch HR erfolgen, um den Erfordernissen gerecht zu werden?

Wenn Berufsanfänger Auslandserfahrungen vorweisen, sollte vor allem nach den Lernerfolgen aus dieser Zeit gefragt werden. Zudem sollte die interkulturelle Kompetenz nicht nur ein »nice to have«-Element sein, sondern als eine grundlegend wichtige Kompetenz betrachtet werden. Das Angebot von interkulturellen Seminaren für die »Expatriates« und deren Familie sollte ein fester Bestandteil der Auslandsentsendung bleiben (oder werden ...). In diesen Seminaren geht es vorwiegend um eine bessere Kenntnis der Zielkultur und der kulturell geprägten mentalen Modelle der zukünftigen Mitarbeiter im Vergleich mit der Herkunftskultur der entsandten Personen. Fragestellungen der Alltagsorganisation ist für die Entsandten auch ausschlaggebend: Wie eröffne ich ein Bankkonto, wo werden wir wohnen, kann mein Partner arbeiten, welche Schule passt besser für unsere Kinder etc.? Meine Vorgehensweise ist hier, diese Fragen im interkulturellen Training oder Coaching auf der Ebene der persönlichen Standortfindung und der kulturellen typischen Aspekte dazu anzugehen. Die praktischen Antworten dazu sollten aber besser durch kompetente Relocation Agenturen vor Ort gegeben werden. Das bedeutet, dass das Unternehmen ein Netzwerk von Relocation Agenturen aufbauen sollte.

Was das Qualitätscontrolling der Inhalte einer interkulturellen Vorbereitung angeht, sollten die Maßnahmen – und damit deren Dienstleister – auf ihre Kenntnisse der Zielkultur hin überprüft werden, sowie auch auf ihre Konzepte. Eine Beschreibung der Verhaltensweisen in der Zielkultur reicht m.E. nicht, um die interkulturelle Kompetenz zu steigern. Eine vertiefte Eigenreflektion der persönlichen kulturellen Verankerung sollte in einem solchen Training zumindest ihren Anfang finden und vor allem nicht mit dem Training enden, sondern ein fester Bestandteil des Lebens von Expatriates werden (siehe unten Kapitel zum Thema Interkultureller Kompetenz).

Ebenso sind die oben angesprochenen Fähigkeiten, sich im unsicheren Terrain sicher zu bewegen, ausschlaggebend. In einem Training ist es möglich, diese Aspekte anzusprechen und zum Teil in interkulturellen Assessment Centern herauszufinden. Sie zu entwickeln, kann in einem Coaching stattfinden. Diesbezüglich empfiehlt es sich, entsandte Personen auch während ihres Aufenthalts zu coachen. Der »Return on Investment« kann sich nicht nur durch die Anzahl von erfolgreichen Entsendungen im jeweiligen Unternehmen messen lassen, sondern auch durch die Veränderung in den Denk- und Handlungsweisen der Manager. Interkulturell kompetente Menschen können u.a. über den Tellerrand schauen, verfügen üblicherweise über eine gute Anpassungsfähigkeit, haben eher Verständnis für neue, andere Wege und Lösungen: Dies sind alles Fähigkeiten, die in zahlreichen Bereichen vieler Unternehmen gefragt sind.

4.1.1.1.4 Elemente des Übergangs zu einer flexibleren Form

Auch wenn keine großen Veränderungen vorgesehen sind und diese Internationalisierungsform beibehalten werden soll, ist es ratsam, »Mutterkonzerne« in Richtung einer stärkeren Durchlässigkeit für eine interne Vielfalt und Interkulturalität zu entwickeln. So ist in der Fachpresse die Anwesenheit von Personen aus anderen Kulturkreisen und von Frauen im Vorstand oder im Aufsichtsrat ein Kriterium für den globalen Charakter eines Unternehmens. Hier kann der Personalbereich das Unternehmen dabei unterstützen, effektiver den vielfältigen Anforderungen der globalen Märkte zu entsprechen. Hier seien einige Elemente beschrieben.

- **Diversity Management** als Beitrag zur Veränderung der Unternehmenskultur: Die Besetzung des oberen Managements mit Menschen, die nicht der männlichen, weißen, heterosexuellen, nicht behinderten, nationalen Mehrheit entsprechen und auch nicht zu den am häufigsten vertretenen Altersklassen und Berufsbildern gehören, ist international ein wichtiges Kriterium für ein global agierendes Unternehmen geworden. Jede passende Maßnahme zur Steigerung dieser Elemente ist eine Unterstützung der Unternehmensveränderung.

- Die **Auslandserfahrung** der Mitarbeiter in den Filialen – die seit Jahren gelernt haben, mit einer anderen Kultur, der Kultur des Mutterhauses, zusammenzuarbeiten – zu beachten und als Bereicherung zu betrachten. Die Entwicklung ausländischer Führungskräfte durch einen Aufenthalt in der Zentrale zu ermöglichen, stellt eine Bereicherung für alle Beteiligten dar, wenn die Menschen in der Zentrale in der Lage sind, von der interkulturellen Kompetenz ihrer Kollegen aus den anderen Standorten zu lernen. Eine höhere Motivation der Mitarbeiter in den Filialen wie auch Vorteile auf dem Personalmarkt in den Regionen sind häufige positive Auswirkungen.

- **High Potentials** sollten auch dezentral entwickelt werden: Vor allem für die jüngere Generation bieten Entwicklungsmöglichkeiten eine hohe Motivation, in einem Unternehmen zu bleiben und Höchstleistung zu bringen. High Potentials aus den ausländischen Standorten bilden für ein Unternehmen eine wichtige Ressource, deren Entwicklung genauso viel Aufmerksamkeit gewidmet werden sollte wie derselben Gruppe im Inland. High Potential Gruppen sollten international zusammengesetzt werden und mit den entsprechenden Maßnahmen für Aufgaben in unterschiedlichen Märkten qualifiziert werden. Die Qualität der Angebote sollte auf interkulturelle Inhalte sowie auf technische Bereiche überprüft werden. In relativ kurzer Zeit kann ein Mitarbeiter-Pool einem Unternehmen passende Mitarbeiter zur Verfügung stellen, die den Anforderungen für das internationale Parkett entsprechen. Stammen diese Mitarbeiter nicht nur aus dem Land der Zentrale, sondern auch in ausreichender Zahl aus mehreren ausländischen Standorten, ermöglicht es eine Vernetzung unter den Nachwuchsmitarbeitern, die sich in der Zukunft positiv auf die Kooperation im Unternehmen auswirken wird.

4.4.2.2 Internationalisierungsform II: Das Modell Spaltung von der Unternehmenszentrale

Diese Form der Internationalisierung geht aus dem ursprünglichen Model »Mutterkonzern und Filialen« hervor. Der Unterschied ist, dass bestimmte Unternehmensbereiche, die Abteilungen waren, eine größere juristische und wirtschaftliche Autonomie bekommen. Sie werden selbstständige Unternehmen. Die Trennung des ursprünglichen Unternehmens erfolgt in Etappen. Dieser Prozess beinhaltet die Umbenennung der neugegründeten Einheit und die Absicherung ihrer wirtschaftlichen Basis z.B. als GmbH oder AG, die Kreation einer neuen Marke und oft einigen internen Umstrukturierungen.

Ein häufiger Grund für diese Abspaltung ist die finanzielle Entlastung des ursprünglichen Unternehmens. Darüber hinaus ist aber auch eine Nähe zu ausländischen Märkten und eine größere strategische Flexibilität eine Zielsetzung. Grafisch dargestellt kann diese Internationalisierungsform so aussehen:

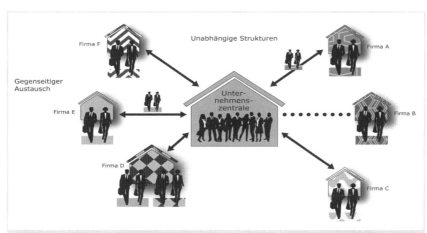

Abb. 63: Spaltung von der Unternehmenszentrale in Research & Development. In manchen Fällen sind die Unternehmen nach der Abspaltung in einem Kunden – Lieferanten Verhältnis.

4.1.1.1.5 Wodurch ist diese Internationalisierungsform charakterisiert?

Die Trennung des ursprünglichen Unternehmens erfolgt in Etappen. Dieser Prozess beinhaltet die Umbenennung der neugegründeten Einheit und die Absicherung ihrer wirtschaftlichen Basis z.B. als GmbH oder AG, die Kreation einer neuen Marke und oft einigen internen Umstrukturierungen.

Ein häufiger Grund für diese Abspaltung ist die finanzielle Entlastung des ursprünglichen Unternehmens. Darüber hinaus ist aber auch eine Nähe zu ausländischen Märkten und eine größere strategische Flexibilität eine Zielsetzung.

4.1.1.1.6 Welche Aktionsfelder sind bei diesem Modell für HR besonders wichtig?

Unabhängige Personalmanagement-Abteilungen in jedem Land
Bei der Spaltung vom »Mutterkonzern« und kurz danach kann es vorkommen, dass frühere Expatriates noch das Personalmanagement führen. Aber sehr häufig verantworten auch schon lokale Führungskräfte in den Filialen die Leitung vom Personalbereich: Die arbeitsgesetzlichen und arbeitsmarktspezifischen Kenntnisse erfordern Experten, die das Land kennen.

Der Unterschied nach der Spaltung besteht darin, dass alle Personalmanagement-Prozesse von der Strategie der Unternehmensführung abgeleitet und meistens von lokalen Führungskräften und Fachkräften konzipiert, organisiert und umgesetzt werden.

Veränderungsmanagement
Die Entwicklung von einer Filiale zu einem Unternehmen mit höherer Autonomie sollte von Experten, möglichst Spezialisten von Veränderungsmanagement und systemischer Organisationsentwicklung, im Personal- und Veränderungsmanagement begleitet werden. Die Durchführung solcher Change Projects ist kritisch und ihre Umsetzung sollte professionell erfolgen, damit sich die unvermeidlichen Unsicherheitsphasen nicht negativ auf die wirtschaftliche Leistung des Unternehmens auswirken. Die Motivation und Neuorientierung der Mitarbeiter ist dabei wesentlich. Die Zusammenarbeit zwischen Unternehmensleitung, Führungskräften und Personalmanagement drückt sich in solchen Phasen entweder besonders positiv oder besonders negativ aus.

Die Gestaltung der neuen Unternehmenskultur oder: das »Gewicht« der Unternehmensgeschichte
Trotz Autonomie kann die Entstehungsgeschichte aus dem früheren Mutterkonzern heraus eine Rolle bei bestimmten Projekten spielen und nicht selten blei-

ben die zwischenmenschlichen Beziehungen bestehen. Oft hört man auch Jahre nach der Gründung von neuen Strukturen, dass die Angestellten von 2 Kategorien sprechen: von der »Konzern-Zeit« und von »danach«. Der Personalbereich kann maßgeblich dazu beitragen, dass diese eigene Zeitrechnung an Bedeutung verliert, in dem die neue aktuelle Unternehmenskultur ganz bewusst gestaltet wird. Da die Struktur in dieser Form neu ist, ist die Übergangsphase eine ideale Zeit, um die Unternehmenskultur so zu beeinflussen, wie es für die Mission des Unternehmens am besten passt. Es kann für das Personalmanagement eine sonst seltene Möglichkeit sein, gezielt die Unternehmenskultur zu gestalten.

Die Führungsphilosophie und die Art, Führung zu gestalten, sind wichtige Bausteine, ebenso die Art, wie Prozesse gestaltet werden: flache oder pyramidale, verwaltungsorientierte oder produktentwicklungsorientierte Kultur. Während der Übergangszeit sind die Strukturen fließender, d.h. gestaltbarer. Die Wirkung von Symbolen, die ein Ausdruck der Unternehmenskultur sind, ist direkter, weil es eine gewisse Verunsicherung gibt. So hat z.B. ein Unternehmen, das aus einer recht bürokratischen Unternehmenskultur mit langen Fluren und geschlossenen Türen entstanden ist, radikal transparente Räume und viele Kaffee-Ecken geschaffen. Die Art der Kommunikation zwischen den Menschen im Alltag hat sich dadurch ebenso radikal geändert. Natürlich reicht die Architektur nicht alleine, sondern es sollte auch auf der Führungsebene und in der Art, wie die Implementierung der Veränderung passiert, ebenfalls deutlich werden, wie die Unternehmenskultur in Zukunft sein soll.

Recruiting

Die Personalbeschaffung orientiert sich für alle Ebenen und alle Funktionen am lokalen Markt. Bei Funktionen, die eine höhere Bildung erfordern, kann man auch eine Orientierung zum breiteren regionalen Markt, wie z.B. in Asien, zulassen, wo gut ausgebildete Kandidaten sowohl in Singapur wie in Mumbai oder Dubai zu finden sind.

Trainingsbereich

Die ganze Palette des Qualifizierungsmanagements muss lokal erfolgen. Zum Thema Internationalität: Vor allem interkulturelle Konzepte müssen oft überarbeitet werden, da die Interaktion mit der Kultur des Ursprungsunternehmens zwar wahrscheinlich weiterhin besteht, aber meistens in einer anderen Form. Die Interaktionen erfolgen dann auch häufig mit anderen Kulturen. Nicht selten hatten die Mitarbeiter der früheren Filiale weniger Interaktion mit anderen Kulturen als die des Mutterkonzerns.

Die interkulturellen Trainings sollen demnach den Aspekt »Sensibilisierung« abdecken. Die kulturspezifischen Trainings behandeln neue Kulturkreise. Diese

Trainings richten sich an die Mitarbeiter, die viel im Kontakt mit dem Ausland sind oder sein werden.

Entwicklung von High Potentials

Ein großer Unterschied des »neuen Unternehmens« für das Personalmanagement im Gegensatz zu der Position als Filiale ist die Entwicklung von High Potentials, von noch jungen Talenten, die sich aber schnell in die neue Struktur integrieren und bald in der Lage sein werden, Verantwortung zu übernehmen, um das Wachstum der Organisation zu steuern. In ihrer Vergangenheit bekam die Organisation als Filiale meistens entweder diese oberen Führungskräfte direkt von der Zentrale oder die Programme für die High Potentials waren komplett von der Zentrale geleitet. Oft war beides der Fall.

Jetzt geht es aber darum, den eigenen Nachwuchs heranzuholen und zu qualifizieren. Da die Struktur in dieser Form neu ist, ist jedes Trainings-, aber noch mehr jedes Personalentwicklungsprogramm ein Mosaiksteinchen, das die neue Unternehmenskultur prägt.

Internationale/s Projektmanagement und -betreuung

Solange eine Unternehmenszentrale die internationalen Filialen zusammenhält und zentralistisch managt, ist das internationale Projektmanagement auch von der Zentrale betreut. Mit mehr Autonomie kommt auch mehr Verantwortung und Gestaltungsmöglichkeit ins Projektmanagement. Der Personalbereich ist hier beratend gefragt, um die entsprechenden kompetenten Menschen zu rekrutieren und auch um ein Projektmanagement zusammenzustellen, das den neuen Anforderungen entspricht. Nachfolgend einige Fragestellungen und Bereiche von Projektmanagement, wo der Personalbereich unterstützend aktiv sein kann:

Welche Art von Projektmanagement-Architektur und Projektstrukturen passen, damit sich alle Teile des Unternehmens und alle Kulturen wiederfinden? Welchen Anforderungen sollen Projektmitglieder und -leiter entsprechen? Soll die interkulturelle Kompetenz für Projektmitglieder verstärkt entwickelt werden?

Auslandsentsendung

Manchmal entwickelt sich manche ehemalige Filiale in eine Unternehmenszentrale. Dann sind die Anforderungen und Aktionsfelder, wie oben beim Thema Auslandsentsendung und der ersten Internationalisierungsform beschrieben, ausschlaggebend.

4.4.2.3 Internationalisierungsform III: Das Modell Netzwerk-Struktur

Der Unterschied zu der vorherigen Form ist, dass die Entstehung der »Schwestergesellschaften« nicht aus der Trennung vom historischen Zentrum stattfindet, sondern durch den Zusammenschluss eines starken Unternehmens mit – meistens – kleineren Firmen. Dies ist durch kommerzielle Allianzen, Joint-Ventures oder andere Formen der Kooperation möglich. Das verbindende Element ist der Markt oder die Märkte und die Dienstleistung oder die Produkte, die gemeinsam angeboten werden. Grafisch kann man diese Form so darstellen:

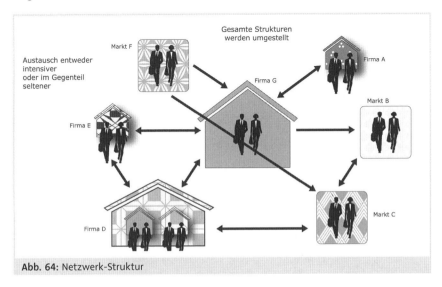

Abb. 64: Netzwerk-Struktur

4.1.1.1.7 Was ist für diese Internationalisierungsform charakteristisch?

Der Grad der Verbindung mit dem Unternehmen, das über diese Strategie internationalisiert, kann von Fall zu Fall sehr variieren, da die Vereinbarungen sehr unterschiedlich sein können. In vielen Fällen aber bietet das Unternehmen, das aktiv die Verbindungen gesucht hat, Dienstleistungen wie die IT-Systeme oder Human Resources.

Verbindung und Austausch zwischen den Unternehmen, die zum Netzwerkgebilde gehören, können auch ohne Einmischung des verbindenden Unternehmens stattfinden. Das Commitment zueinander erfolgt vorwiegend durch das gemeinsame Marktinteresse und auch durch persönliche Beziehungen an der Spitze von jeder Einheit und im Allgemeinen im oberen Management.

4.1.1.1.8 Welche Aktionsfelder sind bei HR besonders wichtig?

HR-Prozesse dezentral organisiert
Durch die Unterschiedlichkeiten der verschiedenen involvierten Gesellschaften sind alle Personalprozesse wie Recruiting, Qualifizierung, Performance Management etc. lokal verantwortet. Sie können sehr stark variieren, nicht nur je nach lokalen Erfordernissen wie in den anderen Formen der Internationalisierung, sondern vor allem je nach Tradition der jeweiligen Unternehmen, die miteinander kooperieren.

Koordinieren oder nicht, das ist die Frage
Es muss grundsätzlich entschieden werden, ob eine Harmonisierung der HR-Prozesse zwischen den Einheiten oder manchen von diesen als sinnvoll erachtet wird oder nicht. HR kann als Dienstleiter agieren, der für alle Gesellschaften Programme anbietet. Da der Fokus der Kooperation sich sehr stark auf den Markt konzentriert, sind die internen Services in einer »Light«-Version gefragt.

Bei einem Kunden wurden Qualitätsstandards zum Thema Kundenorientierung entwickelt. Der Trainingsbereich hatte online Programme entwickelt, die für alle zugänglich waren und Richtlinien für die Face-to-Face-Trainings angeboten. Auf der Führungsebene wurde bei den weltweiten Treffen vom Personalbereich die Auswirkung dieser Standards z. B. auf die Profile von Kandidaten, auf die Art des Verkaufstrainings, auf das Beurteilungssystem dargestellt. Es entstand daraus aber keine Kontrolle über die Umsetzung, um die Autonomie der Einheiten zu bewahren.

Knowledge Management
In diesem Aktionsfeld kann sich das Personalmanagement für die verschiedenen beteiligten Gesellschaften verdient machen. Die Unterstützung von Experten, die einerseits Personalmanagement-Prozesse sowie die Herausforderungen der Führung gut kennen und andererseits die Kompetenzen haben, Veränderungsprozesse zu begleiten, sind hervorragende Partner, um die Unternehmensleitungen dabei zu unterstützen, im internationalen Netzwerk Knowledge Management strategisch zu betreiben.

Begleitung und Qualifizierung
Bei der Internationalisierungsform, die wir hier beschreiben, gibt es wenige Aktionsfelder, die sinnvoll zentral organisiert werden sollten, da vieles in der Verantwortung der jeweiligen Gesellschaften liegt. Aber aus Aktionsfeldern wie Knowledge Management oder der Unterstützung von übergreifenden Projekten entsteht der Bedarf, die daran teilnehmenden Mitarbeiter zu qualifizieren, vor allem, wenn sie vorher überwiegend in ihren lokalen Märkten aktiv waren. Die

Qualifizierung auf der technischen Ebene findet erfahrungsgemäß häufig statt. Technische Trainings werden konzipiert und organisiert. Weniger selbstverständlich ist aber die Qualifizierung im Bereich interkultureller Kommunikation und internationalem Projektmanagement. Erstaunlicherweise geben manche Organisationen viel Geld aus, um weltweite Projekte zu initiieren, aber oft wird nicht darin investiert, die Arbeitsfähigkeit der internationalen Projektteams zu erhalten oder gar zu ermöglichen.

Interkulturelle Kompetenz aufzubauen ist ausschlaggebend für die Erfolgschancen internationaler Projekte. Die Projektmitglieder müssen verstehen, welche kulturellen Unterschiede in Bereichen wie

- Erwartungen an die Projektleitung und an die Teamzusammenarbeit,
- Erwartungen an die Planung und den Umgang mit Zeit sowie mit Arbeitsorganisation,
- Kommunikationsstile (unterschiedliche Situationen, in denen direkt oder indirekt kommuniziert wird, und Verwerfungen, die daraus entstehen können, um nur die wichtigsten Quellen von Verzögerungen oder Scheitern von internationalen Projekten zu nennen)

bestehen.

Hier kann eine kompetente Truppe aus dem Personalmanagement effektiv unterstützend aktiv werden. Damit erhöhen sich nicht nur die Chancen der internationalen Projekte und aller kulturell-gemischten Teams, die sich für die Ziele des Firmenzusammenschlusses engagieren, sondern auch der ROI (Return on Investment).

Entwicklung von High Potentials
Wie bei der vorherigen Internationalisierungsform dargestellt, ist die Entwicklung von jüngeren Frauen und Männern, die als High Potentials identifiziert sind, in dieser Internationalisierungsform ebenfalls wichtig, da sie die Ressourcen für die Zukunft bilden. Diese wird sicherlich noch stärker als in der Gegenwart Profile von Führungskräften erfordern, die globalen Herausforderungen gewachsen sind.

4.4.2.4 Internationalisierungsform IV: Das Modell Firmenübernahme

Diese Internationalisierungsstrategie unterscheidet sich von den anderen dadurch, dass von 2 ganz unterschiedlichen Unternehmen, die oft Mitbewerber auf dem Markt waren, nur 1 bleibt. Das übernommene Unternehmen geht in die Struktur des anderen auf. Grafisch kann man diese Form so darstellen:

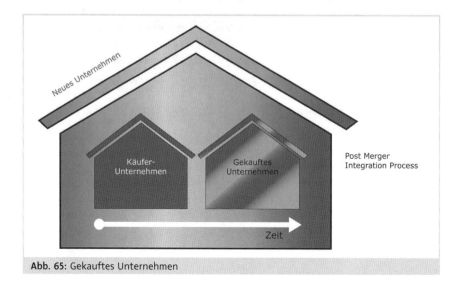

Abb. 65: Gekauftes Unternehmen

4.1.1.1.9 Was ist für diese Internationalisierungsform charakteristisch?

Die Entscheidungszentren und die strategisch relevanten Bereiche bleiben meistens bei dem Käufer. Dies bedeutet oft Personalabbau bei dem gekauften Unternehmen in diesen – und auch anderen – Bereichen. Steht für die Unternehmensführung vor allem der Erhalt einer guten Position auf dem Markt im Mittelpunkt der strategischen Entscheidung, kann eine ethnozentrische Vorgehensweise daraus resultieren. Es ist nach meiner Erfahrung meistens der Fall, sonst wären Formen der Kooperation gewählt worden, die im vorherigen Absatz beschrieben wurden.

Häufig werden sowohl die Due Diligence wie auch die »Transitions- oder Integrationsphase« vorwiegend aus der ökonomischen Perspektive gestaltet. Fach- und Führungskräfte des übernommenen Unternehmens, die als besonders fähig gelten, werden behalten oder befördert. Auf der Top-Ebene kann die Übernahme von bestimmten Personen Gegenstand der Kaufverhandlungen sein.

Da wir von einer internationalen Übernahme ausgehen, muss die kulturelle Integration auf 2 Ebenen stattfinden: die der regionalen oder Landeskultur und die der Unternehmenskultur. Es geht darum zu entscheiden, welche Prozesse beibehalten, welche übernommen oder welche ganz neu geschaffen werden? Oft kommt es auf Grund von den strukturellen Veränderungen zu einer Personalreduzierung. In vielen Fällen liegt der Aufwand der Adaptation vorwiegend beim übernommenen Unternehmen. Idealerweise sollten die kulturellen Elemente vor der Entscheidung der Übernahme im Rahmen der Due Diligence in der Tiefe analysiert werden.

4.1.1.1.10 Welche Aktionsfelder sind bei HR besonders wichtig?

Umstellung der HR-Prozesse

Die Prozesse und Systeme des übernommenen Unternehmens verschmelzen bald mit der neuen Struktur oder werden so verändert, dass nach ein paar Monaten kaum mehr etwas so aussieht wie vor der Übernahme. In manchen Übernahmen erlebt man, dass eine Art Benchmark der Prozesse stattfindet, indem versucht wird, die besten Lösungen von beiden Seiten auszuwählen. Ob das übernommene Unternehmen wirklich Chancen hat, im Personalmanagement die eigenen Lösungen durchzusetzen und auf die gesamte neue Struktur auszudehnen, kann in manchen Fällen nicht nur von realen objektiven Kriterien abhängen, sondern auch von Lobbyarbeit und Verhandlungsgeschick.

Die Kollegen der Personalabteilungen sind nach einer Übernahme einige Monate lang mit der Umstellung der Prozesse beschäftigt. Technisch ist die Anpassung der Lohn- und Vergütungssysteme eine besondere Herausforderung, vor allem wenn mehrere Länder betroffen sind, da hier wie in anderen Themen die Gesetzgebung, die Verhandlungen mit der Personalvertretung und/oder Gewerkschaften – je nach Ländern – eine entscheidende Rolle spielen. Die IT-Systeme müssen ebenfalls zusammengeführt werden.

Die Gefahr, dass Spannungen entstehen, ist groß, da mehrere Kräfte und Interessen sich hier begegnen: die Mitarbeiterschaft, die schnell Sicherheit braucht, die Juristen, die alles überprüfen müssen oder vom Gesetzgeber keine eindeutige Antworten bekommen, die Geschäftsleitung, die meistens eine absolute Harmonisierung, d.h. Angleichung der Systeme, anstrebt und die Tatsache, dass eine schnelle Handlungsfähigkeit der neuen Organisation notwendig ist, um auf dem Markt zu bestehen und das Kapital nicht zu gefährden. In bestimmten Fällen habe ich bei Kunden sehr lange nach der Übernahme die Koexistenz zum Teil widersprüchlicher Systeme erlebt. Letztendlich ist entscheidend, ob die Priorität darauf liegt, schnell auf dem Markt präsent und einsatzfähig zu sein oder die Mehrkosten, die durch mehrere Systeme entstehen (können), zu reduzieren.

Unterstützung der Führungskräfte

Die Motivationsaufgabe von Führungskräften ist in solchen Fällen eine sehr sensible Angelegenheit. Es kann sich deshalb lohnen, die Manager durch gezielte Maßnahmen zu unterstützen. Die Verunsicherung, die strukturelle Veränderungen mit sich bringen, ist ein sehr starker Stressfaktor für die Führungskräfte – auch wenn sie selber im neuen Unternehmen ihren Arbeitsplatz behalten.

Gleichzeitig müssen sie ihre Mitarbeiter »bei der Stange halten«, die genauso oder noch mehr verunsichert sind. Ob Coaching (intern oder extern), gezielte Informations- und Diskussionsveranstaltungen, verstärktes Angebot von Sprechstunden oder Gesprächstermine: Das alles sind Interventionen, in denen die Kompetenzen von Personalspezialisten hilfreich und zieldienend eingesetzt werden könnten. Das bedarf der Offenheit, die Stellung der Führungskraft als Menschen, die alles regeln und alles schaffen (zum Teil mit dem Zusatz »ohne Emotionen«), positiv infrage zu stellen und ein Bild der Führungspersönlichkeit zu bejahen, in dem persönliche Betroffenheit und manche innere Belastung innerhalb der Organisation »salonfähig« werden. Die zusätzliche Komplexität, die einer internationalen Übernahme innewohnt, erhöht diese Stressfaktoren. Die Unterstützung vom Personalbereich wie oben beschrieben kann deshalb nicht nur notwendig sein, sondern auch zusätzliche Wirkung erzielen.

Outplacement

Wie in Kapitel 3.9.7 bereits dargelegt, gehört die Trennung von Mitarbeitern zu einer professionellen Führung bzw. Personalarbeit. Outplacement ist bei weitem breiter zu verstehen, als ausschließlich Lösungen zu finden, um die bestehenden Arbeitsverträge aufzulösen. Es geht auch darum, die Personen, die das Unternehmen entlässt, in einer Weise zu begleiten, die es ihnen ermöglicht, diesen Trennungsprozess psychisch und persönlich mit möglichst wenig Schaden zu überstehen, sie zu qualifizieren, damit sie auf dem Arbeitsmarkt bessere Chancen haben, und mit ihnen auf ihren Bedarf zugeschnittene Auswege zu eruieren. Oft werden unternehmensexterne Outplacement-Spezialisten damit beauftragt. Eine Begleitung der Prozesse und der Handlungsweise durch das Personalwesen ist wichtig, um die Qualitätsstandards zu sichern.

Betreuung und Qualifizierung der Mitarbeiter

Auch schon während der Integration beider Unternehmen in eine neue Einheit ist eine Qualifizierung der Mitarbeiter in Bereichen wie interkulturelle Kommunikation, Sensibilisierung für Diversity Management und globales Leadership vonnöten; besonders wenn die Aufgaben vor der Übernahme vorwiegend im eigenen Land waren und in der neuen Situation entweder nur das obere Management oder die Kunden oder die ganze Mehrwertkette des Unternehmens internationaler wurde.

Die Qualifizierung kann in kleinen Schritten mit Sprachkursen anfangen. Wesentlicher für den Erfolg der Zusammenarbeit ist aber die interkulturelle Kompetenz, d.h., die Fähigkeit, aus den Kenntnissen der Kulturdimensionen der anderen Kultur(en) die eigene Handlungsfähigkeit trotz unsicherer Umgebung zu bewahren und ein Verständnis für unterschiedliche Vorgehens- und Arbeitsweisen zu erlangen. Verständnis heißt hier nicht nur ein Wohlwollen, was nicht schädlich ist, sondern ein tieferer Vorgang der Erkennung von Vor- und Nachteilen der eigenen Lösungsstrategien und auf der gleichen Bewertungsskala von Vor- und Nachteilen der Lösungsstrategien anderer Kulturkreise. Es wirft eine gewisse Relativierung auf das Geschehen und den Alltag, die durch gezielte Trainings und Coaching sowie Teamentwicklungsworkshops ausgeglichen werden kann. Sie geben Sicherheit.

Teamentwicklung
Nehmen wir das Beispiel eines nach einer Übernahme neu zusammengesetzten Teams. Bisher haben die Menschen in ihrer Muttersprache mit bekannten Kollegen/innen, in Prozessen, die sie kennen, an Aufgaben, die sie beherrschen, gearbeitet. Jetzt sind die Kollegen neu, die Sprache ist eine Drittsprache, die Aufgaben sind nicht mehr wie gewöhnlich, der Kommunikationsstil und die Kultur der neuen Kollegen sind fremdartig. Auf beiden Seiten. Die Gegenseitigkeit des Fremdheitsgefühls und die gemeinsame Unsicherheitserfahrung können zu einer lang anhaltenden Verzögerung der Arbeitsfähigkeit des Teams führen. Oder aber als ein Element der Verbundenheit genommen werden und als Ausgangspunkt für eine Teamentwicklung zu einer ganz neuen Einheit hin, die sich mit ihrem Ziel identifiziert und für sich eine eigene Art des Zusammenseins und -arbeitens entwickelt. Diese Entwicklung passiert nicht von selbst, die Verzögerungen oder die Spaltung aber schon. Deshalb sollte dieses erhöhte Risiko durch professionelle Begleitung reduziert werden.

Sehr förderlich ist die Zusammenarbeit von unternehmensinternen und unternehmensexternen Beratern und Trainern, die interkulturell über die anwesenden Kulturen sattelfeste Kenntnisse haben. Eine Erkenntnis aus der Gruppendynamik kann für die Begleitung bi-kultureller Teams hilfreich sein: Identifizieren sich Gruppenmitglieder jeweils mit 2 unterschiedlichen Hauptmerkmalen ihrer Zugehörigkeit, kann schnell eine Polarisierung stattfinden und sich verfestigen. Bei Unternehmensübernahmen bieten viele Elemente die Möglichkeit der Identifizierung an, z.B. 2 Standorte, 2 Kulturen, 2 Unternehmen etc. Schnell kann es sich ergeben, dass die beiden Kulturen die Kristallisationspunkte der Polarisierung werden. Dann heißt es: »Es ist wegen der Australier/Inder/Franzosen, dass ...« auf einer Seite und auf der anderen Seite »wegen der Deutschen ...«. Bei einer Teamentwicklung muss hier sehr genau untersucht werden, ob die kulturellen Unterschiede in der Tat in diesem Moment besonders virulent auf die Teamdynamik Einfluss haben oder ob sie sich nicht stellvertretend für andere Elemente der Verunsicherung, wie z.B. nicht genügend Einigung auf der oberen Führungsebene, auswirken. Die Teamentwicklung bi-nationaler Teams bedarf deshalb einer besonderen Aufmerksamkeit seitens des Personalbereichs.

> **! Neuro-HR-Tipp**
>
> Aus biologischer Sicht gibt es 2 Dinge, die Bindung besonders unterstützen:
> 1. Zusammen lachen: Hier wird über Dopamin eine gemeinsame Erfahrung gespeichert;
> 2. Körperlicher Kontakt: Dadurch wird der Zusammengehörigkeitsbotenstoff Oxytocin ausgeschüttet.
>
> Ein Teamevent, der diese beiden Komponenten beinhaltet, hat auch auf multinationaler Ebene gute Chancen, erfolgreich zu werden. Die kulturellen Gegebenheiten sollten natürlich berücksichtigt werden, so ist in einigen Kulturen Berührung unüblich.

4.4.3 Interkulturelle Kompetenz im Personalwesen

Bisher ging es um die Bereiche, für die der Personalbereich als interner Dienstleister Verantwortung trägt, und die Aktionen, die im Zuge von Internationalisierungsprozessen Erfolgsfaktoren sein können. Um die beschriebenen Konzepte und Interventionen sachverständig und professionell steuern zu können, müssen Mitarbeiter von HR interkulturelle Kompetenz entwickeln.

4.4.3.1 Die eigene »Black Box«

Wie in vielen Lernprozessen ist der erste Schritt zur interkulturellen Kompetenz, sich über das, was man nicht weiß, bewusst zu sein. Ich möchte hier diesen Lernprozess auf 2 Ebenen angehen: die individuelle Ebene und die Gruppenebene. Gruppe meint hier vorwiegend die HR-Spezialisten. Man könnte die Gruppe auch auf eine noch breitere soziale Gruppe erweitern, aber das würde den Rahmen dieser Publikation sprengen.

Im Bereich interkultureller Kompetenz haben die Spezialisten von HR einen guten Weg zurückgelegt. Als ich mit dem Thema vor mehr als 20 Jahren anfing, waren die ganzen Worte, die um das Bedeutungsfeld »interkulturell« herum geformt sind, und die Realität, die sie beschreiben, kaum bekannt; geschweige denn die Konzepte, die Studien, die didaktischen Ansätze, um diese Realitäten und deren Auswirkungen auf die Zusammenarbeit im Unternehmen zieldienlich zu bearbeiten. In der Tat hat sich das Gesamtbild sehr geändert. Interkulturalität ist ins Bewusstsein und in den Fokus gerückt. Regelmäßig erscheinen Artikel in den Fachmedien. Oft sehr teure und schmerzhafte Erfahrungen haben deutlich gemacht, dass interkulturelle Kompetenz ein wesentlicher Erfolgsfaktor in einer globalisierten Geschäftswelt ist und dass interkulturelle Inkompetenz sehr teuer ist.

Der Personalbereich hat in internationalisierten Organisationen zunehmend die Aufgabe, für die Qualität der Kommunikation, d.h. auch die Qualität der interkulturellen Kommunikation und der Kommunikationsstrukturen und -prozesse, Sorge zu tragen. Wenn wir interkulturelle Kompetenz auf der individuellen Ebene betrachten, ist sie die Summe verschiedener Fähigkeiten, die sich alle auf dem Gebiet der Kommunikation und Persönlichkeitsentwicklung befinden. Das bedeutet, dass weder Erfahrung noch Wissen genügen. Es bedarf einer sehr persönlichen Selbstreflexion der Erfahrungen in der Begegnung mit Andersartigkeit und einer sehr sensiblen Umsetzung von erlangtem Wissen in die Realität, in den Interaktionen mit dem Anderen – ähnlich wie bei anderen kommunikativen Fähigkeiten.

Deshalb ist es wichtig, dass, wenn Mitarbeiter im Personalwesen zum ersten Mal auf internationale Konstellationen und Fragestellungen treffen, er oder sie selber mehrere Lernschritte durchgeht, die in den folgenden Fragen veranschaulicht werden:

1. Welche kulturelle Verankerung haben meine eigenen Kommunikations- und Handlungsstrategien?
2. Welche kulturell verankerten Verhaltensweisen, Haltungen fallen mir bei Personen aus anderen Kulturen besonders auf? Was ärgert, überrascht, irritiert, freut mich?
3. Was soll ich über die Kulturen der Anderen wissen, um deren intrinsische Logik nachzuvollziehen?
4. Was kann ich/will ich/soll ich an meinem Verhalten verändern (oder nicht)? Würde aus einer Veränderung meinerseits sich die gemeinsame Kommunikationssituation positiv entfalten?
5. Wie kann ich/will ich/soll ich die anderen involvierten Personen in diese Dynamik zwischen eigener und anderer Kultur einbeziehen?
6. Wie evaluiere ich die Veränderungen und deren positiven Auswirkungen auf die Situation, die andere Person, mich selber?

In der Auseinandersetzung mit diesen Fragen kommt Licht in die eigene »Black Box« und die iterative Schleife der interkulturellen Kommunikation mit anderen fängt an!

4.4.3.2 Interventionsformen zum Aufbau interkultureller Kompetenz im Unternehmen

Qualifizierung und Personalentwicklung sind die Hauptachsen der Entwicklung interkultureller Kompetenz im Personalmanagement. Bei allen soll m.E. die Zielsetzung darin liegen, bei der Begegnung und den Interaktionen von mehreren

Personen, inklusive sich selber, aus verschiedenen nationalen, regionalen Hintergründen, die kulturelle Verankerung der Aktion-Reaktion-Kette zu identifizieren, um Verständnis und Qualität der Kommunikation zu etablieren oder zu sichern.

Trainings

Es gibt verschiedene Formen von Trainings: kulturallgemeine und kulturspezifische Trainings. Studien, die in zahlreichen Ländern der Welt durchgeführt wurden, dienen üblicherweise den Trainings als theoretische Grundlage[46]. Die Forschung kann unterteilt werden in Studien, die weltweit in vielen Kulturen durchgeführt wurden (GLOBE Survey: 62 Länder, 17300 Manager; Gerd Hofstede: 72 Länder, 116000 Mitarbeiter; Fons Trompenaars: 50 Länder, 30000 Manager) und in Studien, die kontrastiv 2 Kulturen in Bezug aufeinander wissenschaftlich vergleicht. Mit beiden Vorgehensweisen werden Kategorien wie »Geringe Machtdistanz vs. Hohe Machtdistanz«, »Individualismus vs. Kollektivismus« (Gerd Hofstede), »Partikularismus vs. Universalismus« (Fon Trompenaars), »Human Orientation« (GLOBE Study), »Monochronie vs Poylchronie« (E&M Hall/A. Thomas) definiert und anhand dieser werden Kulturen bzw. die Gruppen von Menschen, die einer Kultur zugehörig sind, verglichen. In der Unternehmenswelt dienen die Beschreibungen dazu, Verhaltensweisen von Kollegen sowie deren Arbeitsorganisation oder Kommunikationsstile und Strukturen zu verstehen. Durch die Vermittlung dieses Wissens und in der Erkenntnis der Andersartigkeit entsteht eine bessere Kenntnis der eigenen kulturellen Gruppe und eine Selbsterkenntnis: Dies sollen wirksame interkulturelle Trainings, ob kulturspezifischer oder kulturallgemeiner Art, erreichen. Darin unterscheiden sich interkulturelle Trainings nicht von verhaltensorientierten »Softskills«-Trainings: Wissen und Sensibilisierung gehen ineinander über und befruchten sich gegenseitig.

In kulturallgemeinen Trainings geht es darum, die Teilnehmenden für kulturelle Vielfalt zu sensibilisieren. Es wird davon ausgegangen, dass die Sensibilisierung eine Verbesserung der Verständigung und der Kooperation mit sich bringt, weil Empathie, Flexibilität und die Toleranzgrenze erhöht werden. Mögliche Titel können »Culture Awareness Training« oder »Internationalität und globale Kooperation« sein.

In kulturspezifischen Trainings liegt der Fokus auf einer »anderen« Kultur. Diese Trainings behandeln jeweils eine bestimmte Kultur. Oft gehören landeskundliche Elemente zu den kulturspezifischen Trainings. Die Arbeit mit Fallstudien und

---

46   siehe Literaturliste: Geerd Hofstede, Fons Trompenaars, Nancy Adler, GLOBLE Study.

mit dem Ansatz der »Kulturstandards«[47] bildet die Grundlage für Seminarmaterialien und Übungen. Manche Designs bedienen sich der weltweiten Studien, um die Zielkultur zu beschreiben. Hier besteht die Gefahr darin, den Fokus des Vergleich zu verlieren: Sieht man genau hin, sind aber immer 2 Kulturen involviert, da die »andere Kultur« hinsichtlich der Kulturzugehörigkeit der meisten Teilnehmenden des Trainings definiert wird. Leider wird diese indirekte Partizipation der eigenen Kultur in manchen Trainings nicht reflektiert. Daraus kann sich eine ethnozentrische Beschreibung der anderen Kultur ergeben. Der kontrastive Ansatz der Kulturstandards, in dem beide Kulturen (die eigene und die andere) Mittelpunkt von sozialwissenschaftlichen Studien sind, gibt hier eine genauere Darstellung der geschäftlich relevanten Unterschiede als weltweite Studien. In dem Ansatz können 2 Geschäftskulturen, wie z.B. die französische und die deutsche, anhand von 11 Kulturstandards detailliert und im Bezug zueinander beschrieben werden. »Erfolgreicher Umgang mit portugiesischen Geschäftspartnern«, »Interkulturelles Training Japan´« oder »Geschäftlich in den USA erfolgreich sein« können hier Titel sein.

Didaktisch ist es wichtig, dass Information und Wissen kognitiv oder erfahrungsorientiert vermittelt werden. Erfahrungsorientiert heißt, es wird an den schon vorhandenen Erfahrungen der Teilnehmenden gearbeitet oder es werden durch Simulationen und Rollenspiele Erfahrungen erzeugt, um sie dann interkulturell zu beleuchten. Jeder der beiden methodischen Ansätze kann auf die kulturspezifischen oder kulturallgemeinen Trainings angewandt werden. Dieser Methodenmix empfiehlt sich meistens, wenn interkulturelle Trainings eine fundierte und reflektierte Verhaltensänderung einleiten sollen.

Trainings als Vorbereitung für einen Auslandseinsatz sollten sicherlich kulturspezifische Informationen sowohl auf einer praktischen Alltagsebene wie auch in der Tiefe vermitteln. Sie sollten aber auch die Sensibilisierung und »self-awareness« nicht vernachlässigen, damit die zukünftigen Expatriates für die Herausforderungen des Arbeitens und Lebens im Ausland besser ausgerüstet sind.

Interkulturelles Coaching

Coaching ist die professionelle Begleitung einer einzelnen Person oder eines Teams zu einer als Ziel gesetzten besseren Arbeitsweise oder zur Bewältigung der beruflichen Situation bzw. Entwicklung. Ein Coaching streckt sich über eine gewisse Zeit, von ein paar Wochen zu ein paar Monaten. Im Gegensatz zu der Lehre, dass im Coaching keine Wissensvermittlung stattfinden soll, müssen oft im interkulturellen Coaching Inhalte, z.B. über die eigene oder die andere Kultur,

---

47 Alexander Thomas, Sylvia Schroll-Machl, 2005.

vermittelt werden, wenn sie für die Coachees notwendig sind, um ihre aktuelle Situation oder die angestrebte Entwicklung besser und tiefer zu erfassen.

Jenseits der interkulturellen Komponente kann sich das Coaching auch auf Fragestellungen z.B. der Führung, der persönlichen Karriereentwicklung oder der Komplexität einer bestimmten beruflichen Situation erstrecken. Die Handlungsfähigkeit des Coachees in einer durch Interkulturalität und Unsicherheit geprägten Umgebung zu erhalten und zu vertiefen, kann als allgemeine Zielsetzung eines interkulturellen Coachings gesehen werden.

Interkulturelle Teamentwicklung

Bei interkultureller Teamentwicklung geht es darum, eine Interventionsform zu finden, die einem international zusammengesetzten Team ermöglicht, in einer spezifischen Team-Situation die Zusammenarbeit zu optimieren. Es wird oft in Form von Workshops angeboten, in denen die Inhalte aus der aktuellen Situation und der Zielsetzung abgeleitet werden. Dies können Kick-off-Workshops, z.B. bei dem Start eines Projektes, Team-Building-Workshops, um eine Aktivierung der Teamdynamik zu erzielen, Konfliktworkshops, um gemeinsam eine Lösung zu finden, u. v. a. m. sein.

Bei solchen Workshops ist es ratsam, sehr genau zu analysieren, welche Bedeutung die interkulturelle Ebene in der Problematik hat und inwiefern sich die Interventionen auf dieses Feld richten sollen. Bei Bedarf können auch kurze inhaltliche Präsentationen, zum Beispiel über teamrelevante Kulturdimensionen, den Teilnehmenden helfen, die Realität des Teams besser zu erfassen.

Verhaltensorientierte Trainings mit interkultureller Komponente

Es handelt sich hier um Trainings, deren Fokus z.B. Führung, Verkauf oder Projektmanagement ist, die aber durch den internationalen Aktionsradius der Teilnehmenden interkulturelle Aspekte beinhalten. Da sich Unternehmen immer häufiger international betätigen, sollten diese Trainings interkulturelle Anteile beinhalten. Das erfordert entweder, die Leitung solcher Trainings 2 Trainern anzuvertrauen, von denen 1 Person auf Interkulturalität spezialisiert ist, oder Trainer zu finden, die beide Themen professionell behandeln können.

Interkulturelle Moderation

Diese höchst effiziente Arbeitsform wird leider nicht oft eingesetzt. Zusätzlich zu den Moderationsaufgaben wie Strukturierung der Inhalte, der Diskussion etc. greift die Moderation ein, wenn ein interkulturelles Element in den Diskussionen auftaucht, das von den Teilnehmenden entweder nicht wahrgenommen oder falsch verstanden wird und einen Einfluss auf die Verständigung der Redebeiträge oder des Themas hat. Diese Art der Moderation sollte von Personen geleistet werden, die interkulturelle Profis sind und auch die Dynamik innerhalb einer Gruppe steuern können.

Interkulturelle, virtuelle Kommunikation lernen
Internationalisierung heißt geographische Aufspaltung und damit die Notwendigkeit, virtuell zu kommunizieren. In der virtuellen Kommunikation spielt wie in allen Schattierungen der zwischenmenschlichen Kommunikation die kulturelle Zugehörigkeit der Beteiligten eine Rolle. Immer häufiger finden Meetings virtuell statt, Training und Coaching ebenso. Der Bedarf an professionellen Schulungen für virtuelle und interkulturelle Kommunikation wächst. Hier unterstützen wir Konzepte, die eine synchrone Lernmöglichkeit anbieten: Alle Teilnehmenden sind gleichzeitig online durch eine internetbasierte Lernplattform verbunden. Viele der oben beschriebenen Trainingsformen können geschulte und medienerfahrene Trainer auch virtuell durchführen, selbstverständlich nach einer entsprechenden didaktischen Gestaltung.

Andere Bereiche der Personalarbeit
Zusätzlich zu den oben beschriebenen Qualifizierungs- und Personalentwicklungsmaßnahmen internationalisieren sich ebenfalls andere Bereiche der Personalarbeit wie Personaleinstellung, -betreuung, Kompensations- und Beurteilungssysteme.

3 Pfeiler sind hier von Bedeutung, um die internationale Personalarbeit auf solider Basis zu entwickeln:
1. genaue Kenntnisse der gesetzlichen Bedingungen in den jeweiligen Ländern,
2. interkulturelles Verständnis der Erwartungen der Kollegen an den anderen Standorten,
3. strategische Klarheit im Gleichgewicht zwischen lokal und global.

4.4.3.3 Aufbau der interkulturellen Kompetenz der HR-Mitarbeiter

Um all die Herausforderungen, die für den Personalbereich aus der Internationalisierung des Unternehmens entwachsen, mit dem Anspruch der Qualitätssicherung zu bewältigen, sollten die »Personaler« selber entweder internationale Erfahrung mitbringen, mit der sie interkulturell arbeiten können, oder sich ernsthaft mit der Thematik befassen. Ich erachte es als fahrlässig, Mitarbeiter von Personalabteilungen ohne interkulturelle Vorbildung und Erfahrung internationalisierte Abteilungen und Organisationen betreuen zu lassen. Selbstverständlich ist damit nicht gemeint, dass es nicht möglich sei, ohne interkulturelle Kompetenz in den Personalbereich einzusteigen. Aber spätestens, wenn die Unternehmensstrukturen international ausgerichtet werden, sollte in die Steigerung der interkulturellen Kompetenz der Personalabteilungen investiert werden. Das erhöht sehr stark die Chancen einer reibungsloseren Zusammenarbeit in einem internationalen Unternehmen.

Bei externen Professionellen, die Arbeitsgebiete des Personalbereichs unterstützen, sollte auf jeden Fall auch auf die interkulturelle Qualifikation geachtet werden. Berufliche Netzwerke bzw. Vereine wie SIETAR[48] oder Foren sind dabei sehr unterstützend. Die Beratung vom Personalbereich in Prozessen, wie z.B. die Erschaffung eines internationalen Beurteilungssystems, ist eine Dienstleistung, die manche Interkulturalisten fundiert erbringen können. Es geht darum, bei der Konzeption und der Umsetzung von Personalinstrumenten vorwiegend auf die interkulturellen Aspekte zu achten, die einen Einfluss auf die Zielsetzung, auf die Nutzung des Instruments, auf die Kommunikation mit den Mitarbeitern und Führungskräften haben, die in solchen internationalen Projekten involviert sind. Dabei lernen die Projektteammitglieder sehr viel über Interkulturalität.

!

Diversity Management

Bisher haben wir den Schwerpunkt auf Interkulturalität gelegt. Seit einigen Jahren kommt der Begriff »Diversity Management«, zu Deutsch »Management der Vielfalt«, häufiger vor. Wie unterscheiden sich die Bereiche?

In Europa sind Diversity-Konzepte vorwiegend im Zuge der Antidiskriminierungsgesetze der Europäischen Union entstanden. Unternehmen müssen nun beweisen, dass sie weder durch aktive Aktionen noch strukturell Menschengruppen, die zu Minderheiten gehören, diskriminieren. Die Kriterien, um diese Gruppen zu definieren, sind: »Alter, Behinderung oder chronische Krankheiten, ethnische Herkunft, Geschlecht, Religion/Weltanschauung, sexuelle Identität«. Das Wort Kultur kommt hier nicht vor. Interkulturalität fällt im Diversity Management unter den Begriff »ethnische Herkunft« und ist damit eine Facette von Diversity. Diversity und Interkulturalität haben gemeinsam, dass sie sowohl Wissen, Erfahrung wie auch die persönliche Reflexion der Lernenden erfordern, um als Kompetenz von einem Individuum integriert zu werden.

Auf der organisationalen Ebene liegt m.E. die Zielsetzung vorwiegend darin, eine Unternehmenskultur zu gestalten, in der sich »Diversity« entwickeln kann. Hier kommt der Begriff »Inklusion« ins Spiel. Inklusion beschreibt »die Einbeziehung bislang ausgeschlossener Akteure« in ein soziales System. Die Vielfalt ist mittlerweile in internationalen Unternehmen gegeben. An der Inklusion zu arbeiten, ist die Grundlage dafür, dass sich Personen, die z.B. zu den oben genannten Minderheitengruppen gehören, in dem jeweiligen Unternehmen mit ihren Talenten und Persönlichkeiten vollständig entfalten können – d.h., die ganze Bandbreite ihrer Leistung erbringen können.

---

48   Society for Intercultural Education Training and Research, sietareu.org, sietar-deutschland.de, sietar.at.

4.5   Human Resources 4.0 – die digitale Transformation
Autor: Tjalf Nienaber

Den Anschub für meine Zusage als Koautor für diesen Band hat ein Personalleiter auf einem Kongress kommunaler Unternehmen in Köln gegeben. Wir, ein Mix von Praktikern, Beratern und Wissenschaftlern, saßen oben auf dem Podium und haben unsere Digitalisierungs-Mantras – warum HR 2.0 Einzug in die Unternehmen finden wird – »heruntergerattert«. Ich weiß leider nicht mehr ganz, in welchem Zusammenhang, aber der Satz eines Personalleiters hat uns kurz in Schockstarre versetzt und wieder auf den Boden der Realität katapultiert. Er sagte: »Ich will das nicht – also machen wir das nicht!« Willkommen bei HR 1.0, dachte ich bei mir.

Aber was heißt 1.0? Schlichtweg gesagt: Es gibt eine Zeit vor Facebook, also 1.0, und nach Facebook, ergo: 2.0. Kommunikation ist bei 2.0 keine Einbahnstraße mehr. Es wird Wissen online gestellt, geteilt, geshared und »geliked«, angereichert – und das rund um die Uhr und die Welt. Die Kommunikationsmacht liegt längst bei den Usern und nicht mehr in den Unternehmen. Aber viel lieber rede ich von der »Digitalen Transformation«. Hat diese bei Ihnen schon eingesetzt? – Woran Sie das erkennen? Hier ein paar Indizien bzw. Fragen dazu:

1. Haben Sie eine digitale HR-Strategie?
2. Haben Sie ein Bewerbermanagement-/Talent-Management-System (Software) eingeführt?
3. Haben Sie eine digitale Personalakte durchgesetzt?
4. Haben Sie Ihre Personalentwicklung digitalisiert?
5. Kennen Sie alle relevanten sozialen Netzwerke?
6. Sagt Ihnen der Begriff Enterprise 2.0 etwas?

Hand aufs Herz: Wie oft haben Sie mit »Nein, brauchen wir nicht, zu abgehoben, wir sind dafür zu klein, ist uns zu teuer« geantwortet? Egal, deswegen halten Sie das Buch in der Hand. Sie erhalten im Laufe meines Artikels noch reichlich Impulse für Kurskorrekturen, Umsetzungsideen und Handlungsempfehlungen. Bitte verzeihen Sie mir, wenn ich ab und zu mit der Funktion HR »hart ins Gericht gehe«. Aber ich denke, Klartext hilft mehr als Kuschelkurs. Und wenn Sie sich hier und dort nicht angesprochen fühlen, sind Sie ja bereits auf dem digitalen Weg.

> **! Beispiel**
>
> Hier eine Anekdote aus der Praxis: In einem meiner Seminare sagte mir ein Personalverantwortlicher, dass seine Mitarbeiter auf XING nicht aktiv sind. Das würde nicht zur Unternehmenskultur passen. Ich fragte ihn, ob er selbst auch auf XING ist. Die Antwort (wen wundert´s) war: Nein – immerhin ein Unternehmen mit rund 4.000 Mitarbeitern. Eine Steilvorlage für mich: Ich fragte ihn, ob er wüsste, wie viel Mitarbeiter ca. auf XING wären. Die Antwort war: Nein. Kurz recherchiert: Es waren um die 900. Ich hörte nur ein: »Oh …, ja, aber die sind da ja nicht aktiv.« Jetzt fing der Spaß erst richtig für mich an. Wir haben uns einige Profile genauer angeschaut. Aktivitätsgrad und wieder ein überraschtes »Oh«, und dann haben wir uns die Gruppen angeschaut, auf denen die Kollegen so aktiv sind. Und wir hörten wieder ein verwundertes »Oh«. Aber richtig spannend wurde es, als wir in die Gruppen hineingegangen sind, die gar nichts mit dem Kerngeschäft zu tun haben und uns dann auch noch die Uhrzeiten angeschaut haben, nämlich Artikel während der Arbeitszeiten; da war es nur noch stumm.

»Personaler, die auf Akten starren«

Das »Modell Dave Ulrich« (siehe Kapitel 1.1) hat in Deutschland am Ende des Tages versagt. Ich weiß nicht, wie viele Beraterhonorare in diesem Kontext »versenkt« worden sind. »Business Partner«, ein schöner Versuch. Wer von Ihnen war denn schon einmal im Business operativ tätig? Und genau hier fängt das Problem an. Das Business, sprich die meisten Fachabteilungen, nehmen HR nach wie vor nicht ernst. »Die wissen ja gar nicht, was bei uns abgeht«, höre ich nicht selten, da kann auf den Visitenkarten stehen, was will. Autorität erlangt man nicht durch Titel, sondern durch Kompetenz und Durchsetzungskraft. (Klingt altbacken, ist aber so.) Stattdessen stelle ich immer fest, dass die Personaler sich wieder zurückziehen und wieder und weiter auf ihre Akten starren. Gründe sind vielfältig. Selten höre ich, dass es an HR selbst liegt: Entweder ist es die Geschäftsführung oder die Fachabteilung, wo der Rückhalt fehlt, die Konzepte umzusetzen. Und ich weiß, HR hat wirklich viele gute bis sehr gute Konzepte. Aber es nützt nichts, wenn ich ein Auto in der Garage habe, aber kein Sprit zum Tanken. Und der Sprit ist nicht nur die Kompetenz, auch Konzepte müssen durchgesetzt werden.

Also heißt das Zauberwort, um fahren zu können, »Durchsetzung der HR-Konzepte«, und dies gilt natürlich auch für die Konzepte für HR 2.0. Dies gelingt aber nur, wenn Sie Verbündete um sich herum haben, und zwar nicht nur aus dem HR-Umfeld, sondern vor allem aus den Fachabteilungen. Denn eines ist klar: Die eigentlichen Personaler sind die Führungskräfte. HR befähigt bzw. unterstützt diese lediglich, z.B. mit Tools und Mitarbeitern umzugehen. (Beispiel: Der Umgang durch Trainings mit den sozialen Netzwerken sollte von HR veranlasst werden.) Aber auch all dies klappt nicht, wenn nicht die Geschäftsleitung hinter

Ihren Konzepten steht. Sie müssen also mehr tun, als die Führungskräfte für Ihre Ideen gewinnen. Sie müssen die Wertschöpfung für Ihre Maßnahmen klarmachen. Die Führungskräfte tragen das nach oben, dort sind die Budgets. Denn nach wie vor werden die meisten Unternehmen Top-down geführt.

4.5.1 Digital – so geht HR heute

Bis in die 90er Jahre kam er zweimal im Jahr: der Quelle-Katalog. Doch die Zeit der über 1.500 Seiten starken Kataloge ist vorbei. Versandunternehmen wie OTTO, amazon oder conrad electronic haben ihre Angebote digitalisiert und bieten so ihr Sortiment bequem und für jeden jederzeit erreichbar an. Für den Kauf genügen ein paar Klicks. Das Internet und immer neue technische Entwicklungen der letzten Jahre haben unsere Welt verändert. Auch Magazine und Zeitungen sind davon betroffen. Ihre »Ware« ist Content, also Informationen und Nachrichten, die sie gegen Entgelt verbreiten. Auch das digitale Büro oder e-Government sind Bespiele dafür, wie die Digitalisierung immer mehr analoge Arbeitsweisen und Arbeitsverfahren ablöst. Die Quintessenz: Das digitale Zeitalter erfasst unaufhaltsam alle Bereiche unseres Lebens. Das heißt aber auch: Wer jetzt die Transformation versäumt, wird den Anschluss verpassen und abgehängt – auch im HR Management. Nicht mehr nur HR 2.0, nein, »HR 4.0« lautet das »Buzzwort«, an das Sie sich gewöhnen müssen, gleich ob es Ihnen zusagt oder missfällt. HR 4.0 kommt!

Digitale Revolution, Industrie 4.0 oder »Internet der Dinge«: All diese neuen Begriffe bezeichnen »Maschinen«, die unser Leben einfacher, effizienter und komfortabler machen. Vielleicht irritiert Sie das Wort »Maschine«? Manchmal ist es schwierig, etwas zu beschreiben, für das es keinen speziellen, eingängigen Ausdruck gibt. »Maschinen« im Zusammenhang mit digitaler Technik sind Internet, Computer, Software, Apps etc. Sie alle führen wie eine Maschine definierte Arbeitsprozesse aus.

Was genau bedeutet dies nun für den Wandel im Business? Gern spreche ich von der »kreativen Zerstörung«. Dies ist meist der Beginn einer erfolgreichen Neuausrichtung, z.B. im Recruiting-Bereich. Diese ist vor allem dann notwendig, wenn die althergebrachten Wege nicht mehr funktionieren. Ich stelle aber nach wie vor fest, dass viele Recruiter immer noch in die falsche Richtung starren. Sie schauen in das Jetzt und vergleichen sich mit den Mitbewerbern, statt in die Zukunft zu schauen. Dies bezeichnet übrigens der Stanford Psychologe Robert Cialdini als »Social Proof«. Ganz deutlich ist zu sehen, dass sich viele Recruiter nun um das »Active Sourcing« kümmern und alle in denselben gängigen Netzwerken unterwegs sind. Das wird sich bald rächen, wenn HR nicht weiter über zukünftige, auch andere Wege nachdenkt und, besser noch, schon erste Maßnahmen einleitet. »Vorsprung sichern!« muss die Devise lauten. In diesem Zusammenhang wird sich der Beruf des Recruiters verändern müssen. Schon immer war es ein Verkaufsberuf. Ich weiß, das hören die Recruiter nicht gerne. Aber sie waren, sind und sollten es auch in Zukunft sein: Verkäufer. Die Ware: das Unternehmen, der Job!

> **!** **Goldene HRE-Regel**
>
> Neue Fähigkeiten werden gefordert: SEO, Monitoring, Social Networks-Kompetenz etc. Und vor allem Data Mining. Warum? Darum:
> »If you can't measure it, you can't manage it.«
> Robert S. Kaplan (1996)

4.5.1.1 Monitoring

Mal Hand aufs Herz: Wie oft googeln Sie sich selbst? Und wie oft recherchieren Sie nach anderen Personen? Und wollen Sie nicht nur herausfinden, was positiv, sondern auch negativ über eine Person geschrieben wird? Und das alles wie oft und wo? Klar, so sind wir Menschen eben. Wir sind neugierig.

Das Problem ist dabei, die eigene Marke – den Employer Brand – fest im Blick zu haben. Sicherlich kann ich diesen regelmäßig googeln bzw. den Suchagenten www.google.de/alerts damit beauftragen oder auch einfach auf das kosten-freie Tool www.socialmention.com gehen (was aber nicht so wirklich hilft). Aber eigentlich möchte ich einen »Rundumcheck« machen, und dies nicht nur einmal, sondern laufend – und in Echtzeit. Ich möchte u. a. wissen, wer, wo wann und warum über mich etwas Positives oder Negatives geschrieben hat, um ggf. dort einzusteigen. Und hier kommen Monitoring-Tools zum Einsatz, die mir auf einen Blick in einer Dashboard-Logik einen Überblick geben. Die Herausforderung ist: Hier hat sich in den letzten Jahren ein eigenes Software-Universum aufgetan. Weit über 300 Lösungen, die man sich durchaus näher anschauen kann, und unzählige, die man getrost vergessen kann. Glücklicherweise hat mir »Goldbach Interactive« diesen Job der Beurteilung abgenommen und die Top 5 Monitoring Tools herausgearbeitet:
1. Engagor
2. Heartbeat
3. Radarly
4. Synthesio
5. Talkwalker

Diese haben alle ihre Stärken und Schwächen, aber es lohnt sich bei allen, dass man sich mit ihnen verstärkt beschäftigt. In der folgenden Darstellung finden

Sie eine Aufstellung von Themen, bei denen im Sinne des Auftrages von HR ein Monitoring sinnvoll ist:

Personen- identifikation	Marktbeobachtung AG-Monitoring	Zielgruppen Communities	Themen- identifikation
Direkt: z. B. Personen, die über bestimmte Themen sprechen oder Fragen stellen	Marktbeobachtung, Beobachtung von Wettbewerbern auf dem Arbeitsmarkt	Identifikation von relevanten Netzwerken, Foren, etc., im Social Web	Identifikation von relevanten Themen der Zielgruppen
Identifikation von Influencer, Hubs und Multiplikatoren zu bestimmten Themen	„Frühwarnsystem", z. B. bei positiven wie negativen Beiträgen über das Unternehmen als Arbeitgeber	Identifikation von orts- und fachbezogenen Communities und ihrer Schnittstellen	Identifikation von Themenspektren und ihrer Subthemen
Indirekt: Identifikation der Netzwerke und Kontakte von Influencer und Multiplikatoren	Verfolgung und Messung bei Employer Branding-Kampagnen/-Aktivitäten	Identifikation von bestimmten Beiträgen und Gelegenheiten, um sich in Communities zu engagieren	Identifikation von wichtigen Ereignissen und Events

Abb. 66: Monitoring von Themen rund um das Unternehmen

Nach wie vor aber steht beim Monitoring vor allem– aus Sicht von HR – nur einer im Mittelpunkt: der Mitarbeiter, sei es ein zukünftiger oder ein heute im Unternehmen bereits arbeitender. Denken Sie für einen Moment bewusst über Folgendes nach: Wissen Sie wo, wann, wie und weshalb Ihr zukünftiger Mitarbeiter in den Sozialen Medien unterwegs ist? Haben Sie eine Antwort darauf, wo er morgen unterwegs sein wird? Sind Sie darauf eingestellt?

4.5.1.2 Enterprise 2.0 – Wenn auch Sie wüssten, was Ihre Firma weiß

Enterprise 2.0 bezeichnet den zukunftsorientierten Einsatz sozialer Technologien sowie dynamischer Managementmethoden. Ziel ist es, das heutige meist statische Intranet »lebendig« zu machen, Kunden, Abteilungen und Mitarbeiter untereinander zu vernetzen und damit das Wissen des Unternehmens zu fördern. Betriebsinterne Netzwerke werden schon heute gern und oft genutzt. Stellen Sie sich einfach ein Business-Netzwerk analog XING, LinkedIn oder HR-networx vor, das intern funktioniert. Diese kommunikative Verknüpfung ist heute kein Trend mehr. Es ist da. Zahlreiche Unternehmen haben erkannt, dass das »Mehr-Wissen der Firma« einen entscheidenden Wettbewerbsvorteil sichert. Die Kurzformel lautet:

> **!** Damit alles (Wissen) auffindbar und nutzbar wird,
> sollte alles, was sich digitalisieren lässt, entsprechend transformiert werden.

HR lässt sich in einem solchen Schlüsselthema (wieder einmal) oft vertreiben, schaut weg oder läuft hinterher. Selten, dass HR hier einen aktiven treibenden Part übernimmt. Zu hart formuliert? Aber wahr. Das zeigen zahlreiche Studien: HR ist in diesem Thema nicht gut aufgestellt. Zwar ist IT der Treiber, aber nicht erfolgreich, weil vergessen wurde, die Mitarbeiter – und HR – auf diese wichtige interne Reise mitzunehmen. Daher der Appell: Liebe HR-ler, bitte positioniert Euch! Jetzt! Ihr habt hier alle Hebel zur Verfügung, Eure Unternehmen im Wandel zu begleiten. Erklärt dem Management bis hin zum Pförtner, warum es wichtig ist, Wissen zu heben und zu verteilen.

Change, Communication und Enabling: Das sind die Parameter bei der erfolgreichen Ein- und Durchführung von Enterprise-2.0-Themen. Hierbei müssen alle beteiligt werden: Geschäftsführung (nur wenn die dahinter steht, kann es funktionieren), Fachabteilungen, Betriebsrat, IT Firmen/Dienstleister, Marketing.

4.5.1.3 Internet der Dinge

Auch das »Internet der Dinge« wird im Business und speziell im Verkauf schon bald normal sein. Doch vielen ist dieser Ausdruck noch nicht geläufig. Das Internet der Dinge schließt oder minimiert Informationslücken zwischen der realen und der virtuellen Welt. Die zunehmende Verbreitung sogenannter »Wearables« (Mini-Computer) wird diese Entwicklung forcieren. Das klingt abstrakt und fern vom Alltag. Einige Beispiel zeigen allerdings, dass es sich keineswegs mehr um Science Fiction handelt:

- Schon heute stellt die Sendungsnachverfolgung die Kundenzufriedenheit sicher.
- Maschinen oder Autos melden automatisch Teilverschleiß und stoßen die Nachbestellung an.
- Funkarmbänder mit einer App, z.B. im Health-Bereich, sind verbunden mit der Krankenkasse.

Nachfolgend noch weitere Beispiele, die schon heute Realität sind:

- Die SmartWatch: Sie steht zwar noch am Anfang, aber sie wird ein weiterer wichtiger Kommunikationskanal der Zukunft sein.
- WhatsApp: Der Onlinedienst ist weit verbreitet und wird stark genutzt. Haben Sie schon eine Kommunikations- oder Rekrutierungsstrategie für dieses Medium?

- Retargeting: Online-Werbung wird gezielt auf das Surfverhalten des potenziellen Käufers/Bewerbers im Netz angepasst.
- Augmented Reality: Mittlerweile setzen Firmen diese Möglichkeit ein, um auf Bewerbermessen den potenziellen Mitarbeitern einen 360-Grad-Einblick in die Firma zu gewähren. Brille aufgesetzt und los geht´s.

Sie können sich wahrscheinlich nun vorstellen, was dieses auch im Personalentwicklungsbereich bedeuten könnte. Hier sind neue Blended-Learning-Konzepte gefragt. Damit können Sie sich von Ihren Marktbegleitern abheben und Aufmerksamkeit bekommen. Und darum geht es heute.

4.5.1.4 Social Networks

Wie bereiten Sie heute Ihre Entscheidungen bzgl. Rekrutierung von neuen Mitarbeitern vor? Bis zu einem gewissen Prozentsatz informieren Sie sich vielleicht noch auf konventionellem Weg, wie z.B. Zeitungen. Doch zunehmend spielen hier soziale Netzwerke eine wichtige Rolle. Die neue Generation bereitet ihre Entscheidungen immer mehr im Internet vor. Empfehlungen der Communities und besonders des vernetzten Freundeskreises haben den höchsten Stellenwert. Das Grundprinzip basiert auf dem Empfehlungsmarketing, das ebenfalls digitalisiert ist. Wie gut sind Sie im Netz vertreten? In der realen Welt sind Sie den Bewerbern ggf. bekannt, wie ist es im Netz? Wissen Sie umgekehrt, wo Ihre Mitarbeiter im Internet zu finden sind? Es empfiehlt sich durchaus, sich mit Bewertungsportalen oder spezifischen Netzwerken wie Business, Sport, Immobilien oder Fachgruppen zu befassen. Der zukünftige Mitarbeiter ist König – daran hat sich nichts geändert. Vor dem Hintergrund der Digitalisierung sollten Sie klären:
- Ist Ihre Kommunikation auf die neuen Medien ausgerichtet?
- Sind Ihre Fachkräfte aktiv an der Rekrutierung beteiligt?
- Woran orientiert sich Ihr Employer Branding?
- Wie stehen Sie selbst zu dem Thema?

Konnten Sie eine oder mehrere dieser Fragen nicht überzeugend beantworten, dann wissen Sie nun, wo Sie Defizite in Vorteile umwandeln können. Setzen Sie sich mit folgenden Aspekten auseinander:
- In welchen digitalen Medien bzw. wo im Internet hält sich meine Zielgruppe auf?
- Wie kommuniziere ich mit meinen zukünftigen Mitarbeitern?
- Wie muss die derzeitige Rekrutierungsstrategie in ihrer Ausrichtung nachjustiert werden?
- Gehört ein Empfehlungsprogramm dazu und wie sieht es aus?
- Was für Maßnahmen haben wir bereits eingeführt?
- Wo besteht noch Handlungsbedarf (Prozesse, Personal, Tools etc.)?

Es gilt: Gedacht – gemacht! Handeln Sie und definieren Sie Ihre strategischen Ziele inkl. Erfolgsparameter entsprechend!

Für das digitale Business ist es unabdingbar, die obigen Punkte zu bearbeiten, damit Sie für die künftige Entwicklung im Business gut aufgestellt sind. Sinnbildlich gesprochen ist das kein Sprint, sondern ein Dauerlauf. Doch wenn Sie diesen Weg einschlagen, wird sich der Erfolg einstellen. Das ist keine Frage des Budgets, wie oft argumentiert wird: Es kommt auf den Willen an. Besonders für kleinere und mittelständische Unternehmen stecken in der Digitalisierung viele Chancen, denn: »Die Schnellen fressen die Langsamen!« Also: Seien Sie schnell und clever – machen Sie den Sprung ins digitale Zeitalter! Sobald Sie sich hierfür entschieden haben, benötigen Sie grundsätzlich Social Media Guidelines. Interessanterweise erfahre ich immer in meinen internen Workshops, dass eine Social Media Strategie längst vorhanden ist, aber kaum einer kennt sie. Geschweige denn, dass HR diese für sich heruntergebrochen hat und alle Mitarbeiter abgeholt werden.

4.5.1.5 Social Media Guidelines

Soziale Netzwerke sind für Kundenservices von zunehmender Bedeutung, denn immer mehr potenzielle Kunden nutzen Facebook, Twitter, Blogs und Foren, um sich über Produkte und Dienstleistungen zu informieren, Rat einzuholen oder für Beschwerden. Hinzu kommen Millionen User, die diese Beiträge einfach nur lesen und so in ihren Kaufentscheidungen beeinflusst werden. Grund genug für Unternehmen und den Kundenservice aktiv zu werden und einen weiteren Schritt zum Kundenservice 2.0 zu machen. Lassen Sie uns diesen Gedanken auf HR übertragen.

Bevor es aber um die Frage geht, wie sich bestehende HR-Prozesse effizient in die neuen Kommunikationswelten integrieren lassen, müssen sich Personalverantwortliche darüber bewusst werden, dass jedes soziale Netzwerk eigene Verhaltensnormen hat. Mehr noch: Unternehmen müssen erkennen, dass sie Richtlinien für den Umgang mit dem Web 2.0 auf allen Ebenen aufstellen und einsetzen müssen. An erster Stelle steht daher die Definition von Verhaltensregeln – eine sogenannte Social Media Policy – zur Unterstützung und Führung von Mitarbeitern, die in sozialen Medien agieren.

Eine Social Media Policy sollte frei nach Prof. Dr. Martin Grothe folgende Punkte umfassen:
1. **Die Absichten und Ziele deutlich machen:** den Mitarbeitern erläutern, warum das eigene Unternehmen im Web aktiv ist. Nutzen Sie Richtlinien auch, um Mitarbeiter zu motivieren, selbst aktiv zu werden.

2. **Verantwortung übernehmen:** Unbedachte Äußerungen können unangenehme Folgen für Mitarbeiter/Unternehmen haben. Einen Fehler einzugestehen, wirkt in der Öffentlichkeit besser, als der Versuch einer Rechtfertigung oder gar Löschung des Beitrags.

3. **Die Authentizität wahren und menschlich bleiben:** An offizieller Stelle (Firmen-Blog etc.) sollte nicht anonym gepostet werden. Es sollte in normaler Sprache kommentiert und geschrieben werden.

4. **Reaktionen sollten wohlüberlegt und höflich sein:** Gemäßigt und besonnen antworten, niemals schlecht über Kollegen, Kunden oder Konkurrenten schreiben.

5. **Das eigene Publikum im Auge behalten:** Leser eines Beitrags können aus Kollegen, Kunden oder Konkurrenten bestehen, dies sollte beim Verfassen in Betracht gezogen werden.

6. **Betriebsgeheimnisse und Unternehmens-Interna beschützen:** Auch wenn diese Selbstverständlichkeit bereits im Arbeitsvertrag steht, sollten die eigenen Social-Media-Richtlinien darauf aufmerksam machen.

7. **Urheberrechte respektieren – »Fair Use« praktizieren:** Das Zitieren fremder Quellen muss stets gekennzeichnet werden. Rechte zur Weiterverwendung externer Beiträge müssen vorher abgeklärt werden.

8. **Nutzen für das eigene Unternehmen schaffen:** Bloggende Mitarbeiter können auf vielfache Weise nützlich für das eigene Unternehmen sein, zum Beispiel, um Positionen und Philosophien authentisch zu kommunizieren.

9. **Die Community pflegen, Teamwork fördern:** Ideen und Beiträge abteilungsübergreifend sammeln und verfassen. Eine Umgebung schaffen, in der die Mitarbeiter Lust haben, sich einzubringen.

10. **Berufliches von Privatem trennen**

Die Social Media Guideline sollte am Ende des Tages keine Verbotsliste sein, sondern den Mitarbeitern einen Handlungsrahmen aufzeigen. Kurze, aussagekräftige Texte sind dabei einer weitschweifigen Abhandlung in jedem Fall vorzuziehen – zu empfehlen ist ein Umfang von rund 1 Seite.

Daneben ist für eine gute Social Media Policy wichtig, dass diese zur Unternehmenskultur passt. Ein Unternehmen, das seinen Mitarbeitern bisher einen offenen Umgang mit der direkten oder indirekten Verbreitung von Unternehmensnachrichten und im Kundenkontakt gestattet hat, sollte nicht abrupt eine zu eng gefasste Social Media Policy präsentieren – und umgekehrt. Denn widersprüchliches Verhalten beim Außenauftritt kann nicht nur im Verhältnis zu den Arbeitnehmern, sondern auch im Verhältnis zu Dritten der Glaubwürdigkeit des Unternehmens schaden.

Die Umsetzung der Guidelines kontrollieren

Sind die Social Media Guidelines eingeführt und kommuniziert, heißt das jedoch noch lange nicht, dass diese auch umgesetzt werden. Ein Mindestmaß an Kontrolle ist daher nötig, sei sie auch nur stichprobenartig. Eine Kontrolle durch Überprüfung einzelner Social-Media-Plattformen wäre zwar möglich, um potenzielle Verstöße aufzudecken. Diese stellt aber nicht die kostengünstigste und effektivste Variante dar. Eine Alternative ist, auf entsprechende IT-Tools (vgl. 4.5.1.1 Monitoring) zurückzugreifen, die in der Lage sind, die genannten Plattformen zu durchsuchen.

4.5.1.6 Alles Social – oder was? Der Businessblick

Im Rahmen eines Vortrags durfte ich vor einiger Zeit das Thema Social Media in einer großen HR-Entscheider-Runde vorstellen. Allerdings kam bei mir schnell die Erkenntnis, dass man mit dem Begriff »Media« sofort in der Marketingecke landet und HR schnell an diese verweist. Um das zu vermeiden, hier mein Tipp, ab sofort in **»Social Business«** zu denken. Sie werden sehen, sobald Sie z.B. mit dem Budgetgeber oder Mitarbeitern über Business sprechen, öffnen sich die Ohren auf einmal »wie bei einer französischen Bulldogge«. Jetzt gilt es zu punkten und die Wertschöpfungen darzustellen. Im Folgenden stelle ich Ihnen in kompakter Form einige Handlungsfelder für HR vor:

- **Social Learning:** über Tandem-/Crowd-Modelle voneinander lernen. Das Tandem-Modell eignet sich z.B. dafür, dass »Jung« und »Alt« voneinander lernen. Gerade in Zeiten von Smartphone und Social Networks lassen sich die älteren Mitarbeiter gern von den jüngeren »aufschlauen« und die jungen Kollegen können von den Erfahrungen der Älteren im Business partizipieren.
- **Social Intranet/Enterprise 2.0:** das Firmenwissen nutzen und verbreiten. Wissen Sie, was Ihre Fima weiß? Soviel »Best Practices« und keiner weiß etwas davon. Das müssen Sie ändern! (vgl. Kapitel 4.5.1.2, Enterprise 2.0)
- **Social Recruiting (siehe weiter unten):** Online-Netzwerke für das »Active Sourcing« nutzen. Die Zeiten von »post & pray« sind nun endgültig vorbei. Aktive Recruiter sind gefragt. Sind Sie da gut aufgestellt?
- **Social Marketing:** Online überholt Print und TV. Google und Facebook sind Entscheidungsvorbereiter. Youtube ersetzt das Fernsehen. Wie ist Ihr Employer Branding hier vertreten? Retargeting Marketing zur Kandidatenansprache sollte den Recruitern kein Fremdwort sein.
- **Social Sales:** Kaltakquise ist sowieso »megaout« und verboten. Bieten Sie hier z.B. dem Vertrieb Schulungen für die Kollegen an, wie Social Networks intelligent bedient werden können.
- **Social Gaming:** Gerade die jüngere Zielgruppe sollte über innovative Lernformen abgeholt werden, Social Gaming ist aber auch im Recruiting eine häufig

eingesetzte Möglichkeit, z.B. ist eine Variante, ein Assessment spielerisch zu durchlaufen.

- **Social Tools:** Monitoring, Hootsuite etc. nutzen, um den Überblick zu behalten. Kennen Sie diese Tools? Wissen Sie, wie über Ihre Arbeitgebermarke gesprochen wird? Wenn nicht, wird es höchste Zeit.

Sie selbst übrigens müssen nicht überall im Thema sein. Leben Sie auch selbst das Tandemmodell vor und holen sich Kollegen, ggf. auch aus anderen Fachabteilungen, die sich z.B. in Facebook gut auskennen und Sie bzw. Ihre Kollegen ausbilden.

4.5.2 Erfolgreiches Recruiting mit Social Media

Die guten Kandidaten sind schnell vom Markt, im Grunde eigentlich nichts Neues. Jetzt müssen Sie aktiv werden, z.B. mit einem Kandidaten-Monitoring. Dies ist wie bereits beschrieben ein Software-Tool, das für Sie bestimmte Personen, Zielgruppen oder Begrifflichkeiten »überwacht«; von der Funktion wie ein Google-Alert, nur wesentlich komplexer. Komplizierter wird es allerdings in der Akquise von ganzen Teams/Abteilungen – auch das gibt es. Sie sehen, gutes Recruiting ist mehr als erfolgskritisch für Unternehmen

Erfolgreiche Unternehmen begreifen Social Recruiting als »Social Headhunting« und nutzen Social Media, um ihre HR- und Recruiting-Wertschöpfungsplattform kontinuierlich auszubauen. Nachfolgend möchte ich Ihnen ein »Denk- und Handlungsmodell« anbieten. Dies habe ich bereits vor rund 3 Jahren mit der Beratungsfirma ICARO entwickelt und seitdem in vielen Unternehmen erfolgreich implementiert.

Die erste Stufe lautet »ATTRACT«:
- Sie machen sich für Ihre Zielgruppen attraktiv.
- Sie sprechen Ihre Zielgruppen über für sie attraktive Inhalte an.

Die zweite Stufe lautet »CONNECT«:
- Sie vernetzen sich mit interessanten Kontakten und halten den Kontakt auch über einen längeren Zeitraum.
- Sie teilen nützliche Informationen und laden zum Austausch ein. Sie verdienen sich das Vertrauen Ihrer Kontakte durch proaktive und stetige Beziehungspflege

Die dritte Stufe lautet »SOURCE«:
- Sie suchen und fragen nach Empfehlungen, Sie geben aber auch Empfehlungen.
- Sie unterbreiten Ihren Kontakten bei passender Gelegenheit auf sie abgestimmte Stellenangebote und nehmen Bezug auf ihre Referenzen.

Die vierte Stufe lautet »RECRUITING«:

- Sie haben exzellente Recruiting-Prozesse, die »candidate experience« stimmt.
- Sie geben zeitnah Feedback, nehmen geeignete Kandidaten in einen Talent-pool auf und kümmern sich proaktiv um weitere Gelegenheiten

4.5.2.1 Denkmodell für ein erfolgreiches Personalmarketing und Recruiting

Das folgende Schaubild verdeutlicht die einzelnen Schritte und Wertschöpfungs-felder (das sind die Optionen nach der gestrichelten Linie) Ich zeige dies deshalb in meinen Workshop immer wieder gern, da die meisten Unternehmen …

- … das »post & pray-Prinzip« (vor der gestrichelten Linie) verinnerlicht haben; also eine Stellenanzeige schalten oder Kommunikation auf den sozialen Netz-werken anschieben und warten.
  Auch hier gilt: Ein Prozess, den Sie nicht unter Kontrolle haben, ist kein Prozess.
- … noch nach dem »Goldener-Schuss-Prinzip« handeln: Es werden die Kandi-daten direkt – ohne eine Historie – angesprochen. Das ist wenig zielführend und könnte Ihre Reputation bzw. die des Unternehmens gefährden. Denn das ein Kandidat genau in dem Moment wechselwillig ist, ist in der Regel eher un-wahrscheinlich.

Dieses Modell soll Ihnen verdeutlichen, dass Sie aus Ihrer Komfortzone heraus-müssen: von reaktiv zu pro-aktiv.

Abb. 67: Denkmodell für ein erfolgreiches Personalmarketing und Recruiting

4.5.2.2 Handlungsmodell für ein erfolgreiches Personalmarketing und Recruiting

Wenn Sie ein für sich passendes Denkmodell erarbeitet haben, brauchen Sie folglich auch die Handlungen. Deshalb möchte ich Ihnen hier gerne folgende Handlungsoptionen mit auf den Weg geben.

Auf der x-Achse sehen Sie die einzelnen Wertschöpfungsfelder im Recruiting:
- **Find communities und raise awareness:** Wo halten sich meine Zielgruppen auf und wie schaffen wir es, Aufmerksamkeit aufzubauen?
- **Manage and care for relationships:** Wie bauen wir hier nachhaltige Beziehungen und Netzwerke auf?
- **Motivate referrals and word of mouth:** Wie betreiben wir Empfehlungsnahme, um an neue Kandidaten heranzukommen?
- **Active Sourcing:** Wie sprechen wir gezielt Kandidaten an?

Auf der y-Achse sehen Sie zu einzelnen Wertschöpfungsfeldern die Maßnahmen:
- **Strategische Ziele:** Wir möchten auf den wichtigsten Netzwerken aktiv vertreten sein.
- **Parameter zur Erfolgsmessung:** Key Performance Indikatoren (KPIs) wie z.B. Anzahl Follower, Likes, Bewerbungen.
- **Geplante oder kürzlich umgesetzte Maßnahmen/Projekte:** Gibt es bereits im Unternehmen Social-Media-Projekte? Haben wir bei HR bereits irgendwo angefangen? Und wenn ja, wie ist der Status?
- **Handlungsbedarf:** Was ist mit wem, wann, wie, wo mit welchen Ressourcen und Tools zu tun?
- **Nächste Schritte:** Wo fangen wir zuerst an? Wie sieht der weitere Zeitplan aus?

Profil:	Find Communities and Raise Awareness	Manage and Care for Relationships	Motivate Referrals and Word-of-Mouth	Active Sourcing
Strategische Ziele				
Parameter zur Erfolgsmessung/ KPIs				
Geplante oder kürzlich umgesetzte Maßnahmen oder Projekte				
Handlungsbedarf und Wertschöpfungsbeitr äge: - Maßnahmen/ Projekte - Prozesse - Plattformen - Tools - Ressourcen				
Nächste Schritte				

Abb. 68: Handlungsmodell für ein erfolgreiches Personalmarketing und Recruiting

! **Goldene HRE-Regel**

Folgen Sie diesem oder Ihrem selbst entwickelten Denk- und Handlungsmodell konsequent und messen und optimieren Sie – unter Berücksichtigung neuer interner und externer Erkenntnisse – stetig. Nichts ist kurzlebiger als Pläne und Projekte in Zeiten der Digitalisierung!

4.5.3 Bewerbermanagement-Software 2.0: Fluch oder Segen

Kürzlich erhielt ich den Auftrag, eine Bewerbermanagement-Software (nachfolgend BEMS) bei einem mittelständischen Kunden (rund 1.000 Mitarbeiter) einzuführen (Bestandsaufnahme, Zielsetzung, Markt-Screening, Auswahl, Einführung). Natürlich hätte ich im Folgenden nur die Social-Media-Elemente herauspicken können, aber das macht wenig Sinn. Denn 2.0, 3.0 oder 4.0 steht nicht für sich alleine. Es ist immer eng verwoben mit dem klassischen (1.0-)HR Management.

Kommen wir zur **Bestandsaufnahme** (in aller Kürze):
- Der absolute Tool-Klassiker: Excel.
- Anzahl der Bewerbungen pro Jahr: ca. 3.000.
- Bevorzugte Kommunikation: per Mail/Telefon.
- Stellenbörsen: die Klassiker.
- Erfolgsmessung: rudimentär.
- usw. usw.

Sie finden sich hier wieder? Kein Problem. Herzlich willkommen im HR-Club der Recruiter 1.0. Ich würde sagen, Sie sind in bester Gesellschaft. Ca. 60-80 % der Mittelständler bewegen sich in diesem Setup. Sicherlich variiert die Anzahl der Bewerbungen. Verstehen Sie mich bitte nicht falsch, wenn ich hier von Recruitern 1.0 schreibe, dies ist völlig wertfrei. Recruiter 2.0 erfordert schon mal den Einsatz einer BEMS, aber den leisten sich eben nicht alle Unternehmen. Recruiter 3.0 überspringen wir gleich und kommen zum Recruiter 4.0. Das sind die Recruiter-Bots. Bots? – In den USA kommunizieren mittlerweile Maschinen miteinander, wenn es um Screening, Auswahl und Erstansprache von neuen Mitarbeitern geht.

Ziellos – Planlos – Erfolglos
Zurück zum Thema BEMS. Die Bestandsaufnahme ist nun erfolgt, kommen wir zur **Zielsetzung.** Gewünscht war ein System, das vor allem
- State of the art,
- bezahlbar,
- intuitiv bedienbar und
- skalierbar

ist. Also alles so wie immer. Hinzu kommt, dass dies idealerweise nicht mit anderen Modulen kombiniert wird, also kein klassisches Personalmanagementsystem. Hier wollte der Kunde ein System haben, das in sich geschlossen ist, aber Schnittstellen zu anderen Systemen hat. Der Kunde wollte zudem sicherstellen, dass hier der Anbieter tief im Thema ist. Natürlich muss das kein Widerspruch sein, aber man wollte kein »eierlegendeswollmichsau«-System, es sei denn, der Preis wäre signifikant günstiger. Es gab nämlich noch einen weiteren kostenintensiven Auftrag bei HR: die Einführung einer digitalen Personalakte.

4.5.3.1 Kriterien für die Auswahl einer Bewerbermanagement-Software

Die Kriterien für einen Auswahlprozess sind nicht leicht zu eruieren, da der Markt sich permanent weiterentwickelt. Anbei einige Punkte, die für die BEMS eine Rolle spielen:

- **Nutzerfreundlichkeit für Recruiter:** Die Software muss heute intuitiv bedienbar und erlernbar sein. Teure Beratertage für das Handling sollten auf ein Minimum zu reduzieren sein.
- **Bedarfsmeldung durch die Führungskraft:** Führungskräfte schieben keine Zettel mehr unter die HR-Tür, sondern melden den Bedarf über die Software.
- **Stellengenehmigungsprozess:** Vorbei ist die Zeit der Umgehung. Hier gibt es einen transparenten Prozess.
- **Erfassung der Stellenanforderung:** Hier hilft eine vorgefertigte Stellenanforderungsmaske vom Anbieter, die Auslieferung im Corporate Design und die Möglichkeit der Verschlagwortung.
- **Speicherung von Anforderungsprofilen:** Klar, diese Arbeit macht keiner gerne doppelt. Aber Vorsicht: immer wieder einen Blick darauf werfen und anhand der Praxis und aktuellen Rechtslage optimieren.
- **Stellenausschreibungen verschiedenen Standorten zuweisen:** einmal erstellt, mehrfach verteilt. Die Bewerbung laufen aber an einer Stelle auf.
- **Anzeigenverwaltung:** früher durch Agenturen, heute kann man es selber machen.
- **Veröffentlichung von Anzeigen auf Jobportalen:** Multiposting ist hier das Stichwort. Schnittstellen zu den Jobboards sollten hierfür zur Verfügung stehen.
- **Veröffentlichung von Anzeigen auf der eigenen Karrierewebsite:** als Tipp aus SEO-Gründen eine neue URL, die automatisch mit individuellen Tags angelegt wird oder eine Frame-Lösung im Karriereportal.
- **Dynamisches Bewerberformular:** Die Möglichkeit individueller Bewerbungsformulare ist wünschenswert. Azubis werden anders angesprochen als Führungskräfte

- **Suche von potenziellen Kandidaten in externen Quellen:** Auch hier sollte eine Schnittstelle insbesondere bzgl. sozialer Netzwerke vorhanden sein, um die Ansprache effektiv zu machen.
- **Suchmöglichkeit in interner(n) CV-Datenbank(en):** Das eigene Talent Management sollte natürlich im Vordergrund stehen. Wir gut sind heute Ihre vergangenen Bewerber recherchierbar?
- **Management des Bewerbungseingangs:** Ein hoher Automatisierungsgrad (vom Eingang über Terminierung bis zur Absage) ist bei einer BEMS selbstverständlich.
- **Kommunikation mit Bewerbern:** Damit alles sauber dokumentiert wird, sollte die Kommunikation aus und in das BEMS erfolgen.
- **Interviewführung:** Hat das System individuelle Fragemodule? Hat es eine Videointegration, z.B. wie eine von jobclipr, viasto oder cammio?
- **Test-/Auswahlverfahren für Bewerber:** Sind hier eigene und externe Verfahren integrierbar?
- **Automatische Erfassung von Bewerberdaten:** Ist ein CV-Parser vorhanden? Dies beinhaltet ein automatisches Einlesen von Lebensläufen sowie deren Übertragung in das BEMS und erleichtert ungemein die Arbeit.
- **Kollaboration mit anderen Recruitern:** Zu einem effizienten Ergebnis tragen interne Bewertungen und Kommentare stark bei statt lästiges Mail-Ping-Pong.
- **Kommunikation mit Fachabteilungen:** Haben Sie ein Berechtigungskonzept bezüglich Bereichen, die einsehbar sein sollen bzw. welche nicht?
- **Elektronische Weiterleitung:** Hier sollte die Bewerberakte innerhalb des System weiterleitbar sein, z.B. zu Personen, die keinen Zugriff auf das BEMS haben.
- **Vergleichsmöglichkeit der Kandidaten:** Kopf über Bauch hilft manchmal. Hier kann ein automatisiertes Ranking und Matching über Kompetenzprofile zielführend sein.
- **Wiedervorlagefunktion:** alle Termine fest im Blick über eine integrierte Kalenderfunktion.
- **Bereitstellung von Controlling-Kennzahlen:** Das hört jeder Vorstand gern und Sie haben alles fest im Blick. Kennen Sie Ihre Recruiting-Key-Performance-Indikatoren?
- **Statistiken:** Traue keiner Statistik, die Du nicht selbst angelegt hast, z.B. zu Bewerbungsverfahren.
- **Attraktivität der Stellenanzeige messen:** Wichtig! Wann, wo, wie lange sind die Kandidaten auf den Stellenanzeigen und wo steigen sie wieder aus?
- **Responsive Design:** Im Zeitalter **von mobilen Endgeräten** sollten Ihre Karriereseiten auf dem neuesten Stand sein und einen modernen Eindruck hinterlassen sowie leicht bedienbar sein.
- **Pflege und Verwaltung von Bewerberdaten:** Es sollten zahlreiche Funktionen zur Verfügung stehen, wie z.B. das automatische Löschen der Daten nach einer gesetzlichen Frist.

- **Durchsuchungsmöglichkeit des Bewerberpools:** Sie suchen jemand, der fließend Spanisch spricht? Das sollte das BEMS Ihnen liefern.
- **Vertragserstellung:** Aus dem BEMS in die digitale Personalakte sollte kein Luxus mehr sein.
- **IT-relevante Punkte:**
  - Client-Server-Architektur,
  - Web-Basiert (Cloud),
  - Sicherheit (SSL, Datenschutz etc.)
  - Backup (z.B. aufgrund Missbrauch, Manipulation, Verlust, Diebstahl und Zerstörung),
  - externes Rechenzentrum,
  - Hosting der Daten vor Ort,
  - Server im EWS-Raum,
  - systemunabhängige Integration in SAP-HCM-System oder ein anderes ERP-System,
  - Übernahme der Altdaten.
- **Sonstige Kriterien**
  - Hotline,
  - Lizenz-System,
  - Stand-alone Lösung (kein umfängliches Personalmanagementsystem),
  - Erfahrung des Anbieters,
  - Referenzkunden,
  - Branchen-Know-how,
  - Sprachen des Systems.

Goldene HRE-Regel !

Wahrscheinlich werden Sie im Unternehmen nur einmal eine Bewerbermanagement-software einführen. Also: Nehmen Sie sich die Zeit und legen Sie eine Wichtigkeit der Kriterien fest. Beteiligen Sie hier auch die Fachabteilungen sowie IT und den Betriebsrat. Ggf. lassen Sie sich von einem Berater unterstützen, der das schon mehrfach gemacht hat, dann haben Sie gegenüber den Anbietern eine gute Position.

4.5.3.2 Auswahl des richtigen Anbieters

Es gibt eine Vielzahl von Anbietern: Spezialisten, Generalisten, noch sehr »alt-backene«, hochinnovative usw. Diese jetzt hier alle namentlich aufzuführen, macht wenig Sinn, da diese Liste sich stetig ändert. Deshalb helfen Ihnen die Auswahlkriterien bei der Suche nach dem richtigen Anbieter, schneller zum Ziel zu kommen. Auch wenn ich hier selbst für Social Media die Flagge hisse: Das System muss in erster Linie die wichtigsten Funktionen für Ihren Recruiting-Prozess sauber anbieten. Dies ist die Pflicht, die Kür sind alle neuen Themen, wie Anbindung an die Social Networks und CV-Parsing.

Als Tipp darf ich Ihnen geben, dass der Anbieter sich in einem definierten Ranking selbst einordnet. Klingt naiv, es klappt aber tatsächlich für ein erstes Screening recht gut, denn wenn sich der Anbieter in den definierten Stärken/Schwächen-Kriterien mäßig oder sehr gut einstuft, dann ist das bereits der erste Filter. Oft ist als Erstes eine Webinar-Präsentation sinnvoll, wo Sie sich in gut einer Stunde das System zeigen lassen können. Sie werden merken, mit jeder Präsentation kommen Sie besser in das Thema hinein, da jeder Anbieter seine Stärken und Schwächen, aber auch seine Fragen an Sie hat. Sie können dann übrigens auch gleich Ihren Kriterienkatalog abarbeiten und auf Vollständigkeit überprüfen.

4.5.4 Was bedeutet Bewerbung und Jobsuche 2.0?

In Sachen Bewerbung hat sich einiges geändert: Personaler erhalten Bewerbungsunterlagen heute am liebsten digital – in ihrem E-Mail-Postfach oder per Online-Formular auf der firmeneigenen Karriereseite. Und selbst das ist so gut wie schon wieder überholt. Bewerben 2.0 ist angesagt, sprich: Die digitale Visitenkarte ist heutzutage wichtiger als Anschreiben und Lebenslauf. Jobsuchende sind gefordert, das eigene Netzwerk aktiv auszubauen, die Social Media für die Jobsuche zu nutzen und sich dort zu präsentieren.

»Zeig, wer Du bist!« lautet demnach das Motto für die jungen Jobsuchenden von heute und morgen. Präsenz zeigen im Web 2.0 – darum geht es. Die Darstellung der eigenen Person im Netz mit Videos, Bildern und Texten sollte für die meisten der heutigen Absolventen und Berufseinsteiger auch kein Problem darstellen, ist der Umgang mit Facebook, Youtube, Instragram und Co. für die Generation Y und Z doch Usus. Selbstvermarktung im Internet ist etwas ihnen völlig Vertrautes.

Die Arbeitgeber ihrerseits haben dies natürlich längst erkannt und viele von ihnen haben Social Media bereits fest in ihrer Arbeitgeberkommunikation verankert. Gerade die technologiegetriebenen Unternehmen nutzen die Social Media bereits für ihre Mitarbeitersuche und Einstellungen, andere Firmen ziehen nach. Sie müssen es auch, wenn sie im Kampf um Talente im Wettbewerb bestehen wollen. Aber haben auch die Arbeitgeber ihre digitale Visitenkarte gut gepflegt? Da reicht es nicht, seine Datenflut auf XING und Linkedin niederzuschreiben, sondern seiner Firma ein Gesicht zu geben. Portale wie jobclipr, absolventa, kununu und watchadoo können da sicherlich helfen. Es wird nicht mehr ausreichen, sich nur auf seiner Karriereseite zu präsentieren. Sie müssen raus und dort sein, wo sich Ihre Zielgruppen aufhalten.

Bewerbervideos auf dem Vormarsch

Eine recht neue rasante Entwicklung spielt sich im Videosegment ab. Sie werden es in den kommenden Monaten zunehmend erleben, dass Sie eine Videobewerbung erhalten, die der Kandidat wahrscheinlich mit seinem Smartphone aufgenommen hat. Die Zeiten der Bewerbungen nur mit Lebensläufen sind vorbei und Zeugnisse sind ohnehin oft geschönt. Fortschrittliche Firmen sind auch für Videos von Bewerbern offen, ein Trend, der sich verstärkt fortsetzen wird. Denn jenseits von förmlichen Motivationsanschreiben wird es für Jobsuchende immer wichtiger, sich authentisch zu präsentieren. Es zählen zunehmend der persönliche Eindruck und der persönliche Fit.

Um sich als Arbeitgeber attraktiv zu präsentieren, entdecken auch immer mehr Unternehmen die Kraft von Bildern und Videos. In Unternehmensvideos beispielsweise geben sie Jobsuchenden einen Einblick in Sachen Unternehmenswerte und -kultur sowie zum Thema Arbeitsklima. Über Online-Stellenanzeigen ist dies kaum möglich. In Jobvideos können sie ihre Mitarbeiter über sich als Arbeitgeber sprechen lassen, um so wiederum die Mitarbeiter in spe zu überzeugen.

In den USA längst gang und gäbe, gibt es auch hierzulande immer mehr Unternehmen, die Bewerber per Video – etwa über Skype – interviewen. Viele Unternehmen handhaben Vorstellungsgespräche bereits auf diese Weise und sparen damit Zeit und Geld – und der Bewerber ebenso.

Kampf der Systeme

In dieser neuen Marktnische werden sich viele Systeme ein Stelldichein (sehr schönes Wortspiel in diesem Kontext) geben, von zeitversetzten Videointerviews (wie z.B. von viasto und cammio) bis hin zu Live-Systemen z.B. von jobclipr. Der Vorteil bei den Systemen ist, dass die Interviews aufgezeichnet werden und über eine Schnittstelle in das BEMS eingespielt werden können. Dies ist bei Skype nicht so einfach möglich. Weiteres Problem bei Skype ist, dass die Rechenzentren außerhalb des europäischen Wirtschaftsraums liegen und spätestens hier dann die Datenschützer aufschreien.

Zeitversetzte Videointerviews funktionieren so:
- Sie formulieren Ihre Fragen (ggf. läuft auch ein Assessment im Hintergrund).
- Der Bewerber beantwortet diese, wann und wo er will, per Video, und sendet Ihnen dieses per Link zu.
- Sie und ggf. Ihre Fachabteilung schauen sich das Video an, wann es Ihnen passt, bewerten und entscheiden.

Live hat natürlich den Vorteil, dass Sie, wie in einem echten Gespräch, die spontanen Reaktionen bewerten können und schnell gegenseitig zu einem Ergebnis kommen.[49]

Probieren Sie einfach eine Stellenanzeige mit einem hinterlegtem Video aus, das Sie auch in den sozialen Netzwerken streuen können, und eine Stellenanzeige ohne. Sie werden merken, da liegt etwas in der Luft – Videos ziehen!

> **!** **Goldene HRE-Regel**
>
> Videos müssen keine Blockbuster sein, sie müssen authentisch sein. Hier spielt es keine Rolle, ob 8 Sekunden oder einige Minuten. Ob mit Ihrem Smartphone oder über einen Dienstleister. Hauptsache, es spricht im Ergebnis die Zielgruppe an.

---

49 Sicherlich wird es auch spannend sein, wohin die Entwicklung von Plattformen wie younow.com, Periscope oder Merkaat gehen wird und welche Entwicklungen es in diesem Umfeld noch geben wird. Glauben Sie nicht daran? Erinnern Sie sich noch an die Anfänge von youtube? Und heute? Ein wichtiger Employer Branding Kanal. Aber youtube ist schon wieder für die Kids uncool und sie gehen zu vine.co. Diesen Kanal hat z. B. Voith für sich erkannt und dort kurze, sich wiederholende Spots eingestellt, was zu spürbar besseren Recruiting-Erfolgen führen soll.

Exkurs: Der Personaler auf der Couch

Autorin: Drissia Schroeder-Hohenwarth

Mit diesem Exkurs möchte ich Sie einladen, über Ihre persönliche Wirkung in Ihrer Rolle als Personalverantwortlicher zu reflektieren – und zwar nicht, indem Sie über Ihre HR-Kompetenz nachdenken, sondern über sich selbst.

HR hat einen besonderen Platz in jeder Organisation. Der Personaler hat die Aufgabe, ein System zu beraten, ist aber gleichzeitig selbst ein Teil dieses Systems. Er kreiert Instrumente, muss sie aber auch selber anwenden. Er hat intern unterschiedliche und vielfältige Rollen (Change Manager, Fachexperte, Stratege, Sparringspartner, Betroffener etc.) und läuft gerade deshalb manchmal Gefahr, sich dabei zu verlieren. Aber Personaler sind vor allem Menschen, die mit, für und an anderen Menschen arbeiten. Objekt und Subjekt sind identisch. Das bringt große Verantwortung mit sich. Deswegen muss der Personaler in diesem komplexen und vielschichtigen Kontext – ähnlich wie in anderen Berufen, bei denen der Mensch im Mittelpunkt steht – noch mehr als bei Kollegen aus anderen Unternehmensbereichen auf seine innere Haltung und sein Wertesystem achten. D. h. auch auf das achten, was unter der Oberfläche wirklich passiert.

In diesem Kapitel werden einige Themen angesprochen, denen ich im Laufe meiner fast 20-jährigen Erfahrung begegnet bin, zuerst als Personalerin und heute als Coach. Es sind Themen, die auf den ersten Blick aussehen, als ob sie eher psychologischen Charakter haben als unmittelbare operative Relevanz. Und trotzdem haben diese Themen, davon bin ich überzeugt, einen sehr starken Einfluss auf die Art und Weise, wie Sie als Person Ihre Rolle leben und in der Organisation wirken.

Als Personaler ist Ihnen vermutlich sehr viel deutlicher als Kollegen in anderen Unternehmensbereichen, dass nicht nur Ihre fachliche Professionalität, sondern auch Ihre persönliche Reife und Ihre Fähigkeit zur Selbstreflektion Schlüssel zum Erfolg sind. Mit den folgenden Anregungen, die selbstverständlich keinen Anspruch auf Vollständigkeit erheben, möchte ich Sie deswegen zum introspektiven Nachdenken ermutigen.

Die Sinnfrage: Warum sind Sie Personaler geworden?

Sind Sie stolz, Personaler zu sein?

Für den Personalvorstand eines Konzerns, der nach einer langjährigen Business-karriere sehr viel lieber Vorstand einer Produkteinheit geworden wäre, war seine Berufung keine richtige Freude. Alle Vorstandsstellen waren aber leider schon besetzt, deswegen ist er »nur« Personalchef geworden. Trotz dieser Enttäuschung hat er sein Ressort mit Ernsthaftigkeit und Sachlichkeit geführt. Viel Freude hat er dabei nicht gezeigt, schließlich war die Übernahme des Personal-ressorts nicht inhaltlich, sondern in erster Linie hierarchisch motiviert. Dass sein Interesse eigentlich anders gelagert war, hat die Atmosphäre und die Motivation der Mitarbeiter aber negativ beeinflusst.

Was wäre aus seinem Bereich geworden, wenn er sich von Anfang an über die Berufung geehrt gefühlt hätte, statt seinen neuen Job höchstens als »Second Best« zu empfinden? Was wäre aus ihm geworden, wenn er das Angebot einfach dankend abgelehnt und auf eine andere Gelegenheit gewartet hätte, um endlich einen Job zu übernehmen, der seinem Herzenswunsch näher gekommen wäre? Was wäre aus seinem HR-Ressort geworden, wenn der Platz frei gewesen und jemand anderes gekommen wäre, der vielleicht mehr Freude daran gehabt hätte?

In diesem Fall hat der Mann glücklicherweise seinen Frieden gefunden, indem er zusätzlich zu seiner Personalverantwortung auch noch die Verantwortung für eine Geschäftseinheit übernommen hat. Dies bedeutete zwar viel mehr Arbeit und weniger Verfügbarkeit für seine Mitarbeiter, hat aber ihm und seinen Mitar-beitern mehr Zufriedenheit gebracht.

Dies ist natürlich ein extremer Fall, aber so etwas passiert leider häufiger, als man denkt. Es zeigt auf, wie wichtig es ist, dass die Aufgabe, die Sie haben, zu Ihren Talenten, Wünschen und Bedürfnissen passt. Waren Sie jemals im Laufe Ihrer HR-Karriere in einer ähnlich emotionalen Situation? Eine Situation, in der Sie nicht wussten, ob dieser Beruf tatsächlich der Richtige für Sie ist? Haben Sie schon vor so einer schwierigen Karriereentscheidung gestanden?

Sich am richtigen Platz zu fühlen, wo man nicht nur einen Sinn in der eigenen Aufgabe findet, sondern auch die eigenen Stärken einsetzen und gleichzeitig wohlwollend an den eigenen Schwächen arbeiten kann, ist die beste Voraus-setzung, um nicht nur motiviert und glücklich am Arbeitsplatz zu sein, sondern auch um kraftvoll zu wirken. Haben Sie für sich einen solchen Platz gefunden?

Nehmen Sie sich einen Moment Zeit, um sich in Ruhe diese Fragen zu stellen:

- Sind Sie stolz, Personaler zu sein?
- Was macht Sie stolz?
- Was war der Grund, warum Sie Personaler geworden sind?
- Finden Sie heute in diesem Beruf und in Ihrem Job das, was Sie damals gesucht haben?
- Würden Sie diesen Beruf noch einmal wählen, wenn Sie es könnten?

Falls ja: Schön, dann haben Sie eine gute Basis, um glücklich und erfolgreich in Ihrem Beruf zu sein. Bitte achten Sie weiter auf sich und auf das, was Ihnen einen Sinn gibt!

Falls nein: Was fehlt Ihnen? Und was müsste sich in Ihrer Situation ändern, damit Sie wieder Ihre ursprüngliche Motivation finden? Und auch: Sind Sie grundsätzlich mit Ihrem Beruf unzufrieden oder lediglich mit dem Kontext, in dem Sie ihn ausüben: Ihre Rolle, Ihr Vorgesetzter, Ihr Unternehmen? Die Ursachen für Unzufriedenheit sind manchmal nicht leicht zu identifizieren.

Goldene HRE-Regel   !

Unzufriedenheit kann gelegentlich zu Entscheidungen führen, die nicht immer vorteilhaft sind. Sollten Sie gerade durch eine Sinnkrise gehen, was jedem von uns passieren kann, nehmen Sie sich bitte die Zeit, nach der Ursache zu forschen, damit Sie adäquat reagieren können. Ich habe die letzten Jahre etwas beobachtet, was wie ein Trend aussieht: Immer mehr Personaler machen sich selbstständig. Das hat sicherlich auch soziologische Ursachen, weil zurzeit das Thema »Zukunft der Arbeit« mit dem Wunsch nach neuen und freieren Arbeitsformen sehr viele Menschen beschäftigt. Für den Einzelnen ist es aber sicherlich empfehlenswert, tiefgründig diesen Wunsch zu hinterfragen, bevor man sich in das Abenteuer »Selbstständigkeit« stürzt.

Zwischen »Human« und »Resources«

Noch viel mehr als andere Funktionen in Organisationen besteht Personalarbeit aus weichen und harten Faktoren. Im »weichen« Teil (gewissermaßen »Human«) geht es darum, Menschen im Unternehmen zu beraten, auszuwählen, zu unterstützen, zu entwickeln, zu fördern, zu fordern, zu verändern etc. Ob auf individueller Ebene oder auf der Ebene der Gesamtorganisation: Dies ist eine Kernaufgabe von HR, die allerdings nicht immer eindeutig mess- und bewertbar ist. Der »harte« Anteil (»Resources«) der HR-Aufgabe ist eher quantifizierbar. Hierbei geht es um Statistiken, finanzielle Zahlen und konkrete Fakten und Datenanalysen einer betriebswirtschaftlichen und administrativen Logik.

Für viele Personaler ist der »Human«-Teil ihrer HR-Arbeit sehr wichtig. Manchmal liegen Schwerpunkt und Interesse sogar stärker auf diesem »weichen« Teil der Personalarbeit als auf den »harten« Faktoren. Es ist auf jeden Fall auffällig, dass man Personaler, wenn sie nicht HR-fachspezifische Ausbildungen besuchen, viel öfter in »weichen« Weiterbildungen (systemische Beratung, Coaching, Familienaufstellung, Hypnose etc.) findet als in »harten« Fortbildungen, wie zum Beispiel MBA oder Finanzen.

Warum ist das so? Zahlen, Daten, Fakten und KPIs werden immer wichtiger in HR, aber nicht alle Personaler fühlen sich damit wohl. Als ich nach fast 10 Jahren in HR beschlossen habe, mich als Coach selbstständig zu machen, habe ich das auch getan, weil ich in HR etwas vermisst hatte. Ich gehörte eindeutig zu der Gruppe von Personalern, die sich mit der Balance zwischen den beiden wichtigen Teilen von HR manchmal schwertun, und hatte beschlossen, mich vollständig dem »Human«-Teil in meiner Arbeit zu widmen – weil es mir besser liegt, und weil mich das, was ich damals als Spagat empfunden habe, zu viel Energie gekostet hat.

- Wo liegen Ihre Schwerpunkte in Ihrer HR-Tätigkeit?
- Auf welcher Seite haben Sie heute Ihre Stärken als Personaler?
- Spüren Sie auch einen »Stretch« oder ist das Verhältnis bei Ihnen ausgewogen?

Abb. 69: Human und Resources als Yin und Yang des HR Managements

Yin und Yang sind Begriffe der chinesischen Philosophie. Sie stehen für Polarisierung und Gleichgewicht, für zwei gegensätzliche Prinzipien, die sich sowohl anziehen als auch abstoßen. Damit befruchten sie sich gegenseitig; es entsteht eine Balance. Das ist in der chinesischen Philosophie ein Grundprinzip des Lebens und sorgt für Ordnung.

Übertragen auf HR: Die Profession schwankt oft zwischen **»weich« und »hart«, zwischen Yin und Yang**. Je nachdem, aus welcher Motivation heraus

Sie diesen Beruf gewählt haben, werden Sie persönlich Ihren Beruf auch anders »leben«. Wenn es ein natürliches und verständliches Bedürfnis ist, den Beruf so zu leben, wie man selber ist, dann ist es genauso angemessen und wichtig für die Organisation, dass man sich als Personaler fragt, ob man die richtige Balance zwischen Yin und Yang in der Ausübung des eigenen Berufs gefunden hat. Und wenn nicht, muss man hinterfragen, was man tun kann, um diese Balance wieder zu erreichen. Oft geht es nicht nur um Kompetenzen, sondern auch um **Grundüberzeugungen und Werte**.

Die erfolgreichsten, wirksamsten und am meisten geschätzten Personaler, die der Organisation in positiver Erinnerung bleiben, bringen beides mit: Sie wissen, dass es in der Personalarbeit zwar um Ressourcen geht, gehen aber mit den Menschen interessiert, sensibel und klug um. Es ist gar nicht so leicht, diese Balance zu finden und zu bewahren, gleichzeitig aber unbedingt notwendig, um sich langfristig in dieser Funktion glaubwürdig durchzusetzen und sich Respekt zu verschaffen.

Goldene HRE-Regel   !

Eine regelmäßige innere Bestandsaufnahme über Ihre Situation als Personaler hilft Ihnen, dort zu adjustieren, wo es noch Änderungsbedarf gibt. So können Sie sicherstellen, dass Sie mit Zufriedenheit und Selbstbewusstsein auf Ihre Karriere blicken und sich sagen können, dass Sie stets das Richtige getan haben.

Wie viel mehr Selbstbewusstsein könnten Sie gebrauchen?

> *Wir dürfen uns nicht durch die begrenzten Vorstellungen anderer Leute*
> *definieren lassen.*
> Virginia Satir, Palo Alto, 1916-1988, Familientherapeutin

Aus einem Coaching mit einem Personalleiter[50]:
P: »HR ist als Funktion in unserem Unternehmen nicht so wichtig wie Vertrieb oder Produktion.«
C: »Ist das wahr?«
P: »Uhhmm, was meinen Sie?«
C: »Können Sie absolut sicher sein, dass das wahr ist?«
P: »Nein, ganz sicher bin ich gerade nicht.«
C: »Wie verhalten Sie sich, was passiert, wenn Sie diesen Gedanken denken, dass »HR nicht so wichtig ist wie Vertrieb oder Produktion?«

---

50 Fragetechnik: »The Work« of Byron Katie.

P: »Ich fühle mich nicht auf Augenhöhe mit den anderen Funktionen. Ich fühle mich als »Dienst«-Leister ihnen gegenüber statt als Partner. Ich tue mich schwer, nein zu sagen. Ich muss mich oft rechtfertigen für die Entscheidungen, die ich in meiner HR-Funktion treffe. Das ist oft ein Kampf, weil sie einfach nicht immer verstehen, was wir machen und warum. Ich ärgere mich manchmal, dass ich diesen Beruf gewählt und mit meinem BWL-Studium nicht doch etwas anderes gemacht habe.«

C: »Wer wären Sie, wenn Sie Ihre HR-Rolle weiterhin ausüben würden, aber ohne diesen Gedanken, dass HR nicht so wichtig ist wie die anderen Funktionen?«

P: »Ich wäre selbstbewusster und würde wahrscheinlich mehr innere Stärke ausstrahlen. Ich wüsste ganz genau, dass es ohne HR eigentlich nicht geht und dass wir nur als gleichberechtigte Partner gewinnen können. Ich wäre ruhig, wenn ich Gegenwind bekomme, weil ich wüsste, dass es nur ein Teil der ganz normalen Teamdynamik ist und nicht gegen meine Funktion oder mich gerichtet ist. Ich hätte eine andere Stimme, wenn ich mit Kollegen spreche: klar und selbstbewusst. Ich würde mir einfacher Gehör verschaffen können, und würde mich von dem Getue von manchen meiner Kollegen nicht einschüchtern lassen. Ich wüsste, dass ich und meine Funktionen wichtig sind, genauso wichtig, wie alle anderen Funktionen bei uns.«

Die **Wertschätzung**, die man von Dritten bekommt, hat oft mit der Wertschätzung für sich selbst zu tun und mit dem Selbstbewusstsein, das man selber ausstrahlt. Wenn Sie selber überzeugt sind, dass Ihre Funktion genauso wertvoll ist wie die Ihrer Kollegen, und beide gleichermaßen – nur aus unterschiedlichen Perspektiven – zum Unternehmensziel beitragen, werden Ihre Kollegen das auch spüren, respektieren und nicht infrage stellen. Ihre Gedanken bestimmen in hohem Maße, wie Sie auf andere wirken.

- Sind Sie selber davon überzeugt?
- Oder haben Sie manchmal Zweifel?
- Wenn ja, was genau macht Sie zögerlich?
- Und welche von diesen Zweifeln müssten Sie als erste überwinden, damit Sie Ihre HR-Funktion mit voller Kraft und im Sinne des Unternehmens erfüllen können?

! **Goldene HRE-Regel**

Bitte stehen Sie sich nicht im Weg und stellen Sie die Glaubenssätze über sich selbst, Ihre Rolle und Ihre Funktion infrage, wenn sie nicht dienlich sind! Neben Fachkompetenz und dem Verständnis für das Business sind **Selbstbewusstsein und die Überzeugung über die Sinnhaftigkeit Ihres Beitrages** Ihre besten Freunde, um im und am Business Ihren Platz auf Augenhöhe zu finden und dauerhaft zu besetzen.

Wie ist Ihre Beziehung zum Business?

Von den vielen Bereichen, die ich in den verschiedensten Unternehmen kennengelernt habe, gehört HR – zusammen mit IT – zu den am meisten kritisierten.

Warum eigentlich? Die meisten Personaler sind äußerst engagiert und arbeiten oft extrem viel. Sie haben ein hohes Verantwortungsgefühl für die Belegschaft und eine große Identifikation mit dem Unternehmen (übrigens nicht immer mit den Produkten, was nicht unproblematisch ist). Trotz des Engagements vermissen die Personaler in Unternehmen nicht selten Anerkennung und Wertschätzung für die geleistete Arbeit.

Aber warum ist das so? Eine allumfassende Antwort kann ich natürlich nicht anbieten, aber einige Hypothesen.

Business Partner oder Partner im Business

Der Begriff HR Business Partner birgt aus meiner Sicht das Risiko von Missverständnissen. Er suggeriert, dass HR ein Partner des Business ist – aber kein Teil davon. Ich erlaube mir jetzt eine provokative Aussage: Das ist wie die Ehefrau des Präsidenten, die zweifellos eine wichtige Rolle im Leben des Präsidenten spielt und möglicherweise hinter den Kulissen großen Einfluss hat, aber offiziell nicht zur Regierung gehört. Aus meiner Sicht ist diese Interpretation des Begriffes aber völlig falsch. HR ist keine »hilfreiche Ehefrau« des Business, es ist ein Teil davon. Ab einer bestimmten Unternehmensgröße gibt es einfach kein Business ohne Human Resources.

Am Beispiel von HR kommen jetzt zunehmend auch andere Bereiche wie IT oder Finanzen auf die Idee, sich Business Partner zu nennen. Aber was ist das Business eigentlich ohne HR, IT, Finanzen etc.? Stellen Sie sich ein Unternehmen ohne diese ganzen Funktionen vor – wie lange ginge das gut? Diese künstliche Hierarchisierung der Funktionen in Unternehmen führt zu unnötigen Spannungen und ist kontraproduktiv. Zum Business gehören alle. **Alle brauchen sich gegenseitig, damit das Ganze funktioniert.**

Allerdings arbeiten nicht immer alle auf das gleiche Ziel hin und die Ziele der verschiedenen Bereiche sind oft nicht auf einander abgestimmt. Vielleicht ist das der Grund dafür, dass HR nicht immer »auf Augenhöhe« arbeiten kann – sondern im Vergleich zu anderen kundennahen Unternehmensfunktionen manchmal als minderwertig betrachtet wird.

- Angenommen, HR würde wie fast alle anderen Einheiten in Unternehmen am Beitrag zu den Unternehmensergebnissen gemessen – wie würde das konkret in Ihrem HR-Bereich aussehen?
- Hielten Sie das überhaupt für machbar und sinnvoll?
- Und was würde das an Ihrem Stellenwert im Unternehmen ändern?
- Wie tragen Sie als HR dazu bei, Umsatz und Gewinn zu generieren?
- Wird Ihr HR-Bereich über KPI geführt, die eine unmittelbare Relevanz für die Unternehmensergebnisse haben?

Mit Ausnahme von Personalcontrollern und Compensation & Benefits-Experten haben viele Personaler eine mentale Blockade, wenn es um Betriebswirtschaft und Zahlen geht. Spüren Sie persönlich auch eine Hemmschwelle bei quantitativen Themen? Es geht nicht darum, genau die gleiche Sprache wie der Vertriebschef zu sprechen, aber darum, genug davon zu verstehen, um sich in seine Logik hineinzuversetzen und mit ihm auf Augenhöhe zu diskutieren. Insbesondere in der Rolle eines Business Partners oder Personalleiters kann eine gefühlte Hemmschwelle, wenn es um das Verständnis von Zahlen geht (manchmal sogar von den Produkten), dazu führen, dass Distanz zwischen Ihnen und Ihren Kollegen aus anderen Funktionen entsteht. Vielleicht können Sie sich deswegen nicht immer so selbstbewusst an den strategischen Diskussionen beteiligen, wie es eigentlich angemessen wäre, und ziehen sich zurück in die »reinen« HR-Themen.

- Wenn Sie sich als Business Partner begreifen, aus welcher Perspektive betrachten Sie das Business?
- **Sind Sie Bestandteil des Business und empfinden Ihre Leistung als angemessen gewürdigt?**
- Und was ändert es an Ihrer Einstellung, wenn Sie sich als Partner im Business und nicht nur Partner vom Business sehen?
- Wie anders reden Sie dann mit Ihren Kollegen?
- Wie viel Selbstbewusstsein gibt Ihnen das?

Die HR Maslow Pyramide aus der Businessperspektive

Sie kennen das Modell der Maslow-Pyramide sicherlich: Es unterscheidet zwischen »Hygienefaktoren« bzw. Basisfunktionen einerseits sowie Faktoren bzw. Tätigkeiten, die motivatorische Wirkung haben oder denen eine höhere Wertigkeit beigemessen wird, andererseits. Für HR lässt sich das analog anwenden (siehe Grafik).

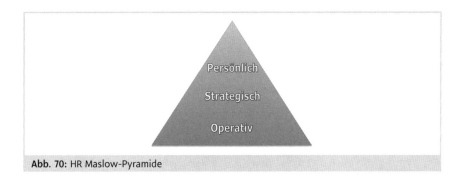

Abb. 70: HR Maslow-Pyramide

Operatives HR ist ein Hygienefaktor und wird meistens als Basisaufgabe gesehen. Als solche wird sie nicht anders betrachtet als die Aktivitäten, die in der Maslow-Pyramide die physiologischen und Sicherheitsbedürfnisse bedienen. Dafür zu sorgen, dass administrative und operative Abläufe einwandfrei laufen, gesetzliche Rahmenbedingungen respektiert werden, faire und effiziente Personalsysteme und Richtlinien entwickelt und reibungslos umgesetzt werden, erfordert sehr viel Können und ist extrem arbeitsintensiv. Gleichzeitig wird in Unternehmen die einwandfreie Erledigung dieser Basisaufgaben als selbstverständlich vorausgesetzt. Nach dem Maslow-Prinzip entsteht Aufmerksamkeit erst dann, wenn etwas nicht funktioniert. Ein Grund dafür ist vermutlich, dass die meisten Kollegen im Unternehmen gar keine Ahnung haben, was das alles für einen Aufwand darstellt. Wie lange es dauert, einen Vertrag oder ein Assessment Center vorzubereiten, wissen die Kollegen natürlich nicht. In dieser Hinsicht teilt der Personalbereich das gleiche Schicksal wie die IT-Abteilung zum Beispiel. Um Abhilfe zu schaffen, wären sicherlich eine bessere Kommunikation mit den Nutzern, mehr Transparenz über die Abläufe und mehr Marketing in eigener Sache nützlich.

Die nächste Ebene in der Pyramide – also keine Basisfunktion mehr wie im oben beschriebenen Sinne – wäre **strategisches HR,** über das in Fachbüchern sehr viel geschrieben wird (in unserem Buch natürlich auch). Das strategische HR befindet sich auf der Ebene der sozialen Bedürfnisse und bewirkt, dass HR nicht auf eine rein operative Funktion reduziert, sondern als entscheidender Bestandteil der Organisation wahrgenommen wird. Im Kontext der Maslow'schen Hierarchie ermöglicht strategisches HR dem Personaler die »Zugehörigkeit« zur Community der Denker und Steuerer im Unternehmen.

Auf der obersten Ebene der Pyramide steht **persönliches HR** – damit wird diesem Aspekt der HR-Arbeit die höchste »motivatorische« Wertigkeit beigemessen. Persönliches HR beschreibt die Qualität der Beziehung zwischen dem HR-Bereich und seinen internen Counterparts. Warum nun hat persönliches HR einen so hohen Stellenwert?

Wenn man mit einem Psychologenblick auf die Ergebnisse der schon an anderer Stelle in diesem Buch erwähnten Haufe-Studie[51] schaut, dann wird deutlich, dass die Arbeit von HR umso mehr wertgeschätzt wird, je öfter es Kontakte mit anderen Unternehmensbereichen gibt und je persönlicher die Beziehung zwischen HR und den Mitarbeitern anderer Bereiche ist. Dazu gehört natürlich nicht nur die Häufigkeit der Begegnungen, sondern auch wie gut Sie sich untereinander kennen und einschätzen können und wie gut Sie Ihren Kollegen als Berater und Sparring-Partner zur Seite stehen können, wenn sie es brauchen. Hier bergen die fortschreitende Ausbreitung von e-HR und die weitere Digitalisierung die Gefahr, dass die HR-Arbeit der Zukunft immer unpersönlicher und entsprechend von den Kollegen auch immer schlechter bewertet wird.

- Sind Sie ein gefragter Gesprächspartner?
- Achten Sie selber genug auf die Beziehungen zu Ihren Kollegen?
- Wie oft sehen Sie Ihre Kollegen aus anderen Abteilungen und Vertreter der Unternehmensbereiche, die Sie betreuen?
- Wie gut verstehen Sie die persönlichen Belange Ihrer Kollegen, die nicht für HR arbeiten?
- Wie viel von Ihrer Arbeitszeit verbringen Sie mit diesen Kollegen?
- Wie können Sie persönliche Kontakte mit den Mitarbeitern und Führungskräften trotz der oben genannten Entwicklungen weiter ausbauen und pflegen?

Ich weiß, dass Beziehungspflege Zeit kostet, aber es lohnt sich! Das müssen nicht immer formelle Personalgespräche sein. Ein Mittagessen, ein kurzes Telefonat, ein kurzes Gespräch auf dem Flur oder die Teilnahme an einem Teamevent – das alles wirkt Wunder. Die Kollegen erfahren viel mehr über den Bereich, den Sie betreuen, als in offiziellen Gesprächen und bauen dadurch Vertrauen auf. Es ist ein Geben und Nehmen: Sie geben Aufmerksamkeit und bekommen ein besseres Verständnis für das Geschäft und Verbündete für Ihre Themen – eine Win-Win-Situation, die dem Unternehmen insgesamt nur zugutekommen kann. Das setzt aber voraus, dass Sie eine **echte Vertrauensbeziehung** mit Ihren Kollegen aufgebaut haben, und das braucht Zeit. Es ist erstaunlich, welche Wunder diese Beziehungsebene zwischen HR und den anderen Fachbereichen bewirkt und wie selten sie dennoch in manchen Unternehmen gepflegt wird.

- Welche Beziehungen zu Kollegen sind besonders stark und intensiv?
- Welche, eigentlich sehr wichtigen, Beziehungen haben Sie bisher möglicherweise vernachlässigt?
- Welche müssten wieder dringend entweder aufgefrischt oder verbessert werden, damit Sie Ihre Wirksamkeit als HR-Verantwortlicher erhöhen können?

---

51   HR Image Studie 2013.

I've learned that people will forget what you said, people will forget what you did, but people will never forget how you made them feel.
Maya Angelou, North Carolina, 1928-2014,
Schriftstellerin, Professorin, Bürgerrechtlerin

Goldene HRE-Regel   !

Zum Vertrauen gehört im Übrigen auch die **Vertraulichkeit**. Wenn ich nicht sicher sein kann, dass Dinge, die ich über mich preisgebe, vertraulich behandelt werden, dann erzähle ich auch nichts. Wenn ich nicht weiß, was ich erzählen darf und was nicht, dann vermeide ich auch das Gespräch. Haben Sie keine Scheu, das Thema Vertraulichkeit anzusprechen, wenn ein Zweifel bestehen könnte.

Emotionen in der Stakeholder-Landschaft

Wie für jeden Unternehmensbereich gilt auch für HR, dass die Arbeit nicht im luftleeren Raum stattfindet – es gibt vielfältige Einflüsse und Abhängigkeiten von Personen, Bereichen, Gremien, die auf HR einwirken. Und natürlich sind Beziehungen zu diesen Schlüsselpersonen bzw. Funktionen unterschiedlich. Grafisch könnte eine Stakeholder-Betrachtung zum Beispiel so aussehen:

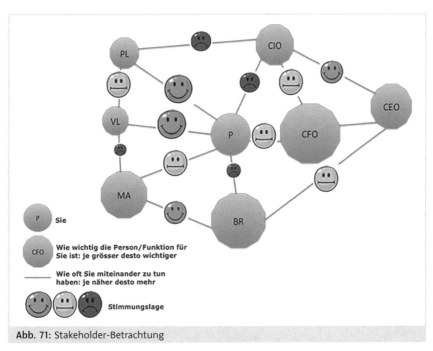

Abb. 71: Stakeholder-Betrachtung

Für und mit jemandem zu arbeiten, den man nicht versteht, nicht schätzt, nicht mag oder nicht überzeugen kann – das ist keine leichte Aufgabe. Diese Situationen gibt es in Organisationen sogar relativ häufig. Unsere Reaktionen auf das Gegenüber – Sympathie, Antipathie usw. – beeinflussen uns bewusst oder unbewusst und können den eigenen Anspruch auf Professionalität mehr oder minder stark beinträchtigen.

Zur Illustration ein Teil eines Gesprächs, das ich mit einer Personalleiterin geführt habe:

P: *»Unser Geschäftsführer ist sehr von sich überzeugt und hört sich gerne reden.«*
C: *»Es hört sich an, als ob Sie seine Art nicht schätzen würden.«*
P: *»Ja, so ist es. Er ist zu laut, unreflektiert, arrogant, er hört nicht zu. Es ist anstrengend, mit ihm zu arbeiten.«*
C: *»Wenn ich Sie am Anfang unseres Gesprächs richtig verstanden habe, hat er dieses Unternehmen vor vielen Jahren gegründet und aufgebaut – also muss er doch sehr fähig sein?«*
P: *»Ja, verkaufen und neue Produkte entwickeln, damit hat er dieses Unternehmen zu dem gemacht hat, was es heute ist.«*
C: *»Glauben Sie, er spürt es, dass Sie seine Art nicht schätzen?«*
P: *»... Ich weiß es nicht ... Wahrscheinlich.«*
C: *»Angenommen, Sie hätten ein besseres Verhältnis zu ihm, glauben Sie, Sie würden mit ihm mehr erreichen?«*

❗ Love it, change it or leave it!

Der bekannte angelsächsische Spruch ist in diesem Fall zutreffend. Diese Personalleiterin hatte die Wahl und hat sich für »change it« entschieden, Und zwar nicht, indem sie versucht, die Person zu ändern, sondern ihre Sicht auf die Person. In den Sitzungen mit ihr ging es im Wesentlichen darum, ihre Beziehung zu ihrem Geschäftsführer und dem Managementteam zu verbessern, die eigene Position zu stärken und im Ergebnis ihre Zufriedenheit und ihre Wirksamkeit im Unternehmen zu erhöhen.

- Wie würde bei Ihnen eine Stakeholder-Analyse aussehen?
- Welche Personen sind für Sie die wichtigsten Akteure und wie ist Ihre Beziehung zu ihnen? Der CFO, der Betriebsrat und die Mitarbeiter, wie in der Abbildung oben? Oder der Geschäftsführer wie bei dieser Personalleiterin?

Sie beraten das System als Teil des Systems

Systemisch betrachtet ist es eigentlich kritisch bis unmöglich, aus der Position
des Betroffenen ein System zu beraten. Man läuft in dieser Situation Gefahr,
nicht genug Abstand zu haben, um das Gesamtbild noch erkennen zu können.
Personaler sind nun grundsätzlich in diesem Konflikt: Sie sind immer Teil des
Systems, das sie beraten. In so einer Situation – wenn man also selber Teil des
Systems ist – sollte man die eigene Position laufend infrage stellen. Andernfalls
sind Professionalität und Qualität von Interventionen gefährdet, die ein Personaler in Ausübung seiner Beratungsfunktion durchführen muss.

Sie und Ihre vielen Rollen

Wenn man ein System berät, kann man manchmal auf ein sehr schwieriges Terrain geraten. Man gerät politisch zwischen die Stühle und kann nicht immer den
»neutralen« Blick haben, der notwendig wäre. Mit dieser systemischen Komplexität umzugehen, ist eine Herausforderung, die oft unterschätzt wird – Hut ab
vor der Aufgabe! Für Personaler wird die Situation dadurch kompliziert, dass Sie
eine Vielfalt von Rollen spielen müssen; beispielhaft – und ohne Anspruch auf
Vollständigkeit – die folgende Aufstellung:

Rollen	Fokus
Partner im Business Strategie	Vielfalt, Business- und BWL-Verständnis, Ergebnisorientierung
Stratege	Weitblick, Perspektivenwechsel, Risikoabwägung, Politik
HR Fachexperte	Sachlichkeit, Fachwissen, Benchmark, klare Antworten
Seelsorger	Zuhören, Ruhe, Wertschätzung, Empathie, Vertrauen
Sparringspartner	Teamorientierung, Kreativität, Mut, Inhaltliches Verständnis
Berater	Neutralität, Moderation, Fragen, Projektmanagement

Durch diese vielen **Rollen,** die sie gegenüber ihren Businesskollegen einnehmen, laufen Personaler und insbesondere HR Business Partner – die qua Funktion Schnittstelle zwischen HR und anderen Unternehmensbereichen sind und
damit sehr unterschiedliche Aufgaben zu erfüllen haben – manchmal Gefahr,
inadäquat zu handeln. Partner im Business und Strategie, HR Fachexperte, Seel-

sorger, Sparringspartner, Berater …, diese Rollen verlangen unterschiedliche **Herangehensweisen**, die manchmal einander gegensätzlich sind. Es ist leicht, sie zu vermischen und den Blick für das Ganze zu verlieren.

Einige konkrete Beispiele zur Verdeutlichung:

- In ihrer Funktion als Leiterin Recruiting eines mittelständischen Unternehmen hat eine HR-Ansprechpartnerin durch ihre wissenschaftliche und perfektionistische Herangehensweise bei der Stellenbesetzung von offenen Führungspositionen den Prozess so verkompliziert und das Auswahlverfahren so anspruchsvoll konzipiert, dass alle infrage kommenden internen Kandidaten abgesprungen sind, natürlich zum größten Ärger aller Beteiligten. Die HR-Expertin in ihr hat offenbar »die Kontrolle übernommen«. Darüber ist die Rolle von HR als Partner im Business in den Hintergrund getreten. Erst nach einer Krisensitzung hat HR die Herangehensweise der des Business Partners angepasst und den Auswahlprozess entsprechend verschlankt.
- Ein Personalleiter, der in seiner Rolle als Organisationsentwickler einen großen Change-Prozess auch leiten sollte, war so gefangen in der internen Politik und mit eigenen Sorgen beschäftigt, dass er das Projekt nicht mehr zielorientiert durchführen konnte. Erst als er darüber reflektiert hat, was ihn gerade bewegt, wurde klar, dass er durch seine unklare, der Rolle nicht angemessenen Herangehensweise nicht nur das Projekt, sondern auch seine eigene Situation gefährdet hat. Diese Reflektion hat ihm dabei geholfen, sich neu zu fokussieren und seine verschiedenen Aufgaben wieder erfolgreich und konstruktiv zu erfüllen.

Ihr persönliches Verhältnis zur Macht

Eine Senior HR Business Partnerin hat bewusst häufig »harte« und »rationale« Entscheidungen getroffen, um von ihren Kollegen aus den »business units« Anerkennung zu erhalten und damit ihren Platz als Frau in einer Männerdomäne zu verteidigen. Im Laufe der Zeit stellte sie allerdings fest, dass sie sich damit nicht nur unwohl gefühlt hat, sondern dass auch die erhoffte Stärkung der eigenen Position nicht erreicht wurde. Möglicherweise, weil es bei Macht nicht nur um harte und rationale Entscheidungen geht, sondern auch um andere Faktoren?

Mit Durchsetzungskraft und klarer Machtpositionierung gegenüber anderen Funktionen tun sich manche Personaler schwer. Man sagt oft von Frauen, dass sie in Führungspositionen noch stärker kämpfen müssen, um sich im Unternehmen durchzusetzen. Das Gleiche gilt aus meiner Sicht auch für HR gegenüber anderen Unternehmensbereichen. **Oft wird aber das Wort Macht mit Machtmissbrauch verwechselt.** Sozialwissenschaftlich betrachtet bedeutet

Macht einfach die Fähigkeit, einzelne Personen oder Gruppen zu beeinflussen. Das ist zunächst wertneutral. Die Fähigkeit, auf Menschen einzuwirken, besitzt und benutzt bewusst oder unbewusst jeder von uns, auf die eine oder andere Weise. Auf Englisch bedeutet »Power« sowohl Macht als auch Kraft. Das Wort ist damit auch positiv belegt.

Wenn ich mit höheren Managementebenen arbeite, kommen mir manche Verhaltensweisen vor wie die von **Schachspielern:** Verschiedene Figuren werden strategisch eingesetzt, zusammen stellen sie das Gesamtspiel dar. Wie Sie sicherlich wissen, haben alle diese Figuren ihre eigenen Stärken und Schwächen und werden entsprechend unterschiedlich auf dem Brett verwendet[52]. **Der König** ist existenziell wichtig für das Spiel – um ihn dreht sich alles. Er ist aber eingeschränkt in seinen Bewegungsmöglichkeiten. Der König schwebt über allem, seine Wirkung ist indirekt, er ist auf die anderen im Team angewiesen. **Die Dame** dagegen ist strategisch und taktisch sehr wichtig. Sie hat eine sehr große Wirkung und kann vielfältig eingesetzt werden. Diese Flexibilität ist es, die ihre Stärke ausmacht. Gleichzeitig sind diese Qualitäten im Spiel wie im Unternehmen rar – es gibt nur eine Dame. **Der Springer** kommt im Rösselsprung von der Seite und kann quer von rechts und links agieren. Deswegen wird er auch gelegentlich übersehen. **Der Läufer** bewegt sich diagonal durch den Raum und kann große Strecken zurücklegen. Er kann aus der Distanz andere Figuren sowohl schützen als auch attackieren, aber immer nur diagonal. **Der Turm** ist diskret, aber stabil und kraftvoll in seiner Geradlinigkeit. Er braucht länger, um im Spiel agieren zu können, weil der Raum dafür zuerst freigemacht werden muss. **Die Bauern** bewegen sich kleinteilig und fleißig. Sie sind durch ihre Zahl kraftvoll, aber einzeln nicht immer besonders wirksam. Sie können, wenn sie richtig eingesetzt sind, aber ein Spiel (vor-)entscheiden.

Im Spiel wie in Organisationen braucht man alle Figuren. Sie haben alle ihre Daseinsberechtigung, es gibt keine gute oder schlechte Rolle. Sie müssen sich gegenseitig unterstützen. Wichtig ist es für Sie, sich darüber Gedanken zu machen, welche Rolle Sie gerade haben, und welche Sie vielleicht noch anstreben. Und natürlich ist es ebenso wichtig, zu verstehen, welche Rollen Ihre Counterparts spielen, um ihre Positionen und Strategien besser zu verstehen und mitspielen zu können.

- Welche Figur repräsentieren Sie in Ihrer Organisation?
- Welchen Einfluss auf das Spiel können Sie mit Ihren Stärken ausüben?
- Wie sind Sie eingeschränkt?

---

52 Manche von Ihnen werden vielleicht mit dieser Analogie Schwierigkeiten haben, aber ich sehe das positiv: Diesen Aspekt des Lebens in der Organisation kann man, wie das Schachspiel auch, sportlich betrachten.

- Welche andere Figur ist Ihr Verbündeter im Organisationsspiel und mit welcher Figur können Sie nicht so gut?
- **Welches Machtprofil haben Sie?**

Zu guter Letzt: Kennen Sie Ihre Stärken!

Mir hat vor vielen Jahren ein chinesischer Berater aus Hongkong, am Ende einer gemeinsamen Veranstaltung in Asien eine kluge Empfehlung gegeben: **»You should always work on and with your strengths much more than on your weaknesses.«**

Damals habe ich nicht sofort verstanden, was er wirklich meinte, und auch nicht realisiert, welche Tragweite diese Empfehlung für meine berufliche Entwicklung haben sollte. Irgendwann ist es mir aber aufgefallen, dass ich wie viele andere Menschen in Unternehmen auch immer nur daran gearbeitet habe, meine Schwächen auszumerzen und meine Stärken entweder für selbstverständlich gehalten und nicht beachtet oder gar nicht erst wahrgenommen habe. Diese aus meiner Sicht sehr nützliche Empfehlung des chinesischen Beraters würde ich Ihnen gerne heute auch mit auf den Weg geben.

Für den Umgang mit den vielen Herausforderungen und Fragen, denen Sie im Laufe Ihrer beruflichen Entwicklung begegnen werden, sind eigentlich Ihre Stärken die Ressourcen, auf die Sie zuerst zugreifen sollten, um Halt und Orientierung zu finden. Das heißt natürlich nicht, dass Sie Ihre »Schwächen« ignorieren sollten. Aber Ihre Stärken können Sie endlos weiterentwickeln, verfeinern und flexibel einsetzen. Eine »Schwäche«, selbst wenn Sie an deren Überwindung erfolgreich gearbeitet haben, werden Sie dagegen immer nur als zweite Kraft benutzen können. Eher als bei Stärken werden Sie damit wahrscheinlich an die Grenzen Ihres Könnens kommen.

Ob Sie gerade bei Sonnenwetter durch ruhige Fahrwasser navigieren oder durch einen Sturm: Bei Ihrer Zufriedenheit und Ihrem Erfolg geht es immer um Sie als Person, um Ihre Stärken und Schwächen und wie Sie auf Ihr Umfeld reagieren. Die Introspektion, diese Reise nach innen, ist ein Weg, um sich selbst zu stärken und Potenziale voll auszuschöpfen. Es ist ein manchmal unbequemer, oft aber auch ein schöner, spannender und befriedigender Weg. Es lohnt sich, hinzuschauen.

Schlusswort: Nicht bange machen lassen!

Autor: Arne Prieß

Ich überlasse etwaige neue HR-Organisations-Trends anderen und habe Ihnen daher meine Idee von der HR Excellence, die auf Effektivität, Effizienz und Erfolgreichem Handeln in der Personalabteilung basiert, vorgestellt, denn ich glaube fest daran, dass Aufbau-Organisationen nicht per se einem vorgegebenem trendigen Modell, sondern dem beabsichtigten Nutzen für die jeweiligen Kunden folgen sollten. Mein Autorenteam und ich haben ein hohes Vertrauen, dass Sie, nachdem Sie sich so tapfer durch die vielen Seiten dieses Buches gekämpft haben, die vielen Ideen und Impulse bereits zu Ihrem persönlichen »Neuro-HR-House-of-Choice« zusammengestellt haben, das Sie bald mit oder ohne Beraterhilfe Wirklichkeit werden lassen. Also lassen Sie sich auf Ihrem Weg zur HR Excellence nicht bange machen!

Gestatten Sie mir ein Schlusswort, das aus den Tiefen meines Personaler-Herzens kommt:

Als Personaler ist das Leben manchmal hart und biestig.
Und wenn es das mal gerade nicht ist,
sollten Sie es aus vollen Zügen genießen.
Aber niemals sollten Sie sich ausruhen und träge werden!
Und niemals sollten Sie kapitulieren vor den Herausforderungen!
Aufgeben oder weitermachen wie bisher ist für HR keine Option!
Machen Sie sich auf den Weg in eine bessere HR-Zukunft,
denn diese wird Ihre eigene sein!

Es grüßt Sie herzlich:

Ihr Arne Prieß
und das ganze Autorenteam

Quellen und Literatur, wissenschaftliche Arbeiten

Almås, I., et al.: Fairness and the Development of Inequality Acceptance, Science 328:1176, 2010.

Beauchamp, GK., Keast, RS., Morel, D., Lin, J., Pika, J., Han, Q., Lee, CH., Smith, AB., Breslin, PA.: Phytochemistry: ibuprofen-like activity in extra-virgin olive oil, Nature, 437(7055):45-6, 2005.

Birren, SJ., Marder, B. u.E.: Plasticity in the Neurotransmitter Repertoire, Science 340:463, 2013.

Carney, DR., Mason, MF.: Decision making and testosterone: when the ends justify the means, Journal of Experimental Social Psychology, 46:668-671, 2010.

Danilova, N.: The Evolution of Immune Mechanisms, J Exp Zool B Mol Dev Evol. 2006 Nov 15;306(6):496-520, 2006.

D'Antona, G., Ragni, M., Cardile, A., Tedesco, L., Dossena, M., Bruttini, F., Caliaro, F., Corsetti, G., Bottinelli, R., Carruba, MO., Valerio, A., Nisoli, E.: Branched-chain amino acid supplementation promotes survival and supports cardiac and skeletal muscle mitochondrial biogenesis in middle-aged mice, Cell Metab., 12(4):362-72, 2010.

Dulcis, D., et al.: Neurotransmitter Switching in the adult brain regulates behavior, Science 340:449-53, 2013.

Evans, D.; et al.: TOR signaling never gets old: Aging, longevity and TORC1 activity. Ageing Research Reviews, 10:225-37, 2011.

Geis, Ivo: Die digitale Personalakte – rechtliche Aspekte. In: AWV-Informationen, S. 4-5, 6/2007

Grentzer, Martin: Wie sicher sind Personalakten? In: Lohn+Gehalt, S.76-78, März 2010

Knoch, D., et al.: Diminishing Reciprocal Fairness by Disrupting the Right Prefrontal Cortex, Science 314:829, 2006.

Koechlin, E., Hyafil, A.: Anterior Prefrontal Function and the Limits of Human Decision-Making, Science 318:594, 2007.

Kraus, WE., Houmard, JA., Duscha, BD., Knetzger, KJ., Wharton, MB., McCartney, JS., Bales, CW., Hene, S., Samsa, GP., Otvos, JD., Kulkarni, KR., Slentz, CA.: Effects of the amount and intensity of exercise on plasma lipoproteins, N Engl J Med.,347(19):1483-92, 2002.

Lee, S.W.S., Schwarz, N.: Dirty Hands and Dirty Mouths: Embodiment of the Moral-Purity Metaphor Is Specific to the Motor Modality Involved in Moral Transgression, Psychological Science OnlineFirst, 2010.

Mischel, W.: Delay of gratification in children, Science, 244(4907): 933-8, 1989.

Tauscher, Bernhard: Systeme für das Dokumentenmanagement unterstützten die innovative Personalarbeit. In: Personalführung, S. 70-74, 7/1998

Internationale Handlungsfelder für den Personalbereich

Adam, Patricia: Managing Internationalisation, 2015

Adler, Nancy J.: International Dimensions of Organizational Behavior, Forth Edition, 2002

Barmeyer, Christop I./Bolten, Jürgen: Interkulturelle Personalorganisation, Schriftreihe Interkulturelle Wirtschaftskommunikation, 1998

Bergemann, Niels/Sourisseaux, Andreas L. J.: Interkulturelles Management, 3. Auflage, 2003

Caligiuri, Paula: Cultural Agility, Bulding a Pipeline of Succesful Global Professionals, 2012

Chhokar, Jagdeep S./Brodbeck, Felix C./House, Robert J.: Culture and Leadership Across the World, The Globe Book in-Depth Studies of 25 Societies, 2007

Demangeat, Isabelle: Geschäftskultur Frankreich, 2015

Demangeat, Isabelle/Molz, Markus: Frankreich in: Thomas, Alexander/Kammhuber, Stefan/Schroll-Machl, Sylvia: Handbuch Interkulturelle Kommunikation und Kooperation, Band 2: Länder, Kulturen und interkulturelle Berufstätigkeit, 2003

Demorgon, Jacques: Complexité des cultures et de l'interculturel, 1996

Hilb, Martin: Transnationales Management der Human-Ressourcen, Das 4P-Modell des Glocalpreneuring, 2000

Hofstede, Geert: Lokales Denken, globales Handeln, Interkulturelle Zusammenarbeit und globales Management, 3. Auflage, 2006

House, Robert J./Hanges, Paul J. Hanges/Javidan, Mansour/Dorfman, Peter W./Gupta, Vipin: Culture, Leadership, and Organizations, The Globe Study of 62 Societies, 2004

Mutabazi, Evalde/Altman, Yochanan/Klesta, Audrey/Poirson, Phillippe: Management des ressources humaines à l'international, 1994

Rebensburg, Carolin: Qualität interkultureller Trainings, 2007

Reichhardt, Susanne/Weidling, Anke: Gemeinsam ins Ausland und zurück, Workbook für das Leben in der Fremde, 2014

Scholz, Jörg M.: Internationales Change-Management, Internationale Praxiserfahrungen bei der Veränderung von Unternehmen und Humanressourcen, 1995

Schroll-Machl, Sylvia: Die Deutschen – Wir Deutsche, Fremdwahrnehmung und Selbstsicht im Berufsleben, 2002

Stahl, Günter K.: Internationaler Einsatz von Führungskräften, 1998

Stähler, Gerhard/Apel Wolfgang: Strategien internationaler Personalbeschaffung, 2015

Strutz, Hans/Wiedemann: Internationales Personalmarketing, Konzepte Erfahrungen Perspektiven, 1992

Thomas, Alexander/Kinast, Eva-Ulrike/Schroll-Machl, Sylvia: Handbuch Interkulturelle Kommunikation und Kooperation, Band 1: Grundlagen und Praxisfelder, 2003

Thomas, Alexander/Kammhuber, Stefan/Schroll-Machl, Sylvia: Handbuch Interkulturelle Kommunikation und Kooperation, Band 2: Länder, Kulturen und interkulturelle Berufstätigkeit, 2003

Internet-Quellen

www.deutsche-im-ausland.org

ERPG Konzept: von Hovard Perlmutter
http://wirtschaftslexikon.gabler.de/Archiv/4694/eprg-modell-v6.html

Glokalisierung
http://wirtschaftslexikon.gabler.de/Archiv/6405/glokalisierung-v6.html

Führungskonzept im internationalen Management
http://wirtschaftslexikon.gabler.de/Archiv/7081/fuehrungskonzepte-im-internationalen-management-v7.html

Interkulturelles Management
http://wirtschaftslexikon.gabler.de/Archiv/4692/interkulturelles-management-v6.html

Internationale Personalentwicklung
http://wirtschaftslexikon.gabler.de/Archiv/10330/internationale-personalentwicklung-v11.html

Internationales Personalmanagement
http://wirtschaftslexikon.gabler.de/Archiv/10331/internationales-personalmanagement-v10.html

Transnationale Unternehmung
http://wirtschaftslexikon.gabler.de/Archiv/6408/transnationale-unternehmung-v9.html

Studie von Price Waterhouse Cooper
http://www.iww.de/pistb/archiv/auslandsentsendung-trends-bei-mitarbeitereinsaetzen-im-ausland-flexiblere-modelle-sind-gefragt-f35300

Autoren

Hauptautor und Herausgeber
Arne Prieß

Berufliche Laufbahn
Studium der Pädagogik mit Schwerpunkten im Personalmanagement, Psychologie sowie Berufs- und Betriebspädagogik, Betriebswirtschaftliche und personalwirtschaftliche Fernstudien-Diplome. Seit 1986 in verschiedenen Führungs-, Ausbildungs- und Personalmanagement-Aufgaben tätig.
Berufliche Stationen im öffentlichen Dienst und Siemens Business Services GmbH & Co. OHG. Im Jahr 2000 Mitgründer der Unternehmensberatung HRblue AG, im Vorstand für die Geschäftsfelder HR Consulting und Projekte, Mitarbeiterbefragungen und HR Trainings verantwortlich, dabei im Rahmen eines HR Outsourcings 4 Jahre HR Director der Scout24-Gruppe. 2012 Gründer und Geschäftsführer des Beratungs- und Trainingsunternehmens HR CONTRAST GmbH.

Kompetenz-, Beratungs- und Trainings-Schwerpunkte
Langjähriger Trainer und Coach für Führungskräfte, MBTI-Trainer-Lizensierung; Trainer für viele Schlüsselkompetenzen wie z.B. Projektmanagement, Zeitmanagement und strategische Personalmanagement-Themen, u.a. für die Haufe Akademie, ZfU und FORUM Institut.
Personalfachliche Beratungsprojekte in strategischen HR-Themen mit besonderen Schwerpunkten in strategischen Neuausrichtungen von HR-Abteilungen (HR Transformationen), Mitarbeiterbindung und High Performance Management inkl. variabler Vergütung und Zielvereinbarungssystemen.
Projektmanager und Moderator (z.B. für Unternehmensstrategie-Prozesse, Führungskräfte-Tagungen, Assessment Center und Teambuildings). »Speaker« für Impulsvorträge zu HR Management- und Führungs-Themen sowie Methodenkompetenzen.
Autor von »Führen mit dem Omega-Prinzip« (Haufe 2013), und »Zeit- und Projektmanagement« (Haufe 2014), zahlreicher Fachartikel, Lehrbriefe, eTrainings und Autor von »Personalprozesse gestalten und optimieren« (heute Teil des Personaloffice von Haufe).

Koautor für alle Neuro-Themen und -Kapitel
Dr. Sebastian Spörer

Berufliche Laufbahn
Studium der Betriebswirtschaftslehre und der Sozialwissen-
schaften mit Promotion als Dr. phil., Ausbildungen in ver-
schiedenen Fachgebieten der Psycho-Neuro-Sozio-Endokri-
no-Immunologie. Seit 2003 in verschiedenen Führungs- und
Personalmanagement-Funktionen tätig.
Seit 2006 im Training für Führungskräfte zu den Themen Work-
Life-Balance und Gesundheitsmanagement. Seit Mitte 2011
Leiter des Zentrums für Leistungsmanagement im Schloss zu
Hopferau. Lehrbeauftragter an der Universität Augsburg für
Kommunikation. Wissenschaftlicher Beirat und Dozent im Euro-
päischer DACH-Verband Stress-Medizin e. V.

Kompetenz-, Beratungs- und Trainings-Schwerpunkte
Nach Stationen im öffentlichen Dienst und für verschiedene
Trainingsinstitute jetzt Trainer für Neuro-Leadership. Umsetzung
von Trainingsprojekten und Erweiterung von Führungskräfte-
entwicklungen um den Bereich Neurobiologie, in Deutschland
die einmalige Kombination aus Gehirnforschung, Immunologie
und Führungskräfteentwicklung.
Darüber hinaus Trainings und Seminare zu den Themen Stress-
prävention, Neuro-Motivation und Neuro-Selbstmanagement.
Key-Note-Speaker und Impulsvorträge zu den Themen Motivation durch Neurobiologie, Stress-Prävention, Ernährung als Mo-
tivationsgrundlage und zu verschiedenen Stress- und Gesund-
heitsaspekten.
CoAutor von »Führen mit dem Omega-Prinzip« (Haufe 2013)
und »Zeit- und Projektmanagement« (Haufe 2014).

Alle weiteren Koautoren (alphabetisch)
Isabelle Demangeat

Berufliche Laufbahn
Studium in Frankreich und Deutschland, Abschluss der Roma-
nistik und Germanistik in beiden Ländern. Seit 1982 in verschiedenen Bereichen der Erwachsenenbildung tätig: von Trainings-
konzeption bis individuellem Coaching. Berufliche Stationen bei
Unternehmen in Frankreich, Deutschland und in der Schweiz:
Beratung, Verkauf und Kundenbetreuung sowie Personalent-
wicklungsaufgaben, in den Branchen: Dienstleistung, chirurgi-
sche Instrumente, Versicherungswirtschaft. Im Jahre 1993 Gründung von fit for culture, um als Trainerin, Consultant und Coach
mit dem Themenschwerpunkt internationale Zusammenarbeit
Unternehmen zu unterstützen.

Kompetenz-, Beratungs- und Trainingsschwerpunkte
Strategisches Personalmanagement bei Internationalisierungsprozessen und bei den Themen um interkulturelle Kompetenz
und Kommunikation. Kulturspezifische Interventionen für folgende Kulturen: Frankreich, Italien, die Schweiz, Deutschland,
Indien sowie kulturübergreifende Maßnahmen mit internationalen Teams. Global Leadership und kulturspezifisches Füh-
rungstraining. Themen der Zusammenführung von Teams bei
Firmenfusionen. Maßnahmen zur internationalen Einführung
und zum Ausrollen von HR-Programmen und Werkzeugen mit
interkultureller Anpassung. Internationales Projektmanagement, Teamentwicklung, Konfliktberatung und Mediation. Coaching und Beratung von Top-Executives, face-to-face sowie
online. Virtuelle Programme für Führung auf Distanz, virtuelle
Meeting-Moderation und Training.
Train-the-Trainer-Programme für Interkulturelle Kompetenz sowie für virtuelle Moderation.

Tim Goldmann

Berufliche Laufbahn

Studium der Pädagogik mit Schwerpunkten im Personalmanagement, Psychologie sowie Berufs- und Betriebspädagogik, betriebswirtschaftlicher und personalwirtschaftlicher Fernstudiengang, seit 1989 in verschiedenen Führungs-, Ausbildungs- und Personalmanagementaufgaben tätig. Berufliche Stationen im öffentlichen Dienst und bei den Gesellschaften Phoenix AG, Conseo GmbH, ContiTech AG, twenty4help AG, SIG International Services und KHS GmbH. Zuletzt Principal bei der HRblue AG. Seit 2012 Gründer und Geschäftsführer von prima hr.

Kompetenz-, Beratungs- und Trainingsschwerpunkte

Strategisches Personalmanagement: Personalfachliche Beratungsprojekte in strategischen und operativen HR-Themen mit besonderen Schwerpunkten in der Organisationsentwicklung, Change Management, Firmenfusionen, Performance Management inkl. variabler Vergütung und Zielvereinbarungssystemen sowie in strategischen Neuausrichtungen und -aufstellungen von HR-Abteilungen (HR Transformationen), Entwicklung und Aktualisierung von effizienten Personalmanagementprozessen. Coach für Führungskräfte und Teams, Trainer für Führung sowie für alle Themen des Personalmanagements. Zertifizierter Trainer und zertifizierter Systemischer Management Coach (SMC). Lizenzierter Identity Compass Consultant. Referent und Berater für die Deutsche Gesellschaft für Personalführung e.V. (DGFP).

Dr. Martin Grentzer

Berufliche Laufbahn

Stammhauslehre bei der Siemens AG München und Berlin, Studium an den Universitäten Augsburg und Zürich sowie der Eidgenössischen Technischen Hochschule ETH in Zürich, Promotion an der Naturwissenschaftlichen Fakultät der Universität Augsburg. Langjährige Erfahrung im Personalwesen, u.a. bei der Siemens AG und Osram GmbH. 2001 Gründung der aconso AG mit drei weiteren Partnern. Als CFO verantwortlich dort für die Bereiche Finanzen, Personal, HR-Consulting und Projektmanagement.

Kompetenz-, Beratungs- und Trainings-Schwerpunkte

Experte im HR-Bereich für Prozessoptimierung, Datenschutz sowie Betriebsvereinbarungen. Mediator für Mitbestimmungsgremien und Arbeitgebervertretung. Referent und Key-Note-Speaker zu HR-Trendthemen wie Dokumentenmanagement, Digitalisierung von HR und Datenschutz. Berater bei HR-Softwareeinführungsprojekten bei Allianz, Bertelsmann, Deutsche Bahn, Deutsche Flugsicherung, Lufthansa, Stadt Zürich, Wiener Stadtwerke, Zürich Versicherung u. v. a. Zahlreiche Fachpublikationen, u.a. Leitfaden zur Einführung der Digitalen Personalakte (Lohn+Gehalt, 2/2005) und Sieben Grundsätze zum Datenschutz (Personalmagazin, 3/2010).

Thomas Heckler

Berufliche Laufbahn

Studium der Psychologie mit Schwerpunkt Arbeits-, Betriebs- und Organisationspsychologie an der Universität Erlangen-Nürnberg. Von 1988 bis 2014 in verschiedenen Unternehmen als Personalleiter und Leiter PE/OE tätig – DAX, M-DAX, Konzern- wie auch inhabergeführte Unternehmen. Seit 2015 als selbstständiger Human Resources Consultant und Businesscoach tätig. Systemischer Business Coach (European Business School Oestrich-Winkel, EBS).

Kompetenz- und Beratungsschwerpunkte:

Beratung von Human Resources Organisationen hinsichtlich Neuausrichtung und Einführung zeitgemäßer und effizienter HR-Konzepte (Personalentwicklung, Vergütung und Onboarding). Consulting hinsichtlich Restrukturierung, Unternehmensverschmelzungen, Due Diligence und Outsourcing von administrativen Personalprozessen (u. a. Entgeltabrechnung, Bewerbermanagement). Coaching und Karriereberatung von Führungskräften. Koautor des Handbook of Human Resources Management (Springer, Erscheinungsdatum Frühjahr 2016).

Angelique Morio

Berufliche Laufbahn
Studium der Organisationspsychologie, Psycholinguistik und Germanistik, verschiedene Fernstudiengänge mit Schwerpunkt Projektmanagement und Organisationslehre, mehrjährige Ausbildung als systemischer Coach. Seit 1991 in verschiedenen Führungs- und Personalmanagement-Funktionen tätig und seit 2000 begeisterte Unternehmensberaterin in und für Unternehmen. In 2009 Gründung des Beratungs- und Trainingsunternehmen MOMO Consulting, dabei im Rahmen eines HR-Outsourcings 3 Jahre Personalleiterin der SAECO GmbH.

Kompetenz-, Beratung- und Trainingsschwerpunkte
Beraterin mit Leib und Seele: Unterstützung von Menschen und Unternehmen, damit Personal- und Kompetenzentwicklung sowie Arbeitgebermarketing messbar, transparent, modern und erfolgreich umgesetzt wird und Unternehmensziele erreicht werden. Speakerin für Impulsvorträge und innovative Anbieterin von Online-Kursen und Workshops zu den genannten Themen. Programme zur Unterstützung der Selbst- und Karriereentwicklung von weiblichen Nachwuchs- und Führungskräften.

Tjalf Nienaber

Berufliche Laufbahn

CEO von jobclipr, mit der socomso berät er Unternehmen im Social Business und der digitalen Transformation. Davor war er in verschiedenen leitenden Positionen im Human Resources, Social Media und Vertrieb unter anderem bei der Deutschen Bank Gruppe, Scout24, Management Circle AG und Integrata tätig. Mit HRM-LEADS hat er eine spezialisierte Agentur für Personal-Dienstleister aufgebaut. Gründung und Geschäftsführung der erfolgreichen networx Holding GmbH, aus dem diverse soziale B2B-Netzwerke hervorgingen, wie z. B. das Personaler-Netzwerk HRnetworx. Über 20-jährige Berufserfahrung in Human Resources, Vertrieb und Social Media.

Kompetenz-, Beratungs- und Trainingsschwerpunkte

Beratung und Begleitung in HR-Projekten mit Schwerpunkt auf Social Media. Strategische HR 2.0-Projekte bzw. digitaler Transformation. Webinar-Organisation und Durchführung im Rahmen von Blended Learning Programmen. Ausgeprägtes Verständnis für nationale und internationale Konzern- und Entscheidungsstrukturen.

Ingo Priebsch

Berufliche Laufbahn

Studium der Dipl. Pädagogik mit Schwerpunkt Berufs- und Betriebspädagogik, Geschichte und evangelischer Theologie. 12 Jahre als Offizier der Bundeswehr, Chef einer Fallschirmjägerkompanie. Im Handelskonzern Tchibo über 10 Jahre umfangreiche Führungserfahrungen im Vertrieb, Marketing und Personalentwicklung. Ab 2005 10 Jahre im HR-Bereich bei einem deutschen Personalberatungsunternehmen als Kundenbetreuer, Niederlassungsleiter und Regionalmanager für Talent Management. Seit 2015 Mitglied der Geschäftsführung und Leiter des Vertriebs von Right Management in Deutschland.«

Kompetenz-, Beratungs- und Trainingsschwerpunkte

Zertifizierter Coach (dvct), Trainer und Berater. Seit mehr als 10 Jahren Unterstützung von Unternehmen bei personellen Veränderungen, besonders beim Personalumbau.

Dr. Dierk Schindler, M.I.L. (Lund)

Berufliche Laufbahn

Head of Legal Field Operations & WW Contract Administration and Services. Geschäftsführer der NetApp Deutschland GmbH. Rechtsanwalt Nach den Staatsexamina und der Promotion an der Universität Augsburg sowie einem Master-Studium im Internationalen Recht an der Universität Lund (Schweden) etablierte Dr. Schindler im Jahr 2001 mit mehreren Partnern das Münchner Büro einer international ausgerichteten Rechtsanwalts-, Steuerberater- und Wirtschaftsprüfergesellschaft.

Im Jahr 2005 wechselte Dr. Schindler zur NetApp Deutschland GmbH, einem führenden Hersteller von Lösungen für Datenmanagement und Datenspeicher. Er war dort zunächst als Prokurist befasst mit dem Aufbau der Rechtsabteilung für Deutschland und Osteuropa und im Jahr 2007 zudem mit der Aufgabe, die deutsche Projektmanagement-Abteilung (Deal Lifecycle Management) für strategische Vertriebsprojekte auszubauen und weiterzuentwickeln. Im Jahr 2009 wurde Dr. Schindler in die Geschäftsführung der NetApp Deutschland GmbH berufen, während zugleich sein operativer Verantwortungsbereich für Legal Field Operations & Deal Management auf das Gebiet von Europe, Middle East & Africa (EMEA) erweitert wurde. In 2012 übernahm Dr. Schindler die Aufgabe des EMEA Head of Legal Field Services und wurde in das Senior Leadership Team des General Counsel, Matthew Fawcett, berufen. Seit 2014 führt Dr. Schindler zusätzlich den Bereich des weltweiten Vertragsmanagements (WW Contract Management & Services) bei NetApp.

Dr. Schindler wurde mit seinen Teams in den Jahren 2014 und 2015 mit dem »IACCM Global Innovation Award« ausgezeichnet. Zudem erreichte die NetApp Deutschland GmbH in den Jahren 2014 und 2015 die Spitzenposition im Great Place to Work-Ranking.

Dr. Schindler ist verschiedentlich als Vortragender und als Gastdozent an Universitäten tätig und ist Mitglied des Prüfungsausschusses der IHK. Er ist nebenberuflich anwaltlich tätig.

Drissia Schroeder-Hohenwarth

Berufliche Laufbahn

Studium der Psychologie mit klinischem Schwerpunkt sowie Abschluss in Soziologie. 20 Jahre Erfahrung in der Arbeit mit Menschen auf der ganzen Welt. Vor Beginn der Coaching und Consulting Aktivitäten fast ein Jahrzehnt für Daimler und EADS (heute Airbus) in einer Vielzahl von Senior Management-Positionen im Bereich Human Resources gearbeitet, mit PE- und OE-Themen wie Führungskräfteentwicklung, Management Audit, Karriere-Coaching, Restrukturierung, Change Management, HR-Strategie, Due Diligence und internationalen Post Merger Integration. Gründung von DSH International HR in 2007

Kompetenz-, Beratungs- und Trainingsschwerpunkte

Senior Coach für Führungskräfte, Teams und Organisationen: Menschen, wo immer sie herkommen, unterstützen, damit sie wachsen, lernen, sich verändern, verstehen, Hindernisse überwinden, besser zusammen arbeiten, anders kommunizieren, ihre Ziele erreichen und zufrieden sind. Ob CEO oder Experte, auf allen Führungsebenen tätig. Französin, in verschiedenen Ländern gelebt, in vielen Ländern (mehr als 20) und mit noch mehr Kulturen gearbeitet. Arbeitssprachen: Deutsch, Englisch und Französisch.

Quick-Check »House of Choice«

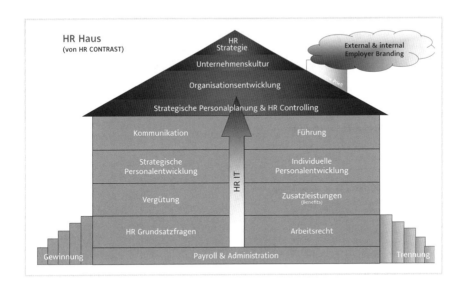

Bewerten Sie ehrlich, wie gut Sie die folgenden Themenfelder bzw. Aufgaben erfüllen, indem Sie den IST-Zustand mit Hilfe der Ampel einschätzen. Dabei können Sie mit + und – oder AAA, BB, C (ähnlich Ratings) zusätzlich differenzieren. Nehmen Sie anschließend eine zusammenfassende Einschätzung vor.

Zusammenfassende Selbsteinschätzung über Ihr »House of Choice«	A	B	C	.....
Bewerter:	Datum:		Beteiligte:	

Unser »House of Choice«				
Quick-Check-Fragen	A	B	C	Unsere Maßnahmen
Bereich | Themenfeld bzw. Aufgaben	alles ok	verbes-serungs-würdig	Hand-lungs-bedarf	
Ein-gangs-tür | 1. **Erfolgreiche Integration:** fach-lich und sozial »anwachsen« im neuen Unternehmen.				

Unser »House of Choice«					
Quick-Check-Fragen		**A**	**B**	**C**	**Unsere Maßnahmen**
Bereich	**Themenfeld bzw. Aufgaben**	alles ok	verbes-serungs-würdig	Hand-lungs-bedarf	
Funda-ment & Erdge-schoß	2. **Interessante Aufgaben:** die richtigen Leute auf die richtigen Jobs setzen. 3. **Individuelle Betreuung:** An-sprache und Interesse an den Themen des Mitarbeiters zeigen und ihn/sie wertschäzen. 4. **Fehlerfreie Payroll & Admi-nistration:** was klappen muss, muss klappen, keine Fehler bei Hygienefaktoren.				
1. Stock	5. **(Leistungs-)gerechte Vergü-tung:** Compensation muss der Leistung und der Wertschöpfung des Mitarbeiters gerecht werden. 6. **Individuelle attraktive Zu-satzleistungen:** Benefits nicht nach dem Gießkannen-Prinzip, sondern zugeschnitten auf Be-rufs-/Lebensphasen, so dass insb. Work-Life-Balance klappt.				
2. Stock	7. **Erlebbare Personalentwick-lungskonzepte:** transparente Entwicklungsperspektiven und PE-Prozesse, die nachweislich helfen, diese zu erreichen. 8. **Individuelle Personalentwick-lungsmaßnahmen:** Der einzelne Mitarbeiter muss lernen können und alle Maßnahmen dazu als seine PE verstehen.				
3. Stock	9. **Gute Kommunikation über Ziele & Strategie:** klar sagen, wo es hingehen soll und wie man es gemeinsam mit dem Mitarbeiter schaffen will. 10. **Gute & professionelle Füh-rung:** die 3 wichtigsten Worte der Bindung sind Führung, Führung, Führung!				

Unser »House of Choice«					
Quick-Check-Fragen		A	B	C	Unsere Maßnahmen
Bereich	Themenfeld bzw. Aufgaben	alles ok	verbes- serungs- würdig	Hand- lungs- bedarf	
Dachge- schoss	11. **Personalplanung und HR Controlling:** HR muss vorpla- nen, deshalb benötigen Sie eine quantitative und qualitative Personalplanung. Effektiv und effizient zu arbeiten, erfordert auch den Mut, zu messen, ob man auf Kurs ist. 12. **Organisationsentwicklung mit und nicht gegen die Men- schen:** bei Veränderungen die »Betroffenen zu Beteiligten machen« und nicht umgekehrt; Change Management als Kom- petenz bei HR und Manage- ment. 13. **Unternehmenswerte & -kultur:** gelebte Werte in einer positiv erlebten Kultur statt Lip- penbekenntnisse. Dazu gehört u. a. auch ein faires Trennungs- management. 14. **Vision, Ziele & Strategie:** wissen, wo man langfristig hin will und wie man den Weg be- schreiten will, und was HR dazu beitragen soll. 15. **Employer Branding:** Mitarbeiter und Bewerber wollen wissen, für was der Arbeitgeber steht. Erklären Sie es mutig, ehrlich und authentisch.				
Fahr- stuhl	16. **HR-IT:** Ressourcen aufbauen ist nicht immer die Lösung bei viel HR-Arbeit. Automatisierung und Rationalisierung durch moderne Software für die HR-Prozesse helfen, effizient zu sein				

Abbildungsverzeichnis

Stichwortverzeichnis